3단법령시리즈 124

항공안전법

법률·시행령·시행규칙 3단 수록

별표, 별지 서식 포함

KDS 한국데이터시스템

머리말

‘3단법령시리즈’는 방대한 법전을 보지 않고 해당되는 법률만 바로 참고해서 볼 수 있도록 구성 하였습니다. 공공기관이나 관련 종사자들이 쉽고 간편하게 해당 법률을 참조 할 수 있도록 하였습니다.

특히 해당 법률은 물론 관련 시행령, 시행규칙을 한눈에 볼 수 있도록 ‘3단’으로 실어 서로 참고할 수 있게 하였습니다.

별표와 별지 서식을 수록하여 편리함을 더하였습니다.
표지에 발행일을 표기하여 해당 도서의 개정 일자로 최신 법령의 유무를 쉽게 확인 할 수 있도록 하였습니다.

‘3단 법령’과 별표, 별지 서식 수록으로 편리함을 더하였으나, 그만큼 분량이 늘어난 점은 불편할 수도 있어 간단 법률의 경우 시중에 나와 있는 것이 있으니 참조하기를 바랍니다.
시행령, 시행규칙이 없는 일부 법률은 ‘3단 법령’의 구성요건이 되지 않아 이번 시리즈에 포함하지 않았습니다. 차후 상황에 따라 수록 여부를 재검토 하겠습니다.

오랜 기간 준비한 ‘3단법령시리즈’가 법을 찾고, 이용하는데 조금이나마 편리하게 사용되기를 기원합니다.
법률이라는 것이 크든 작든 항상 변하기 마련인데, 종이 인쇄의 시간적 한계로 가장 최신의 법률은 법률의 기본 출처인 [법제처 국가법령정보센터]에서 확인이 가능하니 법률의 실제 적용 시 확인이 필요한 점 유의하기를 바랍니다.

편집부

목차

항공안전법 3단비교표 (법률-시행령-시행규칙) / 5

항공안전법 시행령 별표 / 458

항공안전법 시행규칙 별표 / 478

항공안전법 시행규칙 별지 서식 / 625

별표와 별지 서식에서 **누락된 번호**는 **개정되면서 삭제**된 결번입니다.

* 수록 법률은 법제처 국가법령정보센터에서 확인 가능합니다.

* 발행일 기준 시행 법률이므로 최신 법령은 위 센터에서 볼 수 있습니다.

* 본 책자에 수록된 법률의 문구에 대하여 법적인 효력은 없으며,
  실제 적용 법률은 위 센터에서 최신의 법률로 확인하시기 바랍니다.

* 해당 법령과 함께 시행령, 시행규칙을 3단으로 수록하였습니다.

* 일부 법령은 시행령, 시행규칙이 없는 경우도 있습니다.

3단비교표 (법률-시행령-시행규칙)

「항공안전법」

항공안전법 [법률 제21268호, 2025. 12. 30., 일부개정]	항공안전법 시행령 [대통령령 제35869호, 2025. 11. 25., 일부개정]	항공안전법 시행규칙 [국토교통부령 제1262호, 2023. 10. 19., 일부개정]
제1장 총칙 제1조(목적) 이 법은 「국제민간항공협약」 및 같은 협약의 부속서에서 채택된 표준과 권고되는 방식에 따라 항공기, 경량항공기 또는 초경량비행장치의 안전하고 효율적인 항행을 위한 방법과 국가, 항공사업자 및 항공종사자 등의 의무 등에 관한 사항을 규정함을 목적으로 한다.〈개정 2019. 8. 27.〉	제1조(목적) 이 영은 「항공안전법」에서 위임된 사항과 그 시행에 필요한 사항을 규정함을 목적으로 한다.	제1장 총칙 제1조(목적) 이 규칙은 「항공안전법」 및 같은 법 시행령에서 위임된 사항과 그 시행에 필요한 사항을 규정함을 목적으로 한다.
제2조(정의) 이 법에서 사용하는 용어의 뜻은 다음과 같다.〈개정 2019. 8. 27., 2021. 5. 18., 2023. 4. 18., 2024. 3. 19., 2025. 5. 27., 2025. 12. 30.〉 1. "항공기"란 공기의 반작용(지표면 또는 수면에 대한 공기의 반작용은 제외한다. 이하 같다)으로 뜰 수 있는 기기로서 최대이륙중량, 좌석 수 등 국토교통부령으로 정하는 기준에 해당하는 다음 각 목의 기기와 그 밖에 대통령령으로 정하는 기기를 말한다. 가. 비행기	제2조(항공기의 범위) 「항공안전법」(이하 "법"이라 한다) 제2조제1호 각 목 외의 부분에서 "대통령령으로 정하는 기기"란 다음 각 호의 어느 하나에 해당하는 기기를 말한다. 1. 최대이륙중량, 좌석 수, 속도 또는 자체중량 등이 국토교통부령으로 정하는 기준을 초과하는 기기 2. 지구 대기권 내외를 비행할 수 있는 항공우주선	제2조(항공기의 기준) 「항공안전법」(이하 "법"이라 한다) 제2조제1호 각 목 외의 부분에서 "최대이륙중량, 좌석 수 등 국토교통부령으로 정하는 기준"이란 다음 각 호의 기준을 말한다. 1. 비행기 또는 헬리콥터 가. 사람이 탑승하는 경우: 다음의 기준을 모두 충족할 것 1) 최대이륙중량이 600킬로그램(수상비행에 사용하는 경우에는 650킬로그램)을 초과 할 것

나. 헬리콥터
다. 비행선
라. 활공기(滑空機)

2. "경량항공기"란 항공기 외에 공기의 반작용으로 뜰 수 있는 기기로서 최대이륙중량, 좌석 수 등 국토교통부령으로 정하는 기준에 해당하는 비행기, 헬리콥터, 자이로플레인(gyroplane) 및 동력패러슈트(powered parachute) 등을 말한다.

3. "초경량비행장치"란 항공기와 경량항공기 외에 공기의 반작용으로 뜰 수 있는 장치로서 자체중량, 좌석 수 등 국토교통부령으로 정하는 기준에 해당하는 동력비행장치, 행글라이더, 패러글라이더, 기구류 및 무인비행장치 등을 말한다.

4. "국가기관등항공기"란 국가, 지방자치단체, 그 밖에 「공공기관의 운영에 관한 법률」에 따른 공공기관으로서 대통령령으로 정하는 공공기관(이하 "국가기관등"이라 한다)이 소유하거나 임차(賃借)한 항공기로서 다음 각 목의 어느 하나에 해당하는 업무를 수행하기 위하여 사용되는 항공기를 말한다. 다만, 군용·경찰용·세관용 항공기는 제외한다.

가. 재난·재해 등으로 인한 수색(搜索)·구조
나. 산불의 진화 및 예방
다. 응급환자의 후송 등 구조·구급활동
라. 그 밖에 공공의 안녕과 질서유지를

2) 조종사 좌석을 포함한 탑승좌석 수가 1개 이상일 것

3) 동력을 일으키는 기계장치(이하 "발동기"라 한다)가 1개 이상일 것

나. 사람이 탑승하지 아니하고 원격조종 등의 방법으로 비행하는 경우: 다음의 기준을 모두 충족할 것

1) 연료의 중량을 제외한 자체중량이 150킬로그램을 초과할 것

2) 발동기가 1개 이상일 것

2. 비행선

가. 사람이 탑승하는 경우 다음의 기준을 모두 충족할 것

1) 발동기가 1개 이상일 것

2) 조종사 좌석을 포함한 탑승좌석 수가 1개 이상일 것

나. 사람이 탑승하지 아니하고 원격조종 등의 방법으로 비행하는 경우 다음의 기준을 모두 충족할 것

1) 발동기가 1개 이상일 것

2) 연료의 중량을 제외한 자체중량이 180킬로그램을 초과하거나 비행선의 길이가 20미터를 초과 할 것

3. 활공기: 자체중량이 70킬로그램을 초과할 것

위하여 필요한 업무

5. “항공업무”란 다음 각 목의 어느 하나에 해당하는 업무를 말한다.

가. 항공기의 운항(무선설비의 조작을 포함한다) 업무(제46조에 따른 항공기 조종연습은 제외한다)

나. 항공교통관제 업무

다. 항공기의 운항관리 업무

라. 정비 · 수리 · 개조(이하 “정비등”이라 한다)된 항공기 · 발동기 · 프로펠러(이하 “항공기등”이라 한다), 장비품 또는 부품에 대하여 안전하게 운용할 수 있는 성능(이하 “감항성”이라 한다)이 있는지를 확인하는 업무 및 경량항공기 또는 그 장비품 · 부품의 정비사항을 확인하는 업무

5의2. “항공교통관제 업무”란 항공기(경량항공기를 포함한다. 이하 이 호에서 같다) 간 또는 항공기와 장애물 간 충돌을 방지하고 항공교통 질서를 유지 및 촉진하기 위하여 유선 · 무선 통신 등을 이용하는 업무로서 다음 각 목의 어느 하나에 해당하는 업무를 말한다. 다만, 제47조에 따른 항공교통관제연습은 제외한다.

가. 비행장관제업무: 비행장 또는 공항의 기동지역(유도로 및 활주로를 말한다) 및 주위 공역(空域)에서 운항하는 항공기의 이동을 관찰하고, 항공기에 항공교통과 안전에 관한 지시 또는 안내를 하거나 정보를 전달하는

업무

나. 접근관제업무: 비행장 또는 공항을 출발하거나 비행장 또는 공항에 도착하는 항공기의 이동을 관찰하고, 항공기에 항공교통과 안전에 관한 지시 또는 안내를 하거나 정보를 전달하는 업무

다. 지역관제업무: 관제구(접근관제업무가 제공되는 관제구는 제외한다)를 비행하는 항공기의 이동을 관찰하고, 항공기에 항공교통과 안전에 관한 지시 또는 안내를 하거나 정보를 전달하는 업무

라. 그 밖에 가목부터 다목까지의 업무를 보조하는 업무 등 국토교통부령으로 정하는 업무

6. "항공기사고"란 사람이 비행을 목적으로 항공기에 탑승하였을 때부터 탑승한 모든 사람이 항공기에서 내릴 때까지[사람이 탑승하지 아니하고 원격조종 등의 방법으로 비행하는 항공기(이하 "무인항공기"라 한다)의 경우에는 비행을 목적으로 움직이는 순간부터 비행이 종료되어 발동기가 정지되는 순간까지를 말한다] 항공기의 운항과 관련하여 발생한 다음 각 목의 어느 하나에 해당하는 것으로서 국토교통부령으로 정하는 것을 말한다.

가. 사람의 사망, 중상 또는 행방불명

나. 항공기의 파손 또는 구조적 손상

다. 항공기의 위치를 확인할 수 없거나 항공기에 접근이 불가능한 경우

7. “경량항공기사고”란 비행을 목적으로 경량항공기의 발동기가 시동되는 순간부터 비행이 종료되어 발동기가 정지되는 순간까지 발생한 다음 각 목의 어느 하나에 해당하는 것으로서 국토교통부령으로 정하는 것을 말한다.

가. 경량항공기에 의한 사람의 사망, 중상 또는 행방불명

나. 경량항공기의 추락, 충돌 또는 화재 발생

다. 경량항공기의 위치를 확인할 수 없거나 경량항공기에 접근이 불가능한 경우

8. “초경량비행장치사고”란 초경량비행장치를 사용하여 비행을 목적으로 이륙[이수(離水)를 포함한다. 이하 같다]하는 순간부터 착륙[착수(着水)를 포함한다. 이하 같다]하는 순간까지 발생한 다음 각 목의 어느 하나에 해당하는 것으로서 국토교통부령으로 정하는 것을 말한다.

가. 초경량비행장치에 의한 사람의 사망, 중상 또는 행방불명

나. 초경량비행장치의 추락, 충돌 또는 화재 발생

다. 초경량비행장치의 위치를 확인할 수 없거나 초경량비행장치에 접근이 불가능한 경우

9. “항공기준사고”(航空機準事故)란 항공안전에 중대한 위해를 끼쳐 항공기사고로 이어

질 수 있었던 것으로서 국토교통부령으로 정하는 것을 말한다.

10. "항공안전장애"란 항공기사고 및 항공기준사고 외에 항공기의 운항 등과 관련하여 항공안전에 영향을 미치거나 미칠 우려가 있는 것을 말한다.

10의2. "항공안전위해요인"이란 항공기사고, 항공기준사고 또는 항공안전장애를 발생시킬 수 있거나 발생 가능성의 확대에 기여할 수 있는 상황, 상태 또는 물적·인적요인 등을 말한다.

10의3. "위험도"(Safety risk)란 항공안전위해요인이 항공안전을 저해하는 사례로 발전할 가능성과 그 심각도를 말한다.

10의4. "항공안전데이터"란 항공안전의 유지 또는 증진 등을 위하여 사용되는 다음 각 목의 자료를 말한다.

가. 제33조에 따른 항공기 등에 발생한 고장, 결함 또는 기능장애에 관한 보고

나. 제58조제4항에 따른 비행자료 및 분석결과

다. 제58조제5항에 따른 레이더 자료 및 분석결과

라. 제59조 및 제61조에 따라 보고된 자료

마. 제60조 및 「항공·철도 사고조사에 관한 법률」 제19조에 따른 조사결과

바. 제132조에 따른 항공안전 활동 과정에서 수집된 자료 및 결과보고

사. 「기상법」 제12조에 따른 기상업무에 관한 정보

아. 「항공사업법」 제2조제34호에 따른 공항운영자(이하 “공항운영자”라 한다)가 항공안전관리를 위해 수집·관리하는 자료 등

자. 「항공사업법」 제6조제1항 각 호에 따라 구축된 시스템에서 관리되는 정보

차. 「항공사업법」 제68조제4항에 따른 업무수행 중 수집한 정보·통계 등

카. 항공안전을 위해 국제기구 또는 외국정부 등이 우리나라와 공유한 자료

타. 그 밖에 국토교통부령으로 정하는 자료

10의5. “항공안전정보”란 항공안전데이터를 안전관리 목적으로 사용하기 위하여 가공(加工)·정리·분석한 것을 말한다.

11. “비행정보구역”이란 항공기, 경량항공기 또는 초경량비행장치의 안전하고 효율적인 비행과 수색 또는 구조에 필요한 정보를 제공하기 위한 공역으로서 「국제민간항공협약」 및 같은 협약 부속서에 따라 국토교통부장관이 그 명칭, 수직 및 수평 범위를 지정·공고한 공역을 말한다.

12. “영공”(領空)이란 대한민국의 영토와 「영해 및 접속수역법」에 따른 내수 및 영해의 상공을 말한다.

13. “항공로”(航空路)란 국토교통부장관이 항공기, 경량항공기 또는 초경량비행장치의 항행에 적합하다고 지정한 지구의 표면상에

표시한 공간의 길을 말한다.

14. “항공종사자”란 제34조제1항에 따른 항공종사자 자격증명을 받은 사람을 말한다.

15. “모의비행훈련장치”란 항공기의 조종실을 동일 또는 유사하게 모방한 장치로서 국토교통부령으로 정하는 장치를 말한다.

16. “운항승무원”이란 제35조제1호부터 제6호까지의 어느 하나에 해당하는 자격증명을 받은 사람으로서 항공기에 탑승하여 항공업무에 종사하는 사람을 말한다.

17. “객실승무원”이란 항공기에 탑승하여 비상시 승객을 탈출시키는 등 승객의 안전을 위한 업무를 수행하는 사람을 말한다.

18. “계기비행”(計器飛行)이란 항공기의 자세 · 고도 · 위치 및 비행방향의 측정을 항공기에 장착된 계기에만 의존하여 비행하는 것을 말한다.

19. “계기비행방식”이란 계기비행을 하는 사람이 제84조제1항에 따라 국토교통부장관 또는 제85조제1항에 따른 항공교통업무증명(이하 “항공교통업무증명”이라 한다)을 받은 자가 지시하는 이동 · 이륙 · 착륙의 순서 및 시기와 비행의 방법에 따라 비행하는 방식을 말한다.

20. “피로위험관리시스템”이란 운항승무원과 객실승무원이 충분한 주의력이 있는 상태에서 해당 업무를 할 수 있도록 피로와 관련한 위험요소를 경험과 과학적 원리 및 지식

에 기초하여 지속적으로 감독하고 관리하는 시스템을 말한다.

21. “비행장”이란 「공항시설법」 제2조제2호에 따른 비행장을 말한다.

22. “공항”이란 「공항시설법」 제2조제3호에 따른 공항을 말한다.

23. “공항시설”이란 「공항시설법」 제2조제7호에 따른 공항시설을 말한다.

24. “항행안전시설”이란 「공항시설법」 제2조제15호에 따른 항행안전시설을 말한다.

24의2. “항공교통관리”란 항공교통 및 공역을 안전하고 효율적인 방법으로 통합 관리하는 업무로서 다음 각 목의 업무를 말한다.

가. 제78조에 따른 공역 등의 지정 등에 관한 업무

나. 제83조에 따른 항공교통업무

다. 제83조의2에 따른 항공교통흐름 관리 업무

24의3. “항공교통데이터”란 항공교통관리에 필요한 다음 각 목의 자료를 말한다.

가. 외국정부 또는 국제기구와 항공교통관리를 위하여 항공기 비행정보 등 상호 공유·교환하는 자료

나. 공역관리를 위하여 항공교통관제업무기관 등이 생성·관리하는 자료

다. 제58조제5항에 따른 레이더 자료 및 분석결과

라. 제67조제2항제4호에 따라 항공기를

운항하려는 자가 작성·제출하여야 하는 비행계획 및 이와 관련된 자료

마. 제83조의2에 따른 항공교통흐름 관리를 위하여 필요한 자료

바. 제89조에 따른 항공정보 및 항공지도를 제공하기 위하여 필요한 자료

사. 공항시설 중 항공기의 이륙·착륙과 관련된 시설로서 활주로 등 국토교통부령으로 정하는 시설에서 생성·사용되는 자료

아. 「공항시설법」 제2조제17호에 따른 항행안전무선시설에서 생성·사용되는 항공기 위치 등에 관한 자료

자. 항공기의 공항 내 이동시간 자료 및 항공교통통계 등 공항운영자가 항공기 운항관리를 위하여 생산하는 자료

차. 「항공사업법」 제18조에 따른 운항시각에 관한 자료

카. 「기상법」 제14조의2에 따른 항공기상예보 및 항공기상특보 등의 항공기상자료

25. "관제권"(管制圈)이란 비행장 또는 공항과 그 주변의 공역으로서 항공교통의 안전을 위하여 국토교통부장관이 지정·공고한 공역을 말한다.

26. "관제구"(管制區)란 지표면 또는 수면으로부터 200미터 이상 높이의 공역으로서 항공교통의 안전을 위하여 국토교통부장관이 지정·공고한 공역을 말한다.

26의2. "항공교통관제시설"이란 항공교통

관제 업무를 수행하기 위하여 설치한 비행장 관제탑, 접근관제시설, 지역관제시설 등의 시설로서 국토교통부령으로 정하는 시설을 말한다. 27. “항공운송사업”이란 「항공사업법」 제2조제7호에 따른 항공운송사업을 말한다. 28. “항공운송사업자”란 「항공사업법」 제2조제8호에 따른 항공운송사업자를 말한다. 29. “항공기사용사업”이란 「항공사업법」 제2조제15호에 따른 항공기사용사업을 말한다. 30. “항공기사용사업자”란 「항공사업법」 제2조제16호에 따른 항공기사용사업자를 말한다. 31. “항공기정비업자”란 「항공사업법」 제2조제18호에 따른 항공기정비업자를 말한다. 32. “초경량비행장치사용사업”이란 「항공사업법」 제2조제23호에 따른 초경량비행장치 사용사업을 말한다. 33. “초경량비행장치사용사업자”란 「항공사업법」 제2조제24호에 따른 초경량비행장치 사용사업자를 말한다. 34. “이착륙장”이란 「공항시설법」 제2조제19호에 따른 이착륙장을 말한다.		
제3조(군용항공기 등의 적용 특례) ① 군용항공기와 이에 관련된 항공업무에 종사하는 사람에 대해서는 이 법을 적용하지 아니한다. ② 세관업무 또는 경찰업무에 사용하는 항공기와 이에 관련된 항공업무에 종사하는	제3조(국가기관등항공기 관련 공공기관의 범위) 법 제2조제4호 각 목 외의 부분 본문에서 “대통령령으로 정하는 공공기관”이란 「국립공원공단법」에 따른 국립공원공단을 말한다.〈개정 2017. 5. 29., 2019. 1. 15.〉	제3조(항공기인 기기의 범위) 영 제2조제1호에서 “최대이륙중량, 좌석 수, 속도 또는 자체중량 등이 국토교통부령으로 정하는 기준을 초과하는 기기”란 다음 각 호의 어느 하나에 해당하는 것을 말한다.〈개정 2018. 3. 23.〉

<table>
<tr>
<td>사람에 대하여는 이 법을 적용하지 아니한다. 다만, 공중 충돌 등 항공기사고의 예방을 위하여 제51조, 제67조, 제68조제5호, 제79조 및 제84조제1항을 적용한다.
③ 「대한민국과 아메리카합중국 간의 상호방위조약」 제4조에 따라 아메리카합중국이 사용하는 항공기와 이에 관련된 항공업무에 종사하는 사람에 대하여는 제2항을 준용한다.</td>
<td></td>
<td>1. 제4조제1호부터 제3호까지의 기준 중 어느 하나 이상의 기준을 초과하거나 같은 조 제4호부터 제7호까지의 제한요건 중 어느 하나 이상의 제한요건을 벗어나는 비행기, 헬리콥터, 자이로플레인 및 동력패러슈트
2. 제5조제5호 각 목의 기준을 초과하는 무인비행장치</td>
</tr>
<tr>
<td>제4조(국가기관등항공기의 적용 특례) ① 국가기관등항공기와 이에 관련된 항공업무에 종사하는 사람에 대해서는 이 법(제66조, 제69조부터 제73조까지 및 제132조는 제외한다)을 적용한다.
② 제1항에도 불구하고 국가기관등항공기를 재해ㆍ재난 등으로 인한 수색ㆍ구조, 화재의 진화, 응급환자 후송, 그 밖에 국토교통부령으로 정하는 공공목적으로 긴급히 운항(훈련을 포함한다)하는 경우에는 제53조, 제67조, 제68조제1호부터 제3호까지, 제77조제1항제7호, 제79조 및 제84조제1항을 적용하지 아니한다.
③ 제59조, 제61조, 제62조제5항 및 제6항을 국가기관등항공기에 적용할 때에는 "국토교통부장관"은 "소관 행정기관의 장"으로 본다. 이 경우 소관 행정기관의 장은 제59조, 제61조, 제62조제5항 및 제6항에 따라 보고받은 사실을 국토교통부장관에게 알려야 한다.</td>
<td>제4조(등록을 필요로 하지 않는 항공기의 범위) 법 제7조제1항 단서에서 "대통령령으로 정하는 항공기"란 다음 각 호의 항공기를 말한다.〈개정 2021. 11. 16.〉
1. 군 또는 세관에서 사용하거나 경찰업무에 사용하는 항공기
2. 외국에 임대할 목적으로 도입한 항공기로서 외국 국적을 취득할 항공기
3. 국내에서 제작한 항공기로서 제작자 외의 소유자가 결정되지 아니한 항공기
4. 외국에 등록된 항공기를 임차하여 법 제5조에 따라 운영하는 경우 그 항공기
5. 항공기 제작자나 항공기 관련 연구기관이 연구ㆍ개발 중인 항공기
[제목개정 2021. 11. 16.]</td>
<td>제4조(경량항공기의 기준) 법 제2조제2호에서 "최대이륙중량, 좌석 수 등 국토교통부령으로 정하는 기준에 해당하는 비행기, 헬리콥터, 자이로플레인(gyroplane) 및 동력패러슈트(powered parachute) 등"이란 법 제2조제3호에 따른 초경량비행장치에 해당하지 않는 것으로서 다음 각 호의 기준을 모두 충족하는 비행기, 헬리콥터, 자이로플레인 및 동력패러슈트를 말한다.〈개정 2021. 8. 27., 2022. 12. 9., 2024. 11. 13.〉
1. 최대이륙중량이 600킬로그램(수상비행에 사용하는 경우에는 650킬로그램) 이하일 것
2. 최대 실속속도[실속(失速: 비행기를 띄우는 양력이 급격히 떨어지는 현상을 말한다. 이하 같다)이 발생할 수 있는 속도를 말한다] 또는 최소 정상비행속도가 45노트 이하일 것
3. 조종사 좌석을 포함한 탑승 좌석이 2개 이하일 것
4. 단발(單發) 왕복발동기 또는 전기모터(전기 공급원으로부터 충전받은 전기에너지</td>
</tr>
</table>

		또는 수소를 사용하여 발생시킨 전기에너지를 동력원으로 사용하는 것을 말한다. 이하 같다)를 장착할 것 5. 조종석은 여압(기내 공기 압력을 지상과 가깝게 조절·유지하는 것을 말한다)이 되지 아니할 것 6. 비행 중에 프로펠러의 각도를 조정할 수 없을 것 7. 고정된 착륙장치가 있을 것. 다만, 수상비행에 사용하는 경우에는 고정된 착륙장치 외에 접을 수 있는 착륙장치를 장착할 수 있다.
제5조(임대차 항공기의 운영에 대한 권한 및 의무 이양의 적용 특례) 외국에 등록된 항공기를 임차하여 운영하거나 대한민국에 등록된 항공기를 외국에 임대하여 운영하게 하는 경우 그 임대차(賃貸借) 항공기의 운영에 관련된 권한 및 의무의 이양(移讓)에 관한 사항은 「국제민간항공협약」에 따라 국토교통부장관이 정하여 고시한다.	제5조(항공기등을 제작하려는 자 등에 대한 위반행위의 종류별 과징금의 금액) 법 제29조제1항에 따라 과징금을 부과하는 위반행위의 종류와 위반 정도 등에 따른 과징금의 금액은 별표 1과 같다.	제5조(초경량비행장치의 기준) 법 제2조제3호에서 "자체중량, 좌석 수 등 국토교통부령으로 정하는 기준에 해당하는 동력비행장치, 행글라이더, 패러글라이더, 기구류 및 무인비행장치 등"이란 다음 각 호의 기준을 충족하는 동력비행장치, 행글라이더, 패러글라이더, 기구류, 무인비행장치, 회전익비행장치, 동력패러글라이더 및 낙하산류 등을 말한다.〈개정 2020. 12. 10., 2021. 6. 9., 2024. 11. 13.〉 1. 동력비행장치: 동력을 이용하는 것으로서 다음 각 목의 기준을 모두 충족하는 고정익비행장치. 다만, 전기모터에 의한 동력을 이용하는 경우에는 나목은 적용하지 않는다. 가. 탑승자, 연료 및 비상용 장비의 중량을 제외한 자체중량[배터리의 전원(電源)을 이용하는 초경량비행장치의 경우에는 배터리의 중량을 포함한다. 이하 같다]이 115킬로그램

이하일 것

나. 연료의 탑재량이 19리터 이하일 것

다. 좌석이 1개일 것

2. 행글라이더: 탑승자 및 비상용 장비의 중량을 제외한 자체중량이 70킬로그램 이하로서 체중이동, 타면조종 등의 방법으로 조종하는 비행장치

3. 패러글라이더: 탑승자 및 비상용 장비의 중량을 제외한 자체중량이 70킬로그램 이하로서 날개에 부착된 줄을 이용하여 조종하는 비행장치

4. 기구류: 기체의 성질·온도차 등을 이용하는 다음 각 목의 비행장치

가. 유인자유기구

나. 무인자유기구(기구 외부에 2킬로그램 이상의 물건을 매달고 비행하는 것만 해당한다. 이하 같다)

다. 계류식(繫留式)기구

5. 무인비행장치: 사람이 탑승하지 아니하는 것으로서 다음 각 목의 비행장치

가. 무인동력비행장치: 연료의 중량을 제외한 자체중량이 150킬로그램 이하인 무인비행기, 무인헬리콥터, 무인멀티콥터 또는 무인수직이착륙기

나. 무인비행선: 연료의 중량을 제외한 자체중량이 180킬로그램 이하이고 길이가 20미터 이하인 무인비행선

6. 회전익비행장치: 제1호 각 목(전기모터

		에 의한 동력을 이용하는 경우에는 같은 호 나목은 제외한다)의 동력비행장치의 요건을 갖춘 헬리콥터 또는 자이로플레인 7. 동력패러글라이더: 패러글라이더에 추진력을 얻는 장치를 부착한 다음 각 목의 어느 하나에 해당하는 비행장치 가. 착륙장치가 없는 비행장치 나. 착륙장치가 있는 것으로서 제1호 각 목(전기모터에 의한 동력을 이용하는 경우에는 같은 호 나목은 제외한다)의 동력비행장치의 요건을 갖춘 비행장치 8. 낙하산류: 항력(抗力)을 발생시켜 대기(大氣) 중을 낙하하는 사람 또는 물체의 속도를 느리게 하는 비행장치 9. 그 밖에 국토교통부장관이 종류, 크기, 중량, 용도 등을 고려하여 정하여 고시하는 비행장치
		제5조의2(항공교통관제 업무의 범위) 법 제2조제5호의2라목에서 "그 밖에 가목부터 다목까지의 업무를 보조하는 업무 등 국토교통부령으로 정하는 업무"란 나음 각 호의 업무를 말한다. 1. 법 제2조제5호의2가목의 비행장관제업무(이하 "비행장관제업무"라 한다)를 보조하는 허가중계업무 및 비행자료관리업무 2. 법 제2조제5호의2나목의 접근관제업무(이하 "접근관제업무"라 한다) 및 같은 호 다목의 지역관제업무(이하 "지역관제업무"라 한

		다)를 보조하는 비행자료관리업무 [본조신설 2025. 12. 5.]
제6조(항공안전정책기본계획의 수립 등) ① 국토교통부장관은 국가항공안전정책에 관한 기본계획(이하 "항공안전정책기본계획"이라 한다)을 5년마다 수립하여야 한다. ② 항공안전정책기본계획에는 다음 각 호의 사항이 포함되어야 한다. 1. 항공안전정책의 목표 및 전략 2. 항공기사고·경량항공기사고·초경량비행장치사고 예방 및 운항 안전에 관한 사항 3. 항공기·경량항공기·초경량비행장치의 제작·정비 및 안전성 인증체계에 관한 사항 4. 비행정보구역·항공로 관리 및 항공교통체계 개선에 관한 사항 5. 항공종사자의 양성 및 자격관리에 관한 사항 6. 그 밖에 항공안전의 향상을 위하여 필요한 사항 ③ 국토교통부장관은 항공안전정책기본계획을 수립 또는 변경하려는 경우 관계 행정기관의 장에게 필요한 협조를 요청할 수 있다. ④ 국토교통부장관은 항공안전정책기본계획을 수립하거나 변경하였을 때에는 그 내용을 관보에 고시하고, 제3항에 따라 협조를 요청한 관계 행정기관의 장에게 알려야 한다. ⑤ 국토교통부장관은 항공안전정책기본계	제6조(과징금의 부과 및 납부) ① 국토교통부장관은 법 제29조제1항에 따라 과징금을 부과하려는 경우에는 그 위반행위의 종류와 해당 과징금의 금액을 명시하여 이를 납부할 것을 서면으로 통지하여야 한다. ② 제1항에 따라 통지를 받은 자는 통지를 받은 날부터 20일 이내에 국토교통부장관이 정하는 수납기관에 과징금을 내야 한다. 〈개정 2023. 12. 12.〉 ③ 삭제〈2023. 12. 12.〉 ④ 삭제〈2023. 12. 12.〉 ⑤ 국토교통부장관이 「행정기본법」 제29조 단서에 따라 과징금의 납부기한을 연기하거나 분할 납부하게 하는 경우 납부기한의 연기는 그 납부기한의 다음 날부터 1년을 초과할 수 없고, 각 분할된 납부기한 간의 간격은 4개월 이내로 하며, 분할 납부의 횟수는 3회 이내로 한다.〈개정 2023. 12. 12.〉 ⑥ 삭제〈2023. 12. 12.〉 ⑦ 제2항에 따라 과징금을 받은 수납기관은 그 납부자에게 영수증을 발급하여야 한다.〈개정 2020. 11. 3.〉 ⑧ 과징금의 수납기관은 제2항에 따른 과징금을 받으면 지체 없이 그 사실을 국토교통부장관에게 통보하여야 한다.〈개정 2020. 11. 3.〉	제6조(사망·중상 등의 적용기준) ① 법 제2조제6호가목에 따른 사람의 사망 또는 중상에 대한 적용기준은 다음 각 호와 같다.〈개정 2021. 8. 27.〉 1. 항공기에 탑승한 사람이 사망하거나 중상을 입은 경우. 다만, 자연적인 원인 또는 자기 자신이나 타인에 의하여 발생된 경우와 승객 및 승무원이 정상적으로 접근할 수 없는 장소에 숨어있는 밀항자 등에게 발생한 경우는 제외한다. 2. 항공기로부터 이탈된 부품이나 그 항공기와의 직접적인 접촉 등으로 인하여 사망하거나 중상을 입은 경우 3. 항공기 발동기의 흡입 또는 후류(後流: 뒤쪽 바람)로 인하여 사망하거나 중상을 입은 경우 ② 법 제2조제6호가목, 같은 조 제7호가목 및 같은 조 제8호가목에 따른 행방불명은 항공기, 경량항공기 또는 초경량비행장치 안에 있던 사람이 항공기사고, 경량항공기사고 또는 초경량비행장치사고로 1년간 생사가 분명하지 아니한 경우에 적용한다. ③ 법 제2조제7호가목 및 같은 조 제8호가목에 따른 사람의 사망 또는 중상에 대한 적용기준은 다음 각 호와 같다. 1. 경량항공기 및 초경량비행장치에 탑승

획을 시행하기 위하여 연도별 시행계획을 수립할 수 있다.		한 사람이 사망하거나 중상을 입은 경우. 다만, 자연적인 원인 또는 자기 자신이나 타인에 의하여 발생된 경우는 제외한다. 2. 비행 중이거나 비행을 준비 중인 경량항공기 또는 초경량비행장치로부터 이탈된 부품이나 그 경량항공기 또는 초경량비행장치와의 직접적인 접촉 등으로 인하여 사망하거나 중상을 입은 경우
제6조의2(항공안전의 날) ① 국가는 항공안전에 대한 경각심과 사회적 관심을 높이고 항공안전문화를 정착시키기 위하여 매년 12월 29일을 항공안전의 날로 정한다. ② 국가와 지방자치단체는 항공안전의 날의 취지에 적합한 행사 등 사업을 실시할 수 있다. ③ 제2항에 따른 항공안전의 날 행사 등 사업 실시와 관련하여 필요한 사항은 국토교통부령으로 정한다. [본조신설 2025. 5. 27.]		
제2장 항공기 등록 제7조(항공기 등록) ① 항공기를 소유하거나 임차하여 항공기를 사용할 수 있는 권리가 있는 자(이하 "소유자등"이라 한다)는 항공기를 대통령령으로 정하는 바에 따라 국토교통부장관에게 등록을 하여야 한다. 다만, 대통령령으로 정하는 항공기는 그러하지 아니하	제7조(과징금의 독촉 및 징수) ① 국토교통부장관은 제6조제1항에 따라 과징금의 납부통지를 받은 자가 납부기한까지 과징금을 내지 아니하면 납부기한이 지난 날부터 7일 이내에 독촉장을 발급하여야 한다. 이 경우 납부기한은 독촉장의 발급일부터 10일 이내로 하여야 한다. ② 국토교통부장관은 제1항에 따라 독촉	제7조(사망·중상의 범위) ① 법 제2조제6호가목, 같은 조 제7호가목 및 같은 조 제8호가목에 따른 사람의 사망은 항공기사고, 경량항공기사고 또는 초경량비행장치사고가 발생한 날부터 30일 이내에 그 사고로 사망한 경우를 포함한다. ② 법 제2조제6호가목, 같은 조 제7호가목 및 같은 조 제8호가목에 따른 중상의 범

다.〈개정 2020. 6. 9.〉 ② 제90조제1항에 따른 운항증명을 받은 국내항공운송사업자 또는 국제항공운송사업자가 제1항에 따라 항공기를 등록하려는 경우에는 해당 항공기의 안전한 운항을 위하여 국토교통부령으로 정하는 바에 따라 필요한 정비 인력을 갖추어야 한다.〈신설 2020. 6. 9.〉	을 받은 자가 납부기한까지 과징금을 내지 아니한 경우에는 소속 공무원으로 하여금 국세 체납처분의 예에 따라 과징금을 강제징수하게 할 수 있다.	위는 다음 각 호와 같다. 1. 항공기사고, 경량항공기사고 또는 초경량비행장치사고로 부상을 입은 날부터 7일 이내에 48시간을 초과하는 입원치료가 필요한 부상 2. 골절(코뼈, 손가락, 발가락 등의 간단한 골절은 제외한다) 3. 열상(찢어진 상처)으로 인한 심한 출혈, 신경·근육 또는 힘줄의 손상 4. 2도나 3도의 화상 또는 신체표면의 5퍼센트를 초과하는 화상(화상을 입은 날부터 7일 이내에 48시간을 초과하는 입원치료가 필요한 경우만 해당한다) 5. 내장의 손상 6. 전염물질이나 유해방사선에 노출된 사실이 확인된 경우
제8조(항공기 국적의 취득) 제7조에 따라 등록된 항공기는 대한민국의 국적을 취득하고, 이에 따른 권리와 의무를 갖는다.	제8조(항공기에 발생한 고장, 결함 또는 기능장애 보고 의무자) 법 제33조제2항에서 "항공운송사업자, 항공기사용사업자 등 대통령령으로 정하는 소유자등"이란 다음 각 호의 어느 하나에 해당하는 자를 말한다.〈개정 2019. 8. 27.〉 1. 「항공사업법」 제2조제10호에 따른 국내항공운송사업자 2. 「항공사업법」 제2조제12호에 따른 국제항공운송사업자(이하 "국제항공운송사업자"라 한다) 3. 「항공사업법」 제2조제14호에 따른 소	제8조(항공기의 파손 또는 구조적 손상의 범위) 법 제2조제6호나목에서 "항공기의 파손 또는 구조적 손상"이란 별표 1의 항공기의 손상·파손 또는 구조상의 결함으로 항공기 구조물의 강도, 항공기의 성능 또는 비행특성에 악영향을 미쳐 대수리 또는 해당 구성품(component)의 교체가 요구되는 것을 말한다.

	형항공운송사업자 4. 항공기사용사업자 5. 최대이륙중량이 5,700킬로그램을 초과하는 비행기를 소유하거나 임차하여 해당 비행기를 사용할 수 있는 권리가 있는 자 6. 최대이륙중량이 3,175킬로그램을 초과하는 헬리콥터를 소유하거나 임차하여 해당 헬리콥터를 사용할 수 있는 권리가 있는 자	
	제8조의2(전문교육기관 지정을 받은 자에 대한 위반행위의 종류별 과징금의 금액) ① 법 제48조의3제1항에 따라 과징금을 부과할 수 있는 위반행위의 종류와 위반 정도 등에 따른 과징금의 금액은 별표 1의2와 같다. ② 과징금의 부과·납부 및 독촉에 관하여는 제6조 및 제7조를 준용한다. [본조신설 2018. 4. 24.]	
	제8조의3(항공안전데이터 등의 수집 및 처리시스템 운영의 위탁) 국토교통부장관은 법 제61조의2제2항에 따라 통합항공안전데이터수집분석시스템의 운영을 「항공안전기술원법」에 따른 항공안전기술원에 위탁한다.	
제9조(항공기 소유권 등) ① 항공기에 대한 소유권의 취득·상실·변경은 등록하여야 그 효력이 생긴다. ② 항공기에 대한 임차권(賃借權)은 등록하여야 제3자에 대하여 그 효력이 생긴다.	제9조(항공기 이륙·착륙 장소 외에서의 이륙·착륙 허가 등) ① 법 제66조제1항제1호에 따른 안전과 관련한 비상상황 등 불가피한 사유가 있는 경우는 다음 각 호의 어느 하나에 해당하는 경우로 한다. 1. 항공기의 비행 중 계기 고장, 연료 부	제9조(항공기준사고의 범위) 법 제2조제9호에서 "국토교통부령으로 정하는 것"이란 별표 2와 같다.

족 등의 비상상황이 발생하여 신속하게 착륙하여야 하는 경우

2. 응급환자 또는 수색인력ㆍ구조인력 등의 수송, 비행훈련, 화재의 진화, 화재 예방을 위한 감시, 항공촬영, 항공방제, 연료보급, 건설자재 운반 또는 헬리콥터를 이용한 사람의 수송 등의 목적으로 항공기를 비행장이 아닌 장소에서 이륙 또는 착륙하여야 하는 경우

② 제1항제1호에 해당하여 법 제66조제1항제1호에 따라 착륙의 허가를 받으려는 자는 무선통신 등을 사용하여 국토교통부장관에게 착륙 허가를 신청하여야 한다. 이 경우 국토교통부장관은 특별한 사유가 없으면 허가하여야 한다.

③ 제1항제2호에 해당하여 법 제66조제1항제1호에 따라 이륙 또는 착륙의 허가를 받으려는 자는 국토교통부령으로 정하는 허가신청서를 국토교통부장관에게 제출하여야 한다. 이 경우 국토교통부장관은 그 내용을 검토하여 안전에 지장이 없다고 인정되는 경우에는 6개월 이내의 기간을 정하여 허가하여야 한다.

제9조의2(국가항행계획 추진협의체의 기능 및 구성) ① 법 제77조의2제3항에 따른 국가항행계획 추진협의체(이하 "추진협의체"라 한다)는 국토교통부장관 소속으로 둔다.

② 추진협의체는 다음 각 호의 사항을 협의한다.

1. 법 제77조의2제1항에 따른 국가항행계획의 수립, 변경 및 시행에 관한 사항

2. 항공교통관리의 운영 효율성 · 안전성의 평가에 관한 사항

3. 그 밖에 국가항행계획의 수립 · 시행과 관련하여 추진협의체의 위원장이 회의에 부치는 사항

③ 추진협의체는 위원장 1명을 포함하여 20명 이내의 위원으로 구성한다.

④ 추진협의체의 위원장은 국토교통부 제2차관이 되며, 위원은 다음 각 호의 사람 중에서 국토교통부장관이 지명하거나 위촉한다.〈개정 2024. 3. 29., 2025. 5. 20.〉

1. 국토교통부의 3급 공무원 또는 고위공무원단에 속하는 공무원 중 항공 관련 업무를 담당하는 공무원

2. 국방부 · 경찰청 · 소방청 · 기상청 · 해양경찰청의 3급 공무원 또는 고위공무원단에 속하는 공무원이나 이에 상응하는 공무원으로서 항공 관련 업무를 담당하는 공무원(대령급 이상 장교를 포함한다) 중 해당 기관의 장이 지명하는 사람 각 1명

3. 「한국공항공사법」에 따른 한국공항공사 및 「인천국제공항공사법」에 따른 인천국제공항공사에서 공항개발 업무를 담당하는 임직원 중 해당 공사의 장이 국토교통부장관과 협의하여 지명하는 사람 각 1명

4. 다음 각 목에 따른 기관의 임직원 중

에서 해당 기관의 장이 국토교통부장관과 협의하여 지명하는 사람 각 1명

가. 「정부출연연구기관 등의 설립·운영 및 육성에 관한 법률」 제8조에 따른 한국교통연구원

나. 「우주항공청의 설치 및 운영에 관한 특별법」 제19조제1항에 따른 한국항공우주연구원

다. 「국토교통과학기술 육성법」 제16조에 따른 국토교통과학기술진흥원

라. 「항공안전기술원법」에 따른 항공안전기술원

마. 「한국교통안전공단법」에 따른 한국교통안전공단

5. 박사학위를 취득한 후 항공분야 전문기관에서 5년 이상 근무한 경력이 있는 사람

6. 항공 또는 항공기 제작 등과 관련된 사업자 또는 사업자단체의 임원

7. 항공에 관한 학식과 경험이 풍부한 사람

⑤ 제4항 각 호에 따른 위원의 임기는 다음 각 호와 같다.

1. 제4항제1호부터 제3호까지의 위원: 해당 직위에 재임하는 기간

2. 제4항제4호부터 제7호까지의 위원: 2년

⑥ 추진협의체의 효율적인 운영을 위하여 간사 1명을 두며, 간사는 국토교통부의 고위공무원단에 속하는 일반직공무원 중에서 국토교통부장관이 지명한다.

	⑦ 추진협의체의 위원장은 추진협의체를 대표하고 추진협의체의 업무를 총괄한다. ⑧ 제1항부터 제7항까지에서 규정한 사항 외에 추진협의체의 구성에 필요한 사항은 추진협의체의 의결을 거쳐 추진협의체의 위원장이 정한다. [본조신설 2023. 10. 10.]	
	제9조의3(추진협의체의 운영) ① 추진협의체의 위원장은 추진협의체의 회의를 소집하고, 그 의장이 된다. ② 추진협의체의 회의는 재적위원 과반수의 출석으로 개의하고, 출석위원 과반수의 찬성으로 의결한다. ③ 추진협의체의 위원장은 그 업무를 수행하기 위하여 필요한 경우에는 관계 중앙행정기관의 장, 지방자치단체의 장, 연구기관, 단체 등에 서면으로 자료 또는 의견의 제출 등을 요청할 수 있으며, 관계 공무원 또는 전문가를 회의에 출석하게 하여 의견을 들을 수 있다. ④ 제1항부터 제3항까지에서 규정한 사항 외에 추진협의체의 운영에 필요한 사항은 추진협의체의 의결을 거쳐 위원장이 정한다. [본조신설 2023. 10. 10.]	
	제9조의4(실무협의체) ① 추진협의체에 상정할 안건에 관한 연구, 사전 검토 및 조정을 위하여 추진협의체에 실무협의체를 둘 수 있다.	

<table>
<tr>
<td></td>
<td>② 제1항에 따른 실무협의체의 구성 및 운영 등에 필요한 사항은 추진협의체의 의결을 거쳐 추진협의체의 위원장이 정한다.
[본조신설 2023. 10. 10.]</td>
<td></td>
</tr>
<tr>
<td>제10조(항공기 등록의 제한) ① 다음 각 호의 어느 하나에 해당하는 자가 소유하거나 임차한 항공기는 등록할 수 없다. 다만, 대한민국의 국민 또는 법인이 임차하여 사용할 수 있는 권리가 있는 항공기는 그러하지 아니하다.〈개정 2021. 12. 7.〉
1. 대한민국 국민이 아닌 사람
2. 외국정부 또는 외국의 공공단체
3. 외국의 법인 또는 단체
4. 제1호부터 제3호까지의 어느 하나에 해당하는 자가 주식이나 지분의 2분의 1 이상을 소유하거나 그 사업을 사실상 지배하는 법인(「항공사업법」 제2조제1호에 따른 항공사업의 목적으로 항공기를 등록하려는 경우로 한정한다)
5. 외국인이 법인 등기사항증명서상의 대표자이거나 외국인이 법인 등기사항증명서상의 임원 수의 2분의 1 이상을 차지하는 법인
② 제1항 단서에도 불구하고 외국 국적을 가진 항공기는 등록할 수 없다.</td>
<td>제10조(공역위원회의 구성) ① 법 제80조제1항에 따른 공역위원회(이하 "위원회"라 한다)는 위원장 1명과 부위원장 1명을 포함하여 16명 이내의 위원으로 구성한다.〈개정 2024. 3. 29.〉
② 위원회의 위원장은 국토교통부의 항공업무를 담당하는 고위공무원단에 속하는 일반직공무원 중 국토교통부장관이 지명하는 사람이 되고, 부위원장은 제3항제1호의 위원 중에서 위원장이 지명하는 사람이 된다.
③ 위원회의 위원은 다음 각 호의 사람이 된다.〈개정 2023. 7. 11., 2024. 3. 29., 2025. 10. 1.〉
1. 외교부·국방부·산업통상부, 국토교통부 및 우주항공청의 3급 국가공무원 또는 고위공무원단에 속하는 일반직공무원(외교부의 경우에는 「외무공무원임용령」 제3조제2항제2호가목에 따른 직위에 재직 중인 외무공무원)이나 이에 상응하는 계급의 장교 중 해당 기관의 장이 지명하는 사람 각 1명
2. 「대한민국과 아메리카합중국 간의 상호방위조약」 제4조에 따라 대한민국에 주둔하고 있는 미합중국 군대의 장교 중 제1호에 따른 장교에 상응하는 계급의 장교로서 주한</td>
<td>제10조(항공안전데이터의 종류) 법 제2조제10호의4타목에서 "국토교통부령으로 정하는 자료"란 다음 각 호의 자료를 말한다.
1. 제209조제1항에 따른 위험물의 포장·적재(積載)·저장·운송 또는 처리 과정에서 발생한 사건으로서 항공상 위험을 야기할 우려가 있는 사건에 관한 자료
2. 항공기와 조류의 충돌에 관련된 자료
3. 그 밖에 국토교통부장관이 항공안전의 관리에 필요하다고 인정하여 고시하는 자료
[전문개정 2020. 2. 28.]</td>
</tr>
</table>

	미군사령관이 지명하는 사람 1명 3. 항공에 관한 학식과 경험이 풍부한 사람 중에서 국토교통부장관이 위촉하는 사람 ④ 제3항제3호에 따른 위원의 임기는 2년으로 한다.	
		제10조의2(모의비행훈련장치의 종류) 법 제2조제15호에서 "국토교통부령으로 정하는 장치"란 다음 각 호의 장치를 말한다. 1. 모의비행장치(Full Flight Simulator): 특정 형식의 항공기의 조종석을 기계·전기·전자 장치 등에 대한 통제 기능과 비행의 성능 및 특성 등이 실제 항공기와 같게 재현될 수 있도록 고안한 장치 2. 비행훈련장치(Flight Training Device): 특정 등급의 항공기의 조종석을 기계·전기·전자 장치 등에 대한 조작 기능과 비행의 성능 및 특성 등이 실제 항공기와 유사하게 재현될 수 있도록 고안한 장치 3. 기본비행훈련장치(Aviation Training Device): 모의비행장치와 비행훈련장치를 제외한 훈련 장치로서 조종사가 훈련하는 실제 항공기와 유사한 환경이 재현될 수 있도록 고안한 장치 [본조신설 2021. 11. 19.]
		제10조의3(항공교통데이터의 종류) 법 제2조제24호의3사목에서 "활주로 등 국토교통부령으로 정하는 시설"이란 다음 각 호의 시설을

		말한다. 1. 항행안전시설 2. 「공항시설법 시행령」 제3조제1호가목에 따른 항공기의 이착륙시설, 같은 호 라목에 따른 통신시설 및 같은 호 마목에 따른 기상관측시설 3. 그 밖에 항공기의 이륙·착륙과 관련된 시설로서 국토교통부장관이 해당 시설에서 생성·사용되는 자료가 항공교통관리에 필요하다고 인정하여 고시하는 시설 [본조신설 2023. 10. 19.]
		제10조의4(항공교통관제시설의 구분) 법 제2조제26호의2에서 "비행장관제탑, 접근관제시설, 지역관제시설 등의 시설로서 국토교통부령으로 정하는 시설"이란 다음 각 호의 시설을 말한다. 1. 비행장관제탑: 비행장관제업무를 수행하기 위해 설치된 인천·김포·제주·여수·양양·무안·울산·울진·정석·태안 관제탑 2. 접근관제시설: 접근관제업무를 수행하기 위해 설치된 서울·제주·김해 접근관제소, 울진울산 접근관제실 및 여수 도착관제실 3. 지역관제시설: 지역관제업무를 수행하기 위해 설치된 대구·인천 지역관제소 [본조신설 2025. 12. 5.]
제11조(항공기 등록사항) ① 국토교통부장관은 제7조에 따라 항공기를 등록한 경우에는	제11조(위원회의 기능) 위원회는 다음 각 호의 사항을 심의한다.	제11조(긴급운항의 범위) 법 제4조제2항에서 "국토교통부령으로 정하는 공공목적으로 긴급

항공기 등록원부(登錄原簿)에 다음 각 호의 사항을 기록하여야 한다. 1. 항공기의 형식 2. 항공기의 제작자 3. 항공기의 제작번호 4. 항공기의 정치장(定置場) 5. 소유자 또는 임차인·임대인의 성명 또는 명칭과 주소 및 국적 6. 등록 연월일 7. 등록기호 ② 제1항에서 규정한 사항 외에 항공기의 등록에 필요한 사항은 대통령령으로 정한다.	1. 법 제78조제1항 각 호에 따른 관제공역(空域), 비관제공역, 통제공역 및 주의공역의 설정·조정 및 관리에 관한 사항 2. 항공기의 비행 및 항공교통관제에 관한 중요한 절차와 규정의 제정 및 개정에 관한 사항 3. 공역의 구조 및 관리에 중대한 영향을 미칠 수 있는 공항시설, 항공교통관제시설 및 항행안전시설의 신설·변경 및 폐쇄에 관한 사항 4. 그 밖에 항공기가 공역과 공항시설, 항공교통관제시설 및 항행안전시설을 안전하고 효율적으로 이용하는 방안에 관한 사항	히 운항(훈련을 포함한다)하는 경우"란 소방·산림 또는 자연공원 업무 등에 사용되는 항공기를 이용하여 재해·재난의 예방, 응급환자를 위한 장기(臟器) 이송, 산림 방제(防除)·순찰, 산림보호사업을 위한 화물 수송, 그 밖에 이와 유사한 목적으로 긴급히 운항(훈련을 포함한다)하는 경우를 말한다.
		제11조의2(항공안전의 날) ① 국토교통부장관 및 지방자치단체의 장은 법 제6조의2제2항에 따라 항공안전의 날의 취지에 적합한 다음 각 호의 행사를 실시할 수 있다. 1. 항공안전과 관련하여 공로가 있는 사람이나 단체에 대한 포상 2. 항공안전 증진을 위한 학술 및 국제교류 등 행사 3. 그 밖에 항공안전 지원과 성숙한 항공안전문화 조성 등을 위한 홍보 행사 ② 국토교통부장관 및 지방자치단체의 장은 제1항에 따른 행사의 실시를 위해 관계 행정기관의 장, 공공기관의 장, 항공안전과 관련된 기관·단체 또는 개인에게 필요한 협조를 요청할 수 있다.

[본조신설 2025. 8. 8.]
[종전 제11조의2는 제11조의3으로 이동 〈2025. 8. 8.〉]

제2장 항공기 등록

제11조의3(항공기 등록에 필요한 정비인력 기준) ① 법 제7조제2항에 따른 항공기 등록에 필요한 정비 인력은 다음 각 호의 업무 수행에 필요한 인력(휴직 · 병가 · 휴가 등을 하는 정비 인력의 업무를 대행하는 인력을 포함한다. 이하 이 조에서 같다)으로 한다. 다만, 국내항공운송사업자의 경우에는 제1호에 따른 업무 수행에 필요한 인력으로 한다.

1. 항공기 · 발동기 · 프로펠러(이하 “항공기등”이라 한다)의 점검 및 정비
2. 위탁받은 항공기등의 정비(다른 항공운송사업자로부터 항공기등의 정비를 위탁받은 항공운송사업자만 해당한다)
3. 법 제93조제1항 및 제2항에 따라 인가받은 정비 훈련프로그램의 운용
4. 제1호부터 제3호까지의 규정에 따른 업무에 준하는 업무

② 제1항 각 호에 따른 업무별 가중치 및 그 산출의 세부기준은 국토교통부장관이 정하여 고시한다.

[본조신설 2020. 12. 10.]
[제11조의2에서 이동 〈2025. 8. 8.〉]

제12조(항공기 등록증명서의 발급) 국토교통부장관은 제7조에 따라 항공기를 등록하였을 때에는 등록한 자에게 대통령령으로 정하는 바에 따라 항공기 등록증명서를 발급하여야 한다.	제12조(위원의 제척·기피·회피) ① 위원회의 위원이 다음 각 호의 어느 하나에 해당하는 경우에는 위원회의 심의·의결에서 제척(除斥)된다. 1. 위원 또는 그 배우자나 배우자였던 사람이 해당 안건의 당사자(당사자가 법인·단체 등인 경우에는 그 임원을 포함한다. 이하 이 호 및 제2호에서 같다)가 되거나 그 안건의 당사자와 공동권리자 또는 공동의무자인 경우 2. 위원이 해당 안건의 당사자와 친족이거나 친족이었던 경우 3. 위원이 해당 안건에 대하여 증언, 진술, 자문, 연구, 용역 또는 감정을 한 경우 4. 위원이나 위원이 속한 법인이 해당 안건의 당사자의 대리인이거나 대리인이었던 경우 ② 해당 안건의 당사자는 위원에게 공정한 심의·의결을 기대하기 어려운 사정이 있는 경우에는 위원회에 기피 신청을 할 수 있고, 위원회는 의결로 이를 결정한다. 이 경우 기피 신청의 대상인 위원은 그 의결에 참여하지 못한다. ③ 위원이 제1항 각 호에 따른 제척 사유에 해당하는 경우에는 스스로 해당 안건의 심의·의결에서 회피(回避)하여야 한다.	제12조(등록기호표의 부착) ① 항공기를 소유하거나 임차하여 사용할 수 있는 권리가 있는 자(이하 "소유자등"이라 한다)가 항공기를 등록한 경우에는 법 제17조제1항에 따라 강철 등 내화금속(耐火金屬)으로 된 등록기호표(가로 7센티미터 세로 5센티미터의 직사각형)를 다음 각 호의 구분에 따라 보기 쉬운 곳에 붙여야 한다. 1. 항공기에 출입구가 있는 경우: 항공기 주(主)출입구 윗부분의 안쪽 2. 항공기에 출입구가 없는 경우: 항공기 동체의 외부 표면 ② 제1항의 등록기호표에는 국적기호 및 등록기호(이하 "등록부호"라 한다)와 소유자등의 명칭을 적어야 한다.
제13조(항공기 변경등록) 소유자등은 제11조제1항제4호 또는 제5호의 등록사항이 변경되었을 때에는 그 변경된 날부터 15일 이내에	제13조(위원의 해임 및 해촉) 국토교통부장관은 위원이 다음 각 호의 어느 하나에 해당하는 경우에는 해당 위원을 해촉(解囑)할 수 있	제13조(국적 등의 표시) ① 법 제18조제1항 단서에서 "신규로 제작한 항공기 등 국토교통부령으로 정하는 항공기"란 다음 각 호의 어

대통령령으로 정하는 바에 따라 국토교통부장관에게 변경등록을 신청하여야 한다.	다. 1. 심신장애로 인하여 직무를 수행할 수 없게 된 경우 2. 직무와 관련된 비위사실이 있는 경우 3. 직무태만, 품위손상이나 그 밖의 사유로 인하여 위원으로 적합하지 아니하다고 인정되는 경우 4. 제12조제1항 각 호의 어느 하나에 해당하는 데에도 불구하고 회피하지 아니한 경우 5. 위원 스스로 직무를 수행하는 것이 곤란하다고 의사를 밝히는 경우	느 하나에 해당하는 항공기를 말한다. 1. 제36조제2호 또는 제3호에 해당하는 항공기 2. 제37조제1호가목에 해당하는 항공기 ② 법 제18조제2항에 따른 국적 등의 표시는 국적기호, 등록기호 순으로 표시하고, 장식체를 사용해서는 아니 되며, 국적기호는 로마자의 대문자 "HL"로 표시하여야 한다. ③ 등록기호의 첫 글자가 문자인 경우 국적기호와 등록기호 사이에 붙임표(-)를 삽입하여야 한다. ④ 항공기에 표시하는 등록부호는 지워지지 아니하고 배경과 선명하게 대조되는 색으로 표시하여야 한다. ⑤ 등록기호의 구성 등에 필요한 세부사항은 국토교통부장관이 정하여 고시한다.
제14조(항공기 이전등록) 등록된 항공기의 소유권 또는 임차권을 양도·양수하려는 자는 그 사유가 있는 날부터 15일 이내에 대통령령으로 정하는 바에 따라 국토교통부장관에게 이전등록을 신청하여야 한다.	제14조(위원장의 직무) ① 위원장은 위원회를 대표하며, 위원회의 업무를 총괄한다. ② 위원장이 부득이한 사유로 직무를 수행할 수 없을 때에는 부위원장이 그 직무를 대행하며, 위원장과 부위원장이 모두 부득이한 사유로 그 직무를 수행할 수 없을 때에는 위원장이 미리 지명한 위원이 그 직무를 대행한다.	제14조(등록부호의 표시위치 등) 등록부호의 표시위치 및 방법은 다음 각 호의 구분에 따른다.<개정 2021. 8. 27.> 1. 비행기와 활공기의 경우에는 주 날개와 꼬리 날개 또는 주 날개와 동체에 다음 각 목의 구분에 따라 표시하여야 한다. 가. 주 날개에 표시하는 경우: 오른쪽 날개 윗면과 왼쪽 날개 아랫면에 주 날개의 앞 끝과 뒤 끝에서 같은 거리에 위치하도록 하고, 등록부호의 윗 부분이 주 날개의 앞 끝을 향하게 표시할 것. 다만, 각 기호는 보조 날개와 플랩에 걸쳐서는 아니 된다.

나. 꼬리 날개에 표시하는 경우: 수직 꼬리 날개의 양쪽 면에, 꼬리 날개의 앞 끝과 뒤 끝에서 5센티미터 이상 떨어지도록 수평 또는 수직으로 표시할 것

다. 동체에 표시하는 경우: 주 날개와 꼬리 날개 사이에 있는 동체의 양쪽 면의 수평안정판 바로 앞에 수평 또는 수직으로 표시할 것

2. 헬리콥터의 경우에는 동체 아랫면과 동체 옆면에 다음 각 목의 구분에 따라 표시하여야 한다.

가. 동체 아랫면에 표시하는 경우: 동체의 최대 횡단면 부근에 등록부호의 윗부분이 동체좌측을 향하게 표시할 것

나. 동체 옆면에 표시하는 경우: 주 회전익 축과 보조 회전익 축 사이의 동체 또는 동력장치가 있는 부근의 양 측면에 수평 또는 수직으로 표시할 것

3. 비행선의 경우에는 선체 또는 수평안정판과 수직안정판에 다음 각 목의 구분에 따라 표시해야 한다.

가. 선체에 표시하는 경우: 대칭축과 직각으로 교차하는 최대 횡단면 부근의 윗면과 양 옆면에 표시할 것

나. 수평안정판에 표시하는 경우: 오른쪽 윗면과 왼쪽 아랫면에 등록부호의 윗부분이 수평안정판의 앞 끝을 향하게 표시할 것

다. 수직안정판에 표시하는 경우: 수직안정

		판의 양 쪽면 아랫부분에 수평으로 표시할 것
제15조(항공기 말소등록) ① 소유자등은 등록된 항공기가 다음 각 호의 어느 하나에 해당하는 경우에는 그 사유가 있는 날부터 15일 이내에 대통령령으로 정하는 바에 따라 국토교통부장관에게 말소등록을 신청하여야 한다. 1. 항공기가 멸실(滅失)되었거나 항공기를 해체(정비등, 수송 또는 보관하기 위한 해체는 제외한다)한 경우 2. 항공기의 존재 여부를 1개월(항공기사고인 경우에는 2개월) 이상 확인할 수 없는 경우 3. 제10조제1항 각 호의 어느 하나에 해당하는 자에게 항공기를 양도하거나 임대(외국 국적을 취득하는 경우만 해당한다)한 경우 4. 임차기간의 만료 등으로 항공기를 사용할 수 있는 권리가 상실된 경우 ② 제1항에 따라 소유자등이 말소등록을 신청하지 아니하면 국토교통부장관은 7일 이상의 기간을 정하여 말소등록을 신청할 것을 최고(催告)하여야 한다. ③ 제2항에 따른 최고를 한 후에도 소유자등이 말소등록을 신청하지 아니하면 국토교통부장관은 직권으로 등록을 말소하고, 그 사실을 소유자등 및 그 밖의 이해관계인에게 알려야 한다. ④ 국토교통부장관은 제1항 또는 제3항에	제15조(회의) ① 위원장은 위원회의 회의를 소집하고, 그 의장이 된다. ② 위원회의 회의는 재적위원 과반수의 출석으로 개의하고, 출석위원 과반수의 찬성으로 의결한다.〈개정 2023. 10. 10.〉	제15조(등록부호의 높이) 등록부호에 사용하는 각 문자와 숫자의 높이는 같아야 하고, 항공기의 종류와 위치에 따른 높이는 다음 각 호의 구분에 따른다. 1. 비행기와 활공기에 표시하는 경우 가. 주 날개에 표시하는 경우에는 50센티미터 이상 나. 수직 꼬리 날개 또는 동체에 표시하는 경우에는 30센티미터 이상 2. 헬리콥터에 표시하는 경우 가. 동체 아랫면에 표시하는 경우에는 50센티미터 이상 나. 동체 옆면에 표시하는 경우에는 30센티미터 이상 3. 비행선에 표시하는 경우 가. 선체에 표시하는 경우에는 50센티미터 이상 나. 수평안정판과 수직안정판에 표시하는 경우에는 15센티미터 이상

따라 항공기 말소등록을 한 경우에는 국토교통부령으로 정하는 바에 따라 항공기 말소등록증명서를 발급하여야 한다.〈신설 2024. 1. 9.〉		
제16조(항공기 등록원부의 발급ㆍ열람) ① 누구든지 국토교통부장관에게 항공기 등록원부의 등본 또는 초본의 발급이나 열람을 청구할 수 있다. ② 제1항에 따라 청구를 받은 국토교통부장관은 특별한 사유가 없으면 해당 자료를 발급하거나 열람하도록 하여야 한다.	제16조(간사) ① 위원회에 위원회의 사무를 처리할 간사 1명을 둔다. ② 간사는 국토교통부 소속 공무원 중에서 국토교통부장관이 지명한다.	제16조(등록부호의 폭ㆍ선 등) 등록부호에 사용하는 각 문자와 숫자의 폭, 선의 굵기 및 간격은 다음 각 호와 같다. 1. 폭과 붙임표(-)의 길이: 문자 및 숫자의 높이의 3분의 2. 다만 영문자 I와 아라비아 숫자 1은 제외한다. 2. 선의 굵기: 문자 및 숫자의 높이의 6분의 1 3. 간격: 문자 및 숫자의 폭의 4분의 1 이상 2분의 1 이하
제17조(항공기 등록기호표의 부착) ① 소유자등은 항공기를 등록한 경우에는 그 항공기 등록기호표를 국토교통부령으로 정하는 형식ㆍ위치 및 방법 등에 따라 항공기에 붙여야 한다. ② 누구든지 제1항에 따라 항공기에 붙인 등록기호표를 훼손해서는 아니 된다.	제17조(운영세칙) 이 영에 규정한 것 외에 위원회의 운영에 필요한 사항은 위원회의 의결을 거쳐 위원장이 정한다.	제17조(등록부호 표시의 예외) ① 국토교통부장관은 제14조부터 제16조까지의 규정에도 불구하고 부득이한 사유가 있다고 인정하는 경우에는 등록부호의 표시위치, 높이, 폭 등을 따로 정할 수 있다. ② 법 제2조제4호에 따른 국가기관등항공기에 대해서는 제14조부터 제16조까지의 규정에도 불구하고 관계 중앙행정기관의 장이 국토교통부장관과 협의하여 등록부호의 표시위치, 높이, 폭 등을 따로 정할 수 있다.
제18조(항공기 국적 등의 표시) ① 누구든지 국적, 등록기호 및 소유자등의 성명 또는 명칭을 표시하지 아니한 항공기를 운항해서는 아니 된다. 다만, 신규로 제작한 항공기 등	제18조(항공교통안전의 협조 요청에 관한 사항) ① 국토교통부장관은 법 제81조제1항에 따라 항공교통의 안전을 확보하기 위하여 군기관, 항공기상에 관한 정보를 제공하는 행정	제3장 항공기기술기준 및 형식증명 등 제18조(형식증명 등의 신청) ① 법 제20조제1항 전단에 따라 형식증명(이하 "형식증명"

국토교통부령으로 정하는 항공기의 경우에는 그러하지 아니하다. ② 제1항에 따른 국적 등의 표시에 관한 사항과 등록기호의 구성 등에 필요한 사항은 국토교통부령으로 정한다.	기관의 장 등에게 협조를 요청할 수 있다. ② 제1항에 따른 협조 요청의 방법 및 세부 사항은 국토교통부령으로 정한다.	이라 한다) 또는 제한형식증명(이하 "제한형식증명"이라 한다)을 받으려는 자는 별지 제1호서식의 형식(제한형식)증명 신청서를 국토교통부장관에게 제출하여야 한다.〈개정 2018. 6. 27.〉 ② 제1항에 따른 신청서에는 다음 각 호의 서류를 첨부하여야 한다. 1. 인증계획서(Certification Plan) 2. 항공기 3면도 3. 발동기의 설계·운용 특성 및 운용한계에 관한 자료(발동기에 대하여 형식증명을 신청하는 경우에만 해당한다) 4. 그 밖에 국토교통부장관이 정하여 고시하는 서류 [제목개정 2018. 6. 27.]
	제18조의2(항공교통데이터시스템 운영의 위탁) 국토교통부장관은 법 제83조의3제3항에 따라 같은 조 제1항에 따른 항공교통데이터시스템의 운영을 「항공안전기술원법」에 따른 항공안전기술원에 위탁한다.	
제3장 항공기기술기준 및 형식증명 등 제19조(항공기기술기준) 국토교통부장관은 항공기등, 장비품 또는 부품의 안전을 확보하기 위하여 다음 각 호의 사항을 포함한 기술상의 기준(이하 "항공기기술기준"이라 한다)을	제19조(항공교통업무증명을 받은 자에 대한 위반행위의 종류별 과징금의 금액 등) ① 법 제87조제1항에 따라 과징금을 부과하는 위반행위의 종류와 위반 정도 등에 따른 과징금의 금액은 별표 2와 같다. ② 과징금의 부과·납부 및 독촉·징수에 관하여는 제6조 및 제7조를 준용한다.	제19조(형식증명 등을 받은 항공기등의 형식설계 변경) 법 제20조제1항 전단에 따라 항공기등에 대한 형식증명 또는 제한형식증명을 받은 자가 같은 항 후단에 따라 형식설계를 변경하려면 별지 제2호서식의 형식설계 변경신청서에 다음 각 호의 서류를 첨부하여 국토교통부장관에게 제출하여야 한다.〈개정

정하여 고시하여야 한다. 1. 항공기등의 감항기준 2. 항공기등의 환경기준(배출가스 배출기준 및 소음기준을 포함한다) 3. 항공기등이 감항성을 유지하기 위한 기준 4. 항공기등, 장비품 또는 부품의 식별 표시 방법 5. 항공기등, 장비품 또는 부품의 인증절차		2020. 12. 10.〉 1. 별지 제3호서식에 따른 형식(제한형식) 증명서 2. 제18조제2항 각 호의 서류 [전문개정 2018. 6. 27.]
제20조(형식증명 등) ① 항공기등의 설계에 관하여 국토교통부장관의 증명을 받으려는 자는 국토교통부령으로 정하는 바에 따라 국토교통부장관에게 제2항 각 호의 어느 하나에 따른 증명을 신청하여야 한다. 증명받은 사항을 변경할 때에도 또한 같다.〈개정 2017. 12. 26.〉 ② 국토교통부장관은 제1항에 따른 신청을 받은 경우 해당 항공기등이 항공기기술기준 등에 적합한지를 검사한 후 다음 각 호의 구분에 따른 증명을 하여야 한다.〈신설 2017. 12. 26.〉 1. 해당 항공기등의 설계가 항공기기술기준에 적합한 경우: 형식증명 2. 신청인이 다음 각 목의 어느 하나에 해당하는 항공기의 설계가 해당 항공기의 업무와 관련된 항공기기술기준에 적합하고 신청인이 제시한 운용범위에서 안전하게 운항할 수 있음을 입증한 경우: 제한형식증명	제20조(항공기 수색·구조 지원계획의 내용 등) ① 법 제88조에 따른 항공기 수색·구조 지원에 관한 계획에는 다음 각 호의 사항이 포함되어야 한다. 1. 수색·구조 지원체계의 구성 및 운영에 관한 사항 2. 국방부장관, 국토교통부장관 및 주한미군사령관의 관할 공역에서의 역할 3. 그 밖에 항공기 수색 또는 인명구조를 위하여 필요한 사항 ② 제1항에 따른 항공기 수색·구조 지원에 관한 계획의 수립 및 시행에 필요한 세부사항은 국토교통부장관이 관계 행정기관의 장과 협의하여 정한다.	제20조(형식증명 등을 위한 검사범위 등) ① 국토교통부장관은 법 제20조제2항에 따라 형식증명 또는 제한형식증명을 위한 검사를 하는 경우에는 다음 각 호에 해당하는 사항을 검사하여야 한다. 다만, 형식설계를 변경하는 경우에는 변경하는 사항에 대한 검사만 해당한다.〈개정 2018. 6. 27., 2022. 6. 8.〉 1. 해당 형식의 설계에 대한 검사 2. 해당 형식의 설계에 따라 제작되는 항공기등의 제작과정에 대한 검사 3. 항공기등의 완성 후의 상태 및 비행성능 등에 대한 검사 ② 법 제20조제2항제2호 가목 및 나목에서 "산불진화, 수색구조 등 국토교통부령으로 정하는 특정한 업무"란 각각 다음 각 호의 업무를 말한다.〈신설 2022. 6. 8.〉 1. 산불 진화 및 예방 업무 2. 재난·재해 등으로 인한 수색·구조 업무

가. 산불진화, 수색구조 등 국토교통부령으로 정하는 특정한 업무에 사용되는 항공기(나목의 항공기를 제외한다)

나. 「군용항공기 비행안전성 인증에 관한 법률」 제4조제5항제1호에 따른 형식인증을 받아 제작된 항공기로서 산불진화, 수색구조 등 국토교통부령으로 정하는 특정한 업무를 수행하도록 개조된 항공기

③ 국토교통부장관은 제2항제1호의 형식증명(이하 "형식증명"이라 한다) 또는 같은 항 제2호의 제한형식증명(이하 "제한형식증명"이라 한다)을 하는 경우 국토교통부령으로 정하는 바에 따라 형식증명서 또는 제한형식증명서를 발급하여야 한다.〈개정 2017. 12. 26.〉

④ 형식증명서 또는 제한형식증명서를 양도·양수하려는 자는 국토교통부령으로 정하는 바에 따라 국토교통부장관에게 양도사실을 보고하고 해당 증명서의 재발급을 신청하여야 한다.〈개정 2017. 12. 26.〉

⑤ 형식증명, 제한형식증명 또는 제21조에 따른 형식증명승인을 받은 항공기등의 설계를 변경하기 위하여 부가적인 증명(이하 "부가형식증명"이라 한다)을 받으려는 자는 국토교통부령으로 정하는 바에 따라 국토교통부장관에게 부가형식증명을 신청하여야 한다.〈개정 2017. 12. 26.〉

⑥ 국토교통부장관은 부가형식증명을 하는 경우 국토교통부령으로 정하는 바에 따라

3. 응급환자의 수송 등 구조·구급 업무

4. 씨앗 파종, 농약 살포 또는 어군(魚群)의 탐지 등 농·수산업 업무

5. 기상관측, 기상조절 실험 등 기상 업무

6. 건설자재 등을 외부에 매달고 운반하는 업무(헬리콥터만 해당한다)

7. 해양오염 관측 및 해양 방제 업무

8. 산림, 관로(管路), 전선(電線) 등의 순찰 또는 관측 업무

[제목개정 2022. 6. 8.]

부가형식증명서를 발급하여야 한다.〈신설 2017. 12. 26.〉 ⑦ 국토교통부장관은 다음 각 호의 어느 하나에 해당하는 경우 해당 항공기등에 대한 형식증명, 제한형식증명 또는 부가형식증명을 취소하거나 6개월 이내의 기간을 정하여 그 효력의 정지를 명할 수 있다. 다만, 제1호에 해당하는 경우에는 형식증명, 제한형식증명 또는 부가형식증명을 취소하여야 한다.〈개정 2017. 12. 26.〉 1. 거짓이나 그 밖의 부정한 방법으로 형식증명, 제한형식증명 또는 부가형식증명을 받은 경우 2. 항공기등이 형식증명, 제한형식증명 또는 부가형식증명 당시의 항공기기술기준 등에 적합하지 아니하게 된 경우 [제목개정 2017. 12. 26.]		
	제20조의2(항공정보 및 항공지도의 무상 제공) 법 제89조제3항 단서에서 "관계 행정기관 등 대통령령으로 정하는 기관"이란 다음 각 호의 기관을 말한다. 1. 외교부 2. 경찰청 3. 소방청 4. 산림청 5. 기상청 6. 해양경찰청 7. 외국정부 또는 국제기구	

8. 그 밖에 국토교통부장관이 항공정보 및 항공지도를 무상으로 이용하게 할 필요가 있다고 인정하여 고시하는 기관

[본조신설 2023. 10. 10.]

제21조(형식증명승인) ① 항공기등의 설계에 관하여 외국정부로부터 형식증명을 받은 자가 해당 항공기등에 대하여 항공기기술기준에 적합함을 승인(이하 "형식증명승인"이라 한다)받으려는 경우 국토교통부령으로 정하는 바에 따라 항공기등의 형식별로 국토교통부장관에게 형식증명승인을 신청하여야 한다. 다만, 다음 각 호의 어느 하나에 해당하는 항공기의 경우에는 장착된 발동기와 프로펠러를 포함하여 신청할 수 있다.〈개정 2017. 12. 26.〉

1. 최대이륙중량 5천700킬로그램 이하의 비행기

2. 최대이륙중량 3천175킬로그램 이하의 헬리콥터

② 제1항에도 불구하고 대한민국과 항공기등의 감항성에 관한 항공안전협정을 체결한 국가로부터 형식증명을 받은 제1항 각 호의 항공기 및 그 항공기에 장착된 발동기와 프로펠러의 경우에는 제1항에 따른 형식증명승인을 받은 것으로 본다.〈신설 2017. 12. 26.〉

③ 국토교통부장관은 형식증명승인을 할 때에는 해당 항공기등(제2항에 따라 형식증명승인을 받은 것으로 보는 항공기 및 그 항공

제21조(항공운송사업자 등에 대한 위반행위의 종류별 과징금의 금액 등) ① 법 제92조제1항 및 제95조제4항에 따라 과징금을 부과하는 위반행위의 종류와 위반 정도 등에 따른 과징금의 금액은 별표 3과 같다.

② 과징금의 부과·납부 및 독촉·징수에 관하여는 제6조 및 제7조를 준용한다.

제21조(형식증명서 등의 발급 등) ① 국토교통부장관은 법 제20조제2항에 따른 형식증명 또는 제한형식증명을 위한 검사 결과 해당 항공기등이 같은 항 각 호의 기준에 적합한 경우 별지 제3호서식의 형식(제한형식)증명서를 발급하여야 한다.〈개정 2018. 6. 27.〉

② 국토교통부장관은 제1항에 따라 형식증명서 또는 제한형식증명서를 발급할 때에는 항공기등의 성능과 주요 장비품 목록 등을 기술한 형식증명자료집 또는 제한형식증명자료집을 함께 발급하여야 한다.〈개정 2018. 6. 27.〉

[제목개정 2018. 6. 27.]

기에 장착된 발동기와 프로펠러는 제외한다)이 항공기기술기준에 적합한지를 검사하여야 한다. 다만, 대한민국과 항공기등의 감항성에 관한 항공안전협정을 체결한 국가로부터 형식증명을 받은 항공기등에 대해서는 해당 협정에서 정하는 바에 따라 검사의 일부를 생략할 수 있다.〈개정 2017. 12. 26.〉

④ 국토교통부장관은 제3항에 따른 검사 결과 해당 항공기등이 항공기기술기준에 적합하다고 인정하는 경우에는 국토교통부령으로 정하는 바에 따라 형식증명승인서를 발급하여야 한다.〈개정 2017. 12. 26.〉

⑤ 국토교통부장관은 형식증명 또는 형식증명승인을 받은 항공기등으로서 외국정부로부터 그 설계에 관한 부가형식증명을 받은 사항이 있는 경우에는 국토교통부령으로 정하는 바에 따라 부가적인 형식증명승인(이하 "부가형식증명승인"이라 한다)을 할 수 있다.〈개정 2017. 12. 26.〉

⑥ 국토교통부장관은 부가형식증명승인을 할 때에는 해당 항공기등이 항공기기술기준에 적합한지를 검사한 후 적합하다고 인정하는 경우에는 국토교통부령으로 정하는 바에 따라 부가형식증명승인서를 발급하여야 한다. 다만, 대한민국과 항공기등의 감항성에 관한 항공안전협정을 체결한 국가로부터 부가형식증명을 받은 사항에 대해서는 해당 협정에서 정하는 바에 따라 검사의 일부를 생략할 수

있다.〈개정 2017. 12. 26.〉 ⑦ 국토교통부장관은 다음 각 호의 어느 하나에 해당하는 경우에는 해당 항공기등에 대한 형식증명승인 또는 부가형식증명승인을 취소하거나 6개월 이내의 기간을 정하여 그 효력의 정지를 명할 수 있다. 다만, 제1호에 해당하는 경우에는 형식증명승인 또는 부가형식증명승인을 취소하여야 한다.〈개정 2017. 12. 26.〉 1. 거짓이나 그 밖의 부정한 방법으로 형식증명승인 또는 부가형식증명승인을 받은 경우 2. 항공기등이 형식증명승인 또는 부가형식증명승인 당시의 항공기기술기준에 적합하지 아니하게 된 경우		
제22조(제작증명) ① 형식증명 또는 제한형식증명에 따라 인가된 설계에 일치하게 항공기등을 제작할 수 있는 기술, 설비, 인력 및 품질관리체계 등을 갖추고 있음을 증명(이하 "제작증명"이라 한다)받으려는 자는 국토교통부령으로 정하는 바에 따라 국토교통부장관에게 제작증명을 신청하여야 한다.〈개정 2017. 12. 26.〉 ② 국토교통부장관은 제1항에 따른 신청을 받은 경우 항공기등을 제작하려는 자가 형식증명 또는 제한형식증명에 따라 인가된 설계에 일치하게 항공기등을 제작할 수 있는 기술, 설비, 인력 및 품질관리체계 등을 갖추	제22조(정비조직인증을 받은 자에 대한 위반행위의 종류별 과징금의 금액 등) ① 법 제99조제1항에 따라 과징금을 부과하는 위반행위의 종류와 위반 정도 등에 따른 과징금의 금액은 별표 4와 같다. ② 과징금의 부과·납부 및 독촉·징수에 관하여는 제6조 및 제7조를 준용한다.	제22조(형식증명서 등의 양도·양수) ① 법 제20조제4항에 따라 형식증명서 또는 제한형식증명서를 양도·양수하려는 자는 형식증명서 또는 제한형식증명서 번호, 양수하려는 자의 성명 또는 명칭, 주소와 양수·양도일자를 적은 별지 제4호서식의 형식(제한형식)증명서 재발급 신청서에 다음 각 호의 서류를 첨부하여 국토교통부장관에게 제출하여야 한다.〈개정 2018. 6. 27.〉 1. 양도 및 양수에 관한 계획서 2. 항공기등의 설계자료 및 감항성유지사항의 양도·양수에 관한 서류 3. 그 밖에 국토교통부장관이 정하여 고

고 있는지를 검사하여야 한다.〈개정 2017. 12. 26.〉 ③ 국토교통부장관은 제1항에 따라 제작증명을 하는 경우 국토교통부령으로 정하는 바에 따라 제작증명서를 발급하여야 한다. 이 경우 제작증명서는 타인에게 양도·양수할 수 없다.〈신설 2017. 12. 26.〉 ④ 제작증명을 받은 자는 항공기등, 장비품 또는 부품의 감항성에 영향을 미칠 수 있는 설비의 이전이나 증설 또는 품질관리체계의 변경 등 국토교통부령으로 정하는 사유가 발생하는 경우 이를 국토교통부장관에게 보고하여야 한다.〈신설 2017. 12. 26.〉 ⑤ 국토교통부장관은 다음 각 호의 어느 하나에 해당하는 경우에는 제작증명을 취소하거나 6개월 이내의 기간을 정하여 그 효력의 정지를 명할 수 있다. 다만, 제1호에 해당하는 경우에는 제작증명을 취소하여야 한다.〈개정 2017. 12. 26.〉 1. 거짓이나 그 밖의 부정한 방법으로 제작증명을 받은 경우 2. 항공기등이 제작증명 당시의 항공기기술기준에 적합하지 아니하게 된 경우		시하는 서류 ② 국토교통부장관은 제1항에 따른 신청서 기재사항과 첨부 서류를 확인하고 별지 제3호서식의 형식(제한형식)증명서를 발급하여야 한다.〈개정 2018. 6. 27.〉 [제목개정 2018. 6. 27.]
제23조(감항증명 및 감항성 유지) ① 항공기가 감항성이 있다는 증명(이하 "감항증명"이라 한다)을 받으려는 자는 국토교통부령으로 정하는 바에 따라 국토교통부장관에게 감항증명을 신청하여야 한다.	제23조(경량항공기의 이륙·착륙 장소 외에서의 이륙·착륙 허가 등) ① 법 제118조제1항 단서에 따라 안전과 관련한 비상상황 등 불가피한 사유가 있는 경우는 다음 각 호의 어느 하나에 해당하는 경우로 한다.〈개정	제23조(부가형식증명의 신청) ① 법 제20조제5항에 따라 부가형식증명을 받으려는 자는 별지 제5호서식의 부가형식증명 신청서를 국토교통부장관에게 제출하여야 한다.〈개정 2018. 6. 27.〉

② 감항증명은 대한민국 국적을 가진 항공기가 아니면 받을 수 없다. 다만, 국토교통부령으로 정하는 항공기의 경우에는 그러하지 아니하다.

③ 누구든지 다음 각 호의 어느 하나에 해당하는 감항증명을 받지 아니한 항공기를 운항하여서는 아니 된다.〈개정 2017. 12. 26.〉

1. 표준감항증명: 해당 항공기가 형식증명 또는 형식증명승인에 따라 인가된 설계에 일치하게 제작되고 안전하게 운항할 수 있다고 판단되는 경우에 발급하는 증명

2. 특별감항증명: 해당 항공기가 제한형식증명을 받았거나 항공기의 연구, 개발 등 국토교통부령으로 정하는 경우로서 항공기 제작자 또는 소유자등이 제시한 운용범위를 검토하여 안전하게 운항할 수 있다고 판단되는 경우에 발급하는 증명

④ 국토교통부장관은 제3항 각 호의 어느 하나에 해당하는 감항증명을 하는 경우 국토교통부령으로 정하는 바에 따라 해당 항공기의 설계, 제작과정, 완성 후의 상태와 비행성능에 대하여 검사하고 해당 항공기의 운용한계(運用限界)를 지정하여야 한다. 다만, 다음 각 호의 어느 하나에 해당하는 항공기의 경우에는 국토교통부령으로 정하는 바에 따라 검사의 일부를 생략할 수 있다.〈신설 2017. 12. 26.〉

1. 형식증명, 제한형식증명 또는 형식증명

2019. 8. 27.〉

1. 경량항공기의 비행 중 계기 고장, 연료부족 등의 비상상황이 발생하여 신속하게 착륙하여야 하는 경우

2. 항공기의 운항 등으로 비행장 및 이착륙장을 사용할 수 없는 경우

3. 경량항공기가 이륙·착륙하려는 장소 주변 30킬로미터 이내에 비행장 또는 이착륙장이 없는 경우

② 제1항제1호에 해당하여 법 제118조제1항 단서에 따라 착륙의 허가를 받으려는 자는 무선통신 등을 사용하여 국토교통부장관에게 착륙 허가를 신청하여야 한다. 이 경우 국토교통부장관은 특별한 사유가 없으면 허가하여야 한다.

③ 제1항제2호 또는 제3호에 해당하여 법 제118조제1항 단서에 따라 이륙 또는 착륙의 허가를 받으려는 자는 국토교통부령으로 정하는 허가신청서를 국토교통부장관에게 제출하여야 한다. 이 경우 국토교통부장관은 그 내용을 검토하여 안전에 지장이 없다고 인정되는 경우에는 6개월 이내의 기간을 정하여 허가하여야 한다.

② 제1항에 따른 신청서에는 다음 각 호의 서류를 첨부하여야 한다.〈개정 2018. 6. 27.〉

1. 법 제19조에 따른 항공기기술기준(이하 "항공기기술기준"이라 한다)에 대한 적합성 입증계획서

2. 설계도면 및 설계도면 목록

3. 부품표 및 사양서

4. 그 밖에 참고사항을 적은 서류

승인을 받은 항공기

2. 제작증명을 받은 자가 제작한 항공기

3. 항공기를 수출하는 외국정부로부터 감항성이 있다는 승인을 받아 수입하는 항공기

⑤ 감항증명의 유효기간은 1년으로 한다. 다만, 항공기의 형식, 기령 및 소유자등(제32조제2항에 따른 위탁을 받은 자를 포함한다)의 감항성 유지능력 등을 고려하여 국토교통부령으로 정하는 바에 따라 유효기간을 연장하거나 단축할 수 있다.〈개정 2017. 12. 26., 2024. 3. 19.〉

⑥ 국토교통부장관은 제4항에 따른 검사 결과 항공기가 감항성이 있다고 판단되는 경우 국토교통부령으로 정하는 바에 따라 감항증명서를 발급하여야 한다.〈신설 2017. 12. 26.〉

⑦ 국토교통부장관은 다음 각 호의 어느 하나에 해당하는 경우에는 해당 항공기에 대한 감항증명을 취소하거나 6개월 이내의 기간을 정하여 그 효력의 정지를 명할 수 있다. 다만, 제1호에 해당하는 경우에는 감항증명을 취소하여야 한다.〈개정 2017. 12. 26.〉

1. 거짓이나 그 밖의 부정한 방법으로 감항증명을 받은 경우

2. 항공기가 감항증명 당시의 항공기기술기준에 적합하지 아니하게 된 경우

⑧ 항공기를 운항하려는 소유자등은 국토교통부령으로 정하는 바에 따라 그 항공기의 감항성을 유지하여야 한다.〈개정 2017. 12. 26.〉

⑨ 국토교통부장관은 제8항에 따라 소유자등이 해당 항공기의 감항성을 유지하는지를 수시로 검사하여야 하며, 항공기의 감항성 유지를 위하여 소유자등에게 항공기등, 장비품 또는 부품에 대한 정비등에 관한 감항성 개선 또는 그 밖의 검사·정비등을 명할 수 있다.〈개정 2017. 12. 26.〉		
제24조(감항승인) ① 우리나라에서 제작, 운항 또는 정비등을 한 항공기등, 장비품 또는 부품을 타인에게 제공하려는 자는 국토교통부령으로 정하는 바에 따라 국토교통부장관의 감항승인을 받을 수 있다. ② 국토교통부장관은 제1항에 따른 감항승인을 할 때에는 해당 항공기등, 장비품 또는 부품이 항공기기술기준 또는 제27조제1항에 따른 기술표준품의 형식승인기준에 적합하고, 안전하게 운용할 수 있다고 판단하는 경우에는 감항승인을 하여야 한다. ③ 국토교통부장관은 다음 각 호의 어느 하나에 해당하는 경우에는 제2항에 따른 감항승인을 취소하거나 6개월 이내의 기간을 정하여 그 효력의 정지를 명할 수 있다. 다만, 제1호에 해당하는 경우에는 그 감항승인을 취소하여야 한다. 1. 거짓이나 그 밖의 부정한 방법으로 감항승인을 받은 경우 2. 항공기등, 장비품 또는 부품이 감항승인 당시의 항공기기술기준 또는 제27조제1항	제24조(신고를 필요로 하지 않는 초경량비행장치의 범위) 법 제122조제1항 단서에서 "대통령령으로 정하는 초경량비행장치"란 다음 각 호의 어느 하나에 해당하는 것으로서 「항공사업법」에 따른 항공기대여업·항공레저스포츠사업 또는 초경량비행장치사용사업에 사용되지 아니하는 것을 말한다.〈개정 2020. 5. 26., 2020. 12. 10.〉 1. 행글라이더, 패러글라이더 등 동력을 이용하지 아니하는 비행장치 2. 기구류(사람이 탑승하는 것은 제외한다) 3. 계류식(繫留式) 무인비행장치 4. 낙하산류 5. 무인동력비행장치 중에서 최대이륙중량이 2킬로그램 이하인 것 6. 무인비행선 중에서 연료의 무게를 제외한 자체무게가 12킬로그램 이하이고, 길이가 7미터 이하인 것 7. 연구기관 등이 시험·조사·연구 또는 개발을 위하여 제작한 초경량비행장치 8. 제작자 등이 판매를 목적으로 제작하	제24조(부가형식증명의 검사범위) 국토교통부장관은 법 제20조제5항에 따라 부가형식증명을 위한 검사를 하는 경우에는 다음 각 호에 해당하는 사항을 검사하여야 한다.〈개정 2018. 6. 27.〉 1. 변경되는 설계에 대한 검사 2. 변경되는 설계에 따라 제작되는 항공기등의 제작과정에 대한 검사 3. 완성 후의 상태 및 비행성능에 관한 검사

에 따른 기술표준품의 형식승인기준에 적합하지 아니하게 된 경우	였으나 판매되지 아니한 것으로서 비행에 사용되지 아니하는 초경량비행장치 9. 군사목적으로 사용되는 초경량비행장치 [제목개정 2020. 12. 10.]	
제25조(소음기준적합증명) ① 국토교통부령으로 정하는 항공기의 소유자등은 감항증명을 받는 경우와 수리·개조 등으로 항공기의 소음치(騷音値)가 변동된 경우에는 국토교통부령으로 정하는 바에 따라 그 항공기가 제19조제2호의 소음기준에 적합한지에 대하여 국토교통부장관의 증명(이하 "소음기준적합증명"이라 한다)을 받아야 한다. ② 소음기준적합증명을 받지 아니하거나 항공기기술기준에 적합하지 아니한 항공기를 운항해서는 아니 된다. 다만, 국토교통부령으로 정하는 바에 따라 국토교통부장관의 운항허가를 받은 경우에는 그러하지 아니하다. ③ 국토교통부장관은 다음 각 호의 어느 하나에 해당하는 경우에는 소음기준적합증명을 취소하거나 6개월 이내의 기간을 정하여 그 효력의 정지를 명할 수 있다. 다만, 제1호에 해당하는 경우에는 소음기준적합증명을 취소하여야 한다. 1. 거짓이나 그 밖의 부정한 방법으로 소음기준적합증명을 받은 경우 2. 항공기가 소음기준적합증명 당시의 항공기기술기준에 적합하지 아니하게 된 경우	제25조(초경량비행장치 비행승인 제외 범위) 법 제127조제2항 단서에서 "비행장 및 이착륙장의 주변 등 대통령령으로 정하는 제한된 범위"란 다음 각 호의 어느 하나에 해당하는 범위를 말한다. 1. 비행장(군 비행장은 제외한다)의 중심으로부터 반지름 3킬로미터 이내의 지역의 고도 500피트 이내의 범위(해당 비행장에서 법 제83조에 따른 항공교통업무를 수행하는 자와 사전에 협의가 된 경우에 한정한다) 2. 이착륙장의 중심으로부터 반지름 3킬로미터 이내의 지역의 고도 500피트 이내의 범위(해당 이착륙장을 관리하는 자와 사전에 협의가 된 경우에 한정한다)	제25조(부가형식증명서의 발급) 국토교통부장관은 제24조에 따른 검사 결과 변경되는 설계가 항공기기술기준에 적합하다고 인정하는 경우에는 별지 제6호서식의 부가형식증명서를 발급하여야 한다.

제25조의2(무인비행장치의 적용특례) 법 제131조의2제2항에서 "대통령령으로 정하는 공공기관" 이란 다음 각 호의 공공기관을 말한다.〈개정 2020. 9. 10., 2020. 12. 1., 2020. 12. 8., 2021. 3. 30., 2024. 7. 23., 2025. 2. 7.〉

1. 「한국국토정보공사법」에 따른 한국국토정보공사
2. 「국립공원공단법」에 따른 국립공원공단
3. 「한국도로교통공단법」에 따른 한국도로교통공단
4. 「산림복지 진흥에 관한 법률」 제49조에 따른 한국산림복지진흥원
5. 「국토안전관리원법」에 따른 국토안전관리원
6. 「임업 및 산촌 진흥촉진에 관한 법률」 제29조의2에 따른 한국임업진흥원
7. 「전기안전관리법」 제30조에 따른 한국전기안전공사
8. 「한국가스공사법」에 따른 한국가스공사
9. 「한국부동산원법」에 따른 한국부동산원
10. 「한국교통안전공단법」에 따른 한국교통안전공단
11. 「한국도로공사법」에 따른 한국도로공사
12. 「한국산업안전보건공단법」에 따른 한국산업안전보건공단
13. 「한국수자원공사법」에 따른 한국수자원공사

	14. 「한국원자력안전기술원법」에 따른 한국원자력안전기술원 15. 「한국전력공사법」에 따른 한국전력공사 및 한국전력공사가 출자하여 설립한 발전자회사 16. 「한국철도공사법」에 따른 한국철도공사 17. 「국가철도공단법」에 따른 국가철도공단 18. 「한국토지주택공사법」에 따른 한국토지주택공사 19. 「한국환경공단법」에 따른 한국환경공단 20. 「한국해양과학기술원법」에 따른 한국해양과학기술원 21. 「항만공사법」에 따른 항만공사 22. 「해양환경관리법」 제96조에 따른 해양환경공단 23. 「공공기관의 운영에 관한 법률」에 따른 공공기관 중 무인비행장치를 공공목적으로 긴급히 비행할 필요가 있다고 국토교통부장관이 인정하여 고시하는 공공기관 [본조신설 2020. 5. 26.]	
第26조(항공기기술기준 변경에 따른 요구) 국토교통부장관은 항공기기술기준이 변경되어 형식증명을 받은 항공기가 변경된 항공기기술기준에 적합하지 아니하게 된 경우에는 형식증명을 받거나 양수한 자 또는 소유자등에게 변경된 항공기기술기준을 따르도록 요구할 수 있다. 이 경우 형식증명을 받거나 양수한 자 또는 소유자등은 이에 따라야 한다.	第26조(권한 및 업무의 위임·위탁) ① 국토교통부장관은 법 제135조제1항에 따라 다음 각 호의 권한을 지방항공청장에게 위임한다. 〈개정 2018. 6. 19., 2019. 8. 27., 2020. 2. 25., 2020. 5. 26., 2020. 12. 10., 2021. 6. 8., 2021. 11. 16., 2022. 6. 7., 2022. 12. 20., 2024. 9. 19., 2025. 5. 20., 2025. 11. 25.〉	第26조(형식증명승인의 신청) ① 법 제21조제1항에 따라 형식증명승인을 받으려는 자는 별지 제7호서식의 형식증명승인 신청서를 국토교통부장관에게 제출하여야 한다. ② 제1항에 따른 신청서에는 다음 각 호의 서류를 첨부하여야 한다. 1. 외국정부의 형식증명서 2. 형식증명자료집

1. 법 제23조제3항제1호에 따른 표준감항증명. 다만, 다음 각 목의 표준감항증명은 제외한다.

가. 법 제20조제2항제1호에 따른 형식증명을 받은 항공기에 대한 최초의 표준감항증명

나. 법 제22조에 따른 제작증명을 받아 제작한 항공기에 대한 최초의 표준감항증명

2. 다음 각 목에 해당하는 항공기에 대한 법 제23조제3항제2호에 따른 특별감항증명. 다만, 법 제20조제2항제2호에 따른 제한형식증명을 받은 항공기에 대한 최초의 특별감항증명은 제외한다.

가. 항공기를 제작·정비·수리 또는 개조 후 시험비행을 하는 항공기

나. 항공기의 정비·수리 또는 개조(이하 "정비등"이라 한다)를 위한 장소까지 승객·화물을 싣지 않고 비행하는 항공기

다. 항공기를 수입하거나 수출하기 위해 승객·화물을 싣지 않고 비행하는 항공기

라. 재난·재해 등으로 인한 수색·구조에 사용하는 항공기

마. 산불 진화 및 예방에 사용하는 항공기

바. 응급환자의 수송 등 구조·구급활동에 사용하는 항공기

사. 씨앗 파종, 농약 살포 또는 어군(魚群) 탐지 등 농수산업에 사용하는 항공기

아. 기상관측 또는 기상조절 실험 등에 사용되는 항공기

3. 설계 개요서

4. 항공기기술기준에 적합함을 입증하는 자료

5. 비행교범 또는 운용방식을 적은 서류

6. 정비방식을 적은 서류

7. 그 밖에 참고사항을 적은 서류

③ 삭제〈2018. 6. 27.〉

자. 건설자재 등을 외부에 매달고 운반하는 데 사용하는 헬리콥터

차. 해양오염 관측 및 해양 방제에 사용하는 항공기

카. 산림, 관로(管路), 전선(電線) 등의 순찰 또는 관측에 사용하는 항공기

3. 법 제23조제4항에 따른 항공기의 설계, 제작과정, 완성 후의 상태와 비행성능의 검사 및 운용한계(運用限界)의 지정(제1호 및 제2호에 따라 지방항공청장에게 권한이 위임된 표준감항증명 또는 특별감항증명의 대상이 되는 항공기만 해당한다)

4. 법 제23조제5항 단서에 따른 감항증명의 유효기간 연장

4의2. 법 제23조제6항에 따른 감항증명서의 발급(제1호 및 제2호에 따라 지방항공청장에게 권한이 위임된 표준감항증명 또는 특별감항증명의 대상이 되는 항공기만 해당한다)

5. 법 제23조제7항에 따른 감항증명의 취소 및 효력정지명령(지방항공청장에게 권한이 위임된 감항증명에 관한 감항증명의 취소 및 효력 정지만 해당한다)

6. 법 제23조제9항에 따른 항공기의 감항성 유지 여부에 대한 수시검사

7. 법 제24조에 따른 항공기등(항공기, 발동기 및 프로펠러를 말한다. 이하 같다), 장비품 또는 부품의 감항승인, 감항승인의 취소

및 효력정지명령. 다만, 다음 각 목의 감항승인과 그 감항승인의 취소 및 효력정지명령은 제외한다.

가. 삭제 〈2023.10.10〉

나. 삭제 〈2023.10.10〉

다. 법 제27조에 따른 기술표준품형식승인을 받은 기술표준품에 대한 최초의 감항승인

라. 법 제28조에 따른 부품등제작자증명을 받아 제작한 장비품 또는 부품에 대한 최초의 감항승인

8. 법 제25조에 따른 소음기준적합증명, 소음기준적합증명의 취소 및 효력정지명령. 다만, 다음 각 목의 소음기준적합증명과 그 소음기준적합증명의 취소 및 효력정지명령은 제외한다.

가. 법 제20조에 따른 형식증명 또는 제한형식증명을 받은 항공기에 대한 최초의 소음기준적합증명

나. 법 제22조에 따른 제작증명을 받아 제작한 항공기에 대한 최초의 소음기준적합증명

9. 법 제30조에 따른 수리 · 개조승인

9의2. 법 제33조제2항에 따른 고장 등 보고(국제항공운송사업자의 보고는 제외한다)의 접수

10. 법 제36조제3항제2호에 따른 시험비행 등에 대한 허가

10의2. 법 제38조의2제1항에 따른 자격

증명의 한정을 받은 전문항공교통관제사(지방항공청에 소속된 전문항공교통관제사로 한정한다)에 대한 기량 심사

11. 법 제39조의2와 관련된 다음 각 목의 권한

가. 법 제39조의2제1항 및 제2항에 따른 모의비행훈련장치의 지정 · 변경지정 · 유효기간 연장 신청서의 접수 및 검사

나. 법 제39조의2제3항에 따른 모의비행훈련장치 지정서의 발급

다. 법 제39조의2제4항 단서에 따른 모의비행훈련장치의 유효기간 연장

라. 법 제39조의2제5항에 따른 모의비행훈련장치의 지정 취소 및 효력 정지 명령

12. 법 제41조에 따른 운항승무원(국제항공운송사업자에 소속된 운항승무원은 제외한다), 항공교통관제사 및 전문항공교통관제사(지방항공청에 소속된 항공교통관제사 및 전문항공교통관제사로 한정한다)에 대한 항공신체검사명령

12의2. 법 제41조의2제1항에 따른 항공교통관제사(지방항공청에 소속된 항공교통관제사로 한정한다)에 대한 건강증진활동계획의 수립 · 시행

13. 법 제43조제1항에 따른 자격증명등의 취소 또는 효력정지명령 및 같은 조 제3항에 따른 항공신체검사증명의 취소 또는 효력정지명령(국제항공운송사업자에 소속된 항

공종사자와 지방항공청에 소속된 항공교통관제사ㆍ전문항공교통관제사에 대한 자격증명등 및 항공신체검사증명의 취소 또는 효력정지 명령은 제외한다)

14. 법 제46조제1항제2호에 따른 항공기 조종연습을 위한 허가

15. 법 제47조에 따른 항공교통관제연습 허가(지방항공청장의 관할구역에서만 해당한다)

15의2. 삭제〈2025. 11. 25.〉

15의3. 삭제〈2025. 11. 25.〉

15의4. 삭제〈2025. 11. 25.〉

16. 법 제56조제2항에 따른 피로위험관리시스템 승인 및 변경승인(국제항공운송사업자에 대한 피로위험관리시스템 승인 및 변경승인은 제외한다)

17. 법 제57조제3항 및 제4항에 따른 주류등(「주세법」에 따른 주류, 「마약류 관리에 관한 법률」에 따른 마약류 또는 「화학물질관리법」 제22조제1항에 따른 환각물질 등을 말한다. 이하 같다)의 섭취 및 사용 여부의 측정(지방항공청에 소속된 항공교통관제사 및 전문항공교통관제사에 대한 측정은 제외한다)

18. 법 제58조제2항제2호ㆍ제4호(국제항공운송사업자는 제외한다) 및 제5호에 해당하는 자에 대한 항공안전관리시스템의 승인 및 변경승인

18의2. 법 제58조제3항에 따른 항공안전관리시스템의 구축ㆍ운용(지방항공청장의 관

할구역에서만 해당한다)

19. 법 제59조제1항 본문에 따른 의무보고 대상 항공안전장애(이하 이 호에서 "의무보고 대상 항공안전장애"라 한다)의 접수 및 법 제60조제1항에 따른 사실조사. 다만, 다음 각 목의 의무보고 대상 항공안전장애는 제외한다.

가. 법 제83조에 따라 항공교통업무를 제공하는 자와 관련된 의무보고 대상 항공안전장애

나. 국제항공운송사업자와 관련된 의무보고 대상 항공안전장애(지상운항 중 발생하는 의무보고 대상 항공안전장애 중 국토교통부령으로 정하는 의무보고 대상 항공안전장애는 제외한다)

20. 법 제62조제5항 및 제6항에 따른 기장 또는 항공기의 소유자등의 보고(국제항공운송사업자와 그에 소속된 기장의 보고는 제외한다)의 접수

20의2. 법 제63조에 따른 기장 등의 운항자격에 관한 권한 중 헬리콥터의 기장 또는 기장 외의 조종사의 운항자격에 관한 다음 각 목의 권한

가. 법 제63조제1항에 따른 자격인정 및 같은 조 제2항에 따른 심사

나. 법 제63조제3항에 따른 자격인정의 취소

다. 법 제63조제4항에 따른 항공운송사업

자 또는 항공기사용사업자의 지정

라. 법 제63조제6항에 따른 기장 또는 기장 외의 조종사에 대한 같은 조 제2항에 따른 심사

21. 법 제66조제1항제1호에 따른 항공기(「항공사업법」 제2조제11호에 따른 국제항공운송사업에 사용되는 항공기는 제외한다)의 이륙·착륙 허가

22. 법 제68조 각 호 외의 부분 단서에 따른 비행 또는 행위에 대한 허가. 다만, 다음 각 목에 따른 허가는 제외한다.

가. 법 제68조제5호에 따른 무인항공기(두 나라 이상을 비행하는 무인항공기로서 대한민국 밖에서 이륙하여 대한민국에 착륙하지 않고 대한민국 내를 운항하여 대한민국 밖에 착륙하는 무인항공기만 해당한다)의 비행에 대한 허가

나. 제3항제1호 및 제11항제1호에 따른 허가

23. 법 제69조에 따른 긴급항공기의 지정 및 지정취소

24. 법 제74조에 따른 비행기(「항공사업법」 제2조제11호에 따른 국제항공운송사업에 사용되는 비행기는 제외한다)의 회항시간 연장운항의 승인

25. 법 제75조제1항 각 호에 따른 공역에서의 항공기(「항공사업법」 제2조제11호에 따른 국제항공운송사업에 사용되는 항공기는

제외한다)의 운항승인

25의2. 법 제78조제3항에 따른 계기비행절차(법 제78조제1항 및 제2항에 따라 지정·공고된 공역을 사용하는 항공기의 표준 출발·도착 절차, 접근 절차 및 항공로 등을 말한다. 이하 같다)의 설정·공고(지방항공청장의 관할구역에서만 해당하며, 항공로의 설정·공고는 제외한다)

26. 법 제79조제2항 단서에 따른 통제공역에서의 비행허가(지방항공청장의 관할구역에서만 해당한다)

27. 법 제81조에 따른 항공교통의 안전을 확보하기 위한 관계 행정기관의 장과의 협조(지방항공청장에게 권한이 위임된 사항에 관한 관계 행정기관의 장과의 협조만 해당한다)

28. 법 제83조제1항에 따른 항공교통관제 업무의 제공, 같은 조 제2항에 따른 항공기 또는 경량항공기의 운항과 관련된 조언 및 정보의 제공, 같은 조 제3항에 따른 수색·구조를 필요로 하는 항공기 또는 경량항공기에 관한 정보의 제공(지방항공청장의 관할구역에서만 해당한다) 및 같은 조 제4항에 따른 전문항공교통관제사(지방항공청에 소속된 전문항공교통관제사로 한정한다)의 양성 및 기량 유지에 필요한 교육훈련의 실시

29. 법 제84조제1항에 따른 항공기의 이동·이륙·착륙의 순서 및 시기와 비행의 방법에 대한 지시 및 같은 조 제2항에 따른 비

행장 또는 공항 이동지역에서의 지시(지방항공청장의 관할구역에서만 해당한다)

30. 법 제89조제1항에 따른 항공정보의 제공(지방항공청장의 관할구역에서만 해당하며, 간행물 형태로 제공하는 것은 제외한다)

31. 법 제90조제1항부터 제3항까지 및 제5항(법 제96조제1항에서 준용하는 경우를 포함한다)에 따른 운항증명, 운영기준·운항증명서의 발급, 운영기준의 변경 및 안전운항체계 변경검사(국제항공운송사업자에 대한 운항증명, 운영기준·운항증명서의 발급, 운영기준의 변경 및 안전운항체계 변경검사는 제외한다)

32. 법 제90조제6항(법 제96조제1항에서 준용하는 경우를 포함한다)에 따른 안전운항체계 유지에 대한 정기검사 또는 수시검사(국제항공운송사업자에 대한 정기검사 또는 수시검사는 제외한다)

33. 법 제90조제7항 및 제8항(법 제96조제1항에서 준용하는 경우를 포함한다)에 따른 항공기 또는 노선의 운항정지명령, 항공종사자의 업무정지명령 및 그 처분의 취소(국제항공운송사업자에 대한 운항정지명령, 업무정지명령 및 그 처분의 취소는 제외한다)

33의2. 법 제90조제9항 및 제10항(법 제96조제1항에서 준용하는 경우를 포함한다)에 따른 운항증명의 효력정지명령 및 그 효력정지의 해제명령(국제항공운송사업자에 대한 운

항증명의 효력정지명령 및 그 효력정지의 해제명령은 제외한다)

34. 법 제91조제1항에 따른 항공운송사업자(국제항공운송사업자는 제외한다)에 대한 운항증명의 취소 및 항공기의 운항정지명령

35. 법 제92조에 따른 항공운송사업자(국제항공운송사업자는 제외한다)에 대한 과징금의 부과 및 징수

36. 법 제93조(법 제96조제2항에서 준용하는 경우를 포함한다)에 따른 운항규정 및 정비규정의 인가, 변경신고의 수리 및 변경인가(국제항공운송사업자의 운항규정 및 정비규정의 인가, 변경신고의 수리 및 변경인가는 제외한다)

37. 법 제94조(법 제96조제2항에서 준용하는 경우를 포함한다)에 따른 안전개선명령(지방항공청장에게 권한이 위임된 사항에 관한 안전개선명령만 해당한다)

38. 법 제95조제1항 및 제2항에 따른 항공기사용사업자에 대한 운항증명의 취소 및 항공기의 운항정지명령

39. 법 제95조제4항에 따른 항공기사용사업자에 대한 과징금의 부과 및 징수

40. 법 제97조에 따른 정비조직인증 및 세부 운영기준·정비조직인증서의 발급

41. 법 제98조에 따른 정비조직인증의 취소 또는 효력정지명령

42. 법 제99조에 따른 정비조직인증을 받

은 자에 대한 과징금의 부과 및 징수

43. 법 제100조제1항제1호 및 제2호에 따른 외국항공기(미수교 국가 국적의 항공기는 제외한다)의 항행허가

44. 법 제101조 단서에 따른 외국항공기의 국내 사용 허가

44의2. 법 제106조제1항에 따라 준용되는 법 제57조제3항·제4항에 따른 주류등의 섭취 및 사용 여부의 측정

45. 법 제114조제1항에 따른 경량항공기 조종사 자격증명등의 취소 또는 효력정지명령 및 같은 조 제2항(법 제116조제5항에서 준용하는 경우를 포함한다)에 따른 항공신체검사증명의 취소 또는 효력정지명령

46. 법 제116조제1항 및 제4항에 따른 경량항공기 조종연습을 위한 허가 및 조종연습허가서의 발급

46의2. 법 제117조제1항에 따른 경량항공기 전문교육기관의 지정 및 같은 조 제4항에 따른 경량항공기 전문교육기관 지정의 취소

47. 법 제118조제1항 단서에 따른 경량항공기의 이륙·착륙의 허가

48. 법 제120조제2항에 따른 경량항공기 조종사 또는 경량항공기소유자등의 경량항공기사고 보고의 접수

49. 경량항공기에 대하여 준용되는 다음 각 목의 권한

가. 법 제121조제2항에 따라 준용되는 법

제57조제3항 및 제4항에 따른 주류등의 섭취 및 사용 여부의 측정

나. 법 제121조제4항에 따라 준용되는 법 제79조제2항 단서에 따른 통제공역에서의 비행허가(지방항공청장의 관할구역에서만 해당한다)

다. 법 제121조제5항에 따라 준용되는 법 제84조제1항에 따른 경량항공기의 이동·이륙·착륙의 순서 및 시기와 비행의 방법에 대한 지시 및 같은 조 제2항에 따른 비행장 또는 공항 이동지역에서의 지시(지방항공청장의 관할구역에서만 해당한다)

50. 삭제〈2020. 12. 10.〉

51. 삭제〈2020. 12. 10.〉

52. 법 제125조제5항에 따른 초경량비행장치 조종자 증명의 취소 또는 효력정지명령

53. 법 제127조제2항에 따른 초경량비행장치 비행제한공역에서의 비행승인(지방항공청장의 관할구역에서만 해당한다)

53의2. 법 제127조제3항에 따른 비행승인

54. 법 제129조제2항 단서에 따른 무인자유기구 비행허가

55. 법 제129조제3항에 따른 초경량비행장치 조종자 또는 초경량비행장치소유자등의 초경량비행장치사고 보고의 접수

55의2. 법 제129조제5항 전단에 따른 승인, 같은 항 후단에 따른 검사 및 같은 조 제6항에 따른 비행승인 신청의 접수

56. 삭제〈2022. 6. 7.〉

57. 법 제131조에 따라 준용되는 법 제57조제3항 및 제4항에 따른 주류등의 섭취 및 사용 여부의 측정

58. 법 제132조와 관련된 다음 각 목에 해당하는 권한(지방항공청장에게 권한이 위임된 사항에 관한 권한만 해당한다)

가. 법 제132조제1항에 따른 업무에 관한 보고 또는 서류제출 명령

나. 법 제132조제2항에 따른 검사·질문, 전문가의 위촉 및 자문의 요청

다. 법 제132조제3항에 따른 안전성검사

라. 법 제132조제8항에 따른 항공기·경량항공기·초경량비행장치의 운항 또는 항행안전시설의 운용의 일시 정지 명령

마. 법 제132조제8항에 따른 항공종사자, 초경량비행장치 조종자 또는 항행안전시설을 관리하는 자의 업무의 일시 정지 명령

바. 법 제132조제9항에 따른 시정조치 등의 명령

59. 법 제134조에 따른 청문의 실시(지방항공청장에게 권한이 위임된 사항에 관한 청문의 실시만 해당한다)

60. 법 제166조에 따른 과태료의 부과·징수(지방항공청장에게 권한이 위임된 사항에 관한 과태료의 부과·징수만 해당한다)

② 국토교통부장관은 법 제135조제1항에 따라 다음 각 호의 권한을 항공교통본부장에

게 위임한다.〈개정 2019. 8. 27., 2020. 12. 10., 2022. 12. 20., 2023. 10. 10., 2024. 9. 19., 2025. 11. 25.〉

1. 법 제38조의2제1항에 따른 자격증명의 한정을 받은 전문항공교통관제사(항공교통본부에 소속된 전문항공교통관제사로 한정한다)에 대한 기량 심사

1의2. 법 제41조에 따른 항공교통본부에 소속된 항공교통관제사 및 전문항공교통관제사에 대한 항공신체검사명령

1의3. 법 제41조의2제1항에 따른 항공교통관제사(항공교통본부에 소속된 항공교통관제사로 한정한다)에 대한 건강증진활동계획의 수립 · 시행

2. 법 제47조에 따른 항공교통관제연습허가(항공교통본부장의 관할구역에서만 해당한다)

2의2. 법 제58조제3항에 따른 항공안전관리시스템의 구축 · 운용(항공교통본부장의 관할구역에서만 해당한다)

3. 법 제68조 각 호 외의 부분 단서에 따른 비행 또는 행위에 대한 허가[법 제68조제5호에 따른 무인항공기(두 나라 이상을 비행하는 무인항공기로서 대한민국 밖에서 이륙하여 대한민국에 착륙하지 아니하고 대한민국 내를 운항하여 대한민국 밖에 착륙하는 무인항공기만 해당한다)의 비행에 대한 허가에 한정한다]

3의2. 법 제78조제3항에 따른 다음 각 목의 계기비행절차 설정·공고

가. 항공로

나. 항공교통본부장 관할구역에서의 계기비행절차

3의3. 법 제79조제2항 단서에 따른 통제공역에서의 비행허가(항공교통본부장의 관할구역에서만 해당한다)

4. 법 제81조에 따른 항공교통의 안전을 확보하기 위한 관계 행정기관의 장과의 협조(항공교통본부장에게 권한이 위임된 사항에 관한 관계 행정기관의 장과의 협조만 해당한다)

5. 법 제83조제1항에 따른 항공교통관제 업무의 제공, 같은 조 제2항에 따른 항공기 또는 경량항공기의 운항과 관련된 조언 및 정보의 제공, 같은 조 제3항에 따른 수색·구조를 필요로 하는 항공기 또는 경량항공기에 관한 정보의 제공(항공교통본부장의 관할구역에서만 해당한다) 및 같은 조 제4항에 따른 전문항공교통관제사(항공교통본부에 소속된 전문항공교통관제사로 한정한다)의 양성 및 기량 유지에 필요한 교육훈련의 실시

5의2. 법 제83조의2제1항에 따른 항공교통흐름 관리

6. 법 제84조제1항에 따른 항공기의 이동·이륙·착륙의 순서 및 시기와 비행의 방법에 대한 지시 및 같은 조 제2항에 따른 비행장 또는 공항 이동지역에서의 지시(항공교통

본부장의 관할구역에서만 해당한다)

6의2. 법 제88조에 따른 수색 · 구조 지원 계획의 수립 · 시행

7. 법 제89조제1항에 따른 항공정보의 제공(항공교통본부장의 관할구역에서만 해당한다)

8. 법 제89조제2항에 따른 항공지도의 발간

9. 법 제100조제1항제3호에 따른 외국항공기의 항행허가

10. 경량항공기에 대하여 준용되는 다음 각 목의 권한(항공교통본부장의 관할구역에서만 해당한다)

가. 법 제121조제4항에 따라 준용되는 법 제79조제2항 단서에 따른 통제공역에서의 비행허가

나. 법 제121조제5항에 따라 준용되는 법 제84조제1항에 따른 항공기의 이동 · 이륙 · 착륙의 순서 및 시기와 비행의 방법에 대한 지시

다. 법 제121조제5항에 따라 준용되는 법 제84조제2항에 따른 비행장 또는 공항 이동지역에서의 지시

11. 법 제132조와 관련된 다음 각 목에 해당하는 권한(항공교통본부장에게 권한이 위임된 사항에 관한 권한만 해당한다)

가. 법 제132조제1항에 따른 업무에 관한 보고 또는 서류제출 명령

나. 법 제132조제2항에 따른 검사 · 질문, 전문가의 위촉 및 자문의 요청

다. 법 제132조제8항에 따른 항공기·경량항공기·초경량비행장치의 운항 또는 항행안전시설의 운용의 일시 정지 명령

라. 법 제132조제8항에 따른 항공종사자, 초경량비행장치 조종자 또는 항행안전시설을 관리하는 자의 업무의 일시 정지 명령

마. 법 제132조제9항에 따른 시정조치 등의 명령

12. 법 제166조에 따른 과태료의 부과·징수(항공교통본부장에게 권한이 위임된 사항에 관한 과태료의 부과·징수만 해당한다)

③ 국토교통부장관은 법 제135조제1항에 따라 다음 각 호의 권한(국방부장관의 관할구역에서의 권한만 해당한다)을 국방부장관에게 위탁한다.〈신설 2024. 9. 19.〉

1. 법 제68조 각 호 외의 부분 단서에 따른 같은 조 제1호부터 제3호까지 및 제5호의 행위에 대한 허가(두 나라 이상을 비행하는 무인항공기로서 대한민국 밖에서 이륙하여 대한민국에 착륙하지 않고 대한민국 내를 운항하여 대한민국 밖에 착륙하는 무인항공기의 비행 허가는 제외한다)

2. 법 제78조제3항에 따른 계기비행절차의 설정·공고(항공로의 설정·공고는 제외한다)

3. 법 제79조제2항 단서에 따른 통제공역에서의 비행허가

4. 법 제83조제1항에 따른 항공교통관제 업무의 제공

5. 법 제84조제1항에 따른 항공기의 이동·이륙·착륙의 순서 및 시기와 비행의 방법에 대한 지시

6. 법 제84조제2항에 따른 비행장 또는 공항 이동지역에서의 지시

7. 법 제89조제1항에 따른 항공정보의 제공

8. 경량항공기 대하여 준용되는 다음 각 목의 권한

가. 법 제121조제4항에 따라 준용되는 법 제79조제2항 단서에 따른 통제공역에서의 비행허가

나. 법 제121조제5항에 따라 준용되는 법 제84조제1항에 따른 항공기의 이동·이륙·착륙의 순서 및 시기와 비행의 방법에 대한 지시

다. 법 제121조제5항에 따라 준용되는 법 제84조제2항에 따른 비행장 또는 공항 이동지역에서의 지시

9. 법 제127조제2항에 따른 초경량비행장치 비행제한공역에서의 비행승인

④ 국토교통부장관은 법 제135조제2항에 따라 다음 각 호에 따른 증명 또는 승인을 위한 검사에 관한 업무를 국토교통부령으로 정하는 기술인력, 시설 및 장비 등을 확보한 비영리법인 중에서 국토교통부장관이 지정하여 고시하는 전문검사기관에 위탁한다.〈개정 2018. 6. 19., 2020. 12. 10., 2023. 10. 10., 2024. 9. 19.〉

1. 법 제20조에 따른 형식증명 또는 제한

형식증명을 위한 검사업무 및 부가형식증명을 위한 검사업무

2. 법 제21조에 따른 형식증명승인을 위한 검사업무 및 부가형식증명승인을 위한 검사업무

3. 법 제22조에 따른 제작증명을 위한 검사업무

4. 다음 각 목에 해당하는 항공기에 대한 법 제23조제3항 각 호에 따른 감항증명(최초의 감항증명만 해당한다)을 위한 검사업무

가. 법 제20조에 따른 형식증명 또는 제한형식증명을 받은 항공기

나. 법 제22조에 따른 제작증명을 받아 제작한 항공기

다. 항공기 제작자 및 항공기 관련 연구기관 등이 연구·개발 중인 항공기

라. 판매·홍보·전시·시장조사 등에 활용하는 항공기

마. 조종사 양성을 위하여 조종연습에 사용하는 항공기

5. 다음 각 목에 해당하는 장비품 또는 부품에 대한 법 제24조에 따른 최초의 감항승인을 위한 검사업무

가. 삭제 〈2023.10.10〉

나. 삭제 〈2023.10.10〉

다. 법 제27조에 따른 기술표준품형식승인을 받은 기술표준품

라. 법 제28조에 따른 부품등제작자증명

을 받아 제작한 장비품 또는 부품

6. 법 제27조에 따른 기술표준품형식승인을 위한 검사업무

7. 법 제28조에 따른 부품등제작자증명을 위한 검사업무

⑤ 국토교통부장관은 법 제135조제3항에 따라 법 제30조에 따른 수리·개조승인에 관한 권한 중 중앙행정기관이 소유하거나 임차한 국가기관등항공기의 수리·개조승인에 관한 권한을 해당 중앙행정기관의 장에게 위탁한다.〈개정 2024. 9. 19.〉

⑥ 국토교통부장관은 법 제135조제5항에 따라 다음 각 호의 업무를 「한국교통안전공단법」에 따른 한국교통안전공단(이하 "한국교통안전공단"이라 한다)에 위탁한다.〈개정 2017. 11. 7., 2018. 4. 24., 2019. 2. 8., 2020. 5. 26., 2020. 12. 10., 2021. 11. 16., 2022. 6. 7., 2024. 7. 9.〉

1. 법 제38조에 따른 자격증명 시험업무 및 자격증명 한정심사업무와 항공종사자 자격증명서의 발급에 관한 업무

2. 법 제44조에 따른 계기비행증명업무 및 조종교육증명업무와 증명서의 발급에 관한 업무

3. 법 제45조제3항에 따른 항공영어구술능력증명서의 발급에 관한 업무

4. 법 제48조제9항 및 제10항에 따른 항공교육훈련통합관리시스템에 관한 업무

5. 법 제61조에 따른 항공안전 자율보고의 접수·분석 및 전파에 관한 업무

6. 법 제112조제1항에 따른 경량항공기 조종사 자격증명 시험업무

6의2. 법 제112조제2항에 따른 경량항공기 조종사 자격증명 한정심사업무

6의3. 법 제112조제4항에 따른 경량항공기 조종사 자격증명서의 발급에 관한 업무

7. 법 제115조제1항 및 제2항에 따른 경량항공기 조종교육증명업무와 증명서의 발급 및 경량항공기 조종교육증명을 받은 자에 대한 교육에 관한 업무

7의2. 법 제122조에 따른 초경량비행장치 신고의 수리 및 신고번호의 발급에 관한 업무

7의3. 법 제123조에 따른 초경량비행장치의 변경신고의 수리, 말소신고의 접수, 말소신고의 최고와 직권말소 및 직권말소의 통보에 관한 업무

8. 법 제125조제1항에 따른 초경량비행장치 조종자 증명에 관한 업무

9. 법 제125조제6항에 따른 실기시험장, 교육장 등 시설의 지정·구축 및 운영에 관한 업무

10. 법 제126조제1항 및 제5항에 따른 초경량비행장치 전문교육기관의 지정 및 지정조건의 충족 및 유지 여부 확인에 관한 업무

11. 법 제126조제7항에 따른 교육·훈련

등 조종자의 육성에 관한 업무

12. 법 제130조에 따른 초경량비행장치 사용사업자에 대한 안전개선명령 업무

13. 법 제132조제1항에 따른 항공안전활동에 관한 업무(초경량비행장치사용사업자로 한정한다)

⑦ 국토교통부장관은 법 제135조제6항에 따라 다음 각 호의 업무를 「민법」 제32조에 따라 국토교통부장관의 허가를 받아 설립된 사단법인 한국항공우주의학협회에 위탁한다. 〈개정 2024. 9. 19.〉

1. 법 제40조에 따른 항공신체검사증명에 관한 업무 중 다음 각 목의 업무

가. 항공신체검사증명의 적합성 심사에 관한 업무

나. 항공신체검사증명서의 재발급에 관한 업무

1의2. 법 제42조제2항에 따른 항공신체검사증명을 받은 사람의 신체적·정신적 상태의 저하 관련 신고의 접수에 관한 업무

1의3. 법 제42조제3항에 따른 항공신체검사증명의 기준에 적합한지 여부의 확인 및 결과 통지에 관한 업무

2. 법 제49조제3항에 따른 항공전문의사의 교육에 관한 업무

⑧ 국토교통부장관은 법 제135조제7항에 따라 항공영어구술능력증명시험의 실시에 관한 업무를 한국교통안전공단 또는 국토교통

부령으로 정하는 인력·시설 등을 갖춘 영어 평가 관련 전문기관·단체 중에서 국토교통부장관이 지정하여 고시하는 전문기관·단체에 위탁한다.〈개정 2017. 11. 7., 2019. 2. 8., 2019. 8. 27.〉

⑨ 국토교통부장관은 제8항에 따라 업무를 위탁한 경우에는 위탁받은 기관 및 위탁 업무의 내용 등을 관보에 게재하여야 한다.〈신설 2017. 11. 7.〉

⑩ 국토교통부장관은 법 제135조제5항 및 제8항에 따라 다음 각 호의 업무를 「항공안전기술원법」에 따른 항공안전기술원에 위탁한다.〈신설 2017. 7. 17., 2017. 11. 7., 2020. 2. 25., 2020. 5. 26., 2020. 12. 10., 2021. 11. 16., 2023. 10. 10., 2024. 7. 9.〉

1. 「국제민간항공협약」 및 같은 협약 부속서에서 채택된 표준과 권고되는 방식에 따라 법 제19조·제67조·제70조 및 제77조에 따른 항공기기술기준, 비행규칙, 위험물취급의 절차·방법 및 운항기술기준을 정하기 위한 연구 업무

1의2. 법 제23조제9항에 따른 항공기등, 장비품 또는 부품의 정비등에 관한 감항성개선이나 그 밖의 검사·정비등을 명하기 위한 기술검토, 연구·분석 및 관리에 관한 업무

2. 삭제〈2020. 2. 25.〉

3. 법 제33조에 따라 국토교통부장관에게

보고된 항공기등, 장비품 또는 부품에 발생한 고장, 결함 또는 기능장애에 관한 사료의 연구·분석 업무

4. 법 제58조제1항에 따른 항공안전프로그램의 마련을 위한 항공기사고, 항공기준사고 또는 법 제59조제1항 본문에 따른 의무보고 대상 항공안전장애에 대한 조사결과의 연구·분석 및 관련 자료의 수집·관리에 관한 업무

4의2. 법 제59조제1항에 따른 항공안전 의무보고의 분석 및 전파에 관한 업무

4의3. 국제민간항공기구(International Civil Aviation Organization) 및 그 밖의 국제기구에서 다음 각 목의 어느 하나에 해당되는 업무와 관련하여 요구하는 자료 등의 연구·분석 및 관리 등에 관한 업무

가. 법 제78조에 따른 공역 등의 지정 업무

나. 법 제83조에 따른 항공교통업무

다. 법 제84조에 따른 항공교통관제 업무

라. 법 제89조에 따른 항공정보의 제공 및 항공지도 발간 업무

4의4. 법 제77조의2제1항에 따른 국가항행계획의 수립·시행에 관한 지원 업무 중 관련 자료의 조사·분석 및 검토

4의5. 법 제108조에 따른 경량항공기 시험비행 등 허가 및 안전성인증에 관한 업무

4의6. 법 제124조에 따른 초경량비행장치 시험비행 등 허가 및 안전성인증에 관한 업무

5. 법 제129조제5항 후단에 따른 검사에

관한 업무

6. 법 제133조의2제1항에 따른 안전투자의 공시에 관한 업무로서 국토교통부령으로 정하는 업무

⑪ 국토교통부장관은 법 제135조제9항에 따라 다음 각 호의 업무(항공교통업무증명을 받은 자의 관할구역에서의 업무만 해당한다)를 법 제85조제1항에 따라 항공교통업무증명을 받은 자에게 위탁한다.〈신설 2024. 9. 19.〉

1. 법 제68조 각 호 외의 부분 단서에 따른 같은 조 제1호부터 제3호까지 및 제5호의 행위에 대한 허가에 관한 업무(두 나라 이상을 비행하는 무인항공기로서 대한민국 밖에서 이륙하여 대한민국에 착륙하지 않고 대한민국 내를 운항하여 대한민국 밖에 착륙하는 무인항공기의 비행 허가에 관한 업무는 제외한다)

2. 법 제89조제1항에 따른 항공정보의 제공에 관한 업무(간행물 형태로 제공하는 것은 제외한다)

3. 법 제127조제2항에 따른 초경량비행장치 비행제한공역에서의 초경량비행장치 비행승인에 관한 업무

⑫ 국토교통부장관은 법 제135조제10항에 따라 법 제125조의2에 따른 초경량비행장치 관련 안전교육에 관한 업무를 국토교통부령으로 정하는 인력, 장비 및 시설을 갖춘 기관·단체 중에서 국토교통부장관이 지정하여 고시하는 기관·단체에 위탁한다.〈신설

2024. 7. 9., 2024. 9. 19.〉
[제목개정 2021. 6. 8.]

제27조(기술표준품 형식승인) ① 항공기등의 감항성을 확보하기 위하여 국토교통부장관이 정하여 고시하는 장비품(시험 또는 연구·개발 목적으로 설계·제작하는 경우는 제외한다. 이하 "기술표준품"이라 한다)을 설계·제작하려는 자는 국토교통부장관이 정하여 고시하는 기술표준품의 형식승인기준(이하 "기술표준품형식승인기준"이라 한다)에 따라 해당 기술표준품의 설계·제작에 대하여 국토교통부장관의 승인(이하 "기술표준품형식승인"이라 한다)을 받아야 한다. 다만, 대한민국과 기술표준품의 형식승인에 관한 항공안전협정을 체결한 국가로부터 형식승인을 받은 기술표준품으로서 국토교통부령으로 정하는 기술표준품은 기술표준품형식승인을 받은 것으로 본다.

② 국토교통부장관은 기술표준품형식승인을 할 때에는 기술표준품의 설계·제작에 대하여 기술표준품형식승인기준에 적합한지를 검사한 후 적합하다고 인정하는 경우에는 국토교통부령으로 정하는 바에 따라 기술표준품형식승인서를 발급하여야 한다.

③ 누구든지 기술표준품형식승인을 받지 아니한 기술표준품을 제작·판매하거나 항공기등에 사용해서는 아니 된다.

④ 국토교통부장관은 다음 각 호의 어느 하나에 해당하는 경우에는 해당 기술표준품

제27조(전문검사기관의 검사규정) ① 제26조제3항에 따라 지정·고시된 전문검사기관(이하 "전문검사기관"이라 한다)은 항공기등, 장비품 또는 부품의 증명 또는 승인을 위한 검사에 필요한 업무규정(이하 "검사규정"이라 한다)을 정하여 국토교통부장관의 인가를 받아야 한다. 인가받은 사항을 변경하려는 경우에도 또한 같다.

② 제1항에 따른 검사규정에는 다음 각 호의 사항이 포함되어야 한다.

1. 증명 또는 승인을 위한 검사업무를 수행하는 기구의 조직 및 인력
2. 증명 또는 승인을 위한 검사업무를 사람의 업무 범위 및 책임
3. 증명 또는 승인을 위한 검사업무의 체계 및 절차
4. 각종 증명의 발급 및 대장의 관리
5. 증명 또는 승인을 위한 검사업무를 수행하는 사람에 대한 교육훈련
6. 기술도서 및 자료의 관리·유지
7. 시설 및 장비의 운용·관리
8. 증명 또는 승인을 위한 검사 결과의 보고에 관한 사항

제27조(형식증명승인을 위한 검사 범위) ① 국토교통부장관은 법 제21조제3항 본문에 따라 형식증명승인을 위한 검사를 하는 경우에는 다음 각 호에 해당하는 사항을 검사하여야 한다.〈개정 2018. 6. 27.〉

1. 해당 형식의 설계에 대한 검사
2. 해당 형식의 설계에 따라 제작되는 항공기등의 제작과정에 대한 검사

② 제1항에도 불구하고 국토교통부장관은 법 제21조제3항 단서에 따라 형식증명승인을 위한 검사의 일부를 생략하는 경우에는 다음 각 호의 서류를 확인하는 것으로 제1항에 따른 검사를 대체할 수 있다. 다만, 해당 국가로부터 형식증명을 받을 당시에 특수기술기준(Special Condition)이 적용된 경우로서 형식증명을 받은 기간이 5년이 지나지 아니한 경우에는 그러하지 아니하다.〈개정 2018. 6. 27.〉

1. 외국 정부의 형식증명서
2. 형식증명자료집

<table>
<tr>
<td>형식승인을 취소하거나 6개월 이내의 기간을 정하여 그 효력의 정지를 명할 수 있다. 다만, 제1호에 해당하는 경우에는 기술표준품형식승인을 취소하여야 한다.
1. 거짓이나 그 밖의 부정한 방법으로 기술표준품형식승인을 받은 경우
2. 기술표준품이 기술표준품형식승인 당시의 기술표준품형식승인기준에 적합하지 아니하게 된 경우</td>
<td></td>
<td></td>
</tr>
<tr>
<td>제28조(부품등제작자증명) ① 항공기등에 사용할 장비품 또는 부품을 제작하려는 자는 국토교통부령으로 정하는 바에 따라 항공기술기준에 적합하게 장비품 또는 부품을 제작할 수 있는 인력, 설비, 기술 및 검사체계 등을 갖추고 있는지에 대하여 국토교통부장관의 증명(이하 “부품등제작자증명”이라 한다)을 받아야 한다. 다만, 다음 각 호의 어느 하나에 해당하는 장비품 또는 부품을 제작하려는 경우에는 그러하지 아니하다.
1. 형식증명 또는 부가형식증명 당시 또는 형식증명승인 또는 부가형식증명승인 당시 장착되었던 장비품 또는 부품의 제작자가 제작하는 같은 종류의 장비품 또는 부품
2. 기술표준품형식승인을 받아 제작하는 기술표준품
3. 그 밖에 국토교통부령으로 정하는 장비품 또는 부품
② 국토교통부장관은 부품등제작자증명을</td>
<td>제28조(검사업무를 수행하는 사람의 자격 등) ① 전문검사기관에서 증명 또는 승인을 위한 검사 업무를 수행하는 사람은 법 제31조제2항 각 호의 어느 하나에 해당하는 사람이어야 한다.
② 전문검사기관에서 증명 또는 승인을 위한 검사업무를 수행하는 사람의 선임ㆍ직무 및 감독에 관한 사항은 국토교통부장관이 정한다.</td>
<td>제28조(형식증명승인서의 발급) 국토교통부장관은 법 제21조제3항에 따른 검사 결과 해당 항공기등이 항공기기술기준에 적합하다고 인정하는 경우(같은 조 제2항에 따라 형식증명승인을 받은 것으로 보는 경우를 포함한다)에는 별지 제8호서식의 형식증명승인서에 형식증명자료집을 첨부하여 발급하여야 한다.〈개정 2018. 6. 27.〉</td>
</tr>
</table>

할 때에는 항공기기술기준에 적합하게 장비품 또는 부품을 제작할 수 있는지를 검사한 후 적합하다고 인정하는 경우에는 국토교통부령으로 정하는 바에 따라 부품등제작자증명서를 발급하여야 한다. ③ 누구든지 부품등제작자증명을 받지 아니한 장비품 또는 부품을 제작·판매하거나 항공기등 또는 장비품에 사용해서는 아니 된다. ④ 대한민국과 항공안전협정을 체결한 국가로부터 부품등제작자증명을 받은 경우에는 부품등제작자증명을 받은 것으로 본다. ⑤ 국토교통부장관은 다음 각 호의 어느 하나에 해당하는 경우에는 부품등제작자증명을 취소하거나 6개월 이내의 기간을 정하여 그 효력의 정지를 명할 수 있다. 다만, 제1호에 해당하는 경우에는 부품등제작자증명을 취소하여야 한다. 1. 거짓이나 그 밖의 부정한 방법으로 부품등제작자증명을 받은 경우 2. 장비품 또는 부품이 부품등제작자증명 당시의 항공기기술기준에 적합하지 아니하게 된 경우		
제29조(과징금의 부과) ① 국토교통부장관은 제20조제7항, 제22조제5항, 제27조제4항 또는 제28조제5항에 따라 형식증명, 제한형식증명, 부가형식증명, 제작증명, 기술표준품형식승인 또는 부품등제작자증명의 효력정지를 명하는 경우로서 그 증명이나 승인의 효력정	제29조(고유식별정보의 처리) 국토교통부장관(제26조에 따라 국토교통부장관의 권한을 위임·위탁받은 자를 포함한다)은 다음 각 호의 사무를 수행하기 위하여 불가피한 경우 「개인정보 보호법 시행령」 제19조에 따른 주민등록번호, 여권번호 또는 외국인등록번호가	제29조(부가형식증명승인의 신청 등) ① 법 제21조제5항에 따라 부가형식증명승인을 받으려는 자는 별지 제9호서식의 부가형식증명승인 신청서에 다음 각 호의 서류를 첨부하여 국토교통부장관에게 제출하여야 한다.〈개정 2018. 6. 27.〉

지가 항공기 이용자 등에게 심한 불편을 주거나 공익을 해칠 우려가 있는 경우에는 그 증명이나 승인의 효력정지처분을 갈음하여 1억원 이하의 과징금을 부과할 수 있다.〈개정 2017. 12. 26.〉 ② 제1항에 따른 과징금 부과의 구체적인 기준, 절차 및 그 밖에 필요한 사항은 대통령령으로 정한다. ③ 국토교통부장관은 제1항에 따라 과징금을 내야 할 자가 납부기한까지 과징금을 내지 아니하면 국세 체납처분의 예에 따라 징수한다.	포함된 자료를 처리할 수 있다.〈개정 2019. 8. 27.〉 1. 법 제34조, 제37조 및 제38조에 따른 자격증명, 자격증명의 한정, 시험의 실시·면제 및 자격증명서의 발급에 관한 사무 1의2. 법 제40조에 따른 항공신체검사증명에 관한 사무 2. 법 제44조에 따른 계기비행증명 및 조종교육증명에 관한 사무 2의2. 법 제45조에 따른 항공영어구술능력증명에 관한 사무 2의3. 법 제46조에 따른 조종연습 및 법 제47조에 따른 항공교통관제연습에 필요한 항공신체검사증명서의 확인에 관한 사무 2의4. 법 제49조제1항에 따른 항공전문의사 지정에 관한 사무 3. 법 제63조에 따른 기장 등의 운항자격에 관한 사무 4. 법 제109조, 제111조 및 제112조에 따른 경량항공기 조종사 자격증명, 자격증명의 한정, 시험의 실시·면제 및 경량항공기 조종사 자격증명서의 발급에 관한 사무 5. 법 제115조에 따른 경량항공기 조종교육증명 및 경량항공기 조종교육증명을 받은 자에 대한 교육에 관한 사무 6. 법 제125조에 따른 초경량비행장치 조종자 증명 등에 관한 사무	1. 외국정부의 부가형식증명서 2. 변경되는 설계 개요서 3. 변경되는 설계가 항공기기술기준에 적합함을 입증하는 자료 4. 변경되는 설계에 따라 개정된 비행교범(운용방식을 포함한다) 5. 변경되는 설계에 따라 개정된 정비교범(정비방식을 포함한다) 6. 그 밖에 참고사항을 적은 서류 ② 제1항에도 불구하고 법 제21조제6항 단서에 따라 부가형식증명승인 검사의 일부를 생략 받으려는 경우에는 제1항에 따른 신청서에 다음 각 호의 서류를 첨부하여야 한다.〈개정 2018. 6. 27.〉 1. 외국정부의 부가형식증명서 2. 변경되는 설계에 따라 개정된 비행교범(운용방식을 포함한다) 3. 변경되는 설계에 따라 개정된 정비교범(정비방식을 포함한다) 4. 부가형식증명을 발급한 해당 외국정부의 신청서 서신
제30조(수리·개조승인) ① 감항증명을 받은	제30조(과태료의 부과기준) 법 제167조에 따	제30조(부가형식증명승인을 위한 검사 범위)

항공기의 소유자등은 해당 항공기등, 장비품 또는 부품을 국토교통부령으로 정하는 범위에서 수리하거나 개조하려면 국토교통부령으로 정하는 바에 따라 그 수리·개조가 항공기기술기준에 적합한지에 대하여 국토교통부장관의 승인(이하 "수리·개조승인"이라 한다)을 받아야 한다. ② 소유자등은 수리·개조승인을 받지 아니한 항공기등, 장비품 또는 부품을 운항 또는 항공기등에 사용해서는 아니 된다. ③ 제1항에도 불구하고 다음 각 호의 어느 하나에 해당하는 경우로서 항공기기술기준에 적합한 경우에는 수리·개조승인을 받은 것으로 본다. 1. 기술표준품형식승인을 받은 자가 제작한 기술표준품을 그가 수리·개조하는 경우 2. 부품등제작자증명을 받은 자가 제작한 장비품 또는 부품을 그가 수리·개조하는 경우 3. 제97조제1항에 따른 정비조직인증을 받은 자가 항공기등, 장비품 또는 부품을 수리·개조하는 경우	른 과태료 부과기준은 별표 5와 같다.	국토교통부장관은 법 제21조제6항 본문에 따라 부가형식증명승인을 위한 검사를 하는 경우에는 다음 각 호에 해당하는 사항을 검사하여야 한다.〈개정 2018. 6. 27.〉 1. 변경되는 설계에 대한 검사 2. 변경되는 설계에 따라 제작되는 항공기등의 제작과정에 대한 검사
제31조(항공기등의 검사 등) ① 국토교통부장관은 제20조부터 제25조까지, 제27조, 제28조, 제30조 및 제97조에 따른 증명·승인 또는 정비조직인증을 할 때에는 국토교통부장관이 정하는 바에 따라 미리 해당 항공기등 및 장비품을 검사하거나 이를 제작 또는 정비하려는 조직, 시설 및 인력 등을 검사하		제31조(부가형식증명승인서의 발급) 국토교통부장관은 법 제21조제5항에 따른 부가형식증명승인을 위한 검사 결과 해당 항공기등이 항공기기술기준에 적합하다고 인정하는 경우에는 별지 제10호서식의 부가형식증명승인서를 발급하여야 한다.

여야 한다. ② 국토교통부장관은 제1항에 따른 검사를 하기 위하여 다음 각 호의 어느 하나에 해당하는 사람 중에서 항공기등 및 장비품을 검사할 사람(이하 "검사관"이라 한다)을 임명 또는 위촉한다. 1. 제35조제8호의 항공정비사 자격증명을 받은 사람 2. 「국가기술자격법」에 따른 항공분야의 기사 이상의 자격을 취득한 사람 3. 항공기술 관련 분야에서 학사 이상의 학위를 취득한 후 3년 이상 항공기의 설계, 제작, 정비 또는 품질보증 업무에 종사한 경력이 있는 사람 4. 국가기관등항공기의 설계, 제작, 정비 또는 품질보증 업무에 5년 이상 종사한 경력이 있는 사람 ③ 국토교통부장관은 국토교통부 소속 공무원이 아닌 검사관이 제1항에 따른 검사를 한 경우에는 예산의 범위에서 수당을 지급할 수 있다.		
제32조(항공기등의 정비등의 확인) ① 소유자등은 항공기등, 장비품 또는 부품에 대하여 정비등(국토교통부령으로 정하는 경미한 정비 및 제30조제1항에 따른 수리·개조는 제외한다. 이하 이 조에서 같다)을 한 경우에는 제35조제8호의 항공정비사 자격증명을 받은 사람으로서 국토교통부령으로 정하는 자격요건		제32조(제작증명의 신청) ① 법 제22조제1항에 따라 제작증명을 받으려는 자는 별지 제11호서식의 제작증명 신청서를 국토교통부장관에게 제출하여야 한다. ② 제1항에 따른 신청서에는 다음 각 호의 서류를 첨부하여야 한다. 1. 품질관리규정

을 갖춘 사람으로부터 그 항공기등, 장비품 또는 부품에 대하여 국토교통부령으로 정하는 방법에 따라 감항성을 확인받지 아니하면 이를 운항 또는 항공기등에 사용해서는 아니 된다. 다만, 감항성을 확인받기 곤란한 대한민국 외의 지역에서 항공기등, 장비품 또는 부품에 대하여 정비등을 하는 경우로서 국토교통부령으로 정하는 자격요건을 갖춘 자로부터 그 항공기등, 장비품 또는 부품에 대하여 감항성을 확인받은 경우에는 이를 운항 또는 항공기등에 사용할 수 있다.

② 소유자등은 항공기등, 장비품 또는 부품에 대한 정비등을 위탁하려는 경우에는 제97조제1항에 따른 정비조직인증을 받은 자 또는 그 항공기등, 장비품 또는 부품을 제작한 자에게 위탁하여야 한다.

2. 제작하려는 항공기등의 제작 방법 및 기술 등을 설명하는 자료

3. 제작 설비 및 인력 현황

4. 품질관리 및 품질검사의 체계(이하 "품질관리체계"라 한다)를 설명하는 자료

5. 제작하려는 항공기등의 감항성 유지 및 관리체계(이하 "제작관리체계"라 한다)를 설명하는 자료

③ 제2항제1호에 따른 품질관리규정에 담아야 할 세부내용, 같은 항 제4호 및 제5호에 따른 품질관리체계 및 제작관리체계에 대한 세부적인 기준은 국토교통부장관이 정하여 고시한다.

제33조(항공기 등에 발생한 고장, 결함 또는 기능장애 보고 의무) ① 형식증명, 부가형식증명, 제작증명, 기술표준품형식승인 또는 부품등제작자증명을 받은 자는 그가 제작하거나 인증을 받은 항공기등, 장비품 또는 부품이 설계 또는 제작의 결함으로 인하여 국토교통부령으로 정하는 고장, 결함 또는 기능장애가 발생한 것을 알게 된 경우에는 국토교통부령으로 정하는 바에 따라 국토교통부장관에게 그 사실을 보고하여야 한다.

② 항공운송사업자, 항공기사용사업자 등 대통령령으로 정하는 소유자등 또는 제97조

제33조(제작증명을 위한 검사 범위) 국토교통부장관은 법 제22조제2항에 따라 제작증명을 위한 검사를 하는 경우에는 해당 항공기등에 대한 제작기술, 설비, 인력, 품질관리체계, 제작관리체계 및 제작과정을 검사하여야 한다. 〈개정 2018. 6. 27.〉

제1항에 따른 정비조직인증을 받은 자는 항공기를 운영하거나 정비하는 중에 국토교통부령으로 정하는 고장, 결함 또는 기능장애가 발생한 것을 알게 된 경우에는 국토교통부령으로 정하는 바에 따라 국토교통부장관에게 그 사실을 보고하여야 한다.

제4장 항공종사자 등

제34조(항공종사자 자격증명 등) ① 항공업무에 종사하려는 사람은 국토교통부령으로 정하는 바에 따라 국토교통부장관으로부터 항공종사자 자격증명(이하 "자격증명"이라 한다)을 받아야 한다. 다만, 항공업무 중 무인항공기의 운항 업무인 경우에는 그러하지 아니하다.

② 다음 각 호의 어느 하나에 해당하는 사람은 자격증명을 받을 수 없다.〈개정 2025. 5. 27.〉

1. 다음 각 목의 구분에 따른 나이 미만인 사람

가. 자가용 조종사 자격: 17세(제37조에 따라 자가용 조종사의 자격증명을 활공기에 한정하는 경우에는 16세)

나. 사업용 조종사, 부조종사, 항공사, 항공기관사, 항공교통관제사 및 항공정비사 자격: 18세

다. 운송용 조종사, 전문항공교통관제사 및 운항관리사 자격: 21세

제34조(제작증명서의 발급 등) ① 국토교통부장관은 제33조에 따라 제작증명을 위한 검사 결과 제작증명을 받으려는 자가 항공기기술기준에 적합하게 항공기등을 제작할 수 있는 기술, 설비, 인력 및 품질관리체계 등을 갖추고 있다고 인정하는 경우에는 별지 제12호서식의 제작증명서를 발급하여야 한다.

② 국토교통부장관은 제1항에 따른 제작증명서를 발급할 때에는 제작할 수 있는 항공기등의 형식증명 목록을 적은 생산승인 지정서를 함께 발급하여야 한다.

2. 제43조제1항에 따른 자격증명 취소처분을 받고 그 취소일부터 2년이 지나지 아니한 사람(취소된 자격증명을 다시 받는 경우에 한정한다) ③ 제1항 및 제2항에도 불구하고 「군사기지 및 군사시설 보호법」을 적용받는 항공작전기지에서 항공기를 관제하는 군인은 국방부장관으로부터 자격인정을 받아 항공교통관제 업무를 수행할 수 있다.		
		제34조의2(제작증명을 받은 자의 설비 이전 등의 보고) 법 제22조제4항에서 "설비의 이전이나 증설 또는 품질관리체계의 변경 등 국토교통부령으로 정하는 사유가 발생하는 경우"란 다음 각 호의 어느 하나에 해당하는 경우를 말한다. 1. 제작증명을 받은 설비의 일부를 이전하거나 기존 설비를 증설하는 경우 2. 품질관리체계를 설명하는 자료 또는 관련 공정·절차를 변경하는 경우 3. 그 밖에 항공기등, 장비품 또는 부품의 감항성에 영향을 미칠 수 있는 경우로서 국토교통부장관이 정하여 고시하는 경우 [본조신설 2018. 6. 27.]
제35조(자격증명의 종류) 자격증명의 종류는 다음과 같이 구분한다.〈개정 2025. 5. 27.〉 1. 운송용 조종사 2. 사업용 조종사		제35조(감항증명의 신청) ① 법 제23조제1항에 따라 감항증명을 받으려는 자는 별지 제13호서식의 항공기 표준감항증명 신청서 또는 별지 제14호서식의 항공기 특별감항증

3. 자가용 조종사
4. 부조종사
5. 항공사
6. 항공기관사
7. 항공교통관제사
7의2. 전문항공교통관제사
8. 항공정비사
9. 운항관리사

명 신청서에 다음 각 호의 서류를 첨부하여 국토교통부장관 또는 지방항공청장에게 제출하여야 한다.〈개정 2020. 12. 10.〉

1. 비행교범(연구ㆍ개발을 위한 특별감항증명의 경우에는 제외한다)
2. 정비교범(연구ㆍ개발을 위한 특별감항증명의 경우에는 제외한다)
3. 그 밖에 감항증명과 관련하여 국토교통부장관이 필요하다고 인정하여 고시하는 서류

② 제1항제1호에 따른 비행교범에는 다음 각 호의 사항이 포함되어야 한다.

1. 항공기의 종류ㆍ등급ㆍ형식 및 제원(諸元)에 관한 사항
2. 항공기 성능 및 운용한계에 관한 사항
3. 항공기 조작방법 등 그 밖에 국토교통부장관이 정하여 고시하는 사항

③ 제1항제2호에 따른 정비교범에는 다음 각 호의 사항이 포함되어야 한다. 다만, 장비품ㆍ부품 등의 사용한계 등에 관한 사항은 정비교범 외에 별도로 발행할 수 있다.

1. 감항성 한계범위, 주기적 검사 방법 또는 요건, 장비품ㆍ부품 등의 사용한계 등에 관한 사항
2. 항공기 계통별 설명, 분해, 세척, 검사, 수리 및 조립절차, 성능점검 등에 관한 사항
3. 지상에서의 항공기 취급, 연료ㆍ오일 등의 보충, 세척 및 윤활 등에 관한 사항

제36조(업무범위) ① 자격증명의 종류에 따른 업무범위는 별표와 같다.

② 자격증명을 받은 사람은 그가 받은 자격증명의 종류에 따른 업무범위 외의 업무에 종사해서는 아니 된다.

③ 다음 각 호의 어느 하나에 해당하는 경우에는 제1항 및 제2항을 적용하지 아니한다.〈개정 2025. 5. 27.〉

1. 국토교통부령으로 정하는 항공기에 탑승하여 조종(항공기에 탑승하여 그 기체 및 발동기를 다루는 것을 포함한다. 이하 같다)하는 경우

2. 새로운 종류, 등급 또는 형식의 항공기에 탑승하여 시험비행 등을 하는 경우로서 국토교통부령으로 정하는 바에 따라 국토교통부장관의 허가를 받은 경우

3. 항공교통관제사 자격증명을 받은 사람이 전문항공교통관제사 자격증명 또는 자격증명의 한정을 받기 위하여 전문항공교통관제사의 감독 하에 항공교통관제 업무를 수행하는 경우

제36조(예외적으로 감항증명을 받을 수 있는 항공기) 법 제23조제2항 단서에서 "국토교통부령으로 정하는 항공기"란 다음 각 호의 어느 하나에 해당하는 항공기를 말한다.〈개정 2022. 6. 8.〉

1. 법 제5조에 따른 임대차 항공기의 운영에 대한 권한 및 의무이양의 적용 특례를 적용받는 항공기

2. 국내에서 수리·개조 또는 제작한 후 수출할 항공기

3. 국내에서 제작되거나 외국으로부터 수입하는 항공기로서 대한민국의 국적을 취득하기 전에 감항증명을 신청한 항공기

제37조(자격증명의 한정) ① 국토교통부장관은 다음 각 호의 구분에 따라 자격증명에 대한 한정을 할 수 있다. 다만, 전문항공교통관제사 자격증명은 제3호에 따라 한정한다.〈개정 2019. 8. 27., 2025. 5. 27.〉

1. 운송용 조종사, 사업용 조종사, 자가용 조종사, 부조종사 또는 항공기관사 자격의 경

제37조(특별감항증명의 대상) 법 제23조제3항 제2호에서 "항공기의 연구, 개발 등 국토교통부령으로 정하는 경우"란 다음 각 호의 어느 하나에 해당하는 경우를 말한다.〈개정 2018. 3. 23., 2020. 12. 10., 2022. 6. 8.〉

1. 항공기 및 관련 기기의 개발과 관련된 다음 각 목의 어느 하나에 해당하는 경우

우: 항공기의 종류, 등급 또는 형식
2. 항공정비사 자격의 경우: 항공기·경량항공기의 종류 및 정비분야
3. 전문항공교통관제사 자격의 경우: 항공교통관제 업무의 종류, 수행방식 및 항공교통관제시설
② 제1항에 따라 자격증명의 한정을 받은 항공종사자는 그 한정된 종류, 등급 또는 형식 외의 항공기·경량항공기, 한정된 정비분야나 한정된 항공교통관제 업무의 종류, 수행방식 및 항공교통관제시설 외의 항공업무에 종사해서는 아니 된다.〈개정 2019. 8. 27., 2025. 5. 27.〉
③ 제1항에 따른 자격증명의 한정에 필요한 세부사항은 국토교통부령으로 정한다.

가. 항공기 제작자 및 항공기 관련 연구기관 등이 연구·개발 중인 경우
나. 판매·홍보·전시·시장조사 등에 활용하는 경우
다. 조종사 양성을 위하여 조종연습에 사용하는 경우
2. 항공기의 제작·정비·수리·개조 및 수입·수출 등과 관련한 다음 각 목의 어느 하나에 해당하는 경우
가. 제작·정비·수리 또는 개조 후 시험비행을 하는 경우
나. 정비·수리 또는 개조(이하 “정비등”이라 한다)를 위한 장소까지 승객·화물을 싣지 아니하고 비행하는 경우
다. 수입하거나 수출하기 위하여 승객·화물을 싣지 아니하고 비행하는 경우
라. 설계에 관한 형식증명을 변경하기 위하여 운용한계를 초과하는 시험비행을 하는 경우
마. 삭제 〈2018.3.23〉
3. 무인항공기를 운항하는 경우
4. 제20조제2항 각 호의 업무를 수행하기 위하여 사용되는 경우
가. 삭제 〈2022.6.8〉
나. 삭제 〈2022.6.8〉
다. 삭제 〈2022.6.8〉
라. 삭제 〈2022.6.8〉
마. 삭제 〈2022.6.8〉

		바. 삭제 〈2022.6.8〉 사. 삭제 〈2022.6.8〉 아. 삭제 〈2022.6.8〉 5. 제1호부터 제4호까지 외에 공공의 안녕과 질서유지를 위한 업무를 수행하는 경우로서 국토교통부장관이 인정하는 경우
제38조(시험의 실시 및 면제) ① 전문항공교통관제사 외의 자격증명을 받으려는 사람은 국토교통부령으로 정하는 바에 따라 항공업무에 종사하는 데 필요한 지식 및 능력에 관하여 국토교통부장관이 실시하는 학과시험 및 실기시험에 합격하여야 한다.〈개정 2025. 5. 27.〉 ② 국토교통부장관은 제37조에 따라 자격증명을 항공기ㆍ경량항공기의 종류, 등급 또는 형식별로 한정(제44조에 따른 계기비행증명 및 조종교육증명을 포함한다)하는 경우에는 항공기ㆍ경량항공기 탑승경력 및 정비경력 등을 심사하여야 한다. 이 경우 항공기ㆍ경량항공기의 종류 및 등급에 대한 최초의 자격증명의 한정은 실기시험으로 심사할 수 있다.〈개정 2019. 8. 27.〉 ③ 전문항공교통관제사 자격증명 또는 자격증명의 한정을 받으려는 사람은 국토교통부령으로 정하는 바에 따라 업무에 종사하는 데 필요한 관제 기술 및 업무지식에 관하여 국토교통부장관이 실시하는 심사에 합격하여야 한다. 이 경우 심사를 받으려는 사람은 다		제38조(감항증명을 위한 검사범위) 국토교통부장관 또는 지방항공청장이 법 제23조제4항 각 호 외의 부분 본문에 따라 감항증명을 위한 검사를 하는 경우에는 해당 항공기의 설계ㆍ제작과정 및 완성 후의 상태와 비행성능이 항공기기술기준에 적합하고 안전하게 운항할 수 있는지 여부를 검사하여야 한다.〈개정 2018. 6. 27.〉

음 각 호의 요건을 모두 충족하여야 한다.〈신설 2025. 5. 27.〉

1. 제34조 및 제35조에 따라 항공교통관제사 자격증명을 갖출 것

2. 제48조제1항에 따른 전문교육기관이 실시하거나 국토교통부장관이 제83조제4항에 따라 실시하는 전문항공교통관제사 양성을 위한 교육훈련 과정을 이수할 것

3. 받으려는 자격증명의 한정에 따른 항공교통관제시설에서 전문항공교통관제사의 감독 하에 국토교통부령으로 정하는 기준 이상의 근무경력을 갖출 것

④ 국토교통부장관은 다음 각 호의 어느 하나에 해당하는 사람에게는 국토교통부령으로 정하는 바에 따라 제1항부터 제3항까지에 따른 시험 및 심사의 전부 또는 일부를 면제할 수 있다.〈개정 2019. 8. 27., 2022. 6. 10., 2025. 5. 27.〉

1. 외국정부로부터 자격증명을 받은 사람

2. 제48조에 따른 전문교육기관의 교육과정을 이수한 사람

3. 항공기·경량항공기 탑승경력 및 정비경력 등 실무경험이 있는 사람

4. 「국가기술자격법」에 따른 항공기술분야의 자격을 가진 사람

5. 항공기의 제작자가 실시하는 해당 항공기에 관한 교육과정을 이수한 사람

6. 신설된 항공교통관제시설에서 전문항공

교통관제사의 업무를 수행하려는 사람으로서 국토교통부장관이 시험 및 심사의 전부 또는 일부의 면제가 필요하다고 인정하는 사람 ⑤ 국토교통부장관은 제1항부터 제3항까지에 따라 시험·심사에 합격한 사람에 대해서는 자격증명서를 발급하여야 한다.〈개정 2025. 5. 27.〉		
제38조의2(전문항공교통관제사에 대한 기량심사 등) ① 국토교통부장관은 제37조제1항제3호에 따라 자격증명의 한정을 받은 전문항공교통관제사에 대하여 정기훈련 실적 및 업무수행 실적을 포함한 기량의 유무를 정기적으로 심사하여야 하며, 특히 필요하다고 인정하는 경우에는 수시로 기량의 유무를 심사할 수 있다. ② 국토교통부장관은 자격증명의 한정을 받은 전문항공교통관제사가 제1항에 따른 심사를 받지 아니하거나 그 심사에 합격하지 못한 경우에는 그 한정의 효력을 정지하여야 한다. ③ 국토교통부장관은 제2항에 따라 한정의 효력이 정지된 사람이 제1항에 따른 심사에 합격하는 경우 그 효력의 정지를 취소하여야 한다. ④ 국토교통부장관은 필요하다고 인정할 때에는 국토교통부령으로 정하는 바에 따라 항공교통업무증명을 받은 자에게 그가 운영하는 항공교통관제시설에서 종사하는 전문항공교통관제사에 대하여 제1항에 따른 심사를		

하게 할 수 있다. ⑤ 제4항에 따른 심사에 합격한 전문항공교통관제사는 제1항에 따른 심사에 합격한 것으로 본다. 이 경우 한정의 효력 정지 및 그 취소에 대해서는 제2항 및 제3항을 준용한다. ⑥ 제1항부터 제5항까지에서 규정한 사항 외에 전문항공교통관제사에 대한 기량 심사 방식, 기준, 주기 등에 필요한 사항은 국토교통부령으로 정한다. [본조신설 2025. 5. 27.]		
제39조(모의비행훈련장치를 이용한 자격증명 실기시험의 실시 등) ① 국토교통부장관은 항공기 대신 제39조의2제3항에 따라 국토교통부장관이 지정하는 모의비행훈련장치를 이용하여 제38조제1항에 따른 실기시험을 실시할 수 있다.〈개정 2021. 5. 18.〉 ② 제39조의2제3항에 따라 국토교통부장관이 지정하는 모의비행훈련장치를 이용한 탑승경력은 제38조제2항 전단에 따른 항공기 탑승경력으로 본다.〈개정 2021. 5. 18.〉 ③ 제2항에 따른 모의비행훈련장치의 탑승경력의 인정 등에 필요한 사항은 국토교통부령으로 정한다.〈개정 2021. 5. 18.〉 [제목개정 2021. 5. 18.]		제39조(항공기의 운용한계 지정) ① 국토교통부장관 또는 지방항공청장은 법 제23조제4항 각 호 외의 부분 본문에 따라 감항증명을 하는 경우에는 항공기기술기준에서 정한 항공기의 감항분류에 따라 다음 각 호의 사항에 대하여 항공기의 운용한계를 지정하여야 한다.〈개정 2018. 6. 27.〉 1. 속도에 관한 사항 2. 발동기 운용성능에 관한 사항 3. 중량 및 무게중심에 관한 사항 4. 고도에 관한 사항 5. 그 밖에 성능한계에 관한 사항 ② 국토교통부장관 또는 지방항공청장은 제1항에 따라 운용한계를 지정하였을 때에는 별지 제18호서식의 운용한계 지정서를 항공기의 소유자등에게 발급하여야 한다. [제41조에서 이동, 종전 제39조는 제38조로 이동 〈2018. 6. 27.〉]

제39조의2(모의비행훈련장치의 지정 등) ① 항공운송사업자 등 국토교통부령으로 정하는 자가 모의비행훈련장치 지정을 받으려는 경우에는 국토교통부장관에게 지정을 신청하여야 한다. 지정받은 사항을 변경하거나 제4항에 따른 지정의 유효기간을 연장할 때에도 또한 같다.

② 국토교통부장관은 제1항에 따른 신청을 받은 경우 해당 모의비행훈련장치의 성능기준 등이 국토교통부장관이 정하여 고시하는 모의비행훈련장치 지정기준(이하 이 조에서 "모의비행훈련장치 지정기준"이라 한다)에 적합한지를 검사하여야 한다. 다만, 지정의 유효기간을 연장하려는 모의비행훈련장치에 대해서는 그 검사의 일부를 생략할 수 있다.

③ 국토교통부장관은 제2항에 따른 검사 결과 해당 모의비행훈련장치가 모의비행훈련장치 지정기준에 적합하다고 인정하는 경우에는 해당 모의비행훈련장치의 등급 및 운용범위 등을 정하여 지정서를 발급하여야 한다.

④ 모의비행훈련장치 지정의 유효기간은 1년으로 한다. 다만, 해당 모의비행훈련장치에 대해 국토교통부령으로 정하는 바에 따라 품질관리시스템을 구축·운영하는 경우에는 그 유효기간을 2년 연장할 수 있다.

⑤ 국토교통부장관은 다음 각 호의 어느 하나에 해당하는 경우에는 해당 모의비행훈련장치에 대한 지정을 취소하거나 6개월 이

내의 기간을 정하여 그 효력의 정지를 명할 수 있다. 다만, 제1호에 해당하는 경우에는 지정을 취소하여야 한다. 1. 거짓이나 그 밖의 부정한 방법으로 지정을 받은 경우 2. 모의비행훈련장치가 지정 당시의 모의비행훈련장치 지정기준에 적합하지 아니하게 된 경우 ⑥ 제1항에 따른 지정 신청, 제2항 단서에 따른 검사의 일부 생략, 제3항에 따른 지정서의 발급, 제5항에 따른 처분의 기준 및 절차와 그 밖에 필요한 사항은 국토교통부령으로 정한다. [본조신설 2021. 5. 18.]		
제39조의3(항공종사자 자격증명서의 대여 등 금지) ① 자격증명을 받은 사람은 다른 사람에게 자기의 성명을 사용하여 항공업무를 수행하게 하거나 제38조제5항에 따라 발급받은 자격증명서(이하 "항공종사자 자격증명서"라 한다)를 빌려 주어서는 아니 된다.〈개정 2025. 5. 27.〉 ② 누구든지 다른 사람의 성명을 사용하여 항공업무를 수행하거나 다른 사람의 항공종사자 자격증명서를 빌려서는 아니 된다. ③ 누구든지 제1항이나 제2항에서 금지된 행위를 알선하여서는 아니 된다. [본조신설 2021. 5. 18.]		

제40조(항공신체검사증명) ① 다음 각 호의 어느 하나에 해당하는 사람은 자격증명의 종류별로 국토교통부장관의 항공신체검사증명을 받아야 한다.〈개정 2025. 5. 27.〉

1. 운항승무원

2. 제35조제7호 또는 제7호의2의 자격증명을 받고 항공교통관제 업무를 하는 사람

② 제1항에 따른 자격증명의 종류별 항공신체검사증명의 기준, 방법, 유효기간 등에 필요한 사항은 국토교통부령으로 정한다.

③ 국토교통부장관은 제1항에 따른 자격증명의 종류별 항공신체검사증명을 받으려는 사람이 제2항에 따른 자격증명의 종류별 항공신체검사증명의 기준에 적합한 경우에는 항공신체검사증명서를 발급하여야 한다.

④ 국토교통부장관은 제1항에 따른 자격증명의 종류별 항공신체검사증명을 받으려는 사람이 제2항에 따른 자격증명의 종류별 항공신체검사증명의 기준에 일부 미달한 경우에도 국토교통부령으로 정하는 바에 따라 항공신체검사를 받은 사람의 경험 및 능력을 고려하여 필요하다고 인정하는 경우에는 해당 항공업무의 범위 또는 유효기간을 한정하여 항공신체검사증명서를 발급할 수 있다.〈개정 2022. 1. 18.〉

⑤ 제4항에 따라 해당 항공업무의 범위 또는 유효기간을 한정하여 항공신체검사증명서를 발급받은 사람은 그 범위 또는 유효기

제40조(감항증명을 위한 검사의 일부 생략) 법 제23조제4항 단서에 따라 감항증명을 할 때 생략할 수 있는 검사는 다음 각 호의 구분에 따른다.〈개정 2018. 6. 27.〉

1. 법 제20조제2항에 따른 형식증명 또는 제한형식증명을 받은 항공기: 설계에 대한 검사

2. 법 제21조제1항에 따른 형식증명승인을 받은 항공기: 설계에 대한 검사와 제작과정에 대한 검사

3. 법 제22조제1항에 따른 제작증명을 받은 자가 제작한 항공기: 제작과정에 대한 검사

4. 법 제23조제4항제3호에 따른 수입 항공기(신규로 생산되어 수입하는 완제기(完製機)만 해당한다): 비행성능에 대한 검사

[제42조에서 이동, 종전 제40조는 제42조로 이동 〈2018. 6. 27.〉]

간을 준수하여야 한다.〈신설 2022. 1. 18.〉 ⑥ 제1항에 따른 자격증명의 종류별 항공신체검사증명 결과에 불복하는 사람은 국토교통부령으로 정하는 바에 따라 국토교통부장관에게 이의신청을 할 수 있다.〈개정 2022. 1. 18.〉 ⑦ 국토교통부장관은 제6항에 따른 이의신청에 대한 결정을 한 경우에는 지체 없이 신청인에게 그 결정 내용을 알려야 한다.〈개정 2022. 1. 18.〉		
제41조(항공신체검사명령) 국토교통부장관은 특히 필요하다고 인정하는 경우에는 항공신체검사증명의 유효기간이 지나지 아니한 운항승무원, 항공교통관제사 및 전문항공교통관제사에게 제40조에 따른 항공신체검사를 받을 것을 명할 수 있다.〈개정 2025. 5. 27.〉		제41조(감항증명의 유효기간을 연장하거나 단축할 수 있는 항공기) ① 법 제23조제5항 단서에 따라 감항증명의 유효기간을 연장할 수 있는 항공기는 항공기의 감항성을 지속적으로 유지하기 위하여 국토교통부장관이 정하여 고시하는 정비방법에 따라 정비등이 이루어지는 항공기를 말한다.〈개정 2018. 6. 27., 2024. 9. 20.〉 ② 법 제23조제5항 단서에 따라 감항증명의 유효기간을 단축할 수 있는 항공기는 제37조제1호 및 제2호에 따른 특별감항증명 대상 항공기를 말한다.〈신설 2024. 9. 20.〉 [제목개정 2024. 9. 20.] [제38조에서 이동, 종전 제41조는 제39조로 이동 〈2018. 6. 27.〉]
제41조의2(건강증진활동계획의 수립·시행) ① 국토교통부장관 및 항공교통업무증명을		

받은 자는 항공안전의 위험요소를 줄이기 위하여 매년 소속 항공교통관제사를 대상으로 항공교통관제사의 건강 증진 및 유지를 목적으로 하는 건강증진활동계획을 수립·시행하여야 한다.

② 항공운송사업자, 항공기사용사업자 또는 국외운항항공기 소유자등은 항공안전의 위험요소를 줄이기 위하여 매년 소속 운항승무원을 대상으로 운항승무원의 건강 증진 및 유지를 목적으로 하는 건강증진활동계획을 수립·시행하여야 한다.

③ 제1항 및 제2항에 따른 건강증진활동계획의 내용과 수립·시행에 필요한 사항은 국토교통부령으로 정한다.

[본조신설 2022. 1. 18.]

제42조(항공업무 등에 종사 제한) ① 제40조제2항에 따른 자격증명의 종류별 항공신체검사증명의 기준에 적합하지 아니한 운항승무원 및 항공교통관제사는 종전 항공신체검사증명의 유효기간이 남아 있는 경우에도 항공업무(제46조에 따른 항공기 조종연습 및 제47조에 따른 항공교통관제연습을 포함한다. 이하 이 조에서 같다)에 종사해서는 아니 된다.〈개정 2022. 1. 18.〉

② 제40조제1항에 따른 항공신체검사증명을 받은 운항승무원 및 항공교통관제사는 국토교통부령으로 정하는 신체적·정신적 상태의 저하가 있는 경우에는 그 사실을 제49조

제42조(감항증명서의 발급 등) ① 국토교통부장관 또는 지방항공청장은 법 제23조제4항 각 호 외의 부분 본문에 따른 검사 결과 해당 항공기가 항공기기술기준에 적합한 경우에는 별지 제15호서식의 표준감항증명서 또는 별지 제16호서식의 특별감항증명서를 신청인에게 발급하여야 한다.〈개정 2018. 6. 27.〉

② 항공기의 소유자등은 제1항에 따른 감항증명서를 잃어버렸거나 감항증명서가 못쓰게 되어 재발급받으려는 경우에는 별지 제17호서식의 표준·특별감항증명서 재발급 신청서를 국토교통부장관 또는 지방항공청장에

제1항에 따라 지정된 항공전문의사의 소견서를 첨부하여 국토교통부장관에게 신고하여야 한다.〈신설 2022. 1. 18.〉

③ 국토교통부장관은 제2항에 따른 신고를 받은 경우 신고한 사람의 신체적·정신적 상태가 자격증명의 종류별 항공신체검사증명의 기준에 적합한지 여부를 지체 없이 확인하여 그 결과를 당사자에게 통지하여야 한다.〈신설 2022. 1. 18.〉

④ 제2항에 따라 신체적·정신적 상태의 저하 사실을 신고한 사람은 제3항에 따른 결과를 통지받기 전까지 항공업무에 종사하여서는 아니 된다.〈신설 2022. 1. 18.〉

⑤ 제2항에 따른 신체적·정신적 상태의 저하에 관한 구체적인 기준, 신고의 기한 및 방법 등에 필요한 사항은 국토교통부령으로 정한다.〈신설 2022. 1. 18.〉

게 제출하여야 한다.

③ 국토교통부장관 또는 지방항공청장은 제2항에 따른 재발급 신청서를 접수한 경우 해당 항공기에 대한 감항증명서의 발급기록을 확인한 후 재발급하여야 한다.

[제40조에서 이동, 종전 제42조는 제40조로 이동 〈2018. 6. 27.〉]

제43조(자격증명·항공신체검사증명·관제적성검사합격의 취소 등) ① 국토교통부장관은 항공종사자가 다음 각 호의 어느 하나에 해당하는 경우에는 그 자격증명이나 자격증명의 한정(이하 이 조에서 "자격증명등"이라 한다)을 취소하거나 1년 이내의 기간을 정하여 자격증명등의 효력정지를 명할 수 있다. 다만, 제1호, 제6호의2, 제6호의3, 제15호 또는 제31호에 해당하는 경우에는 해당 자격증명등을 취소하여야 한다.〈개정 2019. 8. 27., 2020. 6. 9., 2020. 12. 8., 2021. 5. 18., 2021. 12.

제43조(감항증명서의 반납) 국토교통부장관 또는 지방항공청장은 법 제23조제7항에 따라 항공기에 대한 감항증명을 취소하거나 그 효력을 정지시킨 경우에는 지체 없이 항공기의 소유자등에게 해당 항공기의 감항증명서의 반납을 명하여야 한다.〈개정 2018. 6. 27.〉

7., 2022. 1. 18., 2025. 5. 27.〉

1. 거짓이나 그 밖의 부정한 방법으로 자격증명등을 받은 경우

2. 이 법을 위반하여 벌금 이상의 형을 선고 받은 경우

3. 항공종사자로서 항공업무를 수행할 때 고의 또는 중대한 과실로 항공기사고를 일으켜 인명피해나 재산피해를 발생시킨 경우

4. 제32조제1항 본문에 따라 정비등을 확인하는 항공종사자가 국토교통부령으로 정하는 방법에 따라 감항성을 확인하지 아니한 경우

5. 제36조제2항을 위반하여 자격증명의 종류에 따른 업무범위 외의 업무에 종사한 경우

6. 제37조제2항을 위반하여 자격증명의 한정을 받은 항공종사자가 한정된 종류, 등급 또는 형식 외의 항공기·경량항공기, 한정된 정비분야나 한정된 항공교통관제 업무의 종류, 수행방식 및 항공교통관제시설 외의 항공업무에 종사한 경우

6의2. 제39조의3제1항을 위반하여 다른 사람에게 자기의 성명을 사용하여 항공업무를 수행하게 하거나 항공종사자 자격증명서를 빌려 준 경우

6의3. 제39조의3제3항을 위반하여 다음 각 목의 어느 하나에 해당하는 행위를 알선한 경우

가. 다른 사람에게 자기의 성명을 사용하여 항공업무를 수행하게 하거나 항공종사자 자격증명서를 빌려 주는 행위

나. 다른 사람의 성명을 사용하여 항공업무를 수행하거나 다른 사람의 항공종사자 자격증명서를 빌리는 행위

7. 제40조제1항을 위반하여 항공신체검사증명을 받지 아니하고 항공업무(제46조에 따른 항공기 조종연습을 포함한다. 이하 이 항 제13호, 제14호 및 제16호에서 같다)에 종사한 경우

8. 제42조제1항을 위반하여 제40조제2항에 따른 자격증명의 종류별 항공신체검사증명의 기준에 적합하지 아니한 운항승무원 및 항공교통관제사가 항공업무에 종사한 경우

8의2. 제42조제2항을 위반하여 신체적·정신적 상태의 저하 사실을 신고하지 아니한 경우

8의3. 제42조제4항을 위반하여 같은 조 제3항에 따른 결과를 통지받기 전에 항공업무를 수행한 경우

9. 제44조제1항을 위반하여 계기비행증명을 받지 아니하고 계기비행 또는 계기비행방식에 따른 비행을 한 경우

10. 제44조제2항을 위반하여 조종교육증명을 받지 아니하고 조종교육을 한 경우

11. 제45조제1항을 위반하여 항공영어구술능력증명을 받지 아니하고 같은 항 각 호의

어느 하나에 해당하는 업무에 종사한 경우

12. 제55조를 위반하여 국토교통부령으로 정하는 비행경험이 없이 같은 조 각 호의 어느 하나에 해당하는 항공기를 운항하거나 계기비행·야간비행 또는 제44조제2항에 따른 조종교육의 업무에 종사한 경우

13. 제57조제1항을 위반하여 주류등의 영향으로 항공업무를 정상적으로 수행할 수 없는 상태에서 항공업무에 종사한 경우

14. 제57조제2항을 위반하여 항공업무에 종사하는 동안에 같은 조 제1항에 따른 주류등을 섭취하거나 사용한 경우

15. 제57조제3항을 위반하여 같은 조 제1항에 따른 주류등의 섭취 및 사용 여부의 측정 요구에 따르지 아니한 경우

15의2. 제57조의2를 위반하여 항공기 내에서 흡연을 한 경우

16. 항공업무를 수행할 때 고의 또는 중대한 과실로 항공기준사고, 항공안전장애 또는 제61조제1항에 따른 항공안전위해요인을 발생시킨 경우

17. 제62조제2항 또는 제4항부터 제6항까지에 따른 기장의 의무를 이행하지 아니한 경우

18. 제63조를 위반하여 조종사가 운항자격의 인정 또는 심사를 받지 아니하고 운항한 경우

19. 제65조제2항을 위반하여 기장이 운

항관리사의 승인을 받지 아니하고 항공기를 출발시키거나 비행계획을 변경한 경우

20. 제66조를 위반하여 이륙·착륙 장소가 아닌 곳에서 이륙하거나 착륙한 경우

21. 제67조제1항을 위반하여 비행규칙을 따르지 아니하고 비행한 경우

22. 제68조를 위반하여 같은 조 각 호의 어느 하나에 해당하는 비행 또는 행위를 한 경우

23. 제70조제1항을 위반하여 허가를 받지 아니하고 항공기로 위험물을 운송한 경우

24. 제76조제2항을 위반하여 항공업무를 수행한 경우

25. 제77조제2항을 위반하여 같은 조 제1항에 따른 운항기술기준을 준수하지 아니하고 비행을 하거나 업무를 수행한 경우

26. 제79조제1항을 위반하여 국토교통부장관이 정하여 공고하는 비행의 방식 및 절차에 따르지 아니하고 비관제공역(非管制空域) 또는 주의공역(注意空域)에서 비행한 경우

27. 제79조제2항을 위반하여 허가를 받지 아니하거나 국토교통부장관이 정하는 비행의 방식 및 절차에 따르지 아니하고 통제공역에서 비행한 경우

28. 제84조제1항을 위반하여 국토교통부장관 또는 항공교통업무증명을 받은 자가 지시하는 이동·이륙·착륙의 순서 및 시기와 비행의 방법에 따르지 아니한 경우

29. 제90조제4항(제96조제1항에서 준용하는 경우를 포함한다)을 위반하여 운영기준을 준수하지 아니하고 비행을 하거나 업무를 수행한 경우

30. 제93조제7항 후단(제96조제2항에서 준용하는 경우를 포함한다)을 위반하여 운항규정 또는 정비규정을 준수하지 아니하고 업무를 수행한 경우

30의2. 제108조제4항 본문에 따라 경량항공기 또는 그 장비품·부품의 정비사항을 확인하는 항공종사자가 국토교통부령으로 정하는 방법에 따라 확인하지 아니한 경우

31. 제38조의2 및 이 조에 따른 자격증명등의 정지명령을 위반하여 정지기간에 항공업무에 종사한 경우

② 제1항에 따라 효력정지를 명하는 경우 그 효력정지의 대상으로 운송용 조종사에 대해서는 부조종사 및 사업용·자가용 조종사 자격증명을 포함하고, 사업용 조종사에 대해서는 자가용 조종사의 자격증명을 포함한다. 〈신설 2022. 1. 18.〉

③ 국토교통부장관은 항공종사자가 다음 각 호의 어느 하나에 해당하는 경우에는 그 항공신체검사증명을 취소하거나 1년 이내의 기간을 정하여 항공신체검사증명의 효력정지를 명할 수 있다. 다만, 제1호에 해당하는 경우에는 항공신체검사증명을 취소하여야 한다.〈개정 2022. 1. 18.〉

1. 거짓이나 그 밖의 부정한 방법으로 항공신체검사증명을 받은 경우
2. 제1항제13호부터 제15호까지의 어느 하나에 해당하는 경우
3. 제40조제2항에 따른 자격증명의 종류별 항공신체검사증명의 기준에 맞지 아니하게 되어 항공업무를 수행하기에 부적합하다고 인정되는 경우
4. 제40조제5항을 위반하여 한정된 항공업무의 범위를 준수하지 아니하고 항공업무(제46조에 따른 항공기 조종연습을 포함한다)에 종사한 경우
5. 제41조에 따른 항공신체검사명령에 따르지 아니한 경우
6. 제42조제1항을 위반하여 항공업무에 종사한 경우
7. 제76조제2항을 위반하여 항공신체검사증명서를 소지하지 아니하고 항공업무에 종사한 경우

④ 국토교통부장관은 항공교통관제사 또는 항공교통관제사 자격증명을 받으려는 사람이 거짓이나 그 밖의 부정한 방법으로 관제적성검사에 합격한 경우 그 관제적성검사합격을 취소하여야 한다.〈신설 2025. 5. 27.〉

⑤ 자격증명등의 시험에 응시하거나 심사를 받는 사람, 항공신체검사 또는 관제적성검사를 받는 사람이 그 시험이나 심사 또는 검사에서 부정한 행위를 한 경우에는 해당 시

험이나 심사 또는 검사를 정지시키거나 무효로 하고, 해당 처분을 받은 사람은 그 처분을 받은 날부터 각각 2년간 이 법에 따른 자격증명등의 시험에 응시하거나 심사를 받을 수 없으며, 이 법에 따른 항공신체검사 또는 관제적성검사를 받을 수 없다.〈개정 2022. 1. 18., 2025. 5. 27.〉

⑥ 제1항, 제3항 및 제4항에 따른 처분의 기준 및 절차와 그 밖에 필요한 사항은 국토교통부령으로 정한다.〈개정 2022. 1. 18., 2025. 5. 27.〉

[제목개정 2025. 5. 27.]

[시행일: 2028. 5. 28.] 제43조(관제적성검사에 관한 사항만 해당한다)

제44조(계기비행증명 및 조종교육증명) ① 운송용 조종사(헬리콥터를 조종하는 경우만 해당한다), 사업용 조종사, 자가용 조종사 또는 부조종사의 자격증명을 받은 사람은 그가 사용할 수 있는 항공기의 종류로 다음 각 호의 비행을 하려면 국토교통부령으로 정하는 바에 따라 국토교통부장관의 계기비행증명을 받아야 한다.

1. 계기비행
2. 계기비행방식에 따른 비행

② 다음 각 호의 조종연습을 하는 사람에 대하여 조종교육을 하려는 사람은 비행시간을 고려하여 그 항공기의 종류별·등급별로 국토교통부령으로 정하는 바에 따라 국토교

제44조(항공기의 감항성 유지) 법 제23조제8항에 따라 항공기를 운항하려는 소유자등은 다음 각 호의 방법에 따라 해당 항공기의 감항성을 유지하여야 한다.〈개정 2018. 6. 27.〉

1. 해당 항공기의 운용한계 범위에서 운항할 것
2. 제작사에서 제공하는 정비교범, 기술문서 또는 국토교통부장관이 정하여 고시하는 정비방법에 따라 정비등을 수행할 것
3. 법 제23조제9항에 따른 감항성개선 또는 그 밖의 검사·정비등의 명령에 따른 정비등을 수행할 것

통부장관의 조종교육증명을 받아야 한다.〈개정 2017. 10. 24.〉

1. 제35조제1호부터 제4호까지의 자격증명을 받지 아니한 사람이 항공기(제36조제3항에 따라 국토교통부령으로 정하는 항공기는 제외한다)에 탑승하여 하는 조종연습

2. 제35조제1호부터 제4호까지의 자격증명을 받은 사람이 그 자격증명에 대하여 제37조에 따라 한정을 받은 종류 외의 항공기에 탑승하여 하는 조종연습

③ 제2항에 따른 조종교육증명에 필요한 사항은 국토교통부령으로 정한다.

④ 제1항에 따른 계기비행증명 및 제2항에 따른 조종교육증명의 시험 및 취소 등에 관하여는 제38조 및 제43조제1항·제4항을 준용한다.〈개정 2022. 1. 18.〉

제45조(항공영어구술능력증명) ① 다음 각 호의 어느 하나에 해당하는 업무에 종사하려는 사람은 국토교통부장관의 항공영어구술능력증명을 받아야 한다.〈개정 2025. 5. 27.〉

1. 두 나라 이상을 운항하는 항공기의 조종

2. 두 나라 이상을 운항하는 항공기에 대한 항공교통관제 업무

3. 「공항시설법」 제53조에 따른 항공통신 업무 중 두 나라 이상을 운항하는 항공기에 대한 무선통신

② 제1항에 따른 항공영어구술능력증명(이하 "항공영어구술능력증명"이라 한다)을 위한

제45조(항공기등·장비품 또는 부품에 대한 감항성개선 명령 등) ① 국토교통부장관은 법 제23조제9항에 따라 소유자등에게 항공기등, 장비품 또는 부품에 대한 정비등에 관한 감항성개선을 명할 때에는 다음 각 호의 사항을 통보하여야 한다.〈개정 2018. 6. 27.〉

1. 항공기등, 장비품 또는 부품의 형식 등 개선 대상

2. 검사, 교환, 수리·개조 등을 하여야 할 시기 및 방법

3. 그 밖에 검사, 교환, 수리·개조 등을 수행하는 데 필요한 기술자료

시험의 실시, 항공영어구술능력증명의 등급, 등급별 합격기준, 등급별 유효기간 등에 필요한 사항은 국토교통부령으로 정한다.

③ 국토교통부장관은 항공영어구술능력증명을 받으려는 사람이 제2항에 따른 등급별 합격기준에 적합한 경우에는 국토교통부령으로 정하는 바에 따라 항공영어구술능력증명서를 발급하여야 한다.

④ 제3항에도 불구하고 제34조제3항에 따라 국방부장관으로부터 자격인정을 받아 항공교통관제 업무를 수행하는 사람으로서 항공영어구술능력증명을 받으려는 사람이 제2항에 따른 등급별 합격기준에 적합한 경우에는 국방부장관이 항공영어구술능력증명서를 발급할 수 있다.

⑤ 외국정부로부터 항공영어구술능력증명을 받은 사람은 해당 등급별 유효기간의 범위에서 제2항에 따른 항공영어구술능력증명을 위한 시험이 면제된다.

⑥ 항공영어구술능력증명의 취소 등에 관하여는 제43조제1항제1호 및 같은 조 제4항을 준용한다. 이 경우 "자격증명등"은 "항공영어구술능력증명"으로 본다.〈개정 2022. 1. 18.〉

4. 제3항에 따른 보고 대상 여부

② 국토교통부장관은 법 제23조제9항에 따라 소유자등에게 검사·정비등을 명할 때에는 다음 각 호의 사항을 통보하여야 한다.〈개정 2018. 6. 27.〉

1. 항공기등, 장비품 또는 부품의 형식 등 검사 대상

2. 검사·정비등을 하여야 할 시기 및 방법

3. 제3항에 따른 보고 대상 여부

③ 제1항에 따른 감항성개선 또는 제2항에 따른 검사·정비등의 명령을 받은 소유자등은 감항성개선 또는 검사·정비등을 완료한 후 그 이행 결과가 보고 대상인 경우에는 국토교통부장관에게 보고하여야 한다.

제46조(항공기의 조종연습) ① 다음 각 호의 조종연습을 위한 조종에 관하여는 제36조제1항·제2항 및 제37조제2항을 적용하지 아니한다.

1. 제35조제1호부터 제4호까지에 따른 자격증명 및 제40조에 따른 항공신체검사증

제46조(감항승인의 신청) ① 법 제24조제1항에 따라 감항승인을 받으려는 자는 다음 각 호의 구분에 따른 신청서를 국토교통부장관 또는 지방항공청장에게 제출하여야 한다.

1. 항공기를 외국으로 수출하려는 경우:

명을 받은 사람이 한정받은 등급 또는 형식 외의 항공기(한정받은 종류의 항공기만 해당한다)에 탑승하여 하는 조종연습으로서 그 항공기를 조종할 수 있는 자격증명 및 항공신체검사증명을 받은 사람(그 항공기를 조종할 수 있는 지식 및 능력이 있다고 인정하여 국토교통부장관이 지정한 사람을 포함한다)의 감독으로 이루어지는 조종연습

2. 제44조제2항제1호에 따른 조종연습으로서 그 조종연습에 관하여 국토교통부장관의 허가를 받고 조종교육증명을 받은 사람의 감독으로 이루어지는 조종연습

3. 제44조제2항제2호에 따른 조종연습으로서 조종교육증명을 받은 사람의 감독으로 이루어지는 조종연습

② 국토교통부장관은 제1항제2호에 따른 조종연습의 허가 신청을 받은 경우 신청인이 항공기의 조종연습을 하기에 필요한 능력이 있다고 인정되는 경우에는 국토교통부령으로 정하는 바에 따라 그 조종연습을 허가하여야 한다.

③ 제1항제2호에 따른 허가는 신청인에게 항공기 조종연습허가서를 발급함으로써 한다.

④ 제1항제2호에 따른 허가를 받은 사람의 항공신체검사증명, 항공신체검사명령 등에 관하여는 제40조, 제41조 및 제42조를 준용한다.〈개정 2022. 1. 18.〉

⑤ 제3항에 따른 항공기 조종연습허가서를 받은 사람이 조종연습을 할 때에는 항공

별지 제19호서식의 항공기 감항승인 신청서

2. 발동기 · 프로펠러, 장비품 또는 부품을 타인에게 제공하려는 경우: 별지 제20호서식의 부품 등의 감항승인 신청서

② 제1항에 따른 신청서에는 다음 각 호의 서류를 첨부하여야 한다.〈개정 2018. 6. 27.〉

1. 항공기기술기준 또는 법 제27조제1항에 따른 기술표준품형식승인기준(이하 "기술표준품형식승인기준"이라 한다)에 적합함을 입증하는 자료

2. 정비교범(제작사가 발행한 것만 해당한다)

3. 그 밖에 법 제23조제9항에 따른 감항성개선 명령의 이행 결과 등 국토교통부장관이 정하여 고시하는 서류

기 조종연습허가서와 항공신체검사증명서를 지녀야 힌다.		
제47조(항공교통관제연습) ① 제35조제7호의 항공교통관제사 자격증명을 받지 아니한 사람이 항공교통관제 업무를 연습(이하 "항공교통관제연습"이라 한다)하려는 경우에는 국토교통부장관의 항공교통관제연습허가를 받고 국토교통부령으로 정하는 자격요건을 갖춘 사람의 감독 하에 항공교통관제연습을 하여야 한다. ② 국토교통부장관은 제1항에 따른 항공교통관제연습허가 신청을 받은 경우에는 신청인이 항공교통관제연습을 하기에 필요한 능력이 있다고 인정되면 국토교통부령으로 정하는 바에 따라 그 항공교통관제연습을 허가하여야 한다. ③ 제1항에 따른 항공교통관제연습의 허가는 신청인에게 항공교통관제연습허가서를 발급함으로써 한다. ④ 제1항에 따른 항공교통관제연습 허가를 받은 사람의 항공신체검사증명, 항공신체검사명령 등에 관하여는 제40조, 제41조 및 제42조를 준용한다.〈개정 2022. 1. 18.〉 ⑤ 제3항에 따른 항공교통관제연습허가서를 받은 사람이 항공교통관제연습을 할 때에는 항공교통관제연습허가서와 항공신체검사증명서를 지녀야 한다.		제47조(감항승인을 위한 검사범위) 법 제24조제2항에 따라 국토교통부장관 또는 지방항공청장이 감항승인을 할 때에는 해당 항공기등·장비품 또는 부품의 상태 및 성능이 항공기기술기준 또는 기술표준품형식승인기준에 적합한지를 검사하여야 한다.

제47조의2(자격증명을 받지 아니한 사람의 조종연습등에 대한 연습허가·항공신체검사증명의 취소 등) ① 국토교통부장관은 제46조제1항제2호에 따른 조종연습 또는 제47조제1항에 따른 항공교통관제연습(이하 이 조에서 "조종연습등"이라 한다)을 하는 사람이 다음 각 호의 어느 하나에 해당하는 경우에는 제46조제2항에 따른 항공기 조종연습허가 또는 제47조제2항에 따른 항공교통관제연습허가(이하 이 조에서 "연습허가"라 한다)를 취소하거나 1년 이내의 기간을 정하여 연습허가의 효력정지를 명할 수 있다. 다만, 제1호, 제11호 및 제14호에 해당하는 경우에는 해당 연습허가를 취소하여야 한다.

1. 거짓이나 그 밖의 부정한 방법으로 연습허가를 받은 경우
2. 이 법을 위반하여 벌금 이상의 형을 선고 받은 경우
3. 조종연습등을 하는 사람으로서 조종연습등을 수행할 때 고의 또는 중대한 과실로 항공기사고를 일으켜 인명피해나 재산피해를 발생시킨 경우
4. 제46조제4항 및 제47조제4항에서 준용하는 제40조제1항을 위반하여 항공신체검사증명을 받지 아니하고 조종연습등을 한 경우
5. 제46조제4항 및 제47조제4항에서 준용하는 제42조제1항을 위반하여 제40조제2항에 따른 자격증명의 종류별 항공신체검사

증명의 기준에 적합하지 아니한 사람이 조종연습등을 한 경우

6. 제46조제4항 및 제47조제4항에서 준용하는 제42조제2항을 위반하여 신체적·정신적 상태의 저하 사실을 신고하지 아니한 경우

7. 제46조제4항 및 제47조제4항에서 준용하는 제42조제4항을 위반하여 같은 조 제3항에 따른 결과를 통지받기 전에 조종연습등을 한 경우

8. 제46조제5항 또는 제47조제5항을 위반하여 항공기 조종연습허가서 또는 항공교통관제연습허가서를 소지하지 아니하고 조종연습등을 한 경우

9. 제57조제1항을 위반하여 주류등의 영향으로 조종연습등을 정상적으로 수행할 수 없는 상태에서 조종연습등을 한 경우

10. 제57조제2항을 위반하여 조종연습등을 하는 동안에 같은 조 제1항에 따른 주류등을 섭취하거나 사용한 경우

11. 제57조제3항을 위반하여 같은 조 제1항에 따른 주류등의 섭취 및 사용 여부의 측정 요구에 따르지 아니한 경우

12. 제57조의2를 위반하여 항공기 내에서 흡연을 한 경우

13. 조종연습등을 수행할 때 고의 또는 중대한 과실로 항공기준사고, 항공안전장애 또는 제61조제1항에 따른 항공안전위해요인을 발생시킨 경우

14. 이 조에 따른 연습허가의 정지명령을 위반하여 정지기간에 조종연습등을 한 경우

② 국토교통부장관은 조종연습등을 하는 사람이 다음 각 호의 어느 하나에 해당하는 경우에는 그 항공신체검사증명을 취소하거나 1년 이내의 기간을 정하여 항공신체검사증명의 효력정지를 명할 수 있다. 다만, 제1호에 해당하는 경우에는 항공신체검사증명을 취소하여야 한다.

1. 거짓이나 그 밖의 부정한 방법으로 항공신체검사증명을 받은 경우

2. 제1항제9호부터 제11호까지의 어느 하나에 해당하는 경우

3. 제46조제4항 및 제47조제4항에서 준용하는 제40조제2항에 따른 자격증명의 종류별 항공신체검사증명의 기준에 맞지 아니하게 되어 조종연습등을 하기에 부적합하다고 인정되는 경우

4. 제46조제4항 및 제47조제4항에서 준용하는 제40조제5항을 위반하여 한정된 항공업무의 범위를 준수하지 아니하고 조종연습등을 한 경우

5. 제46조제4항 및 제47조제4항에서 준용하는 제41조에 따른 항공신체검사명령에 따르지 아니한 경우

6. 제46조제4항 및 제47조제4항에서 준용하는 제42조제1항을 위반하여 제40조제2항에 따른 자격증명의 종류별 항공신체검사

증명의 기준에 적합하지 아니한 사람이 조종연습등을 한 경우 7. 제46조제5항 또는 제47조제5항을 위반하여 항공신체검사증명서를 소지하지 아니하고 조종연습등을 한 경우 ③ 연습허가의 심사를 받는 사람 또는 항공신체검사를 받는 사람이 그 심사 또는 검사에서 부정한 행위를 한 경우에는 해당 심사 또는 검사를 정지시키거나 무효로 하고, 해당 처분을 받은 사람은 그 처분을 받은 날부터 각각 2년간 이 법에 따른 연습허가의 심사를 받을 수 없으며, 이 법에 따른 항공신체검사를 받을 수 없다. ④ 제1항 및 제2항에 따른 처분의 기준 및 절차와 그 밖에 필요한 사항은 국토교통부령으로 정한다. [본조신설 2022. 1. 18.]		
제48조(전문교육기관의 지정 등) ① 항공종사자를 양성하려는 자는 국토교통부령으로 정하는 바에 따라 국토교통부장관으로부터 항공종사자 전문교육기관(이하 "전문교육기관"이라 한다)으로 지정을 받을 수 있다. 다만, 제35조제1호부터 제4호까지, 제7호 및 제7호의2에 해당하는 항공종사자를 양성하려는 자는 전문교육기관으로 지정을 받아야 한다.〈개정 2025. 5. 27.〉 ② 제1항에 따라 전문교육기관으로 지정을 받으려는 자는 국토교통부령으로 정하는		제48조(감항승인서의 발급) 국토교통부장관 또는 지방항공청장은 법 제24조제2항에 따른 감항승인을 위한 검사 결과 해당 항공기가 항공기기술기준에 적합하다고 인정하는 경우에는 별지 제21호서식의 항공기 감항승인서를, 해당 발동기·프로펠러, 장비품 또는 부품이 항공기기술기준 또는 기술표준품형식승인기준에 적합하다고 인정하는 경우에는 별지 제22호서식의 부품 등 감항승인서를 신청인에게 발급하여야 한다.

기준(이하 "전문교육기관 지정기준"이라 한다)에 따라 교육과목, 교육방법, 인력, 시설 및 장비 등 교육훈련체계를 갖추어야 한다.

③ 국토교통부장관은 전문교육기관을 지정하는 경우에는 교육과정, 교관의 인원·자격 및 교육평가방법 등 국토교통부령으로 정하는 사항이 명시된 훈련운영기준을 전문교육기관지정서와 함께 해당 전문교육기관으로 지정받은 자에게 발급하여야 한다.

④ 국토교통부장관은 교육훈련 과정에서의 안전을 확보하기 위하여 필요하다고 판단되면 직권으로 또는 전문교육기관의 신청을 받아 제3항에 따른 훈련운영기준을 변경할 수 있다.

⑤ 전문교육기관으로 지정을 받은 자는 제3항에 따른 훈련운영기준 또는 제4항에 따라 변경된 훈련운영기준을 준수하여야 한다.

⑥ 전문교육기관으로 지정을 받은 자는 훈련운영기준에 따라 교육훈련체계를 계속적으로 유지하여야 하며, 새로운 교육과정의 개설 등으로 교육훈련체계가 변경된 경우에는 국토교통부장관이 실시하는 검사를 받아야 한다.

⑦ 국토교통부장관은 전문교육기관으로 지정받은 자가 교육훈련체계를 유지하고 있는지 여부를 정기 또는 수시로 검사하여야 한다.

⑧ 국토교통부장관은 전문교육기관이 항공운송사업에 필요한 항공종사자를 양성하는

경우에는 예산의 범위에서 필요한 경비의 전부 또는 일부를 지원할 수 있다.

⑨ 국토교통부장관은 항공교육훈련 정보를 국민에게 제공하고 전문교육기관 등 항공교육훈련기관을 체계적으로 관리하기 위하여 시스템(이하 "항공교육훈련통합관리시스템"이라 한다)을 구축·운영하여야 한다.

⑩ 국토교통부장관은 항공교육훈련통합관리시스템을 구축·운영하기 위하여 「항공사업법」 제2조제35호에 따른 항공교통사업자 또는 항공교육훈련기관 등에게 필요한 자료 또는 정보의 제공을 요청할 수 있다. 이 경우 자료나 정보의 제공을 요청받은 자는 정당한 사유가 없으면 이에 따라야 한다.

[전문개정 2017. 10. 24.]

제48조의2(전문교육기관 지정의 취소 등) ① 국토교통부장관은 전문교육기관으로 지정받은 자가 다음 각 호의 어느 하나에 해당하는 경우에는 그 지정을 취소하거나 6개월 이내의 기간을 정하여 그 업무의 정지를 명할 수 있다. 다만, 제1호 또는 제8호에 해당하는 경우에는 그 지정을 취소하여야 한다.

1. 거짓이나 그 밖의 부정한 방법으로 전문교육기관으로 지정받은 경우
2. 정당한 사유 없이 전문교육기관 지정기준을 위반한 경우
3. 제48조제5항을 위반하여 정당한 사유 없이 훈련운영기준을 준수하지 아니한 경우

4. 정당한 사유 없이 제48조제10항에 따른 국토교통부장관의 자료 또는 정보제공의 요청을 따르지 아니한 경우

5. 전문교육기관으로 지정받은 이후 2년을 초과하는 기간 동안 교육과정을 개설하지 아니한 경우

6. 고의 또는 중대한 과실로 항공기사고를 발생시키거나 소속 항공종사자에 대하여 관리·감독하는 상당한 주의의무를 게을리하여 항공기사고가 발생한 경우

7. 제58조제2항을 위반하여 다음 각 목의 어느 하나에 해당하는 경우

가. 업무를 시작하기 전까지 항공안전관리시스템을 마련하지 아니한 경우

나. 승인을 받지 아니하고 항공안전관리시스템을 운용한 경우

다. 항공안전관리시스템을 승인받은 내용과 다르게 운용한 경우

라. 승인을 받지 아니하고 국토교통부령으로 정하는 중요사항을 변경한 경우

8. 이 항 본문에 따른 업무정지 기간에 업무를 한 경우

② 제1항에 따른 처분의 세부기준 및 절차와 그 밖에 필요한 사항은 국토교통부령으로 정한다.

[본조신설 2017. 10. 24.]

제48조의3(전문교육기관 지정을 받은 자에 대한 과징금의 부과) ① 국토교통부장관은 전

문교육기관 지정을 받은 자가 제48조의2제2호부터 제7호까지의 어느 하나에 해당하여 그 업무의 정지를 명하여야 하는 경우로서 그 업무를 정지하는 경우 전문교육기관 이용자 등에게 심한 불편을 주거나 공익을 해칠 우려가 있는 경우에는 업무정지 처분을 갈음하여 10억원 이하의 과징금을 부과할 수 있다. ② 제1항에 따른 과징금 부과의 구체적인 기준, 절차 및 그 밖에 필요한 사항은 대통령령으로 정한다. ③ 국토교통부장관은 제1항에 따라 과징금을 내야 할 자가 납부기한까지 과징금을 내지 아니하면 국세 체납처분의 예에 따라 징수한다. [본조신설 2017. 10. 24.]		
제49조(항공전문의사의 지정 등) ① 국토교통부장관은 제40조에 따른 자격증명의 종류별 항공신체검사증명을 효율적이고 전문적으로 하기 위하여 국토교통부령으로 정하는 바에 따라 항공의학에 관한 전문교육을 받은 전문의사(이하 "항공전문의사"라 한다)를 지정하여 제40조에 따른 항공신체검사증명에 관한 업무를 대행하게 할 수 있다. ② 교육이수실적, 경력 등 항공전문의사의 지정기준은 국토교통부령으로 정한다. ③ 항공전문의사는 국토교통부령으로 정하는 바에 따라 국토교통부장관이 정기적으로 실시하는 전문교육을 받아야 한다.		제49조(소음기준적합증명 대상 항공기) 법 제25조제1항에서 "국토교통부령으로 정하는 항공기"란 다음 각 호의 어느 하나에 해당하는 항공기로서 국토교통부장관이 정하여 고시하는 항공기를 말한다.〈개정 2021. 8. 27.〉 1. 터빈(높은 압력의 액체·기체를 날개바퀴의 날개에 부딪히게 함으로써 회전하는 힘을 얻는 기계를 말한다)발동기를 장착한 항공기 2. 국제선을 운항하는 항공기

제50조(항공전문의사 지정의 취소 등) ① 국토교통부장관은 항공전문의사가 다음 각 호의 어느 하나에 해당하는 경우에는 그 지정을 취소하거나 1년 이내의 기간을 정하여 그 지정의 효력정지를 명할 수 있다. 다만 제1호, 제3호, 제4호 또는 제6호부터 제8호까지의 어느 하나에 해당하는 경우에는 그 지정을 취소하여야 한다.

1. 거짓이나 그 밖의 부정한 방법으로 항공전문의사로 지정받은 경우
2. 항공전문의사가 제40조에 따른 항공신체검사증명서의 발급 등 국토교통부령으로 정하는 업무를 게을리 수행한 경우
3. 이 조에 따른 항공전문의사 지정의 효력정지 기간에 제40조에 따른 항공신체검사증명에 관한 업무를 수행한 경우
4. 항공전문의사가 제49조제2항에 따른 지정기준에 적합하지 아니하게 된 경우
5. 항공전문의사가 제49조제3항에 따른 전문교육을 받지 아니한 경우
6. 항공전문의사가 고의 또는 중대한 과실로 항공신체검사증명서를 잘못 발급한 경우
7. 항공전문의사가 「의료법」 제65조 또는 제66조에 따라 자격이 취소 또는 정지된 경우
8. 본인이 지정 취소를 요청한 경우

② 제1항에 따라 항공전문의사 지정 취소 처분을 받은 사람은 그 처분을 받은 날부터 2년간 이 법에 따른 항공전문의사 지정을 신

제50조(소음기준적합증명 신청) ① 법 제25조제1항에 따라 소음기준적합증명을 받으려는 자는 별지 제23호서식의 소음기준적합증명 신청서를 국토교통부장관 또는 지방항공청장에게 제출하여야 한다.

② 제1항에 따른 신청서에는 다음 각 호의 서류를 첨부하여야 한다.

1. 해당 항공기가 법 제19조제2호에 따른 소음기준(이하 "소음기준"이라 한다)에 적합함을 입증하는 비행교범
2. 해당 항공기가 소음기준에 적합하다는 사실을 입증할 수 있는 서류(해당 항공기를 제작 또는 등록하였던 국가나 항공기 제작기술을 제공한 국가가 소음기준에 적합하다고 증명한 항공기만 해당한다)
3. 수리·개조 등에 관한 기술사항을 적은 서류(수리·개조 등으로 항공기의 소음치(騷音值)가 변경된 경우에만 해당한다)

청할 수 없다.〈신설 2022. 1. 18.〉 ③ 제1항에 따른 처분기준 및 처분절차 등은 국토교통부령으로 정한다.〈개정 2022. 1. 18.〉		
제5장 항공기의 운항 제51조(무선설비의 설치·운용 의무) 항공기를 운항하려는 자 또는 소유자등은 해당 항공기에 비상위치 무선표지설비, 2차감시레이더용 트랜스폰더 등 국토교통부령으로 정하는 무선설비를 설치·운용하여야 한다.		제51조(소음기준적합증명의 검사기준 등) ① 법 제25조제1항에 따른 소음기준적합증명의 검사기준과 소음의 측정방법 등에 관한 세부적인 사항은 국토교통부장관이 정하여 고시한다.〈개정 2022. 6. 8.〉 ② 국토교통부장관 또는 지방항공청장은 제50조제2항제2호에 따른 서류를 제출받은 경우 해당 국가의 소음측정방법 및 소음측정값이 제1항에 따른 검사기준과 측정방법에 적합한 것으로 확인되면 서류검사만으로 소음기준적합증명을 할 수 있다.〈신설 2022. 6. 8.〉
제52조(항공계기 등의 설치·탑재 및 운용 등) ① 항공기를 운항하려는 자 또는 소유자등은 해당 항공기에 항공기 안전운항을 위하여 필요한 항공계기(航空計器), 장비, 서류, 구급용구 등(이하 "항공계기등"이라 한다)을 설치하거나 탑재하여 운용하여야 한다. 이 경우 최대이륙중량이 600킬로그램 초과 5천700킬로그램 이하인 비행기에는 사고예방 및 안전운항에 필요한 장비를 추가로 설치할 수 있다.〈개정 2017. 1. 17.〉 ② 제1항에 따라 항공계기등을 설치하거		제52조(소음기준적합증명서의 발급 및 재발급) ① 국토교통부장관 또는 지방항공청장은 해당 항공기가 소음기준에 적합한 경우에는 별지 제24호서식의 소음기준적합증명서를 항공기의 소유자등에게 발급하여야 한다. ② 항공기의 소유자등은 제1항에 따라 발급받은 소음기준적합증명서를 잃어버렸거나 소음적합증명서를 못쓰게 되어 재발급받으려면 별지 제23호의2서식의 소음기준적합증명 재발급 신청서를 국토교통부장관 또는 지방항공청장에게 제출해야 한다.〈개정 2022. 6. 8.〉

나 탑재하여야 할 항공기, 항공계기등의 종류, 설치·탑재기준 및 그 운용방법 등에 필요한 사항은 국토교통부령으로 정한다.		③ 국토교통부장관 또는 지방항공청장은 제2항에 따른 재발급 신청서를 접수한 경우 그 신청사유가 적합하다고 인정되면 소음기준적합증명서를 재발급해야 한다.〈신설 2022. 6. 8.〉 [제목개정 2022. 6. 8.]
제53조(항공기의 연료) 항공기를 운항하려는 자 또는 소유자등은 항공기에 국토교통부령으로 정하는 양의 연료를 싣지 아니하고 항공기를 운항해서는 아니 된다.		제53조(소음기준적합증명의 기준에 적합하지 아니한 항공기의 운항허가) ① 법 제25조제2항 단서에 따라 운항허가를 받을 수 있는 경우는 다음 각 호와 같다. 이 경우 국토교통부장관은 제한사항을 정하여 항공기의 운항을 허가할 수 있다. 1. 항공기의 생산업체, 연구기관 또는 제작자 등이 항공기 또는 그 장비품 등의 시험·조사·연구·개발을 위하여 시험비행을 하는 경우 2. 항공기의 제작 또는 정비등을 한 후 시험비행을 하는 경우 3. 항공기의 정비등을 위한 장소까지 승객·화물을 싣지 아니하고 비행하는 경우 4. 항공기의 설계에 관한 형식증명을 변경하기 위하여 운용한계를 초과하는 시험비행을 하는 경우 ② 법 제25조제2항 단서에 따른 운항허가를 받으려는 자는 별지 제25호서식의 시험비행 등의 허가신청서를 국토교통부장관에게 제출하여야 한다.

제54조(항공기의 등불) 항공기를 운항하거나 야간(해가 진 뒤부터 해가 뜨기 전까지를 말한다. 이하 같다)에 비행장에 주기(駐機) 또는 정박(碇泊)시키는 사람은 국토교통부령으로 정하는 바에 따라 등불로 항공기의 위치를 나타내야 한다.		제54조(소음기준적합증명서의 반납) 법 제25조제3항에 따라 항공기의 소음기준적합증명을 취소하거나 그 효력을 정지시킨 경우에는 지체 없이 항공기의 소유자등에게 해당 항공기의 소음기준적합증명서의 반납을 명하여야 한다.
제55조(운항승무원의 비행경험) 다음 각 호의 어느 하나에 해당하는 항공기를 운항하려고 하거나 계기비행·야간비행 또는 제44조제2항에 따른 조종교육 업무에 종사하려는 운항승무원은 국토교통부령으로 정하는 비행경험(모의비행훈련장치를 이용하여 얻은 비행경험을 포함한다)이 있어야 한다.〈개정 2021. 5. 18.〉 1. 항공운송사업 또는 항공기사용사업에 사용되는 항공기 2. 항공기 중량, 승객 좌석 수 등 국토교통부령으로 정하는 기준에 해당하는 항공기로서 국외 운항에 사용되는 항공기(이하 "국외운항항공기"라 한다)		제55조(기술표준품형식승인의 신청) ① 법 제27조제1항에 따라 기술표준품형식승인을 받으려는 자는 별지 제26호서식의 기술표준품형식승인 신청서를 국토교통부장관에게 제출하여야 한다. ② 제1항에 따른 신청서에는 다음 각 호의 서류를 첨부하여야 한다. 1. 법 제27조제1항에 따른 기술표준품형식승인기준(이하 "기술표준품형식승인기준"이라 한다)에 대한 적합성 입증 계획서 또는 확인서 2. 기술표준품의 설계도면, 설계도면 목록 및 부품 목록 3. 기술표준품의 제조규격서 및 제품사양서 4. 기술표준품의 품질관리규정 5. 해당 기술표준품의 감항성 유지 및 관리체계(이하 "기술표준품관리체계"라 한다)를 설명하는 자료 6. 그 밖에 참고사항을 적은 서류
제56조(승무원 등의 피로관리) ① 항공운송사업자, 항공기사용사업자 또는 국외운항항공		제56조(형식승인이 면제되는 기술표준품) 법 제27조제1항 단서에서 "국토교통부령으로 정

기 소유자등은 다음 각 호의 어느 하나 이상의 방법으로 소속 운항승무원 및 객실승무원(이하 "승무원"이라 한다)과 운항관리사의 피로를 관리하여야 한다.〈개정 2020. 12. 8.〉

1. 국토교통부령으로 정하는 승무원의 승무시간, 비행근무시간, 근무시간 등(이하 이 조에서 "승무시간등"이라 한다) 또는 운항관리사의 근무시간의 제한기준을 따르는 방법

2. 피로위험관리시스템을 마련하여 운용하는 방법

② 항공운송사업자, 항공기사용사업자 또는 국외운항항공기 소유자등이 피로위험관리시스템을 마련하여 운용하려는 경우에는 국토교통부령으로 정하는 바에 따라 국토교통부장관의 승인을 받아 운용하여야 한다. 승인받은 사항 중 국토교통부령으로 정하는 중요사항을 변경하는 경우에도 또한 같다.

③ 항공운송사업자, 항공기사용사업자 또는 국외운항항공기 소유자등은 제1항제1호에 따라 승무원 또는 운항관리사의 피로를 관리하는 경우에는 승무원의 승무시간등 또는 운항관리사의 근무시간에 대한 기록을 15개월 이상 보관하여야 한다.〈개정 2020. 12. 8.〉

[제목개정 2020. 12. 8.]

제57조(주류등의 섭취 · 사용 제한) ① 항공종사자(제46조에 따른 항공기 조종연습 및 제47조에 따른 항공교통관제연습을 하는 사람을 포함한다. 이하 이 조에서 같다) 및 객

하는 기술표준품"이란 다음 각 호의 기술표준품을 말한다.〈개정 2018. 6. 27.〉

1. 법 제20조에 따라 형식증명 또는 제한형식증명을 받은 항공기에 포함되어 있는 기술표준품

2. 법 제21조에 따라 형식증명승인을 받은 항공기에 포함되어 있는 기술표준품

3. 법 제23조제1항에 따라 감항증명을 받은 항공기에 포함되어 있는 기술표준품

제57조(기술표준품형식승인의 검사범위 등) ① 국토교통부장관은 법 제27조제2항에 따라 기술표준품형식승인을 위한 검사를 하는 경우에는 다음 각 호의 사항을 검사하여야

실승무원은 「주세법」 제3조제1호에 따른 주류, 「마약류 관리에 관한 법률」 제2조제1호에 따른 마약류 또는 「화학물질관리법」 제22조제1항에 따른 환각물질 등(이하 "주류등"이라 한다)의 영향으로 항공업무(제46조에 따른 항공기 조종연습 및 제47조에 따른 항공교통관제연습을 포함한다. 이하 이 조에서 같다) 또는 객실승무원의 업무를 정상적으로 수행할 수 없는 상태에서는 항공업무 또는 객실승무원의 업무에 종사해서는 아니 된다.

② 항공종사자 및 객실승무원은 항공업무 또는 객실승무원의 업무에 종사하는 동안에는 주류등을 섭취하거나 사용해서는 아니 된다.

③ 국토교통부장관은 항공안전과 위험 방지를 위하여 필요하다고 인정하거나 항공종사자 및 객실승무원이 제1항 또는 제2항을 위반하여 항공업무 또는 객실승무원의 업무를 하였다고 인정할 만한 상당한 이유가 있을 때에는 주류등의 섭취 및 사용 여부를 호흡측정기 검사 등의 방법으로 측정할 수 있으며, 항공종사자 및 객실승무원은 이러한 측정에 따라야 한다.〈개정 2020. 6. 9.〉

④ 국토교통부장관은 항공종사자 또는 객실승무원이 제3항에 따른 측정 결과에 불복하면 그 항공종사자 또는 객실승무원의 동의를 받아 혈액 채취 또는 소변 검사 등의 방법으로 주류등의 섭취 및 사용 여부를 다시 측정할 수 있다.

한다.

1. 기술표준품이 기술표준품형식승인기준에 적합하게 설계되었는지 여부

2. 기술표준품의 설계·제작과정에 적용되는 품질관리체계

3. 기술표준품관리체계

② 국토교통부장관은 제1항제1호에 따른 사항을 검사하는 경우에는 기술표준품의 최소성능표준에 대한 적합성과 도면, 규격서, 제작공정 등에 관한 내용을 포함하여 검사하여야 한다.

③ 국토교통부장관은 제1항제2호에 따른 사항을 검사하는 경우에는 해당 기술표준품을 제작할 수 있는 기술·설비 및 인력 등에 관한 내용을 포함하여 검사하여야 한다.

④ 국토교통부장관은 제1항제3호에 따른 사항을 검사하는 경우에는 기술표준품의 식별방법 및 기록유지 등에 관한 내용을 포함하여 검사하여야 한다.

⑤ 주류등의 영향으로 항공업무 또는 객실승무원의 업무를 정상적으로 수행할 수 없는 상태의 기준은 다음 각 호와 같다.

1. 주정성분이 있는 음료의 섭취로 혈중알코올농도가 0.02퍼센트 이상인 경우
2. 「마약류 관리에 관한 법률」 제2조제1호에 따른 마약류를 사용한 경우
3. 「화학물질관리법」 제22조제1항에 따른 환각물질을 사용한 경우

⑥ 제1항부터 제5항까지의 규정에 따라 주류등의 종류 및 그 측정에 필요한 세부 절차 및 측정기록의 관리 등에 필요한 사항은 국토교통부령으로 정한다.

제57조의2(항공기 내 흡연 금지) 항공종사자(제46조에 따른 항공기 조종연습을 하는 사람을 포함한다) 및 객실승무원은 항공업무 또는 객실승무원의 업무에 종사하는 동안에는 항공기 내에서 흡연을 하여서는 아니 된다.

제58조(국가 항공안전프로그램 등) ① 국토교통부장관은 다음 각 호의 사항이 포함된 항공안전프로그램을 마련하여 고시하여야 한다.〈개정 2019. 8. 27.〉

1. 항공안전에 관한 정책, 달성목표 및 조직체계
2. 항공안전 위험도의 관리
3. 항공안전보증
4. 항공안전증진

제58조(기술표준품형식승인서의 발급 등) ① 국토교통부장관은 법 제27조제2항에 따른 검사 결과 해당 기술표준품의 설계·제작이 기술표준품형식승인기준에 적합하다고 인정하는 경우에는 별지 제27호서식의 기술표준품형식승인서를 발급하여야 한다.

② 법 제27조에 따른 기술표준품형식승인을 받은 자는 해당 기술표준품에 기술표준품형식승인을 받았음을 나타내는 표시를 할 수

5. 삭제〈2019. 8. 27.〉

6. 삭제〈2019. 8. 27.〉

② 다음 각 호의 어느 하나에 해당하는 자는 제작, 교육, 운항 또는 사업 등을 시작하기 전까지 제1항에 따른 항공안전프로그램에 따라 항공기사고 등의 예방 및 비행안전의 확보를 위한 항공안전관리시스템을 마련하고, 국토교통부장관의 승인을 받아 운용하여야 한다. 승인받은 사항 중 국토교통부령으로 정하는 중요사항을 변경할 때에도 또한 같다.〈개정 2017. 10. 24., 2019. 8. 27., 2025. 5. 27.〉

1. 형식증명, 부가형식증명, 제작증명, 기술표준품형식승인 또는 부품등제작자증명을 받은 자

2. 제35조제1호부터 제4호까지 및 제7호의2에 해당하는 항공종사자 양성을 위하여 제48조제1항 단서에 따라 지정된 전문교육기관

3. 항공교통업무증명을 받은 자

4. 제90조(제96조제1항에서 준용하는 경우를 포함한다)에 따른 운항증명을 받은 항공운송사업자 및 항공기사용사업자

5. 항공기정비업자로서 제97조제1항에 따른 정비조직인증을 받은 자

6. 「공항시설법」 제38조제1항에 따라 공항운영증명을 받은 자

7. 「공항시설법」 제43조제2항에 따라 항행안전시설을 설치한 자

있다.

8. 제55조제2호에 따른 국외운항항공기를 소유 또는 임차하여 사용할 수 있는 권리가 있는 자

③ 국토교통부장관은 제83조제1항부터 제4항까지에 따라 국토교통부장관이 하는 업무를 체계적으로 수행하기 위하여 제1항의 항공안전프로그램에 따라 그 업무에 관한 항공안전관리시스템을 구축·운용하여야 한다.〈개정 2025. 5. 27.〉

④ 제2항제4호에 따른 항공운송사업자 중 국토교통부령으로 정하는 항공운송사업자는 항공안전관리시스템을 구축할 때 다음 각 호의 사항을 포함한 비행자료분석프로그램(Flight data analysis program)을 마련하여야 한다.〈신설 2019. 8. 27.〉

1. 비행자료를 수집할 수 있는 장치의 장착 및 운영절차

2. 비행자료와 분석결과의 보호 및 활용에 관한 사항

3. 그 밖에 비행자료의 보존 및 품질관리 요건 등 국토교통부장관이 고시하는 사항

⑤ 국토교통부장관 또는 제2항제3호에 따라 항공안전관리시스템을 마련해야 하는 자가 제83조제1항에 따른 항공교통관제 업무 중 레이더를 이용하여 항공교통관제 업무를 수행하려는 경우에는 항공안전관리시스템에 다음 각 호의 사항을 포함하여야 한다.〈신설 2019. 8. 27.〉

1. 레이더 자료를 수집할 수 있는 장치의 설치 및 운영절차 2. 레이더 자료와 분석결과의 보호 및 활용에 관한 사항 ⑥ 제4항에 따른 항공운송사업자 또는 제5항에 따라 레이더를 이용하여 항공교통관제 업무를 수행하는 자는 제4항 또는 제5항에 따라 수집한 자료와 그 분석결과를 항공기사고 등을 예방하고 항공안전을 확보할 목적으로만 사용하여야 하며, 분석결과를 이유로 관련된 사람에게 해고·전보·징계·부당한 대우 또는 그 밖에 신분이나 처우와 관련하여 불이익한 조치를 취해서는 아니 된다. 다만, 범죄 또는 고의적인 법령 위반행위가 확인되는 경우에는 그러하지 아니하다.〈신설 2019. 8. 27., 2022. 6. 10.〉 ⑦ 제1항부터 제3항까지에서 규정한 사항 외에 다음 각 호의 사항은 국토교통부령으로 정한다.〈개정 2019. 8. 27.〉 1. 제1항에 따른 항공안전프로그램의 마련에 필요한 사항 2. 제2항에 따른 항공안전관리시스템에 포함되어야 할 사항, 항공안전관리시스템의 승인기준 및 구축·운용에 필요한 사항 3. 제3항에 따른 업무에 관한 항공안전관리시스템의 구축·운용에 필요한 사항 [제목개정 2019. 8. 27.]		
제59조(항공안전 의무보고) ① 항공기사고, 항		제59조(항공기기술기준 등의 제·개정 신청

공기준사고 또는 항공안전장애 중 국토교통부령으로 정하는 사항(이하 "의무보고 대상 항공안전장애"라 한다)을 발생시켰거나 항공기사고, 항공기준사고 또는 의무보고 대상 항공안전장애가 발생한 것을 알게 된 항공종사자 등 관계인은 국토교통부장관에게 그 사실을 보고하여야 한다. 다만, 제33조에 따라 고장, 결함 또는 기능장애가 발생한 사실을 국토교통부장관에게 보고한 경우에는 이 조에 따른 보고를 한 것으로 본다.〈개정 2019. 8. 27.〉

② 국토교통부장관은 제1항에 따른 보고(이하 "항공안전 의무보고"라 한다)를 통하여 접수한 내용을 이 법에 따른 경우를 제외하고는 제3자에게 제공하거나 일반에게 공개해서는 아니 된다.〈신설 2019. 8. 27.〉

③ 누구든지 항공안전 의무보고를 한 사람에 대하여 이를 이유로 해고·전보·징계·부당한 대우 또는 그 밖에 신분이나 처우와 관련하여 불이익한 조치를 취해서는 아니 된다.〈신설 2019. 8. 27.〉

④ 제1항에 따른 항공종사자 등 관계인의 범위, 보고에 포함되어야 할 사항, 시기, 보고 방법 및 절차 등은 국토교통부령으로 정한다.〈개정 2019. 8. 27.〉

등) ① 항공기기술기준 또는 기술표준품형식승인기준의 제정 또는 개정을 신청하려는 자는 별지 제28호서식의 항공기기술기준 또는 기술표준품형식승인기준 제·개정 신청서에 항공기기술기준 또는 기술표준품형식승인기준 신·구조문대비표를 첨부하여 국토교통부장관에게 제출하여야 한다.

② 국토교통부장관은 제1항에 따른 신청이 있는 경우 30일 이내에 이를 검토하여 항공기기술기준 또는 기술표준품형식승인기준으로의 반영 여부를 제60조에 따른 항공기기술기준위원회의 심의를 거쳐 신청인에게 통보하여야 한다.

제60조(사실조사) ① 국토교통부장관은 제59조제1항, 제120조제2항, 제129조제3항에 따른 보고를 받은 경우 또는 제59조제1항, 제120조제2항, 제129조제3항에 따른 보고를

제60조(항공기기술기준위원회의 구성 및 운영) ① 항공기기술기준 및 기술표준품형식승인기준의 적합성에 관하여 국토교통부장관의 자문에 조언하게 하기 위하여 국토교통부장

받지 않았으나 항공기사고, 항공기준사고 또는 의무보고 대상 항공안전장애가 발생한 것을 인지하게 된 경우 이에 대한 사실 여부와 이 법의 위반사항 등을 파악하기 위한 조사를 할 수 있다.〈개정 2019. 8. 27., 2020. 6. 9.〉

② 국토교통부장관은 제33조 및 제59조제1항에 따라 의무보고 대상 항공안전장애에 대한 보고가 이루어진 경우 이 법 및 「공항시설법」에 따른 행정처분을 아니할 수 있다. 다만, 제1항에 따른 조사결과 고의 또는 중대한 과실로 의무보고 대상 항공안전장애를 발생시킨 경우에는 그러하지 아니하다.〈신설 2019. 8. 27.〉

③ 제1항에 따른 사실조사의 절차 및 방법 등에 관하여는 제132조제2항 및 제4항부터 제9항까지의 규정을 준용한다.〈개정 2019. 8. 27.〉

④ 제1항부터 제3항까지에서 규정한 사항 외에 사실조사 수행에 필요한 사항은 국토교통부장관이 정한다.〈신설 2019. 8. 27.〉

관 소속으로 항공기기술기준위원회를 둔다.

② 항공기기술기준위원회는 다음 각 호의 사항을 심의·의결한다.

1. 항공기기술기준의 제·개정안
2. 기술표준품형식승인기준의 제·개정안

③ 항공기기술기준위원회의 구성, 위원의 선임기준 및 임기 등 항공기기술기준위원회의 운영에 필요한 세부사항은 국토교통부장관이 정하여 고시한다.

제61조(항공안전 자율보고) ① 누구든지 제59조제1항에 따른 의무보고 대상 항공안전장애 외의 항공안전장애(이하 "자율보고대상 항공안전장애"라 한다)를 발생시켰거나 발생한 것을 알게 된 경우 또는 항공안전위해요인이 발생한 것을 알게 되거나 발생이 의심되는 경우에는 국토교통부령으로 정하는 바에 따

제61조(부품등제작자증명의 신청) ① 법 제28조제1항에 따른 부품등제작자증명을 받으려는 자는 별지 제29호서식의 부품등제작자증명 신청서를 국토교통부장관에게 제출하여야 한다.

② 제1항에 따른 신청서에는 다음 각 호의 서류를 첨부하여야 한다.

라 그 사실을 국토교통부장관에게 보고할 수 있다.〈개정 2019. 8. 27.〉

② 국토교통부장관은 제1항에 따른 보고(이하 "항공안전 자율보고"라 한다)를 통하여 접수한 내용을 이 법에 따른 경우를 제외하고는 제3자에게 제공하거나 일반에게 공개해서는 아니 된다.〈개정 2019. 8. 27.〉

③ 누구든지 항공안전 자율보고를 한 사람에 대하여 이를 이유로 해고·전보·징계·부당한 대우 또는 그 밖에 신분이나 처우와 관련하여 불이익한 조치를 해서는 아니 된다.

④ 국토교통부장관은 자율보고대상 항공안전장애 또는 항공안전위해요인을 발생시킨 사람이 그 발생일부터 10일 이내에 항공안전 자율보고를 한 경우에는 고의 또는 중대한 과실로 발생시킨 경우에 해당하지 아니하면 이 법 및 「공항시설법」에 따른 처분을 하여서는 아니 된다.〈개정 2019. 8. 27., 2020. 6. 9.〉

⑤ 제1항부터 제4항까지에서 규정한 사항 외에 항공안전 자율보고에 포함되어야 할 사항, 보고 방법 및 절차 등은 국토교통부령으로 정한다.

제61조의2(항공안전데이터 등의 수집 및 처리시스템) ① 국토교통부장관은 항공안전의 증진을 위하여 항공안전데이터와 항공안전정보(이하 "항공안전데이터등"이라 한다)의 수집·저장·통합·분석 등의 업무를 전자적으

1. 장비품 또는 부품(이하 "부품등"이라 한다)의 식별서
2. 항공기기술기준에 대한 적합성 입증 계획서 또는 확인서
3. 부품등의 설계도면·설계도면 목록 및 부품등의 목록
4. 부품등의 제조규격서 및 제품사양서
5. 부품등의 품질관리규정
6. 해당 부품등의 감항성 유지 및 관리체계(이하 "부품등관리체계"라 한다)를 설명하는 자료
7. 그 밖에 참고사항을 적은 서류

로 처리하기 위한 시스템(이하 “통합항공안전데이터수집분석시스템”이라 한다)을 구축ㆍ운영할 수 있다.

② 국토교통부장관은 필요하다고 인정하는 경우 통합항공안전데이터수집분석시스템의 운영을 대통령령으로 정하는 바에 따라 관계 전문기관에 위탁할 수 있다.

③ 국토교통부장관은 통합항공안전데이터수집분석시스템의 운영을 위하여 다음 각 호의 사항이 포함된 통합항공안전데이터수집분석시스템의 운영기준을 정하여 고시할 수 있다.

1. 항공안전데이터등의 수집ㆍ저장ㆍ분석 절차

2. 항공안전데이터등의 제공기관과 분석결과 공유방법 및 절차

3. 그 밖에 통합항공안전데이터수집분석시스템 운영에 필요한 사항으로서 국토교통부령으로 정하는 사항

[본조신설 2019. 8. 27.]

제61조의3(항공안전데이터등의 개인정보 보호) 국토교통부장관 또는 제61조의2제2항에 따라 통합항공안전데이터수집분석시스템의 운영을 위탁받은 전문기관은 같은 조 제1항에 따라 수집ㆍ저장ㆍ분석된 항공안전데이터등을 항공안전 유지 및 증진의 목적으로만 활용하여야 하며, 이 경우에도 「개인정보 보호법」 제2조제1호에 따른 개인정보가 보호될 수 있도록 시책을 마련하여 시행하여야 한다.

제62조(기장의 권한 등) ① 항공기의 운항 안전에 대하여 책임을 지는 사람(이하 "기장"이라 한다)은 그 항공기의 승무원을 지휘·감독한다.

② 기장은 국토교통부령으로 정하는 바에 따라 항공기의 운항에 필요한 준비가 끝난 것을 확인한 후가 아니면 항공기를 출발시켜서는 아니 된다.

③ 기장은 항공기나 여객에 위난(危難)이 발생하였거나 발생할 우려가 있다고 인정될 때에는 항공기에 있는 여객에게 피난방법과 그 밖에 안전에 관하여 필요한 사항을 명할 수 있다.

④ 기장은 운항 중 그 항공기에 위난이 발생하였을 때에는 여객을 구조하고, 지상 또는 수상(水上)에 있는 사람이나 물건에 대한 위난 방지에 필요한 수단을 마련하여야 하며, 여객과 그 밖에 항공기에 있는 사람을 그 항공기에서 나가게 한 후가 아니면 항공기를 떠나서는 아니 된다.

⑤ 기장은 항공기사고, 항공기준사고 또는 의무보고 대상 항공안전장애가 발생하였을 때에는 국토교통부령으로 정하는 바에 따라 국토교통부장관에게 그 사실을 보고하여야 한다. 다만, 기장이 보고할 수 없는 경우에는 그 항공기의 소유자등이 보고를 하여야 한다.〈개정 2019. 8. 27.〉

⑥ 기장은 다른 항공기에서 항공기사고,

제62조(부품등제작자증명의 검사범위 등) ① 국토교통부장관은 법 제28조제2항에 따라 부품등제작자증명을 위한 검사를 하는 경우에는 해당 부품등이 항공기기술기준에 적합하게 설계되었는지의 여부, 품질관리체계, 제작과정 및 부품등관리체계에 대한 검사를 하여야 한다.

② 제1항에 따른 검사의 세부적인 검사기준·방법 및 절차 등은 국토교통부장관이 정하여 고시한다.

항공기준사고 또는 의무보고 대상 항공안전장애가 발생한 것을 알았을 때에는 국토교통부령으로 정하는 바에 따라 국토교통부장관에게 그 사실을 보고하여야 한다. 다만, 무선설비를 통하여 그 사실을 안 경우에는 그러하지 아니하다.〈개정 2019. 8. 27.〉 ⑦ 항공종사자 등 이해관계인이 제59조제1항에 따라 보고한 경우에는 제5항 본문 및 제6항 본문은 적용하지 아니한다.		
제63조(기장 등의 운항자격) ① 다음 각 호의 어느 하나에 해당하는 항공기의 기장은 지식 및 기량에 관하여, 기장 외의 조종사는 기량에 관하여 국토교통부장관의 자격인정을 받아야 한다. 1. 항공운송사업에 사용되는 항공기 2. 항공기사용사업에 사용되는 항공기 중 국토교통부령으로 정하는 업무에 사용되는 항공기 3. 국외운항항공기 ② 국토교통부장관은 제1항에 따른 자격인정을 받은 사람에 대하여 그 지식 또는 기량의 유무를 정기적으로 심사하여야 하며, 특히 필요하다고 인정하는 경우에는 수시로 지식 또는 기량의 유무를 심사할 수 있다. ③ 국토교통부장관은 제1항에 따른 자격인정을 받은 사람이 제2항에 따른 심사를 받지 아니하거나 그 심사에 합격하지 못한 경우에는 그 자격인정을 취소하여야 한다.		제63조(부품등제작자증명을 받지 아니하여도 되는 부품등) 법 제28조제1항제3호에서 "국토교통부령으로 정하는 장비품 또는 부품"이란 다음 각 호의 어느 하나에 해당하는 것을 말한다. 1. 「산업표준화법」 제15조제1항에 따라 인증받은 항공 분야 부품등 2. 전시·연구 또는 교육목적으로 제작되는 부품등 3. 국제적으로 공인된 규격에 합치하는 부품등 중 국토교통부장관이 정하여 고시하는 부품등

④ 국토교통부장관은 필요하다고 인정할 때에는 국토교통부령으로 정하는 바에 따라 지정한 항공운송사업자 또는 항공기사용사업자에게 소속 기장 또는 기장 외의 조종사에 대하여 제1항에 따른 자격인정 또는 제2항에 따른 심사를 하게 할 수 있다.

⑤ 제4항에 따라 자격인정을 받거나 그 심사에 합격한 기장 또는 기장 외의 조종사는 제1항에 따른 자격인정 및 제2항에 따른 심사를 받은 것으로 본다. 이 경우 제3항을 준용한다.

⑥ 국토교통부장관은 제4항에도 불구하고 필요하다고 인정할 때에는 국토교통부령으로 정하는 기장 또는 기장 외의 조종사에 대하여 제2항에 따른 심사를 할 수 있다.

⑦ 항공운송사업에 종사하는 항공기의 기장은 운항하려는 지역, 노선 및 공항(국토교통부령으로 정하는 지역, 노선 및 공항에 관한 것만 해당한다)에 대한 경험요건을 갖추어야 한다.

⑧ 제1항부터 제7항까지의 규정에 따른 자격인정·심사 또는 경험요건 등에 필요한 사항은 국토교통부령으로 정한다.

제64조(모의비행훈련장치를 이용한 운항자격 심사 등) 국토교통부장관은 비상시의 조치 등 항공기로 제63조에 따른 자격인정 또는 심사를 하기 곤란한 사항에 대해서는 제39조의2 제3항에 따라 국토교통부장관이 지정한 모의

제64조(부품등제작자증명서의 발급) ① 국토교통부장관은 법 제28조제2항에 따른 검사 결과 부품등제작자증명을 받으려는 자가 항공기기술기준에 적합하게 부품등을 제작할 수 있다고 인정하는 경우에는 별지 제30호서

법률	시행령	시행규칙
비행훈련장치를 이용하여 제63조에 따른 자격인정 또는 심사를 할 수 있다.〈개정 2021. 5. 18.〉		식의 부품등제작자증명서를 발급하여야 한다. ② 국토교통부장관은 제1항에 따른 부품등제작자증명서를 발급할 때에는 해당 부품등이 장착될 항공기등의 형식을 지정하여야 한다. ③ 법 제28조에 따른 부품등제작자증명을 받은 자는 해당 부품등에 대하여 부품등제작자증명을 받았음을 나타내는 표시를 할 수 있다.
제65조(운항관리사) ① 항공운송사업자와 국외운항항공기 소유자등은 국토교통부령으로 정하는 바에 따라 운항관리사를 두어야 한다. ② 제1항에 따라 운항관리사를 두어야 하는 자가 운항하는 항공기의 기장은 그 항공기를 출발시키거나 비행계획을 변경하려는 경우에는 운항관리사의 승인을 받아야 한다. ③ 제1항에 따라 운항관리사를 두어야 하는 자는 국토교통부령으로 정하는 바에 따라 운항관리사가 해당 업무를 원활하게 수행하는 데 필요한 지식 및 경험을 갖출 수 있도록 필요한 교육훈련을 하여야 한다.		제65조(항공기등 또는 부품등의 수리·개조 승인의 범위) 법 제30조제1항에 따라 승인을 받아야 하는 항공기등 또는 부품등의 수리·개조의 범위는 항공기의 소유자등이 법 제97조에 따라 정비조직인증을 받아 항공기등 또는 부품등을 수리·개조하거나 정비조직인증을 받은 자에게 위탁하는 경우로서 그 정비조직인증을 받은 업무 범위를 초과하여 항공기등 또는 부품등을 수리·개조하는 경우를 말한다.
제66조(항공기 이륙·착륙의 장소) ① 누구든지 항공기(활공기와 비행선은 제외한다)를 비행장이 아닌 곳(해당 항공기에 요구되는 비행장 기준에 맞지 아니하는 비행장을 포함한다)에서 이륙하거나 착륙하여서는 아니 된다. 다만, 각 호의 경우에는 그러하지 아니하다.		제66조(수리·개조승인의 신청) 법 제30조제1항에 따라 항공기등 또는 부품등의 수리·개조승인을 받으려는 자는 별지 제31호서식의 수리·개조승인 신청서에 다음 각 호의 내용을 포함한 수리계획서 또는 개조계획서를 첨부하여 작업을 시작하기 10일 전까지

1. 안전과 관련한 비상상황 등 불가피한 사유가 있는 경우로서 국토교통부장관의 허가를 받은 경우
2. 제90조제2항에 따라 국토교통부장관이 발급한 운영기준에 따르는 경우

② 제1항제1호에 따른 허가에 필요한 세부 기준 및 절차와 그 밖에 필요한 사항은 대통령령으로 정한다.

지방항공청장에게 제출하여야 한다. 다만, 항공기사고 등으로 인하여 긴급한 수리·개조를 하여야하는 경우에는 작업을 시작하기 전까지 신청서를 제출할 수 있다.

1. 수리·개조 신청사유 및 작업 일정
2. 작업을 수행하려는 인증된 정비조직의 업무범위
3. 수리·개조에 필요한 인력, 장비, 시설 및 자재 목록
4. 해당 항공기등 또는 부품등의 도면과 도면 목록
5. 수리·개조 작업지시서

제67조(항공기의 비행규칙) ① 항공기를 운항하려는 자는 「국제민간항공협약」 및 같은 협약 부속서에 따라 국토교통부령으로 정하는 비행에 관한 기준·절차·방식 등(이하 "비행규칙"이라 한다)에 따라 비행하여야 한다.〈개정 2025. 12. 30.〉

② 비행규칙은 다음 각 호와 같이 구분한다.

1. 재산 및 인명을 보호하기 위한 비행절차 등 일반적인 사항에 관한 규칙
2. 시계비행에 관한 규칙
3. 계기비행에 관한 규칙
4. 비행계획의 작성·제출·접수 및 통보 등에 관한 규칙
5. 그 밖에 비행안전을 위하여 필요한 사항에 관한 규칙

③ 제1항에도 불구하고 「국제민간항공협

제67조(항공기등 또는 부품등의 수리·개조 승인) ① 지방항공청장은 제66조에 따른 수리·개조승인의 신청을 받은 경우에는 수리계획서 또는 개조계획서를 통하여 수리·개조가 항공기기술기준에 적합한지 여부를 확인한 후 승인하여야 한다. 다만, 신청인이 제출한 수리계획서 또는 개조계획서만으로 확인이 곤란한 경우에는 수리·개조가 시행되는 현장에서 확인한 후 승인할 수 있다.

② 지방항공청장은 제1항에 따라 수리·개조승인을 하는 때에는 별지 제32호서식의 수리·개조 결과서에 작업지시서 수행본 1부를 첨부하여 제출하는 것을 조건으로 신청자에게 승인하여야 한다.

법률	시행령	시행규칙
약」 및 같은 협약 부속서에 따른 기준·절차·방식 등에 관한 사항이 비행규칙과 다른 경우 공해상(公海上)에서는 「국제민간항공협약」 및 같은 협약 부속서에 따라 비행하여야 한다.〈신설 2025. 12. 30.〉		
第68条(항공기의 비행 중 금지행위 등) 항공기를 운항하려는 사람은 생명과 재산을 보호하기 위하여 다음 각 호의 어느 하나에 해당하는 비행 또는 행위를 해서는 아니 된다. 다만, 국토교통부령으로 정하는 바에 따라 국토교통부장관의 허가를 받은 경우에는 그러하지 아니하다. 1. 국토교통부령으로 정하는 최저비행고도(最低飛行高度) 아래에서의 비행 2. 물건의 투하(投下) 또는 살포 3. 낙하산 강하(降下) 4. 국토교통부령으로 정하는 구역에서 뒤집어서 비행하거나 옆으로 세워서 비행하는 등의 곡예비행 5. 무인항공기의 비행 6. 그 밖에 생명과 재산에 위해를 끼치거나 위해를 끼칠 우려가 있는 비행 또는 행위로서 국토교통부령으로 정하는 비행 또는 행위		第68条(경미한 정비의 범위) 법 제32조제1항 본문에서 "국토교통부령으로 정하는 경미한 정비"란 다음 각 호의 어느 하나에 해당하는 작업을 말한다.〈개정 2021. 8. 27.〉 1. 간단한 보수를 하는 예방작업으로서 리깅(Rigging: 항공기 정비를 위한 조절작업을 말한다) 또는 간극의 조정작업 등 복잡한 결합작용을 필요로 하지 않는 규격장비품 또는 부품의 교환작업 2. 감항성에 미치는 영향이 경미한 범위의 수리작업으로서 그 작업의 완료 상태를 확인하는 데에 동력장치의 작동 점검과 같은 복잡한 점검을 필요로 하지 아니하는 작업 3. 그 밖에 윤활유 보충 등 비행전후에 실시하는 단순하고 간단한 점검 작업
第69条(긴급항공기의 지정 등) ① 응급환자의 수송 등 국토교통부령으로 정하는 긴급한 업무에 항공기를 사용하려는 소유자등은 그 항공기에 대하여 국토교통부장관의 지정을		第69条(항공기등의 정비등을 확인하는 사람) 법 제32조제1항 본문에서 "국토교통부령으로 정하는 자격요건을 갖춘 사람"이란 다음 각 호의 어느 하나에 해당하는 사람을 말한다.

받아야 한다.

② 제1항에 따라 국토교통부장관의 지정을 받은 항공기(이하 "긴급항공기"라 한다)를 제1항에 따른 긴급한 업무의 수행을 위하여 운항하는 경우에는 제66조 및 제68조제1호·제2호를 적용하지 아니한다.

③ 긴급항공기의 지정 및 운항절차 등에 필요한 사항은 국토교통부령으로 정한다.

④ 국토교통부장관은 긴급항공기의 소유자등이 다음 각 호의 어느 하나에 해당하는 경우에는 그 긴급항공기의 지정을 취소할 수 있다. 다만, 제1호에 해당하는 경우에는 그 긴급항공기의 지정을 취소하여야 한다.

1. 거짓이나 그 밖의 부정한 방법으로 긴급항공기로 지정받은 경우
2. 제3항에 따른 운항절차를 준수하지 아니하는 경우

⑤ 제4항에 따라 긴급항공기의 지정 취소처분을 받은 자는 취소처분을 받은 날부터 2년 이내에는 긴급항공기의 지정을 받을 수 없다.

제70조(위험물 운송 등) ① 항공기를 이용하

1. 항공운송사업자 또는 항공기사용사업자에 소속된 사람: 국토교통부장관 또는 지방항공청장이 법 제93조(법 제96조제2항에서 준용하는 경우를 포함한다)에 따라 인가한 정비규정에서 정한 자격을 갖춘 사람으로서 제81조제2항에 따른 동일한 항공기 종류 또는 제81조제6항에 따른 동일한 정비분야에 대해 최근 24개월 이내에 6개월 이상의 정비경험이 있는 사람
2. 법 제97조제1항에 따라 정비조직인증을 받은 항공기정비업자에 소속된 사람: 제271조제1항에 따른 정비조직절차교범에서 정한 자격을 갖춘 사람으로서 제81조제2항에 따른 동일한 항공기 종류 또는 제81조제6항에 따른 동일한 정비분야에 대해 최근 24개월 이내에 6개월 이상의 정비경험이 있는 사람
3. 자가용항공기를 정비하는 사람: 해당 항공기 형식에 대하여 제작사가 정한 교육기준 및 방법에 따라 교육을 이수하고 제81조제2항에 따른 동일한 항공기 종류 또는 제81조제6항에 따른 동일한 정비분야에 대해 최근 24개월 이내에 6개월 이상의 정비경험이 있는 사람
4. 제작사가 정한 교육기준 및 방법에 따라 교육을 이수한 사람 또는 이와 동등한 교육을 이수하여 국토교통부장관 또는 지방항공청장으로부터 승인을 받은 사람

제70조(항공기등의 정비등을 확인하는 방법)

여 폭발성이나 연소성이 높은 물건 등 국토교통부령으로 정하는 위험물(이하 "위험물"이라 한다)을 운송하려는 자는 국토교통부령으로 정하는 바에 따라 국토교통부장관의 허가를 받아야 한다.

② 제90조제1항에 따른 운항증명을 받은 자가 위험물 탑재 정보의 전달방법 등 국토교통부령으로 정하는 기준을 충족하는 경우에는 제1항에 따른 허가를 받은 것으로 본다.

③ 항공기를 이용하여 운송되는 위험물을 포장·적재(積載)·저장·운송 또는 처리(이하 "위험물취급"이라 한다)하는 자(이하 "위험물취급자"라 한다)는 항공상의 위험 방지 및 인명의 안전을 위하여 국토교통부장관이 정하여 고시하는 위험물취급의 절차 및 방법에 따라야 한다.

법 제32조제1항 본문에서 "국토교통부령으로 정하는 방법" 이란 다음 각 호의 어느 하나에 해당하는 방법을 말한다.

1. 법 제93조제1항(법 제96조제2항에서 준용하는 경우를 포함한다)에 따라 인가받은 정비규정에 포함된 정비프로그램 또는 검사프로그램에 따른 방법

2. 국토교통부장관의 인가를 받은 기술자료 또는 절차에 따른 방법

3. 항공기등 또는 부품등의 제작사에서 제공한 정비매뉴얼 또는 기술자료에 따른 방법

4. 항공기등 또는 부품등의 제작국가 정부가 승인한 기술자료에 따른 방법

5. 그 밖에 국토교통부장관 또는 지방항공청장이 인정하는 기술자료에 따른 방법

제71조(위험물 포장 및 용기의 검사 등) ① 위험물의 운송에 사용되는 포장 및 용기를 제조·수입하여 판매하려는 자는 그 포장 및 용기의 안전성에 대하여 국토교통부장관이 실시하는 검사를 받아야 한다.

② 제1항에 따른 포장 및 용기의 검사방법·합격기준 등에 필요한 사항은 국토교통부장관이 정하여 고시한다.

③ 국토교통부장관은 위험물의 용기 및 포장에 관한 검사업무를 전문적으로 수행하는 기관(이하 "포장·용기검사기관"이라 한다)을 지정하여 제1항에 따른 검사를 하게 할

제71조(국외 정비확인자의 자격인정) 법 제32조제1항 단서에서 "국토교통부령으로 정하는 자격요건을 갖춘 자"란 다음 각 호의 어느 하나에 해당하는 사람으로서 국토교통부장관의 인정을 받은 사람(이하 "국외 정비확인자"라 한다)을 말한다.

1. 외국정부가 발급한 항공정비사 자격증명을 받은 사람

2. 외국정부가 인정한 항공기정비사업자에 소속된 사람으로서 항공정비사 자격증명을 받은 사람과 동등하거나 그 이상의 능력이 있는 사람

수 있다.

④ 검사인력, 검사장비 등 포장·용기검사기관의 지정기준 및 운영 등에 필요한 사항은 국토교통부령으로 정한다.

⑤ 국토교통부장관은 포장·용기검사기관이 다음 각 호의 어느 하나에 해당하는 경우에는 그 지정을 취소하거나 6개월 이내의 기간을 정하여 그 업무의 전부 또는 일부의 정지를 명할 수 있다. 다만, 제1호에 해당하는 경우에는 그 지정을 취소하여야 한다.〈개정 2017. 1. 17.〉

1. 거짓이나 그 밖의 부정한 방법으로 포장·용기검사기관으로 지정받은 경우
2. 포장·용기검사기관이 제2항에 따른 포장 및 용기의 검사방법·합격기준 등을 위반하여 제1항에 따른 검사를 한 경우
3. 제4항에 따른 지정기준에 맞지 아니하게 된 경우

⑥ 제5항에 따른 처분의 세부기준 등 그 밖에 필요한 사항은 국토교통부령으로 정한다.

제72조(위험물취급에 관한 교육 등) ① 위험물취급자는 위험물취급에 관하여 국토교통부장관이 실시하는 교육을 받아야 한다. 다만, 국제민간항공기구(International Civil Aviation Organization) 등 국제기구 및 국제항공운송협회(International Air Transport Association)가 인정한 교육기관에서 위험물취급에 관한 교육을 이수한 경우

제72조(국외 정비확인자의 인정신청) 제71조에 따른 인정을 받으려는 사람은 다음 각 호의 사항을 적은 신청서에 외국정부가 발급한 항공정비사 자격증명 또는 외국정부가 인정한 항공기정비사업자임을 증명하는 서류 및 그 사업자에 소속된 사람임을 증명하는 서류와 사진 2장을 첨부하여 국토교통부장관에게 제출하여야 한다.

에는 그러하지 아니하다.

② 제1항에 따라 교육을 받아야 하는 위험물취급자의 구체적인 범위와 교육 내용 등에 필요한 사항은 국토교통부장관이 정하여 고시한다.

③ 국토교통부장관은 제1항에 따른 교육을 효율적으로 하기 위하여 위험물취급에 관한 교육을 전문적으로 하는 전문교육기관(이하 "위험물전문교육기관"이라 한다)을 지정하여 위험물취급자에 대한 교육을 하게 할 수 있다.

④ 교육인력, 시설, 장비 등 위험물전문교육기관의 지정기준 및 운영 등에 필요한 사항은 국토교통부령으로 정한다.

⑤ 국토교통부장관은 위험물전문교육기관이 다음 각 호의 어느 하나에 해당하는 경우에는 그 지정을 취소하거나 6개월 이내의 기간을 정하여 그 업무의 전부 또는 일부의 정지를 명할 수 있다. 다만, 제1호에 해당하는 경우에는 그 지정을 취소하여야 한다.

1. 거짓이나 그 밖의 부정한 방법으로 위험물전문교육기관으로 지정받은 경우
2. 제4항에 따른 지정기준에 맞지 아니하게 된 경우

⑥ 제5항에 따른 처분의 세부기준 등 그 밖에 필요한 사항은 국토교통부령으로 정한다.

1. 성명, 국적, 연령 및 주소
2. 경력
3. 정비확인을 하려는 장소
4. 자격인정을 받으려는 사유

제73조(전자기기의 사용제한) 국토교통부장관은 운항 중인 항공기의 항행 및 통신장비에 대한 전자파 간섭 등의 영향을 방지하기 위

제73조(국외 정비확인자 인정서의 발급) ① 국토교통부장관은 제71조에 따른 인정을 하는 경우에는 별지 제33호서식의 국외 정비확인

하여 국토교통부령으로 정하는 바에 따라 여객이 지닌 전자기기의 사용을 제한할 수 있다.		인자 인정서를 발급하여야 한다. ② 국토교통부장관은 제1항에 따라 국외 정비확인자 인정서를 발급하는 경우에는 국외 정비확인자가 감항성을 확인할 수 있는 항공기등 또는 부품등의 종류·등급 또는 형식을 정하여야 한다. ③ 제1항에 따른 인정의 유효기간은 1년으로 한다.
제74조(회항시간 연장운항의 승인) ① 항공운송사업자가 2개 이상의 발동기를 가진 비행기로서 국토교통부령으로 정하는 비행기를 다음 각 호의 구분에 따른 순항속도(巡航速度)로 가장 가까운 공항까지 비행하여 착륙할 수 있는 시간이 국토교통부령으로 정하는 시간을 초과하는 지점이 있는 노선을 운항하려면 국토교통부령으로 정하는 바에 따라 국토교통부장관의 승인을 받아야 한다. 1. 2개의 발동기를 가진 비행기: 1개의 발동기가 작동하지 아니할 때의 순항속도 2. 3개 이상의 발동기를 가진 비행기: 모든 발동기가 작동할 때의 순항속도 ② 국토교통부장관은 제1항에 따른 승인을 하려는 경우에는 제77조제1항에 따라 고시하는 운항기술기준에 적합한지를 확인하여야 한다.		제74조(항공기 등에 발생한 고장, 결함 또는 기능장애 보고) ① 법 제33조제1항 및 제2항에서 "국토교통부령으로 정하는 고장, 결함 또는 기능장애"란 별표 20의2 제5호에 따른 의무보고 대상 항공안전장애(이하 "고장등"이라 한다)를 말한다.〈개정 2020. 2. 28.〉 ② 법 제33조제1항 및 제2항에 따라 고장등이 발생한 사실을 보고할 때에는 별지 제34호서식의 고장·결함·기능장애 보고서 또는 국토교통부장관이 정하는 전자적인 보고방법에 따라야 한다. ③ 제2항에 따른 보고는 고장등이 발생한 것을 알게 된 때(별표 20의2 제5호마목 및 바목의 의무보고 대상 항공안전장애인 경우에는 보고 대상으로 확인된 때를 말한다)부터 96시간 이내(해당 기간에 포함된 토요일 및 법정공휴일에 해당하는 시간은 제외한다)에 해야 한다.〈개정 2019. 9. 23., 2020. 2. 28.〉
제75조(수직분리축소공역 등에서의 항공기		

항공안전법	시행령	시행규칙
운항 승인) ① 다음 각 호의 어느 하나에 해당하는 공역에서 항공기를 운항하려는 소유자등은 국토교통부령으로 정하는 바에 따라 국토교통부장관의 승인을 받아야 한다. 다만, 수색ㆍ구조를 위하여 제1호의 공역에서 운항하려는 경우 등 국토교통부령으로 정하는 경우에는 그러하지 아니하다. 1. 수직분리고도를 축소하여 운영하는 공역(이하 "수직분리축소공역"이라 한다) 2. 특정한 항행성능을 갖춘 항공기만 운항이 허용되는 공역(이하 "성능기반항행요구공역"이라 한다) 3. 그 밖에 공역을 효율적으로 운영하기 위하여 국토교통부령으로 정하는 공역 ② 국토교통부장관은 제1항에 따른 승인을 하려는 경우에는 제77조제1항에 따라 고시하는 운항기술기준에 적합한지를 확인하여야 한다.		제4장 항공종사자 등 제75조(응시자격) 법 제34조제1항에 따른 항공종사자 자격증명(이하 "자격증명"이라 한다) 또는 법 제37조제1항에 따른 자격증명의 한정을 받으려는 사람은 법 제34조제2항 각 호의 어느 하나에 해당되지 아니하는 사람으로서 별표 4에 따른 경력을 가진 사람이어야 한다.
제76조(승무원 등의 탑승 등) ① 항공기를 운항하려는 자는 그 항공기에 국토교통부령으로 정하는 바에 따라 운항의 안전에 필요한 승무원을 태워야 한다. ② 운항승무원 또는 항공교통관제사가 항공업무를 수행하는 경우에는 국토교통부령으로 정하는 바에 따라 항공종사자 자격증명서 및 항공신체검사증명서를 소지하여야 하며, 운항승무원 또는 항공교통관제사가 아닌 항공종사자가 항공업무를 수행하는 경우에는		제76조(응시원서의 제출) 법 제38조제1항 및 제3항에 따른 자격증명의 시험 및 심사(이하 "자격증명시험"이라 한다) 또는 법 제38조제2항 및 제3항에 따른 자격증명 한정의 심사(이하 "한정심사"라 한다)에 응시하려는 자는 별지 제35호서식의 항공종사자 자격증명시험(한정심사) 응시원서에 다음 각 호의 서류를 첨부하여 「한국교통안전공단법」에 따라 설립된 한국교통안전공단(이하 "한국교통안전공단"이라 한다)의 이사장에게 제출해야 한다.

국토교통부령으로 정하는 바에 따라 항공종사자 자격증명서를 소지하여야 한다.〈개정 2021. 5. 18.〉

③ 항공운송사업자 및 항공기사용사업자는 국토교통부령으로 정하는 바에 따라 항공기에 태우는 승무원에게 해당 업무 수행에 필요한 교육훈련을 하여야 한다.

다만, 전문항공교통관제사 외의 자격증명 또는 자격증명의 한정을 받으려는 사람은 제1호 및 제3호의 서류는 실기시험 응시원서 접수 시까지 제출할 수 있다.〈개정 2018. 3. 23., 2022. 7. 19., 2025. 12. 5.〉

1. 자격증명시험 또는 한정심사에 응시할 수 있는 별표 4에 따른 경력이 있음을 증명하는 서류
2. 제88조 또는 제89조에 따라 자격증명시험 또는 한정심사의 일부 또는 전부를 면제받으려는 사람은 면제받을 수 있는 자격 또는 경력 등이 있음을 증명하는 서류
3. 제101조제2항에 따른 항공기 조종연습허가서 또는 제102조제3항에 따른 항공교통관제연습 허가서(자격증명을 받지 않은 사람으로서 해당 실기시험에 필요한 사람만 해당한다)

제77조(항공기의 안전운항을 위한 운항기술기준) ① 국토교통부장관은 항공기 안전운항을 확보하기 위하여 이 법과 「국제민간항공협약」 및 같은 협약 부속서에서 정한 범위에서 다음 각 호의 사항이 포함된 운항기술기준을 정하여 고시할 수 있다.

1. 자격증명
2. 항공훈련기관
3. 항공기 등록 및 등록부호 표시
4. 항공기 감항성
5. 정비조직인증기준

제77조(비행경력의 증명) ① 제76조제1호에 따른 경력 중 비행경력은 다음 각 호의 구분에 따라 증명된 것이어야 한다.〈개정 2022. 6. 8.〉

1. 법 제46조제1항의 조종연습에 따른 비행경력: 조종연습 비행이 끝날 때마다 법 제46조제1항 각 호의 구분에 따른 감독자가 증명한 것
2. 자격증명을 받은 조종사의 비행경력으로서 제1호의 비행경력 외의 비행경력: 비행이 끝날 때마다 해당 기장이 증명한 것

6. 항공기 계기 및 장비
7. 항공기 운항
8. 항공운송사업의 운항증명 및 관리
9. 그 밖에 안전운항을 위하여 필요한 사항으로서 국토교통부령으로 정하는 사항

② 소유자등 및 항공종사자는 제1항에 따른 운항기술기준을 준수하여야 한다.

3. 삭제〈2022. 6. 8.〉

② 제1항제2호에도 불구하고 비행경력을 증명받으려는 조종사가 기장인 경우에는 다음 각 목의 어느 하나에 해당하는 사람이 증명한 것으로 한다. 다만, 비행경력을 증명받으려는 조종사가 기장이면서 사용자인 경우에는 나목 또는 다목의 사람이 증명한 것으로 한다.〈신설 2022. 6. 8.〉

가. 사용자
나. 조종교관(제98조제3항에 따른 조종교육증명을 발급받고, 제125조에 따른 경험이 있는 사람을 말한다)
다. 그 밖에 가목 또는 나목에 준하는 사람으로서 국토교통부장관이 비행경력을 증명할 수 있다고 인정하여 고시하는 사람

③ 제1항에 따른 비행경력의 증명은 별지 제36호서식의 비행경력증명서에 따른다.〈개정 2022. 6. 8.〉

제6장 항공교통관리 등

제77조의2(국가항행계획의 수립 · 시행) ① 국토교통부장관은 항공교통관리 등을 위하여 국제민간항공기구(ICAO)의 세계항행계획 등에 따라 국가 항행에 관한 계획(이하 "국가항행계획"이라 한다)을 수립 · 시행하여야 한다.

② 국가항행계획에는 다음 각 호의 사항이 포함되어야 한다.
1. 항공교통정책의 목표 및 전략

2. 항공교통의 정보, 운영 및 기술에 관한 사항 3. 항공교통관리의 운영 효율성·안전성 등의 평가에 관한 사항 4. 그 밖에 항공교통의 안전성·경제성·효율성 향상을 위하여 필요한 사항 ③ 국토교통부장관은 국가항행계획의 수립·시행을 위하여 관계 행정기관, 「공공기관의 운영에 관한 법률」에 따른 공공기관, 공항운영자, 항공운송사업자, 「항공사업법」 제2조제20호에 따른 항공기취급업자 및 관련 전문기관으로 구성되는 국가항행계획 추진협의체를 구성·운영할 수 있다. ④ 제3항에 따른 국가항행계획 추진협의체의 구성·운영에 필요한 사항은 대통령령으로 정한다. [본조신설 2023. 4. 18.]		
제78조(공역 등의 지정 등) ① 국토교통부장관은 공역을 체계적이고 효율적으로 관리하기 위하여 필요하다고 인정할 때에는 비행정보구역을 다음 각 호의 공역으로 구분하여 지정·공고할 수 있다. 1. 관제공역: 항공교통의 안전을 위하여 항공기의 비행 순서·시기 및 방법 등에 관하여 제84조제1항에 따라 국토교통부장관 또는 항공교통업무증명을 받은 자의 지시를 받아야 할 필요가 있는 공역으로서 관제권 및 관제구를 포함하는 공역		제78조(비행시간의 산정) 제77조에 따른 비행경력을 증명할 때 그 비행시간은 다음 각 호의 구분에 따라 산정(算定)한다. 1. 조종사 자격증명이 없는 사람이 조종사 자격증명시험에 응시하는 경우: 법 제46조제2항의 허가를 받은 사람이 단독 또는 교관과 동승하여 비행한 시간 2. 자가용 조종사 자격증명을 받은 사람이 사업용 조종사 자격증명시험에 응시하는 경우(사업용 조종사 또는 부조종사 자격증명을 받은 사람이 운송용 조종사 자격증명시험

2. 비관제공역: 관제공역 외의 공역으로서 항공기의 조종사에게 비행에 관한 조언·비행정보 등을 제공할 필요가 있는 공역

3. 통제공역: 항공교통의 안전을 위하여 항공기의 비행을 금지하거나 제한할 필요가 있는 공역

4. 주의공역: 항공기의 조종사가 비행 시 특별한 주의·경계·식별 등이 필요한 공역

② 국토교통부장관은 필요하다고 인정할 때에는 국토교통부령으로 정하는 바에 따라 제1항에 따른 공역을 세분하여 지정·공고할 수 있다.

③ 국토교통부장관은 제1항 및 제2항에 따라 지정·공고된 공역을 사용하는 항공기의 표준 출발·도착 절차, 접근 절차 및 항공로 등(이하 "계기비행절차"라 한다)을 설정·공고할 수 있다.〈신설 2024. 3. 19.〉

④ 항공교통업무증명을 받은 자는 국토교통부장관의 승인을 받은 후 계기비행절차를 설정·공고할 수 있다. 이 경우 항공로는 제외한다.〈신설 2024. 3. 19.〉

⑤ 제1항부터 제4항까지에 따른 공역의 설정기준·지정절차 및 계기비행절차의 설정기준·공고절차·승인절차 등에 필요한 사항은 국토교통부령으로 정한다.〈개정 2024. 3. 19.〉

[제목개정 2024. 3. 19.]

에 응시하는 경우를 포함한다): 다음 각 목의 시간을 합산한 시간

가. 단독 또는 교관과 동승하여 비행하거나 기장으로서 비행한 시간

나. 비행교범에 따라 항공기 운항을 위하여 2명 이상의 조종사가 필요한 항공기의 기장 외의 조종사로서 비행한 시간

다. 기장 외의 조종사로서 기장의 지휘·감독 하에 기장의 임무를 수행한 경우 그 비행시간. 다만, 한 사람이 조종할 수 있는 항공기에 기장 외의 조종사가 탑승하여 비행하는 경우 그 기장 외의 조종사에 대해서는 그 비행시간의 2분의 1

3. 항공사 또는 항공기관사 자격증명시험에 응시하는 경우: 별표 4에서 정한 실제 항공기에 탑승하여 해당 항공사 또는 항공기관사에 준하는 업무를 수행한 경우 그 비행시간

제79조(항공기의 비행제한 등) ① 제78조제1항에 따른 비관제공역 또는 주의공역에서

제79조(항공기의 지정) 법 제36조제3항제1호에서 "국토교통부령으로 정하는 항공기"란 중

<table>
<tr><td>항공기를 운항하려는 사람은 그 공역에 대하여 국토교통부장관이 정하여 공고하는 비행의 방식 및 절차에 따라야 한다.
② 항공기를 운항하려는 사람은 제78조제1항에 따른 통제공역에서 비행해서는 아니 된다. 다만, 국토교통부령으로 정하는 바에 따라 국토교통부장관의 허가를 받아 그 공역에 대하여 국토교통부장관이 정하는 비행의 방식 및 절차에 따라 비행하는 경우에는 그러하지 아니하다.</td><td></td><td>급 활공기 또는 초급 활공기를 말한다.</td></tr>
<tr><td>第80조(공역위원회의 설치) ① 제78조에 따른 공역의 설정 및 관리에 필요한 사항을 심의하기 위하여 국토교통부장관 소속으로 공역위원회를 둔다.
② 제1항에서 규정한 사항 외에 공역위원회의 구성·운영 및 기능 등에 필요한 사항은 대통령령으로 정한다.</td><td></td><td>제80조(시험비행 등의 허가) 법 제36조제3항제2호에 따라 시험비행 등을 하려는 사람은 별지 제25호서식의 시험비행 등의 허가신청서를 지방항공청장에게 제출하여야 한다.</td></tr>
<tr><td>第81조(항공교통안전에 관한 관계 행정기관의 장의 협조) ① 국토교통부장관은 항공교통의 안전을 확보하기 위하여 다음 각 호의 사항에 관하여 관계 행정기관의 장과 상호 협조하여야 한다. 이 경우 국가안보를 고려하여야 한다.〈개정 2023. 4. 18.〉
1. 항공교통관제에 관한 사항
2. 효율적인 공역관리에 관한 사항
3. 제83조의2에 따른 항공교통흐름 관리에 관한 사항</td><td></td><td>제81조(자격증명의 한정) ① 국토교통부장관은 법 제37조제1항제1호에 따라 항공기의 종류·등급 또는 형식을 한정하는 경우에는 자격증명을 받으려는 사람이 실기시험에 사용하는 항공기의 종류·등급 또는 형식으로 한정하여야 한다.
② 제1항에 따라 한정하는 항공기의 종류는 비행기, 헬리콥터, 비행선, 활공기 및 항공우주선으로 구분한다.
③ 제1항에 따라 한정하는 항공기의 등급</td></tr>
</table>

4. 그 밖에 항공교통의 안전을 위하여 필요한 사항

② 제1항에 따른 협조 요청에 필요한 세부 사항은 대통령령으로 정한다.

은 다음 각 호와 같이 구분한다. 다만, 활공기의 경우에는 상급(활공기가 특수 또는 상급 활공기인 경우) 및 중급(활공기가 중급 또는 초급 활공기인 경우)으로 구분한다.

1. 육상 항공기의 경우: 육상단발 및 육상다발

2. 수상 항공기의 경우: 수상단발 및 수상다발

④ 제1항에 따라 한정하는 항공기의 형식은 다음 각 호와 같이 구분한다.

1. 조종사 자격증명의 경우에는 다음 각 목의 어느 하나에 해당하는 형식의 항공기

가. 비행교범에 2명 이상의 조종사가 필요한 것으로 되어 있는 항공기

나. 가목 외에 국토교통부장관이 지정하는 형식의 항공기

2. 항공기관사 자격증명의 경우에는 모든 형식의 항공기

⑤ 국토교통부장관이 법 제37조제1항제2호에 따라 한정하는 항공정비사 자격증명의 항공기·경량항공기의 종류는 다음 각 호와 같다.〈개정 2020. 2. 28., 2021. 8. 27.〉

1. 항공기의 종류

가. 비행기 분야. 다만, 비행기에 대한 정비업무경력이 4년(국토교통부장관이 지정한 전문교육기관에서 비행기 정비에 필요한 과정을 이수한 사람은 2년) 미만인 사람은 최대이륙중량 5,700킬로그램 이하의 비행기로

제한한다.

나. 헬리콥터 분야. 다만, 헬리콥터 정비 업무경력이 4년(국토교통부장관이 지정한 전문교육기관에서 헬리콥터 정비에 필요한 과정을 이수한 사람은 2년) 미만인 사람은 최대이륙중량 3,175킬로그램 이하의 헬리콥터로 제한한다.

2. 경량항공기의 종류

가. 경량비행기 분야: 조종형비행기, 체중이동형비행기 또는 동력패러슈트

나. 경량헬리콥터 분야: 경량헬리콥터 또는 자이로플레인

⑥ 국토교통부장관이 법 제37조제1항제2호에 따라 한정하는 항공정비사의 자격증명의 정비분야는 전자 · 전기 · 계기 관련 분야로 한다.〈개정 2020. 2. 28.〉

⑦ 국토교통부장관이 법 제37조제1항제3호에 따라 한정하는 전문항공교통관제사 자격증명의 항공교통관제 업무의 종류, 수행방식 및 항공교통관제시설은 다음 각 호와 같다.〈신설 2025. 12. 5.〉

1. 항공교통관제 업무의 종류 및 수행방식: 비행장관제업무, 감시접근관제업무 및 감시지역관제업무

2. 항공교통관제시설: 제10조의4에 따른 각각의 시설

⑧ 제7항에도 불구하고 국토교통부장관은 「군용항공기 운용 등에 관한 법률」 제6조에

		따른 군 항공교통관제사 자격증명을 받은 사람이 군용비행장에서 항공교통관제업무를 수행하려는 경우에는 전문항공교통관제사 자격증명을 한정하지 않을 수 있다.〈신설 2025. 12. 5.〉 ⑨ 법 제37조제1항제3호에 따른 자격증명의 한정을 받은 사람이 해당 항공교통관제시설에서 항공교통관제 업무에 종사하지 않은 날이 180일을 초과하는 경우에는 그 자격증명 한정의 효력이 정지된 것으로 본다.〈신설 2025. 12. 5.〉
제82조(전시 상황 등에서의 공역관리) 전시(戰時) 및 「통합방위법」에 따른 통합방위사태 선포 시의 공역관리에 관하여는 각각 전시 관계법 및 「통합방위법」에서 정하는 바에 따른다.		제82조(시험과목 및 시험방법) ① 자격증명시험 또는 한정심사의 학과시험 및 실기시험의 과목과 범위는 별표 5와 같다. ② 제1항에 따른 실기시험의 항목 중 항공기 또는 모의비행훈련장치로 실기시험을 실시할 필요가 없다고 국토교통부장관이 인정하는 항목에 대해서는 구술로 실기시험을 실시하게 할 수 있다.〈개정 2021. 11. 19.〉 ③ 운송용 조종사의 실기시험에 사용하는 비행기의 발동기는 2개 이상이어야 한다.
제83조(항공교통업무의 제공 등) ① 국토교통부장관 또는 항공교통업무증명을 받은 자는 비행장, 공항, 관제권 또는 관제구에서 항공기 또는 경량항공기 등에 항공교통관제 업무를 제공할 수 있다. ② 국토교통부장관 또는 항공교통업무증		제83조(시험 및 심사 결과의 통보 등) ① 한국교통안전공단의 이사장은 자격증명시험 또는 한정심사의 학과시험 및 실기시험을 실시한 경우에는 각각 합격 여부 등 그 결과를 해당 시험에 응시한 사람에게 통보하여야 한다.〈개정 2018. 3. 23.〉

명을 받은 자는 비행정보구역에서 항공기 또는 경량항공기의 안전하고 효율적인 운항을 위하여 비행장, 공항 및 항행안전시설의 운용 상태 등 항공기 또는 경량항공기의 운항과 관련된 조언 및 정보를 조종사 또는 관련 기관 등에 제공할 수 있다.

③ 국토교통부장관 또는 항공교통업무증명을 받은 자는 비행정보구역에서 수색·구조가 필요한 항공기 또는 경량항공기에 관한 정보를 조종사 또는 관련 기관 등에 제공할 수 있다.〈개정 2020. 6. 9.〉

④ 국토교통부장관은 제1항에 따라 항공교통관제 업무를 체계적으로 제공하기 위하여 소속 전문항공교통관제사의 양성 및 기량 유지에 필요한 교육훈련을 실시하여야 한다. 이 경우 전문교육기관 지정기준에 준하는 교육과목, 교육방법, 인력, 시설 및 장비 등 교육훈련체계를 국토교통부령으로 정하는 바에 따라 갖추어야 한다.〈신설 2025. 5. 27.〉

⑤ 제1항부터 제3항까지의 규정에 따라 국토교통부장관 또는 항공교통업무증명을 받은 자가 하는 업무(이하 "항공교통업무"라 한다)의 제공 영역, 대상, 내용, 절차 등에 필요한 사항은 국토교통부령으로 정한다.〈개정 2025. 5. 27.〉

제83조의2(항공교통흐름 관리) ① 국토교통부장관은 항공교통의 수용량과 교통량 간에 균형을 이루도록 항공 교통량을 조정하고 항

② 한국교통안전공단의 이사장은 자격증명시험 또는 한정심사를 실시한 경우에는 항공종사자 자격증명별로 학과시험 및 실기시험 합격자 현황을 국토교통부장관에게 보고하여야 한다.〈개정 2018. 3. 23.〉

공교통의 혼잡을 사전에 해소하여 항공기의 안전하고 효율적인 운항이 유지되도록 항공교통흐름을 관리하여야 한다. ② 항공교통업무를 수행하는 기관, 항공운송사업자, 공항운영자 및 「항공사업법」 제2조제20호에 따른 항공기취급업자 등 항공기 운항과 관련이 있는 자는 제1항에 따른 항공교통흐름 관리에 적극 협조하여야 한다. ③ 제1항에 따른 항공교통흐름 관리에 필요한 사항은 국토교통부령으로 정한다. [본조신설 2023. 4. 18.]		
제83조의3(항공교통데이터 수집·분석·평가시스템의 구축·운영 등) ① 국토교통부장관은 항공기의 안전하고 경제적·효율적인 운항을 지원하기 위하여 항공교통데이터를 수집·분석·평가하기 위한 시스템(이하 "항공교통데이터시스템"이라 한다)을 구축·운영할 수 있다. ② 국토교통부장관은 항공교통데이터시스템을 구축·운영하기 위하여 관계 행정기관, 「공공기관의 운영에 관한 법률」에 따른 공공기관에 항공교통데이터의 제출을 요청할 수 있다. 이 경우 항공교통데이터의 제출을 요청받은 관계 행정기관 등은 정당한 사유가 없으면 이에 따라야 한다. ③ 국토교통부장관은 항공교통데이터시스템의 운영을 대통령령으로 정하는 바에 따라 항공교통데이터 관련 전문기관에 위탁할 수 있다. ④ 국토교통부장관은 항공교통데이터시스		

템의 운영을 위하여 다음 각 호의 사항이 포함된 운영기준을 정하여 고시할 수 있다.

1. 항공교통데이터의 수집·저장·분석 절차

2. 항공교통데이터의 제공기관과 분석결과 공유의 방법 및 절차

3. 그 밖에 항공교통데이터시스템 운영에 필요한 사항으로서 국토교통부령으로 정하는 사항

[본조신설 2023. 4. 18.]

제84조(항공교통관제 업무 지시의 준수) ① 비행장, 공항, 관제권 또는 관제구에서 항공기를 이동·이륙·착륙시키거나 비행하려는 자는 국토교통부장관 또는 항공교통업무증명을 받은 자가 지시하는 이동·이륙·착륙의 순서 및 시기와 비행의 방법에 따라야 한다.

② 비행장 또는 공항의 이동지역에서 차량의 운행, 비행장 또는 공항의 유지·보수, 그 밖의 업무를 수행하는 자는 항공교통의 안전을 위하여 국토교통부장관 또는 항공교통업무증명을 받은 자의 지시에 따라야 한다.

제84조(시험 및 심사의 실시에 관한 세부 사항) ① 한국교통안전공단의 이사장은 자격증명시험 및 한정심사를 실시하려는 경우에는 매년 말까지 자격증명시험 및 한정심사의 학과시험 및 실기시험의 일정(전용 전산망과 연결된 컴퓨터를 이용하여 수시로 시행하는 자격증명시험 및 한정심사의 학과시험의 일정은 제외한다), 응시자격 및 응시과목 등을 포함한 다음 연도의 계획을 공고하여야 한다. 〈개정 2018. 3. 23.〉

② 한국교통안전공단의 이사장은 제1항에도 불구하고 천재·지변 또는 「감염병의 예방 및 관리에 관한 법률」에 따른 감염병 발생 등 부득이한 사유로 제1항에 따른 자격증명시험 또는 한정심사를 실시할 수 없는 경우에는 그 사유 및 자격증명시험 또는 한정심사를 실시하지 않는 기간을 공고해야 한다.〈신설 2021. 6. 9.〉

③ 이 규칙에서 정한 사항 외에 자격증명

항공안전법	시행령	시행규칙
		시험 및 한정심사에 관하여 필요한 사항은 국토교통부장관이 정하여 고시한다.〈개정 2021. 6. 9.〉
제85조(항공교통업무증명 등) ① 국토교통부장관 외의 자가 항공교통업무를 제공하려는 경우에는 국토교통부령으로 정하는 바에 따라 항공교통업무를 제공할 수 있는 체계(이하 "항공교통업무제공체계"라 한다)를 갖추어 국토교통부장관의 항공교통업무증명을 받아야 한다. ② 국토교통부장관은 항공교통업무증명에 필요한 인력·시설·장비, 항공교통업무규정에 관한 요건 및 항공교통업무증명절차 등(이하 "항공교통업무증명기준"이라 한다)을 정하여 고시하여야 한다. ③ 국토교통부장관은 항공교통업무증명을 할 때에는 항공교통업무증명기준에 적합한지를 검사하여 적합하다고 인정되는 경우에는 국토교통부령으로 정하는 바에 따라 항공교통업무증명서를 발급하여야 한다. ④ 항공교통업무증명을 받은 자는 항공교통업무증명을 받았을 때의 항공교통업무제공체계를 유지하여야 하며, 항공교통업무증명기준을 준수하여야 한다. ⑤ 항공교통업무증명을 받은 자는 항공교통업무제공체계를 변경하려는 경우 국토교통부령으로 정하는 바에 따라 국토교통부장관에게 신고하여야 한다. 다만, 제2항에 따른 항공교통업무규정 등 국토교통부령으로 정하		제85조(과목합격의 유효) 자격증명시험 또는 한정심사의 학과시험의 일부 과목 또는 전 과목에 합격한 사람이 같은 종류의 항공기에 대하여 자격증명시험 또는 한정심사에 응시하는 경우에는 제83조제1항에 따른 통보가 있는 날(전 과목을 합격한 경우에는 최종 과목의 합격 통보가 있는 날)부터 2년 이내에 실시(자격증명시험 또는 한정심사 접수 마감일을 기준으로 한다)하는 자격증명시험 또는 한정심사에서 그 합격을 유효한 것으로 한다. 이 경우 과목 합격의 유효기간을 산정할 때 제84조제2항의 공고에 따라 자격증명시험 또는 한정심사가 실시되지 않는 기간은 제외한다.〈개정 2021. 6. 9.〉

는 중요사항을 변경하려는 경우에는 국토교통부장관의 승인을 받아야 한다.

⑥ 제5항 본문에 따른 변경신고가 신고서의 기재사항 및 첨부서류에 흠이 없고, 법령 등에 규정된 형식상의 요건을 충족하는 경우에는 신고서가 접수기관에 도달된 때에 신고 의무가 이행된 것으로 본다.〈신설 2017. 8. 9.〉

⑦ 국토교통부장관은 항공교통업무증명기준이 변경되어 항공교통업무증명을 받은 자의 항공교통업무제공체계가 변경된 항공교통업무증명기준에 적합하지 아니하게 된 경우 변경된 항공교통업무증명기준을 따르도록 명할 수 있다.〈개정 2017. 8. 9.〉

⑧ 국토교통부장관은 항공교통업무증명을 받은 자가 항공교통업무제공체계를 계속적으로 유지하고 있는지를 정기 또는 수시로 검사할 수 있다.〈개정 2017. 8. 9.〉

⑨ 국토교통부장관은 제8항에 따른 검사 결과 항공교통안전에 위험을 초래할 수 있는 사항이 발견되었을 때에는 국토교통부령으로 정하는 바에 따라 시정조치를 명할 수 있다.〈개정 2017. 8. 9.〉

제86조(항공교통업무증명의 취소 등) ① 국토교통부장관은 항공교통업무증명을 받은 자가 다음 각 호의 어느 하나에 해당하는 경우에는 항공교통업무증명을 취소하거나 6개월 이내의 기간을 정하여 항공교통업무 제공의 정지를 명할 수 있다. 다만, 제1호 또는 제8

제86조(자격증명을 받은 사람의 학과시험 면제) 자격증명을 받은 사람이 다른 자격증명을 받기 위하여 자격증명시험에 응시하는 경우에는 별표 6에 따라 응시하려는 학과시험의 일부를 면제한다.

호에 해당하는 경우에는 항공교통업무증명을 취소하여야 한다.〈개정 2017. 8. 9., 2025. 5. 27.〉

1. 거짓이나 그 밖의 부정한 방법으로 항공교통업무증명을 받은 경우

1의2. 제38조의2제4항에 따라 심사를 할 때 부당한 방법으로 심사를 한 경우

2. 제58조제2항을 위반하여 다음 각 목의 어느 하나에 해당하는 경우

가. 항공교통업무 제공을 시작하기 전까지 항공안전관리시스템을 마련하지 아니한 경우

나. 승인을 받지 아니하고 항공안전관리시스템을 운용한 경우

다. 항공안전관리시스템을 승인받은 내용과 다르게 운용한 경우

라. 승인을 받지 아니하고 국토교통부령으로 정하는 중요사항을 변경한 경우

3. 제85조제4항을 위반하여 항공교통업무 제공체계를 계속적으로 유지하지 아니하거나 항공교통업무증명기준을 준수하지 아니하고 항공교통업무를 제공한 경우

4. 제85조제5항을 위반하여 신고를 하지 아니하거나 승인을 받지 아니하고 항공교통업무제공체계를 변경한 경우

5. 제85조제7항을 위반하여 변경된 항공교통업무증명기준에 따르도록 한 명령에 따르지 아니한 경우

6. 제85조제9항에 따른 시정조치 명령을

이행하지 아니한 경우

7. 고의 또는 중대한 과실로 항공기사고를 발생시키거나 소속 항공종사자에 대하여 관리·감독하는 상당한 주의의무를 게을리하여 항공기사고가 발생한 경우

8. 이 조에 따른 항공교통업무 제공의 정지기간에 항공교통업무를 제공한 경우

② 제1항에 따른 처분의 세부기준 등 그 밖에 필요한 사항은 국토교통부령으로 정한다.

제87조(항공교통업무증명을 받은 자에 대한 과징금의 부과) ① 국토교통부장관은 항공교통업무증명을 받은 자가 제86조제1항제2호부터 제7호까지의 어느 하나에 해당하여 항공교통업무 제공의 정지를 명하여야 하는 경우로서 그 항공교통업무 제공을 정지하면 비행장 이용자 등에게 심한 불편을 주거나 공익을 해칠 우려가 있는 경우에는 항공교통업무 제공의 정지처분을 갈음하여 1억원 이하의 과징금을 부과할 수 있다.

② 제1항에 따른 과징금 부과의 구체적인 기준, 절차 및 그 밖에 필요한 사항은 대통령령으로 정한다.

③ 국토교통부장관은 제1항에 따른 과징금을 내야 할 자가 납부기한까지 과징금을 내지 아니하면 국세 체납처분의 예에 따라 징수한다.

제87조(항공종사자 자격증명서의 발급 및 재발급 등) ① 한국교통안전공단의 이사장은 자격증명시험 또는 한정심사의 학과시험 및 실기시험의 전 과목을 합격한 사람이 별지 제37호서식의 자격증명서 (재)발급신청서(전자문서로 된 신청서를 포함한다)를 제출한 경우 별지 제38호서식의 항공종사자 자격증명서를 발급해야 한다. 다만, 법 제35조제1호부터 제7호까지 및 제7호의2의 자격증명의 경우에는 법 제40조에 따른 항공신체검사증명서를 제출받아 이를 확인한 후 자격증명서를 발급해야 한다.〈개정 2025. 12. 5.〉

② 항공종사자 자격증명서를 발급받은 사람은 항공종사자 자격증명서를 잃어버리거나 자격증명서가 헐어 못 쓰게 된 경우 또는 그 기재사항을 변경하려는 경우에는 별지 제37호서식의 자격증명서 (재)발급신청서(전자문서로 된 신청서를 포함한다)를 한국교통안전공단의 이사장에게 제출하여야 한다.〈개정

2018. 3. 23.〉

③ 제2항에 따라 재발급 신청을 받은 한국교통안전공단의 이사장은 그 신청 사유가 적합하다고 인정되면 별지 제38호서식의 항공종사자 자격증명서를 재발급하여야 한다. 〈개정 2018. 3. 23.〉

④ 한국교통안전공단의 이사장은 제1항 및 제3항에 따라 항공종사자 자격증명서를 발급하거나 재발급할 때 신청인의 신청이 있으면 전자문서로 된 자격증명서를 추가로 발급할 수 있다.〈신설 2020. 11. 2.〉

⑤ 한국교통안전공단의 이사장은 제1항 및 제3항에 따라 항공종사자 자격증명서를 발급 또는 재발급한 경우에는 별지 제39호서식의 항공종사자 자격증명서 발급대장을 작성하여 갖춰 두거나, 컴퓨터 등 전산정보처리장치에 별지 제39호서식의 항공종사자 자격증명서 발급대장의 내용을 작성·보관하고 이를 관리하여야 한다.〈개정 2018. 3. 23., 2020. 11. 2.〉

⑥ 한국교통안전공단의 이사장은 제88조제1항제1호 각 목의 어느 하나에 해당하는 사람에 대해서는 외국정부로부터 받은 자격증명(제75조 또는 「국제민간항공협약」 부속서 1에서 정한 해당 자격증명별 응시경력에 적합하여야 한다. 이하 같다)을 자격증명으로 인정한다. 이 경우 그 유효기간은 1년의 범위에서 해당 외국정부로부터 받은 자격증명

		유효기간의 남은 기간으로 하되, 1년의 범위에서 한 번만 유효기간을 연장할 수 있다.〈개정 2018. 3. 23., 2020. 11. 2.〉 ⑦ 한국교통안전공단의 이사장은 제1항 또는 제3항에 따라 자격증명서를 발급받은 사람으로부터 별지 제40호서식의 자격증명서 유효성확인 신청서(전자문서로 된 신청서를 포함한다)를 접수받은 경우 그 해당 자격증명서의 유효성을 확인한 후 별지 제41호서식의 자격증명서 유효성확인 증명서를 발급하여야 한다.〈개정 2018. 3. 23., 2020. 11. 2.〉
제88조(수색·구조 지원계획의 수립·시행) 국토교통부장관은 항공기가 조난되는 경우 항공기 수색이나 인명구조를 위하여 대통령령으로 정하는 바에 따라 관계 행정기관의 역할 등을 정한 항공기 수색·구조 지원에 관한 계획을 수립·시행하여야 한다.		제88조(자격증명시험의 면제) ① 법 제38조제4항제1호에 따라 외국정부로부터 자격증명(임시 자격증명을 포함한다)을 받은 사람에게는 다음 각 호의 구분에 따라 자격증명시험의 일부 또는 전부를 면제한다.〈개정 2021. 11. 19., 2025. 12. 5.〉 1. 다음 각 목의 어느 하나에 해당하는 항공업무를 일시적으로 수행하려는 사람으로서 해당 자격증명시험에 응시하는 경우: 학과시험 및 실기시험의 면제 가. 새로운 형식의 항공기 또는 장비를 도입하여 시험비행 또는 훈련을 실시할 경우의 교관요원 또는 운용요원 나. 대한민국에 등록된 항공기 또는 장비를 이용하여 교육훈련을 받으려는 사람 다. 대한민국에 등록된 항공기를 수출하거나 수입하는 경우 국외 또는 국내로 승객·

화물을 싣지 아니하고 비행하려는 조종사

2. 임시적인 조종사의 부족을 충원하기 위하여 채용된 외국인 조종사로서 해당 자격증명시험에 응시하는 경우: 학과시험(항공법규는 제외한다)의 면제

3. 모의비행훈련장치 교관요원으로 종사하려는 사람으로서 해당 자격증명시험에 응시하는 경우: 학과시험(항공법규는 제외한다)의 면제

4. 제1호부터 제3호까지의 규정 외의 경우로서 해당 자격증명시험에 응시하는 경우: 학과시험(항공법규는 제외한다)의 면제

② 법 제38조제4항제2호 또는 제3호에 해당하는 사람이 해당 자격증명시험에 응시하는 경우에는 별표 7 제1호에 따라 실기시험의 일부를 면제한다.〈개정 2025. 12. 5.〉

③ 제75조에 따른 응시자격을 갖춘 사람으로서 법 제38조제4항제4호에 따라 「국가기술자격법」에 따른 항공기술사·항공정비기능장·항공기사 또는 항공산업기사의 자격을 가진 사람에 대해서는 다음 각 호의 구분에 따라 시험을 면제한다.〈개정 2025. 12. 5.〉

1. 항공기술사 자격을 가진 사람이 항공정비사 종류별 자격증명시험에 응시하는 경우: 학과시험(항공법규는 제외한다)의 면제

2. 항공정비기능장 또는 항공기사자격을 가진 사람(해당 자격 취득 후 항공기 정비업무에 1년 이상 종사한 경력이 있는 사람만

		해당한다)이 항공정비사 종류별 자격증명시험에 응시하는 경우: 학과시험(항공법규는 제외한다)의 면제 3. 항공산업기사 자격을 가진 사람(해당 자격 취득 후 항공기 정비업무에 2년 이상 종사한 경력이 있는 사람만 해당한다)이 항공정비사 종류별 자격증명시험에 응시하는 경우: 학과시험(항공법규는 제외한다)의 면제
제89조(항공정보의 제공 등) ① 국토교통부장관은 항공기 운항의 안전성·정규성 및 효율성을 확보하기 위하여 필요한 정보(이하 "항공정보"라 한다)를 비행정보구역에서 비행하는 사람 등에게 제공하여야 한다. ② 국토교통부장관은 항공로, 항행안전시설, 비행장, 공항, 관제권 등 항공기 운항에 필요한 정보가 표시된 지도(이하 "항공지도"라 한다)를 발간(發刊)하여야 한다. ③ 국토교통부장관은 제1항 및 제2항에 따른 항공정보 및 항공지도 중 국토교통부령으로 정하는 항공정보 및 항공지도는 유상으로 제공할 수 있다. 다만, 관계 행정기관 등 대통령령으로 정하는 기관에는 무상으로 제공하여야 한다.〈신설 2023. 4. 18.〉 ④ 제1항부터 제3항까지에 따른 항공정보 또는 항공지도의 내용, 제공방법, 측정단위 등에 필요한 사항은 국토교통부령으로 정한다.〈개정 2023. 4. 18.〉		제89조(한정심사의 면제) ① 법 제38조제4항제1호에 따라 외국정부로부터 자격증명의 한정(임시 자격증명의 한정을 포함한다)을 받은 사람이 해당 한정심사에 응시하는 경우에는 학과시험과 실기시험을 면제한다.〈개정 2025. 12. 5.〉 ② 법 제38조제4항제2호에 따라 국토교통부장관이 지정한 전문교육기관에서 항공기에 관한 전문교육을 이수한 조종사 또는 항공기관사가 교육 이수 후 180일 이내에 교육받은 것과 같은 형식의 항공기에 관한 한정심사에 응시하는 경우에는 국토교통부장관이 정하는 바에 따라 실기시험을 면제한다. 다만, 항공기의 소유자등이 새로운 형식의 항공기를 도입하는 경우 그 항공기의 조종사 또는 항공기관사에 관한 한정심사에서는 그 응시자가 전문교육기관(외국정부가 인정한 외국의 전문교육기관을 포함한다)에서 항공기에 관한 전문교육을 이수한 경우에는 국토교통부장관이 정하는 바에 따라 학과시험과 실기

시험을 면제한다.〈개정 2022. 12. 9., 2025. 12. 5.〉

③ 법 제38조제4항제3호에 따른 실무경험이 있는 사람이 한정심사에 응시하는 경우에는 별표 7 제2호에 따라 실기시험의 일부를 면제한다.〈개정 2025. 12. 5.〉

④ 법 제38조제4항제5호에 따라 항공기의 제작자가 실시하는 해당 항공기에 관한 교육과정(항공기의 소유자등이 새로운 형식의 항공기를 도입하는 경우로 한정한다)을 이수한 조종사 또는 항공기관사가 같은 형식의 항공기에 관한 한정심사에 응시하는 경우에는 국토교통부장관이 정하는 바에 따라 학과시험과 실기시험을 면제한다.〈신설 2022. 12. 9., 2025. 12. 5.〉

⑤ 법 제38조제4항제6호에 따라 신설된 항공교통관제시설에서 전문항공교통관제사의 업무를 수행하려는 사람으로서 다음 각 호에 모두 해당하는 사람이 법 제38조제3항에 따른 자격증명 한정의 심사에 응시하는 경우(해당 항공교통관제시설의 운영 개시일부터 1년 이내에 응시하는 경우로 한정한다)에는 국토교통부장관이 정하는 바에 따라 그 한정심사의 전부 또는 일부를 면제한다.〈신설 2025. 12. 5.〉

1. 전문항공교통관제사 자격증명을 가진 사람

2. 신설된 항공교통관제시설에서 수행하

려는 것과 같은 항공교통관제 업무의 종류 및 수행방식에 따라 자격증명의 한정을 받고 3년 이상 해당 항공교통관제 업무를 수행한 경험이 있는 사람

3. 신설된 항공교통관제시설에서 별표 12 제8호의2나목의 직무교육훈련 과정 중 학과 교육을 이수한 사람

제7장 항공운송사업자 등에 대한 안전관리

제1절 항공운송사업자에 대한 안전관리

제90조(항공운송사업자의 운항증명) ① 항공운송사업자는 운항을 시작하기 전까지 국토교통부령으로 정하는 기준에 따라 인력, 장비, 시설, 운항관리지원 및 정비관리지원 등 안전운항체계에 대하여 국토교통부장관의 검사를 받은 후 운항증명을 받아야 한다.

② 국토교통부장관은 제1항에 따른 운항증명(이하 "운항증명"이라 한다)을 하는 경우에는 운항하려는 항공로, 공항 및 항공기 정비방법 등에 관하여 국토교통부령으로 정하는 운항조건과 제한 사항이 명시된 운영기준을 운항증명서와 함께 해당 항공운송사업자에게 발급하여야 한다.

③ 국토교통부장관은 항공기의 안전운항을 확보하기 위하여 필요하다고 판단되면 직

제90조(조종사 등이 받은 자격증명의 효력) ① 자가용 조종사 자격증명을 받은 사람이 같은 종류의 항공기에 대하여 부조종사 또는 사업용 조종사의 자격증명을 받은 경우에는 종전의 자가용 조종사 자격증명에 관한 항공기 형식의 한정 또는 계기비행증명에 관한 한정은 새로 받은 자격증명에도 유효하다.

② 부조종사 또는 사업용 조종사의 자격증명을 받은 사람이 같은 종류의 항공기에 대하여 운송용 조종사 자격증명을 받은 경우에는 종전의 자격증명에 관한 항공기 형식의 한정 또는 계기비행증명 · 조종교육증명에 관한 한정은 새로 받은 자격증명에도 유효하다.

③ 항공정비사 자격증명을 받은 사람이 비행기 한정을 받은 경우에는 활공기에 대한 한정을 함께 받은 것으로 본다.

④ 제81조제5항제1호가목에 따라 항공정비사 자격증명을 비행기 분야로 한정을 받은 사람은 제81조제5항제2호가목의 경량비행기 분야로 한정을 함께 받은 것으로 보고, 제81조제5항제1호나목에 따라 항공정비사 자격증

권으로 또는 항공운송사업자의 신청을 받아 제2항에 따른 운영기준을 변경할 수 있다.

④ 항공운송사업자 또는 항공운송사업자에 속한 항공종사자는 제2항에 따른 운영기준을 준수하여야 한다.

⑤ 운항증명을 받은 항공운송사업자는 최초로 운항증명을 받았을 때의 안전운항체계를 유지하여야 하며, 다음 각 호의 어느 하나에 해당하는 사유로 안전운항체계가 변경된 경우에는 국토교통부령으로 정하는 바에 따라 국토교통부장관이 실시하는 검사를 받아야 한다.〈개정 2022. 6. 10.〉

1. 제2항에 따라 발급된 운영기준에 등재되지 아니한 새로운 형식의 항공기를 도입한 경우

2. 제9항에 따라 운항증명의 효력이 정지된 항공운송사업자가 그 운항을 재개하려는 경우

3. 노선을 추가로 개설한 경우

4. 「항공사업법」 제21조에 따라 항공운송사업을 양도·양수한 경우

5. 「항공사업법」 제22조에 따라 사업을 합병한 경우

⑥ 국토교통부장관은 항공기 안전운항을 확보하기 위하여 운항증명을 받은 항공운송사업자가 안전운항체계를 유지하고 있는지를 정기 또는 수시로 검사하여야 한다.

⑦ 국토교통부장관은 제6항에 따른 정기

명을 헬리콥터 분야로 한정을 받은 사람은 제81조제5항제2호나목의 경량헬리콥터 분야로 한정을 함께 받은 것으로 본다.〈신설 2020. 2. 28.〉

검사 또는 수시검사를 하는 중에 다음 각 호의 어느 하나에 해당하여 긴급한 조치가 필요하게 되었을 때에는 국토교통부령으로 정하는 바에 따라 항공기 또는 노선의 운항을 정지하게 하거나 항공종사자의 업무를 정지하게 할 수 있다.

1. 항공기의 감항성에 영향을 미칠 수 있는 사항이 발견된 경우

2. 항공기의 운항과 관련된 항공종사자가 교육훈련 또는 운항자격 등 이 법에 따라 해당 업무에 종사하는 데 필요한 요건을 충족하지 못하고 있음이 발견된 경우

3. 승무시간 기준, 비행규칙 등 항공기의 안전운항을 위하여 이 법에서 정한 기준을 따르지 아니하고 있는 경우

4. 운항하려는 공항 또는 활주로의 상태 등이 항공기의 안전운항에 위험을 줄 수 있는 상태인 경우

5. 그 밖에 안전운항체계에 영향을 미칠 수 있는 상황으로 판단되는 경우

⑧ 국토교통부장관은 제7항에 따른 정지처분의 사유가 없어진 경우에는 지체 없이 그 처분을 취소하여야 한다.

⑨ 국토교통부장관은 항공기의 안전운항과 승객의 안전을 위하여 운항증명을 받은 항공운송사업자가 60일을 초과하여 연속적으로 운항을 중지한 때에는 운항증명 효력의 정지를 명하여야 한다.〈신설 2022. 6. 10.〉

⑩ 국토교통부장관은 제5항에 따른 검사 결과 항공기의 안전운항이 가능하다고 인정되는 경우에는 해당 항공운송사업자에 대하여 제9항에 따른 운항증명 효력정지의 해제를 명하여야 한다.〈신설 2022. 6. 10.〉		
		제90조의2(전문항공교통관제사에 대한 기량심사 등) ① 법 제38조의2제1항에 따른 기량 심사에 포함되는 정기훈련 실적 및 업무수행 실적은 다음 각 호와 같다. 1. 정기훈련 실적 가. 자격증명의 한정에 따른 항공교통관제시설의 장이 실시하는 법정 필수 교육훈련과정을 이수한 실적 나. 정상 상태 및 비정상 상태에서의 관제기술에 대한 평가 결과 다. 비상절차 수행능력에 대한 평가 결과 2. 업무수행 실적: 180일 이내에 60시간 이상 항공교통관제 업무를 수행한 경험 ② 법 제37조제1항에 따른 자격증명의 한정을 받은 전문항공교통관제사에 대한 기량심사의 주기 및 실시 시기는 다음 각 호의 구분에 따른다. 1. 정기 심사 가. 최초로 실시하는 정기 심사: 자격증명의 한정을 받은 날부터 2년 이내에 1회 나. 최초의 정기 심사 이후 실시하는 정기 심사: 직전의 심사에 합격한 날부터 2년이 되는 날이 속하는 달의 말일(이하 이 목에

서 “만료일”이라 한다)까지의 기간 중 1회. 다만, 직전의 심사를 만료일부터 3개월 이내에 합격한 경우에는 그 합격한 날 기준이 아닌 만료일 기준으로 2년이 되는 날이 속하는 달의 말일까지의 기간 중 1회를 말한다.

2. 수시 심사

가. 고의 또는 중대한 과실로 항공기사고를 발생시킨 경우

나. 법 제38조의2제2항, 제43조제1항 및 이 규칙 제81조제9항에 따라 전문항공교통관제사 자격증명 한정의 효력이 정지되거나 정지된 것으로 간주되는 경우로서 그 효력을 회복하기 위한 심사의 신청이 있는 경우

다. 그 밖에 국토교통부장관이 수시로 기량의 유무를 심사할 필요가 있다고 인정하는 경우

③ 지방항공청장 또는 항공교통본부장은 제2항에 따른 심사를 실시한 경우 그 결과를 지체 없이 국토교통부장관에게 보고하고 한국교통안전공단의 이사장에게 통보해야 한다.

④ 제1항부터 제3항까지에서 규정한 사항 외에 기량 심사의 세부 평가 항목, 기록의 관리 및 그 밖에 필요한 사항은 국토교통부장관이 정하여 고시한다.

⑤ 항공교통업무증명을 받은 자가 법 제38조의2제4항에 따라 소속 전문항공교통관제사에 대해 실시하는 기량 심사의 방식, 기준 및 주기 등에 관해서는 제1항부터 제4항까지

		의 규정을 준용한다. [본조신설 2025. 12. 5.]
제91조(항공운송사업자의 운항증명 취소 등) ① 국토교통부장관은 운항증명을 받은 항공운송사업자가 다음 각 호의 어느 하나에 해당하는 경우에는 운항증명을 취소하거나 6개월 이내의 기간을 정하여 항공기 운항의 정지를 명할 수 있다. 다만, 제1호, 제39호, 제39호의2 또는 제49호의 어느 하나에 해당하는 경우에는 운항증명을 취소하여야 한다.〈개정 2017. 12. 26., 2019. 8. 27., 2020. 6. 9., 2020. 12. 8., 2022. 1. 18., 2022. 6. 10.〉 1. 거짓이나 그 밖의 부정한 방법으로 운항증명을 받은 경우 2. 제18조제1항을 위반하여 국적·등록기호 및 소유자등의 성명 또는 명칭을 표시하지 아니한 항공기를 운항한 경우 3. 제23조제3항을 위반하여 감항증명을 받지 아니한 항공기를 운항한 경우 4. 제23조제9항에 따른 항공기의 감항성 유지를 위한 항공기등, 장비품 또는 부품에 대한 정비등에 관한 감항성개선 또는 그 밖에 검사·정비등의 명령을 이행하지 아니하고 이를 운항 또는 항공기등에 사용한 경우 5. 제25조제2항을 위반하여 소음기준적합증명을 받지 아니하거나 항공기기술기준에 적합하지 아니한 항공기를 운항한 경우 6. 제26조를 위반하여 변경된 항공기기술		제91조(모의비행훈련장치의 탑승경력 인정) 법 제39조제2항에 따른 모의비행훈련장치를 이용한 탑승경력의 인정은 별표 4에 따른다.

기준을 따르도록 한 요구에 따르지 아니한 경우

7. 제27조제3항을 위반하여 기술표준품형식승인을 받지 아니한 기술표준품을 항공기등에 사용한 경우

8. 제28조제3항을 위반하여 부품등제작자증명을 받지 아니한 장비품 또는 부품을 항공기등 또는 장비품에 사용한 경우

9. 제30조제2항을 위반하여 수리ㆍ개조승인을 받지 아니한 항공기등을 운항하거나 장비품ㆍ부품을 항공기등에 사용한 경우

10. 제32조제1항을 위반하여 정비등을 한 항공기등, 장비품 또는 부품에 대하여 감항성을 확인받지 아니하고 운항 또는 항공기등에 사용한 경우

11. 제42조제1항을 위반하여 제40조제2항에 따른 자격증명의 종류별 항공신체검사증명의 기준에 적합하지 아니한 운항승무원을 항공업무에 종사하게 한 경우

12. 제51조를 위반하여 국토교통부령으로 정한 무선설비를 설치하지 아니한 항공기 또는 설치한 무선설비가 운용되지 아니하는 항공기를 운항한 경우

13. 제52조를 위반하여 항공기에 항공계기등을 설치하거나 탑재하지 아니하고 운항하거나, 그 운용방법 등을 따르지 아니한 경우

14. 제53조를 위반하여 항공기에 국토교통부령으로 정하는 양의 연료를 싣지 아니하

고 운항한 경우

15. 제54조를 위반하여 항공기를 운항하거나 야간에 비행장에 주기 또는 정박시키는 경우에 국토교통부령으로 정하는 바에 따라 등불로 항공기의 위치를 나타내지 아니한 경우

16. 제55조를 위반하여 국토교통부령으로 정하는 비행경험이 없는 운항승무원에게 항공기를 운항하게 하거나 계기비행 · 야간비행 또는 조종교육의 업무에 종사하게 한 경우

17. 제56조제1항을 위반하여 소속 승무원 또는 운항관리사의 피로를 관리하지 아니한 경우

18. 제56조제2항을 위반하여 국토교통부장관의 승인을 받지 아니하고 피로위험관리시스템을 운용하거나 중요사항을 변경한 경우

19. 제57조제1항을 위반하여 항공종사자 또는 객실승무원이 주류등의 영향으로 항공업무 또는 객실승무원의 업무를 정상적으로 수행할 수 없는 상태에서 항공업무 또는 객실승무원의 업무에 종사하게 한 경우

20. 제58조제2항을 위반하여 다음 각 목의 어느 하나에 해당하는 경우

가. 사업을 시작하기 전까지 항공안전관리시스템을 마련하지 아니한 경우

나. 승인을 받지 아니하고 항공안전관리시스템을 운용한 경우

다. 항공안전관리시스템을 승인받은 내용과 다르게 운용한 경우

라. 승인을 받지 아니하고 국토교통부령으로 정하는 중요 사항을 변경한 경우

21. 제62조제5항 단서를 위반하여 항공기사고, 항공기준사고 또는 의무보고 대상 항공안전장애가 발생한 경우에 국토교통부령으로 정하는 바에 따라 발생 사실을 보고하지 아니한 경우

22. 제63조제4항에 따라 자격인정 또는 심사를 할 때 소속 기장 또는 기장 외의 조종사에 대하여 부당한 방법으로 자격인정 또는 심사를 한 경우

23. 제63조제7항을 위반하여 운항하려는 지역, 노선 및 공항에 대한 경험요건을 갖추지 아니한 기장에게 운항을 하게 한 경우

24. 제65조제1항을 위반하여 운항관리사를 두지 아니한 경우

25. 제65조제3항을 위반하여 국토교통부령으로 정하는 바에 따라 운항관리사가 해당 업무를 수행하는 데 필요한 교육훈련을 하지 아니하고 해당 업무에 종사하게 한 경우

26. 제66조를 위반하여 이륙·착륙 장소가 아닌 곳에서 항공기를 이륙하거나 착륙하게 한 경우

27. 제68조를 위반하여 같은 조 각 호의 어느 하나에 해당하는 비행 또는 행위를 하게 한 경우

28. 제70조제1항을 위반하여 허가를 받지 아니하고 항공기를 이용하여 위험물을 운

송한 경우

29. 제70조제3항을 위반하여 국토교통부장관이 고시하는 위험물취급의 절차 및 방법에 따르지 아니하고 위험물을 취급한 경우

30. 제72조제1항을 위반하여 위험물취급에 관한 교육을 받지 아니한 사람에게 위험물취급을 하게 한 경우

31. 제74조제1항을 위반하여 승인을 받지 아니하고 비행기를 운항한 경우

32. 제75조제1항을 위반하여 승인을 받지 아니하고 같은 항 각 호의 어느 하나에 해당하는 공역에서 항공기를 운항한 경우

33. 제76조제1항을 위반하여 국토교통부령으로 정하는 바에 따라 운항의 안전에 필요한 승무원을 태우지 아니하고 항공기를 운항한 경우

34. 제76조제3항을 위반하여 항공기에 태우는 승무원에 대하여 해당 업무를 수행하는 데 필요한 교육훈련을 하지 아니한 경우

35. 제77조제2항을 위반하여 같은 조 제1항에 따른 운항기술기준을 준수하지 아니하고 운항하거나 업무를 한 경우

36. 제90조제1항을 위반하여 운항증명을 받지 아니하고 운항을 시작한 경우

37. 제90조제4항을 위반하여 운영기준을 준수하지 아니한 경우

38. 제90조제5항을 위반하여 안전운항체계를 유지하지 아니하거나 변경된 안전운항체계

를 검사받지 아니하고 항공기를 운항한 경우

39. 제90조제7항을 위반하여 항공기 또는 노선 운항의 정지처분에 따르지 아니하고 항공기를 운항한 경우

39의2. 제90조제9항에 따른 운항증명 효력정지 중에 항공기를 운항한 경우

40. 제93조제1항 본문 또는 같은 조 제2항 단서를 위반하여 국토교통부장관의 인가를 받지 아니하고 운항규정 또는 정비규정을 마련하였거나 국토교통부령으로 정하는 중요사항을 변경한 경우

41. 제93조제2항 본문을 위반하여 국토교통부장관에게 신고하지 아니하고 운항규정 또는 정비규정을 변경한 경우

42. 제93조제7항 전단을 위반하여 같은 조 제1항 본문 또는 제2항 단서에 따라 인가를 받거나 같은 조 제2항 본문에 따라 신고한 운항규정 또는 정비규정을 해당 종사자에게 제공하지 아니한 경우

43. 제93조제7항 후단을 위반하여 같은 조 제1항 본문 또는 제2항 단서에 따라 인가를 받거나 같은 조 제2항 본문에 따라 신고한 운항규정 또는 정비규정을 준수하지 아니하고 항공기를 운항하거나 정비한 경우

44. 제94조 각 호에 따른 항공운송의 안전을 위한 명령을 따르지 아니한 경우

45. 제132조제1항에 따라 업무(항공안전활동을 수행하기 위한 것만 해당한다)에 관한

보고를 하지 아니하거나 서류를 제출하지 아니하는 경우 또는 거짓으로 보고하거나 서류를 제출한 경우 46. 제132조제2항에 따른 항공기 등에의 출입이나 장부 · 서류 등의 검사(항공안전 활동을 수행하기 위한 것만 해당한다)를 거부 · 방해 또는 기피한 경우 47. 제132조제2항에 따른 관계인에 대한 질문(항공안전 활동을 수행하기 위한 것만 해당한다)에 답변하지 아니하거나 거짓으로 답변한 경우 48. 고의 또는 중대한 과실에 의하여 또는 항공종사자의 선임 · 감독에 관하여 상당한 주의의무를 게을리하여 항공기사고 또는 항공기준사고를 발생시킨 경우 49. 이 조에 따른 항공기 운항의 정지기간에 운항한 경우 ② 제1항에 따른 처분의 세부기준 및 절차 등 그 밖에 필요한 사항은 국토교통부령으로 정한다.		
		제91조의2(모의비행훈련장치의 지정) ① 법 제39조의2제1항 전단에서 "항공운송사업자 등 국토교통부령으로 정하는 자"란 다음 각 호의 자를 말한다. 1. 항공운송사업자 2. 항공기사용사업자 3. 전문교육기관 지정을 받은 자 4. 국가기관등항공기 운용자

5. 그 밖에 비행교육 및 훈련을 위해 국토교통부장관이 모의비행훈련장치 지정이 필요하다고 인정하는 자

② 법 제39조의2제1항 전단에 따라 모의비행훈련장치의 지정을 받으려는 자는 별지 제42호서식의 모의비행훈련장치 지정 신청서에 다음 각 호의 서류를 첨부하여 지방항공청장에게 제출해야 한다.

1. 모의비행훈련장치의 설치과정 및 개요
2. 모의비행훈련장치 운영규정
3. 모의비행훈련장치 시험비행기록 비교자료(비교 자료를 추가로 검토할 필요가 있는 경우만 해당한다)
4. 모의비행훈련장치의 성능 및 점검요령
5. 모의비행훈련장치의 관리 및 정비방법
6. 모의비행훈련장치에 따른 훈련계획
7. 모의비행훈련장치의 최소장비목록과 그 적용방법(최소장비목록을 운용하려는 경우만 해당한다)
8. 그 밖에 모의비행훈련장치 지정을 위하여 필요한 서류로서 국토교통부장관이 정하여 고시하는 서류

③ 제2항에 따른 신청을 받은 지방항공청장은 모의비행훈련장치 검사 결과 지정기준에 적합하다고 인정하는 경우에는 별표 7의2에 따라 모의비행훈련장치의 종류·등급 및 운용범위를 정하여 별지 제43호서식의 모의비행훈련장치 지정서를 발급해야 한다.

		④ 제1항부터 제3항까지에서 규정한 사항 외에 모의비행훈련장치 지정에 필요한 구비요건, 성능 기준, 검사 절차·항목 및 그 밖에 필요한 사항은 국토교통부장관이 정하여 고시한다. [본조신설 2021. 11. 19.]
		제91조의3(모의비행훈련장치의 변경지정·유효기간 연장) ① 법 제39조의2제1항 후단에 따라 모의비행훈련장치의 지정받은 사항을 변경하려는 자는 별지 제43호의2서식의 모의비행훈련장치 변경지정 신청서에 다음 각 호의 서류를 첨부하여 지방항공청장에게 제출해야 한다. 1. 비행의 성능 및 특성에 영향을 미치는 개조를 하는 경우 그 변경사항을 증명하는 서류 2. 모의비행훈련장치의 세부사항 중 시각시스템 및 운동시스템에 영향을 미치는 개조를 하는 경우 그 변경사항을 증명하는 서류 3. 그 밖에 모의비행훈련장치 변경지정을 위하여 필요한 서류로서 국토교통부장관이 정하여 고시하는 서류 ② 법 제39조의2제1항 후단에 따라 모의비행훈련장치 지정의 유효기간을 연장하려는 자는 별지 제43호의3서식의 모의비행훈련장치 유효기간 연장 신청서에 제91조의2제2항 각 호의 서류와 모의비행훈련장치의 품질관리시스템 구축·운영에 관한 서류를 첨부하여

지방항공청장에게 제출해야 한다.

③ 법 제39조의2제2항 단서에 따라 지방항공청장은 모의비행훈련장치의 유효기간을 연장하는 경우 제91조의2제2항제1호부터 제3호까지의 사항에 관한 검사를 생략할 수 있다.

④ 법 제39조의2제4항 단서에 따라 모의비행훈련장치의 유효기간을 연장하려는 자가 구축·운영해야 하는 모의비행훈련장치 품질관리시스템의 기준은 별표 7의3과 같다.

⑤ 지방항공청장은 제1항 또는 제2항에 따라 변경지정 또는 유효기간 연장 신청을 하는 경우 검사 결과 변경지정 또는 유효기간 연장 기준에 적합하다고 인정하면 별표 7의2에 따라 모의비행훈련장치의 종류·등급 및 운용범위를 정하여 별지 제43호서식의 모의비행훈련장치 지정서를 발급해야 한다.

⑥ 제1항부터 제3항까지에서 규정한 사항 외에 모의비행훈련장치의 변경지정이나 유효기간 연장에 필요한 검사 절차, 검사 항목 및 그 밖에 필요한 사항은 국토교통부장관이 정하여 고시한다.

[본조신설 2021. 11. 19.]

제91조의4(모의비행훈련장치의 지정 취소 기준 등) ① 법 제39조의2제5항에 따른 모의비행훈련장치의 지정 취소, 효력 정지 등 행정처분기준은 별표 7의4와 같다.

② 모의비행훈련장치 지정을 받은 자는 법 제39조의2제5항에 따라 모의비행훈련장치

지정이 취소되거나 그 효력이 정지된 경우에는 지체 없이 지방항공청장에게 해당 모의비행훈련장치의 지정서를 반납해야 한다.
[본조신설 2021. 11. 19.]

제92조(항공운송사업자에 대한 과징금의 부과) ① 국토교통부장관은 운항증명을 받은 항공운송사업자가 제91조제1항제2호부터 제38호까지 또는 제40호부터 제48호까지의 어느 하나에 해당하여 항공기 운항의 정지를 명하여야 하는 경우로서 그 운항을 정지하면 항공기 이용자 등에게 심한 불편을 주거나 공익을 해칠 우려가 있는 경우에는 항공기의 운항정지처분을 갈음하여 100억원 이하의 과징금을 부과할 수 있다.

② 제1항에 따른 과징금 부과의 구체적인 기준, 절차 및 그 밖에 필요한 사항은 대통령령으로 정한다.

③ 국토교통부장관은 제1항에 따른 과징금을 내야 할 자가 납부기한까지 과징금을 내지 아니하면 국세 체납처분의 예에 따라 징수한다.

제92조(항공신체검사증명의 기준 및 유효기간 등) ① 법 제40조제1항에 따른 자격증명의 종류별 항공신체검사증명의 종류와 그 유효기간은 별표 8과 같다.

② 항공신체검사증명의 종류별 항공신체검사기준은 별표 9와 같다.

③ 법 제49조제1항에 따라 지정된 항공전문의사(이하 "항공전문의사"라 한다)는 법 제40조제4항에 따라 항공신체검사증명을 받으려는 사람이 자격증명의 종류별 항공신체검사기준에 일부 미달한 경우에도 해당 항공업무의 범위를 한정하거나 별표 8에 따른 유효기간을 단축하여 항공신체검사증명서를 발급할 수 있다. 다만, 단축되는 유효기간은 별표 8에 따른 유효기간의 2분의 1을 초과할 수 없다.〈개정 2022. 12. 9.〉

④ 제88조제1항에 따라 자격증명시험을 면제받은 사람이 외국정부 또는 외국정부가 지정한 민간의료기관이 발급한 항공신체검사증명을 받은 경우에는 그 항공신체검사증명의 남은 유효기간까지는 법 제40조제1항에 따른 항공신체검사증명을 받은 것으로 본다.

⑤ 별표 8에 따른 제1종의 항공신체검사증명을 받은 사람은 같은 별표에 따른 제2종

		및 제3종의 항공신체검사증명을 함께 받은 것으로 본다. 이 경우 그 제2종 및 제3종의 항공신체검사증명의 유효기간은 별표 8에도 불구하고 제1종의 항공신체검사증명의 유효기간으로 한다.〈개정 2020. 2. 28.〉 ⑥ 자가용 조종사 자격증명을 받은 사람이 법 제44조에 따른 계기비행증명을 받으려는 경우에는 별표 9에 따른 제1종 신체검사기준을 충족하여야 한다. ⑦ 이 규칙에서 정한 사항 외에 항공신체검사증명의 기준에 관한 세부적인 사항은 국토교통부장관이 정하여 고시한다.
제93조(항공운송사업자의 운항규정 및 정비규정) ① 항공운송사업자는 운항을 시작하기 전까지 국토교통부령으로 정하는 바에 따라 항공기의 운항에 관한 운항규정 및 정비에 관한 정비규정을 마련하여 국토교통부장관의 인가를 받아야 한다. 다만, 운항규정 및 정비규정을 운항증명에 포함하여 운항증명을 받은 경우에는 그러하지 아니하다. ② 항공운송사업자는 제1항 본문에 따라 인가를 받은 운항규정 또는 정비규정을 변경하려는 경우에는 국토교통부령으로 정하는 바에 따라 국토교통부장관에게 신고하여야 한다. 다만, 최소장비목록, 승무원 훈련프로그램 등 국토교통부령으로 정하는 중요사항을 변경하려는 경우에는 국토교통부장관의 인가를 받아야 한다.		제93조(항공신체검사증명 신청 등) ① 법 제40조제1항에 따라 항공신체검사증명을 받으려는 사람은 별지 제44호서식의 항공신체검사증명 신청서에 자기의 병력(病歷), 최근 복용 약품 및 과거에 부적합 판정을 받은 경우 그 사유와 날짜 등을 적어 항공전문의사에게 제출하여야 한다. ② 제1항에 따라 신청서를 제출받은 항공전문의사는 신청서의 허위 기재 등 법 제43조제5항에 따른 부정한 행위가 있었다고 인정하는 경우에는 판정을 보류하고 그 사실을 국토교통부장관에게 통보해야 하며, 운항승무원 또는 항공교통관제사에 대한 항공신체검사의 결과가 별표 9의 기준에 적합하다고 인정하는 경우에는 별지 제45호서식의 항공신체검사증명서를 발급하여야 한다.〈개정

③ 국토교통부장관은 제1항 본문 또는 제2항 단서에 따라 인가하려는 경우에는 제77조제1항에 따른 운항기술기준에 적합한지를 확인하여야 한다.

④ 국토교통부장관은 제1항 본문 또는 제2항 단서에 따라 인가하는 경우 조건 또는 기한을 붙이거나 조건 또는 기한을 변경할 수 있다. 다만, 그 조건 또는 기한은 공공의 이익 증진이나 인가의 시행에 필요한 최소한도의 것이어야 하며, 해당 항공운송사업자에게 부당한 의무를 부과하는 것이어서는 아니 된다.

⑤ 국토교통부장관은 제2항 본문에 따른 신고를 받은 날부터 10일 이내에 신고수리 여부를 신고인에게 통지하여야 한다.〈신설 2020. 6. 9.〉

⑥ 국토교통부장관이 제5항에서 정한 기간 내에 신고수리 여부 또는 민원 처리 관련 법령에 따른 처리기간의 연장을 신고인에게 통지하지 아니하면 그 기간(민원 처리 관련 법령에 따라 처리기간이 연장 또는 재연장된 경우에는 해당 처리기간을 말한다)이 끝난 날의 다음 날에 신고를 수리한 것으로 본다.〈신설 2020. 6. 9.〉

⑦ 항공운송사업자는 제1항 본문 또는 제2항 단서에 따라 국토교통부장관의 인가를 받거나 제2항 본문에 따라 국토교통부장관에게 신고한 운항규정 또는 정비규정을 항공기의 운항 또는 정비에 관한 업무를 수행하는 종사

2020. 5. 27., 2020. 12. 10., 2025. 1. 17., 2025. 12. 5.〉

③ 항공전문의사는 제2항에 따라 항공신체검사증명서를 발급한 경우 별지 제46호서식의 항공신체검사증명서 발급대장을 작성·관리하되, 전자적 처리가 불가능한 특별한 사유가 없으면 전자적 처리가 가능한 방법으로 작성·관리하여야 한다.

④ 항공전문의사는 매월 항공신체검사증명서 발급한 결과를 다음 달 5일까지 영 제26조제7항제1호에 따라 항공신체검사증명에 관한 업무를 위탁받은 사단법인 한국항공우주의학협회(이하 "한국항공우주의학협회"라 한다)에 통지하여야 한다.

⑤ 항공전문의사는 법 제40조제4항 및 이 규칙 제92조제3항에 따라 해당 항공업무의 범위를 한정하거나 유효기간을 단축하여 항공신체검사증명을 발급하거나 별표 9에 따른 항공신체검사기준에 미달하여 항공신체검사증명서를 발급할 수 없다고 판단되는 경우에는 한국항공우주의학협회에 자문해야 한다.〈개정 2020. 12. 10., 2022. 12. 9.〉

자에게 제공하여야 한다. 이 경우 항공운송사업자와 항공기의 운항 또는 정비에 관한 업무를 수행하는 종사자는 운항규정 또는 정비규정을 준수하여야 한다.〈개정 2020. 6. 9.〉

제94조(항공운송사업자에 대한 안전개선명령) 국토교통부장관은 항공운송의 안전을 위하여 필요하다고 인정되는 경우에는 항공운송사업자에게 다음 각 호의 사항을 명할 수 있다.

1. 항공기 및 그 밖의 시설의 개선
2. 항공에 관한 국제조약을 이행하기 위하여 필요한 사항
3. 그 밖에 항공기의 안전운항에 대한 방해 요소를 제거하기 위하여 필요한 사항

제94조(항공신체검사증명의 유효기간 연장) ① 법 제40조제1항제1호에 따른 항공신체검사증명을 받은 운항승무원이 외국에 연속하여 6개월 이상 체류하면서 외국정부 또는 외국정부가 지정한 민간의료기관의 항공신체검사증명을 받은 경우에는 다음 각 호의 구분에 따른 기간을 넘지 아니하는 범위에서 외국에서 받은 해당 항공신체검사증명의 유효기간까지 그 유효기간을 연장 받을 수 있다.

1. 항공운송사업·항공기사용사업에 사용되는 항공기 및 비사업용으로 사용되는 항공기의 운항승무원은 6개월
2. 자가용 조종사는 24개월

② 제1항에 따라 항공신체검사증명의 유효기간을 연장 받으려는 사람은 별지 제47호서식의 항공신체검사증명 유효기간 연장신청서에 다음 각 호의 서류를 첨부하여 항공전문의사에게 제출하여야 한다.

1. 항공신체검사증명서
2. 외국정부 또는 외국정부가 지정한 민간의료기관이 발급한 항공신체검사증명서

③ 제2항에 따라 항공신체검사증명의 유효기간 연장신청을 받은 항공전문의사는 신청서에 첨부된 외국정부 또는 외국정부가 지

정한 민간의료기관이 발급한 항공신체검사증명서를 확인한 후 그 사실이 인정되는 경우에는 유효기간을 연장하여 별지 제45호서식의 항공신체검사증명서를 발급하여야 한다.

제2절 항공기사용사업자에 대한 안전관리

제95조(항공기사용사업자의 운항증명 취소 등) ① 국토교통부장관은 제96조제1항에서 준용하는 제90조에 따라 운항증명을 받은 항공기사용사업자가 제91조제1항 각 호의 어느 하나에 해당하는 경우에는 운항증명을 취소하거나 6개월 이내의 기간을 정하여 항공기 운항의 정지를 명할 수 있다. 다만, 제91조제1항제1호, 제39호, 제39호의2 또는 제49호의 어느 하나에 해당하는 경우에는 운항증명을 취소하여야 한다.〈개정 2022. 6. 10.〉

② 국토교통부장관은 항공기사용사업자(제96조제1항에서 준용하는 제90조에 따라 운항증명을 받은 항공기사용사업자는 제외한다)가 제91조제1항제2호부터 제22호까지, 제26호부터 제30호까지 및 제32호부터 제48호까지의 어느 하나에 해당하는 경우에는 6개월 이내의 기간을 정하여 항공기 운항의 정지를 명할 수 있다.

③ 제1항 및 제2항에 따른 처분의 세분기준 및 절차와 그 밖에 필요한 사항은 국토교통부령으로 정한다.〈신설 2017. 1. 17.〉

제95조(항공신체검사증명에 대한 재심사) ① 한국항공우주의학협회는 제93조제4항에 따라 항공전문의사로부터 항공신체검사증명서의 발급 결과를 통지받은 경우에는 그 항공전문의사가 실시한 항공신체검사증명의 적합성 여부를 재심사할 수 있다.

② 한국항공우주의학협회는 제1항에 따른 재심사 결과 항공신체검사증명서가 부적합하게 발급되었다고 인정되는 경우에는 지체 없이 이를 국토교통부장관 또는 지방항공청장에게 통지하여야 한다.

④ 국토교통부장관은 제1항 또는 제2항에 따라 항공기 운항의 정지를 명하여야 하는 경우로서 그 운항을 정지하면 항공기 이용자 등에게 심한 불편을 주거나 공익을 해칠 우려가 있는 경우에는 항공기의 운항정지처분을 갈음하여 3억원 이하의 과징금을 부과할 수 있다.〈개정 2017. 1. 17.〉 ⑤ 제4항에 따른 과징금 부과의 구체적인 기준, 절차 및 그 밖에 필요한 사항은 대통령령으로 정한다.〈개정 2017. 1. 17.〉 ⑥ 국토교통부장관은 제4항에 따른 과징금을 내야 할 자가 납부기한까지 과징금을 내지 아니하면 국세 체납처분의 예에 따라 징수한다.〈개정 2017. 1. 17.〉		
제96조(항공기사용사업자에 대한 준용규정) ① 항공기사용사업자 중 국토교통부령으로 정하는 업무를 하는 항공기사용사업자에 대해서는 제90조를 준용한다. ② 항공기사용사업자의 운항규정 또는 정비규정의 인가 등에 관하여는 제93조 및 제94조를 준용한다.		제96조(이의신청 등) ① 법 제40조제6항에 따라 항공신체검사증명의 결과에 대하여 이의가 있는 사람은 그 결과를 통보받은 날부터 30일 이내에 별지 제48호서식의 항공신체검사증명 이의신청서(전자문서로 된 신청서를 포함한다)를 국토교통부장관에 제출해야 한다.〈개정 2022. 7. 19.〉 ② 국토교통부장관은 제1항에 따른 이의신청을 심사하기 위하여 다음 각 호의 사람에게 자문할 수 있다. 1. 이의신청 내용과 관련된 해당 질환 전문의 2. 항공운송 분야 비행경력이 있는 전문가 ③ 국토교통부장관은 제1항에 따른 이의

		신청을 받으면 신청을 받은 날부터 30일 이내에 이를 심사하고 그 결과를 신청인에게 통지하여야 한다. 다만, 제2항에 따른 자문이 지연되어 이의신청에 대한 심사를 기한까지 마칠 수 없는 경우에는 그 심사기간을 30일 연장할 수 있다.〈개정 2019. 9. 23.〉 ④ 제3항 단서에 따라 심사기간을 연장하는 경우에는 심사기간이 끝나기 7일 전까지 신청인에게 그 내용을 통지하여야 한다. ⑤ 그 밖에 이의신청에 관한 구체적인 사항은 국토교통부장관이 정하여 고시한다.
		제96조의2(건강증진활동계획의 수립 · 시행) ① 법 제41조의2에 따른 건강증진활동계획에는 다음 각 호의 사항이 포함되어야 한다. 1. 건강증진활동의 목표에 관한 사항 2. 건강증진활동의 추진 체계에 관한 사항 3. 건강증진활동의 추진 내용에 관한 사항 4. 그 밖에 국토교통부장관이 건강증진활동에 필요하다고 정하여 고시하는 사항 ② 제1항에 따른 건강증진활동계획을 수립 · 시행해야 하는 자는 매년 1회 이상 이행실적을 점검하여 그 결과를 건강증진활동계획 수립 시 반영해야 한다. ③ 제1항 및 제2항에서 규정한 사항 외에 건강증진활동계획의 수립 · 시행에 필요한 세부 내용과 추진 절차 등은 국토교통부장관이 정하여 고시한다. [본조신설 2023. 1. 13.]

제96조의3(신체적 · 정신적 상태 저하 신고) ① 법 제42조제2항에서 "국토교통부령으로 정하는 신체적 · 정신적 상태의 저하가 있는 경우"란 항공업무(법 제46조에 따른 항공기 조종연습 및 법 제47조에 따른 항공교통관제 연습을 포함한다. 이하 이 항에서 같다)의 수행을 불가능하게 하거나 항공업무의 수행에 지장을 줄 수 있는 질병 또는 부상 등이 발생하여 신체적 · 정신적 상태가 별표 9에 따른 항공신체검사기준에 적합하지 않게 될 우려가 있는 경우로서 다음 각 호의 어느 하나에 해당하는 경우를 말한다.

1. 수술 또는 침습적(侵襲的) 시술이 필요한 경우
2. 21일 이상의 치료가 필요한 경우
3. 입원이 필요한 경우

② 법 제42조제2항에 따라 신체적 · 정신적 상태의 저하를 신고하려는 사람은 발병일 또는 진단일 중 늦은 날부터 7일 이내에 별지 제48호의2서식의 신체적 · 정신적 상태 저하 신고서에 다음 각 호의 서류를 첨부하여 한국항공우주의학협회에 제출해야 한다. 다만, 수술 · 입원 등 불가피한 사유가 있는 경우에는 그 사유가 해소된 날부터 7일 이내에 제출해야 하며, 제1호의 서류의 작성에 상당한 시간이 소요되는 등 부득이한 사정이 있는 경우에는 제1호의 서류를 나중에 첨부할 수 있다.

1. 항공전문의사의 소견서

2. 진단서, 처방전 등 해당 신체적·정신적 상태의 저하를 증명할 수 있는 서류

③ 제2항에 따른 신고를 받은 한국항공우주의학협회는 필요한 경우 신고인 또는 소견서를 작성한 항공전문의사에게 신고서 또는 소견서의 보완을 요청할 수 있다.

④ 한국항공우주의학협회는 법 제42조제3항에 따라 신고인의 신체적·정신적 상태가 별표 9에 따른 항공신체검사기준에 적합한지 여부를 제2항에 따라 신고를 받은 날(제2항 각 호 외의 부분 단서에 따라 같은 항 제1호의 서류를 나중에 첨부한 경우에는 그 첨부일을 말하며, 제3항에 따라 신고서 또는 소견서의 보완을 요청한 경우에는 그 보완일을 말한다)부터 7일 이내에 신고인에게 통지해야 한다.

⑤ 한국항공우주의학협회는 제4항 및 제7항에 따라 신고인에게 통지한 경우 별지 제48호의3서식의 신체적·정신적 상태 적합 여부 통지대장을 작성·관리해야 하며, 전자적 처리가 불가능한 특별한 사유가 없으면 전자적 처리가 가능한 방법으로 작성·관리해야 한다.

⑥ 신고인은 제4항에 따라 신체적·정신적 상태가 별표 9에 따른 항공신체검사기준에 적합하지 않다고 통지받은 경우 신고인의 신체적·정신적 상태를 확인할 수 있는 서류를 첨부하여 한국항공우주의학협회에 다시 확인해 줄 것을 요청할 수 있다.

⑦ 한국항공우주의학협회는 제6항에 따른 요청을 받은 경우 그 요청일부터 7일 이내에 신고인의 신체적·정신적 상태가 별표 9에 따른 항공신체검사기준에 적합한지 여부를 확인하여 그 결과를 신고인에게 통지해야 한다.

⑧ 제1항부터 제7항까지에서 규정한 사항 외에 신체적·정신적 상태의 저하에 관한 신고 등에 필요한 세부적인 사항은 국토교통부장관이 정하여 고시한다.

[본조신설 2025. 1. 17.]

제3절 항공기정비업자에 대한 안전관리

제97조(정비조직인증 등) ① 제8조에 따라 대한민국 국적을 취득한 항공기와 이에 사용되는 발동기, 프로펠러, 장비품 또는 부품의 정비등의 업무 등 국토교통부령으로 정하는 업무를 하려는 항공기정비업자 또는 외국의 항공기정비업자는 그 업무를 시작하기 전까지 국토교통부장관이 정하여 고시하는 인력, 설비 및 검사체계 등에 관한 기준(이하 "정비조직인증기준"이라 한다)에 적합한 인력, 설비 등을 갖추어 국토교통부장관의 인증(이하 "정비조직인증"이라 한다)을 받아야 한다. 다만, 대한민국과 정비조직인증에 관한 항공안전협정을 체결한 국가로부터 정비조직인증을 받은 자는 국토교통부장관의 정비조직인증을 받은 것으로 본다.

제97조(항공종사자 자격증명·항공신체검사증명의 취소 등) ① 법 제43조(법 제44조제4항 및 제45조제6항에서 준용하는 경우를 포함한다)에 따른 행정처분기준은 별표 10과 같다.

② 국토교통부장관 또는 지방항공청장은 제1항에 따른 처분을 한 경우에는 별지 제49호서식의 항공종사자 행정처분대장을 작성·관리해야 한다.

③ 제2항에 따른 행정처분대장은 전자적 처리가 불가능한 특별한 사유가 없으면 전자적 처리가 가능한 방법으로 작성·관리해야 한다.

④ 국토교통부장관 또는 지방항공청장은 제1항에 따른 처분을 한 경우에는 다음 각 호의 사항을 해당 호에서 정하는 사람에게 통지해야 한다.

1. 자격증명, 자격증명의 한정, 계기비행

② 국토교통부장관은 정비조직인증을 하는 경우에는 정비등의 범위·방법 및 품질관리절차 등을 정한 세부 운영기준을 정비조직인증서와 함께 해당 항공기정비업자에게 발급하여야 한다.

③ 항공기등, 장비품 또는 부품에 대한 정비등을 하는 경우에는 그 항공기등, 장비품 또는 부품을 제작한 자가 정하거나 국토교통부장관이 인정한 정비등에 관한 방법 및 절차 등을 준수하여야 한다.

증명, 조종교육증명 및 항공영어구술능력증명에 대한 처분: 한국교통안전공단 이사장

2. 항공신체검사증명에 대한 처분: 한국교통안전공단 이사장 및 한국항공우주의학협회의 장

[전문개정 2022. 7. 19.]

제98조(정비조직인증의 취소 등) ① 국토교통부장관은 정비조직인증을 받은 자가 다음 각 호의 어느 하나에 해당하는 경우에는 정비조직인증을 취소하거나 6개월 이내의 기간을 정하여 그 효력의 정지를 명할 수 있다. 다만, 제1호 또는 제5호에 해당하는 경우에는 그 정비조직인증을 취소하여야 한다.

1. 거짓이나 그 밖의 부정한 방법으로 정비조직인증을 받은 경우
2. 제58조제2항을 위반하여 다음 각 목의 어느 하나에 해당하는 경우
가. 업무를 시작하기 전까지 항공안전관리시스템을 마련하지 아니한 경우
나. 승인을 받지 아니하고 항공안전관리시스템을 운용한 경우
다. 항공안전관리시스템을 승인받은 내용과 다르게 운용한 경우
라. 승인을 받지 아니하고 국토교통부령으

제98조(계기비행증명 및 조종교육증명 절차 등) ① 법 제44조에 따른 계기비행증명 및 조종교육증명을 위한 학과 및 실기시험, 시험장소 등 세부적인 내용과 절차는 국토교통부장관이 정하여 고시한다.

② 법 제44조제2항에 따라 조종교육증명을 받아야 하는 조종교육은 항공기(초급활공기는 제외한다)에 대한 이륙조작·착륙조작 또는 공중조작의 실기교육[법 제46조제1항 각 호에 따른 조종연습을 하는 사람(이하 "조종연습생"이라 한다) 단독으로 비행하게 하는 경우를 포함한다]으로 한다.

③ 법 제44조제2항에 따른 조종교육증명은 항공기의 종류별·등급별로 다음 각 호와 같이 발급받아야 한다.〈개정 2018. 4. 25.〉

1. 초급 조종교육증명
2. 선임 조종교육증명

④ 제3항 각 호에 따른 조종교육증명을

로 정하는 중요 사항을 변경한 경우 3. 정당한 사유 없이 정비조직인증기준을 위반한 경우 4. 고의 또는 중대한 과실에 의하거나 항공종사자에 대한 관리·감독에 관하여 상당한 주의의무를 게을리함으로써 항공기사고가 발생한 경우 5. 이 조에 따른 효력정지기간에 업무를 한 경우 ② 제1항에 따른 처분의 기준은 국토교통부령으로 정한다.		받은 사람이 할 수 있는 조종교육의 세부내용은 다음 각 호와 같다. 다만, 초급 교육증명을 받은 사람으로서 조종교육 비행시간이 100시간 미만이거나 조종교육을 한 기간이 6개월 미만인 사람은 선임 조종교육증명을 받은 사람의 관리 하에서 업무를 수행하여야 한다. 1. 초급 조종교육증명을 받은 사람 가. 지상교육 나. 해당 항공기 종류별 자가용·사업용 조종사 자격증명, 계기비행증명 또는 조종교육증명 취득을 위한 비행교육 다. 조종연습생의 단독비행에 대한 허가. 다만, 해당 조종연습생의 최초의 단독비행 허가는 제외한다. 2. 선임 조종교육증명을 받은 사람 가. 제1호에 따라 초급 조종교육증명을 받은 사람이 하는 업무 나. 조종연습생의 최초 단독비행에 대한 허가 다. 초급 조종교육증명을 받은 사람에 대한 관리
제99조(정비조직인증을 받은 자에 대한 과징금의 부과) ① 국토교통부장관은 정비조직인증을 받은 자가 제98조제1항제2호부터 제4호까지의 어느 하나에 해당하여 그 효력의 정지를 명하여야 하는 경우로서 그 효력을 정지하는 경우 그 업무의 이용자 등에게 심		제99조(항공영어구술능력증명시험의 실시 등) ① 법 제45조제2항에 따른 항공영어구술능력증명시험의 등급은 6등급으로 구분하되, 6등급 항공영어구술능력증명시험에 응시하려는 사람은 응시원서 접수 당시 제3항에 따른 유효기간 내에 있는 5등급 항공영어구술능력증

한 불편을 주거나 공익을 해칠 우려가 있는 경우에는 효력정지처분을 갈음하여 5억원 이하의 과징금을 부과할 수 있다. ② 제1항에 따른 과징금 부과의 구체적인 기준, 절차 및 그 밖에 필요한 사항은 대통령령으로 정한다. ③ 국토교통부장관은 제1항에 따라 과징금을 내야 할 자가 납부기한까지 과징금을 내지 아니하면 국세 체납처분의 예에 따라 징수한다.		명을 보유해야 한다.〈개정 2019. 9. 23.〉 ② 법 제45조제2항에 따른 항공영어구술능력증명시험의 평가 항목 및 등급별 합격기준은 별표 11과 같다.〈개정 2019. 9. 23.〉 ③ 법 제45조제2항에 따른 항공영어구술능력증명의 등급별 유효기간은 다음 각 호의 구분에 따른 기준일부터 계산하여 4등급은 3년, 5등급은 6년, 6등급은 영구로 한다. 1. 최초 응시자(항공영어구술능력증명의 유효기간이 지난 사람을 포함한다): 합격 통지일 2. 4등급 또는 5등급의 항공영어구술능력증명을 받은 사람이 유효기간이 끝나기 전 6개월 이내에 항공영어구술능력증명시험에 합격한 경우: 기존 증명의 유효기간이 끝난 다음 날 ④ 제1항에 따른 항공영어구술능력증명시험의 구체적인 실시방법 등에 관하여 필요한 사항은 국토교통부장관이 정하여 고시한다.
제8장 외국항공기 제100조(외국항공기의 항행) ① 외국 국적을 가진 항공기의 사용자(외국, 외국의 공공단체 또는 이에 준하는 자를 포함한다)는 다음 각 호의 어느 하나에 해당하는 항행을 하려면 국토교통부장관의 허가를 받아야 한다. 다만, 「항공사업법」 제54조 및 제55조에 따른 허가를 받은 자는 그러하지 아니하다.		제100조(항공영어구술능력증명시험 결과의 통지 등) ① 제319조에 따른 항공영어구술능력평가 전문기관은 제99조제1항 및 제2항에 따라 별지 제50호서식의 항공영어구술능력증명시험 응시원서를 접수받아 항공영어구술능력증명시험을 실시한 경우에는 등급, 합격일 등이 포함된 시험 결과를 해당 응시자 및 한국교통안전공단의 이사장에게 통보하여야 한다.〈개정 2018. 3. 23.〉

1. 영공 밖에서 이륙하여 대한민국에 착륙하는 항행 2. 대한민국에서 이륙하여 영공 밖에 착륙하는 항행 3. 영공 밖에서 이륙하여 대한민국에 착륙하지 아니하고 영공을 통과하여 영공 밖에 착륙하는 항행 ② 외국의 군, 세관 또는 경찰의 업무에 사용되는 항공기는 제1항을 적용할 때에는 해당 국가가 사용하는 항공기로 본다. ③ 제1항 각 호의 어느 하나에 해당하는 항행을 하는 자는 국토교통부장관이 요구하는 경우 지체 없이 국토교통부장관이 지정한 비행장에 착륙하여야 한다.		② 제1항에 따른 통보를 받은 경우 한국교통안전공단의 이사장은 항공영어구술능력증명시험에 합격한 사람에게 합격 여부를 정보통신망 또는 우편 등의 방법으로 통지해야 한다.〈개정 2020. 2. 28.〉 ③ 항공영어구술능력증명시험에 합격한 사람은 항공영어구술능력증명서를 발급받으려면 별지 제50호의2서식의 항공영어구술능력증명서 신청서를 한국교통안전공단에 제출해야 한다.〈신설 2020. 2. 28.〉 ④ 한국교통안전공단 이사장은 제3항에 따른 신청서를 제출받은 경우 별지 제51호서식의 항공영어구술능력증명서(법 제45조제1항제1호 또는 제2호에 해당하는 업무에 종사하려는 사람의 경우에는 항공영어구술능력의 등급과 그 유효기간을 적은 별지 제38호서식의 항공종사자 자격증명서)를 발급하고 그 결과를 별지 제39호서식의 항공종사자 자격증명서 발급대장에 기록·보관하되, 전자적 처리가 불가능한 특별한 사유가 없으면 전자적 처리가 가능한 방법으로 작성·관리해야 한다.〈신설 2020. 2. 28.〉
제101조(외국항공기의 국내 사용) 외국 국적을 가진 항공기(「항공사업법」 제54조 및 제55조에 따른 허가를 받은 자가 해당 운송에 사용하는 항공기는 제외한다)는 대한민국 각 지역 간을 운항해서는 아니 된다. 다만, 국토교통부령으로 정하는 바에 따라 국토교통부		제101조(조종연습의 허가 신청) ① 법 제46조제1항제2호에 따른 조종연습의 허가를 받으려는 사람은 별지 제52호서식의 항공기 조종연습 허가신청서를 지방항공청장에게 제출해야 한다.〈개정 2020. 2. 28.〉 ② 제1항에 따라 조종연습의 허가 신청을

장관의 허가를 받은 경우에는 그러하지 아니하다.		받은 지방항공청장은 신정인의 항공신체검사증명서를 확인해야 하며 신청인이 항공기의 조종연습을 하기에 필요한 능력이 있다고 인정되는 경우에는 별지 제53호서식의 항공기 조종연습허가서를 발급해야 한다. 이 경우 항공조종연습의 유효기간은 신청인의 항공신체검사증명서 유효기간 내에서 정해야 한다.〈개정 2020. 2. 28.〉
제102조(증명서 등의 인정) 다음 각 호의 어느 하나에 해당하는 항공기의 감항성 및 그 승무원의 자격에 관하여 해당 항공기의 국적인 외국정부가 한 증명 및 그 밖의 행위는 이 법에 따라 한 것으로 본다. 1. 제100조제1항 각 호의 어느 하나에 해당하는 항행을 하는 외국 국적의 항공기 2. 「항공사업법」 제54조 및 제55조에 따른 허가를 받은 자가 사용하는 외국 국적의 항공기		제102조(항공교통관제연습허가의 신청 등) ① 법 제47조제1항에서 "국토교통부령으로 정하는 자격요건을 갖춘 사람"이란 다음 각 호의 요건을 모두 갖춘 사람을 말한다.〈개정 2017. 7. 18., 2025. 12. 5.〉 1. 법 제35조제7호의2에 따른 전문항공교통관제사 자격증명을 받은 사람 2. 법 제40조제3항에 따른 항공신체검사증명을 받은 사람 3. 법 제47조제1항에 따른 항공교통관제연습이 이뤄지는 항공교통관제시설에 대하여 제81조제7항제2호에 따른 자격증명의 한정을 받고 그 한정이 유효한 사람 ② 법 제47조제2항에 따라 항공교통관제연습허가를 받으려는 사람은 별지 제54호서식의 항공교통관제연습 허가신청서에 별표 4 제1호의 항공교통관제사경력 중 전문교육기관의 교육과정을 이수하였거나 교육과정을 이수하고 있음을 증명하는 서류(전문교육기관의 교육과정을 이수하였거나 이수하고 있는

사람에 한정한다)를 첨부하여 지방항공청장 또는 항공교통본부장에게 제출해야 한다.〈개정 2020. 2. 28.〉

③ 제2항에 따라 신청서를 제출받은 지방항공청장 또는 항공교통본부장은 신청서와 첨부서류 및 신청인의 항공신체검사증명서를 확인한 후 항공교통관제연습을 하기에 필요한 능력이 있다고 인정될 경우 별지 제55호서식의 항공교통관제연습 허가서를 신청자에게 발급하되, 그 유효기간은 신청인의 항공신체검사증명서의 유효기간 내에서 정해야 한다. 다만, 신청자의 관제연습 행위가 비행안전에 영향을 줄 수 있다고 판단하는 경우에는 항공교통관제연습을 허가하지 않을 수 있다.〈개정 2020. 2. 28.〉

제103조(외국인국제항공운송사업자에 대한 운항증명승인 등) ① 「항공사업법」 제54조에 따라 외국인 국제항공운송사업 허가를 받으려는 자는 국토교통부령으로 정하는 기준에 따라 그가 속한 국가에서 발급받은 운항증명과 운항조건·제한사항을 정한 운영기준에 대하여 국토교통부장관의 운항증명승인을 받아야 한다.

② 국토교통부장관은 제1항에 따른 운항증명승인을 하는 경우에는 운항하려는 항공로, 공항 등에 관하여 운항조건·제한사항을 정한 서류를 운항증명승인서와 함께 발급할 수 있다.

제103조(항공신체검사증명서 등의 재발급) ① 운항승무원, 조종연습생, 항공교통관제사, 전문항공교통관제사 또는 법 제47조제1항의 허가를 받은 사람(이하 "관제연습생"이라 한다)은 항공신체검사증명서 또는 항공기 조종연습허가서 또는 항공교통관제연습허가서(이하 "증명서등"이라 한다)를 잃어버리거나 증명서등이 못 쓰게 된 경우 또는 그 기재사항을 변경하려는 경우에는 별지 제56호서식의 재발급신청서를 다음 각 호의 자에게 제출하여야 한다.〈개정 2025. 12. 5.〉

1. 항공신체검사증명서: 한국항공우주의학협회의 장

③ 「항공사업법」 제54조에 따라 외국인국제항공운송사업 허가를 받은 자(이하 "외국인국제항공운송사업자"라 한다)와 그에 속한 항공종사자는 제2항에 따라 발급된 운항조건·제한사항을 준수하여야 한다.

④ 국토교통부장관은 외국인국제항공운송사업자가 사용하는 항공기의 안전운항을 위하여 국토교통부령으로 정하는 바에 따라 제2항에 따른 운항조건·제한사항을 변경할 수 있다.

⑤ 외국인국제항공운송사업자는 대한민국에 노선의 개설 등에 따른 운항증명승인 또는 운항조건·제한사항이 변경된 경우에는 국토교통부장관의 변경승인을 받아야 한다.

⑥ 국토교통부장관은 항공기의 안전운항을 위하여 외국인국제항공운송사업자가 사용하는 항공기에 대하여 검사를 할 수 있다.

⑦ 국토교통부장관은 제6항에 따른 검사 중 긴급히 조치하지 아니할 경우 항공기의 안전운항에 중대한 위험을 초래할 수 있는 사항이 발견되었을 때에는 국토교통부령으로 정하는 바에 따라 해당 항공기의 운항을 정지하거나 항공종사자의 업무를 정지할 수 있다.

⑧ 국토교통부장관은 제7항에 따라 한 정지처분의 사유가 없어진 경우에는 지체 없이 그 처분을 취소하거나 변경하여야 한다.

2. 항공기 조종연습허가서: 지방항공청장

3. 항공교통관제연습허가서: 지방항공청장 또는 항공교통본부장

② 지방항공청장, 항공교통본부장 또는 한국항공우주의학협회의 장은 제1항의 신청이 적합하다고 인정하는 경우에는 해당 증명서 등을 재발급하여야 한다.

제103조의2(조종연습생등의 조종연습허가 취소 등) ① 법 제46조제1항제2호에 따른 조

종연습 또는 법 제47조제1항에 따른 항공교통관제연습(이하 "조종연습등"이라 한다)을 하는 사람(이하 "조종연습생등"이라 한다)에 대한 법 제47조의2에 따른 행정처분기준은 별표 10의2와 같다.

② 국토교통부장관은 제1항에 따른 처분을 한 경우에는 별지 제56호의2서식의 조종연습생등 행정처분대장을 작성·관리해야 한다.

③ 제2항에 따른 행정처분대장은 전자적 처리가 불가능한 특별한 사유가 없으면 전자적 처리가 가능한 방법으로 작성·관리해야 한다.

④ 국토교통부장관은 제1항에 따른 항공신체검사증명에 대한 처분을 한 경우에는 한국항공우주의학협회의 장에게 통지해야 한다.

[본조신설 2022. 7. 19.]

제104조(안전운항을 위한 외국인국제항공운송사업자의 준수사항 등) ① 외국인국제항공운송사업자는 다음 각 호의 서류를 국토교통부령으로 정하는 바에 따라 항공기에 싣고 운항하여야 한다.

1. 제103조제2항에 따라 국토교통부장관이 발급한 운항증명승인서와 운항조건·제한사항을 정한 서류

2. 외국인국제항공운송사업자가 속한 국가가 발급한 운항증명 사본 및 운영기준 사본

3. 그 밖에 「국제민간항공협약」 및 같은

제104조(전문교육기관의 지정 등) ① 법 제48조제1항에 따른 전문교육기관으로 지정을 받으려는 자는 별지 제57호서식의 항공종사자 전문교육기관 지정신청서에 다음 각 호의 사항이 포함된 교육계획서를 첨부하여 국토교통부장관에게 제출하여야 한다.

1. 교육과목 및 교육방법
2. 교관 현황(교관의 자격·경력 및 정원)
3. 시설 및 장비의 개요
4. 교육평가방법
5. 연간 교육계획
6. 교육규정

협약의 부속서에 따라 항공기에 싣고 운항하여야 할 서류 등

② 외국인국제항공운송사업자와 그에 속한 항공종사자는 제1항제2호의 운영기준을 준수하여야 한다.

③ 국토교통부장관은 항공기의 안전운항을 위하여 외국인국제항공운송사업자와 그에 속한 항공종사자가 제1항제2호의 운영기준을 준수하는지 등에 대하여 정기 또는 수시로 검사할 수 있다.

④ 국토교통부장관은 제3항에 따른 정기검사 또는 수시검사에서 긴급히 조치하지 아니할 경우 항공기의 안전운항에 중대한 위험을 초래할 수 있는 사항이 발견되었을 때에는 국토교통부령으로 정하는 바에 따라 해당 항공기의 운항을 정지하거나 항공종사자의 업무를 정지할 수 있다.

⑤ 국토교통부장관은 제4항에 따른 정지처분의 사유가 없어지면 지체 없이 그 처분을 취소하여야 한다.

② 법 제48조제2항에 따른 전문교육기관의 지정기준은 별표 12와 같으며, 지정을 위한 심사 등에 관한 세부절차는 국토교통부장관이 정한다.〈개정 2018. 4. 25., 2020. 2. 28.〉

③ 법 제48조제3항에서 "국토교통부령으로 정하는 사항"이란 다음 각 호의 사항을 말한다.〈신설 2018. 4. 25.〉

1. 교육과정, 교관의 인원·자격 및 교육평가방법

2. 훈련용 항공기의 지정 및 정비방법에 관한 사항

3. 전문교육기관의 책임관리자

4. 교육훈련 기록관리에 관한 사항

5. 교육훈련의 품질보증체계에 관한 사항

6. 그 밖에 교육훈련에 필요한 사항으로서 국토교통부장관이 정하여 고시하는 사항

④ 국토교통부장관은 제1항에 따른 신청서를 심사하여 그 내용이 제2항에서 정한 지정기준에 적합한 경우에는 법 제35조, 제37조 및 제44조에 따른 자격별로 별지 제58호서식의 항공종사자 전문교육기관 지정서 및 별지 제58호의2서식의 훈련운영기준(Training Specifications)을 발급하여야 한다.〈개정 2018. 4. 25.〉

⑤ 국토교통부장관은 제4항에 따라 지정한 전문교육기관(이하 "지정전문교육기관"이라 한다)을 공고하여야 한다.〈개정 2018. 4. 25., 2019. 2. 26.〉

⑥ 국토교통부장관은 법 제48조제4항에 따라 직권으로 훈련운영기준을 변경하는 때에는 지체 없이 변경 내용과 그 사유를 전문교육기관의 장에게 알리고 새로운 훈련운영기준을 발급해야 한다.〈신설 2019. 2. 26., 2020. 5. 27., 2025. 12. 5.〉

⑦ 법 제48조제4항에 따라 전문교육기관의 장이 훈련운영기준 변경신청을 하려는 경우에는 변경하는 훈련운영기준을 적용하려는 날의 15일전까지 별지 제58호의3서식의 훈련운영기준 변경신청서에 변경하려는 내용과 그 사유를 적어 국토교통부장관에게 제출해야 한다.〈신설 2019. 2. 26., 2020. 5. 27., 2025. 12. 5.〉

⑧ 국토교통부장관은 제7항에 따른 훈련운영기준 변경신청을 받으면 그 내용을 검토하여 교육훈련 과정에서의 안전확보에 문제가 있는 경우를 제외하고는 변경된 훈련운영기준을 신청인에게 발급해야 한다.〈신설 2019. 2. 26., 2020. 5. 27., 2025. 12. 5.〉

⑨ 국토교통부장관은 법 제48조제7항에 따라 지정전문교육기관이 교육훈련체계를 유지하고 있는지 여부를 다음 각 호의 기준에 따라 검사해야 한다.〈개정 2018. 4. 25., 2019. 2. 26., 2020. 5. 27., 2025. 12. 5.〉

1. 정기검사: 매년 1회
2. 수시검사: 교육훈련체계가 변경되는 경우 등 국토교통부장관이 필요하다고 판단하

		는 때 ⑩ 지정전문교육기관은 다음 각 호의 사항을 법 제48조제9항에 따른 항공교육훈련통합관리시스템에 입력하여야 한다.〈개정 2018. 4. 25., 2019. 2. 26.〉 1. 법 제48조제2항에 따른 교육훈련체계의 변경사항 2. 해당 교육훈련과정의 이수자 명단
		제104조의2(지정전문교육기관의 지정 취소 등의 기준) ① 법 제48조의2에 따른 지정전문교육기관의 지정 취소 등 행정처분의 기준은 별표 12의2와 같다. ② 법 제48조의2제1항제7호라목에서 "국토교통부령으로 정하는 중요사항"이란 다음 각 호의 사항을 말한다. 1. 안전목표에 관한 사항 2. 안전조직에 관한 사항 3. 안전장애 등에 대한 보고체계에 관한 사항 4. 안전평가에 관한 사항 [본조신설 2018. 4. 25.]
제105조(외국인국제항공운송사업자의 항공기 운항의 정지 등) ① 국토교통부장관은 외국인국제항공운송사업자가 다음 각 호의 어느 하나에 해당하는 경우에는 6개월 이내의 기간을 정하여 항공기 운항의 정지를 명할 수 있다. 다만, 제1호 또는 제7호에 해당하는 경		제105조(항공전문의사의 지정 등) ① 법 제49조제1항에 따라 항공전문의사로 지정을 받으려는 사람은 별지 제59호서식의 항공전문의사 지정신청서에 제2항에 따른 항공전문의사의 지정기준에 적합함을 증명하는 서류(제2항제2호에 따른 전문의임을 증명하는 서류는

우에는 운항증명승인을 취소하여야 한다.〈개정 2021. 5. 18.〉

1. 거짓이나 그 밖의 부정한 방법으로 운항증명승인을 받은 경우

2. 제103조제1항을 위반하여 운항증명승인을 받지 아니하고 운항한 경우

3. 제103조제3항을 위반하여 같은 조 제2항에 따른 운항조건·제한사항을 준수하지 아니한 경우

4. 제103조제5항을 위반하여 변경승인을 받지 아니하고 운항한 경우

5. 제106조제1항에 따라 준용되는 제57조제1항을 위반하여 조종사가 주류등의 영향으로 항공업무를 정상적으로 수행할 수 없는 상태에서 항공업무에 종사하게 한 경우

6. 제106조제2항에 따라 준용되는 제94조 각 호에 따른 항공운송의 안전을 위한 명령을 따르지 아니한 경우

7. 이 조에 따른 항공기 운항의 정지기간에 항공기를 운항한 경우

② 제1항에 따른 처분의 세부기준 등 그 밖에 필요한 사항은 국토교통부령으로 정한다.

제외한다)를 첨부하여 국토교통부장관에게 제출해야 한다.〈개정 2020. 2. 28.〉

② 법 제49조제2항에 따른 항공전문의사의 지정기준은 다음 각 호와 같다.〈개정 2020. 2. 28.〉

1. 항공전문의사 지정을 신청한 날을 기준으로 직전 1년 이내에 제5항에 따른 항공의학에 관한 교육과정을 이수할 것

2. 「의료법」 제5조에 따른 의사로서 항공의학 분야에서 5년 이상의 경력이 있거나 같은 법 제77조에 따른 전문의(치과의사와 한의사는 제외한다)일 것

3. 별표 13에서 정한 항공신체검사 의료기관의 시설 및 장비 기준에 적합한 의료기관에 소속(동일 지역 내에 있는 다른 의료기관의 시설 및 장비를 사용할 수 있는 경우를 포함한다)되어 있을 것

③ 국토교통부장관은 신청인이 제2항에 따른 지정기준에 적합한 경우에는 별지 제60호서식의 항공전문의사 지정서를 신청인에게 발급하여야 한다.

④ 국토교통부장관은 제3항에 따라 항공전문의사를 지정한 경우에는 이를 공고하여야 한다.

⑤ 법 제49조에 따라 항공전문의사로 지정받으려는 사람과 항공전문의사로 지정받은 사람이 이수하여야 할 교육과목 및 교육시간은 다음 표와 같다.〈개정 2020. 2. 28.〉

교육과목	교육시간	
	항공전문의사로 지정 받으려는 사람	항공전문의사로 지정 받은 사람
항공의학이론	10시간	6시간
항공의학실기	10시간	7시간
항공관련법령	4시간	3시간
정신계질환 판정 및 상담기법	4시간	3시간
계	28시간	19시간(매 3년)

제106조(외국인국제항공운송사업자에 대한 준용규정) ① 외국인국제항공운송사업자가 사용하는 항공기 조종사의 주류등 섭취·사용 제한에 관한 사항은 제57조를 준용한다.

② 외국인국제항공운송사업자의 항공안전 의무보고 및 자율보고 등에 관하여는 제59조, 제61조, 제92조 및 제94조를 준용한다.

[전문개정 2021. 5. 18.]

제106조(항공전문의사 지정의 취소 등) ① 법 제50조제1항제2호에서 "항공신체검사증명서의 발급 등 국토교통부령으로 정한 업무"란 다음 각 호의 업무를 말한다.

1. 제93조제2항에 따른 항공신체검사증명서의 발급

2. 제93조제3항에 따른 항공신체검사증명서 발급대장의 작성·관리

3. 제93조제4항에 따른 항공신체검사증명서 발급결과의 통지

4. 그 밖에 항공신체검사에 관한 업무로서 국토교통부장관이 정하여 고시하는 업무

② 법 제50조제1항에 따른 행정처분의 기준은 별표 14와 같다.

③ 항공전문의사는 법 제50조제1항제8호에 따른 항공전문의사 지정 취소를 요청하려는 경우에는 별지 제60호의2서식의 항공전문의사 지정 취소 신청서를 작성하여 국토교통부장관

에게 제출해야 한다〈신설 2020. 2. 28.〉
④ 국토교통부장관은 법 제50조제1항에 따라 항공전문의사의 지정을 취소하거나 지정의 효력정지를 명할 때에는 한국항공우주의학협회에 그 사실을 통지해야 한다.〈개정 2020. 2. 28., 2025. 1. 17.〉
⑤ 국토교통부장관은 제4항에 따라 항공전문의사의 지정을 취소하거나 지정의 효력정지를 명할 때에는 이를 공고해야 한다.〈개정 2020. 2. 28., 2025. 1. 17.〉

제107조(외국항공기의 유상운송에 대한 운항안전성 검사) 「항공사업법」 제55조에 따라 외국항공기의 유상운송 허가를 받으려는 자는 국토교통부령으로 정하는 기준에 따라 그가 속한 국가에서 발급받은 운항증명과 운항조건·제한사항을 정한 운영기준에 대하여 국토교통부장관이 실시하는 운항안전성 검사를 받아야 한다.

제5장 항공기의 운항

제107조(무선설비) ① 법 제51조에 따라 항공기에 설치·운용해야 하는 무선설비는 다음 각 호와 같다. 다만, 항공운송사업에 사용되는 항공기 외의 항공기가 계기비행방식 외의 방식(이하 "시계비행방식"이라 한다)에 의한 비행을 하는 경우에는 제3호부터 제6호까지의 무선설비를 설치·운용하지 않을 수 있다.〈개정 2019. 2. 26., 2021. 8. 27., 2025. 12. 5.〉
1. 비행 중 제229조제1호에 따른 항공교통관제기관(이하 "항공교통관제기관"이라 한다)과 교신할 수 있는 초단파(VHF) 또는 극초단파(UHF)무선전화 송수신기 각 2대. 이 경우 비행기[국토교통부장관이 정하여 고시하는 기압고도계의 수정을 위한 고도(이하 "전이고도"라 한다) 미만의 고도에서 교신하려는

경우만 해당한다]와 헬리콥터의 운항승무원은 붐(Boom) 마이크로폰 또는 스롯(Throat) 마이크로폰을 사용하여 교신하여야 한다.

2. 기압고도에 관한 정보를 제공하는 2차 감시 항공교통관제 레이더용 트랜스폰더(Mode 3/A 및 Mode C SSR transponder. 다만, 국외를 운항하는 항공운송사업용 항공기의 경우에는 Mode S transponder) 1대

3. 자동방향탐지기(ADF) 1대[무지향표지시설(NDB) 신호로만 계기접근절차가 구성되어 있는 공항에 운항하는 경우만 해당한다]

4. 계기착륙시설(ILS) 수신기 1대(최대이륙중량 5천 700킬로그램 미만의 항공기와 헬리콥터 및 무인항공기는 제외한다)

5. 전방향표지시설(VOR) 수신기 1대(무인항공기는 제외한다)

6. 거리측정시설(DME) 수신기 1대(무인항공기는 제외한다)

7. 다음 각 목의 구분에 따라 비행 중 뇌우(雷雨) 또는 잠재적인 위험 기상조건을 탐지할 수 있는 기상레이더 또는 악기상 탐지장비

가. 국제선 항공운송사업에 사용되는 비행기로서 여압장치가 장착된 비행기의 경우: 기상레이더 1대

나. 국제선 항공운송사업에 사용되는 헬리콥터의 경우: 기상레이더 또는 악기상 탐지장비 1대

다. 가목 외에 국외를 운항하는 비행기로

서 여압장치가 장착된 비행기의 경우: 기상레이더 또는 악기상 탐지장비 1대

8. 다음 각 목의 구분에 따라 비상위치지시용 무선표지설비(ELT). 이 경우 비상위치지시용 무선표지설비의 신호는 121.5메가헤르츠(MHz) 및 406메가헤르츠(MHz)로 송신되어야 한다.

가. 2대를 설치하여야 하는 경우: 다음의 어느 하나에 해당하는 항공기. 이 경우 비상위치지시용 무선표지설비 2대 중 1대는 자동으로 작동되는 구조여야 하며, 2)의 경우 1대는 구명보트에 설치해야 한다.

1) 승객의 좌석 수가 19석을 초과하는 비행기(항공운송사업에 사용되는 비행기만 해당한다)

2) 비상착륙에 적합한 육지(착륙이 가능한 섬을 포함한다)로부터 순항속도로 10분의 비행거리 이상의 해상을 비행하는 제1종 및 제2종 헬리콥터, 회전날개에 의한 자동회전(autorotation)에 의하여 착륙할 수 있는 거리 또는 안전한 비상착륙(safe forced landing)을 할 수 있는 거리를 벗어난 해상을 비행하는 제3종 헬리콥터

나. 1대를 설치하여야 하는 경우: 가목에 해당하지 아니하는 항공기. 이 경우 비상위치지시용 무선표지설비는 자동으로 작동되는 구조여야 한다.

② 제1항제1호에 따른 무선설비는 다음

각 호의 성능이 있어야 한다.

1. 비행장 또는 헬기장에서 관제를 목적으로 한 양방향통신이 가능할 것

2. 비행 중 계속하여 기상정보를 수신할 수 있을 것

3. 운항 중 「전파법 시행령」 제29조제1항제7호 및 제11호에 따른 항공기국과 항공국 간 또는 항공국과 항공기국 간 양방향통신이 가능할 것

4. 항공비상주파수(121.5㎒ 또는 243.0㎒)를 사용하여 항공교통관제기관과 통신이 가능할 것

5. 제1항제1호에 따른 무선전화 송수신기 각 2대 중 각 1대가 고장이 나더라도 나머지 각 1대는 고장이 나지 아니하도록 각각 독립적으로 설치할 것

③ 제1항제2호에 따라 항공운송사업용 비행기에 장착해야 하는 기압고도에 관한 정보를 제공하는 트랜스폰더는 다음 각 호의 성능이 있어야 한다.

1. 고도 7.62미터(25피트) 이하의 간격으로 기압고도정보(pressure altitude information)를 관할 항공교통관제기관에 제공할 수 있을 것

2. 해당 비행기의 위치(공중 또는 지상)에 대한 정보를 제공할 수 있을 것[해당 비행기에 비행기의 위치(공중 또는 지상: airborne/on-the-ground status)를 자동으

제9장 경량항공기

제108조(경량항공기 안전성인증 등) ① 시험비행 등 국토교통부령으로 정하는 경우로서 국토교통부장관의 허가를 받은 경우를 제외하고는 경량항공기를 소유하거나 사용할 수 있는 권리가 있는 자(이하 "경량항공기소유자등"이라 한다)는 국토교통부령으로 정하는 기관 또는 단체의 장으로부터 그가 정한 안전성인증의 유효기간 및 절차·방법 등에 따라 그 경량항공기가 국토교통부장관이 정하여 고시하는 비행안전을 위한 기술상의 기준에 적합하다는 안전성인증을 받지 아니하고 비행하여서는 아니 된다. 이 경우 안전성인증의 유효기간 및 절차·방법 등에 대해서는 국토교통부장관의 승인을 받아야 하며, 변경할 때에도 또한 같다.

② 제1항에 따라 국토교통부령으로 정하는 기관 또는 단체의 장이 안전성인증을 할 때에는 국토교통부령으로 정하는 바에 따라 안전성인증 등급을 부여하고, 그 등급에 따른 운용범위를 지정하여야 한다.

③ 경량항공기소유자등 또는 경량항공기

로 감지하는 장치(automatic means of detecting)가 장착된 경우만 해당한다]

④ 제1항에 따른 무선설비의 운용요령 등에 관하여 필요한 사항은 국토교통부장관이 정하여 고시한다.

제108조(항공일지) ① 법 제52조제2항에 따라 항공기를 운항하려는 자 또는 소유자등은 탑재용 항공일지, 지상 비치용 발동기 항공일지 및 지상 비치용 프로펠러 항공일지를 갖추어 두어야 한다. 다만, 활공기의 소유자등은 활공기용 항공일지를, 법 제102조 각 호의 어느 하나에 해당하는 항공기의 소유자등은 탑재용 항공일지를 갖춰 두어야 한다.

② 항공기의 소유자등은 항공기를 항공에 사용하거나 개조 또는 정비한 경우에는 지체 없이 다음 각 호의 구분에 따라 항공일지에 적어야 한다.

1. 탑재용 항공일지(법 제102조 각 호의 어느 하나에 해당하는 항공기는 제외한다)

가. 항공기의 등록부호 및 등록 연월일

나. 항공기의 종류·형식 및 형식증명번호

다. 감항분류 및 감항증명번호

라. 항공기의 제작자·제작번호 및 제작 연월일

마. 발동기 및 프로펠러의 형식

바. 비행에 관한 다음의 기록

1) 비행연월일

2) 승무원의 성명 및 업무

를 사용하여 비행하려는 사람은 제2항에 따라 부여된 안전성인증 등급에 따른 운용범위를 준수하여 비행하여야 한다.

④ 경량항공기소유자등 또는 경량항공기를 사용하여 비행하려는 사람은 경량항공기 또는 그 장비품·부품을 정비한 경우에는 제35조제8호의 항공정비사 자격증명을 가진 사람으로부터 국토교통부령으로 정하는 방법에 따라 안전하게 운용할 수 있다는 확인을 받지 아니하고 비행하여서는 아니 된다. 다만, 국토교통부령으로 정하는 경미한 정비는 그러하지 아니하다.

3) 비행목적 또는 편명

4) 출발지 및 출발시각

5) 도착지 및 도착시각

6) 비행시간

7) 항공기의 비행안전에 영향을 미치는 사항

8) 기장의 서명

사. 제작 후의 총 비행시간과 오버홀을 한 항공기의 경우 최근의 오버홀 후의 총 비행시간

아. 발동기 및 프로펠러의 장비교환에 관한 다음의 기록

1) 장비교환의 연월일 및 장소

2) 발동기 및 프로펠러의 부품번호 및 제작일련번호

3) 장비가 교환된 위치 및 이유

자. 수리·개조 또는 정비의 실시에 관한 다음의 기록

1) 실시 연월일 및 장소

2) 실시 이유, 수리·개소 또는 정비의 위치 및 교환 부품명

3) 확인 연월일 및 확인자의 서명 또는 날인

2. 탑재용 항공일지(법 제102조 각 호의 어느 하나에 해당하는 항공기만 해당한다)

가. 항공기의 등록부호·등록증번호 및 등록 연월일

나. 비행에 관한 다음의 기록

1) 비행연월일
2) 승무원의 성명 및 업무
3) 비행목적 또는 항공기 편명
4) 출발지 및 출발시각
5) 도착지 및 도착시각
6) 비행시간
7) 항공기의 비행안전에 영향을 미치는 사항
8) 기장의 서명

3. 지상 비치용 발동기 항공일지 및 지상 비치용 프로펠러 항공일지

가. 발동기 또는 프로펠러의 형식

나. 발동기 또는 프로펠러의 제작자 · 제작번호 및 제작 연월일

다. 발동기 또는 프로펠러의 장비교환에 관한 다음의 기록

1) 장비교환의 연월일 및 장소
2) 장비가 교환된 항공기의 형식 · 등록부호 및 등록증번호
3) 장비교환 이유

라. 발동기 또는 프로펠러의 수리 · 개조 또는 정비의 실시에 관한 다음의 기록

1) 실시 연월일 및 장소
2) 실시 이유, 수리 · 개조 또는 정비의 위치 및 교환 부품명
3) 확인 연월일 및 확인자의 서명 또는 날인

마. 발동기 또는 프로펠러의 사용에 관한

		다음의 기록 1) 사용 연월일 및 시간 2) 제작 후의 총 사용시간 및 최근의 오버홀 후의 총 사용시간 4. 활공기용 항공일지 가. 활공기의 등록부호·등록증번호 및 등록 연월일 나. 활공기의 형식 및 형식증명번호 다. 감항분류 및 감항증명번호 라. 활공기의 제작자·제작번호 및 제작 연월일 마. 비행에 관한 다음의 기록 1) 비행 연월일 2) 승무원의 성명 3) 비행목적 4) 비행 구간 또는 장소 5) 비행시간 또는 이·착륙횟수 6) 활공기의 비행안전에 영향을 미치는 사항 7) 기장의 서명 바. 수리·개조 또는 정비의 실시에 관한 다음의 기록 1) 실시 연월일 및 장소 2) 실시 이유, 수리·개조 또는 정비의 위치 및 교환부품명 3) 확인 연월일 및 확인자의 서명 또는 날인
제109조(경량항공기 조종사 자격증명) ①		제109조(사고예방장치 등) ① 법 제52조제2

경량항공기를 사용하여 비행하려는 사람은 국토교통부령으로 정하는 바에 따라 국토교통부장관의 자격증명(이하 "경량항공기 조종사 자격증명"이라 한다)을 받아야 한다.

② 다음 각 호의 어느 하나에 해당하는 사람은 경량항공기 조종사 자격증명을 받을 수 없다.

1. 17세 미만인 사람
2. 제114조제1항에 따른 경량항공기 조종사 자격증명 취소처분을 받고 그 취소일부터 2년이 지나지 아니한 사람

항에 따라 사고예방 및 사고조사를 위하여 항공기에 갖추어야 할 장치는 다음 각 호와 같다.〈개정 2021. 8. 27., 2023. 9. 12., 2023. 10. 19.〉

1. 다음 각 목의 어느 하나에 해당하는 비행기에는 「국제민간항공협약」 부속서 10에서 정한 바에 따라 운용되는 공중충돌경고장치(Airborne Collision Avoidance System, ACAS Ⅱ) 1기 이상

가. 항공운송사업에 사용되는 모든 비행기. 다만, 소형항공운송사업에 사용되는 최대이륙중량이 5천 700킬로그램 이하인 비행기로서 그 비행기에 적합한 공중충돌경고장치가 개발되지 아니하거나 공중충돌경고장치를 장착하기 위하여 필요한 비행기 개조 등의 기술이 그 비행기의 제작자 등에 의하여 개발되지 아니한 경우에는 공중충돌경고장치를 갖추지 아니 할 수 있다.

나. 2007년 1월 1일 이후에 최초로 감항증명을 받는 비행기로서 최대이륙중량이 1만5천킬로그램을 초과하거나 승객 30명을 초과하여 수송할 수 있는 터빈발동기를 장착한 항공운송사업 외의 용도로 사용되는 모든 비행기

다. 2008년 1월 1일 이후에 최초로 감항증명을 받는 비행기로서 최대이륙중량이 5,700킬로그램을 초과하거나 승객 19명을 초과하여 수송할 수 있는 터빈발동기를 장착한 항공운송사업 외의 용도로 사용되는 모든

비행기

2. 다음 각 목의 어느 하나에 해당하는 비행기 및 헬리콥터에는 그 비행기 및 헬리콥터가 지표면에 근접하여 잠재적인 위험상태에 있을 경우 적시에 명확한 경고를 운항승무원에게 자동으로 제공하고 전방의 지형지물을 회피할 수 있는 기능을 가진 지상접근경고장치(Ground Proximity Warning System) 1기 이상. 다만, 국제항공노선을 운항하지 않는 헬리콥터의 경우에는 지상접근경고장치를 갖추지 않을 수 있다.

가. 최대이륙중량이 5,700킬로그램을 초과하거나 승객 9명을 초과하여 수송할 수 있는 터빈발동기를 장착한 비행기

나. 최대이륙중량이 5,700킬로그램 이하이고 승객 5명 초과 9명 이하를 수송할 수 있는 터빈발동기를 장착한 비행기

다. 최대이륙중량이 5,700킬로그램을 초과하거나 승객 9명을 초과하여 수송할 수 있는 왕복발동기를 장착한 모든 비행기

라. 최대이륙중량이 3,175킬로그램을 초과하거나 승객 9명을 초과하여 수송할 수 있는 헬리콥터로서 계기비행방식에 따라 운항하는 헬리콥터

3. 다음 각 목의 어느 하나에 해당하는 항공기에는 비행자료 및 조종실 내 음성을 디지털 방식으로 기록할 수 있는 비행기록장치 각 1기 이상

가. 항공운송사업에 사용되는 터빈발동기를 장착한 비행기. 이 경우 비행기록장치에는 25시간 이상 비행자료를 기록하고, 2시간 이상 조종실 내 음성을 기록할 수 있는 성능이 있어야 한다.

나. 최대이륙중량이 2만 7천킬로그램을 초과하는 비행기. 이 경우 비행기록장치에는 비행자료 및 조종실 내 음성을 각각 25시간 이상 기록할 수 있는 성능이 있어야 한다.

다. 승객 5명을 초과하여 수송할 수 있고 최대이륙중량이 5,700킬로그램을 초과하는 비행기 중에서 항공운송사업 외의 용도로 사용되는 터빈발동기를 장착한 비행기. 이 경우 비행기록장치에는 25시간 이상 비행자료를 기록하고, 2시간 이상 조종실 내 음성을 기록할 수 있는 성능이 있어야 한다.

라. 헬리콥터. 이 경우 비행기록장치에는 10시간 이상 비행자료를 기록하고, 2시간 이상 조종실 내 음성을 기록할 수 있는 성능이 있어야 한다.

마. 그 밖에 항공기의 최대이륙중량 및 제작 시기 등을 고려하여 국토교통부장관이 필요하다고 인정하여 고시하는 항공기

4. 최대이륙중량이 5,700킬로그램을 초과하거나 승객 9명을 초과하여 수송할 수 있는 터빈발동기(터보프롭발동기는 제외한다)를 장착한 항공운송사업에 사용되는 비행기에는 전방돌풍경고장치 1기 이상. 이 경우 돌풍경

고장치는 조종사에게 비행기 전방의 돌풍을 시각 및 청각적으로 경고하고, 필요한 경우에는 실패접근(missed approach), 복행(go-around) 및 회피기동(escape manoeuvre: 장애물 등으로부터 벗어나기 위해 속력·경로를 바꾸며 움직이는 것을 말한다)을 할 수 있는 정보를 제공하는 것이어야 하며, 항공기가 착륙하기 위하여 자동착륙장치를 사용하여 활주로에 접근할 때 전방의 돌풍으로 인하여 자동착륙장치가 그 운용한계에 도달하고 있는 경우에는 조종사에게 이를 알릴 수 있는 기능을 가진 것이어야 한다.

5. 최대이륙중량 2만 7천킬로그램을 초과하고 승객 19명을 초과하여 수송할 수 있는 항공운송사업에 사용되는 비행기로서 15분 이상 해당 항공교통관제기관의 감시가 곤란한 지역을 비행하는 하는 경우 위치추적 장치 1기 이상

6. 최대이륙중량이 2만 7천킬로그램을 초과하는 항공운송사업에 사용되는 비행기에는 해당 비행기가 조난당했을 때 소유자등이 항공기 위치를 파악할 수 있도록 하는 정보를 1분마다 자동 발신하는 장치 1기 이상

7. 최대이륙중량이 5천 7백킬로그램을 초과하고 터빈발동기를 장착한 항공운송사업에 사용되는 비행기에는 활주로종단 초과 인식 및 경고시스템(착륙 시 비행기의 예상 정지지점을 실시간으로 표시하고 활주로를 초과

할 것으로 예상되거나 조종사의 대응이 필요한 경우 경고하는 기능을 갖춘 시스템을 말한다) 1기

② 제1항제2호에 따른 지상접근경고장치는 다음 각 호의 구분에 따라 경고를 제공할 수 있는 성능이 있어야 한다.

1. 제1항제2호가목에 해당하는 비행기의 경우에는 다음 각 목의 경우에 대한 경고를 제공할 수 있을 것

가. 과도한 강하율이 발생하는 경우

나. 지형지물에 대한 과도한 접근율이 발생하는 경우

다. 이륙 또는 복행 후 과도한 고도의 손실이 있는 경우

라. 비행기가 다음의 착륙형태를 갖추지 아니한 상태에서 지형지물과의 안전거리를 유지하지 못하는 경우

1) 착륙바퀴가 착륙위치로 고정

2) 플랩의 착륙위치

마. 계기활공로 아래로의 과도한 강하가 이루어진 경우

2. 제1항제2호나목 및 다목에 해당하는 비행기와 제1항제2호라목에 해당하는 헬리콥터의 경우에는 다음 각 목의 경우에 대한 경고를 제공할 수 있을 것

가. 과도한 강하율이 발생되는 경우

나. 이륙 또는 복행 후에 과도한 고도의 손실이 있는 경우

다. 지형지물과의 안전거리를 유지하지 못하는 경우

③ 제1항제2호에 따른 지상접근경고장치를 이용하는 항공기를 운영하려는 자 또는 소유자등은 지상접근경고장치의 지형지물 정보 현행성 유지를 위한 데이터베이스 관리절차를 수립·시행해야 한다.〈신설 2020. 12. 10.〉

④ 제1항제3호에 따른 비행기록장치의 종류, 성능, 기록하여야 하는 자료, 운영방법, 그 밖에 필요한 사항은 법 제77조에 따라 고시하는 운항기술기준에서 정한다.〈개정 2020. 12. 10.〉

⑤ 제1항제3호에도 불구하고 다음 각 호의 어느 하나에 해당하는 경우에는 비행기록장치를 장착하지 않을 수 있다. 이 경우 헬리콥터는 비행기록장치를 대신하여 국토교통부장관이 고시하는 기준을 갖춘 대체장비를 장착해야 한다.〈개정 2020. 12. 10., 2023. 9. 12.〉

1. 제4항에 따른 운항기술기준에 적합한 비행기록장치가 개발되지 아니하거나 생산되지 아니하는 경우

2. 해당 항공기에 비행기록장치를 장착하기 위하여 필요한 항공기 개조 등의 기술이 그 항공기의 제작사 등에 의하여 개발되지 아니한 경우

3. 국제항공노선을 운항하는 헬리콥터로서 1989년 1월 1일 전에 제작되거나 최대이륙중량이 3,180킬로그램 이하인 헬리콥터의 경우

		4. 국제항공노선을 운항하지 않는 헬리콥터의 경우
제110조(경량항공기 조종사 업무범위) 경량항공기 조종사 자격증명을 받은 사람은 경량항공기에 탑승하여 경량항공기를 조종하는 업무(이하 "경량항공기 조종업무"라 한다) 외의 업무를 해서는 아니 된다. 다만, 새로운 종류의 경량항공기에 탑승하여 시험비행 등을 하는 경우로서 국토교통부령으로 정하는 바에 따라 국토교통부장관의 허가를 받은 경우에는 그러하지 아니하다.		제110조(구급용구 등) 법 제52조제2항에 따라 항공기의 소유자등이 항공기(무인항공기는 제외한다)에 갖추어야 할 구명동의, 음성신호발생기, 구명보트, 불꽃조난신호장비, 휴대용 소화기, 도끼, 손확성기(메가폰), 구급의료용품 등은 별표 15와 같다.〈개정 2021. 8. 27.〉
제111조(경량항공기 조종사 자격증명의 한정) ① 국토교통부장관은 경량항공기 조종사 자격증명을 하는 경우에는 경량항공기의 종류를 한정할 수 있다. ② 제1항에 따라 경량항공기 조종사 자격증명의 한정을 받은 사람은 그 한정된 경량항공기 종류 외의 경량항공기를 조종해서는 아니 된다. ③ 제1항에 따른 경량항공기 조종사 자격증명의 한정에 필요한 세부 사항은 국토교통부령으로 정한다.		제111조(승객 및 승무원의 좌석 등) ① 법 제52조제2항에 따라 항공기(무인항공기는 제외한다)에는 2세 이상의 승객과 모든 승무원을 위한 안전띠가 달린 좌석(침대좌석을 포함한다)을 장착해야 한다.〈개정 2019. 2. 26.〉 ② 항공운송사업에 사용되는 항공기의 모든 승무원의 좌석에는 안전띠 외에 어깨끈을 장착해야 한다. 이 경우 운항승무원의 좌석에 장착하는 어깨끈은 급감속시 상체를 자동적으로 제어하는 것이어야 한다.〈개정 2019. 2. 26.〉
제112조(경량항공기 조종사 자격증명 시험의 실시 및 면제) ① 경량항공기 조종사 자격증명을 받으려는 사람은 국토교통부령으로 정하는 바에 따라 경량항공기 조종업무에 종사하는 데 필요한 지식 및 능력에 관하여 국토		제112조(낙하산의 장비) 법 제52조제2항에 따라 다음 각 호의 어느 하나에 해당하는 항공기에는 항공기에 타고 있는 모든 사람이 사용할 수 있는 수의 낙하산을 갖춰 두어야 한다.

교통부장관이 실시하는 학과시험 및 실기시험에 합격하여야 한다. ② 국토교통부장관은 제111조에 따라 경량항공기 조종사 자격증명(제115조에 따른 경량항공기 조종교육증명을 포함한다)을 경량항공기의 종류별로 한정하는 경우에는 경량항공기 탑승경력 등을 심사하여야 한다. 이 경우 종류에 대한 최초의 경량항공기 조종사 자격증명의 한정은 실기시험을 실시하여 심사할 수 있다. ③ 국토교통부장관은 다음 각 호의 어느 하나에 해당하는 사람에게는 국토교통부령으로 정하는 바에 따라 제1항 및 제2항에 따른 시험 및 심사의 전부 또는 일부를 면제할 수 있다. 1. 제35조제1호부터 제4호까지의 자격증명 또는 외국정부로부터 경량항공기 조종사 자격증명을 받은 사람 2. 제117조에 따른 경량항공기 전문교육기관의 교육과정을 이수한 사람 3. 해당 분야에 관한 실무경험이 있는 사람 ④ 국토교통부장관은 제1항에 따라 학과시험 및 실기시험에 합격한 사람에 대해서는 경량항공기 조종사 자격증명서를 발급하여야 한다.		1. 법 제23조제3항제2호에 따른 특별감항증명을 받은 항공기(제작 후 최초로 시험비행을 하는 항공기 또는 국토교통부장관이 지정하는 항공기만 해당한다) 2. 법 제68조 각 호 외의 부분 단서에 따라 같은 조 제4호에 따른 곡예비행을 하는 항공기(헬리콥터는 제외한다)
제112조의2(경량항공기 조종사 자격증명서의 대여 등 금지) ① 경량항공기 조종사 자격증명을 받은 사람은 다른 사람에게 자기의 성명을 사용하여 경량항공기 조종업무를 수행		

하게 하거나 제112조제4항에 따라 발급받은 경량항공기 조종사 자격증명서(이하 “경량항공기 조종사 자격증명서”라 한다)를 빌려 주어서는 아니 된다. ② 누구든지 다른 사람의 성명을 사용하여 경량항공기 조종업무를 수행하거나 다른 사람의 경량항공기 조종사 자격증명서를 빌려서는 아니 된다. ③ 누구든지 제1항이나 제2항에서 금지된 행위를 알선하여서는 아니 된다. [본조신설 2021. 5. 18.]		
제113조(경량항공기 조종사의 항공신체검사증명) ① 경량항공기 조종사 자격증명을 받고 경량항공기 조종업무를 하려는 사람(제116조에 따라 경량항공기 조종연습을 하는 사람을 포함한다)은 국토교통부장관의 항공신체검사증명을 받아야 한다. ② 제1항에 따른 항공신체검사증명에 관하여는 제40조제2항부터 제7항까지의 규정을 준용한다.〈개정 2022. 1. 18.〉		제113조(항공기에 탑재하는 서류) 법 제52조제2항에 따라 항공기(활공기 및 법 제23조제3항제2호에 따른 특별감항증명을 받은 항공기는 제외한다)에는 다음 각 호의 서류를 탑재하여야 한다.〈개정 2020. 11. 2., 2021. 6. 9.〉 1. 항공기등록증명서 2. 감항증명서 3. 탑재용 항공일지 4. 운용한계 지정서 및 비행교범 5. 운항규정(별표 32에 따른 교범 중 훈련교범 · 위험물교범 · 사고절차교범 · 보안업무교범 · 항공기 탑재 및 처리 교범은 제외한다) 6. 항공운송사업의 운항증명서 사본(항공당국의 확인을 받은 것을 말한다) 및 운영기준 사본(국제운송사업에 사용되는 항공기의 경우에는 영문으로 된 것을 포함한다)

		7. 소음기준적합증명서 8. 각 운항승무원의 유효한 자격증명서(법 제34조에 따라 자격증명을 받은 사람이 국내에서 항공업무를 수행하는 경우에는 전자문서로 된 자격증명서를 포함한다. 이하 제219조 각 호에서 같다) 및 조종사의 비행기록에 관한 자료 9. 무선국 허가증명서(radio station license) 10. 탑승한 여객의 성명, 탑승지 및 목적지가 표시된 명부(passenger manifest)(항공운송사업용 항공기만 해당한다) 11. 해당 항공운송사업자가 발행하는 수송화물의 화물목록(cargo manifest)과 화물운송장에 명시되어 있는 세부 화물신고서류(detailed declarations of the cargo)(항공운송사업용 항공기만 해당한다) 12. 해당 국가의 항공당국 간에 체결한 항공기 등의 감독 의무에 관한 이전협정서요약서 사본(법 제5조에 따른 임대차 항공기의 경우만 해당한다) 13. 비행 전 및 각 비행단계에서 운항승무원이 사용해야 할 점검표 14. 그 밖에 국토교통부장관이 정하여 고시하는 서류
제114조(경량항공기 조종사 자격증명등·항공신체검사증명의 취소 등) ① 국토교통부장관은 경량항공기 조종사 자격증명을 받은 사		제114조(산소 저장 및 분배장치 등) ① 법 제52조제2항에 따라 고고도(高高度) 비행을 하는 항공기(무인항공기는 제외한다. 이하 이

람이 다음 각 호의 어느 하나에 해당하는 경우에는 그 경량항공기 조종사 자격증명이나 자격증명의 한정(이하 이 조에서 "자격증명등"이라 한다)을 취소하거나 1년 이내의 기간을 정하여 자격증명등의 효력정지를 명할 수 있다. 다만, 제1호, 제5호의2, 제5호의3, 제12호 또는 제17호의 어느 하나에 해당하는 경우에는 자격증명등을 취소하여야 한다.〈개정 2021. 5. 18., 2021. 12. 7.〉

1. 거짓이나 그 밖의 부정한 방법으로 자격증명등을 받은 경우
2. 이 법을 위반하여 벌금 이상의 형을 선고받은 경우
3. 경량항공기 조종업무를 수행할 때 고의 또는 중대한 과실로 경량항공기사고를 일으켜 인명피해나 재산피해를 발생시킨 경우
4. 제110조 본문을 위반하여 경량항공기 조종업무 외의 업무에 종사한 경우
5. 제111조제2항을 위반하여 경량항공기 조종사 자격증명의 한정을 받은 사람이 한정된 경량항공기 종류 외의 경량항공기를 조종한 경우

5의2. 제112조의2제1항을 위반하여 다른 사람에게 자기의 성명을 사용하여 경량항공기 조종업무를 수행하게 하거나 경량항공기 조종사 자격증명서를 빌려 준 경우

5의3. 제112조의2제3항을 위반하여 다음 각 목의 어느 하나에 해당하는 행위를 알선

조에서 같다)는 다음 각 호의 구분에 따른 호흡용 산소의 양을 저장하고 분배할 수 있는 장치를 장착하여야 한다.

1. 여압장치가 없는 항공기가 기내의 대기압이 700헥토파스칼(hPa) 미만인 비행고도에서 비행하려는 경우에는 다음 각 목에서 정하는 양
   가. 기내의 대기압이 700헥토파스칼(hPa) 미만 620헥토파스칼(hPa) 이상인 비행고도에서 30분을 초과하여 비행하는 경우에는 승객의 10퍼센트와 승무원 전원이 그 초과되는 비행시간 동안 필요로 하는 양
   나. 기내의 대기압이 620헥토파스칼(hPa) 미만인 비행고도에서 비행하는 경우에는 승객 전원과 승무원 전원이 해당 비행시간 동안 필요로 하는 양
2. 기내의 대기압을 700헥토파스칼(hPa) 이상으로 유지시켜 줄 수 있는 여압장치가 있는 모든 비행기와 항공운송사업에 사용되는 헬리콥터의 경우에는 다음 각 목에서 정하는 양
   가. 기내의 대기압이 700헥토파스칼(hPa) 미만인 동안 승객 전원과 승무원 전원이 비행고도 등 비행환경에 따라 적합하게 필요로 하는 양
   나. 기내의 대기압이 376헥토파스칼(hPa) 미만인 비행고도에서 비행하거나 376헥토파스칼(hPa) 이상인 비행고도에서 620헥토파스

한 경우

가. 다른 사람에게 자기의 성명을 사용하여 경량항공기 조종업무를 수행하게 하거나 경량항공기 조종사 자격증명서를 빌려 주는 행위

나. 다른 사람의 성명을 사용하여 경량항공기 조종업무를 수행하거나 다른 사람의 경량항공기 조종사 자격증명서를 빌리는 행위

6. 제113조(제116조제5항에서 준용하는 경우를 포함한다)를 위반하여 항공신체검사증명을 받지 아니하고 경량항공기 조종업무를 하거나 경량항공기 조종연습을 한 경우

7. 제115조제1항을 위반하여 조종교육증명을 받지 아니하고 조종교육을 한 경우

8. 제115조제2항을 위반하여 국토교통부장관이 정하는 교육을 받지 아니한 경우

9. 제118조를 위반하여 이륙·착륙 장소가 아닌 곳 또는 「공항시설법」 제25조제6항에 따라 사용이 중지된 이착륙장에서 경량항공기를 이륙하거나 착륙하게 한 경우

10. 제121조제2항에서 준용하는 제57조제1항을 위반하여 주류등의 영향으로 경량항공기 조종업무(제116조에 따른 경량항공기 조종연습을 포함한다)를 정상적으로 수행할 수 없는 상태에서 경량항공기를 사용하여 비행한 경우

11. 제121조제2항에서 준용하는 제57조제2항을 위반하여 경량항공기 조종업무(제116조에 따른 경량항공기 조종연습을 포함한

칼(hPa)인 비행고도까지 4분 이내에 강하할 수 없는 경우에는 승객 전원과 승무원 전원이 최소한 10분 이상 사용할 수 있는 양

② 여압장치가 있는 비행기로서 기내의 대기압이 376헥토파스칼(hPa) 미만인 비행고도로 비행하려는 비행기에는 기내의 압력이 떨어질 경우 운항승무원에게 이를 경고할 수 있는 기압저하경보장치 1기를 장착하여야 한다.

③ 항공운송사업에 사용되는 항공기로서 기내의 대기압이 376헥토파스칼(hPa) 미만인 비행고도로 비행하거나 376헥토파스칼(hPa) 이상인 비행고도에서 620헥토파스칼(hPa)의 비행고도까지 4분 이내에 안전하게 강하할 수 없는 경우에는 승객 및 객실승무원 좌석 수를 더한 수보다 최소한 10퍼센트를 초과하는 수의 자동으로 작동되는 산소분배장치를 장착하여야 한다.

④ 여압장치가 있는 비행기로서 기내의 대기압이 376헥토파스칼(hPa) 미만인 비행고도에서 비행하려는 비행기의 경우 운항승무원의 산소마스크는 운항승무원이 산소의 사용이 필요할 때에 비행임무를 수행하는 좌석에서 즉시 사용할 수 있는 형태여야 한다.

⑤ 비행 중인 비행기의 안전운항을 위하여 조종업무를 수행하고 있는 모든 운항승무원은 제1항에 따른 산소 공급이 요구되는 상황에서는 언제든지 산소를 계속 사용할 수

다)에 종사하는 동안에 같은 조 제1항에 따른 주류등을 섭취하거나 사용한 경우

12. 제121조제2항에서 준용하는 제57조제3항을 위반하여 같은 조 제1항에 따른 주류등의 섭취 및 사용 여부의 측정 요구에 따르지 아니한 경우

13. 제121조제3항에서 준용하는 제67조제1항을 위반하여 비행규칙을 따르지 아니하고 비행한 경우

14. 제121조제4항에서 준용하는 제79조제1항을 위반하여 국토교통부장관이 정하여 공고하는 비행의 방식 및 절차에 따르지 아니하고 비관제공역 또는 주의공역에서 비행한 경우

15. 제121조제4항에서 준용하는 제79조제2항을 위반하여 허가를 받지 아니하거나 국토교통부장관이 정하는 비행의 방식 및 절차에 따르지 아니하고 통제공역에서 비행한 경우

16. 제121조제5항에서 준용하는 제84조제1항을 위반하여 국토교통부장관 또는 항공교통업무증명을 받은 자가 지시하는 이동·이륙·착륙의 순서 및 시기와 비행의 방법에 따르지 아니한 경우

17. 이 조에 따른 자격증명등의 효력정지기간에 경량항공기 조종업무에 종사한 경우

② 국토교통부장관은 경량항공기 조종업무를 하는 사람이 다음 각 호의 어느 하나에 해당하는 경우에는 그 항공신체검사증명을

있어야 한다.

⑥ 제1항에 따라 항공기에 장착하여야 할 호흡용산소의 저장·분배장치에 대한 비행고도별 세부 장착요건 및 산소의 양, 그밖에 필요한 사항은 국토교통부장관이 정하여 고시한다.

취소하거나 1년 이내의 기간을 정하여 항공신체검사증명의 효력정지를 명할 수 있다. 다만, 제1호에 해당하는 경우에는 항공신체검사증명을 취소하여야 한다. 1. 거짓이나 그 밖의 부정한 방법으로 항공신체검사증명을 받은 경우 2. 제113조제2항에서 준용하는 제40조제2항에 따른 자격증명의 종류별 항공신체검사증명의 기준에 맞지 아니하게 되어 경량항공기 조종업무를 수행하기에 부적합하다고 인정되는 경우 3. 제1항제10호부터 제12호까지의 어느 하나에 해당하는 경우 ③ 자격증명등의 시험에 응시하거나 심사를 받는 사람이 그 시험 또는 심사에서 부정행위를 하거나 항공신체검사를 받는 사람이 그 검사에서 부정한 행위를 한 경우에는 그 부정행위를 한 날부터 각각 2년 동안 이 법에 따른 자격증명등의 시험에 응시하거나 심사를 받을 수 없으며, 이 법에 따른 항공신체검사를 받을 수 없다. ④ 제1항 및 제2항에 따른 처분의 기준 및 절차와 그 밖에 필요한 사항은 국토교통부령으로 정한다.		
제115조(경량항공기 조종교육증명) ① 다음 각 호의 조종연습을 하는 사람에 대하여 경량항공기 조종교육을 하려는 사람은 그 경량항공기의 종류별로 국토교통부령으로 정하는		제115조(헬리콥터 기체진동 감시 시스템 장착) 최대이륙중량이 3천 175킬로그램을 초과하거나 승객 9명을 초과하여 수송할 수 있는 국제항공노선을 운항하는 항공운송사업에 사

바에 따라 국토교통부장관의 조종교육증명을 받아야 한다.

1. 경량항공기 조종사 자격증명을 받지 아니한 사람이 경량항공기에 탑승하여 하는 조종연습

2. 경량항공기 조종사 자격증명을 받은 사람이 그 경량항공기 조종사 자격증명에 대하여 제111조에 따른 한정을 받은 종류 외의 경량항공기에 탑승하여 하는 조종연습

② 제1항에 따른 조종교육증명(이하 "경량항공기 조종교육증명"이라 한다)은 경량항공기 조종교육증명서를 발급함으로써 하며, 경량항공기 조종교육증명을 받은 자는 국토교통부장관이 정하는 바에 따라 교육을 받아야 한다.

③ 경량항공기 조종교육증명의 시험 및 취소 등에 관하여는 제112조 및 제114조제1항·제3항을 준용한다.

용되는 헬리콥터는 법 제52조제1항에 따라 기체에서 발생하는 진동을 감시할 수 있는 시스템(vibration health monitoring system)을 장착해야 한다.

제116조(경량항공기 조종연습) ① 제115조제1항제1호의 조종연습을 하려는 사람은 그 조종연습에 관하여 국토교통부령으로 정하는 바에 따라 국토교통부장관의 허가를 받고 경량항공기 조종교육증명을 받은 사람의 감독하에 조종연습을 하여야 한다.

② 제115조제1항제2호의 조종연습을 하려는 사람은 경량항공기 조종교육증명을 받은 사람의 감독 하에 조종연습을 하여야 한다.

③ 제1항에 따른 조종연습에 대해서는 제109조제1항을 적용하지 아니하고, 제2항에

제116조(방사선투사량계기) ① 법 제52조제2항에 따라 항공운송사업용 항공기 또는 국외를 운항하는 비행기가 평균해면으로부터 1만 5천미터(4만9천피트)를 초과하는 고도로 운항하려는 경우에는 방사선투사량계기(Radiation Indicator) 1기를 갖추어야 한다.

② 제1항에 따른 방사선투사량계기는 투사된 총 우주방사선의 비율과 비행 시마다 누적된 양을 계속적으로 측정하고 이를 나타낼 수 있어야 하며, 운항승무원이 측정된 수

따른 조종연습에 대해서는 제111조제2항을 적용하지 아니한다.

④ 국토교통부장관은 제1항에 따라 조종연습의 허가 신청을 받은 경우 신청인이 경량항공기 조종연습을 하기에 필요한 능력이 있다고 인정될 때에는 국토교통부령으로 정하는 바에 따라 그 조종연습을 허가하고, 신청인에게 경량항공기 조종연습허가서를 발급한다.

⑤ 제4항에 따른 허가를 받은 사람의 항공신체검사증명 등에 관하여는 제113조 및 제114조를 준용한다.

⑥ 제4항에 따른 허가를 받은 사람이 경량항공기 조종연습을 할 때에는 경량항공기 조종연습허가서와 항공신체검사증명서를 지녀야 한다.

치를 쉽게 볼 수 있어야 한다.

제117조(경량항공기 전문교육기관의 지정 등) ① 국토교통부장관은 경량항공기 조종사를 양성하기 위하여 국토교통부령으로 정하는 바에 따라 경량항공기 전문교육기관을 지정할 수 있다.

② 국토교통부장관은 제1항에 따라 지정된 경량항공기 전문교육기관이 경량항공기 조종사를 양성하는 경우에는 예산의 범위에서 필요한 경비의 전부 또는 일부를 지원할 수 있다.

③ 경량항공기 전문교육기관의 교육과목, 교육방법, 인력, 시설 및 장비 등의 지정기준은 국토교통부령으로 정한다.

제117조(항공계기장치 등) ① 법 제52조제2항에 따라 시계비행방식 또는 계기비행방식(계기비행 및 항공교통관제 지시 하에 시계비행방식으로 비행을 하는 경우를 포함한다)에 의한 비행을 하는 항공기에 갖추어야 할 항공계기 등의 기준은 별표 16과 같다.

② 야간에 비행을 하려는 항공기에는 별표 16에 따라 계기비행방식으로 비행할 때 갖추어야 하는 항공계기 등 외에 추가로 다음 각 호의 조명설비를 갖추어야 한다. 다만, 제1호 및 제2호의 조명설비는 주간에 비행을 하려는 항공기에도 갖추어야 한다.

1. 항공운송사업에 사용되는 항공기에는

④ 국토교통부장관은 경량항공기 전문교육기관으로 지정받은 자가 다음 각 호의 어느 하나에 해당하는 경우에는 그 지정을 취소할 수 있다. 다만, 제1호에 해당하는 경우에는 그 지정을 취소하여야 한다.

1. 거짓이나 그 밖의 부정한 방법으로 경량항공기 전문교육기관으로 지정받은 경우

2. 제3항에 따른 경량항공기 전문교육기관의 지정기준 중 국토교통부령으로 정하는 사항을 위반한 경우

2기 이상, 그 밖의 항공기에는 1기 이상의 착륙등. 다만, 헬리콥터의 경우 최소한 1기의 착륙등은 수직면으로 방향전환이 가능한 것이어야 한다.

2. 충돌방지등 1기

3. 항공기의 위치를 나타내는 우현등, 좌현등 및 미등

4. 운항승무원이 항공기의 안전운항을 위하여 사용하는 필수적인 항공계기 및 장치를 쉽게 식별할 수 있도록 해주는 조명설비

5. 객실조명설비

6. 운항승무원 및 객실승무원이 각 근무위치에서 사용할 수 있는 손전등(flashlight)

③ 마하 수(Mach number) 단위로 속도 제한을 나타내는 항공기에는 마하 수 지시계(Mach number Indicator)를 장착하여야 한다. 다만, 마하 수 환산이 가능한 속도계를 장착한 항공기의 경우에는 그러하지 아니하다.

④ 제2항제1호에도 불구하고 소형항공운송사업에 사용되는 항공기로서 해당 항공기에 착륙등을 추가로 장착하기 위한 기술이 그 항공기 제작자 등에 의해 개발되지 아니한 경우에는 1기의 착륙등을 갖추고 비행할 수 있다.

제118조(경량항공기 이륙 · 착륙의 장소) ① 누구든지 경량항공기를 비행장(군 비행장은 제외한다) 또는 이착륙장이 아닌 곳에서 이륙하거나 착륙하여서는 아니 된다. 다만, 안전

제118조(제빙 · 방빙장치) 법 제52조제2항에 따라 결빙이 있거나 결빙이 예상되는 지역으로 운항하려는 항공기에는 결빙을 제거할 수 있는 제빙(De-icing)장치 또는 결빙을 방지

과 관련한 비상상황 등 불가피한 사유가 있는 경우로서 국토교통부장관의 허가를 받은 경우에는 그러하지 아니한다. ② 제1항 단서에 따른 허가에 필요한 세부기준 및 절차와 그 밖에 필요한 사항은 대통령령으로 정한다.		할 수 있는 방빙(Anti-icing)장치를 갖추어야 한다.
제119조(경량항공기 무선설비 등의 설치·운용 의무) 국토교통부령으로 정하는 경량항공기를 항공에 사용하려는 사람 또는 소유자등은 해당 경량항공기에 무선교신용 장비, 항공기 식별용 트랜스폰더 등 국토교통부령으로 정하는 무선설비를 설치·운용하여야 한다.		제119조(항공기의 연료와 오일) 법 제53조에 따라 항공기에 실어야 하는 연료와 오일의 양은 별표 17과 같다.
제120조(경량항공기 조종사의 준수사항) ① 경량항공기 조종사는 경량항공기로 인하여 인명이나 재산에 피해가 발생하지 아니하도록 국토교통부령으로 정하는 준수사항을 지켜야 한다. ② 경량항공기 조종사는 경량항공기사고가 발생하였을 때에는 지체 없이 국토교통부령으로 정하는 바에 따라 국토교통부장관에게 그 사실을 보고하여야 한다. 다만, 경량항공기 조종사가 보고할 수 없을 때에는 그 경량항공기소유자등이 경량항공기사고를 보고하여야 한다.		제120조(항공기의 등불) ① 법 제54조에 따라 항공기가 야간에 공중·지상 또는 수상을 항행하는 경우와 비행장의 이동지역 안에서 이동하거나 엔진이 작동 중인 경우에는 우현등, 좌현등 및 미등(이하 "항행등"이라 한다)과 충돌방지등에 의하여 그 항공기의 위치를 나타내야 한다. ② 법 제54조에 따라 항공기를 야간에 사용되는 비행장에 주기(駐機) 또는 정박시키는 경우에는 해당 항공기의 항행등을 이용하여 항공기의 위치를 나타내야 한다. 다만, 비행장에 항공기를 조명하는 시설이 있는 경우에는 그러하지 아니하다. ③ 항공기는 제1항 및 제2항에 따라 위치를 나타내는 항행등으로 잘못 인식될 수 있

는 다른 등불을 켜서는 아니 된다.

④ 조종사는 섬광등이 업무를 수행하는 데 장애를 주거나 외부에 있는 사람에게 눈부심을 주어 위험을 유발할 수 있는 경우에는 섬광등을 끄거나 빛의 강도를 줄여야 한다.

제121조(경량항공기에 대한 준용규정) ① 경량항공기의 등록 등에 관하여는 제7조부터 제18조까지의 규정을 준용한다.

② 경량항공기에 대한 주류등의 섭취·사용 제한에 관하여는 제57조를 준용한다.

③ 경량항공기의 비행규칙에 관하여는 제67조를 준용한다.

④ 경량항공기의 비행제한에 관하여는 제79조를 준용한다.

⑤ 경량항공기에 대한 항공교통관제 업무 지시의 준수에 관하여는 제84조를 준용한다.

제121조(조종사의 최근의 비행경험) ① 법 제55조에 따라 다음 각 호의 어느 하나에 해당하는 조종사는 해당 항공기를 조종하고자 하는 날부터 기산하여 그 이전 90일까지의 사이에 조종하려는 항공기와 같은 형식의 항공기에 탑승하여 이륙 및 착륙을 각각 3회 이상 행한 비행경험이 있어야 한다.

1. 항공운송사업 또는 항공기사용사업에 사용되는 항공기를 조종하려는 조종사

2. 제126조 각 호의 어느 하나에 해당하는 항공기를 소유하거나 운용하는 법인 또는 단체에 고용된 조종사. 다만, 기장 외의 조종사는 이륙 또는 착륙 중 항공기를 조종하고자 하는 경우에만 해당한다.

② 제1항에 따른 조종사가 야간에 운항업무에 종사하고자 하는 경우에는 제1항의 비행경험 중 적어도 야간에 1회의 이륙 및 착륙을 행한 비행경험이 있어야 한다. 다만, 교육훈련, 기종운영의 특성 등으로 국토교통부장관의 인가를 받은 조종사에 대해서는 그러하지 아니하다.

③ 제1항 또는 제2항의 비행경험을 산정하는 경우 제91조의2제3항에 따라 지방항공

제10장 초경량비행장치

제122조(초경량비행장치 신고) ① 초경량비행장치를 소유하거나 사용할 수 있는 권리가 있는 자(이하 "초경량비행장치소유자등"이라 한다)는 초경량비행장치의 종류, 용도, 소유자의 성명, 제129조제4항에 따른 개인정보 및 개인위치정보의 수집 가능 여부 등을 국토교통부령으로 정하는 바에 따라 국토교통부장관에게 신고하여야 한다. 다만, 대통령령으로 정하는 초경량비행장치는 그러하지 아니하다.

② 국토교통부장관은 제1항 본문에 따른 신고를 받은 날부터 7일 이내에 신고수리 여부를 신고인에게 통지하여야 한다.〈신설 2020. 6. 9.〉

③ 국토교통부장관이 제2항에서 정한 기간 내에 신고수리 여부 또는 민원 처리 관련 법령에 따른 처리기간의 연장을 신고인에게 통지하지 아니하면 그 기간(민원 처리 관련 법령에 따라 처리기간이 연장 또는 재연장된 경우에는 해당 처리기간을 말한다)이 끝난 날의 다음 날에 신고를 수리한 것으로 본다.〈신

청장이 지정한(제91조의3제5항에 따라 변경지정을 받거나 유효기간을 연장한 경우를 포함한다. 이하 같다) 모의비행훈련장치를 조작한 경험은 제1항 또는 제2항의 비행경험으로 본다.〈개정 2021. 11. 19.〉

제122조(항공기관사의 최근의 비행경험) ① 법 제55조에 따라 항공운송사업 또는 항공기사용사업에 사용되는 항공기의 운항업무에 종사하려는 항공기관사는 종사하려는 날부터 기산하여 그 이전 6개월까지의 사이에 항공운송사업 또는 항공기사용사업에 사용되는 해당 항공기와 같은 형식의 항공기에 승무하여 50시간 이상 비행한 경험이 있어야 한다.

② 제1항의 비행경험을 산정하는 경우 제91조의2제3항에 따라 지방항공청장이 지정한 모의비행훈련장치를 조작한 경험은 25시간을 초과하지 아니하는 범위에서 제1항의 비행경험으로 본다.〈개정 2021. 11. 19.〉

③ 제1항에도 불구하고 국토교통부장관이 제1항의 비행경험과 같은 수준 이상의 경험이 있다고 인정하는 항공기관사는 항공기의 운항업무에 종사할 수 있다.

설 2020. 6. 9.〉

④ 국토교통부장관은 제1항에 따라 초경량비행장치의 신고를 받은 경우 그 초경량비행장치소유자등에게 신고번호를 발급하여야 한다.〈개정 2020. 6. 9.〉

⑤ 제4항에 따라 신고번호를 발급받은 초경량비행장치소유자등은 그 신고번호를 해당 초경량비행장치에 표시하여야 한다.〈개정 2020. 6. 9.〉

제123조(초경량비행장치 변경신고 등) ① 초경량비행장치소유자등은 제122조제1항에 따라 신고한 초경량비행장의 용도, 소유자의 성명 등 국토교통부령으로 정하는 사항을 변경하려는 경우에는 국토교통부령으로 정하는 바에 따라 국토교통부장관에게 변경신고를 하여야 한다.

② 국토교통부장관은 제1항에 따른 변경신고를 받은 날부터 7일 이내에 신고수리 여부를 신고인에게 통지하여야 한다.〈신설 2020. 6. 9.〉

③ 국토교통부장관이 제2항에서 정한 기간 내에 신고수리 여부 또는 민원 처리 관련 법령에 따른 처리기간의 연장을 신고인에게 통지하지 아니하면 그 기간(민원 처리 관련 법령에 따라 처리기간이 연장 또는 재연장된 경우에는 해당 처리기간을 말한다)이 끝난 날의 다음 날에 신고를 수리한 것으로 본다.〈신설 2020. 6. 9.〉

제123조(항공사의 비행경험) ① 법 제55조에 따라 항공운송사업 또는 항공기사용사업에 사용되는 항공기의 운항업무에 종사하려는 항공사는 종사하려는 날부터 계산하여 그 이전 1년까지의 사이에 50시간(국내항공운송사업 또는 항공기사용사업에 사용되는 항공기 운항에 종사하려는 경우에는 25시간) 이상 항공기 운항업무에 종사한 비행경험이 있어야 한다.

② 제1항의 비행경험을 산정하는 경우 제91조의2제3항에 따라 지방항공청장이 지정한 모의비행훈련장치를 조작한 경험은 제1항의 비행경험으로 본다.〈개정 2021. 11. 19.〉

③ 제1항에도 불구하고 국토교통부장관이 제1항의 비행경험과 같은 수준 이상의 경험이 있다고 인정하는 항공사는 항공기의 운항업무에 종사할 수 있다.

④ 초경량비행장치소유자등은 제122조제1항에 따라 신고한 초경량비행장치가 멸실되었거나 그 초경량비행장치를 해체(정비등, 수송 또는 보관하기 위한 해체는 제외한다)한 경우에는 그 사유가 발생한 날부터 15일 이내에 국토교통부장관에게 말소신고를 하여야 한다.〈개정 2020. 6. 9.〉

⑤ 제4항에 따른 신고가 신고서의 기재사항 및 첨부서류에 흠이 없고, 법령 등에 규정된 형식상의 요건을 충족하는 경우에는 신고서가 접수기관에 도달된 때에 신고된 것으로 본다.〈신설 2020. 6. 9.〉

⑥ 초경량비행장치소유자등이 제4항에 따른 말소신고를 하지 아니하면 국토교통부장관은 30일 이상의 기간을 정하여 말소신고를 할 것을 해당 초경량비행장치소유자등에게 최고하여야 한다.〈개정 2020. 6. 9.〉

⑦ 제6항에 따른 최고를 한 후에도 해당 초경량비행장치소유자등이 말소신고를 하지 아니하면 국토교통부장관은 직권으로 그 신고번호를 말소할 수 있으며, 신고번호가 말소된 때에는 그 사실을 해당 초경량비행장치소유자등 및 그 밖의 이해관계인에게 알려야 한다.〈개정 2020. 6. 9.〉

제124조(초경량비행장치 안전성인증) 시험비행 등 국토교통부령으로 정하는 경우로서 국토교통부장관의 허가를 받은 경우를 제외하고는 동력비행장치 등 국토교통부령으로 정

제124조(계기비행의 경험) ① 법 제55조에 따라 계기비행을 하려는 조종사는 계기비행을 하려는 날부터 계산하여 그 이전 6개월까지의 사이에 6회 이상의 계기접근과 6시간

하는 초경량비행장치를 사용하여 비행하려는 사람은 국토교통부령으로 정하는 기관 또는 단체의 장으로부터 그가 정한 안정성인증의 유효기간 및 절차·방법 등에 따라 그 초경량비행장치가 국토교통부장관이 정하여 고시하는 비행안전을 위한 기술상의 기준에 적합하다는 안전성인증을 받지 아니하고 비행하여서는 아니 된다. 이 경우 안전성인증의 유효기간 및 절차·방법 등에 대해서는 국토교통부장관의 승인을 받아야 하며, 변경할 때에도 또한 같다.

이상의 계기비행(모의계기비행을 포함한다)을 한 경험이 있어야 한다.

② 제1항의 비행경험을 산정하는 경우 제91조의2제3항에 따라 지방항공청장이 지정한 모의비행훈련장치를 조작한 경험은 제1항의 비행경험으로 본다.〈개정 2021. 11. 19.〉

③ 제1항에도 불구하고 국토교통부장관이 제1항의 비행경험과 같은 수준 이상의 비행경험이 있다고 인정하는 조종사는 계기비행업무에 종사할 수 있다.

제125조(초경량비행장치 조종자 증명 등) ① 동력비행장치 등 국토교통부령으로 정하는 초경량비행장치를 사용하여 비행하려는 사람은 국토교통부령으로 정하는 기관 또는 단체의 장으로부터 그가 정한 해당 초경량비행장치별 자격기준 및 시험의 절차·방법에 따라 해당 초경량비행장치의 조종을 위하여 발급하는 증명(이하 "초경량비행장치 조종자 증명"이라 한다)을 받아야 한다. 이 경우 해당 초경량비행장치별 자격기준 및 시험의 절차·방법 등에 관하여는 국토교통부령으로 정하는 바에 따라 국토교통부장관의 승인을 받아야 하며, 변경할 때에도 또한 같다.

② 초경량비행장치 조종자 증명을 받은 사람은 다른 사람에게 자기의 성명을 사용하여 초경량비행장치 조종을 수행하게 하거나 초경량비행장치 조종자 증명을 빌려 주어서

제125조(조종교육 비행경험) ① 법 제55조에 따라 법 제44조제2항의 조종교육업무에 종사하려는 조종사는 조종교육을 하려는 날부터 계산하여 그 이전 1년까지의 사이에 10시간 이상의 조종교육을 한 경험이 있어야 한다. 다만, 조종교육증명을 최초로 취득한 조종사에 대해서는 그 조종교육증명을 취득한 날부터 1년까지는 그러하지 아니하다.

② 조종교육업무에 종사하려는 조종사가 조종교육업무에 사용할 항공기에 제1항 본문에 따른 경험을 갖춘 자와 동승하여 야간에 1회 이상의 이륙 및 착륙을 포함한 10시간 이상의 비행을 한 경우에는 제1항 본문에 따른 조종교육을 한 경험으로 본다.

는 아니 된다.〈신설 2021. 5. 18.〉

③ 누구든지 다른 사람의 성명을 사용하여 초경량비행장치 조종을 수행하거나 다른 사람의 초경량비행장치 조종자 증명을 빌려서는 아니 된다.〈신설 2021. 5. 18.〉

④ 누구든지 제2항이나 제3항에서 금지된 행위를 알선하여서는 아니 된다.〈신설 2021. 5. 18.〉

⑤ 국토교통부장관은 초경량비행장치 조종자 증명을 받은 사람이 다음 각 호의 어느 하나에 해당하는 경우에는 초경량비행장치 조종자 증명을 취소하거나 1년 이내의 기간을 정하여 그 효력의 정지를 명할 수 있다. 다만, 제1호, 제3호의2, 제3호의3, 제7호 또는 제8호의 어느 하나에 해당하는 경우에는 초경량비행장치 조종자 증명을 취소하여야 한다.〈개정 2021. 5. 18., 2021. 12. 7., 2024. 1. 16.〉

1. 거짓이나 그 밖의 부정한 방법으로 초경량비행장치 조종자 증명을 받은 경우

2. 이 법을 위반하여 벌금 이상의 형을 선고받은 경우

3. 초경량비행장치의 조종자로서 업무를 수행할 때 고의 또는 중대한 과실로 초경량비행장치사고를 일으켜 인명피해나 재산피해를 발생시킨 경우

3의2. 제2항을 위반하여 다른 사람에게 자기의 성명을 사용하여 초경량비행장치 조

종을 수행하게 하거나 초경량비행장치 조종자 증명을 빌려 준 경우

3의3. 제4항을 위반하여 다음 각 목의 어느 하나에 해당하는 행위를 알선한 경우

가. 다른 사람에게 자기의 성명을 사용하여 초경량비행장치 조종을 수행하게 하거나 초경량비행장치 조종자 증명을 빌려 주는 행위

나. 다른 사람의 성명을 사용하여 초경량비행장치 조종을 수행하거나 다른 사람의 초경량비행장치 조종자 증명을 빌리는 행위

3의4. 제125조의2제1항을 위반하여 안전교육을 받지 아니하고 비행을 한 경우

4. 제129조제1항에 따른 초경량비행장치 조종자의 준수사항을 위반한 경우

5. 제131조에서 준용하는 제57조제1항을 위반하여 주류등의 영향으로 초경량비행장치를 사용하여 비행을 정상적으로 수행할 수 없는 상태에서 초경량비행장치를 사용하여 비행한 경우

6. 제131조에서 준용하는 제57조제2항을 위반하여 초경량비행장치를 사용하여 비행하는 동안에 같은 조 제1항에 따른 주류등을 섭취하거나 사용한 경우

7. 제131조에서 준용하는 제57조제3항을 위반하여 같은 조 제1항에 따른 주류등의 섭취 및 사용 여부의 측정 요구에 따르지 아니한 경우

8. 이 조에 따른 초경량비행장치 조종자

증명의 효력정지기간에 초경량비행장치를 사용하여 비행한 경우 ⑥ 국토교통부장관은 초경량비행장치 조종자 증명을 위한 초경량비행장치 실기시험장, 교육장 등의 시설을 지정·구축·운영할 수 있다.〈신설 2017. 8. 9., 2021. 5. 18.〉 ⑦ 제5항에 따른 처분의 기준 및 절차와 그 밖에 필요한 사항은 국토교통부령으로 정한다.〈신설 2021. 5. 18.〉		
제125조의2(초경량비행장치 관련 안전교육) ① 패러글라이더 등 국토교통부령으로 정하는 초경량비행장치에 대한 초경량비행장치 조종자 증명을 받은 사람은 안전교육을 받아야 한다. ② 패러글라이더 등 국토교통부령으로 정하는 초경량비행장치를 사용하여 조종교육을 하려는 사람(제1항에 따라 안전교육을 받아야 하는 사람은 제외한다)은 안전교육을 받아야 한다. ③ 제1항 및 제2항에 따른 안전교육의 내용·시기 및 방법 등에 필요한 사항은 국토교통부령으로 정한다. [본조신설 2024. 1. 16.]		
제126조(초경량비행장치 전문교육기관의 지정 등) ① 국토교통부장관은 초경량비행장치 조종자를 양성하기 위하여 국토교통부령으로 정하는 바에 따라 초경량비행장치 전문교육기관(이하 "초경량비행장치 전문교육기관"이		제126조(국외운항항공기의 기준) 법 제55조 제2호에서 "항공기 중량, 승객 좌석 수 등 국토교통부령으로 정하는 기준에 해당하는 항공기"란 다음 각 호의 어느 하나에 해당하는 항공기를 말한다.

라 한다)을 지정할 수 있다.

② 국토교통부장관은 초경량비행장치 전문교육기관이 초경량비행장치 조종자를 양성하는 경우에는 예산의 범위에서 필요한 경비의 전부 또는 일부를 지원할 수 있다.

③ 초경량비행장치 전문교육기관의 교육과목, 교육방법, 인력, 시설 및 장비 등의 지정기준은 국토교통부령으로 정한다.

④ 국토교통부장관은 초경량비행장치 전문교육기관으로 지정받은 자가 다음 각 호의 어느 하나에 해당하는 경우에는 그 지정을 취소할 수 있다. 다만, 제1호에 해당하는 경우에는 그 지정을 취소하여야 한다.

1. 거짓이나 그 밖의 부정한 방법으로 초경량비행장치 전문교육기관으로 지정받은 경우
2. 제3항에 따른 초경량비행장치 전문교육기관의 지정기준 중 국토교통부령으로 정하는 기준에 미달하는 경우

⑤ 국토교통부장관은 초경량비행장치 전문교육기관으로 지정받은 자가 제3항의 지정기준을 충족·유지하고 있는지에 대하여 관련 사항을 보고하게 하거나 자료를 제출하게 할 수 있다.〈신설 2017. 8. 9.〉

⑥ 국토교통부장관은 초경량비행장치 전문교육기관으로 지정받은 자가 제3항의 지정기준을 충족·유지하고 있는지에 대하여 관계 공무원으로 하여금 사무소 등을 출입하여 관계 서류나 시설·장비 등을 검사하게 할 수

1. 최대이륙중량이 5천700킬로그램을 초과하는 비행기
2. 1개 이상의 터빈발동기(터보제트발동기 또는 터보팬발동기를 말한다)를 장착한 비행기
3. 승객 좌석 수가 9석을 초과하는 비행기
4. 3대 이상의 항공기를 운용하는 법인 또는 단체의 항공기

있다. 이 경우 검사를 하는 공무원은 그 권한을 나타내는 증표를 지니고 이를 관계인에게 내보여야 한다.〈신설 2017. 8. 9.〉

⑦ 국토교통부장관은 초경량비행장치 조종자의 효율적 활용과 운용능력 향상을 위하여 필요한 경우 교육·훈련 등 조종자의 육성에 관한 사업을 실시할 수 있다.〈신설 2019. 11. 26.〉

제127조(초경량비행장치 비행승인) ① 국토교통부장관은 초경량비행장치의 비행안전을 위하여 필요하다고 인정하는 경우에는 초경량비행장치의 비행을 제한하는 공역(이하 "초경량비행장치 비행제한공역"이라 한다)을 지정하여 고시할 수 있다.

② 동력비행장치 등 국토교통부령으로 정하는 초경량비행장치를 사용하여 국토교통부장관이 고시하는 초경량비행장치 비행제한공역에서 비행하려는 사람은 국토교통부령으로 정하는 바에 따라 미리 국토교통부장관으로부터 비행승인을 받아야 한다. 다만, 비행장 및 이착륙장의 주변 등 대통령령으로 정하는 제한된 범위에서 비행하려는 경우는 제외한다.

③ 제2항 본문에 따른 비행승인 대상이 아닌 경우라 하더라도 다음 각 호의 어느 하나에 해당하는 경우에는 제2항의 절차에 따라 국토교통부장관의 비행승인을 받아야 한다.〈신설 2017. 8. 9., 2021. 12. 7.〉

1. 제68조제1호에 따른 국토교통부령으로

제127조(운항승무원의 승무시간 등의 기준 등) ① 법 제56조제1항제1호에 따른 운항승무원의 승무시간, 비행근무시간, 근무시간 등(이하 "승무시간등"이라 한다)의 기준은 별표 18과 같다. 다만, 천재지변, 기상악화, 항공기 고장 등 항공기 소유자등이 사전에 예측할 수 없는 상황이 발생한 경우 승무시간 등의 기준은 국토교통부장관이 정하여 고시할 수 있다.

② 항공운송사업자 및 항공기사용사업자는 제1항에 따른 기준의 범위에서 운항승무원이 피로로 인하여 항공기의 안전운항을 저해하지 아니하도록 세부적인 기준을 운항규정에 정하여야 한다.

정하는 고도 이상에서 비행하는 경우

2. 제78조제1항에 따른 관제공역 · 통제공역 · 주의공역 중 관제권 등 국토교통부령으로 정하는 구역에서 비행하는 경우

④ 제2항 및 제3항제2호에 따른 국토교통부장관의 비행승인이 필요한 때에 제131조의2제2항에 따라 무인비행장치를 비행하려는 경우 해당 국가기관등의 장이 국토교통부령으로 정하는 바에 따라 사전에 그 사실을 국토교통부장관에게 알리면 비행승인을 받은 것으로 본다.〈신설 2019. 8. 27.〉

제128조(초경량비행장치 구조 지원 장비 장착 의무) 초경량비행장치를 사용하여 초경량비행장치 비행제한공역에서 비행하려는 사람은 안전한 비행과 초경량비행장치사고 시 신속한 구조 활동을 위하여 국토교통부령으로 정하는 장비를 장착하거나 휴대하여야 한다. 다만, 무인비행장치 등 국토교통부령으로 정하는 초경량비행장치는 그러하지 아니하다.

제128조(객실승무원의 승무시간 기준 등) ① 항공운송사업자는 법 제56조제1항제1호에 따라 객실승무원이 비행피로로 인하여 항공기 안전운항에 지장을 초래하지 아니하도록 월간, 3개월간 및 연간 단위의 승무시간 기준을 운항규정에 정하여야 한다. 이 경우 연간 승무시간은 1천 200시간을 초과해서는 아니 된다.

② 제1항에 따른 승무를 위하여 해당 형식의 항공기에 탑승하여 임무를 수행하는 객실승무원의 수에 따른 연속되는 24시간 동안의 비행근무시간 기준과 비행근무 후의 지상에서의 최소 휴식시간 기준은 별표 19와 같다. 다만, 천재지변, 기상악화, 항공기 고장 등 항공기 소유자등이 사전에 예측할 수 없는 상황이 발생한 경우 비행근무시간 등의 기준은 국토교통부장관이 정하여 고시할 수 있다.

제128조의2(운항관리사의 근무시간 기준 등) ① 법 제56조제1항제1호에 따른 운항관리사의 근무시간의 기준은 다음 각 호와 같다.

1. 연속되는 24시간 동안의 최대 근무시간은 10시간 이하일 것

2. 연속되는 7일마다 최소 연속 24시간의 휴식을 부여할 것

3. 계획된 근무시간 직전까지 최소 8시간의 휴식을 부여할 것

② 제1항에 따른 근무시간은 운항관리사가 항공운송사업자, 항공기사용사업자 또는 국외운항항공기 소유자등의 요구에 따라 근무보고를 하거나 근무를 시작한 때부터 근무가 끝날 때까지로 한다.

③ 제1항제1호에도 불구하고 다음의 어느 하나에 해당하는 경우에는 연속되는 24시간 동안 10시간 이상 근무하게 할 수 있다.

1. 천재지변 또는 그 밖의 부득이한 사유로 운항관리사를 교대할 수 없는 경우

2. 국외운항항공기 소유자등의 소속 운항관리사인 경우

④ 제3항제1호에 따라 연속되는 24시간 동안 10시간 이상 근무하게 한 경우에는 해당 근무 종료 후 다음의 계획된 근무시간 직전까지 제1항제3호에 따른 휴식을 부여해야 한다.

⑤ 제3항제2호에 따라 연속되는 24시간 동안 10시간 이상 근무하게 한 경우에는 제1항제3호에도 불구하고 근무시간 사이의 시간

에 부여한 휴식시간의 총합이 최소 8시간이 되도록 해야 한다.

[본조신설 2021. 6. 9.]

[종전 제128조의2는 제128조의3으로 이동 〈2021. 6. 9.〉]

제128조의3(승무원 피로위험관리시스템의 승인 등) ① 법 제56조제2항에 따라 피로위험관리시스템을 승인받으려는 자는 별지 제60호의3서식의 피로위험관리시스템 승인신청서에 다음 각 호의 서류를 첨부하여 국토교통부장관에게 제출해야 한다.

1. 피로위험관리시스템 매뉴얼
2. 피로위험관리시스템 이행계획서

② 제1항에 따라 신청서를 받은 국토교통부장관은 해당 피로위험관리시스템이 다음 각 호의 기준을 모두 갖추고 있는 경우에는 별지 제60호의4서식의 피로위험관리시스템 승인서를 발급해야 한다.

1. 피로위험관리시스템에 다음 각 목의 사항이 모두 포함되어 있을 것

가. 피로위험관리 정책에 관한 사항

나. 피로위험관리 조직에 관한 사항

다. 피로위험관리시스템 운용절차에 관한 다음의 사항

1) 피로위험관리시스템에 적용하는 승무시간 등의 제한기준에 관한 사항

2) 피로위험도 관리에 관한 사항

3) 안전성과 관리에 관한 사항

4) 피로관련 보고제도에 관한 사항

5) 피로관련 승무원의 교육훈련에 관한 사항

6) 피로관련 기록유지에 관한 사항

라. 그 밖에 피로위험관리시스템 운용에 필요하다고 인정하여 국토부장관이 고시하는 사항

2. 법 제58조제2항에 따른 항공안전관리시스템과 연계되어 있을 것

3. 제127조제1항 및 제128조제1항에 따른 승무시간 등의 기준의 준수에 따른 피로관리 이상으로 피로가 관리될 수 있을 것

③ 법 제56조제2항 후단에서 "국토교통부령으로 정하는 중요한 사항"이란 다음 각 호의 사항을 말한다.

1. 피로위험관리시스템에서 적용되는 승무시간 등의 제한기준에 관한 사항

2. 피로관련 위험도 관리에 관한 사항

3. 안전성과 관리에 관한 사항

④ 법 제56조제2항 후단에 따른 변경승인을 받으려는 자는 별지 제60호의5서식의 피로위험관리시스템 변경승인신청서에 다음 각 호의 서류를 첨부하여 국토교통부장관에게 제출해야 한다.

1. 변경된 피로위험관리시스템 매뉴얼

2. 피로위험관리시스템 신ㆍ구 대비표

⑤ 제4항에 따른 신청서를 받은 국토교통부장관은 제4항에 따른 변경신청이 제2항에

		따른 기준에 적합하면 변경승인을 해야 한다. [본조신설 2020. 12. 10.] [제128조의2에서 이동 〈2021. 6. 9.〉]
제129조(초경량비행장치 조종자 등의 준수사항) ① 초경량비행장치를 사용하여 비행하려는 사람(이하 이 조에서 "초경량비행장치 조종자"라 한다)은 초경량비행장치로 인하여 인명이나 재산에 피해가 발생하지 아니하도록 국토교통부령으로 정하는 준수사항을 지켜야 한다.〈개정 2024. 1. 16.〉 ② 초경량비행장치 조종자는 무인자유기구를 비행시켜서는 아니 된다. 다만, 국토교통부령으로 정하는 바에 따라 국토교통부장관의 허가를 받은 경우에는 그러하지 아니하다. ③ 초경량비행장치 조종자는 초경량비행장치사고가 발생하였을 때에는 국토교통부령으로 정하는 바에 따라 지체 없이 국토교통부장관에게 그 사실을 보고하여야 한다. 다만, 초경량비행장치 조종자가 보고할 수 없을 때에는 그 초경량비행장치소유자등이 초경량비행장치사고를 보고하여야 한다. ④ 무인비행장치 조종자는 무인비행장치를 사용하여 「개인정보 보호법」 제2조제1호에 따른 개인정보(이하 "개인정보"라 한다) 또는 「위치정보의 보호 및 이용 등에 관한 법률」 제2조제2호에 따른 개인위치정보(이하 "개인위치정보"라 한다) 등 개인의 공적·사적 생활과 관련된 정보를 수집하거나 이를		제129조(주류등의 종류 및 측정 등) ① 법 제57조제3항 및 제4항에 따라 국토교통부장관 또는 지방항공청장은 소속 공무원으로 하여금 항공종사자 및 객실승무원의 주류등의 섭취 또는 사용 여부를 측정하게 할 수 있다. ② 제1항에 따라 주류등의 섭취 또는 사용 여부를 적발한 소속 공무원은 별지 제61호서식의 주류등 섭취 또는 사용 적발보고서를 작성하여 국토교통부장관 또는 지방항공청장에게 보고하여야 한다. ③ 제1항에 따른 주류등의 섭취 또는 사용 여부의 측정에 필요한 사항은 국토교통부장관이 정한다.〈신설 2020. 12. 10.〉

항공안전법	항공안전법 시행령	항공안전법 시행규칙
전송하는 경우 타인의 자유와 권리를 침해하지 아니하도록 하여야 하며 형식, 절차 등 세부적인 사항에 관하여는 각각 해당 법률에서 정하는 바에 따른다.〈개정 2017. 8. 9.〉 ⑤ 제1항에도 불구하고 초경량비행장치 중 무인비행장치 조종자로서 야간에 비행 등을 위하여 국토교통부령으로 정하는 바에 따라 국토교통부장관의 승인을 받은 자는 그 승인 범위 내에서 비행할 수 있다. 이 경우 국토교통부장관은 국토교통부장관이 고시하는 무인비행장치 특별비행을 위한 안전기준에 적합한지 여부를 검사하여야 한다.〈신설 2017. 8. 9.〉 ⑥ 제5항에 따른 승인을 신청하고자 하는 자는 제127조제2항 및 제3항에 따른 비행승인 신청을 함께 할 수 있다.〈신설 2019. 11. 26.〉		
제130조(초경량비행장치사용사업자에 대한 안전개선명령) 국토교통부장관은 초경량비행장치사용사업의 안전을 위하여 필요하다고 인정되는 경우에는 초경량비행장치사용사업자에게 다음 각 호의 사항을 명할 수 있다. 1. 초경량비행장치 및 그 밖의 시설의 개선 2. 그 밖에 초경량비행장치의 비행안전에 대한 방해 요소를 제거하기 위하여 필요한 사항으로서 국토교통부령으로 정하는 사항		제130조(항공안전관리시스템의 승인 등) ① 법 제58조제2항에 따라 항공안전관리시스템을 승인받으려는 자는 별지 제62호서식의 항공안전관리시스템 승인신청서에 다음 각 호의 서류를 첨부하여 제작·교육·운항 또는 사업 등을 시작하기 30일 전까지 국토교통부장관 또는 지방항공청장에게 제출해야 한다.〈개정 2020. 2. 28.〉 1. 항공안전관리시스템 매뉴얼 2. 항공안전관리시스템 이행계획서 및 이행확약서 3. 제2항에서 정하는 항공안전관리시스템

승인기준에 미달하는 사항이 있는 경우 이를 보완할 수 있는 대체운영절차

② 제1항에 따라 항공안전관리시스템 승인신청서를 받은 국토교통부장관 또는 지방항공청장은 해당 항공안전관리시스템이 별표 20에서 정한 항공안전관리시스템 구축·운용 및 승인기준을 충족하고 국토교통부장관이 고시한 운용조직의 규모 및 업무특성별 운용요건에 적합하다고 인정되는 경우에는 별지 제63호서식의 항공안전관리시스템 승인서를 발급하여야 한다.〈개정 2020. 2. 28.〉

③ 법 제58조제2항 후단에서 "국토교통부령으로 정하는 중요사항"이란 다음 각 호의 사항을 말한다.〈개정 2020. 2. 28.〉

1. 안전목표에 관한 사항
2. 안전조직에 관한 사항
3. 항공안전장애 등 항공안전데이터 및 항공안전정보에 대한 보고체계에 관한 사항
4. 항공안전위해요인 식별 및 위험도 관리
5. 안전성과지표의 운영(지표의 선정, 경향성 모니터링, 확인된 위험에 대한 경감 조치 등)에 관한 사항
6. 변화관리에 관한 사항
7. 자체 안전감사 등 안전보증에 관한 사항

④ 제3항에서 정한 중요사항을 변경하려는 자는 별지 제64호서식의 항공안전관리시스템 변경승인 신청서에 다음 각 호의 서류를 첨부하여 국토교통부장관 또는 지방항공

		청장에게 제출하여야 한다. 1. 변경된 항공안전관리시스템 매뉴얼 2. 항공안전관리시스템 매뉴얼 신·구대조표 ⑤ 국토교통부장관 또는 지방항공청장은 제4항에 따라 제출된 변경사항이 별표 20에서 정한 항공안전관리시스템 승인기준에 적합하다고 인정되는 경우 이를 승인하여야 한다.
		제130조의2(비행자료분석프로그램을 마련해야 하는 항공운송사업자) 법 제58조제4항에 따라 비행자료분석프로그램(Flight Data Analysis Program)을 마련해야 하는 항공운송사업자는 다음 각 호와 같다. 1. 최대이륙중량이 2만킬로그램을 초과하는 비행기를 사용하는 항공운송사업자 2. 최대이륙중량이 7천킬로그램을 초과하거나 승객 9명을 초과하여 수송할 수 있는 헬리콥터를 사용하여 국제항공노선을 취항하는 항공운송사업자 [본조신설 2020. 2. 28.]
제131조(초경량비행장치에 대한 준용규정) 초경량비행장치소유자등 또는 초경량비행장치를 사용하여 비행하려는 사람에 대한 주류등의 섭취·사용 제한에 관하여는 제57조를 준용한다.		제131조(항공안전프로그램의 마련에 필요한 사항) 법 제58조제7항제1호에 따라 항공안전프로그램을 마련할 때에는 다음 각 호의 사항을 반영해야 한다.〈개정 2018. 3. 23., 2020. 2. 28., 2021. 6. 9.〉 1. 항공안전에 관한 정책, 달성목표 및 조직체계 가. 항공안전분야의 기본법령에 관한 사항

나. 기본법령에 따른 세부기준에 관한 사항
다. 항공안전 관련 조직의 구성, 기능 및 임무에 관한 사항
라. 항공안전 관련 법령 등의 이행을 위한 전문인력 확보에 관한 사항
마. 기본법령을 이행하기 위한 세부지침 및 주요 안전정보의 제공에 관한 사항
2. 항공안전 위험도 관리
가. 항공안전 확보를 위해 국토교통부장관이 수행하는 증명, 인증, 승인, 지정 등에 관한 사항
나. 항공안전관리시스템 이행의무에 관한 사항
다. 항공기사고 및 항공기준사고 조사에 관한 사항
라. 항공안전위해요인의 식별 및 항공안전 위험도 평가에 관한 사항
마. 항공안전문제의 해소 등 항공안전 위험도의 경감에 관한 사항
3. 항공안전보증
가. 안전감독 등 감시활동에 관한 사항
나. 국가의 항공안전성과에 관한 사항
4. 항공안전증진
가. 정부 내 항공안전에 관한 업무를 수행하는 부처 간의 안전정보 공유 및 안전문화 조성에 관한 사항
나. 정부 내 항공안전에 관한 업무를 수행하는 부처와 항공안전관리시스템을 운영하

		는 자, 국제민간항공기구 및 외국의 항공당국 등 간의 안전정보 공유 및 안전문화 조성에 관한 사항 5. 국제기준관리시스템의 구축·운영 6. 그 밖에 국토교통부장관이 항공안전목표 달성에 필요하다고 정하는 사항
제131조의2(무인비행장치의 적용 특례) ① 군용·경찰용 또는 세관용 무인비행장치와 이에 관련된 업무에 종사하는 사람에 대하여는 이 법을 적용하지 아니한다. ② 국가, 지방자치단체, 「공공기관의 운영에 관한 법률」에 따른 공공기관으로서 대통령령으로 정하는 공공기관이 소유하거나 임차한 무인비행장치를 재해·재난 등으로 인한 수색·구조, 화재의 진화, 응급환자 후송, 그 밖에 국토교통부령으로 정하는 공공목적으로 긴급히 비행(훈련을 포함한다)하는 경우(국토교통부령으로 정하는 바에 따라 안전관리 방안을 마련한 경우에 한정한다)에는 제129조제1항, 제2항, 제4항 및 제5항을 적용하지 아니한다.〈개정 2019. 11. 26.〉 ③ 제129조제3항을 이 조 제2항에 적용할 때에는 "국토교통부장관"은 "소관 행정기관의 장"으로 본다. 이 경우 소관 행정기관의 장은 제129조제3항에 따라 보고받은 사실을 국토교통부장관에게 알려야 한다. [본조신설 2017. 8. 9.]		

제11장 보칙

제132조(항공안전 활동) ① 국토교통부장관은 항공안전의 확보를 위하여 다음 각 호의 어느 하나에 해당하는 자에게 그 업무에 관한 보고를 하게 하거나 서류를 제출하게 할 수 있다.〈개정 2020. 6. 9., 2022. 1. 18.〉

1. 항공기등, 장비품 또는 부품의 제작 또는 정비등을 하는 자
2. 비행장, 이착륙장, 공항, 공항시설 또는 항행안전시설의 설치자 및 관리자
3. 항공종사자, 경량항공기 조종사 및 초경량비행장치 조종자
4. 항공교통업무증명을 받은 자
5. 항공운송사업자(외국인국제항공운송사업자 및 외국항공기로 유상운송을 하는 자를 포함한다. 이하 이 조에서 같다), 항공기사용사업자, 항공기정비업자, 초경량비행장치사용사업자, 「항공사업법」 제2조제22호에 따른 항공기대여업자, 「항공사업법」 제2조제27호에 따른 항공레저스포츠사업자, 경량항공기 소유자등 및 초경량비행장치 소유자등
6. 제48조에 따른 전문교육기관, 제72조에 따른 위험물전문교육기관, 제117조에 따른 경량항공기 전문교육기관, 제126조에 따른 초경량비행장치 전문교육기관의 설치자 및 관리자

6의2. 항공전문의사

제132조(항공안전관리시스템에 포함되어야 할 사항 등) ① 법 제58조제7항제2호에 따른 항공안전관리시스템에 포함되어야 할 사항은 다음 각 호와 같다.〈개정 2020. 2. 28., 2021. 6. 9.〉

1. 항공안전에 관한 정책 및 달성목표
 가. 최고경영관리자의 권한 및 책임에 관한 사항
 나. 안전관리 관련 업무분장에 관한 사항
 다. 총괄 안전관리자의 지정에 관한 사항
 라. 위기대응계획 관련 관계기관 협의에 관한 사항
 마. 매뉴얼 등 항공안전관리시스템 관련 기록·관리에 관한 사항
2. 항공안전 위험도의 관리
 가. 항공안전위해요인의 식별절차에 관한 사항
 나. 위험도 평가 및 경감조치에 관한 사항
 다. 자체 안전보고의 운영에 관한 사항
3. 항공안전보증
 가. 안전성과의 모니터링 및 측정에 관한 사항
 나. 변화관리에 관한 사항
 다. 항공안전관리시스템 운영절차 개선에 관한 사항
4. 항공안전증진
 가. 안전교육 및 훈련에 관한 사항

7. 그 밖에 항공기, 경량항공기 또는 초경량비행장치를 계속하여 사용하는 자

② 국토교통부장관은 이 법을 시행하기 위하여 특히 필요한 경우에는 소속 공무원으로 하여금 제1항 각 호의 어느 하나에 해당하는 자의 다음 각 호의 어느 하나의 장소에 출입하여 항공기, 경량항공기 또는 초경량비행장치, 항행안전시설, 장부, 서류, 그 밖의 물건을 검사하거나 관계인에게 질문하게 할 수 있다. 이 경우 국토교통부장관은 검사 등의 업무를 효율적으로 수행하기 위하여 특히 필요하다고 인정하면 국토교통부령으로 정하는 자격을 갖춘 항공안전에 관한 전문가를 위촉하여 검사 등의 업무에 관한 자문에 응하게 할 수 있다.

1. 사무소, 공장이나 그 밖의 사업장
2. 비행장, 이착륙장, 공항, 공항시설, 항행안전시설 또는 그 시설의 공사장
3. 항공기 또는 경량항공기의 정치장
4. 항공기, 경량항공기 또는 초경량비행장치

③ 국토교통부장관은 항공운송사업자가 취항하는 공항에 대하여 국토교통부령으로 정하는 바에 따라 정기적인 안전성검사를 하여야 한다.

④ 제2항 및 제3항에 따른 검사 또는 질문을 하려면 검사 또는 질문을 하기 7일 전까지 검사 또는 질문의 일시, 사유 및 내용 등의 계획을 피검사자 또는 피질문자에게 알

나. 안전관리 관련 정보 등의 공유에 관한 사항

5. 그 밖에 국토교통부장관이 항공안전관리시스템 운영에 필요하다고 정하는 사항

② 법 제58조제7항제2호에 따른 항공안전관리시스템의 구축·운용 및 그 승인기준은 별표 20과 같다.〈개정 2020. 2. 28., 2021. 6. 9.〉

③ 삭제〈2020. 2. 28.〉

④ 삭제〈2020. 2. 28.〉

려야 한다. 다만, 긴급한 경우이거나 사전에 알리면 증거인멸 등으로 검사 또는 질문의 목적을 달성할 수 없다고 인정하는 경우에는 그러하지 아니하다.

⑤ 제2항 및 제3항에 따른 검사 또는 질문을 하는 공무원은 그 권한을 표시하는 증표를 지니고, 이를 관계인에게 보여주어야 한다.

⑥ 제5항에 따른 증표에 관하여 필요한 사항은 국토교통부령으로 정한다.

⑦ 제2항 및 제3항에 따른 검사 또는 질문을 한 경우에는 그 결과를 피검사자 또는 피질문자에게 서면으로 알려야 한다.

⑧ 국토교통부장관은 제2항 또는 제3항에 따른 검사를 하는 중에 긴급히 조치하지 아니할 경우 항공기, 경량항공기 또는 초경량비행장치의 안전운항에 중대한 위험을 초래할 수 있는 사항이 발견되었을 때에는 국토교통부령으로 정하는 바에 따라 항공기, 경량항공기 또는 초경량비행장치의 운항 또는 항행안전시설의 운용을 일시 정지하게 하거나 항공종사자, 초경량비행장치 조종자 또는 항행안전시설을 관리하는 자의 업무를 일시 정지하게 할 수 있다.

⑨ 국토교통부장관은 제2항 또는 제3항에 따른 검사 결과 항공기, 경량항공기 또는 초경량비행장치의 안전운항에 위험을 초래할 수 있는 사항을 발견한 경우에는 그 검사를 받은 자에게 시정조치 등을 명할 수 있다.

제133조(항공운송사업자에 관한 안전도 정보의 공개) 국토교통부장관은 국민이 항공기를 안전하게 이용할 수 있도록 국토교통부령으로 정하는 바에 따라 다음 각 호의 사항이 포함된 항공운송사업자(외국인국제항공운송사업자를 포함한다. 이하 이 조에서 같다)에 관한 안전도 정보를 공개하여야 한다. 1. 국토교통부령으로 정하는 항공기사고에 관한 정보 2. 항공운송사업자가 속한 국가에 대한 국제민간항공기구(ICAO)의 안전평가 결과[국제민간항공기구(ICAO)에서 안전기준에 미달하여 항공기사고의 위험도가 높은 것으로 공개한 국가만 해당한다] 3. 그 밖에 항공운송사업자의 안전과 관련하여 국토교통부령으로 정하는 사항		제133조(항공교통업무 안전관리시스템의 구축·운용에 관한 사항) 법 제58조제3항 및 제7항제3호에 따른 항공교통업무에 관한 항공안전관리시스템의 구축·운용에 관하여는 별표 20을 준용한다.
제133조의2(안전투자의 공시) ① 「항공사업법」 제2조제35호에 따른 항공교통사업자는 항공안전의 증진을 위하여 국토교통부장관이 항공안전과 직·간접적으로 관련이 있다고 인정한 지출 또는 투자(이하 "안전투자"라 한다) 세부내역을 매년 공시하여야 한다. ② 안전투자의 범위, 항목 및 공시를 위한 기준, 절차 등 안전투자의 공시를 위하여 필요한 사항은 국토교통부령으로 정한다. [본조신설 2019. 11. 26.]		
제134조(청문) 국토교통부장관은 다음 각 호		제134조(항공안전 의무보고의 절차 등) ① 법

의 어느 하나에 해당하는 처분을 하려면 청문을 하여야 한다.〈개정 2017. 10. 24., 2017. 12. 26., 2021. 5. 18., 2022. 1. 18., 2024. 1. 16.〉

1. 제20조제7항에 따른 형식증명 또는 부가형식증명의 취소

2. 제21조제7항에 따른 형식증명승인 또는 부가형식증명승인의 취소

3. 제22조제5항에 따른 제작증명의 취소

4. 제23조제7항에 따른 감항증명의 취소

5. 제24조제3항에 따른 감항승인의 취소

6. 제25조제3항에 따른 소음기준적합증명의 취소

7. 제27조제4항에 따른 기술표준품형식승인의 취소

8. 제28조제5항에 따른 부품등제작자증명의 취소

8의2. 제39조의2제5항에 따른 모의비행훈련장치에 대한 지정의 취소 또는 효력정지

9. 제43조제1항 또는 제3항에 따른 자격증명등 또는 항공신체검사증명의 취소 또는 효력정지

10. 제44조제4항에서 준용하는 제43조제1항에 따른 계기비행증명 또는 조종교육증명의 취소

11. 제45조제6항에서 준용하는 제43조제1항에 따른 항공영어구술능력증명의 취소

11의2. 제47조의2에 따른 연습허가 또는

제59조제1항 본문에서 "항공안전장애 중 국토교통부령으로 정하는 사항"이란 별표 20의2에 따른 사항을 말한다.〈신설 2020. 2. 28.〉

② 법 제59조제1항 및 법 제62조제5항에 따라 다음 각 호의 어느 하나에 해당하는 사람은 별지 제65호서식에 따른 항공안전 의무보고서(항공기가 조류 또는 동물과 충돌한 경우에는 별지 제65호의2서식에 따른 조류 및 동물 충돌 보고서) 또는 국토교통부장관이 정하여 고시하는 전자적인 보고방법에 따라 국토교통부장관 또는 지방항공청장에게 보고해야 한다.〈개정 2020. 2. 28., 2020. 12. 10.〉

1. 항공기사고를 발생시켰거나 항공기사고가 발생한 것을 알게 된 항공종사자 등 관계인

2. 항공기준사고를 발생시켰거나 항공기준사고가 발생한 것을 알게 된 항공종사자 등 관계인

3. 법 제59조제1항 본문에 따른 의무보고 대상 항공안전장애(이하 "의무보고 대상 항공안전장애"라 한다)를 발생시켰거나 의무보고 대상 항공안전장애가 발생한 것을 알게 된 항공종사자 등 관계인(법 제33조에 따른 보고 의무자는 제외한다)

③ 법 제59조제1항에 따른 항공종사자 등 관계인의 범위는 다음 각 호와 같다.〈개정 2020. 2. 28., 2025. 12. 5.〉

1. 항공기 기장(항공기 기장이 보고할 수 없는 경우에는 그 항공기의 소유자등을 말한다)

항공신체검사증명의 취소 또는 효력정지
12. 제48조의2에 따른 전문교육기관 지정의 취소
13. 제50조제1항에 따른 항공전문의사 지정의 취소 또는 효력정지(같은 항 제8호의 경우는 제외한다)
14. 제63조제3항에 따른 자격인정의 취소
15. 제71조제5항에 따른 포장·용기검사기관 지정의 취소
16. 제72조제5항에 따른 위험물전문교육기관 지정의 취소
17. 제86조제1항에 따른 항공교통업무증명의 취소
18. 제91조제1항 또는 제95조제1항에 따른 운항증명의 취소
19. 제98조제1항에 따른 정비조직인증의 취소
20. 제105조제1항 단서에 따른 운항증명승인의 취소
21. 제114조제1항 또는 제2항에 따른 자격증명등 또는 항공신체검사증명의 취소
22. 제115조제3항에서 준용하는 제114조제1항에 따른 조종교육증명의 취소
23. 제117조제4항에 따른 경량항공기 전문교육기관 지정의 취소
24. 제125조제5항에 따른 초경량비행장치 조종자 증명의 취소 또는 효력정지

2. 항공정비사(항공정비사가 보고할 수 없는 경우에는 그 항공정비사가 소속된 기관·법인 등의 대표자를 말한다)
3. 항공교통관제사 또는 전문항공교통관제사(항공교통관제사 또는 전문항공교통관제사가 보고할 수 없는 경우 그 관제사가 소속된 항공교통관제기관의 장을 말한다)
4. 「공항시설법」에 따라 공항시설을 관리·유지하는 자
5. 「공항시설법」에 따라 항행안전시설을 설치·관리하는 자
6. 법 제70조제3항에 따른 위험물취급자
7. 「항공사업법」 제2조제20호에 따른 항공기취급업자 중 다음 각 호의 업무를 수행하는 자
가. 항공기 중량 및 균형관리를 위한 화물 등의 탑재관리, 지상에서 항공기에 대한 동력지원
나. 지상에서 항공기의 안전한 이동을 위한 항공기 유도
④ 제2항에 따른 보고서의 제출 시기는 다음 각 호와 같다.〈개정 2020. 2. 28.〉
1. 항공기사고 및 항공기준사고: 즉시
2. 항공안전장애:
가. 별표 20의2 제1호부터 제4호까지, 제6호 및 제7호에 해당하는 의무보고 대상 항공안전장애의 경우 다음의 구분에 따른 때부터 72시간 이내(해당 기간에 포함된 토요일

25. 제126조제4항에 따른 초경량비행장치 전문교육기관 지정의 취소		및 법정공휴일에 해당하는 시간은 제외한다). 다만, 제6호가목, 나목 및 마목에 해당하는 사항은 즉시 보고해야 한다. 1) 의무보고 대상 항공안전장애를 발생시킨 자: 해당 의무보고 대상 항공안전장애가 발생한 때 2) 의무보고 대상 항공안전장애가 발생한 것을 알게 된 자: 해당 의무보고 대상 항공안전장애가 발생한 사실을 안 때 나. 별표 20의2 제5호에 해당하는 의무보고 대상 항공안전장애의 경우 다음의 구분에 따른 때부터 96시간 이내. 다만, 해당 기간에 포함된 토요일 및 법정공휴일에 해당하는 시간은 제외한다. 1) 의무보고 대상 항공안전장애를 발생시킨 자: 해당 의무보고 대상 항공안전장애가 발생한 때 2) 의무보고 대상 항공안전장애가 발생한 것을 알게 된 자: 해당 의무보고 대상 항공안전장애가 발생한 사실을 안 때 다. 가목 및 나목에도 불구하고, 의무보고 대상 항공안전장애를 발생시켰거나 의무보고 대상 항공안전장애가 발생한 것을 알게 된 자가 부상, 통신 불능, 그 밖의 부득이한 사유로 기한 내 보고를 할 수 없는 경우에는 그 사유가 해소된 시점부터 72시간 이내
제135조(권한의 위임·위탁) ① 이 법에 따른 국토교통부장관의 권한은 그 일부를 대통		제135조(항공안전 자율보고의 절차 등) ① 법 제61조제1항에 따라 항공안전 자율보고를

령령으로 정하는 바에 따라 국방부장관에게 위탁하거나 특별시장·광역시장·특별자치시장·도지사·특별자치도지사 또는 국토교통부장관 소속 기관의 장에게 위임할 수 있다.〈개정 2024. 3. 19.〉

② 국토교통부장관은 제20조부터 제25조까지, 제27조, 제28조 및 제30조에 따른 증명, 승인 또는 검사에 관한 업무를 대통령령으로 정하는 바에 따라 전문검사기관을 지정하여 위탁할 수 있다.

③ 국토교통부장관은 제30조에 따른 수리·개조승인에 관한 권한 중 국가기관등항공기의 수리·개조승인에 관한 권한을 대통령령으로 정하는 바에 따라 관계 중앙행정기관의 장에게 위탁할 수 있다.

④ 삭제〈2020. 6. 9.〉

⑤ 국토교통부장관은 다음 각 호의 업무를 대통령령으로 정하는 바에 따라 한국교통안전공단 또는 항공 관련 기관·단체에 위탁할 수 있다.〈개정 2017. 8. 9., 2017. 10. 24., 2019. 11. 26., 2020. 6. 9., 2021. 5. 18., 2021. 12. 7., 2024. 1. 16., 2025. 5. 27.〉

1. 제38조에 따른 자격증명 시험업무 및 자격증명 한정심사업무와 항공종사자 자격증명서의 발급에 관한 업무

2. 제44조에 따른 계기비행증명업무 및 조종교육증명업무와 증명서의 발급에 관한 업무

하려는 사람은 별지 제66호서식의 항공안전 자율보고서 또는 국토교통부장관이 정하여 고시하는 전자적인 보고방법에 따라 한국교통안전공단의 이사장에게 보고할 수 있다.〈개정 2018. 3. 23.〉

② 제1항에 따른 항공안전 자율보고의 접수·분석 및 전파 등에 관하여 필요한 사항은 국토교통부장관이 정하여 고시한다.

3. 제45조제3항에 따른 항공영어구술능력 증명서의 발급에 관한 업무

4. 제48조제9항 및 제10항에 따른 항공교육훈련통합관리시스템에 관한 업무

5. 제61조에 따른 항공안전 자율보고의 접수·분석 및 전파에 관한 업무

6. 제112조제1항에 따른 경량항공기 조종사 자격증명 시험업무

6의2. 제112조제2항에 따른 경량항공기 조종사 자격증명 한정심사업무

6의3. 제112조제4항에 따른 경량항공기 조종사 자격증명서의 발급에 관한 업무

7. 제115조제1항 및 제2항에 따른 경량항공기 조종교육증명업무와 증명서의 발급 및 경량항공기 조종교육증명을 받은 자에 대한 교육에 관한 업무

8. 제122조에 따른 초경량비행장치 신고의 수리 및 신고번호의 발급에 관한 업무

9. 제123조에 따른 초경량비행장치의 변경신고, 말소신고, 말소신고의 최고와 직권말소 및 직권말소의 통보에 관한 업무

10. 제125조제1항에 따른 초경량비행장치 조종자 증명에 관한 업무

11. 제125조제6항에 따른 실기시험장, 교육장 등 시설의 지정·구축·운영에 관한 업무

12. 제126조제1항 및 제5항에 따른 초경량비행장치 전문교육기관의 지정 및 지정조건의 충족·유지 여부 확인에 관한 업무

13. 제126조제7항에 따른 교육·훈련 등 조종자의 육성에 관한 업무

13의2. 제130조에 따른 초경량비행장치 사용사업자에 대한 안전개선명령 업무

13의3. 제132조제1항에 따른 항공안전 활동에 관한 업무(초경량비행장치사용사업자에 한정한다)

14. 제133조의2제1항에 따른 안전투자의 공시에 관한 업무

⑥ 국토교통부장관은 다음 각 호의 업무를 대통령령으로 정하는 바에 따라 항공의학 관련 전문기관 또는 단체에 위탁할 수 있다. 〈개정 2022. 1. 18.〉

1. 제40조에 따른 항공신체검사증명에 관한 업무

1의2. 제42조제2항에 따라 항공신체검사증명을 받은 사람의 신체적·정신적 상태의 저하에 관한 신고 접수, 같은 조 제3항에 따른 항공신체검사증명의 기준 적합 여부 확인 및 결과 통지에 관한 업무

2. 제49조제3항에 따른 항공전문의사의 교육에 관한 업무

⑦ 국토교통부장관은 제45조제2항에 따른 항공영어구술능력증명시험의 실시에 관한 업무를 대통령령으로 정하는 바에 따라 한국교통안전공단 또는 영어평가 관련 전문기관·단체에 위탁할 수 있다.〈개정 2017. 8. 9., 2017. 10. 24.〉

⑧ 국토교통부장관은 다음 각 호의 업무를 대통령령으로 정하는 바에 따라 「항공안전기술원법」에 따른 항공안전기술원 또는 항공 관련 기관·단체에 위탁할 수 있다.〈신설 2017. 1. 17., 2017. 8. 9., 2019. 8. 27., 2023. 4. 18., 2024. 1. 16.〉

1. 「국제민간항공협약」 및 같은 협약 부속서에서 채택된 표준과 권고되는 방식에 따라 제19조, 제67조, 제70조 및 제77조에 따른 항공기기술기준, 비행규칙, 위험물취급의 절차·방법 및 운항기술기준을 정하기 위한 연구 업무

2. 제59조에 따른 항공안전 의무보고의 분석 및 전파에 관한 업무

2의2. 국가항행계획의 수립·시행에 관한 지원 업무

3. 제129조제5항 후단에 따른 검사에 관한 업무

4. 제108조에 따른 경량항공기 시험비행 등 허가 및 안전성인증에 관한 업무

5. 제124조에 따른 초경량비행장치 시험비행 등 허가 및 안전성인증에 관한 업무

6. 그 밖에 항공기의 안전한 항행을 위한 연구·분석 업무로서 대통령령으로 정하는 업무

⑨ 국토교통부장관은 대통령령으로 정하는 바에 따라 다음 각 호의 업무를 항공교통업무증명을 받은 자에게 위탁할 수 있다.〈개정 2024. 3. 19.〉

1. 제68조 각 호 외의 부분 단서에 따른 같은 조 제1호부터 제3호까지 및 제5호의 행위에 대한 허가에 관한 업무

2. 제89조제1항에 따른 항공정보의 제공에 관한 업무

3. 제127조제2항에 따른 초경량비행장치 비행제한공역에서의 초경량비행장치 비행승인에 관한 업무

⑩ 국토교통부장관은 제125조의2에 따른 초경량비행장치 관련 안전교육에 관한 업무를 대통령령으로 정하는 바에 따라 국토교통부장관이 지정하는 기관·단체에 위탁할 수 있다.〈신설 2024. 3. 19.〉

제136조(수수료 등) ① 다음 각 호의 어느 하나에 해당하는 자는 국토교통부령으로 정하는 수수료를 국토교통부장관에게 내야 한다. 다만, 제42조의2제3항, 제135조제2항, 제5항부터 제8항까지 및 제10항에 따라 권한이 위탁된 경우에는 그 위탁받은 기관에 내야 한다.〈개정 2019. 11. 26., 2020. 6. 9., 2024. 1. 16., 2024. 3. 19., 2025. 5. 27.〉

1. 제20조제1항에 따라 형식증명 또는 제한형식증명을 신청하거나 변경신청을 하는 자

2. 제20조제5항에 따라 부가형식증명을 신청하는 자

3. 제21조제1항에 따라 형식증명승인을 신청하는 자

4. 제21조제5항에 따라 부가형식증명승인

제136조(출발 전의 확인) ① 법 제62조제2항에 따라 기장이 확인하여야 할 사항은 다음 각 호와 같다.

1. 해당 항공기의 감항성 및 등록 여부와 감항증명서 및 등록증명서의 탑재

2. 해당 항공기의 운항을 고려한 이륙중량, 착륙중량, 중심위치 및 중량분포

3. 예상되는 비행조건을 고려한 의무무선설비 및 항공계기 등의 장착

4. 해당 항공기의 운항에 필요한 기상정보 및 항공정보

5. 연료 및 오일의 탑재량과 그 품질

6. 위험물을 포함한 적재물의 적절한 분배 여부 및 안정성

7. 해당 항공기와 그 장비품의 정비 및

을 받으려는 자

5. 제22조제1항에 따라 제작증명을 신청하는 자

6. 제23조제1항에 따라 감항증명을 신청하는 자

7. 제24조제1항에 따라 감항승인을 받으려는 자

8. 제25조제1항에 따라 소음기준적합증명을 받으려는 자

9. 제27조제1항에 따라 기술표준품형식승인을 받으려는 자

10. 제28조제1항에 따라 부품등제작자증명을 받으려는 자

11. 제30조제1항에 따라 수리·개조승인을 받으려는 자

12. 제38조제1항에 따라 학과시험 및 실기시험에 응시하는 자

13. 제38조제2항에 따라 항공기·경량항공기 탑승경력 및 정비경력 등을 심사받으려는 자

13의2. 제38조제3항에 따라 심사에 응시하는 자

14. 제38조제4항에 따라 항공종사자 자격증명 시험 및 한정심사의 전부 또는 일부를 면제받으려는 자

15. 제38조제5항에 따라 자격증명서를 발급받으려는 자

16. 제39조의2제1항에 따라 모의비행훈

정비 결과

8. 그 밖에 항공기의 안전 운항을 위하여 국토교통부장관이 필요하다고 인정하여 고시하는 사항

② 기장은 제1항제7호의 사항을 확인하는 경우에는 다음 각 호의 점검을 하여야 한다.

1. 항공일지 및 정비에 관한 기록의 점검
2. 항공기의 외부 점검
3. 발동기의 지상 시운전 점검
4. 그 밖에 항공기의 작동사항 점검

련장치의 지정, 변경 지정 또는 지정의 유효기간 연장을 신청하는 자

16의2. 제42조의2에 따라 관제적성검사를 받으려는 자

17. 제44조에 따라 계기비행증명 또는 조종교육증명을 받으려는 자

18. 제45조에 따라 항공영어구술능력증명을 위한 시험을 신청하거나 항공영어구술능력증명서를 발급받으려는 자

19. 제46조제3항에 따라 항공기 조종연습허가서를 발급받으려는 자

20. 제63조제1항에 따라 운항자격인정을 받으려는 자

21. 제74조제1항에 따라 회항시간 연장운항의 승인을 받으려는 자

22. 제75조제1항에 따라 수직분리축소공역 등에서의 항공기 운항 승인을 받으려는 자

23. 제90조제1항에 따라 운항증명을 받으려는 자

24. 제90조제5항에 따라 안전운항체계 변경에 관한 검사를 받으려는 자

25. 제97조제1항에 따라 정비조직인증을 받으려는 자

26. 제103조제1항에 따라 외국인국제항공운송사업자에 대한 운항증명승인을 받으려는 자

27. 제107조에 따라 외국항공기의 유상운송에 대한 운항안전성 검사를 받으려는 자

28. 제108조제1항에 따라 경량항공기 안전성인증을 받으려는 자

29. 제112조제1항에 따라 경량항공기 조종사 자격증명 시험에 응시하는 자

30. 제112조제2항에 따라 경량항공기 조종사 자격증명 한정심사를 받으려는 자

31. 제112조제3항에 따라 경량항공기 조종사 자격증명 시험 및 한정심사의 전부 또는 일부를 면제받으려는 자

32. 제112조제4항에 따라 경량항공기 조종사 자격증명서를 발급받으려는 자

33. 제115조제1항에 따라 경량항공기 조종교육증명을 받으려는 자

34. 제115조제2항에 따라 경량항공기 안전교육을 받으려는 자

35. 제116조제4항에 따라 경량항공기 조종연습허가서를 발급받으려는 자

36. 제124조에 따라 초경량비행장치 안전성인증을 받으려는 자

37. 제125조제1항에 따라 초경량비행장치 조종자 증명을 받으려는 자

38. 제125조의2에 따라 초경량비행장치 안전교육을 받으려는 자

39. 제129조제5항에 따라 무인비행장치 특별비행승인을 받으려는 자

② 검사등을 위하여 현지출장이 필요한 경우에는 그 출장에 드는 여비를 신청인이 내야 한다. 이 경우 여비의 기준은 국토교통

부령으로 정한다. [시행일: 2028. 5. 28.] 제136조제1항(관제적성검사에 관한 사항만 해당한다)		
제136조의2(비밀유지 의무) 다음 각 호의 어느 하나에 해당하는 업무에 종사하거나 종사하였던 사람은 그 직무상 알게 된 다른 사람의 의료 기록 등 개인정보의 비밀을 타인에게 누설하거나 직무상 목적 외에 사용하여서는 아니 된다. 1. 제34조에 따른 항공종사자 자격증명 업무 2. 제40조에 따른 항공신체검사증명 업무 [본조신설 2022. 1. 18.]		
제137조(벌칙 적용에서 공무원 의제) 다음 각 호의 어느 하나에 해당하는 사람은 「형법」 제129조부터 제132조까지의 규정을 적용할 때 공무원으로 본다.〈개정 2017. 1. 17., 2020. 6. 9., 2024. 1. 16., 2024. 3. 19.〉 1. 제31조제2항에 따른 검사관 중 공무원이 아닌 사람 2. 제135조제2항 및 제5항부터 제10항까지의 규정에 따라 국토교통부장관이 위탁한 업무에 종사하는 전문검사기관, 전문기관 또는 단체 등의 임직원		제137조(기장 등의 운항자격인정 대상 항공기 등) 법 제63조제1항제2호에서 "국토교통부령으로 정하는 업무"란 「항공사업법 시행규칙」 제4조제1호, 제2호, 제5호부터 제7호까지 및 제9호에 따른 업무를 말한다.
제12장 벌칙 제138조(항행 중 항공기 위험 발생의 죄) ①		제138조(기장의 운항자격인정을 위한 지식 요건) 법 제63조제1항에 따라 같은 항 각 호의 어느 하나에 해당하는 항공기의 기장은

사람이 현존하는 항공기, 경량항공기 또는 초경량비행장치를 항행 중에 추락 또는 전복(顚覆)시키거나 파괴한 사람은 사형, 무기징역 또는 5년 이상의 징역에 처한다.

② 제140조의 죄를 지어 사람이 현존하는 항공기, 경량항공기 또는 초경량비행장치를 항행 중에 추락 또는 전복시키거나 파괴한 사람은 사형, 무기징역 또는 5년 이상의 징역에 처한다.

다음 각 호의 구분에 따른 지식이 있어야 한다.〈개정 2021. 8. 27.〉

1. 법 제63조제1항제1호·제2호에 해당하는 항공기의 기장: 운항하려는 지역, 노선 및 공항에 대한 다음 각 목의 지식

가. 지형 및 최저안전고도

나. 계절별 기상 특성

다. 기상, 통신 및 항공교통시설 업무와 그 절차

라. 수색 및 구조 절차

마. 운항하려는 지역 또는 노선과 관련된 장거리 항법절차가 포함된 항행안전시설 및 그 이용절차

바. 인구밀집지역 상공 및 항공교통량이 많은 지역 상공의 비행경로에서 적용되는 비행절차

사. 장애물, 등화시설, 접근을 위한 항행안전시설, 목적지 공항 혼잡지역 및 그 도면

아. 항공로절차, 목적지 상공 도착절차, 출발절차, 체공절차 및 공항이 포함된 인가된 계기접근 절차

자. 공항 운영 최저기상기준값[공항에서 항공기가 이륙·착륙할 수 있는 최저 시정(식별 가능 최대 거리를 말한다. 이하 같다)과 구름높이를 정한 값을 말한다]

차. 항공고시보

카. 운항규정

2. 법 제63조제1항제3호에 해당하는 항

		공기의 기장: 해당 형식의 항공기에 대한 정상 상태에서의 조종기술과 비정상 상태에서의 조종기술 및 비상절차에 관한 지식 [전문개정 2019. 2. 26.]
제139조(항행 중 항공기 위험 발생으로 인한 치사·치상의 죄) 제138조의 죄를 지어 사람을 사상(死傷)에 이르게 한 사람은 사형, 무기징역 또는 7년 이상의 징역에 처한다.		제139조(기장 등의 운항자격인정을 위한 기량 요건) 법 제63조제1항에 따라 같은 항 각 호의 어느 하나에 해당하는 항공기의 기장 또는 기장 외의 조종사는 다음 각 호의 구분에 따른 기량이 있어야 한다. 1. 법 제63조제1항제1호·제2호에 해당하는 항공기의 기장 또는 기장 외의 조종사: 운항하려는 지역, 노선 및 공항에 대해 해당 형식의 항공기에 대한 정상 상태에서의 조종기술과 비정상 상태에서의 조종기술 및 비상절차 수행능력 2. 법 제63조제1항제3호에 해당하는 항공기 기장 또는 기장 외의 조종사: 해당 형식의 항공기에 대한 정상 상태에서의 조종기술과 비정상 상태에서의 조종기술 및 비상절차 수행능력 [전문개정 2019. 2. 26.]
제140조(항공상 위험 발생 등의 죄) 비행장, 이착륙장, 공항시설 또는 항행안전시설을 파손하거나 그 밖의 방법으로 항공상의 위험을 발생시킨 사람은 10년 이하의 징역에 처한다.〈개정 2017. 10. 24.〉		제140조(기장 등의 운항자격 인정 및 심사 신청) 법 제63조제1항에 따라 기장 또는 기장 외의 조종사의 운항자격 인정을 받으려는 사람은 별지 제67호서식의 조종사 운항자격 인정(심사) 신청서에 별지 제36호서식의 비행경력증명서를 첨부하여 국토교통부장관 또는

		지방항공청장에게 제출하여야 한다.〈개정 2024. 9. 20.〉
제141조(미수범) 제138조제1항 및 제140조의 미수범은 처벌한다.		제141조(기장 등의 운항자격인정을 위한 심사) ① 법 제63조제1항에 따른 지식 또는 기량에 관한 자격인정은 구술·필기 및 실기 평가 과정을 통하여 심사한다. ② 국토교통부장관 또는 지방항공청장은 법 제63조제1항에 따른 자격인정에 필요한 심사(이하 "운항자격인정심사"라 한다) 업무를 담당하는 사람으로 소속 공무원을 지명하거나 해당 분야의 전문지식과 경험을 가진 사람을 위촉하여야 한다.〈개정 2024. 9. 20.〉 ③ 제1항에 따른 실기심사는 제2항에 따라 국토교통부장관 또는 지방항공청장이 지명한 소속 공무원(이하 "운항자격심사관"이라 한다) 또는 국토교통부장관 또는 지방항공청장의 위촉을 받은 사람(이하 "위촉심사관"이라 한다)과 운항자격인정심사를 받으려는 사람이 해당 형식의 항공기에 탑승하여 해당 노선을 왕복비행(순환노선에서의 연속되는 2구간 이상의 편도비행을 포함한다)하여 심사하여야 한다. 다만, 제139조에 따른 정상 및 비정상 상태에서의 조종기술 및 비상절차 수행능력에 대한 실기심사는 제91조의2제3항에 따라 지방항공청장이 지정한 동일한 형식의 항공기의 모의비행훈련장치로 심사할 수 있다.〈개정 2021. 11. 19., 2024. 9. 20.〉 ④ 운항자격인정심사의 세부항목 및 판정

		기준 등에 관하여 필요한 사항은 국토교통부장관이 정하여 고시한다.
제142조(기장 등의 탑승자 권리행사 방해의 죄) ① 직권을 남용하여 항공기에 있는 사람에게 그의 의무가 아닌 일을 시키거나 그의 권리행사를 방해한 기장 또는 조종사는 1년 이상 10년 이하의 징역에 처한다. ② 폭력을 행사하여 제1항의 죄를 지은 기장 또는 조종사는 3년 이상 15년 이하의 징역에 처한다.〈개정 2017. 10. 24.〉		제142조(기장 등의 운항자격인정) 법 제63조제1항 각 호의 어느 하나에 해당하는 항공기의 기장 또는 기장 외의 조종사에 대한 같은 항에 따른 운항자격인정은 다음 각 호의 구분에 따른 범위로 한정한다. 1. 법 제63조제1항제1호 또는 같은 항 제2호에 해당하는 항공기의 기장 또는 기장 외의 조종사: 항공기 형식과 운항하려는 지역, 노선 및 공항(제155조제1항에 따른 지역, 노선 및 공항만 해당한다)에 대한 것 2. 법 제63조제1항제3호에 해당하는 항공기의 기장 또는 기장 외의 조종사: 항공기 형식에 대한 것 [전문개정 2019. 2. 26.]
제143조(기장의 항공기 이탈의 죄) 제62조제4항을 위반하여 항공기를 떠난 기장(기장의 임무를 수행할 사람을 포함한다)은 5년 이하의 징역에 처한다.		제143조(기장 등의 운항자격의 정기심사) ① 국토교통부장관 또는 지방항공청장은 법 제63조제2항에 따라 같은 조 제1항에 따른 자격인정을 받은 기장 또는 기장 외의 조종사에 대해 다음 각 호의 구분에 따라 정기심사를 실시한다.〈개정 2019. 2. 26., 2024. 9. 20.〉 1. 법 제63조제1항제1호 또는 같은 항 제2호에 해당하는 항공기의 기장 또는 기장 외의 조종사: 운항하려는 지역, 노선 및 공항에 따라 기장의 경우에는 제138조제1호 및 제139조제1호에 따른 지식 및 기량의 유지

에 관하여, 기장 외의 조종사의 경우에는 제139조제1호에 따른 기량의 유지에 관하여 다음 각 목의 구분에 따른 심사 실시

가. 정상 상태에서의 조종기술: 매년 1회 이상 국토교통부장관이 정하는 방법에 따른 심사

나. 비정상 상태에서의 조종기술 및 비상절차 수행능력: 매년 2회 이상 국토교통부장관이 정하는 방법에 따른 심사

2. 법 제63조제1항제3호에 따른 항공기 기장 또는 기장 외의 조종사: 운항하려는 항공기 형식에 따라 기장의 경우에는 제138조제2호 및 제139조제2호에 따른 지식 및 기량의 유지에 관하여, 기장 외의 조종사의 경우에는 제139조제2호에 따른 기량의 유지에 관하여 2년마다 1회 이상 국토교통부장관이 정하는 방법에 따른 심사 실시

② 제1항의 정기심사는 운항자격심사관 또는 위촉심사관이 실시한다.

③ 제1항의 정기심사에 관하여는 제141조제1항ㆍ제3항 및 제4항을 준용한다.

④ 제1항제1호나목에도 불구하고 다음 각 호의 어느 하나에 해당하는 조종사에 대한 심사는 기장의 경우에는 지식 및 기량의 유지에 관하여, 기장 외의 조종사의 경우에는 기량의 유지에 관하여 각각 매년 1회 이상 국토교통부장관이 정하는 방법에 따라 실시한다. 다만, 2개 이상의 기종을 조종하는 조

		종사인 경우에는 기종별 격년으로 심사한다. 〈개정 2019. 2. 26.〉 1. 「항공사업법」 제10조에 따른 소형항공운송사업에 사용되는 항공기를 조종하는 조종사 2. 제137조에 따른 업무를 하는 항공기사용사업에 사용되는 항공기를 조종하는 조종사 3. 삭제〈2019. 2. 26.〉
제144조(감항증명을 받지 아니한 항공기 사용 등의 죄) 다음 각 호의 어느 하나에 해당하는 자는 3년 이하의 징역 또는 5천만원 이하의 벌금에 처한다. 1. 제23조 또는 제25조를 위반하여 감항증명 또는 소음기준적합증명을 받지 아니하거나 감항증명 또는 소음기준적합증명이 취소 또는 정지된 항공기를 운항한 자 2. 제27조제3항을 위반하여 기술표준품형식승인을 받지 아니한 기술표준품을 제작·판매하거나 항공기등에 사용한 자 3. 제28조제3항을 위반하여 부품등제작자증명을 받지 아니한 장비품 또는 부품을 제작·판매하거나 항공기등 또는 장비품에 사용한 자 4. 제30조를 위반하여 수리·개조승인을 받지 아니한 항공기등, 장비품 또는 부품을 운항 또는 항공기등에 사용한 자 5. 제32조제1항을 위반하여 정비등을 한 항공기등, 장비품 또는 부품에 대하여 감항성		제144조(기장 등의 운항자격의 수시심사) 법 제63조제2항에 따라 국토교통부장관 또는 지방항공청장은 다음 각 호의 어느 하나에 해당하는 기장 또는 기장 외의 조종사에 대해서는 수시로 지식 또는 기량의 유무를 심사할 수 있다.〈개정 2024. 9. 20.〉 1. 항공기사고 또는 비정상운항을 발생시킨 기장 또는 기장 외의 조종사 2. 제138조 각 호의 사항에 중요한 변경이 있는 지역, 노선 및 공항을 운항하는 기장 또는 기장 외의 조종사 3. 항공기의 성능·장비 또는 항법에 중요한 변경이 있는 경우 해당 항공기를 운항하는 기장 또는 기장 외의 조종사 4. 6개월 이상 운항업무에 종사하지 아니한 기장 또는 기장 외의 조종사 5. 항공 관련 법규 위반으로 처분을 받은 기장 또는 기장 외의 조종사 6. 항공기의 이륙·착륙에 특별한 주의가 필요한 공항으로서 국토교통부장관이 지정한

을 확인받지 아니하고 운항 또는 항공기등에 사용한 자		공항에 운항하는 기장 또는 기장 외의 조종사 7. 해당 운항자격 경력이 1년 미만인 기장 또는 기장 외의 조종사 8. 새로운 공항을 운항한지 6개월이 지나지 아니한 기장 또는 기장 외의 조종사 9. 취항 중인 공항에 항공기 형식을 변경하여 운항한 지 6개월이 지나지 아니한 기장 또는 기장 외의 조종사
제144조의2(전문교육기관의 지정 위반에 관한 죄) 제48조제1항 단서를 위반하여 전문교육기관의 지정을 받지 아니하고 제35조제1호부터 제4호까지의 항공종사자를 양성하기 위하여 항공기등을 사용한 자는 3년 이하의 징역 또는 3천만원 이하의 벌금에 처한다.		
제145조(운항증명 등의 위반에 관한 죄) 다음 각 호의 어느 하나에 해당하는 자는 3년 이하의 징역 또는 3천만원 이하의 벌금에 처한다. 1. 제90조제1항(제96조제1항에서 준용하는 경우를 포함한다)에 따른 운항증명을 받지 아니하고 운항을 시작한 항공운송사업자 또는 항공기사용사업자 2. 제97조를 위반하여 정비조직인증을 받지 아니하고 항공기등, 장비품 또는 부품에 대한 정비등을 한 항공기정비업자 또는 외국의 항공기정비업자		제145조(기장 등의 운항자격인정의 취소) ① 국토교통부장관 또는 지방항공청장은 법 제63조제3항에 따라 기장 또는 기장 외의 조종사가 제143조에 따라 심사를 받아야 하는 달의 다음 달 말까지 심사를 받지 아니하거나 제143조 또는 제144조에 따른 심사에 합격하지 못한 경우에는 그 운항자격인정을 취소해야 한다.〈개정 2019. 2. 26., 2024. 9. 20.〉 ② 국토교통부장관 또는 지방항공청장은 제1항에 따라 운항자격인정을 취소하는 경우에는 취소사실을 그 기장 또는 기장 외의 조종사에게 사유와 함께 서면으로 통보하여야 한다.〈개정 2024. 9. 20.〉

제146조(주류등의 섭취·사용 등의 죄) 다음 각 호의 어느 하나에 해당하는 사람은 3년 이하의 징역 또는 3천만원 이하의 벌금에 처한다.〈개정 2020. 6. 9., 2021. 5. 18.〉

1. 제57조제1항(제106조제1항에 따라 준용되는 경우를 포함한다)을 위반하여 주류등의 영향으로 항공업무(제46조에 따른 항공기 조종연습 및 제47조에 따른 항공교통관제연습을 포함한다) 또는 객실승무원의 업무를 정상적으로 수행할 수 없는 상태에서 그 업무에 종사한 항공종사자(제46조에 따른 항공기 조종연습 및 제47조에 따른 항공교통관제연습을 하는 사람을 포함한다. 이하 이 조에서 같다) 또는 객실승무원

2. 제57조제2항(제106조제1항에 따라 준용되는 경우를 포함한다)을 위반하여 주류등을 섭취하거나 사용한 항공종사자 또는 객실승무원

3. 제57조제3항(제106조제1항에 따라 준용되는 경우를 포함한다)을 위반하여 국토교통부장관의 측정에 따르지 아니한 항공종사자 또는 객실승무원

제146조(지정항공운송사업자등의 지정 신청 등) ① 항공운송사업자 또는 제137조에 따른 업무를 하는 항공기사용사업자가 법 제63조제4항에 따라 지정을 받으려는 경우에는 다음 각 호의 사항을 적은 별지 제68호서식의 지정항공운송사업자등의 지정신청서를 국토교통부장관 또는 지방항공청장에게 제출하여야 한다.〈개정 2024. 9. 20.〉

1. 명칭 및 주소

2. 해당 항공운송사업 또는 항공기사용사업의 면허번호·면허취득일 또는 등록번호·등록일

3. 해당 항공운송사업 노선

4. 기종별 항공기 대수 및 법 제63조에 따라 자격인정을 받은 사람의 수

② 제1항의 신청서에는 다음 각 호의 사항이 적힌 훈련 및 심사에 관한 규정을 첨부하여야 한다.

1. 법 제63조제1항 또는 제2항에 따라 운항자격인정을 받으려는 사람 또는 정기·수시심사를 받아야 하는 사람(이하 "운항자격심사 대상자"이라 한다)에 대한 선정기준, 자격인정 및 심사방법과 그 조직체계

2. 운항자격심사 대상자에 대한 자격인정 또는 심사업무 담당자가 되려는 사람(이하 "지정심사관 후보자"라 한다)의 선정기준 및 그 조직체계

3. 운항자격심사 대상자와 지정심사관 후

보자의 훈련체계 및 훈련방법

4. 운항자격인정 및 심사, 선정에 관한 기록의 작성 및 보존 방법

③ 국토교통부장관 또는 지방항공청장은 제1항에 따른 신청이 제147조의 기준에 적합하다고 인정하는 경우에는 소속 기장 또는 기장 외의 조종사에 대한 운항자격인정 또는 심사를 할 수 있는 자(이하 "지정항공운송사업자등"이라 한다)로 지정하여야 한다.〈개정 2024. 9. 20.〉

④ 제3항의 경우에 국토교통부장관 또는 지방항공청장은 해당 지정항공운송사업자등이 운항자격인정 또는 심사를 할 수 있는 항공기 형식을 정하여 지정할 수 있다. 이 경우 신규 도입 항공기에 대해서는 해당 형식 항공기를 보유한 후 1년이 지나야 지정을 할 수 있다.〈개정 2024. 9. 20.〉

⑤ 지정항공운송사업자등이 제2항에 따른 훈련 및 심사에 관한 규정을 변경하려는 경우에는 미리 국토교통부장관 또는 지방항공청장의 승인을 받아야 한다.〈개정 2024. 9. 20.〉

제147조(항공교통업무증명 위반에 관한 죄) ① 제85조제1항을 위반하여 항공교통업무증명을 받지 아니하고 항공교통업무를 제공한 자는 3년 이하의 징역 또는 3천만원 이하의 벌금에 처한다.

② 다음 각 호의 어느 하나에 해당하는 자는 1천만원 이하의 벌금에 처한다.

제147조(지정항공운송사업자등의 지정기준) 법 제63조제4항에 따른 지정항공운송사업자등의 지정기준은 다음 각 호와 같다.

1. 운항자격심사 대상자와 지정심사관 후보자의 선정을 위한 조직이 있고, 그 선정기준이 항공기의 형식, 보유 대수, 노선 등에 비추어 적합할 것

1. 제85조제4항을 위반하여 항공교통업무제공체계를 유지하지 아니하거나 항공교통업무증명기준을 준수하지 아니한 자

2. 제85조제5항을 위반하여 신고를 하지 아니하거나 승인을 받지 아니하고 항공교통업무제공체계를 변경한 자

2. 운항자격심사 대상자와 지정심사관 후보자의 훈련을 위한 조직이 있고 조종훈련교관 및 훈련시설을 충분히 확보할 것

3. 운항자격심사 대상자와 지정심사관 후보자의 훈련과목·훈련시간, 그 밖에 훈련방법이 항공기의 형식, 보유 대수, 노선 등에 비추어 적합할 것

4. 법 제63조제1항 및 제2항에 따른 운항자격인정 및 심사를 하기 위하여 필요한 인원의 지정심사관 후보자가 있을 것

5. 제149조제3항에 따라 지정된 지정심사관의 권한행사에 독립성이 보장될 것

6. 운항자격인정 및 심사의 내용, 평가기준 및 운항자격인정 취소기준은 국토교통부장관이 법 제63조제1항부터 제3항까지에 따라 하는 자격인정 및 심사의 내용, 평가기준 및 자격인정 취소기준에 준하는 것일 것

7. 관계 기록의 작성 및 보존방법이 적절할 것

제148조(무자격자의 항공업무 종사 등의 죄) 다음 각 호의 어느 하나에 해당하는 사람은 2년 이하의 징역 또는 2천만원 이하의 벌금에 처한다.〈개정 2017. 1. 17., 2021. 5. 18., 2022. 1. 18.〉

1. 제34조를 위반하여 자격증명을 받지 아니하고 항공업무에 종사한 사람

2. 제36조제2항을 위반하여 그가 받은 자격증명의 종류에 따른 업무범위 외의 업무에

제148조(지정항공운송사업자등의 지정 취소) 국토교통부장관 또는 지방항공청장은 지정항공운송사업자등이 다음 각 호의 어느 하나에 해당하는 경우에는 지정항공운송사업자등의 지정을 취소할 수 있다.〈개정 2024. 9. 20.〉

1. 거짓이나 그 밖의 부정한 방법으로 지정을 받은 경우

2. 제149조제3항에 따른 지정심사관이 부정한 방법으로 법 제63조제4항에 따른 운

종사한 사람 2의2. 제39조의3을 위반한 사람으로서 다음 각 목의 어느 하나에 해당하는 사람 가. 다른 사람에게 자기의 성명을 사용하여 항공업무를 수행하게 하거나 항공종사자 자격증명서를 빌려 준 사람 나. 다른 사람의 성명을 사용하여 항공업무를 수행하거나 다른 사람의 항공종사자 자격증명서를 빌린 사람 다. 가목 및 나목의 행위를 알선한 사람 3. 제43조 또는 제47조의2에 따른 효력정지명령을 위반한 사람 4. 제45조를 위반하여 항공영어구술능력증명을 받지 아니하고 같은 조 제1항 각 호의 어느 하나에 해당하는 업무에 종사한 사람		항자격인정 또는 심사를 한 경우 3. 제146조제2항에 따른 훈련 및 심사에 관한 규정을 위반한 경우 4. 제147조에 따른 지정기준에 적합하지 아니하게 된 경우 5. 법 또는 법에 따른 명령이나 처분을 위반한 경우
제148조의2(국가 항공안전프로그램에 관한 죄) 제58조제6항을 위반하여 분석결과를 이유로 관련된 사람에 대하여 불이익 조치를 한 자는 2년 이하의 징역 또는 2천만원 이하의 벌금에 처한다.		
제148조의3(항공안전 의무보고에 관한 죄) 제59조제3항을 위반하여 항공안전 의무보고를 한 사람에 대하여 불이익조치를 한 자는 2년 이하의 징역 또는 2천만원 이하의 벌금에 처한다.		
제148조의4(항공안전 자율보고에 관한 죄) 제61조제3항을 위반하여 항공안전 자율보고		

를 한 사람에 대하여 불이익 조치를 한 자는 2년 이하의 징역 또는 2천만원 이하의 벌금에 처한다.		
제149조(과실에 따른 항공상 위험 발생 등의 죄) ① 과실로 항공기ㆍ경량항공기ㆍ초경량비행장치ㆍ비행장ㆍ이착륙장ㆍ공항시설 또는 항행안전시설을 파손하거나, 그 밖의 방법으로 항공상의 위험을 발생시키거나 항행 중인 항공기를 추락 또는 전복시키거나 파괴한 사람은 1년 이하의 징역 또는 1천만원 이하의 벌금에 처한다.〈개정 2017. 1. 17.〉 ② 업무상 과실 또는 중대한 과실로 제1항의 죄를 지은 경우에는 3년 이하의 징역 또는 5천만원 이하의 벌금에 처한다.		제149조(지정심사관의 지정 신청 등) ① 지정항공운송사업자등은 소속 기장 또는 기장 외의 조종사에 대한 운항자격인정 또는 심사를 하려는 경우에는 지정심사관 후보자를 선정하여 별지 제69호서식의 지정심사관 지정(심사) 신청서를 국토교통부장관 또는 지방항공청장에게 제출하여야 한다.〈개정 2024. 9. 20.〉 ② 제1항의 신청서에는 지정심사관 후보자가 제151조제1항 각 호의 요건에 적합함을 증명하는 서류를 첨부하여야 한다. ③ 제1항에 따른 신청을 받은 국토교통부장관 또는 지방항공청장은 지정심사관 후보자가 제151조의 요건에 적합한 경우에는 지정심사관으로 지정하여야 한다.〈개정 2024. 9. 20.〉 ④ 제3항에 따라 지정을 받은 지정심사관(이하 "지정심사관"이라 한다)은 제141조제3항에 따른 위촉심사관의 자격이 있는 것으로 본다.
제150조(무표시 등의 죄) 제18조에 따른 표시를 하지 아니하거나 거짓 표시를 한 항공기를 운항한 소유자등은 1년 이하의 징역 또는 1천만원 이하의 벌금에 처한다.〈개정 2017. 1. 17.〉		제150조(위촉심사관등에 대한 항공기 형식 한정 등) ① 국토교통부장관 또는 지방항공청장은 위촉심사관 또는 지정심사관(이하 "위촉심사관등"이라 한다)을 위촉 또는 지정하는 경우 항공기 형식을 한정하여 위촉 또는 지정하여야 한다.〈개정 2024. 9. 20.〉

		② 국토교통부장관 또는 지방항공청장이 위촉심사관등의 위촉 또는 지정을 위하여 실시하는 심사에 관하여는 제141조제1항, 제3항 및 제4항을 준용한다.〈개정 2024. 9. 20.〉 ③ 제2항에 따른 심사는 운항자격심사관이 한다.
제151조(승무원을 승무시키지 아니한 죄) 항공종사자의 자격증명이 없는 사람을 항공기에 승무(乘務)시키거나 이 법에 따라 항공기에 승무시켜야 할 승무원을 승무시키지 아니한 소유자등은 1년 이하의 징역 또는 1천만원 이하의 벌금에 처한다.〈개정 2017. 1. 17.〉		제151조(위촉심사관등의 위촉 또는 지정 요건) ① 위촉심사관등의 위촉 또는 지정 요건은 다음 각 호와 같다. 1. 다음 각 목의 어느 하나에 해당하는 사람일 것 가. 항공운송사업에 사용되는 항공기의 기장으로서의 비행시간이 2천시간 이상이거나 해당 형식의 항공기 기장으로서의 비행시간이 1천시간 이상이고, 위촉심사관등이 되기 위한 훈련을 받은 사람일 것 나. 제137조에 따른 업무를 하는 항공기사용사업에 사용되는 항공기의 조종사로서의 비행시간이 1,500시간 이상이거나 해당 형식의 항공기 기장으로서의 비행시간이 1천시간 이상이고, 위촉심사관등이 되기 위한 훈련을 받은 사람일 것 2. 운항자격인정을 받은 기장일 것 3. 기장 또는 기장 외의 조종사에 대한 운항자격인정 및 심사를 하는 데 필요한 지식과 기량이 있을 것 4. 법 제43조에 따라 자격증명, 자격증명의 한정 또는 항공신체검사증명의 효력정지

		명령을 받고 그 정지기간이 끝나거나 그 정지가 면제된 날부터 2년이 지난 사람일 것 ② 제1항에도 불구하고 제1항 각 호의 요건을 갖춘 사람이 없거나 국토교통부장관 또는 지방항공청장이 필요하다고 인정하는 경우에는 지식 및 기량이 우수한 기장 중에서 항공운송사업자 또는 제137조에 따른 업무를 하는 항공기사용사업자의 신청을 받아 위촉심사관등으로 위촉하거나 지정할 수 있다.〈개정 2024. 9. 20.〉
제152조(무자격 계기비행 등의 죄) 제44조제1항 · 제2항 또는 제55조를 위반한 자는 2천만원 이하의 벌금에 처한다.		제152조(위촉심사관등에 대한 정기 · 수시심사) ① 국토교통부장관 또는 지방항공청장은 위촉심사관등이 제151조의 요건을 갖추고 있는지의 여부를 확인하기 위하여 위촉심사관등의 지식에 관하여는 1년마다, 기량에 관하여는 2년마다 심사하되, 특히 필요하다고 인정하는 경우에는 수시로 심사할 수 있다.〈개정 2024. 9. 20.〉 ② 제1항에 따른 심사는 국토교통부장관 또는 지방항공청장이 정하는 위촉심사관등에 대한 심사표에 따른다.〈개정 2024. 9. 20.〉 ③ 제1항의 심사는 운항자격심사관이 하되, 새로운 형식의 항공기 도입 또는 운항자격심사관의 사고 등의 사유가 있는 경우에는 국토교통부장관 또는 지방항공청장이 위촉심사관을 지명하여 할 수 있다.〈개정 2024. 9. 20.〉 ④ 제1항의 심사에 관하여는 제141조제1항, 제3항 및 제4항을 준용한다.

第153조(무선설비 등의 미설치·운용의 죄) 제51조부터 제54조까지의 규정을 위반한 자는 2천만원 이하의 벌금에 처한다.		第153조(위촉 또는 지정의 실효 및 취소) ① 위촉심사관등이 다음 각 호의 어느 하나에 해당하는 경우에는 위촉 또는 지정의 효력은 즉시 상실된다. 1. 제152조제1항에 따른 심사를 받지 아니하거나 그 심사에 합격하지 못한 경우 2. 위촉 또는 지정 당시 소속된 항공운송사업자 또는 항공기사용사업자 소속을 이탈한 경우 3. 위촉 또는 지정 당시 소속된 지정항공운송사업자등이 그 자격을 상실한 경우 4. 위촉 또는 지정 당시 한정받은 항공기 형식과 다른 형식의 항공기에 탑승하여 항공업무를 하게 된 경우 ② 국토교통부장관 또는 지방항공청장은 위촉심사관등이 다음 각 호의 어느 하나에 해당하는 경우에는 위촉 또는 지정을 취소할 수 있다.〈개정 2024. 9. 20.〉 1. 거짓이나 그 밖의 부정한 방법으로 위촉 또는 지정을 받은 경우 2. 부정한 방법으로 법 제63조제1항, 제2항 및 제4항에 따른 자격인정 또는 심사를 한 경우 3. 과실로 항공기사고를 발생시킨 경우 4. 법 또는 법에 따른 명령이나 처분을 위반한 경우 ③ 국토교통부장관 또는 지방항공청장은 운항자격심사관으로 하여금 위촉심사관등이 운항

		자격인정심사 또는 정기·수시심사를 수행한 기록물 등을 포함한 조종사의 운항자격에 관한 업무 전반에 대하여 정기 또는 수시로 확인하게 하여야 한다.〈개정 2024. 9. 20.〉
제153조의2(항공기 내 흡연의 죄) ① 운항 중인 항공기 내에서 제57조의2를 위반한 자는 1천만원 이하의 벌금에 처한다. ② 주기 중인 항공기 내에서 제57조의2를 위반한 자는 500만원 이하의 벌금에 처한다. [본조신설 2020. 12. 8.]		
제154조(무허가 위험물 운송의 죄) 제70조제1항을 위반한 자는 2천만원이하의 벌금에 처한다.		제154조(특별심사 대상 조종사) 법 제63조제6항에서 "국토교통부령으로 정하는 기장 또는 기장 외의 조종사"란 항공운송사업 또는 제137조에 따른 업무를 하는 항공기사용사업에 사용되는 항공기의 기장 또는 기장 외의 조종사를 말한다.
제155조(수직분리축소공역 등에서 승인 없이 운항한 죄) 제75조를 위반하여 국토교통부장관의 승인을 받지 아니하고 같은 조 제1항 각 호의 어느 하나에 해당하는 공역에서 항공기를 운항한 소유자등은 1천만원 이하의 벌금에 처한다.		제155조(기장의 지역, 노선 및 공항에 대한 경험요건) ① 법 제63조제7항에서 "국토교통부령으로 정하는 지역, 노선 및 공항"이란 주변의 지형, 장애물 및 진입·출발방식 등을 고려하여 법 제77조에 따라 국토교통부장관이 고시하는 운항기술기준에서 정한 지역, 노선 및 공항을 말한다. ② 법 제63조제7항에 따라 항공운송사업에 사용되는 항공기의 기장은 법 제77조에 따라 국토교통부장관이 고시하는 운항기술기준에서 정한 경험이 있어야 한다.

第156조(항공운송사업자 등의 업무 등에 관한 죄) 항공운송사업자 또는 항공기사용사업자가 다음 각 호의 어느 하나에 해당하는 경우에는 1천만원 이하의 벌금에 처한다.〈개정 2020. 6. 9.〉 1. 제74조를 위반하여 승인을 받지 아니하고 비행기를 운항한 경우 2. 제93조제7항 후단(제96조제2항에서 준용하는 경우를 포함한다)을 위반하여 운항규정 또는 정비규정을 준수하지 아니하고 항공기를 운항하거나 정비한 경우 3. 제94조(제96조제2항에서 준용하는 경우를 포함한다)에 따른 항공운송의 안전을 위한 명령을 이행하지 아니한 경우		第156조(기장의 경험요건의 면제) 국토교통부장관 또는 지방항공청장은 신규로 개설되는 노선을 운항하려는 기장이 다음 각 호의 어느 하나에 해당하는 경우에는 제155조제2항에 따른 경험요건을 면제할 수 있다.〈개정 2024. 9. 20.〉 1. 운항하려는 지역, 노선 및 공항에 대한 시각장비 또는 비행장 도면이 포함된 운항절차에 대한 교육을 받고 위촉심사관등으로부터 확인을 받은 경우 2. 위촉심사관 또는 운항하려는 해당 형식 항공기의 기장으로서 비행한 시간이 1천시간 이상인 경우
第157조(외국인국제항공운송사업자의 업무 등에 관한 죄) 외국인국제항공운송사업자가 다음 각 호의 어느 하나에 해당하는 경우에는 1천만원 이하의 벌금에 처한다.〈개정 2021. 5. 18.〉 1. 제104조제1항을 위반하여 같은 항 각 호의 서류를 항공기에 싣지 아니하고 운항한 경우 2. 제105조에 따른 항공기 운항의 정지명령을 위반한 경우 3. 제106조제2항에 따라 준용되는 제94조에 따른 항공운송의 안전을 위한 명령을 이행하지 아니한 경우		第157조(지정항공운송사업자등에 대한 준용규정 등) ① 지정항공운송사업자등의 자격인정 또는 심사에 관하여는 제137조부터 제140조까지, 제141조제1항·제3항, 제142조, 제143조제1항·제4항, 제144조 및 제145조를 준용한다. ② 지정항공운송사업자등은 매월 법 제63조제4항에 따른 운항자격인정 또는 심사결과를 다음 달 20일까지 국토교통부장관 또는 지방항공청장에게 보고하여야 한다.〈개정 2024. 9. 20.〉

제158조(기장 등의 보고의무 등의 위반에 관한 죄) 다음 각 호의 어느 하나에 해당하는 자는 500만원 이하의 벌금에 처한다.〈개정 2019. 8. 27.〉

1. 제62조제5항 또는 제6항을 위반하여 항공기사고·항공기준사고 또는 의무보고 대상 항공안전장애에 관한 보고를 하지 아니하거나 거짓으로 한 자

2. 제65조제2항에 따른 승인을 받지 아니하고 항공기를 출발시키거나 비행계획을 변경한 자

제158조(운항관리사) ① 법 제65조제1항에 따라 운항관리사를 두어야 하는 자는 운항관리사가 연속하여 12개월 이상의 기간 동안 운항관리사의 업무에 종사하지 아니한 경우에는 그 운항관리사가 제159조에 따른 지식과 경험을 갖추고 있는지의 여부를 확인한 후가 아니면 그 운항관리사를 운항관리사의 업무에 종사하게 해서는 아니 된다.

② 법 제65조제1항에 따라 운항관리사를 두어야 하는 자는 운항관리사가 해당 업무와 관련된 항공기의 운항 사항을 항상 알고 있도록 하여야 한다.

제159조(운항승무원 등의 직무에 관한 죄) ① 운항승무원 등으로서 제67조제2항제4호를 위반하여 비행계획을 제출하지 아니하거나 거짓으로 작성하여 제출한 자 또는 비행계획을 따르지 아니하고 비행한 자는 1천만원 이하의 벌금에 처한다.〈신설 2024. 3. 19.〉

② 운항승무원 등으로서 다음 각 호의 어느 하나에 해당하는 자는 500만원 이하의 벌금에 처한다.〈개정 2024. 3. 19.〉

1. 제66조, 제67조(제2항제4호는 제외한다), 제68조, 제79조 또는 제100조제1항을 위반한 자

2. 제84조제1항에 따른 지시에 따르지 아니한 자

3. 제100조제3항에 따른 착륙 요구에 따

제159조(운항관리사에 대한 교육훈련 등) 법 제65조제1항에 따라 운항관리사를 두어야 하는 자는 법 제65조제3항에 따라 운항관리사가 다음 각 호의 지식 및 경험 등을 갖출 수 있도록 교육훈련계획을 수립하고 매년 1회 이상 교육훈련을 실시하여야 한다.

1. 운항하려는 지역에 대한 다음 각 목의 지식

가. 계절별 기상조건

나. 기상정보의 출처

다. 기상조건이 운항 예정인 항공기에서 무선통신을 수신하는 데 미치는 영향

라. 화물 탑재 절차 등

2. 해당 항공기 및 그 장비품에 대한 다음 각 목의 지식

가. 운항규정의 내용

르지 아니한 자 ③ 기장 외의 운항승무원이 제1항 또는 제2항에 따른 죄를 지은 경우에는 그 행위자를 벌하는 외에 기장도 해당 조문의 벌금에 처한다. 다만, 기장이 그 위반행위를 방지하기 위하여 해당 업무에 관하여 상당한 주의와 감독을 게을리하지 아니한 경우에는 그러하지 아니하다.〈개정 2024. 3. 19.〉		나. 무선통신장비 및 항행장비의 특성과 제한사항 3. 운항 감독을 하도록 지정된 지역에 대해 최근 12개월 이내에 항공기 조종실에 탑승하여 1회 이상의 편도비행(해당 지역에 있는 비행장 및 헬기장에서의 착륙을 포함한다)을 한 경험(항공운송사업자에 소속된 운항관리사만 해당한다) 4. 업무 수행에 필요한 다음 각 목의 능력 가. 인적요소(Human Factor)와 관련된 지식 및 기술 나. 기장에 대한 비행준비의 지원 다. 기장에 대한 비행 관련 정보의 제공 라. 기장에 대한 운항비행계획서(Operational Flight Plan) 및 비행계획서의 작성 지원 마. 비행 중인 기장에게 필요한 안전 관련 정보의 제공 바. 비상시 운항규정에서 정한 절차에 따른 조치
제160조(경량항공기 불법 사용 등의 죄) ① 다음 각 호의 어느 하나에 해당하는 자는 3년 이하의 징역 또는 3천만원 이하의 벌금에 처한다. 1. 제121조제2항에서 준용하는 제57조제1항을 위반하여 주류등의 영향으로 경량항공기를 사용하여 비행을 정상적으로 수행할 수 없는 상태에서 경량항공기를 사용하여 비행을 한 사람		제160조(이륙·착륙 장소 외에서의 이륙·착륙 허가신청) 영 제9조제3항에 따라 국토교통부장관 또는 지방항공청장의 허가를 받으려는 자는 별지 제70호서식의 이륙·착륙 장소 외에서의 이륙·착륙 허가 신청서에 다음 각 호의 사항을 적은 서류를 첨부하여 국토교통부장관 또는 지방항공청장에게 제출하여야 한다. 1. 이륙·착륙하려는 장소(해당 장소의 약

2. 제121조제2항에서 준용하는 제57조제2항을 위반하여 경량항공기를 사용하여 비행하는 동안에 주류등을 섭취하거나 사용한 사람

3. 제121조제2항에서 준용하는 제57조제3항을 위반하여 국토교통부장관의 측정 요구에 따르지 아니한 사람

② 제110조 본문을 위반하여 경량항공기 조종업무 외의 업무를 한 사람은 2년 이하의 징역 또는 2천만원 이하의 벌금에 처한다.

③ 제108조제1항에 따른 안전성인증을 받지 아니한 경량항공기를 사용하여 비행을 한 자 또는 비행을 하게 한 자는 1년 이하의 징역 또는 1천만원 이하의 벌금에 처한다.

④ 다음 각 호의 어느 하나에 해당하는 자는 6개월 이하의 징역 또는 500만원 이하의 벌금에 처한다.〈개정 2020. 6. 9., 2021. 5. 18.〉

1. 제109조제1항을 위반하여 경량항공기 조종사 자격증명을 받지 아니하고 경량항공기를 사용하여 비행을 한 사람

2. 제112조의2를 위반한 사람으로서 다음 각 목의 어느 하나에 해당하는 사람

가. 다른 사람에게 자기의 성명을 사용하여 경량항공기 조종업무를 수행하게 하거나 경량항공기 조종사 자격증명서를 빌려 준 사람

나. 다른 사람의 성명을 사용하여 경량항공기 조종업무를 수행하거나 다른 사람의 경량항공기 조종사 자격증명서를 빌린 사람

도를 포함한다)

2. 이륙·착륙의 절차 및 방향의 선정

3. 이륙·착륙 장소의 지형 적합성 및 우천·강설 등에 따른 지반 약화 가능성

4. 이륙·착륙 장소에 적합한 용량의 소화기 비치계획 및 풍향을 지시할 수 있는 장치의 설치 여부

5. 이륙·착륙 장소의 주변 장애물(급격한 경사, 전선 및 건물 등을 말한다)

6. 이륙·착륙 장소에 사람의 접근통제 및 안전요원 배치 계획

7. 항공기사고를 방지하기 위한 조치

8. 항공기의 급유 시 안전대책

9. 국유지 및 사유지에 이륙·착륙 시 관계기관 또는 관계인과의 토지사용에 대한 사전협의 사항

10. 항공기의 소음 등으로 인한 민원발생 예방대책

11. 그 밖에 항공기의 안전한 이륙·착륙을 위하여 국토교통부장관이 정하여 고시하는 사항

다. 가목 및 나목의 행위를 알선한 사람
3. 제121조제1항에서 준용하는 제7조제1항을 위반하여 등록을 하지 아니한 경량항공기를 사용하여 비행을 한 자
4. 제121조제1항에서 준용하는 제18조제1항을 위반하여 국적 및 등록기호를 표시하지 아니하거나 거짓으로 표시한 경량항공기를 사용하여 비행을 한 사람
⑤ 제115조제1항을 위반하여 경량항공기 조종교육증명을 받지 아니하고 조종교육을 한 사람은 2천만원 이하의 벌금에 처한다.
⑥ 제119조를 위반하여 무선설비를 설치·운용하지 아니한 자는 500만원 이하의 벌금에 처한다.
⑦ 다음 각 호의 어느 하나에 해당하는 사람은 300만원 이하의 벌금에 처한다.
1. 제118조를 위반하여 경량항공기를 사용하여 이륙·착륙 장소가 아닌 곳 또는 「공항시설법」 제25조제6항에 따라 사용이 중지된 이착륙장에서 이륙하거나 착륙한 사람
2. 제121조제4항에서 준용하는 제79조제2항을 위반하여 통제공역에서 비행한 사람

제161조(초경량비행장치 불법 사용 등의 죄) ① 다음 각 호의 어느 하나에 해당하는 자는 3년 이하의 징역 또는 3천만원 이하의 벌금에 처한다.
1. 제131조에서 준용하는 제57조제1항을 위반하여 주류등의 영향으로 초경량비행장치

제161조(비행규칙의 준수 등) ① 기장은 법 제67조에 따른 비행규칙에 따라 비행하여야 한다. 다만, 안전을 위하여 불가피한 경우에는 그러하지 아니하다.
② 기장은 비행을 하기 전에 현재의 기상관측보고, 기상예보, 소요 연료량, 대체 비행

를 사용하여 비행을 정상적으로 수행할 수 없는 상태에서 초경량비행장치를 사용하여 비행을 한 사람

2. 제131조에서 준용하는 제57조제2항을 위반하여 초경량비행장치를 사용하여 비행하는 동안에 주류등을 섭취하거나 사용한 사람

3. 제131조에서 준용하는 제57조제3항을 위반하여 국토교통부장관의 측정 요구에 따르지 아니한 사람

② 제124조에 따른 비행안전을 위한 기술상의 기준에 적합하다는 안전성인증을 받지 아니한 초경량비행장치를 사용하여 제125조제1항에 따른 초경량비행장치 조종자 증명을 받지 아니하고 비행을 한 사람은 1년 이하의 징역 또는 1천만원 이하의 벌금에 처한다.

③ 제122조 또는 제123조를 위반하여 초경량비행장치의 신고 또는 변경신고를 하지 아니하고 비행을 한 자는 6개월 이하의 징역 또는 500만원 이하의 벌금에 처한다.

④ 다음 각 호의 어느 하나에 해당하는 사람은 500만원 이하의 벌금에 처한다.〈개정 2021. 12. 7.〉

1. 제127조제2항을 위반하여 국토교통부장관의 승인을 받지 아니하고 초경량비행장치 비행제한공역을 비행한 사람

2. 제127조제3항제2호를 위반하여 국토교통부장관의 승인을 받지 아니하고 초경량비행장치를 이용하여 관제권에서 비행함으로

경로 및 그 밖에 비행에 필요한 정보를 숙지하여야 한다.

③ 기장은 인명이나 재산에 피해가 발생하지 아니하도록 주의하여 비행하여야 한다.

④ 기장은 다른 항공기 또는 그 밖의 물체와 충돌하지 아니하도록 비행하여야 하며, 공중충돌경고장치의 회피지시가 발생한 경우에는 그 지시에 따라 회피기동을 하는 등 충돌을 예방하기 위한 조치를 하여야 한다.

써 항공기 이착륙을 지연시키거나 회항하게 하는 등 비행장 운영에 지장을 초래한 사람 3. 제129조제2항을 위반하여 국토교통부장관의 허가를 받지 아니하고 무인자유기구를 비행시킨 사람 ⑤ 삭제〈2021. 12. 7.〉		
제162조(명령 위반의 죄) 제130조에 따른 초경량비행장치사용사업의 안전을 위한 명령을 이행하지 아니한 초경량비행장치사용사업자는 1천만원 이하의 벌금에 처한다.		제162조(항공기의 지상이동) 법 제67조에 따라 비행장 안의 이동지역에서 이동하는 항공기는 충돌예방을 위하여 다음 각 호의 기준에 따라야 한다.〈개정 2021. 8. 27.〉 1. 정면 또는 이와 유사하게 접근하는 항공기 상호간에는 모두 정지하거나 가능한 경우에는 충분한 간격이 유지되도록 각각 오른쪽으로 진로를 바꿀 것 2. 교차하거나 이와 유사하게 접근하는 항공기 상호간에는 다른 항공기를 우측으로 보는 항공기가 진로를 양보할 것 3. 앞지르기하는 항공기는 다른 항공기의 통행에 지장을 주지 않도록 충분한 분리 간격을 유지할 것 4. 기동지역에서 지상이동 하는 항공기는 관제탑의 지시가 없는 경우에는 활주로진입전대기지점(Runway Holding Position)에서 정지ㆍ대기할 것 5. 기동지역에서 지상이동하는 항공기는 정지선등(Stop Bar Lights)이 켜져 있는 경우에는 정지ㆍ대기하고, 정지선등이 꺼질 때에 이동할 것

제163조(검사 거부 등의 죄) 제132조제2항 및 제3항에 따른 검사 또는 출입을 거부·방해하거나 기피한 자는 500만원 이하의 벌금에 처한다.

제163조(비행장 또는 그 주변에서의 비행) ① 법 제67조에 따라 비행장 또는 그 주변을 비행하는 항공기의 조종사는 다음 각 호의 기준에 따라야 한다.〈개정 2021. 8. 27.〉

1. 이륙하려는 항공기는 안전고도 미만의 고도 또는 안전속도 미만의 속도에서 선회하지 말 것
2. 해당 비행장의 이륙기상최저치 미만의 기상상태에서는 이륙하지 말 것
3. 해당 비행장의 시계비행 착륙기상최저치 미만의 기상상태에서는 시계비행방식으로 착륙을 시도하지 말 것
4. 터빈발동기를 장착한 이륙항공기는 지표 또는 수면으로부터 450미터(1,500피트)의 고도까지 가능한 한 신속히 상승할 것. 다만, 소음 감소를 위하여 국토교통부장관이 달리 비행방법을 정한 경우에는 그러하지 아니하다.
5. 해당 비행장을 관할하는 항공교통관제기관과 무선통신을 유지할 것
6. 비행로, 교통장주(Traffic Pattern: 비행장 상공을 도는 경로를 말한다), 그 밖에 해당 비행장에 대하여 정해진 비행 방식 및 절차에 따를 것
7. 다른 항공기 다음에 이륙하려는 항공기는 그 다른 항공기가 이륙하여 활주로의 종단을 통과하기 전에는 이륙을 위한 활주를 시작하지 말 것
8. 다른 항공기 다음에 착륙하려는 항공

		기는 그 다른 항공기가 착륙하여 활주로 밖으로 나가기 전에는 착륙하기 위하여 그 활주로 시단을 통과하지 말 것 9. 이륙하는 다른 항공기 다음에 착륙하려는 항공기는 그 다른 항공기가 이륙하여 활주로의 종단을 통과하기 전에는 착륙하기 위하여 해당 활주로의 시단을 통과하지 말 것 10. 착륙하는 다른 항공기 다음에 이륙하려는 항공기는 그 다른 항공기가 착륙하여 활주로 밖으로 나가기 전에 이륙하기 위한 활주를 시작하지 말 것 11. 기동지역 및 비행장 주변에서 비행하는 항공기를 관찰할 것 12. 다른 항공기가 사용하고 있는 교통장주를 회피하거나 지시에 따라 비행할 것 13. 비행장에 착륙하기 위하여 접근하거나 이륙 중 선회가 필요할 경우에는 달리 지시를 받은 경우를 제외하고는 좌선회할 것 14. 비행안전, 활주로의 배치 및 항공교통상황 등을 고려하여 필요한 경우를 제외하고는 바람이 불어오는 방향으로 이륙 및 착륙할 것 ② 제1항제6호부터 제14호까지의 규정에도 불구하고 항공교통관제기관으로부터 다른 지시를 받은 경우에는 그 지시에 따라야 한다.
제163조의2(비밀유지 위반의 죄) 제136조의2를 위반하여 업무를 수행하는 과정에서 알게 된 비밀을 누설하거나 이를 직무상 목적		

외에 사용한 자는 3년 이하의 징역 또는 3천만원 이하의 벌금에 처한다.		
제164조(양벌규정) 법인의 대표자나 법인 또는 개인의 대리인, 사용인, 그 밖의 종업원이 그 법인 또는 개인의 업무에 관하여 제144조, 제145조, 제148조, 제150조부터 제154조까지, 제156조, 제157조 및 제159조부터 제163조까지의 어느 하나에 해당하는 위반행위를 하면 그 행위자를 벌하는 외에 그 법인 또는 개인에게도 해당 조문의 벌금형을 과(科)한다. 다만, 법인 또는 개인이 그 위반행위를 방지하기 위하여 해당 업무에 관하여 상당한 주의와 감독을 게을리하지 아니한 경우에는 그러하지 아니하다.		제164조(순항고도) ① 법 제67조에 따라 비행을 하는 항공기의 순항고도는 다음 각 호와 같다. 1. 항공기가 관제구 또는 관제권을 비행하는 경우에는 항공교통관제기관이 법 제84조제1항에 따라 지시하는 고도 2. 제1호 외의 경우에는 별표 21 제1호에서 정한 순항고도 3. 제2호에도 불구하고 국토교통부장관이 수직분리축소공역(RVSM)으로 정하여 고시한 공역의 경우에는 별표 21 제2호에서 정한 순항고도 ② 제1항에 따른 항공기의 순항고도는 다음 각 호의 구분에 따라 표현되어야 한다. 1. 순항고도가 전이고도를 초과하는 경우: 비행고도(Flight Level) 2. 순항고도가 전이고도 이하인 경우: 고도(Altitude)
제165조(벌칙 적용의 특례) 제144조, 제156조 및 제163조의 벌칙에 관한 규정을 적용할 때 제92조(제106조제2항에 따라 준용되는 경우를 포함한다) 또는 제95조제4항에 따라 과징금을 부과할 수 있는 행위에 대해서는 국토교통부장관의 고발이 있어야 공소를 제기할 수 있으며, 과징금을 부과한 행위에 대		제165조(기압고도계의 수정) 법 제67조에 따라 비행을 하는 항공기의 기압고도계는 다음 각 호의 기준에 따라 수정해야 한다.〈개정 2023. 9. 12.〉 1. 전이고도 이하의 고도로 비행하는 경우에는 비행로를 따라 185킬로미터(100해리) 이내에 있는 항공교통관제기관으로부터 통보

해서는 과태료를 부과할 수 없다.〈개정 2017. 1. 17., 2021. 5. 18.〉		받은 QNH[185킬로미터(100해리) 이내에 항공교통관제기관이 없는 경우에는 제229조제1호에 따른 비행정보기관 등으로부터 받은 최신 QNH를 말한다]로 수정할 것 2. 전이고도를 초과한 고도로 비행하는 경우에는 표준기압치(1,013.2 헥토파스칼)로 수정할 것
제166조(과태료) ① 다음 각 호의 어느 하나에 해당하는 자에게는 500만원 이하의 과태료를 부과한다.〈개정 2019. 11. 26., 2020. 12. 8., 2022. 1. 18.〉 1. 제41조의2를 위반하여 소속 항공교통관제사 또는 운항승무원을 대상으로 건강증진활동계획을 수립·시행하지 아니한 자 1의2. 제56조제1항을 위반하여 같은 항 각 호의 어느 하나 이상의 방법으로 소속 승무원 또는 운항관리사의 피로를 관리하지 아니한 자(항공운송사업자 및 항공기사용사업자는 제외한다) 2. 제56조제2항을 위반하여 국토교통부장관의 승인을 받지 아니하고 피로위험관리시스템을 운용하거나 중요사항을 변경한 자(항공운송사업자 및 항공기사용사업자는 제외한다) 3. 제58조제2항을 위반하여 다음 각 목의 어느 하나에 해당하는 자(제58조제2항제1호 및 제4호에 해당하는 자 중 항공운송사업자 및 항공기사용사업자 외의 자만 해당한다) 가. 제작 또는 운항 등을 시작하기 전까지		제166조(통행의 우선순위) ① 법 제67조에 따라 교차하거나 그와 유사하게 접근하는 고도의 항공기 상호간에는 다음 각 호에 따라 진로를 양보해야 한다.〈개정 2021. 8. 27.〉 1. 비행기·헬리콥터는 비행선, 활공기 및 기구류에 진로를 양보할 것 2. 비행기·헬리콥터·비행선은 항공기 또는 그 밖의 물건을 예항(끌고 비행하는 것을 말한다)하는 다른 항공기에 진로를 양보할 것 3. 비행선은 활공기 및 기구류에 진로를 양보할 것 4. 활공기는 기구류에 진로를 양보할 것 5. 제1호부터 제4호까지의 경우를 제외하고는 다른 항공기를 우측으로 보는 항공기가 진로를 양보할 것 ② 비행 중이거나 지상 또는 수상에서 운항 중인 항공기는 착륙 중이거나 착륙하기 위하여 최종접근 중인 항공기에 진로를 양보하여야 한다. ③ 착륙을 위하여 비행장에 접근하는 항공기 상호간에는 높은 고도에 있는 항공기가

항공안전관리시스템을 마련하지 아니한 자

나. 국토교통부장관의 승인을 받지 아니하고 항공안전관리시스템을 운용한 자

다. 항공안전관리시스템을 승인받은 내용과 다르게 운용한 자

라. 국토교통부장관의 승인을 받지 아니하고 국토교통부령으로 정하는 중요사항을 변경한 자

4. 제65조제1항을 위반하여 운항관리사를 두지 아니하고 항공기를 운항한 항공운송사업자 외의 자

5. 제65조제3항을 위반하여 운항관리사가 해당 업무를 수행하는 데 필요한 교육훈련을 하지 아니하고 업무에 종사하게 한 항공운송사업자 외의 자

6. 제70조제3항에 따른 위험물취급의 절차와 방법에 따르지 아니하고 위험물취급을 한 자

7. 제71조제1항에 따른 검사를 받지 아니한 포장 및 용기를 판매한 자

8. 제72조제1항을 위반하여 위험물취급에 필요한 교육을 받지 아니하고 위험물취급을 한 자

9. 제115조제2항을 위반하여 국토교통부장관이 정하는 바에 따라 교육을 받지 아니하고 경량항공기 조종교육을 한 자

10. 제124조를 위반하여 초경량비행장치의 비행안전을 위한 기술상의 기준에 적합하다

낮은 고도에 있는 항공기에 진로를 양보해야 한다. 이 경우 낮은 고도에 있는 항공기는 최종 접근단계에 있는 다른 항공기의 전방에 끼어들거나 그 항공기를 앞지르기해서는 안 된다.〈개정 2021. 8. 27.〉

④ 제3항에도 불구하고 비행기, 헬리콥터 또는 비행선은 활공기에 진로를 양보하여야 한다.

⑤ 비상착륙하는 항공기를 인지한 항공기는 그 항공기에 진로를 양보하여야 한다.

⑥ 비행장 안의 기동지역에서 운항하는 항공기는 이륙 중이거나 이륙하려는 항공기에 진로를 양보하여야 한다.

는 안전성인증을 받지 아니하고 비행한 사람(제161조제2항이 적용되는 경우는 제외한다)

11. 제132조제1항에 따른 보고 등을 하지 아니하거나 거짓 보고 등을 한 사람

12. 제132조제2항에 따른 질문에 대하여 거짓 진술을 한 사람

13. 제132조제8항에 따른 운항정지, 운용정지 또는 업무정지를 따르지 아니한 자

14. 제132조제9항에 따른 시정조치 등의 명령에 따르지 아니한 자

15. 제133조의2제1항에 따른 공시를 하지 아니하거나 거짓으로 공시한 자

② 제125조제1항을 위반하여 초경량비행장치 조종자 증명을 받지 아니하고 초경량비행장치를 사용하여 비행한 사람(제161조제2항이 적용되는 경우는 제외한다)에게는 400만원 이하의 과태료를 부과한다.〈신설 2021. 12. 7.〉

③ 다음 각 호의 어느 하나에 해당하는 자에게는 300만원 이하의 과태료를 부과한다.〈개정 2021. 5. 18., 2021. 12. 7.〉

1. 제108조제4항을 위반하여 국토교통부령으로 정하는 방법에 따라 안전하게 운용할 수 있다는 확인을 받지 아니하고 경량항공기를 사용하여 비행한 사람

2. 제120조제1항을 위반하여 국토교통부령으로 정하는 준수사항을 따르지 아니하고 경량항공기를 사용하여 비행한 사람

3. 삭제〈2021. 12. 7.〉

4. 제125조제2항부터 제4항까지를 위반한 사람으로서 다음 각 목의 어느 하나에 해당하는 사람

가. 다른 사람에게 자기의 성명을 사용하여 초경량비행장치 조종을 수행하게 하거나 초경량비행장치 조종자 증명을 빌려 준 사람

나. 다른 사람의 성명을 사용하여 초경량비행장치 조종을 수행하거나 다른 사람의 초경량비행장치 조종자 증명을 빌린 사람

다. 가목 및 나목의 행위를 알선한 사람

5. 제127조제3항을 위반하여 국토교통부장관의 승인을 받지 아니하고 초경량비행장치를 사용하여 비행한 사람(제161조제4항제2호가 적용되는 경우는 제외한다)

6. 제129조제1항을 위반하여 국토교통부령으로 정하는 준수사항을 따르지 아니하고 초경량비행장치를 사용하여 비행한 사람

7. 제129조제5항을 위반하여 국토교통부장관이 승인한 범위 외에서 비행한 사람

④ 다음 각 호의 어느 하나에 해당하는 자에게는 200만원 이하의 과태료를 부과한다.〈개정 2017. 8. 9., 2020. 6. 9., 2021. 12. 7.〉

1. 제13조 또는 제15조제1항을 위반하여 변경등록 또는 말소등록의 신청을 하지 아니한 자

2. 제17조제1항을 위반하여 항공기 등록기

호표를 붙이지 아니하고 항공기를 사용한 자

3. 제26조를 위반하여 변경된 항공기기술기준을 따르도록 한 요구에 따르지 아니한 자

4. 항공종사자가 아닌 사람으로서 고의 또는 중대한 과실로 제61조제1항의 항공안전위해요인을 발생시킨 사람

5. 제84조제2항(제121조제5항에서 준용하는 경우를 포함한다)을 위반하여 항공교통의 안전을 위한 국토교통부장관 또는 항공교통업무증명을 받은 자의 지시에 따르지 아니한 자

6. 제93조제7항 후단(제96조제2항에서 준용하는 경우를 포함한다)을 위반하여 운항규정 또는 정비규정을 준수하지 아니하고 항공기의 운항 또는 정비에 관한 업무를 수행한 종사자

7. 제108조제3항을 위반하여 부여된 안전성인증 등급에 따른 운용범위를 준수하지 아니하고 경량항공기를 사용하여 비행한 사람

8. 삭제〈2021. 12. 7.〉

9. 삭제〈2021. 12. 7.〉

10. 삭제〈2021. 12. 7.〉

⑤ 다음 각 호의 어느 하나에 해당하는 자에게는 100만원 이하의 과태료를 부과한다.〈개정 2019. 8. 27., 2020. 6. 9., 2021. 5. 18., 2021. 12. 7.〉

1. 제33조에 따른 보고를 하지 아니하거나 거짓으로 보고한 자

2. 제59조제1항(제106조제2항에 따라 준

용되는 경우를 포함한다)을 위반하여 항공기 사고, 항공기준사고 또는 의무보고 대상 항공안전장애를 보고하지 아니하거나 거짓으로 보고한 자

3. 제121조제1항에서 준용하는 제17조제1항을 위반하여 경량항공기 등록기호표를 붙이지 아니한 경량항공기소유자등

4. 제122조제5항을 위반하여 신고번호를 해당 초경량비행장치에 표시하지 아니하거나 거짓으로 표시한 초경량비행장치소유자등

5. 제128조를 위반하여 국토교통부령으로 정하는 장비를 장착하거나 휴대하지 아니하고 초경량비행장치를 사용하여 비행을 한 자

⑥ 다음 각 호의 어느 하나에 해당하는 자에게는 50만원 이하의 과태료를 부과한다.〈개정 2021. 12. 7.〉

1. 제120조제2항을 위반하여 경량항공기 사고에 관한 보고를 하지 아니하거나 거짓으로 보고한 경량항공기 조종사 또는 그 경량항공기소유자등

2. 제121조제1항에서 준용하는 제13조 또는 제15조를 위반하여 경량항공기의 변경등록 또는 말소등록을 신청하지 아니한 경량항공기소유자등

⑦ 다음 각 호의 어느 하나에 해당하는 자에게는 30만원 이하의 과태료를 부과한다.〈개정 2020. 6. 9., 2021. 12. 7., 2024. 1. 16.〉

1. 제123조제4항을 위반하여 초경량비행장치의 말소신고를 하지 아니한 초경량비행장치소유자등 1의2. 제125조의2제2항을 위반하여 국토교통부장관이 실시하는 안전교육을 받지 아니하고 국토교통부령으로 정하는 초경량비행장치를 사용하여 조종교육을 한 자 2. 제129조제3항을 위반하여 초경량비행장치사고에 관한 보고를 하지 아니하거나 거짓으로 보고한 초경량비행장치 조종자 또는 그 초경량비행장치소유자등		
제167조(과태료의 부과·징수절차) 제166조에 따른 과태료는 대통령령으로 정하는 바에 따라 국토교통부장관이 부과·징수한다.		제167조(진로와 속도 등) ① 법 제67조에 따라 통행의 우선순위를 가진 항공기는 그 진로와 속도를 유지하여야 한다. ② 다른 항공기에 진로를 양보하는 항공기는 그 다른 항공기의 상하 또는 전방을 통과해서는 아니 된다. 다만, 충분한 거리 및 항적난기류(航跡亂氣流)의 영향을 고려하여 통과하는 경우에는 그러하지 아니하다. ③ 두 항공기가 충돌할 위험이 있을 정도로 정면 또는 이와 유사하게 접근하는 경우에는 서로 기수(機首)를 오른쪽으로 돌려야 한다. ④ 다른 항공기의 후방 좌·우 70도 미만의 각도에서 그 항공기를 앞지르기(상승 또는 강하에 의한 앞지르기를 포함한다)하려는 항공기는 앞지르기당하는 항공기의 오른쪽을 통과해야 한다. 이 경우 앞지르기하는 항공기는 앞지르기당하는 항공기와 간격을 유지하

		며, 앞지르기당하는 항공기의 진로를 방해해서는 안 된다.〈개정 2021. 8. 27.〉
		제168조(수상에서의 충돌예방) 법 제67조에 따라 수상에서 항공기를 운항하려는 자는 「해사안전법」에서 달리 정한 것이 없으면 다음 각 호의 기준에 따라 운항하거나 이동해야 한다.〈개정 2021. 8. 27.〉 1. 항공기와 다른 항공기 또는 선박이 근접하는 경우에는 주변 상황과 그 다른 항공기 또는 선박의 이동상황을 고려하여 운항할 것 2. 항공기와 다른 항공기 또는 선박이 교차하거나 이와 유사하게 접근하는 경우에는 그 다른 항공기 또는 선박을 오른쪽으로 보는 항공기가 진로를 양보하고 충분한 간격을 유지할 것 3. 항공기와 다른 항공기 또는 선박이 정면 또는 이와 유사하게 접근하는 경우에는 서로 기수를 오른쪽으로 돌리고 충분한 간격을 유지할 것 4. 앞지르기하려는 항공기는 충돌을 피할 수 있도록 진로를 변경하여 앞지르기할 것 5. 수상에서 이륙하거나 착륙하는 항공기는 수상의 모든 항공기 또는 선박으로부터 충분한 간격을 유지하여 선박의 항해를 방해하지 말 것 6. 수상에서 야간에 이동, 견인 및 정박하는 항공기는 별표 22에서 정하는 등불을 작동시킬 것. 다만, 부득이한 경우에는 별표 22

에서 정하는 위치와 형태 등과 유사하게 등불을 작동시켜야 한다.

제169조(비행속도의 유지 등) ① 법 제67조에 따라 항공기는 지표면으로부터 750미터(2,500피트)를 초과하고, 평균해면으로부터 3,050미터(1만피트) 미만인 고도에서는 지시대기속도 250노트 이하로 비행하여야 한다. 다만, 관할 항공교통관제기관의 승인을 받은 경우에는 그러하지 아니하다.

② 항공기는 별표 23 제1호에 따른 C 또는 D등급 공역에서는 공항으로부터 반지름 7.4킬로미터(4해리) 내의 지표면으로부터 750미터(2,500피트)의 고도 이하에서는 지시대기속도 200노트 이하로 비행하여야 한다. 다만, 관할 항공교통관제기관의 승인을 받은 경우에는 그러하지 아니하다.

③ 항공기는 별표 23 제1호에 따른 B등급 공역 중 공항별로 국토교통부장관이 고시하는 범위와 고도의 구역 또는 B등급 공역을 통과하는 시계비행로에서는 지시대기속도 200노트 이하로 비행하여야 한다.

④ 최저안전속도가 제1항부터 제3항까지의 규정에 따른 최대속도보다 빠른 항공기는 그 항공기의 최저안전속도로 비행하여야 한다.

제170조(편대비행) ① 법 제67조에 따라 2대 이상의 항공기로 편대비행(編隊飛行)을 하려는 기장은 미리 다음 각 호의 사항에 관하

여 다른 기장과 협의하여야 한다.
1. 편대비행의 실시계획
2. 편대의 형(形)
3. 선회 및 그 밖의 행동 요령
4. 신호 및 그 의미
5. 그 밖에 필요한 사항

② 제1항에 따라 법 제78조제1항제1호에 따른 관제공역 내에서 편대비행을 하려는 항공기의 기장은 다음 각 호의 사항을 준수하여야 한다.
1. 편대 책임기장은 편대비행 항공기들을 단일 항공기로 취급하여 관할 항공교통관제기관에 비행 위치를 보고할 것
2. 편대 책임기장은 편대 내의 항공기들을 집결 또는 분산 시 적절하게 분리할 것
3. 편대를 책임지는 항공기로부터 편대 내의 항공기들을 종적 및 횡적으로는 1킬로미터, 수직으로는 30미터 이내의 분리를 할 것

제171조(활공기 등의 예항) ① 법 제67조에 따라 항공기가 활공기를 예항하는 경우에는 다음 각 호의 기준에 따라야 한다.〈개정 2021. 8. 27.〉
1. 항공기에 연락원을 탑승시킬 것(조종자를 포함하여 2명 이상이 탈 수 있는 항공기의 경우만 해당하며, 그 항공기와 활공기 간에 무선통신으로 연락이 가능한 경우는 제외한다)
2. 예항하기 전에 항공기와 활공기의 탑

승자 사이에 다음 각 목에 관하여 상의할 것
가. 출발 및 예항의 방법
나. 예항줄(항공기 등을 끌고 비행하기 위한 줄을 말한다. 이하 같다) 이탈의 시기 · 장소 및 방법
다. 연락신호 및 그 의미
라. 그 밖에 안전을 위하여 필요한 사항
3. 예항줄의 길이는 40미터 이상 80미터 이하로 할 것
4. 지상연락원을 배치할 것
5. 예항줄 길이의 80퍼센트에 상당하는 고도 이상의 고도에서 예항줄을 이탈시킬 것
6. 구름 속에서나 야간에는 예항을 하지 말 것(지방항공청장의 허가를 받은 경우는 제외한다)

② 항공기가 활공기 외의 물건을 예항하는 경우에는 다음 각 호의 기준에 따라야 한다.
1. 예항줄에는 20미터 간격으로 붉은색과 흰색의 표지를 번갈아 붙일 것
2. 지상연락원을 배치할 것

제172조(시계비행의 금지) ① 법 제67조에 따라 시계비행방식으로 비행하는 항공기는 해당 비행장의 운고(구름 밑부분 고도를 말한다)가 450미터(1,500피트) 미만 또는 지상시정이 5킬로미터 미만인 경우에는 관제권 안의 비행장에서 이륙 또는 착륙을 하거나 관제권 안으로 진입할 수 없다. 다만, 관할 항

공교통관제기관의 허가를 받은 경우에는 그렇지 않다.〈개정 2021. 8. 27.〉

② 야간에 시계비행방식으로 비행하는 항공기는 지방항공청장 또는 해당 비행장의 운영자가 정하는 바에 따라야 한다.

③ 항공기는 다음 각 호의 어느 하나에 해당되는 경우에는 기상상태에 관계없이 계기비행방식에 따라 비행해야 한다. 다만, 관할 항공교통관제기관의 허가를 받은 경우에는 그렇지 않다.〈개정 2021. 8. 27.〉

1. 평균해면으로부터 6,100미터(2만피트)를 초과하는 고도로 비행하는 경우

2. 천음속(遷音速: 물체 주위의 흐름 속에 음속 이하 부분과 음속 이상 부분이 공존할 때의 물체 속도를 말한다) 또는 초음속(超音速)으로 비행하는 경우

④ 항공기를 운항하려는 사람은 300미터(1천피트) 수직분리최저치(최소 수직분리 간격)가 적용되는 8,850미터(2만9천피트) 이상 1만2,500미터(4만1천피트) 이하의 수직분리 축소공역에서는 시계비행방식으로 운항해서는 안 된다.〈개정 2021. 8. 27.〉

⑤ 시계비행방식으로 비행하는 항공기는 제199조제1호 각 목에 따른 최저비행고도 미만의 고도로 비행하여서는 아니 된다. 다만, 다음 각 호의 어느 하나에 해당하는 경우에는 그러하지 아니하다.

1. 이륙하거나 착륙하는 경우

2. 항공교통업무기관의 허가를 받은 경우
3. 비상상황의 경우로서 지상의 사람이나 재산에 위해를 주지 아니하고 착륙할 수 있는 고도인 경우

제173조(시계비행방식에 의한 비행) ① 법 제67조에 따라 시계비행방식으로 비행하는 항공기는 지표면 또는 수면상공 900미터(3천피트) 이상을 비행할 경우에는 별표 21에 따른 순항고도에 따라 비행하여야 한다. 다만, 관할 항공교통업무기관의 허가를 받은 경우에는 그러하지 아니하다.

② 시계비행방식으로 비행하는 항공기는 다음 각 호의 어느 하나에 해당하는 경우에는 항공교통관제기관의 지시에 따라 비행하여야 한다.

1. 별표 23 제1호에 따른 B, C 또는 D 등급의 공역 내에서 비행하는 경우
2. 관제비행장의 부근 또는 기동지역에서 운항하는 경우
3. 특별시계비행방식에 따라 비행하는 경우

③ 관제권 안에서 시계비행방식으로 비행하는 항공기는 비행정보를 제공하는 관할 항공교통업무기관과 공중 대 지상 통신을 유지·경청하고, 필요한 경우에는 위치보고를 해야 한다.〈개정 2021. 8. 27.〉

④ 시계비행방식으로 비행 중인 항공기가 계기비행방식으로 변경하여 비행하려는 경우에는 그 비행계획의 변경 사항을 관할 항공

		교통관제기관에 통보하여야 한다.
		제174조(특별시계비행) ① 법 제67조에 따라 예측할 수 없는 급격한 기상의 악화 등 부득이한 사유로 관할 항공교통관제기관으로부터 특별시계비행허가를 받은 항공기의 조종사는 제163조제1항제3호에도 불구하고 다음 각 호의 기준에 따라 비행하여야 한다. 1. 허가받은 관제권 안을 비행할 것 2. 구름을 피하여 비행할 것 3. 비행시정을 1,500미터 이상 유지하며 비행할 것 4. 지표 또는 수면을 계속하여 볼 수 있는 상태로 비행할 것 5. 조종사가 계기비행을 할 수 있는 자격이 없거나 제117조제1항에 따른 항공계기를 갖추지 아니한 항공기로 비행하는 경우에는 주간에만 비행할 것. 다만, 헬리콥터는 야간에도 비행할 수 있다. ② 특별시계비행을 하는 경우에는 다음 각 호의 조건에서만 제1항에 따른 기준에 따라 이륙하거나 착륙할 수 있다. 1. 지상시정이 1,500미터 이상일 것 2. 지상시정이 보고되지 아니한 경우에는 비행시정이 1,500미터 이상일 것
		제175조(비행시정 및 구름으로부터의 거리) 법 제67조에 따라 시계비행방식으로 비행하는 항공기는 별표 24에 따른 비행시정 및 구름으

로부터의 거리 미만인 기상상태에서 비행하여서는 아니 된다. 다만, 특별시계비행방식에 따라 비행하는 항공기는 그러하지 아니하다.

제176조(모의계기비행의 기준) 법 제67조에 따라 모의계기비행을 하려는 자는 다음 각 호의 기준에 따라야 한다.

1. 완전하게 작동하는 이중비행조종장치(Dual Control)를 장착하고 있을 것
2. 안전감독 조종사(Safety Pilot)가 조종석에 타고 있을 것
3. 안전감독 조종사가 항공기의 전방 및 양 측면에 대하여 적절한 시야를 확보하고 있거나 항공기 내에 관숙승무원(Observer)이 있어 안전감독 조종사의 시야를 보완할 수 있을 것

제177조(계기 접근 및 출발 절차 등) ① 법 제67조에 따라 계기비행의 절차는 다음 각 호와 같이 구분한다.〈개정 2020. 2. 28.〉

1. 비정밀접근절차: 전방향표지시설(VOR), 전술항행표지시설(TACAN) 등 전자적인 활공각(滑空角) 정보를 이용하지 아니하고 활주로 방위각 정보를 이용하는 계기접근절차
2. 정밀접근절차: 계기착륙시설(Instrument Landing System/ILS, Microwave Landing System/MLS, GPS Landing System/GLS) 또는 위성항법시설(Satellite Based Augmentation System/SBAS Cat I)을 기반으로 하여 활주

로방위각 및 활공각 정보를 이용하는 계기접근절차

3. 수직유도정보에 의한 계기접근절차: 활공각 및 활주로방위각 정보를 제공하며, 최저강하고도 또는 결심고도가 75미터(250피트) 이상으로 설계된 성능기반항행(Performance Based Navigation/PBN) 계기접근절차

4. 표준계기도착절차: 항공로에서 제1호부터 제3호까지의 규정에 따른 계기접근절차로 연결하는 계기도착절차

5. 표준계기출발절차: 비행장을 출발하여 항공로를 비행할 수 있도록 연결하는 계기출발절차

② 제1항제1호부터 제3호까지의 규정에 따른 계기접근절차는 결심고도와 시정 또는 활주로가시범위(Visibility or Runway Visual Range/RVR)에 따라 다음과 같이 구분한다.〈개정 2020. 12. 10.〉

종류		결심고도 (Decision Height/DH)	시정 또는 활주로 가시범위 (Visibility or Runway Visual Range/RVR)
A형(Type A)		75미터(250피트) 이상 *결심고도가 없는 경우 최저강하 고도를 적용	해당 사항 없음
B형 (Type B)	1종 (Category I)	60미터(200피트) 이상 75미터(250피트) 미만	시정 800미터(1/2마일) 또는 RVR 550미터 이상
	2종 (Category II)	30미터(100피트) 이상 60미터(200피트) 미만	RVR 300미터 이상 550미터 미만
	3종 (Category III)	30미터(100피트) 미만 또는 적용하지 아니함(No DH)	RVR 300미터 미만 또는 적용하지 아니함(No RVR)

③ 제2항의 표 중 종류별 구분은 「국제민간항공협약」 부속서 14에서 정하는 바에 따른다.

제178조(계기비행규칙 등) ① 법 제67조에 따라 계기비행방식으로 비행하는 항공기는 제199조제2호 각 목에 따른 고도 미만으로 비행해서는 아니 된다. 다만, 이륙 또는 착륙하는 경우와 관할 항공교통업무기관의 허가를 받은 경우에는 그러하지 아니하다.

② 계기비행방식으로 비행하는 항공기가 시계비행방식으로 변경하려는 경우에는 계기비행의 취소 및 비행계획의 변경사항을 관할 항공교통업무기관에 통보하여야 한다.

③ 제2항에도 불구하고 계기비행방식으로

		비행 중인 항공기는 시계비행기상상태가 상당한 시간 동안 유지되지 아니할 것으로 예상되는 경우에는 계기비행방식에 의한 비행을 취소해서는 아니 된다.
		제179조(관제공역 내에서의 계기비행규칙) ① 법 제67조에 따라 비행하는 항공기는 관제공역 내에서 비행할 경우에는 제185조 및 제190조부터 제193조까지를 준수하여야 한다. ② 관제공역 내에서 계기비행방식으로 비행하려는 항공기는 별표 21에 따른 순항고도로 비행하여야 한다. 다만, 관할 항공교통관제기관에서 별도로 지시하는 경우에는 그러하지 아니하다.
		제180조(항공교통관제 업무가 제공되지 않는 공역에서의 계기비행규칙) ① 항공교통관제 업무가 제공되지 아니하는 공역에서 계기비행방식으로 비행하려는 항공기는 별표 21에 따른 순항고도로 비행하여야 한다. 다만, 관할 항공교통업무기관으로부터 해발고도 900미터(3천피드) 이하의 고도로 비행하도록 지시를 받은 경우에는 그러하지 아니하다.〈개정 2025. 12. 5.〉 ② 항공교통관제 업무가 제공되지 않는 공역에서 계기비행방식으로 비행하는 항공기는 비행정보를 제공하는 항공교통업무기관과 공중 대 지상 통신을 유지·경청하고, 제191조에 따라 위치보고를 해야 한다.〈개정

2021. 8. 27., 2025. 12. 5.〉
[제목개정 2025. 12. 5.]

제181조(계기비행방식 등에 의한 비행ㆍ접근ㆍ착륙 및 이륙) ① 계기비행방식으로 착륙하기 위하여 접근하는 항공기의 조종사는 다음 각 호의 기준에 따라 비행하여야 한다.

1. 해당 비행장에 설정된 계기접근절차를 따를 것

2. 기상상태가 해당 계기접근절차의 착륙기상최저치 미만인 경우에는 결심고도(DH) 또는 최저강하고도(MDA)보다 낮은 고도로 착륙을 위한 접근을 시도하지 아니할 것. 다만, 다음 각 목의 요건에 모두 적합한 경우에는 그러하지 아니하다.

가. 정상적인 강하율에 따라 정상적인 방법으로 그 활주로에 착륙하기 위한 강하를 할 수 있는 위치에 있을 것

나. 비행시정이 해당 계기접근절차에 규정된 시정 이상일 것

다. 조종사가 다음 중 어느 하나 이상의 해당 활주로 관련 시각참조물을 확실히 보고 식별할 수 있을 것(정밀접근방식이 제177조 제2항에 따른 제2종 또는 제3종에 해당하는 경우는 제외한다)

1) 진입등시스템(ALS): 조종사가 진입등의 구성품 중 붉은색 측면등(red side row bars) 또는 붉은색 최종진입등(red terminating bars)을 명확하게 보고 식별할

수 없는 경우에는 활주로의 접지구역표면으로부터 30미터(100피트) 높이의 고도 미만으로 강하할 수 없다.

2) 활주로시단(threshold)

3) 활주로시단표지(threshold marking)

4) 활주로시단등(threshold light)

5) 활주로시단식별등

6) 진입각지시등(VASI 또는 PAPI)

7) 접지구역(touchdown zone) 또는 접지구역표지(touchdown zone marking)

8) 접지구역등(touchdown zone light)

9) 활주로 또는 활주로표지

10) 활주로등

3. 다음 각 목의 어느 하나에 해당할 때 제2호다목의 요건에 적합하지 아니한 경우 또는 최저강하고도 이상의 고도에서 선회 중 비행장이 육안으로 식별되지 아니하는 경우에는 즉시 실패접근(계기접근을 시도하였으나 착륙하지 못한 항공기를 위하여 설정된 비행절차를 말한다. 이하 같다)을 하여야 한다.

가. 최저강하고도보나 낮은 고도에서 비행중인 때

나. 실패접근의 지점(결심고도가 정해져 있는 경우에는 그 결심고도를 포함한다. 이하 같다)에 도달할 때

다. 실패접근의 지점에서 활주로에 접지할 때

② 조종사는 비행시정이 착륙하려는 비행장의 계기접근절차에 규정된 시정 미만인 경

우에는 착륙하여서는 아니 된다. 다만, 법 제3조제1항에 따른 군용항공기와 같은 조 제3항에 따른 아메리카합중국이 사용하는 항공기는 그러하지 아니하다.

③ 조종사는 해당 민간비행장에서 정한 최저이륙기상기준값 이상인 경우에만 이륙해야 한다. 다만, 국토교통부장관의 허가를 받은 경우에는 그렇지 않다.〈개정 2021. 8. 27.〉

④ 조종사는 최종접근진로, 위치통지점(FIX) 또는 체공지점에서의 시간차접근(Timed Approach) 또는 비절차선회(No Procedure Turn/PT)접근까지 제5항제2호에 따른 레이더 유도(Vectors)를 받는 경우에는 관할 항공교통관제기관으로부터 절차선회하라는 지시를 받지 아니하고는 절차선회를 해서는 아니 된다.

⑤ 제1항제1호에 따른 계기접근절차 외의 항공로 운항 및 레이더 사용절차는 다음 각 호에 따른다.

1. 항공교통관제용 레이더는 감시접근용 또는 정밀접근용으로 사용하거나 다른 항행안전무선시설을 이용하는 계기접근절차와 병행하여 사용할 수 있다.

2. 레이더 유도는 최종접근진로 또는 최종접근지점까지 항공기가 접근하도록 진로안내를 하는데 사용할 수 있다.

3. 조종사는 설정되지 아니한 비행로를 비행하거나 레이더 유도에 따라 접근허가를

받은 경우에는 공고된 항공로 또는 계기접근절차 비행구간으로 비행하기 전까지 제199조에 따른 최저비행고도를 준수하여야 한다. 다만, 항공교통관제기관으로부터 최종적으로 지시받은 고도가 있는 경우에는 우선적으로 그 고도에 따라야 한다.

4. 제3호에 따라 관할 항공교통관제기관으로부터 최종적으로 고도를 지시받은 조종사는 공고된 항공로 또는 계기접근절차 비행로에 진입한 이후에는 그 비행로에 대하여 인가된 고도로 강하하여야 한다.

5. 조종사가 최종접근진로나 최종접근지점에 도착한 경우에는 그 시설에 대하여 인가된 절차에 따라 계기접근을 수행하거나 착륙 시까지 감시레이더접근 또는 정밀레이더접근을 계속할 수 있다.

⑥ 계기착륙시설(Instrument Landing System/ILS)은 다음 각 호와 같이 구성되어야 한다.

1. 계기착륙시설은 방위각제공시설(LLZ), 활공각제공시설(GP), 외측마커(Outer Marker), 중간마커(Middle Marker) 및 내측마커(Inner Marker)로 구성되어야 한다.

2. 제1종 정밀접근(CAT-I) 계기착륙시설의 경우에는 내측마커를 설치하지 아니할 수 있다.

3. 외측마커 및 중간마커는 거리측정시설(DME)로 대체할 수 있다.

4. 제2종 및 제3종 정밀접근(CAT-Ⅱ 및 Ⅲ) 계기착륙시설로서 내측마커를 설치하지 아니하려는 경우에는 항행안전시설 설치허가 신청서에 필요한 사유를 적어야 한다.

⑦ 조종사는 군비행장에서 이륙 또는 착륙하거나 군 기관이 관할하는 공역을 비행하는 경우에는 해당 군비행장 또는 군 기관이 정한 계기비행절차 또는 관제지시를 준수하여야 한다. 다만, 해당 군비행장 또는 군 기관의 장과 협의하여 국토교통부장관이 따로 정한 경우에는 그러하지 아니하다.

⑧ 제2종 및 제3종 정밀접근 계기착륙시설의 정밀계기접근절차를 따라 비행하는 경우에는 다음 각 호의 어느 하나를 적용한다. 다만, 「항공사업법」 제7조, 제10조 및 제54조에 따른 항공운송사업자의 항공기에 대해서는 제2호 및 제3호를 적용하지 아니한다.

1. 조종사는 결심고도가 있는 제2종 및 제3종 정밀접근 계기착륙시설의 정밀계기접근절차를 따라 비행할 경우 인가된 결심고도보다 낮은 고도로 착륙을 위한 접근을 시도하여서는 아니 된다. 다만, 국토교통부장관의 인가를 받은 경우 또는 다음 각 목의 어느 하나에 해당하는 경우에는 그러하지 아니하다.

가. 조종사가 정상적인 강하율에 따라 정상적인 방법으로 활주로 접지구역에 착륙하기 위한 강하를 할 수 있는 위치에 있는 경우

나. 조종사가 다음의 어느 하나의 활주로

시각참조물을 육안으로 식별할 수 있는 경우

1) 진입등시스템. 다만, 조종사가 진입등 시스템의 구성품 중 진입등만 식별할 수 있고 붉은색 측면등 또는 붉은색 최종진입등은 식별할 수 없는 경우에는 활주로의 표면으로부터 30미터(100피트) 미만의 고도로 강하해서는 아니 된다.

2) 활주로시단

3) 활주로시단표지

4) 활주로시단등

5) 접지구역 또는 접지구역표지

6) 접지구역등

2. 조종사는 결심고도가 없는 제3종 정밀접근 계기착륙시설의 정밀계기접근절차를 따라 비행하려는 경우에는 미리 국토교통부장관의 인가를 받아야 한다.

3. 제2종 및 제3종 정밀접근 계기착륙시설의 정밀계기접근절차 운용의 일반기준은 다음 각 목과 같다.

가. 제2종 및 제3종 계기착륙시설의 정밀계기집근질차를 이용하는 조종사는 다음의 기준에 적합하여야 한다.

1) 제2종 정밀접근 계기착륙시설의 정밀계기접근절차를 이용하는 기장과 기장 외의 조종사는 제2종 계기착륙시설의 정밀계기접근절차의 운용에 관하여 지방항공청장의 인가를 받을 것

2) 제3종 정밀접근 계기착륙시설의 정밀

계기접근절차를 이용하는 기장과 기장 외의 조종사는 제3종 정밀접근 계기착륙시설의 정밀계기접근절차의 운용에 관하여 지방항공청장의 인가를 받을 것

3) 조종사는 자신이 이용하는 계기착륙시설의 정밀계기접근절차 및 항공기에 대하여 잘 알고 있을 것

나. 조종사의 전면에 있는 항공기 조종계기판에는 해당 계기착륙시설의 정밀계기접근절차를 수행하는 데 필요한 장비가 갖추어져 있어야 한다.

다. 비행장 및 항공기에는 별표 25에 따른 해당 계기착륙시설의 정밀계기접근용 지상장비와 해당 항공기에 필요한 장비가 각각 갖추어져 있어야 한다.

4. 「항공사업법」 제7조 · 제10조 및 제54조에 따른 항공운송사업자의 항공기가 제2종 또는 제3종 정밀접근 계기착륙시설의 정밀계기접근절차에 따라 비행하는 경우에는 별표 25에서 정한 기준을 준수하여야 한다.

⑨ 조종사는 제8항제1호가목 및 나목의 기준에 적합하지 아니한 경우에는 활주로에 접지하기 전에 즉시 실패접근을 하여야 한다. 다만, 국토교통부장관의 허가를 받은 경우에는 그러하지 아니하다.

제182조(비행계획의 제출 등) ① 법 제67조에 따라 비행정보구역 안에서 비행을 하려는 자는 비행을 시작하기 전에 비행계획을 수립

하여 관할 항공교통업무기관에 제출하여야 한다. 다만, 긴급출동 등 비행 시작 전에 비행계획을 제출하지 못한 경우에는 비행 중에 제출할 수 있다.

② 제1항에 따른 비행계획은 구술·전화·서류·전자통신문·팩스 또는 정보통신망을 이용하여 제출할 수 있다. 이 경우 서류·팩스 또는 정보통신망을 이용하여 비행계획을 제출할 때에는 별지 제71호서식의 비행계획서에 따른다.〈개정 2021. 8. 27.〉

③ 제2항에 불구하고 항공운송사업에 사용되는 항공기의 비행계획을 제출하는 경우에는 별지 제72호서식의 반복비행계획서를 항공교통본부장에게 제출할 수 있다.

④ 제1항 본문에 따라 비행계획을 제출하여야 하는 자 중 국내에서 유상으로 여객이나 화물을 운송하는 자 또는 두 나라 이상을 운항하는 자는 다음 각 호의 구분에 따른 시기까지 별지 제73호서식의 항공기 입출항 신고서(GENERAL DECLARATION)를 지방항공청장에게 제출(정보통신망을 이용할 경우에는 해당 정보통신망에서 사용하는 양식에 따른다)하여야 한다.

1. 국내에서 유상으로 여객이나 화물을 운송하는 자: 출항 준비가 끝나는 즉시

2. 두 나라 이상을 운항하는 자

가. 입항의 경우: 국내 목적공항 도착 예정 시간 2시간 전까지. 다만, 출발국에서 출

항 후 국내 목적공항까지의 비행시간이 2시간 미만인 경우에는 출발국에서 출항 후 20분 이내까지 할 수 있다.

나. 출항의 경우: 출항 준비가 끝나는 즉시

⑤ 제2항 후단에 따른 비행계획서는 국토교통부장관이 정하여 고시하는 작성방법에 따라 작성되어야 한다.

⑥ 제4항에 따른 항공기 입출항 신고서를 제출받은 지방항공청장은 신고서 및 첨부서류에 흠이 없고 형식적 요건을 충족하는 경우에는 지체 없이 접수하여야 한다.

⑦ 제1항 본문에 따라 비행을 하려는 자는 비행을 시작하기 전에 제109조제1항에서 정하고 있는 사고예방장치가 작동되지 않는 경우 별지 제71호서식의 비행계획서의 기타 정보란에 이 사항을 기록하고, 항공교통관제기관에 통보해야 한다.〈신설 2020. 2. 28.〉

제183조(비행계획에 포함되어야 할 사항) 법 제67조에 따라 비행계획에는 다음 각 호의 사항이 포함되어야 한다. 다만, 제9호부터 제14호까지의 사항은 지방항공청장 또는 항공교통본부장이 요청하거나 비행계획을 제출하는 자가 필요하다고 판단하는 경우에만 해당한다.

1. 항공기의 식별부호
2. 비행의 방식 및 종류
3. 항공기의 대수·형식 및 최대이륙중량 등급

		4. 탑재장비 5. 출발비행장 및 출발 예정시간 6. 순항속도, 순항고도 및 예정항공로 7. 최초 착륙예정 비행장 및 총 예상 소요 비행시간 8. 교체비행장(시계비행방식에 따라 비행하려는 경우 또는 제186조제3항 각 호에 해당되는 경우는 제외한다) 9. 시간으로 표시한 연료탑재량 10. 출발 전에 연료탑재량으로 인하여 비행 중 비행계획의 변경이 예상되는 경우에는 변경될 목적비행장 및 비행경로에 관한 사항 11. 탑승 총 인원(탑승수속 상 불가피한 경우에는 해당 항공기가 이륙한 직후에 제출할 수 있다) 12. 비상무선주파수 및 구조장비 13. 기장의 성명(편대비행의 경우에는 편대 책임기장의 성명) 14. 낙하산 강하의 경우에는 그에 관한 사항 15. 그 밖에 항공교통관제와 수색 및 구조에 참고가 될 수 있는 사항
		제184조(비행계획의 준수) ① 법 제67조에 따라 항공기는 비행 시 제출된 비행계획을 지켜야 한다. 다만, 비행계획의 변경에 대하여 항공교통관제기관의 허가를 받은 경우 또는 긴급한 조치가 필요한 비상상황이 발생한 경우에는 그러하지 아니하다. 이 경우 비상상

황의 발생으로 비행계획을 지키지 못하였을 때에는 긴급 조치를 한 즉시 이를 관할 항공교통관제기관에 통보하여야 한다.

② 항공기는 항공로의 중심선을 따라 비행하여야 하며, 항공로가 설정되지 아니한 지역에서는 항행안전시설과 그 비행로의 정해진 지점 간을 직선으로 비행하여야 한다. 다만, 국토교통부장관이 별도로 정한 바에 따르거나 관할 항공교통관제기관으로부터 달리 지시를 받은 경우에는 그러하지 아니하다.

③ 항공기는 제2항을 지킬 수 없는 경우 관할 항공교통업무기관에 통보하여야 한다.

④ 전방향표지시설(VOR)에 따라 설정된 항공로를 비행하는 항공기는 주파수 변경지점이 설정되어 있는 경우에는 그 변경지점 또는 가능한 한 가까운 지점에서 항공기 후방의 항행안전시설로부터 전방의 항행안전시설로 주파수를 변경하여야 한다.

⑤ 관제비행을 하는 항공기가 부주의로 비행계획을 이탈하여 비행하는 경우에는 다음 각 호의 조치를 취해야 한다.

1. 항공로를 이탈한 경우에는 항공기의 기수를 조정하여 즉시 항공로로 복귀할 것

2. 항공기의 진대기속도(眞對氣速度)가 순항고도에서 보고지점 간의 평균진대기속도와 차이가 있거나 비행계획상 마하 속도(Mach) 0.02 또는 진대기속도의 19Km/h(10kt) 하락 또는 초과할 것이 예상되는 경우에는 관

할 항공교통업무기관에 통보할 것

3. 자동종속감시시설 협약(ADS-C)이 없는 곳에서는 다음 위치통지점, 비행정보구역 경계지점 또는 목적비행장 중 가장 가까운 지역의 도착 예정시간에 2분 이상의 오차가 발생되는 경우에는 그 변경되는 도착 예정시간을 관할 항공교통업무기관에 통보할 것

4. 자동종속감시시설(ADS-C) 협약이 있는 곳에서는 해당 협약에 따른 지정된 값을 넘어서는 변화가 발생할 때 마다 데이터 링크를 통해 항공교통업무기관에 자동적으로 정보를 제공할 것

⑥ 시계비행방식에 따른 관제비행을 하는 항공기는 시계비행기상상태 미만으로 기상이 악화되어 시계비행방식에 따른 운항을 할 수 없다고 판단되는 경우에는 다음 각 호의 조치를 하여야 한다.

1. 목적비행장 또는 교체비행장으로 시계비행 기상상태를 유지하면서 비행할 수 있도록 관제허가의 변경을 요청하거나, 관제공역을 이탈하여 비행힐 수 있도록 관제허가의 변경을 요청할 것

2. 제1호에 따른 관제허가를 받지 못할 경우에는 시계비행 기상상태를 유지하여 운항하면서 관제공역을 이탈하거나 가까운 비행장에 착륙하기 위한 조치를 할 예정임을 관할 항공교통관제기관에 통보할 것

3. 관할 항공교통관제기관에 특별시계비

		행방식에 따른 운항허가를 요구할 것(관제권 안에서 비행하고 있는 경우만 해당한다) 4. 관할 항공교통관제기관에 계기비행방식에 따른 운항허가를 요구할 것
		제185조(고도ㆍ항공로 등의 변경) 법 제67조에 따라 비행계획에 포함된 순항고도, 순항속도 및 항공로에 관한 사항을 변경하려는 항공기는 다음 각 호의 구분에 따른 정보를 관할 항공교통관제기관에 통보하여야 한다. 1. 순항고도의 변경: 항공기의 식별부호, 변경하려는 순항고도 및 순항속도(마하 수 또는 진대기속도를 말한다. 이하 이 조에서 같다.), 다음 보고지점 또는 비행정보구역 경계도착 예정시간 2. 순항속도의 변경: 항공기의 식별부호, 변경하려는 속도 3. 항공로의 변경 가. 목적비행장 변경이 없을 경우: 항공기의 식별부호, 비행의 방식, 변경 항공로, 변경 예정시간, 그 밖에 항공로의 변경에 필요한 정보 나. 목적비행장 변경이 있을 경우: 항공기의 식별부호, 비행의 방식, 목적비행장까지의 변경 항공로, 변경 예정시간, 교체비행장, 그 밖에 비행장ㆍ항공로의 변경에 필요한 정보
		제186조(교체비행장 등) ① 항공운송사업에 사용되거나 항공운송사업을 제외한 국외비행

에 사용되는 비행기를 운항하려는 경우에는 다음 각 호의 구분에 따라 제183조제8호에 따른 교체비행장을 지정하여야 한다.

1. 출발비행장의 기상상태가 비행장 착륙 최저치(aerodrome landing minima) 이하이거나 그 밖의 다른 이유로 출발비행장으로 되돌아올 수 없는 경우: 이륙교체비행장(take-off alternate aerodrome)

2. 제215조제1항에 따른 비행기로서 제215조제2항에 따른 시간을 초과하는 지점이 있는 노선을 운항하려는 경우: 항공로 교체비행장(en-route alternate aerodrome). 이 경우 항공로 교체비행장은 제215조제3항에 따른 승인을 받은 최대회항시간 이내에 도착 가능한 지역에 있어야 한다.

3. 계기비행방식에 따라 비행하려는 경우: 1개 이상의 목적지 교체비행장(destination alternate aerodrome). 다만, 다음 각 목의 어느 하나에 해당하는 경우에는 그러하지 아니하다.

가. 최초 착륙예정 비행장(aerodrome of intended landing)의 기상상태가 비행하는 동안 또는 도착 예정시간에 양호해질 것이 확실시 되고, 도착 예정시간 전·후의 일정 시간 동안 시계비행 기상상태에서 접근하여 착륙할 것이 확실히 예상되는 경우

나. 최초 착륙예정 비행장이 외딴 지역에 위치하고 적합한 목적지 교체비행장이 없는

경우

② 제1항제1호에 따른 이륙교체비행장은 다음 각 호의 요건을 갖추어야 한다.

1. 2개의 발동기를 가진 비행기의 경우에는 1개의 발동기가 작동하지 아니할 때의 순항속도로 출발비행장으로부터 1시간의 비행거리 이내인 지역에 있을 것

2. 3개 이상의 발동기를 가진 비행기의 경우에는 모든 발동기가 작동할 때의 순항속도로 출발비행장으로부터 2시간의 비행거리 이내인 지역에 있을 것

3. 예상되는 이용시간 동안의 기상조건이 해당 운항에 대한 비행장 운영 최저치(aerodrome operating minima) 이상일 것

③ 항공운송사업에 사용되는 비행기 외의 비행기를 계기비행방식에 따라 비행하려면 1개 이상의 목적지 교체비행장을 지정하여야 한다. 다만, 다음 각 호의 어느 하나에 해당하는 경우에는 그러하지 아니하다.

1. 최초 착륙예정 비행장의 기상상태가 비행하는 동안 또는 도착 예정시간에 양호해질 것이 확실시되고, 도착 예정시간 전·후의 일정 시간 동안 시계비행 기상상태에서 접근하여 착륙할 것이 확실히 예상되는 경우

2. 최초 착륙예정 비행장이 외딴 지역에 위치하고 적합한 목적지 교체비행장이 없는 경우

④ 제3항 각 호 외의 부분 단서 및 각 호

에 따라 목적지 교체비행장의 지정이 요구되지 않는 경우로서 다음 각 호의 기준에 적합하지 않은 경우에는 비행을 시작해서는 안 된다.〈개정 2021. 8. 27.〉

1. 최초 착륙예정 비행장에 표준계기접근절차가 수립되어 있을 것

2. 도착 예정시간 2시간 전부터 2시간 후까지의 기상상태가 다음 각 목과 같이 예보되어 있을 것

가. 운고가 계기접근절차의 최저치보다 300미터(1천피트) 이상일 것

나. 시정이 5,500미터 이상이거나 표준계기접근절차의 최저치보다 4천미터 이상일 것

⑤ 항공운송사업에 사용되는 헬리콥터를 운항하려면 다음 각 호의 구분에 따라 교체헬기장(alternate heliport)을 지정해야 한다.〈개정 2021. 8. 27.〉

1. 출발헬기장의 기상상태가 헬기장 운영최저치(heliport operating minima) 이하인 경우 : 1개 이상의 이륙 교체헬기장(take-off alternate heliport)

2. 계기비행방식에 따라 비행하려는 경우 : 1개 이상의 목적지 교체헬기장(destination alternate heliport). 다만, 다음 각 목의 어느 하나에 해당하는 경우에는 그러하지 아니하다.

가. 최초 착륙예정 헬기장(heliport of intended landing)의 기상상태가 비행하는

동안 또는 도착 예정시간에 양호해질 것이 확실시되고, 도착 예정시간 전·후의 일정 시간 동안 시계비행 기상상태에서 접근하여 착륙할 것이 확실히 예상되는 경우

나. 최초 착륙예정 헬기장이 외딴 지역에 위치하고 적합한 교체헬기장이 없는 경우. 이 경우 비행계획에는 회항할 수 없는 지점(point of no return)을 표시하여야 한다.

3. 기상예보 상태가 헬기장 운영 최저기상기준값(heliport operating minima)이하인 목적지 헬기장으로 비행하려는 경우 : 최소한 2개의 목적지 교체헬기장(destination alternate heliport). 이 경우 첫 번째 목적지 교체헬기장의 운영 최저기상기준값은 목적지 헬기장의 운영 최저기상기준값 이상이어야 하고, 두 번째 목적지 교체헬기장의 운영 최저기상기준값은 첫 번째 목적지 교체헬기장의 운영 최저기상기준값 이상이어야 한다.

⑥ 제5항에 따른 교체헬기장(alternate heliport)은 교체헬기장으로 사용할 수 있는 헬기장 사용 가능시간과 헬기장 운영 최저기상기준값(heliport operating minima) 등의 정보를 확인하고 지정해야 한다.〈개정 2021. 8. 27.〉

⑦ 항공운송사업에 사용되는 헬리콥터 외의 헬리콥터를 계기비행방식에 따라 비행하려면 1개 이상의 적합한 교체헬기장을 지정하여야 한다. 다만, 다음 각 호의 어느 하나

에 해당하는 경우에는 그러하지 아니하다.

1. 도착 예정시간 2시간 전부터 2시간 후까지 또는 실제 출발시간부터 도착 예정시간 2시간 후까지의 시간 중 짧은 시간에 대하여 최초 착륙예정 헬기장의 기상상태가 다음 각 목과 같이 예보되어 있는 경우

가. 운고가 계기접근절차의 최저치보다 120미터(400피트) 이상

나. 시정이 계기접근절차의 최저치보다 1,500미터 이상

2. 다음 각 목의 어느 하나에 해당하는 경우

가. 최초 착륙예정 헬기장이 외딴 지역에 위치하고 적합한 교체헬기장이 없는 경우

나. 최초 착륙예정 헬기장에 계기접근절차가 수립되어 있는 경우

다. 목적지 헬기장이 해상에 있어 회항할 수 있는 교체헬기장을 지정할 수 없는 경우

⑧ 제5항부터 제7항까지의 규정에 따른 교체헬기장이 해상교체헬기장(off-shore alternate heliport)인 경우에는 다음 각 호의 요건을 모두 갖추어야 한다. 다만, 해안 교체헬기장(on-shore alternate heliport)까지 비행할 수 있는 충분한 연료의 탑재가 가능하면 해상 교체헬기장을 지정하지 아니할 수 있다.

1. 해상 교체헬기장은 회항할 수 없는 지점 외에서만 지정하고, 회항할 수 없는 지점 내에서는 해안 교체헬기장을 지정할 것

		2. 적합한 교체헬기장을 결정하는 경우에는 주요 조종계통 및 부품을 신뢰할 수 있을 것 3. 교체헬기장에 도착하기 전에 1개의 발동기가 고장나더라도 교체헬기장까지 운항할 수 있는 성능이 확보될 수 있을 것 4. 갑판의 이용이 보장되어 있을 것 5. 기상정보는 정확하고 신뢰할 수 있을 것 ⑨ 제5항제2호 단서에 따라 교체헬기장의 지정이 요구되지 아니하는 경우로서 제7항제1호의 기준에 적합하지 아니한 경우에는 비행을 시작하여서는 아니 된다.
		제187조(최초 착륙예정 비행장 등의 기상상태) ① 제186조제1항제1호에 따른 이륙 교체비행장의 기상상태는 해당 비행기의 도착 예정시간에 비행장 운영 최저치 이상이어야 한다. ② 제186조제1항제3호에 따른 최초 착륙 예정 비행장의 기상정보를 이용할 수 있거나 목적지 교체비행장의 지정이 요구되는 경우에는 최소 1개의 목적지 교체비행장의 기상상태가 도착 예정시간에 해당 비행장 운영 최저치 이상일 경우에 비행을 시작하여야 한다. ③ 제186조제3항에 따른 목적지 교체비행장의 지정이 요구되는 경우에는 최초 착륙 예정 비행장과 최소 1개의 목적지 교체비행장의 기상상태가 도착 예정시간에 해당 비행장 운영 최저치 이상일 경우에 비행을 시작하여야 한다.

		④ 제186조제5항에 따른 최초 착륙예정 헬기장의 기상정보를 이용할 수 있거나 교체 헬기장의 지정이 요구되는 경우에는 최소 1개의 교체헬기장의 기상상태가 도착 예정시간에 해당 헬기장 운영 최저치 이상일 경우에 비행을 시작하여야 한다. ⑤ 제186조제7항에 따라 교체헬기장의 지정이 요구되는 경우에는 최초 착륙예정 헬기장과 1개 이상의 교체헬기장의 기상상태가 도착 예정시간에 해당 헬기장 운영 최저치 이상일 경우에 비행을 시작하여야 한다.〈개정 2020. 12. 10.〉
		제188조(비행계획의 종료) ① 항공기는 도착비행장에 착륙하는 즉시 관할 항공교통업무기관(관할 항공교통업무기관이 없는 경우에는 가장 가까운 항공교통업무기관)에 다음 각 호의 사항을 포함하는 도착보고를 하여야 한다. 다만, 지방항공청장 또는 항공교통본부장이 달리 정한 경우에는 그러하지 아니하다. 1. 항공기의 식별부호 2. 출발비행장 3. 도착비행장 4. 목적비행장(목적비행장이 따로 있는 경우만 해당한다) 5. 착륙시간 ② 제1항에도 불구하고 도착비행장에 착륙한 후 도착보고를 할 수 있는 적절한 통신시설 등이 제공되지 아니하는 경우에는 착륙

		직전에 관할 항공교통업무기관에 도착보고를 하여야 한다.
		제189조(정밀접근 운용계획 승인신청) ① 제177조제2항에 따른 제2종 또는 제3종의 정밀접근방식으로 해당 종류의 정밀접근시설을 갖춘 활주로에 착륙하려는 자는 다음 각 호의 사항을 적은 운용계획 승인신청서를 지방항공청장에게 제출하여야 한다. 1. 성명 및 주소 2. 항공기의 형식 및 등록부호 3. 정밀접근의 종류 4. 해당 항공기의 장비 명세와 정비방식 5. 해당 사용비행장에 설치된 정밀접근시설의 내용 6. 정밀접근 조종사의 성명과 자격 7. 항공기 조종사의 교육훈련 내용 8. 운용시험 실시내용 9. 그 밖에 참고가 될 사항 ② 외국항공기를 운용하는 외국인 중 그 외국으로부터 제2종 또는 제3종의 정밀접근 운용계획 승인을 받은 사람이 대한민국에 있는 제2종 또는 제3종의 정밀접근시설을 갖춘 비행장의 활주로에 해당 종류의 정밀접근방식으로 착륙하려는 경우에는 제1항에도 불구하고 다음 각 호의 사항을 적은 정밀접근 운용계획 승인신청서에 신청인이 외국으로부터 발급받은 정밀접근 운용계획 승인서의 사본과 한글 또는 영문으로 정밀접근 운용절차를

적은 서류를 첨부하여 지방항공청장에게 제출하여야 한다.

1. 성명 및 주소
2. 항공기의 형식 및 등록부호
3. 그 밖에 참고가 될 사항

③ 제1항에 따른 제2종 및 제3종 정밀접근 운용계획 승인에 관한 절차는 국토교통부장관이 정한다.

제190조(통신) ① 관제비행을 하는 항공기는 관할 항공교통관제기관과 공중 대 지상 양방향 무선통신을 유지하고 그 항공교통관제기관의 음성통신을 경청해야 한다.〈개정 2021. 8. 27.〉

② 제1항에 따른 무선통신을 유지할 수 없는 항공기(이하 "통신두절항공기"라 한다)는 국토교통부장관이 고시하는 교신절차에 따라야 하며, 관제비행장의 기동지역 또는 주변을 운항하는 항공기는 관제탑의 시각 신호에 따른 지시를 계속 주시하여야 한다.

③ 통신두절항공기는 시계비행 기상상태인 경우에는 시계비행방식으로 비행을 계속하여 가장 가까운 착륙 가능한 비행장에 착륙한 후 도착 사실을 지체 없이 관할 항공교통관제기관에 통보하여야 한다.

④ 통신두절항공기는 계기비행 기상상태이거나 제3항에 따른 비행이 불가능한 경우 다음 각 호의 기준에 따라 비행하여야 한다.〈개정 2020. 12. 10.〉

1. 항공교통업무용 레이더가 운용되지 아니하는 공역의 필수 위치통지점에서 위치보고를 할 수 없는 항공기는 해당 비행로의 최저비행고도와 관할 항공교통관제기관으로부터 최종적으로 지시받은 고도 중 높은 고도로 비행하여야 하며, 관할 항공교통관제기관으로부터 최종적으로 지시받은 속도를 20분간 유지한 후 비행계획에 명시된 고도와 속도로 변경하여 비행할 것

2. 항공교통업무용 레이더가 운용되는 공역의 필수 위치통지점에서 위치보고를 할 수 없는 항공기는 다음 각 목의 시간 중 가장 늦은 시간부터 해당 비행로의 최저비행고도와 관할 항공교통관제기관으로부터 최종적으로 지시받은 고도 중 높은 고도를 유지하고 관할 항공교통관제기관으로부터 최종적으로 지시받은 속도를 7분간 유지한 후, 비행계획에 명시된 고도와 속도로 변경하여 비행할 것

가. 최종지정고도 또는 최저비행고도에 도달한 시간

나. 트랜스폰더 코드를 7,600으로 조정한 시간이거나 자동종속감시시설(ADS-B) 송신기에 통신두절을 표시한 시간

다. 필수 위치통지점에서 위치보고에 실패한 시간

3. 레이더에 의하여 유도되고 있거나 허가한계점(Clearance Limit)을 지정받지 아니한 항공기가 지역항법(RNAV)으로 항공로를

		이탈하여 비행 중인 경우에는 최저비행고도를 고려하여 다음 위치통지점에 도달하기 전에 비행계획에 명시된 비행로에 합류할 것 4. 무선통신이 두절되기 전에 관할 항공교통관제기관으로부터 최종적으로 지정받거나 지정 예정을 통보받은 비행로(지정받거나 지정 예정을 통보받지 아니한 경우에는 비행계획에 명시된 비행로)를 따라 목적비행장의 항행안전시설이나 위치통지점(FIX)까지 비행한 후 체공할 것 5. 무선통신이 두절되기 전에 관할 항공교통관제기관으로부터 최종적으로 지정받은 접근 예정시간(접근 예정시간을 지정받지 아니한 경우에는 비행계획에 명시된 도착 예정시간)에 목적비행장의 항행안전시설이나 위치통지점(FIX)으로부터 강하를 시작하거나, 착륙할 비행장의 계기접근절차에 따라 접근을 시작할 것 6. 가능한 한 제5호에 따른 접근 예정시간과 도착 예정시간 중 더 늦은 시간부터 30분 이내에 착륙할 것
		제191조(위치보고) ① 법 제67조에 따라 관제비행을 하는 항공기는 국토교통부장관이 정하여 고시하는 위치통지점에서 가능한 한 신속히 다음 각 호의 사항을 관할 항공교통업무기관에 보고(이하 "위치보고"라 한다)하여야 한다. 다만, 레이더에 의하여 관제를 받는 경우로서 관할 항공교통관제기관이 별도

로 위치보고를 요구하지 아니하는 경우에는 그러하지 아니하다.

1. 항공기의 식별부호
2. 해당 위치통지점의 통과시각과 고도
3. 그 밖에 항공기의 안전항행에 영향을 미칠 수 있는 사항

② 관제비행을 하는 항공기는 비행 중에 관할 항공교통업무기관으로부터 위치보고를 요청받은 경우에는 즉시 위치보고를 하여야 한다.

③ 제1항에 따른 위치통지점이 설정되지 아니한 경우에는 관할 항공교통업무기관이 지정한 시간 또는 거리 간격으로 위치보고를 하여야 한다.

④ 관제비행을 하는 항공기로서 데이터링크통신을 이용하여 위치보고를 하는 항공기는 관할 항공교통관제기관이 요구하는 경우에는 음성통신을 이용하여 위치보고를 하여야 한다.

제192조(항공교통관제허가) ① 법 제67조에 따라 관제비행을 하려는 자는 관할 항공교통관제기관으로부터 항공교통관제허가(이하 "관제허가"라 한다)를 받고 운항을 시작하여야 한다.

② 관제허가의 우선권을 받으려는 자는 그 이유를 관할 항공교통관제기관에 통보하여야 한다.

③ 법 제67조에 따라 관제비행장에서 비행하는 항공기는 관제지시를 준수하여야 하며, 관제허가를 받지 아니하고 기동지역을 이

		동하여서는 아니 된다. ④ 항공교통관제기관의 관제지시와 항공기에 장착된 공중충돌경고장치의 지시가 서로 다를 경우에는 공중충돌경고장치의 지시에 따라야 한다.
		제193조(관제의 종결) 법 제67조에 따라 관제비행을 하는 항공기는 항공교통관제 업무를 제공받아야 할 상황이 끝나는 즉시 그 사실을 관할 항공교통관제기관에 통보하여야 한다. 다만, 관제비행장에 착륙하는 경우에는 그러하지 아니하다.〈개정 2025. 12. 5.〉
		제194조(신호) ① 법 제67조에 따라 비행하는 항공기는 별표 26에서 정하는 신호를 인지하거나 수신할 경우에는 그 신호에 따라 요구되는 조치를 하여야 한다. ② 누구든지 제1항에 따른 신호로 오인될 수 있는 신호를 사용하여서는 아니 된다. ③ 항공기 유도원(誘導員)은 별표 26 제6호에 따른 유도신호를 명확하게 하여야 한다.
		제195조(시간) ① 법 제67조에 따라 항공기의 운항과 관련된 시간을 전파하거나 보고하려는 자는 국제표준시(UTC: Coordinated Universal Time)를 사용하여야 하며, 시각은 자정을 기준으로 하루 24시간을 시·분으로 표시하되, 필요하면 초 단위까지 표시하여야 한다. ② 관제비행을 하려는 자는 관제비행의

		시작 전과 비행 중에 필요하면 시간을 점검하여야 한다. ③ 데이터링크통신에 따라 시간을 이용하려는 경우에는 국제표준시를 기준으로 1초 이내의 정확도를 유지·관리하여야 한다.
		제196조(요격) ① 법 제67조에 따라 민간항공기를 요격(邀擊)하는 항공기의 기장은 별표 26 제3호에 따른 시각신호 및 요격절차와 요격방식에 따라야 한다. ② 피요격(被邀擊)항공기의 기장은 별표 26 제3호에 따른 시각신호를 이해하고 응답하여야 하며, 요격절차와 요격방식 등을 준수하여 요격에 응하여야 한다. 다만, 대한민국이 아닌 외국정부가 관할하는 지역을 비행하는 경우에는 해당 국가가 정한 절차와 방식으로 그 국가의 요격에 응하여야 한다.
		제197조(곡예비행 등을 할 수 있는 비행시정) 법 제67조에 따른 곡예비행을 할 수 있는 비행시정은 다음 각 호의 구분과 같다. 1. 비행고도 3,050미터(1만피트) 미만인 구역: 5천미터 이상 2. 비행고도 3,050미터(1만피트) 이상인 구역: 8천미터 이상
		제198조(불법간섭 행위 시의 조치) ① 법 제67조에 따라 비행 중 항공기의 피랍·테러 등의 불법적인 행위에 의하여 항공기 또는 탑승객의 안전이 위협받는 상황(이하 "불법간

섭"이라 한다)에 처한 항공기는 항공교통업무기관에서 다른 항공기와의 충돌 방지 및 우선권 부여 등 필요한 조치를 취할 수 있도록 가능한 범위에서 한 다음 각 호의 사항을 관할 항공교통업무기관에 통보하여야 한다.

1. 불법간섭을 받고 있다는 사실

2. 불법간섭 행위와 관련한 중요한 상황 정보

3. 그 밖에 상황에 따른 비행계획의 이탈 사항에 관한 사항

② 불법간섭을 받고 있는 항공기의 기장은 가능한 한 해당 항공기가 안전하게 착륙할 수 있는 가장 가까운 공항 또는 관할 항공교통업무기관이 지정한 공항으로 착륙을 시도하여야 한다.

③ 불법간섭을 받고 있는 항공기가 제1항에 따른 사항을 관할 항공교통업무기관에 통보할 수 없는 경우에는 다음 각 호의 조치를 하여야 한다.

1. 기장은 제2항에 따른 공항으로 비행할 수 없는 경우에는 관할 항공교통업무기관에 통보할 수 있을 때까지 또는 레이더나 자동종속감시시설의 포착범위 내에 들어갈 때까지 배정된 항공로 및 순항고도를 유지하며 비행할 것

2. 기장은 관할 항공교통업무기관과 무선통신이 불가능한 상황에서 배정된 항공로 및 순항고도를 이탈할 것을 강요받은 경우에는

가능한 한 다음 각 목의 조치를 할 것

가. 항공기 안의 상황이 허용되는 한도 내에서 현재 사용 중인 초단파(VHF) 주파수, 초단파 비상주파수(121.5Mhz) 또는 사용 가능한 다른 주파수로 경고방송을 시도할 것

나. 2차 감시 항공교통관제 레이더용 트랜스폰더(Mode3/A 및 Mode C SSR transponder) 또는 데이터링크 탑재장비를 사용하여 불법간섭을 받고 있다는 사실을 알릴 것

다. 고도 600미터의 수직분리가 적용되는 지역에서는 계기비행 순항고도와 300미터 분리된 고도로, 고도 300미터의 수직분리가 적용되는 지역에서는 계기비행 순항고도와 150미터 분리된 고도로 각각 변경하여 비행할 것

제199조(최저비행고도) 법 제68조제1호에서 "국토교통부령으로 정하는 최저비행고도"란 다음 각 호와 같다.

1. 시계비행방식으로 비행하는 항공기

가. 사람 또는 건축물이 밀집된 지역의 상공에서는 해당 항공기를 중심으로 수평거리 600미터 범위 안의 지역에 있는 가장 높은 장애물의 상단에서 300미터(1천피트)의 고도

나. 가목 외의 지역에서는 지표면·수면 또는 물건의 상단에서 150미터(500피트)의 고도

2. 계기비행방식으로 비행하는 항공기

		가. 산악지역에서는 항공기를 중심으로 반지름 8킬로미터 이내에 위치한 가장 높은 장애물로부터 600미터의 고도 나. 가목 외의 지역에서는 항공기를 중심으로 반지름 8킬로미터 이내에 위치한 가장 높은 장애물로부터 300미터의 고도
		제200조(최저비행고도 아래에서의 비행허가) 법 제68조 각 호 외의 부분 단서에 따라 최저비행고도 아래에서 비행하려는 자는 별지 제74호서식의 최저비행고도 아래에서의 비행허가 신청서를 지방항공청장ㆍ국방부장관(「행정권한의 위임 및 위탁에 관한 규정」 제24조제8항에 따라 권한이 위임된 경우에는 같은 항 각 호 외의 부분에 따른 각급 부대의 장을 말한다. 이하 같다) 또는 법 제85조제1항에 따라 항공교통업무증명을 받은 자에게 제출하여야 한다.〈개정 2024. 9. 20.〉
		제201조(물건의 투하 또는 살포 허가 신청) 법 제68조 각 호 외의 부분 단서에 따라 비행 중인 항공기에서 물건을 투하하거나 살포하려는 자는 별지 제74호의2서식의 물건 투하 또는 살포 허가신청서에 다음 각 호의 서류를 첨부하여 운항 예정일 7일 전까지 지방항공청장ㆍ국방부장관 또는 법 제85조제1항에 따라 항공교통업무증명을 받은 자에게 제출해야 한다.〈개정 2024. 9. 20.〉 1. 항공신체검사 증명서

		2. 비행계획서(공역 내 비행경로를 포함한다) 3. 조종사 자격증명서 [전문개정 2021. 11. 19.]
		제202조(낙하산 강하허가 신청) 법 제68조 각 호 외의 부분 단서에 따라 낙하산 강하를 목적으로 항공기를 운항하려는 자는 별지 제74호의3서식의 낙하산 강하허가 신청서에 다음 각 호의 서류를 첨부하여 운항 예정일 7일 전까지 지방항공청장ㆍ국방부장관 또는 법 제85조제1항에 따라 항공교통업무증명을 받은 자에게 제출해야 한다. 다만, 제2호부터 제5호까지의 서류는 항공레저스포츠사업에 사용되는 경우만 해당 서류를 첨부하여 제출해야 한다.〈개정 2024. 9. 20.〉 1. 비행계획서 및 임시 비행제한공역 지정 공문 2. 낙하산 강하자의 초경량비행장치 조종자 증명 3. 항공레저스포츠사업 등록증 4. 초경량비행장치 안전성인증서 5. 보험가입증명서 [전문개정 2021. 11. 19.]
		제203조(곡예비행) 법 제68조제4호에 따른 곡예비행은 다음 각 호와 같다.〈개정 2021. 8. 27.〉 1. 항공기를 뒤집어서 하는 비행 2. 항공기를 옆으로 세우거나 회전시키며

		하는 비행 3. 항공기를 급강하시키거나 급상승시키는 비행 4. 항공기를 나선형으로 강하시키거나 실속시켜 하는 비행 5. 그 밖에 항공기의 비행자세, 고도 또는 속도를 비정상적으로 변화시켜 하는 비행
		제204조(곡예비행 금지구역) 법 제68조제4호에서 "국토교통부령으로 정하는 구역"이란 다음 각 호의 어느 하나에 해당하는 구역을 말한다. 1. 사람 또는 건축물이 밀집한 지역의 상공 2. 관제구 및 관제권 3. 지표로부터 450미터(1,500피트) 미만의 고도 4. 해당 항공기(활공기는 제외한다)를 중심으로 반지름 500미터 범위 안의 지역에 있는 가장 높은 장애물의 상단으로부터 500미터 이하의 고도 5. 해당 활공기를 중심으로 반지름 300미터 범위 안의 지역에 있는 가장 높은 장애물의 상단으로부터 300미터 이하의 고도
		제205조(곡예비행의 허가 신청) 법 제68조 각 호 외의 부분 단서에 따라 곡예비행을 하려는 자는 별지 제74호의4서식의 곡예비행 허가신청서에 다음 각호의 서류를 첨부하여 비행 예정일 7일 전까지 지방항공청장에게

제출해야 한다.

1. 항공신체검사 증명서
2. 비행계획서(공역 내 비행경로를 포함한다)
3. 조종사 자격증명서

[전문개정 2021. 11. 19.]

제206조(무인항공기의 비행허가 신청 등) ① 법 제68조 각 호 외의 부분 단서에 따라 무인항공기를 비행시키려는 자는 별지 제75호 서식의 무인항공기 비행허가 신청서에 다음 각 호의 사항을 적은 서류를 첨부하여 지방항공청장·항공교통본부장·국방부장관 또는 법 제85조제1항에 따라 항공교통업무증명을 받은 자에게 비행예정일 7일 전까지 제출하여야 한다.〈개정 2024. 9. 20.〉

1. 성명·주소 및 연락처
2. 무인항공기의 형식, 최대이륙중량, 발동기 수 및 날개 길이
3. 무인항공기의 등록증명서 사본 및 식별부호
4. 무인항공기의 표준감항증명서 또는 특별감항증명서 사본
5. 무인항공기 조종사의 자격증명서 사본
6. 무인항공기의 무선국 허가증 사본(「전파법」 제19조에 따라 무선국 허가를 받은 경우에 한정한다)
7. 비행의 목적·일시 및 비행규칙의 개요, 육안식별운항계획(육안식별운항을 하는 경우에 한정한다), 비행경로, 이륙·착륙 장

소, 순항고도·속도 및 비행주파수

8. 무인항공기의 이륙·착륙 요건

9. 무인항공기에 대한 다음 각 목의 성능

가. 운항속도

나. 일반 및 최대 상승률

다. 일반 및 최대 강하율

라. 일반 및 최대 선회율

마. 최대 항속시간

바. 그 밖에 무인항공기 비행과 관련된 성능에 관한 자료

10. 다음 각 목의 통신을 위한 주파수와 장비

가. 대체통신수단을 포함한 항공교통관제기관과의 통신

나. 지정된 운용범위를 포함한 무인항공기와 무인항공기 통제소 간의 통신

다. 무인항공기 조종사와 무인항공기 감시자 간의 통신(무인항공기 감시자가 있는 경우에 한정한다)

11. 무인항공기의 항행장비 및 감시장비(SSR transponder, ADS-B 등)

12. 무인항공기의 감지·회피성능

13. 다음 각 목의 경우에 대비한 비상절차

가. 항공교통관제기관과의 통신이 두절된 경우

나. 무인항공기와 무인항공기 통제소 간의 통신이 두절된 경우

다. 무인항공기 조종사와 무인항공기 감시

자 간의 통신이 두절된 경우(무인항공기 감시자가 있는 경우에 한정한다)

14. 하나 이상의 무인항공기 통제소가 있는 경우 그 수와 장소 및 무인항공기 통제소 간의 무인항공기 통제에 관한 이양절차

15. 소음기준적합증명서 사본(법 제25조제1항에 따라 소음기준적합증명을 받은 경우에 한정한다)

16. 해당 무인항공기 운항과 관련된 항공보안 수단을 포함한 국가항공보안계획 이행 확인서

17. 무인항공기의 적재 장비 및 하중 등에 관한 정보

18. 무인항공기의 보험 또는 책임범위 증명에 관한 서류

② 지방항공청장 · 항공교통본부장 · 국방부장관 또는 법 제85조제1항에 따라 항공교통업무증명을 받은 자는 제1항에 따른 신청을 받은 경우에는 그 내용을 심사한 후 항공교통의 안전에 지장이 없다고 인정되는 경우에는 비행을 허가하여야 한다.〈개정 2024. 9. 20.〉

③ 무인항공기를 비행시키려는 자는 다음 각 호의 사항을 따라야 한다.〈개정 2019. 9. 23.〉

1. 인명이나 재산에 위험을 초래할 우려가 있는 비행을 시키지 말 것

2. 주거지역, 상업지역 등 인구가 밀집된 지역과 그 밖에 사람이 많이 모인 장소의 상공을 비행시키지 말 것

		3. 법 제78조제1항에 따른 관제공역 · 통제공역 · 주의공역에서 항공교통관제기관의 승인을 받지 아니하고 비행시키지 말 것 4. 안개 등으로 인하여 지상목표물을 육안으로 식별할 수 없는 상태에서 비행시키지 말 것 5. 별표 24에 따른 비행시정 및 구름으로부터의 거리 기준을 위반하여 비행시키지 말 것 6. 야간에 비행시키지 말 것 7. 그 밖에 국토교통부장관이 정하여 고시하는 사항을 지킬 것
		제207조(긴급항공기의 지정) ① 법 제69조제1항에서 "응급환자의 수송 등 국토교통부령으로 정하는 긴급한 업무"란 다음 각 호의 어느 하나에 해당하는 업무를 말한다. 1. 재난 · 재해 등으로 인한 수색 · 구조 2. 응급환자의 수송 등 구조 · 구급활동 3. 화재의 진화 4. 화재의 예방을 위한 감시활동 5. 응급환자를 위한 장기(臟器) 이송 6. 그 밖에 자연재해 발생 시의 긴급복구 ② 법 제69조제1항에 따라 제1항 각 호에 따른 업무에 항공기를 사용하려는 소유자등은 해당 항공기에 대하여 지방항공청장으로부터 긴급항공기의 지정을 받아야 한다. ③ 제2항에 따른 지정을 받으려는 자는 별지 제75호의2서식의 긴급항공기 지정신청서에 다음 각 호의 서류를 첨부하여 지방항공청장

에게 제출해야 한다.〈개정 2025. 7. 28.〉

1. 긴급한 업무 수행에 관한 업무규정

2. 긴급한 업무 수행에 필요한 장착장비의 목록, 사진 및 그 밖의 세부사항을 포함하는 서류

3. 조종사 및 긴급한 업무를 수행하는 사람에 대한 교육훈련 내용에 관한 서류

④ 지방항공청장은 제3항에 따른 서류를 확인한 후 제1항 각 호의 긴급한 업무에 해당하는 경우에는 별지 제75호의3서식의 긴급항공기 지정서를 신청인에게 발급해야 한다.〈개정 2025. 7. 28.〉

⑤ 제4항에 따라 긴급항공기 지정서를 발급받은 자는 그 지정서를 해당 항공기에 탑재해야 한다.〈신설 2025. 7. 28.〉

⑥ 제4항에 따라 긴급항공기 지정서를 발급받은 자가 그 지정서를 잃어버리거나 헐어 못 쓰게 된 경우에는 별지 제75호의4서식의 긴급항공기 지정서 재발급 신청서에 긴급항공기 지정서를 첨부(헐어 못 쓰게 된 경우에 한정한다)하여 지방항공청장에게 제출해야 한다.〈신설 2025. 7. 28.〉

⑦ 지방항공청장은 제6항에 따라 긴급항공기 지정서 재발급 신청서를 제출받은 경우에는 해당 항공기에 대한 긴급항공기 지정기록을 확인한 후 별지 제75호의3서식의 긴급항공기 지정서를 재발급해야 한다.〈신설 2025. 7. 28.〉

제208조(긴급항공기의 운항절차) ① 제207조제2항에 따라 긴급항공기의 지정을 받은 자가 긴급항공기를 운항하려는 경우에는 그 운항을 시작하기 전에 다음 각 호의 사항을 지방항공청장에게 구술 또는 서면 등으로 통지해야 한다. 다만, 제182조제1항에 따라 비행계획을 제출한 경우에는 본문에 따른 통지를 한 것으로 본다.〈개정 2025. 7. 28.〉

1. 항공기의 형식·등록부호 및 식별부호
2. 긴급한 업무의 종류
3. 긴급항공기의 운항을 의뢰한 자의 성명 또는 명칭 및 주소
4. 비행일시, 출발비행장, 비행구간 및 착륙장소
5. 시간으로 표시한 연료탑재량
6. 그 밖에 긴급항공기 운항에 필요한 사항

② 제1항에 따라 긴급항공기를 운항한 자는 운항이 끝난 후 24시간 이내에 다음 각 호의 사항을 지방항공청장에게 구술 또는 서면 등으로 통지해야 한다.〈개정 2025. 7. 28.〉

1. 삭제〈2025. 7. 28.〉
2. 항공기의 형식 및 등록부호
3. 운항 개요(이륙·착륙 일시 및 장소, 비행목적, 비행경로 등)
4. 조종사의 성명과 소속
5. 조종사 외의 탑승자의 인적사항
6. 응급환자를 수송한 사실을 증명하는 서류(응급환자를 수송한 경우만 해당한다)

		7. 그 밖에 참고가 될 사항
		제209조(위험물 운송허가 등) ① 법 제70조제1항에서 "폭발성이나 연소성이 높은 물건 등 국토교통부령으로 정하는 위험물"이란 다음 각 호의 어느 하나에 해당하는 것을 말한다. 1. 폭발성 물질 2. 가스류 3. 인화성 액체 4. 가연성 물질류 5. 산화성 물질류 6. 독물류 7. 방사성 물질류 8. 부식성 물질류 9. 그 밖에 국토교통부장관이 정하여 고시하는 물질류 ② 항공기를 이용하여 제1항에 따른 위험물을 운송하려는 자는 별지 제76호서식의 위험물 항공운송허가 신청서에 다음 각 호의 서류를 첨부하여 국토교통부장관에게 제출하여야 한다. 1. 위험물의 포장방법 2. 위험물의 종류 및 등급 3. UN매뉴얼에 따른 포장물 및 내용물의 시험성적서(해당하는 경우에만 적용한다) 4. 그 밖에 국토교통부장관이 정하여 고시하는 서류 ③ 국토교통부장관은 제2항에 따른 신청이 있는 경우 위험물운송기술기준에 따라 검

		사한 후 위험물운송기술기준에 적합하다고 판단되는 경우에는 별지 제77호서식의 위험물 항공운송허가서를 발급하여야 한다. ④ 제2항 및 제3항에도 불구하고 법 제90조에 따른 운항증명을 받은 항공운송사업자가 법 제93조에 따른 운항규정에 다음 각 호의 사항을 정하고 제1항 각 호에 따른 위험물을 운송하는 경우에는 제3항에 따른 허가를 받은 것으로 본다. 다만, 국토교통부 장관이 별도의 허가요건을 정하여 고시한 경우에는 제3항에 따른 허가를 받아야 한다. 1. 위험물과 관련된 비정상사태가 발생할 경우의 조치내용 2. 위험물 탑재정보의 전달방법 3. 승무원 및 위험물취급자에 대한 교육훈련 ⑤ 제3항에도 불구하고 국가기관등항공기가 업무 수행을 위하여 제1항에 따른 위험물을 운송하는 경우에는 위험물 운송허가를 받은 것으로 본다. ⑥ 제1힝 각 호의 구분에 따른 위험물의 세부적인 종류와 종류별 구체적 내용에 관하여는 국토교통부장관이 정하여 고시한다.
		제210조(위험물 포장·용기검사기관의 지정 등) ① 법 제71조제3항에 따라 위험물의 포장·용기검사기관으로 지정받으려는 자는 별지 제78호서식의 위험물 포장·용기검사기관 지정신청서에 다음 각 호의 서류를 첨부하여

국토교통부장관에게 제출하여야 한다.

1. 위험물 포장·용기의 검사를 위한 시설의 확보를 증명하는 서류(설비 및 기기 일람표와 그 배치도를 포함한다)

2. 사업계획서

3. 시설·기술인력의 관리 및 검사 시행절차 등 검사 수행에 필요한 사항이 포함된 검사업무규정

② 법 제71조제4항에 따른 위험물의 포장·용기검사기관의 검사장비 및 검사인력 등의 지정기준은 별표 27과 같다.

③ 법 제71조제4항에 따른 위험물 포장·용기검사기관의 운영에 대해서는 「산업표준화법」 제12조에 따른 한국산업표준 KS Q 17020(검사 기관 운영에 대한 일반 기준)을 적용한다.

④ 국토교통부장관은 제1항에 따른 신청을 받은 경우에는 이를 심사하여 그 내용이 제2항 및 제3항에 따른 지정기준 및 운영기준에 적합하다고 인정되는 경우에는 별지 제79호서식의 위험물 포장·용기검사기관 지정서를 신청인에게 발급하고 그 사실을 공고하여야 한다.

⑤ 제4항에 따라 위험물 포장·용기 검사기관으로 지정받은 검사기관의 장은 제1항 각호의 사항이 변경된 경우에는 그 변경내용을 국토교통부장관에게 보고하여야 한다.

⑥ 국토교통부장관은 위험물 포장·용기

		검사기관으로 지정받은 검사기관이 제2항 및 제3항의 기준에 적합한지의 여부를 매년 심사하여야 한다.
		제211조(위험물 포장·용기 검사기관 지정의 취소 등) ① 법 제71조제6항에 따른 위험물 포장·용기 검사기관의 지정 취소 또는 업무정지처분의 기준은 별표 28과 같다. ② 국토교통부장관은 위반행위의 정도·횟수 등을 고려하여 별표 28에서 정한 업무정지기간을 2분의1의 범위에서 늘리거나 줄일 수 있다. 다만, 늘리는 경우에도 그 기간은 6개월을 초과할 수 없다.
		제212조(위험물전문교육기관의 지정 등) ① 법 제72조제3항에 따라 위험물전문교육기관으로 지정받으려는 자는 별지 제80호서식의 위험물전문교육기관 지정신청서에 다음 각 호의 사항이 포함된 교육계획서를 첨부하여 국토교통부장관에게 제출하여야 한다. 1. 교육과정과 교육방법 2. 교관의 자격·경력 및 정원 등의 현황 3. 교육시설 및 교육장비의 개요 4. 교육평가의 방법 5. 연간 교육계획 6. 제4항제2호에 따른 교육규정 ② 법 제72조제4항에 따른 위험물전문교육기관의 지정기준은 별표 29와 같다. ③ 국토교통부장관은 제1항에 따라 신청을

받은 경우에는 이를 심사하여 그 내용이 제2항의 기준에 적합하다고 인정되는 경우에는 별지 제81호서식의 위험물전문교육기관 지정서를 발급하고 그 사실을 공고하여야 한다.

④ 제3항에 따라 지정을 받은 위험물전문교육기관은 다음 각 호에서 정하는 바에 따라 교육과 평가 등을 실시하여야 한다.

1. 교육은 초기교육과 정기교육으로 구분하여 실시한다.

2. 위험물전문교육기관의 장은 법 제72조 제2항에 따라 국토교통부장관이 고시하는 교육내용 등을 반영하여 교육규정을 제정·운영하고, 교육규정을 변경하려는 경우에는 국토교통부장관의 승인을 받아야 한다.

3. 교육평가는 다음 각 목의 방법으로 한다.

가. 교육평가를 위한 시험과목, 시험 실시요령, 판정기준, 시험문제 출제, 시험방법·관리, 시험지 보관, 시험장, 시험감독 및 채점 등은 자체 실정에 맞게 위험물전문교육기관의 장이 정한다.

나. 교육생은 총교육시간의 100분의 90 이상을 출석하여야 하고, 성적은 100점 만점의 경우 80점 이상을 받아야만 수료할 수 있다.

4. 위험물전문교육기관의 장은 컴퓨터 등 전자기기를 이용한 전자교육과정(교육 또는 평가)을 운영할 경우에는 사전에 국토교통부장관의 승인을 받아야 한다.

5. 위험물전문교육기관의 장은 전년도 12

		월15일까지 다음 연도 교육계획을 수립하여 국토교통부장관에게 보고하여야 한다. ⑤ 위험물전문교육기관의 장은 교육을 마쳤을 때에는 교육 및 평가 결과를 국토교통부장관이 정하여 고시하는 방법에 따라 보관하여야 하며, 국토교통부장관이 요청하면 이를 제출하여야한다. ⑥ 위험물전문교육기관의 장은 제1항 각 호(제6호는 제외한다)의 사항이 변경된 경우에는 그 변경내용을 지체 없이 국토교통부장관에게 보고하여야 한다. ⑦ 국토교통부장관은 위험물전문교육기관이 제2항의 기준에 적합한 지의 여부를 매년 심사하여야한다.
		제213조(위험물전문교육기관의 지정의 취소 등) ① 법 제72조제6항에 따른 위험물전문교육기관의 지정 취소 또는 업무정지처분의 기준은 별표 30과 같다. ② 국토교통부장관은 위반행위의 정도·횟수 등을 고려하여 별표 30에서 정한 업무정지 기간을 2분의 1의 범위에서 늘리거나 줄일 수 있다. 다만, 늘리는 경우에도 그 기간은 6개월을 초과할 수 없다.
		제214조(전자기기의 사용제한) 법 제73조에 따라 운항 중에 전자기기의 사용을 제한할 수 있는 항공기와 사용이 제한되는 전자기기의 품목은 다음 각 호와 같다.

		1. 다음 각 목의 어느 하나에 해당하는 항공기 가. 항공운송사업용으로 비행 중인 항공기 나. 계기비행방식으로 비행 중인 항공기 2. 다음 각 목 외의 전자기기 가. 휴대용 음성녹음기 나. 보청기 다. 심장박동기 라. 전기면도기 마. 그 밖에 항공운송사업자 또는 기장이 항공기 제작회사의 권고 등에 따라 해당항공기에 전자파 영향을 주지 아니한다고 인정한 휴대용 전자기기
		제215조(회항시간 연장운항의 승인) ① 법 제74조제1항 각 호 외의 부분에서 "국토교통부령으로 정하는 비행기"란 터빈발동기를 장착한 항공운송사업용 비행기(화물만을 운송하는 3개 이상의 터빈발동기를 가진 비행기는 제외한다)를 말한다. ② 법 제74조제1항 각 호 외의 부분에서 "국토교통부령으로 정하는 시간"이란 다음 각 호의 구분에 따른 시간을 말한다. 1. 2개의 발동기를 가진 비행기: 1시간. 다만, 최대인가승객 좌석 수가 20석 미만이며 최대이륙중량이 4만 5천 360킬로그램 미만인 비행기로서 「항공사업법 시행규칙」 제3조제3호에 따른 전세운송에 사용되는 비행기의 경우에는 3시간으로 한다.

2. 3개 이상의 발동기를 가진 비행기: 3시간

③ 제1항에 따른 비행기로 제2항 각 호의 구분에 따른 시간을 초과하는 지점이 있는 노선을 운항하려는 항공운송사업자는 비행기 형식(등록부호)별, 운항하려는 노선별 및 최대 회항시간(2개의 발동기를 가진 비행기의 경우에는 1개의 발동기가 작동하지 아니할 때의 순항속도로, 3개 이상의 발동기를 가진 비행기의 경우에는 모든 발동기가 작동할 때의 순항속도로 가장 가까운 공항까지 비행하여 착륙할 수 있는 시간을 말한다. 이하 같다)별로 국토교통부장관 또는 지방항공청장의 승인을 받아야 한다.

④ 제3항에 따른 승인을 받으려는 항공운송사업자는 별지 제82호서식의 회항시간 연장운항승인 신청서에 법 제77조에 따라 고시하는 운항기술기준에 적합함을 증명하는 서류를 첨부하여 다음 각 호의 구분에 따라 해당 호에서 정하는 날까지 국토교통부장관 또는 지방항공청장에게 제출해야 한다.〈개정 2023. 9. 12.〉

1. 운용경험 기반 승인방식(해당 비행기 형식을 12개월 이상 연속하여 운용한 경험이 있는 경우의 승인방식을 말한다)의 경우: 운항 개시 예정일 20일 전

2. 속성 승인방식(해당 비행기 형식을 연속하여 운용한 경험이 12개월 미만이거나 운

		용 경험이 없는 경우의 승인방식을 말한다)의 경우: 운항 개시 예정일 180일 전
		제216조(수직분리축소공역 등에서의 항공기 운항) ① 법 제75조제1항에 따라 국토교통부장관 또는 지방항공청장으로부터 승인을 받으려는 자는 별지 제83호서식의 항공기 운항승인 신청서에 법 제77조에 따라 고시하는 운항기술기준에 적합함을 증명하는 서류를 첨부하여 운항개시예정일 15일 전까지 국토교통부장관 또는 지방항공청장에게 제출하여야 한다. ② 법 제75조제1항 각 호 외의 부분 단서에서 "국토교통부령으로 정하는 경우"란 다음 각 호의 어느 하나에 해당하는 경우를 말한다. 1. 항공기의 사고·재난이나 그 밖의 사고로 인하여 사람 등의 수색·구조 등을 위하여 긴급하게 항공기를 운항하는 경우 2. 우리나라에 신규로 도입하는 항공기를 운항하는 경우 3. 수직분리축소공역에서의 운항승인을 받은 항공기에 고장 등이 발생하여 그 항공기를 정비 등을 위한 장소까지 운항하는 경우
		제217조(효율적 운영이 요구되는 공역) 법 제75조제1항제3호에서 "국토교통부령으로 정하는 공역"이란 다음 각 호의 어느 하나에 해당하는 공역을 말한다.〈개정 2021. 6. 9.〉 1. 특정한 통신성능을 갖춘 항공기만 운

		항이 허용되는 공역(이하 "특정통신성능요구(RCP)공역"이라 한다) 2. 특정한 감시성능을 갖춘 항공기만 운항이 허용되는 공역[이하 "특정감시성능요구(RSP)공역"이라 한다] 3. 그 밖에 국토교통부장관이 정하여 고시하는 공역
		제218조(승무원 등의 탑승 등) ① 법 제76조제1항에 따라 항공기에 태워야 할 승무원은 다음 각 호의 구분에 따른다.〈개정 2019. 2. 26.〉 1. 항공기의 구분에 따라 다음 표에서 정하는 운항승무원

항공기	탑승시켜야 할 운항승무원
비행교범에 따라 항공기 운항을 위하여 2명 이상의 조종사가 필요한 항공기	조종사 (기장과 기장 외의 조종사)
여객운송에 사용되는 항공기	
인명구조, 산불진화 등 특수임무를 수행하는 쌍발 헬리콥터	
구조상 단독으로 발동기 및 기체를 완전히 취급할 수 없는 항공기	조종사 및 항공기관사
법 제51조에 따라 무선설비를 갖추고 비행하는 항공기	「전파법」에 따른 무선설비를 조작할 수 있는 무선종사자 기술자격증을 가진 조종사 1명
착륙하지 아니하고 550킬로미터 이상의 구간을 비행하는 항공기(비행 중 상시 지상표지 또는 항행안전시설을 이용할 수 있다고 인정되는 관성항법장치 또는 정밀 도플러 레이더 장치를 갖춘 것은 제외한다)	조종사 및 항공사

1. 항공기 비상시의 경우 또는 비상탈출이 요구되는 경우의 조치사항

2. 해당 항공기에 구비되는 별표 15에서 정한 구급용구 등 및 탈출대(Escape Slide)·비상구·산소장비·자동심장충격기(Automatic External Defibrillator)의 사용에 관한 사항

3. 평균해면으로부터 3천미터 이상의 고

		도로 운항하는 비행기에서 근무하는 경우 항공기 내 산소결핍이 미치는 영향과 여압장치가 장착된 비행기에서의 객실의 압력손실로 인한 생리적 현상에 관한 사항 4. 법 제70조제3항에 따라 국토교통부장관이 정하여 고시하는 위험물취급의 절차 및 방법에 관한 사항 5. 항공기 비상시 승무원 각자의 임무 및 다른 승무원의 임무에 관한 사항 6. 운항승무원과 객실승무원 간의 협조사항을 포함한 객실의 안전을 위한 인적수행능력(Human Performance)에 관한 사항
		제219조(자격증명서와 항공신체검사증명서의 소지 등) 법 제76조제2항에 따른 자격증명서와 항공신체검사증명서의 소지 등의 대상자 및 그 준수사항은 다음 각 호와 같다.〈개정 2025. 12. 5.〉 1. 운항승무원: 해당 자격증명서 및 항공신체검사증명서를 지니거나 항공기 내의 접근하기 쉬운 곳에 보관하여야 한다. 2. 항공교통관제사 및 전문항공교통관제사: 자격증명서 및 항공신체검사증명서를 지니거나 항공업무를 수행하는 장소의 접근하기 쉬운 곳에 보관하여야 한다. 3. 항공정비사 및 운항관리사: 해당 자격증명서를 지니거나 항공업무를 수행하는 장소의 접근하기 쉬운 곳에 보관하여야 한다.

		제220조(안전운항을 위한 운항기술기준 등) 법 제77조제1항제9호에서 "국토교통부령으로 정하는 사항"이란 항공기(외국 국적을 가진 항공기를 포함한다)의 임대차 승인에 관한 사항을 말한다.
		제6장 공역 및 항공교통업무 등 제221조(공역의 구분·관리 등) ① 법 제78조제2항에 따라 국토교통부장관이 세분하여 지정·공고하는 공역의 구분은 별표 23과 같다. ② 법 제78조제1항 및 제2항에 따른 공역의 설정기준은 다음 각 호와 같다.〈개정 2024. 9. 20.〉 1. 국가안전보장과 항공안전을 고려할 것 2. 항공교통에 관한 서비스의 제공 여부를 고려할 것 3. 이용자의 편의에 적합하게 공역을 구분할 것 4. 공역이 효율적이고 경제적으로 활용될 수 있을 것 ③ 제1항에 따른 공역 지정 내용의 공고는 항공정보간행물 또는 항공고시보에 따른다. ④ 제1항부터 제3항까지에서 규정한 사항 외에 공역 구분의 세부적인 설정기준과 지정절차의 설정에 필요한 세부 사항은 국토교통부장관이 정하여 고시한다.〈개정 2024. 9. 20.〉
		제221조의2(계기비행절차의 설정·공고 등)

		① 제78조제3항 및 제4항에 따른 항공기의 표준 출발·도착 절차, 접근 절차 및 항공로 등(이하 "계기비행절차"라 한다)의 설정·공고 기준은 다음 각 호와 같다. 1. 정확성 및 완전성이 확인된 자료를 기반으로 설정할 것 2. 비행 중 장애물과의 충돌 가능성을 고려할 것 3. 명확하고 이해하기 쉽도록 설정할 것 4. 그 밖에 국토교통부장관이 정하여 고시하는 기준을 고려할 것 ② 법 제85조제1항에 따라 항공교통업무증명을 받은 자는 법 제78조제4항에 따라 계기비행절차 설정·공고의 승인을 받으려는 경우에는 설정하려는 계기비행절차의 내용을 첨부하여 국토교통부장관에게 서면으로 신청해야 한다. ③ 국토교통부장관은 제2항에 따라 승인 신청을 받은 계기비행절차의 내용이 제1항 각 호에 따른 기준을 충족하는 경우에는 계기비행절차의 설정·공고를 승인해야 한다. ④ 제1항부터 제3항까지에서 규정한 사항 외에 계기비행절차의 설정·공고 및 승인의 절차와 방법 등에 관하여 필요한 세부 사항은 국토교통부장관이 정하여 고시한다. [본조신설 2024. 9. 20.]
		제222조(통제공역에서의 비행허가) 통제공역에서 비행하려는 자는 법 제79조제2항 단서

		에 따라 별지 제84호서식의 통제공역 비행허가 신청서를 지방항공청장·항공교통본부장 또는 국방부장관에게 제출해야 한다. 이 경우 비행 중에는 무선통신 등의 방법을 사용하여 신청서를 제출할 수 있다.
		제223조(군 기관과의 협조) ① 영 제18조제1항에 따라 국토교통부장관, 지방항공청장 및 항공교통본부장은 민간항공기의 비행에 영향을 줄 수 있는 군용항공기 등의 행위에 대하여 책임이 있는 군 기관과 긴밀한 협조를 유지하여야 한다. ② 국토교통부장관, 지방항공청장 및 항공교통본부장은 영 제18조제1항에 따라 민간항공기의 안전하고 신속한 비행을 위하여 항공기의 비행정보 등의 교환에 관한 합의서를 군 기관과 체결할 수 있다. ③ 국토교통부장관, 지방항공청장 및 항공교통본부장은 영 제18조제1항에 따라 민간항공기가 공격당할 위험이 있는 공역으로 접근하거나 진입한 경우 군 기관과 협조하여 항공기를 식별하고 공격을 회피할 수 있도록 유도하는 등 필요한 조치를 할 수 있는 절차를 수립하여야 한다.
		제224조(항공기상기관과의 협조) ① 영 제18조제1항에 따라 국토교통부장관, 지방항공청장 및 항공교통본부장은 항공기의 운항에 필요한 최신의 기상정보를 항공기에 제공하

		기 위하여 항공기상에 관한 정보를 제공하는 기관(이하 "항공기상기관"이라 한다)과 다음 각 호의 사항을 협조하여야 한다. 1. 기상정보표출장치의 사용 외에 항공교통업무 종사자가 관측한 기상정보 또는 조종사가 보고한 기상정보의 통보에 관한 사항 2. 항공교통업무 종사자가 관측한 기상정보 또는 조종사가 보고한 기상정보가 비행장의 기상예보에 포함되지 아니하는 내용일 경우에는 그 기상정보의 통보에 관한 사항 3. 화산폭발 전 화산활동 정보, 화산폭발 및 화산재구름의 상황에 관한 정보의 통보에 관한 사항 ② 영 제18조제1항에 따라 국토교통부장관, 지방항공청장 및 항공교통본부장은 화산재에 관한 정보가 있는 경우에는 항공고시보와 항공기상기관의 중요기상정보(SIGMET)가 서로 일치하도록 긴밀하게 협조하여야 한다.
		제225조 삭제〈2025. 12. 5.〉
		제226조(항공교통관제 업무의 대상 등) 법 제83조제1항에 따른 항공교통관제 업무의 대상이 되는 항공기는 다음 각 호와 같다. 1. 별표 23 제1호에 따른 A, B, C, D 또는 E등급 공역 내를 계기비행방식으로 비행하는 항공기 2. 별표 23 제1호에 따른 B, C 또는 D 등급 공역 내를 시계비행방식으로 비행하는

		항공기 3. 특별시계비행방식으로 비행하는 항공기 4. 관제비행장의 주변과 이동지역에서 비행하는 항공기 [제목개정 2025. 12. 5.]
		제226조의2(전문항공교통관제사 교육훈련체계) 법 제83조제4항 후단에 따른 전문항공교통관제사 교육훈련체계의 기준은 별표 12 제8호의2와 같다. 다만, 국토교통부장관은 소속 전문항공교통관제사의 양성 및 기량 유지에 필요하다고 인정하는 경우에는 항공기탑승훈련의 실시 등에 관한 교육훈련체계의 기준을 따로 정하여 고시할 수 있다.
		제227조(항공교통업무 제공 영역 등) ① 법 제83조제5항에 따른 항공교통업무의 제공 영역은 법 제83조제1항에 따른 비행장·공항 및 공역으로 한다.〈개정 2025. 12. 5.〉 ② 법 제83조제5항에 따라 비행정보구역 내의 공해상(公海上)의 공역에 대한 항공교통업무의 제공은 항공기의 효율적인 운항을 위하여 국제민간항공기구에서 승인한 지역별 다자간협정(이하 "지역항행협정"이라 한다)에 따른다.〈개정 2025. 12. 5.〉
		제228조(항공교통업무의 목적 등) ① 법 제83조제5항에 따른 항공교통업무는 다음 각 호의 사항을 주된 목적으로 한다.〈개정 2025. 12. 5.〉

		1. 항공기 간의 충돌 방지 2. 기동지역 안에서 항공기와 장애물 간의 충돌 방지 3. 항공교통흐름의 질서유지 및 촉진 4. 항공기의 안전하고 효율적인 운항을 위하여 필요한 조언 및 정보의 제공 5. 수색·구조를 필요로 하는 항공기에 대한 관계기관에의 정보 제공 및 협조 ② 제1항에 따른 항공교통업무는 다음 각 호와 같이 구분한다.〈개정 2025. 12. 5.〉 1. 항공교통관제 업무 2. 비행정보업무: 비행정보구역 안에서 비행하는 항공기에 대하여 제1항제4호의 목적을 수행하기 위하여 제공하는 업무 3. 경보업무: 제1항제5호의 목적을 수행하기 위하여 제공하는 업무
		제229조(항공교통업무기관의 구분) 법 제83조제5항에 따른 항공교통업무를 제공하는 기관은 다음 각 호와 같이 구분한다. 1. 항공교통관제기관: 관제구·관제권 및 관제비행장에서 항공교통관제 업무, 비행정보업무 및 경보업무 제공 2. 비행정보기관: 비행정보구역 안에서 비행정보업무 및 경보업무 제공 [전문개정 2025. 12. 5.]
		제230조(항공교통관제 업무의 수행) ① 항공교통관제기관은 다음 각 호에 따라 항공교

통관제 업무를 제공해야 한다.〈개정 2025. 12. 5.〉

1. 항공기의 이동예정 정보(예정이 변경된 경우에는 변경된 이동예정 정보를 말한다) 및 실제 이동상황에 대한 정보 등의 접수

2. 제1호에 따라 접수한 정보에 따른 항공기 상호 간 상대적 위치의 결정

3. 관제하고 있는 항공기 간의 충돌 방지와 항공교통흐름의 촉진 및 질서유지를 위한 허가의 발부 및 관련 정보의 제공

4. 관제하고 있는 항공기와 다른 항공교통관제기관이 관제하고 있는 항공기 간에 충돌이 예상되는 경우에 또는 다른 항공교통관제기관으로 항공기의 관제를 이양하기 전에 그 기관의 필요한 관제허가에 대한 협조

② 항공교통관제 업무를 수행하는 자는 항공기 간의 적절한 분리와 효율적인 항공교통흐름의 유지를 위하여 관제하는 항공기에 대한 지시사항과 그 항공기의 이동에 관한 정보를 기록하여야 한다.

③ 항공교통관제기관은 다음 각 호에 따른 항공기 간의 분리가 유지될 수 있도록 항공교통관제허가를 하여야 한다.

1. 별표 23 제1호에 따른 A 또는 B등급 공역 내에서 비행하는 항공기

2. 별표 23 제1호에 따른 C, D 또는 E 등급 공역 내에서 계기비행방식으로 비행하는 항공기

3. 별표 23 제1호에 따른 C등급 공역 내에서 계기비행방식으로 비행하는 항공기와 시계비행방식으로 비행하는 항공기

4. 관제권 안에서 특별시계비행방식으로 비행하는 항공기와 계기비행방식으로 비행하는 항공기

5. 관제권 안에서 특별시계비행방식으로 비행하는 항공기

④ 항공교통관제기관이 제3항에 따라 항공기 간의 분리를 위한 관제를 하는 경우에는 수직적·종적·횡적 및 혼합분리방법으로 관제한다. 이 경우 혼합분리방법으로 관제업무를 수행하는 경우에는 지역항행협정을 따를 수 있다.

⑤ 제1항부터 제4항까지의 규정에 따른 항공교통관제 업무의 내용, 방법, 절차 및 항공기 간 분리최저치(최소 분리 간격) 등에 관하여 필요한 세부 사항은 국토교통부장관이 정하여 고시한다.〈개정 2021. 8. 27.〉

[제목개정 2025. 12. 5.]

제231조(항공기에 대한 관제책임 등) ① 법 제83조제5항에 따라 관제를 받는 항공기는 항상 하나의 항공교통관제기관이 관제를 제공하여야 한다.〈개정 2025. 12. 5.〉

② 관제공역 내에서 비행하는 모든 항공기에 대한 관제책임은 제1항에 따라 그 관제공역을 관할하는 항공교통관제기관에 있다. 다만, 관련되는 다른 항공교통관제기관과 관

		제책임에 관하여 다른 합의가 있는 경우에 그에 따른다.
		제232조(항공교통업무기관과 항공기 소유자등 간의 협의 등) ① 항공교통업무기관은 법 제83조제5항에 따라 「국제민간항공협약」 부속서 6에서 정한 항공기 소유자등의 준수사항 등을 고려하여 항공교통업무를 수행하여야 한다.〈개정 2025. 12. 5.〉 ② 항공교통업무기관은 다른 항공교통업무기관이나 항공기 소유자등으로부터 받은 항공기 안전운항에 관한 정보(위치보고를 포함한다)를 항공기 소유자등이 요구하는 경우 항공기 소유자등과 협의하여 해당 정보를 신속히 제공하여야 한다.
		제233조(잠재적 위험활동에 관한 협의) ① 법 제83조제5항에 따라 항공교통업무기관은 민간항공기에 대한 위험을 회피하고 정상적인 운항의 간섭을 최소화할 수 있도록 민간항공기의 운항에 위험을 줄 수 있는 행위(이하 "잠재적 위험활동"이라 한다)에 대한 계획을 관련된 관할 항공교통업무기관과 협의하여야 한다.〈개정 2025. 12. 5.〉 ② 제1항에 따라 잠재적 위험활동에 관한 계획에 대하여 협의할 때에는 그 잠재적 위험활동에 관한 정보를 「국제민간항공협약」 부속서 15에 따른 시기에 공고할 수 있도록 사전에 협의하여야 한다.

③ 관할 항공교통업무기관은 제2항에 따라 잠재적 위험활동에 관한 계획에 대하여 협의를 완료한 경우에는 그 잠재적 위험활동에 관한 정보를 항공고시보 또는 항공정보간행물에 공고하여야 한다.

④ 제2항에 따른 잠재적 위험활동에 관한 계획을 수립하는 경우에는 다음 각 호의 기준에 따라야 한다.

1. 잠재적 위험활동의 구역, 횟수 및 기간은 가능한 한 항공로의 폐쇄·변경, 경제고도의 봉쇄 또는 정기적으로 운항하는 항공기의 운항 지연 등이 발생되지 아니하도록 설정할 것

2. 잠재적 위험활동에 사용되는 공역의 규모는 가능한 한 작게 할 것

3. 민간항공기의 비상상황이나 그 밖에 예측할 수 없는 상황으로 인하여 위험활동을 중지시켜야 할 경우에 대비하여 관할 항공교통업무기관과 직통통신망을 설치할 것

⑤ 항공교통업무기관은 잠재적 위험활동이 지속적으로 발생하여 관계기관 간에 잠재적 위험활동에 관한 지속적인 협의가 필요하다고 인정되는 경우에는 관계기관과 그에 관한 사항을 협의하기 위한 협의회를 설치·운영할 수 있다.

제234조(비상항공기에 대한 지원) ① 항공교통업무기관은 법 제83조제5항에 따라 비상상황(불법간섭 행위를 포함한다)에 처하여 있

거나 처하여 있다고 의심되는 항공기에 대해서는 그 상황을 최대한 고려하여 우선권을 부여하여야 한다.〈개정 2025. 12. 5.〉

② 제1항에 따라 항공교통업무기관은 불법간섭을 받고 있는 항공기로부터 지원요청을 받은 경우에는 신속하게 이에 응하고, 비행안전과 관련한 정보를 지속적으로 송신하며, 항공기의 착륙단계를 포함한 모든 비행단계에서 필요한 조치를 신속하게 하여야 한다.

③ 삭제〈2025. 12. 5.〉

④ 제1항에 따라 항공교통업무기관은 비상상황에 처하여 있거나 처하여 있다고 의심되는 항공기와 통신하는 경우에는 그 비상상황으로 인하여 긴급하게 업무를 수행하여야 하는 조종사의 업무 환경 및 심리상태 등을 고려하여야 한다.

제235조(우발상황에 대한 조치) 법 제83조제5항에 따라 항공교통업무기관은 표류항공기(계획된 비행로를 이탈하거나 위치보고를 하지 아니한 항공기를 말한다. 이하 같다) 또는 미식별항공기(해당 공역을 비행 중이라고 보고하였으나 식별되지 아니한 항공기를 말한다. 이하 같다)를 인지한 경우에는 다음 각 호의 구분에 따른 신속한 조치를 하여야 한다.〈개정 2025. 12. 5.〉

1. 표류항공기의 경우

가. 표류항공기와 양방향 통신을 시도할 것

나. 모든 가능한 방법을 활용하여 표류항

공기의 위치를 파악할 것

다. 표류하고 있을 것으로 추정되는 지역의 관할 항공교통업무기관에 그 사실을 통보할 것

라. 관련되는 군 기관이 있는 경우에는 표류항공기의 비행계획 및 관련 정보를 그 군 기관에 통보할 것

마. 다목 및 라목에 따른 기관과 비행 중인 다른 항공기에 대하여 표류항공기와의 교신 및 표류항공기의 위치결정에 필요한 사항에 관하여 지원요청을 할 것

바. 표류항공기의 위치가 확인되는 경우에는 그 항공기에 대하여 위치를 통보하고, 항공로에 복귀할 것을 지시하며, 필요한 경우 관할 항공교통업무기관 및 군 기관에 해당 정보를 통보할 것

2. 미식별항공기의 경우

가. 미식별항공기의 식별에 필요한 조치를 시도할 것

나. 미식별항공기와 양방향 통신을 시도할 것

다. 다른 항공교통업무기관에 대하여 미식별항공기에 대한 정보를 문의하고 그 항공기와의 교신을 위한 협조를 요청할 것

라. 해당 지역의 다른 항공기로부터 미식별항공기에 대한 정보 입수를 시도할 것

마. 미식별항공기가 식별된 경우로서 필요한 경우에는 관련 군 기관에 해당 정보를 신속히 통보할 것

제236조(민간항공기의 요격에 대한 조치) ① 항공교통업무기관은 법 제83조제5항에 따라 관할 공역 내의 항공기에 대한 요격을 인지한 경우에는 다음 각 호에 따라 조치하여야 한다.〈개정 2025. 12. 5.〉

1. 항공비상주파수(121.5㎒) 또는 그 밖의 가능한 주파수를 사용하여 피요격항공기와의 양방향 통신을 시도할 것

2. 피요격항공기의 조종사에게 요격 사실을 통보할 것

3. 요격항공기와 통신을 유지하고 있는 요격통제기관에 피요격항공기에 관한 정보를 제공할 것

4. 필요하면 피요격항공기와 요격항공기 또는 요격통제기관 간의 의사소통을 중개할 것

5. 요격통제기관과 긴밀히 협조하여 피요격항공기의 안전 확보에 필요한 조치를 할 것

6. 피요격항공기가 인접 비행정보구역으로부터 표류된 것으로 판단되는 경우에는 인접 비행정보구역을 관할하는 항공교통업무기관에 그 상황을 통보할 것

② 법 제83조제5항에 따라 항공교통업무기관은 관할 공역 밖에서 피요격항공기를 인지한 경우에는 다음 각 호에 따라 조치하여야 한다.〈개정 2025. 12. 5.〉

1. 요격이 이루어지고 있는 공역을 관할하는 항공교통업무기관에 그 상황을 통보하고, 항공기의 식별을 위한 모든 정보를 제공

		할 것 2. 피요격항공기와 관할 항공교통업무기관, 요격항공기 또는 요격통제기관 간의 의사소통을 중개할 것 ③ 국토교통부장관은 민간항공기에 요격행위가 발생되는 것을 예방하기 위하여 비행계획, 양방향 무선통신 및 위치보고가 요구되는 관제구·관제권 및 항공로를 지정·관리하여야 한다.
		제237조(언어능력 등) ① 항공교통관제사 및 전문항공교통관제사는 법 제83조제5항에 따른 항공교통업무를 수행하기 위하여 국토교통부장관이 정한 무선통신에 사용되는 언어를 말하고 이해할 수 있어야 한다.〈개정 2025. 12. 5.〉 ② 항공교통관제기관 상호간에는 영어를 사용하여야 한다. 다만, 관련 항공교통관제기관 간 언어 사용에 관하여 다른 합의가 있는 경우에는 그에 따른다.
		제238조(우발계획의 수립·시행) ① 국토교통부장관은 법 제83조제5항에 따라 항공교통업무 및 관련 지원업무가 예상할 수 없는 사유로 중단되는 경우를 대비하여 항공교통업무 우발계획의 수립기준을 정하여 고시하여야 한다.〈개정 2025. 12. 5.〉 ② 항공교통업무기관의 장은 제1항에 따른 수립기준에 적합하게 관할 공역 내의 항공

교통업무 우발계획을 수립 · 시행하여야 한다.

제239조 삭제〈2023. 10. 19.〉

제240조(비행정보업무의 수행 등) ① 법 제83조제5항에 따라 제228조제2항제2호에 따른 비행정보업무는 항공교통업무의 대상이 되는 모든 항공기에 대하여 수행한다.〈개정 2025. 12. 5.〉

② 같은 항공교통업무기관에서 항공교통관제 업무와 비행정보업무를 함께 수행하는 경우에는 항공교통관제 업무를 우선 수행하여야 한다.〈개정 2025. 12. 5.〉

제241조(비행정보의 제공) ① 법 제83조제5항에 따라 항공교통업무기관에서 항공기에 제공하는 비행정보는 다음 각 호와 같다. 다만, 제8호의 정보는 시계비행방식으로 비행 중인 항공기가 시계비행방식의 비행을 유지할 수 없을 경우에 제공한다.〈개정 2025. 12. 5.〉

1. 중요기상정보(SIGMET) 및 저고도항공기상정보(AIRMET)
2. 화산활동 · 화산폭발 · 화산재에 관한 정보
3. 방사능물질이나 독성화학물질의 대기 중 유포에 관한 사항
4. 항행안전시설의 운영 변경에 관한 정보
5. 이동지역 내의 눈 · 결빙 · 침수에 관한 정보
6. 「공항시설법」 제2조제8호에 따른 비행

		장시설의 변경에 관한 정보 7. 무인자유기구에 관한 정보 8. 해당 비행경로 주변의 교통정보 및 기상상태에 관한 정보 9. 출발 · 목적 · 교체비행장의 기상상태 또는 그 예보 10. 별표 23에 따른 공역등급 C, D, E, F 및 G 공역 내에서 비행하는 항공기에 대한 충돌위험 11. 수면을 항해 중인 선박의 호출부호, 위치, 진행방향, 속도 등에 관한 정보(정보 입수가 가능한 경우만 해당한다) 12. 그 밖에 항공안전에 영향을 미치는 사항 ② 항공교통업무기관은 법 제83조제5항에 따라 특별항공기상보고(Special air reports)를 접수한 경우에는 이를 다른 관련 항공기, 기상대 및 다른 항공교통업무기관에 가능한 한 신속하게 전파하여야 한다.〈개정 2025. 12. 5.〉 ③ 이 규칙에서 정한 것 외에 항공교통업무기관에서 제공하는 비행정보 및 비행정보의 제공방법, 제공절차 등에 관하여 필요한 사항은 국토교통부장관이 정하여 고시한다.
		제242조(경보업무의 수행) 제228조제2항제3호에 따른 경보업무는 다음 각 호의 항공기에 대하여 수행한다.〈개정 2025. 12. 5.〉 1. 법 제83조제5항에 따른 항공교통업무

의 대상이 되는 항공기
2. 항공교통업무기관에 비행계획을 제출한 모든 항공기
3. 테러 등 불법간섭을 받는 것으로 인지된 항공기

제243조(경보업무의 수행절차 등) ① 항공교통업무기관은 법 제83조제5항에 따라 항공기가 다음 각 호의 구분에 따른 비상상황에 처한 사실을 알았을 때에는 지체 없이 수색·구조업무를 수행하는 기관에 통보하여야 한다.〈개정 2025. 12. 5.〉
1. 불확실상황(Uncertainly phase)
가. 항공기로부터 연락이 있어야 할 시간 또는 그 항공기와의 첫 번째 교신시도에 실패한 시간 중 더 이른 시간부터 30분 이내에 연락이 없을 경우
나. 항공기가 마지막으로 통보한 도착 예정시간 또는 항공교통업무기관이 예상한 도착 예정시간 중 더 늦은 시간부터 30분 이내에 도착하지 아니할 경우. 다만, 항공기 및 탑승객의 안전이 의심되지 아니하는 경우는 제외한다.
2. 경보상황(Alert phase)
가. 불확실상황에서의 항공기와의 교신시도 또는 관계 부서의 조회로도 해당 항공기의 위치를 확인하기 곤란한 경우
나. 항공기가 착륙허가를 받고도 착륙 예정시간부터 5분 이내에 착륙하지 아니한 상

태에서 그 항공기와의 무선교신이 되지 아니할 경우

다. 항공기의 비행능력이 상실되었으나 불시착할 가능성이 없음을 나타내는 정보를 입수한 경우. 다만, 항공기 및 탑승자의 안전에 우려가 없다는 명백한 증거가 있는 경우는 제외한다.

라. 항공기가 테러 등 불법간섭을 받는 것으로 인지된 경우

3. 조난상황(Distress phase)

가. 경보상황에서 항공기와의 교신시도를 실패하고, 여러 관계 부서와의 조회 결과 항공기가 조난당하였을 가능성이 있는 경우

나. 항공기 탑재연료가 고갈되어 항공기의 안전을 유지하기가 곤란한 경우

다. 항공기의 비행능력이 상실되어 불시착하였을 가능성이 있음을 나타내는 정보가 입수되는 경우

라. 항공기가 불시착 중이거나 불시착하였다는 정보사항이 정확한 정보로 판단되는 경우. 다만, 항공기 및 탑승자가 중대하고 긴박한 위험에 처하여 있지 아니하며, 긴급한 도움이 필요하지 아니하다는 명백한 증거가 있는 경우는 제외한다.

② 항공교통업무기관은 제1항에 따른 경보업무를 수행할 때에는 가능한 한 다음 각 호의 사항을 수색·구조업무를 수행하는 기관에 통보하여야 한다.

1. 불확실상황(INCERFA/Uncertainly phase), 경보상황(ALERFA/Alert phase) 또는 조난상황(DETRESFA /Distress phase)의 비상상황별 용어

2. 통보하는 기관의 명칭 및 통보자의 성명

3. 비상상황의 내용

4. 비행계획의 중요 사항

5. 최종 교신 관제기관, 시간 및 사용주파수

6. 최종 위치보고 지점

7. 항공기의 색상 및 특징

8. 위험물의 탑재사항

9. 통보기관의 조치사항

10. 그 밖에 수색·구조 활동에 참고가 될 사항

③ 항공교통업무기관은 제2항에 따라 비상상황을 통보한 후에도 비상상황과 관련된 조사를 계속하여야 하며, 비상상황이 악화되면 그에 관한 정보를, 비상상황이 종료되면 그 종료 사실을 수색 및 구조업무를 수행하는 기관에 지체 없이 통보하여야 한다.

④ 항공교통업무기관은 필요한 경우 비상상황에 처한 항공기와 무선교신을 시도하는 등 이용할 수 있는 모든 통신시설을 이용하여 해당 항공기에 대한 정보를 획득하기 위하여 노력하여야 한다.

제244조(항공기의 소유자등에 대한 통보) 법 제83조제5항에 따라 항공교통업무기관은 항공기가 제243조제1항에 따른 불확실상황 또

		는 경보상황에 처하였다고 판단되는 경우에는 해당 항공기의 소유자등에게 그 사실을 통보하여야 한다. 이 경우 통보사항에는 가능한 한 제243조제2항 각 호의 사항을 포함하여야 한다.〈개정 2025. 12. 5.〉
		제245조(비상항공기의 주변에서 운항하는 항공기에 대한 통보 등) ① 법 제83조제5항에 따라 항공교통업무기관은 항공기가 제243조제1항에 따른 비상상황에 처하였다고 판단되는 경우에는 그 항공기의 주변에서 비행하고 있는 다른 항공기에 대하여 가능한 한 신속하게 비상상황이 있다는 사실을 알려 주어야 한다.〈개정 2025. 12. 5.〉 ② 법 제83조제5항에 따라 항공교통업무기관은 항공기가 불법간섭을 받고 있음을 안 경우에는 그 항공기의 주변에서 비행하고 있는 다른 항공기에 대하여 불법간섭 행위에 관한 사항을 무선통신으로 질문하거나 언급해서는 안 된다. 다만, 불법간섭을 받는 항공기의 조종사가 무선통신에서 비상상황을 먼저 언급하거나 이러한 언급이 불법간섭을 악화시키지 않을 것이 확실한 경우에는 그렇지 않다.〈신설 2025. 12. 5.〉 [제목개정 2025. 12. 5.]
		제246조(항공교통업무에 필요한 정보 등) ① 항공교통업무기관은 법 제83조제5항에 따라 항공기에 대하여 최신의 기상상태 및 기상예

보에 관한 정보를 제공할 수 있어야 한다.〈개정 2025. 12. 5.〉

② 항공교통업무기관은 법 제83조제5항에 따라 비행장 주변에 관한 정보, 항공기의 이륙상승 및 강하지역에 관한 정보, 접근관제지역 내의 돌풍 등 항공기 운항에 지장을 주는 기상현상의 종류, 위치, 수직 범위, 이동방향, 속도 등에 관한 상세한 정보를 항공기에 제공할 수 있도록 관계 기상서비스제공기관ㆍ항공운송사업자 등과 긴밀한 협조체제를 유지해야 한다.〈개정 2025. 12. 5.〉

③ 항공교통업무기관은 법 제83조제5항에 따라 항공교통의 안전 확보를 위하여 비행장 설치자, 항행안전시설관리자, 무인자유기구의 운영자, 방사능ㆍ독성 물질의 제조자ㆍ사용자와 협의하여 다음 각 호의 소관사항을 지체 없이 통보받을 수 있도록 조치해야 한다.〈개정 2025. 12. 5.〉

1. 비행장 내 기동지역에서의 항공기 이륙ㆍ착륙에 지장을 주는 시설물 또는 장애물의 설치ㆍ운영 상태에 관한 사항

2. 항공기의 지상이동, 이륙, 접근 및 착륙에 필요한 항공등화 등 항행안전시설의 운영 상태에 관한 사항

3. 무인자유기구의 비행에 관한 사항

4. 관할 구역 내의 비행로에 영향을 줄 수 있는 폭발 전 화산활동, 화산폭발 및 화산재에 관한 사항

		5. 관할 공역에 영향을 미치는 방사선물질 또는 독성화학물질의 대기 방출에 관한 사항 6. 그 밖에 항공교통의 안전에 지장을 주는 사항
		제246조의2(항공교통흐름의 관리 등) ① 항공교통본부장은 법 제83조의2제1항에 따른 항공교통흐름 관리 업무를 효율적으로 수행하기 위하여 항공교통흐름 관련 정보제공 및 관리를 위한 시스템을 구축·운영해야 한다. ② 항공교통본부장은 다음 각 호의 사유가 발생한 때에는 대체 비행경로 안내 및 고도 제한 등 국토교통부장관이 정하여 고시하는 항공교통흐름 관리를 위한 조치를 해야 한다. 1. 국가안보위기, 자연재해, 시설 및 장비 장애 등 비정상상황의 발생으로 인한 경우로서 다음 각 목의 어느 하나에 해당하는 경우 가. 공항 및 공역에 즉각적인 항공기 통제가 필요한 경우 나. 항공교통량이 수용능력을 초과하거나 초과할 것으로 예상되는 경우 2. 인접국의 교통량 제한 또는 공항 및 공역의 교통량 증가로 인하여 원활한 항공교통흐름 및 질서유지에 장애가 발생하거나 발생할 것으로 예상되는 경우 3. 그 밖에 항공교통본부장이 항공교통량 조정이 필요하다고 판단하는 경우

③ 항공교통관제기관은 제2항 각 호에 따른 사유가 발생하여 항공교통량 조정이 필요하다고 판단하는 경우에는 항공교통본부장에게 항공교통흐름 관리를 위한 조치를 요청할 수 있다.

④ 제1항부터 제3항까지에서 규정한 사항 외에 항공교통흐름 관리에 필요한 사항은 국토교통부장관이 정하여 고시한다.

[본조신설 2023. 10. 19.]

제247조(항공안전 관련 정보의 복창) ① 항공기의 조종사는 법 제84조제1항에 따라 관할 항공교통관제기관에서 음성으로 전달된 항공안전 관련 항공교통관제의 허가 또는 지시사항을 복창하여야 한다. 이 경우 다음 각 호의 사항은 반드시 복창하여야 한다.

1. 항공로의 허가사항

2. 활주로의 진입, 착륙, 이륙, 대기, 횡단 및 역방향 주행에 대한 허가 또는 지시사항

3. 사용 활주로, 고도계 수정치, 2차 감시 항공교통관제 레이더용 트랜스폰더(Mode 3/A 및 Mode C SSR transponder)의 배정부호, 고도지시, 기수지시, 속도지시 및 전이고도

② 항공기의 조종사는 제1항에 따른 관할 항공교통관제기관의 허가 또는 지시사항을 이해하고 있고 그에 따르겠다는 것을 명확한 방법으로 복창하거나 응답하여야 한다.

③ 관할 항공교통관제기관의 항공교통관제사는 제1항에 따른 항공교통관제의 허가

		또는 지시사항에 대하여 항공기의 조종사가 정확하게 인지했는지 확인하기 위하여 복창을 경청해야 하며, 그 복창에 틀린 사항이 있을 때에는 즉시 시정조치를 해야 한다.〈개정 2021. 11. 19.〉 ④ 제1항을 적용할 때에 관할 항공교통관제기관에서 달리 정하고 있지 아니하면 항공교통관제사와 조종사간 데이터통신(CPDLC)에 의하여 항공교통관제의 허가 또는 지시사항이 전달되는 경우에는 음성으로 복창을 하지 아니할 수 있다.
		제248조(비행장 내에서의 사람 및 차량에 대한 통제 등) ① 법 제84조제2항에 따라 관할 항공교통관제기관은 지상이동 중이거나 이륙·착륙 중인 항공기에 대한 안전을 확보하기 위하여 비행장의 기동지역 내를 이동하는 사람 또는 차량을 통제해야 한다.〈개정 2021. 11. 19.〉 ② 법 제84조제2항에 따라 관할 항공교통관제기관은 저시정(식별 가능 최대 거리가 짧은 것을 말한다) 기상상태에서 제2종(Category Ⅱ) 또는 제3종(Category Ⅲ)의 정밀계기운항이 진행 중일 때에는 계기착륙시설(ILS)의 방위각제공시설(Localizer) 및 활공각제공시설(Glide Slope)의 전파를 보호하기 위하여 기동지역을 이동하는 사람 및 차량에 대하여 제한을 해야 한다.〈개정 2021. 8. 27., 2021. 11. 19.〉

③ 법 제84조제2항에 따라 관할 항공교통관제기관은 조난항공기의 구조를 위하여 이동하는 비상차량에 우선권을 부여해야 한다. 이 경우 차량과 지상이동 하는 항공기 간의 분리최저치는 지방항공청장·항공교통본부장·국방부장관 또는 법 제85조제1항에 따라 항공교통업무증명을 받은 자가 정하는 바에 따른다.〈개정 2021. 11. 19., 2024. 9. 20.〉

④ 제2항에 따라 비행장의 기동지역 내를 이동하는 차량의 운전자는 다음 각 호의 사항을 준수해야 한다. 다만, 관할 항공교통관제기관의 다른 지시가 있는 경우에는 그 지시를 우선적으로 준수해야 한다.〈개정 2021. 11. 19.〉

1. 지상이동·이륙·착륙 중인 항공기에 진로를 양보할 것

2. 차량의 운전자는 항공기를 견인하는 차량에 진로를 양보할 것

3. 차량의 운전자는 관제지시에 따라 이동 중인 다른 차량에 진로를 양보할 것

⑤ 비행장의 기동지역 내를 이동하는 사람이나 차량의 운전자는 제1항 및 제2항에 따라 관할 항공교통관제기관에서 음성으로 전달되는 항공안전 관련 지시사항을 이해하고 있고 그에 따르겠다는 것을 명확한 방법으로 복창하거나 응답해야 한다.〈신설 2021. 11. 19.〉

⑥ 관할 항공교통관제기관의 항공교통관

		제사는 제5항에 따른 항공안전 관련 지시사항에 대하여 비행장의 기동지역 내를 이동하는 사람이나 차량의 운전자가 정확하게 인지했는지를 확인하기 위하여 복창을 경청해야 하며, 그 복창에 틀린 사항이 있을 때는 즉시 시정조치를 해야 한다.〈신설 2021. 11. 19.〉 ⑦ 법 제84조제2항에 따라 비행장 내의 이동지역에 출입하는 사람 또는 차량(건설기계 및 장비를 포함한다)의 관리ㆍ통제 및 안전관리 등에 대한 세부 사항은 국토교통부장관이 정하여 고시한다.〈개정 2021. 11. 19.〉
		제249조(항공교통업무증명의 신청) ① 법 제85조제1항에 따라 항공교통업무증명을 받으려는 자는 별지 제85호서식의 항공교통업무증명 신청서에 항공교통업무규정을 첨부하여 국토교통부장관에게 제출하여야 한다. ② 제1항에 따른 항공교통업무규정에는 다음 각 호의 사항을 적어야 한다. 1. 수행하려는 항공교통업무의 범위 2. 운영인력 및 시설ㆍ장비 현황 3. 항공교통업무 수행을 위하여 필요한 규정 및 절차 4. 그 밖에 국토교통부장관이 정하여 고시하는 사항
		제250조(항공교통업무증명의 발급) ① 국토교통부장관은 제249조제1항에 따른 항공교통업무증명 신청서를 접수받은 경우에는 법 제

85조제1항에 따라 항공교통업무를 제공할 수 있는 체계(이하 "항공교통업무제공체계"라 한다)가 법 제85조제2항에 따른 항공교통업무증명기준(이하 "항공교통업무증명기준"이라 한다)에 적합한지의 여부를 검사하여 적합하다고 인정하면 항공교통업무증명 신청자에게 별지 제86호서식의 항공교통업무증명서를 발급하여야 한다.

② 국토교통부장관은 소속 공무원 또는 법 제35조제7호의2에 따른 전문항공교통관제사 자격증명을 받은 사람으로서 해당 분야 10년 이상의 실무경력을 갖춘 사람으로 하여금 제1항에 따른 검사를 하게 하거나 자문에 응하게 할 수 있다.〈개정 2025. 12. 5.〉

제251조(항공교통업무증명의 변경신고) ① 제250조제1항에 따른 항공교통업무증명을 받은 자가 항공교통업무제공체계를 변경하려는 경우에는 법 제85조제5항 본문에 따라 별지 제87호서식의 항공교통업무증명 변경신고서에 다음 각 호의 서류를 첨부하여 국토교통부장관에게 신고하여야 한다.

1. 변경 내용 및 그 내용을 증명하는 서류
2. 신·구 내용 대비표

② 제1항에 따른 변경신고를 받은 국토교통부장관은 신고서 및 첨부서류에 흠이 없고 형식적 요건을 충족하는 경우에는 지체 없이 접수하여야 한다.

		제252조(항공교통업무증명의 변경승인 등) ① 법 제85조제5항 단서에서 "항공교통업무규정 등 국토교통부령으로 정하는 중요사항"이란 다음 각 호의 어느 하나에 해당하는 사항을 말한다. 1. 항공교통업무규정 중 다음 각 목의 사항 가. 업무범위 나. 비행절차 다. 구성조직 라. 종사자 교육훈련프로그램 마. 우발계획 2. 운영하는 시설·장비 3. 대표자 ② 제1항에 따라 항공교통업무증명을 받은 자가 제1항 각 호의 어느 하나에 해당하는 사항을 변경하려면 그 변경 예정일 10일 전까지 별지 제88호서식의 항공교통업무증명 변경승인신청서에 그 변경사실을 증명할 수 있는 서류를 첨부하여 국토교통부장관에게 제출하여야 한다. ③ 국토교통부장관은 제2항에 따른 항공교통업무증명의 변경신청서를 접수받은 경우 그 변경사유가 타당하다고 인정되면 제250조제1항에 따라 항공교통업무증명을 발급하여야 한다.
		제253조(항공교통업무제공체계 검사 등) ① 국토교통부장관이 법 제85조제8항에 따라 실시하는 정기검사는 연 1회를 실시한다.<개정

2021. 6. 9.〉

② 국토교통부장관은 법 제85조제9항에 따라 항공교통업무증명을 받은 자에게 시정조치를 명하는 경우에는 업무의 조치기간 등 시정에 필요한 적정한 기간을 주어야 한다. 〈개정 2021. 6. 9.〉

③ 제2항에 따른 시정조치명령을 받은 항공교통업무증명을 받은 자는 그 명령을 이행하였을 때에는 지체 없이 그 시정내용을 국토교통부장관에게 통보하여야 한다.

제254조(항공교통업무증명의 취소 등) ① 법 제86조제2항에 따른 항공교통업무증명의 취소 또는 항공교통업무 제공의 정지처분의 기준은 별표 31과 같다.

② 국토교통부장관은 위반행위의 정도 · 횟수 등을 고려하여 별표 31에서 정한 항공교통업무 제공의 정지기간을 2분의 1의 범위에서 이를 늘리거나 줄일 수 있다. 다만, 늘리는 경우에도 그 기간은 6개월을 초과할 수 없다.

제255조(항공정보) ① 법 제89조제1항에 따른 항공정보의 내용은 다음 각 호와 같다.〈개정 2024. 9. 20.〉

1. 비행장과 항행안전시설의 공용의 개시, 휴지, 재개(再開) 및 폐지에 관한 사항

2. 비행장과 항행안전시설의 중요한 변경 및 운용에 관한 사항

3. 비행장을 이용할 때에 있어 항공기의

운항에 장애가 되는 사항

4. 비행의 방법, 장애물회피고도, 결심고도, 최저강하고도, 비행장 이륙·착륙 기상최저치 등의 설정과 변경에 관한 사항

5. 항공교통업무에 관한 사항

6. 다음 각 목의 공역에서 하는 로켓·불꽃·레이저광선 또는 그 밖의 물건의 발사, 무인기구(기상관측용 및 완구용은 제외한다)의 계류·부양 및 낙하산 강하에 관한 사항

가. 진입표면·수평표면·원추표면 또는 전이표면을 초과하는 높이의 공역

나. 항공로 안의 높이 150미터 이상인 공역

다. 그 밖에 높이 250미터 이상인 공역

7. 그 밖에 항공기의 운항에 도움이 될 수 있는 사항

② 제1항에 따른 항공정보는 다음 각 호의 어느 하나의 방법으로 제공한다.

1. 항공정보간행물(AIP)

2. 항공고시보(NOTAM)

3. 항공정보회람(AIC)

4. 비행 선·후 정보(Pre-Flight and Post-Flight Information)를 적은 자료

③ 법 제89조제2항에 따라 발간하는 항공지도에 제공하는 사항은 다음 각 호와 같다.

1. 비행장장애물도(Aerodrome Obstacle Chart)

2. 정밀접근지형도(Precision Approach Terrain)

3. 항공로도(Enroute Chart)
4. 지역도(Area Chart)
5. 표준계기출발도(Standard Departure Chart-Instrument)
6. 표준계기도착도(Standard Arrival Chart-Instrument)
7. 계기접근도(Instrument Approach Chart)
8. 시계접근도(Visual Approach Chart)
9. 비행장 또는 헬기장도(Aerodrome/Heliport Chart)
10. 비행장지상이동도(Aerodrome Ground Movement Chart)
11. 항공기주기도 또는 접현도(Aircraft Parking/Docking Chart)
12. 세계항공도(World Aeronautical Chart)
13. 항공도(Aeronautical Chart)
14. 항법도(Aeronautical Navigation Chart)
15. 항공교통관제감시 최저고도도(ATC Surveillance Minimum Altitude Chart)
16. 그 밖에 국토교통부장관이 고시하는 사항

④ 법 제89조제4항에 따른 항공정보에 사용되는 측정단위는 다음 각 호의 어느 하나의 방법에 따라 사용한다.〈개정 2023. 10. 19.〉

		1. 고도(Altitude): 미터(m) 또는 피트(ft) 2. 시정(Visibility): 킬로미터(㎞) 또는 마일(SM). 이 경우 5킬로미터 미만의 시정은 미터(m) 단위를 사용한다. 3. 주파수(Frequency): 헤르쯔(㎐) 4. 속도(Velocity Speed): 초당 미터(㎧) 5. 온도(Temperature): 섭씨도(℃) ⑤ 제1항부터 제4항까지에서 규정한 사항 외에 항공정보의 제공 및 항공지도의 발간 등에 관한 세부사항은 국토교통부장관이 정하여 고시한다.
		제256조(통지사항) 제255조제1항제6호의 행위를 하려는 자는 그 행위 예정일 10일 전까지 다음 각 호의 사항을 지방항공청장·항공교통본부장·국방부장관 또는 법 제85조제1항에 따라 항공교통업무증명을 받은 자에게 통지하여야 한다. 다만, 지방항공청장·항공교통본부장·국방부장관 또는 법 제85조제1항에 따라 항공교통업무증명을 받은 자의 승인을 받은 경우에는 그러하지 아니하다.〈개정 2024. 9. 20.〉 1. 성명·주소 및 연락장소 2. 해당 행위를 하려는 일시와 장소 3. 해당 행위의 내용 4. 그 밖에 참고가 될 사항
		제7장 항공운송사업자 등에 대한 안

전관리

제257조(운항증명의 신청 등) ① 법 제90조제1항에 따라 운항증명을 받으려는 자는 별지 제89호서식의 운항증명 신청서에 별표 32의 서류를 첨부하여 운항 개시 예정일 90일 전까지 국토교통부장관 또는 지방항공청장에게 제출하여야 한다.

② 국토교통부장관 또는 지방항공청장은 제1항에 따른 운항증명의 신청을 받으면 10일 이내에 운항증명검사계획을 수립하여 신청인에게 통보하여야 한다.

제258조(운항증명을 위한 검사기준) 법 제90조제1항에 따라 항공운송사업자의 운항증명을 하기 위한 검사는 서류검사와 현장검사로 구분하여 실시하며, 그 검사기준은 별표 33과 같다.

제259조(운항증명 등의 발급) ① 국토교통부장관 또는 지방항공청장은 제258조에 따른 운항증명검사 결과 검사기준에 적합하다고 인정하는 경우에는 별지 제90호서식의 운항증명서 및 별지 제91호서식의 운영기준을 발급하여야 한다.

② 법 제90조제2항에서 "국토교통부령으로 정하는 운항조건과 제한사항"이란 다음 각 호의 사항을 말한다.

1. 항공운송사업자의 주 사업소의 위치와 운영기준에 관하여 연락을 취할 수 있는 자

		의 성명 및 주소 2. 항공운송사업에 사용할 정규 공항과 항공기 기종 및 등록기호 3. 인가된 운항의 종류 4. 운항하려는 항공로와 지역의 인가 및 제한 사항 5. 공항의 제한 사항 6. 기체 · 발동기 · 프로펠러 · 회전익 · 기구와 비상장비의 검사 · 점검 및 분해정밀검사에 관한 제한시간 또는 제한시간을 결정하기 위한 기준 7. 항공운송사업자 간의 항공기 부품교환 요건 8. 항공기 중량 배분을 위한 방법 9. 항공기등의 임차에 관한 사항 10. 그 밖에 안전운항을 위하여 국토교통부장관이 정하여 고시하는 사항
		제260조(운항증명의 변경 등) ① 제259조에 따라 운항증명을 받은 항공운송사업자가 그 명칭 등 국토교통부장관이 정하여 고시하는 사항을 변경하려면 그 변경 예정일 30일 전까지 별지 제92호서식의 운항증명 변경신청서에 그 변경 사실을 증명할 수 있는 서류를 첨부하여 국토교통부장관 또는 지방항공청장에게 제출하여야 한다. ② 국토교통부장관 또는 지방항공청장은 제1항에 따른 운항증명 변경신청서를 접수한 경우 그 변경 사유가 타당하다고 인정되면 제

		259조에 따라 운항증명을 발급하여야 한다.
		제261조(운영기준의 변경 등) ① 법 제90조제3항에 따라 국토교통부장관 또는 지방항공청장이 항공기 안전운항을 확보하기 위하여 운영기준을 변경하려는 경우에는 변경의 내용과 사유를 포함한 변경된 운영기준을 운항증명 소지자에게 발급하여야 한다. ② 제1항에 따른 변경된 운영기준은 안전운항을 위하여 긴급히 요구되거나 운항증명 소지자가 이의를 제기하는 경우가 아니면 발급받은 날부터 30일 이후에 적용된다. ③ 법 제90조제3항에 따라 운항증명소지자가 운영기준 변경신청을 하려는 경우에는 변경할 운영기준을 적용하려는 날의 15일전까지 별지 제93호서식의 운영기준 변경신청서에 변경하려는 내용과 사유를 적어 국토교통부장관 또는 지방항공청장에게 제출하여야 한다. ④ 국토교통부장관 또는 지방항공청장은 제3항에 따른 운영기준변경신청을 받으면 그 내용을 검토하여 항공기 안전운항을 확보하는데 문제가 없다고 판단되는 경우에는 별지 제94호서식에 따른 변경된 운영기준을 신청인에게 발급하여야 한다.
		제262조(안전운항체계 변경검사 등) ① 운항증명을 발급 받은 자는 법 제90조제5항에 따라 안전운항체계가 변경된 경우에는 별지 제95호서식의 안전운항체계 변경검사 신청서

에 다음 각 호의 사항이 포함된 안전운항체계 변경에 대한 입증자료(이하 이 조에서 "안전적합성입증자료"라 한다)와 별지 제93호서식의 운영기준 변경신청서(운영기준의 변경이 있는 경우만 해당한다)를 첨부하여 국토교통부장관 또는 지방항공청장에게 제출해야 한다.〈개정 2022. 12. 9.〉

1. 사용 예정 항공기
2. 항공기 및 그 부품의 정비시설
3. 항공기 급유시설 및 연료저장시설
4. 예비품 및 그 보관시설
5. 운항관리시설 및 그 관리방식
6. 지상조업시설 및 장비
7. 운항에 필요한 항공종사자의 확보상태 및 능력
8. 취항 예정 비행장의 제원 및 특성
9. 여객 및 화물의 운송서비스 관련 시설
10. 면허조건 또는 사업 개시 관련 행정명령 이행실태
11. 그 밖에 안전운항과 노선운영에 관하여 국토교통부장관 또는 지방항공청장이 정하여 고시하는 사항

② 제1항에 따라 안전운항체계 변경검사 신청을 하려는 자는 다음 각 호의 구분에 따른 운행체계 변경 사유에 따라 해당 호에서 정하는 날 전까지 국토교통부장관 또는 지방항공청장에게 신청해야 한다.〈신설 2022. 12. 9.〉

1. 법 제90조제5항제1호에 따른 사유: 운행개시예정일 15일

2. 법 제90조제5항제2호, 제4호 및 제5호에 따른 사유: 운행개시예정일 45일

3. 법 제90조제5항제3호에 따른 사유: 운행개시예정일 5일

③ 국토교통부장관 또는 지방항공청장은 제1항에 따라 제출받은 입증자료를 바탕으로 변경된 안전운항체계에 대하여 검사한 경우에는 그 결과를 신청자에게 통보해야 한다. 〈개정 2022. 12. 9.〉

④ 국토교통부장관 또는 지방항공청장은 제3항에 따른 검사 결과 적합하다고 인정되는 경우로서 제259조제1항에 따라 발급한 운영기준의 변경이 수반되는 경우에는 변경된 운영기준을 함께 발급하여야 한다.

⑤ 국토교통부장관 또는 지방항공청장은 제3항에도 불구하고 운항증명을 받은 자가 사업계획의 변경 등으로 다른 기종의 항공기를 운항하려는 경우 등 항공기의 안전운항을 확보하는데 문제가 없다고 판단되는 경우에는 법 제77조에 따라 고시하는 운항기술기준에서 정하는 바에 따라 안전운항체계의 변경에 따른 검사의 일부 또는 전부를 면제할 수 있다.

제263조(항공기 또는 노선의 운항정지 및 항공종사자의 업무정지 등) 국토교통부장관 또는 지방항공청장은 법 제90조제7항에 따라 항공기 또는 노선의 운항을 정지하게 하거나

		항공종사자의 업무를 정지하게 하려면 다음 각 호에 따라 조치하여야 한다. 1. 운항증명 소지자 또는 항공종사자에게 항공기 또는 노선의 운항을 정지하게 하거나 항공종사자의 업무를 정지하게 하는 사유 및 조치하여야 할 내용을 구두로 지체 없이 통보하고, 사후에 서면으로 통보하여야 한다. 2. 제1호에 따른 통보를 받은 자가 그 조치하여야 할 사항을 조치하였을 때에는 지체 없이 그 내용을 국토교통부장관 또는 지방항공청장에게 통보하여야 한다. 3. 국토교통부장관 또는 지방항공청장은 제2호에 따른 통보를 받은 경우에는 그 내용을 확인하고 항공기의 안전운항에 지장이 없다고 판단되면 지체 없이 그 사실을 통보하여 항공기 또는 노선의 운항을 재개할 수 있게 하거나 항공종사자의 업무를 계속 수행할 수 있게 하여야 한다.
		제264조(항공운송사업자의 운항증명 취소 등) 법 제91조에 따른 항공운송사업자의 운항증명 취소 또는 항공기 운항의 정지처분의 기준은 별표 34와 같다.
		제265조(위반행위의 세부유형) 영 별표 3 제2호허목2)ㆍ3), 같은 호 보목2)ㆍ3), 같은 호 오목2)ㆍ3), 같은 호 호목2)ㆍ3) 및 이 규칙 별표 34 제2호고목 2)ㆍ3), 같은 호 소목 2)ㆍ3), 같은 호 조목 2)ㆍ3) 및 같은 호 누목

2)·3) 따른 위반행위의 세부유형은 별표 35와 같다.

제266조(운항규정과 정비규정의 인가 등) ① 항공운송사업자는 법 제93조제1항 본문에 따라 운항규정 또는 정비규정을 마련하거나 법 제93조제2항 단서에 따라 인가받은 운항규정 또는 정비규정 중 제3항에 따른 중요사항을 변경하려는 경우에는 별지 제96호서식의 운항규정 또는 정비규정 (변경)인가 신청서에 운항규정 또는 정비규정(변경의 경우에는 변경할 운항규정과 정비규정의 신·구내용 대비표)을 첨부하여 국토교통부장관 또는 지방항공청장에게 제출하여야 한다.

② 법 제93조제1항에 따른 운항규정 및 정비규정에 포함되어야 할 사항은 다음 각 호와 같다.

1. 운항규정에 포함되어야 할 사항: 별표 36에 규정된 사항

2. 정비규정에 포함되어야 할 사항: 별표 37에 규정된 사항

③ 법 제93조제2항 단서에서 "최소장비목록, 승무원 훈련프로그램 등 국토교통부령으로 정하는 중요사항"이란 다음 각 호의 사항을 말한다.

1. 운항규정의 경우: 별표 36 제1호가목6)·7)·38), 같은 호 나목9), 같은 호 다목3)·4) 및 같은 호 라목에 관한 사항과 별표 36 제2호가목5)·6), 같은 호 나목7), 같은

호 다목3)·4) 및 같은 호 라목에 관한 사항

2. 정비규정의 경우: 별표 37에서 변경인가대상으로 정한 사항

④ 국토교통부장관 또는 지방항공청장은 제1항에 따른 운항규정 또는 정비규정 (변경)인가신청서를 접수받은 경우 법 제77조제1항에 따른 운항기술기준에 적합한지의 여부를 확인 한 후 적합하다고 인정되면 그 규정을 인가하여야 한다.

제267조(운항규정과 정비규정의 신고) ① 법 제93조제2항 본문에 따라 인가 받은 운항규정 또는 정비규정 중 제266조제3항에 따른 중요사항 외의 사항을 변경하려는 경우에는 별지 제97호서식의 운항규정 또는 정비규정 변경신고서에 변경된 운항규정 또는 정비규정과 신·구 내용 대비표를 첨부하여 국토교통부장관 또는 지방항공청장에게 신고해야 한다.〈개정 2023. 9. 12.〉

② 삭제〈2020. 12. 10.〉

제268조(운항규정 및 정비규정의 배포 등) 항공운송사업자는 제266조 및 제267조에 따라 인가받거나 신고한 운항규정 또는 정비규정에 최신의 정보가 수록될 수 있도록 하여야 하며, 항공기의 운항 또는 정비에 관한 업무를 수행하는 해당 종사자에게 최신의 운항규정 및 정비규정을 배포하여야 한다.

제269조(운항증명을 받아야 하는 항공기사용

		사업의 범위) ① 법 제96조제1항에서 "국토교통부령으로 정하는 업무를 하는 항공기사용사업자"란 「항공사업법 시행규칙」 제4조제1호 및 제5호부터 제7호까지의 업무를 하는 항공기사용사업자를 말한다. 다만, 「항공사업법 시행규칙」 제4조제1호 및 제5호의 업무를 하는 항공기사용사업의 경우에는 헬리콥터를 사용하여 업무를 하는 항공기사용사업만 해당한다. ② 항공기사용사업자에 대한 운항증명의 신청, 검사, 발급 등에 관하여는 제257조부터 제268조까지의 규정을 준용한다.
		제269조의2(운영기준 변경 신청 등의 제출서류 간소화) ① 다음 각 호에 따른 신청·신고를 둘 이상 동시에 하는 때에 각 신청서·신고서에 첨부해야 하는 서류 중 중복되는 것이 있는 경우에는 하나의 신청서·신고서에 해당 서류를 첨부하는 것으로 다른 신청서·신고서에 필요한 서류의 첨부를 갈음할 수 있다. 이 경우 다른 신청서·신고서에 그 취지를 적어야 한다. 1. 제261조제3항에 따른 운영기준 변경 신청 2. 제262조제1항에 따른 안전운항체계 변경검사 신청 3. 제266조제1항에 따른 운항규정 또는 정비규정 변경인가 신청 4. 제267조제1항에 따른 운항규정 또는 정비규정의 변경신고

		② 제1항 각 호에 따른 신청·신고를 할 때 해당 신청서·신고서에 첨부해야 하는 서류 중 이미 제출한 서류가 있는 경우에는 그 서류의 내용에 변경이 없으면 해당 서류의 제출을 생략할 수 있다. 이 경우 해당 신청서·신고서에 그 취지를 적어야 한다. [본조신설 2023. 10. 19.]
		제270조(정비조직인증을 받아야 하는 대상 업무) 법 제97조제1항 본문에서 "국토교통부령으로 정하는 업무"란 다음 각 호의 어느 하나에 해당하는 업무를 말한다. 1. 항공기등 또는 부품등의 정비등의 업무 2. 제1호의 업무에 대한 기술관리 및 품질관리 등을 지원하는 업무
		제271조(정비조직인증의 신청) ① 법 제97조에 따른 정비조직인증을 받으려는 자는 별지 제98호서식의 정비조직인증 신청서에 정비조직절차교범을 첨부하여 지방항공청장에게 제출하여야 한다. ② 제1항의 정비조직절차교범에는 다음 각 호의 사항을 적어야 한다. 1. 수행하려는 업무의 범위 2. 항공기등·부품등에 대한 정비방법 및 그 절차 3. 항공기등·부품등의 정비에 관한 기술관리 및 품질관리의 방법과 절차 4. 그 밖에 시설·장비 등 국토교통부장

		관이 정하여 고시하는 사항
		제272조(정비조직인증서의 발급) 지방항공청장은 법 제97조제1항에 따라 정비조직인증기준에 적합한지 여부를 검사한 결과 그 기준에 적합하다고 인정되는 경우에는 법 제97조제2항에 따른 세부 운영기준과 함께 별지 제99호서식의 정비조직인증서를 신청자에게 발급하여야 한다.
		제273조(정비조직인증의 취소 등의 기준) ① 법 제98조제1항제2호라목에서 "국토교통부령으로 정하는 중요 사항"이란 제130조제3항 각 호의 사항을 말한다. ② 법 제98조제2항에 따른 정비조직인증 취소 등의 행정처분기준은 별표 38과 같다.
		제8장 외국항공기 제274조(외국항공기의 항행허가 신청) 법 제100조제1항제1호 및 제2호에 따른 항행을 하려는 자는 그 운항 예정일 2일 전까지 별지 제100호서식의 외국항공기 항행허가 신청서를 지방항공청장에게 제출하여야 하고, 법 제100조제1항제3호에 따른 통과항행을 하려는 자는 별지 제101호서식의 영공통과 허가신청서를 항공교통본부장에게 제출하여야 한다.
		제275조(외국항공기의 항행허가 변경신청) 제274조에 따라 외국항공기 항행허가 또는 영공통과 허가를 받은 자가 허가받은 사항을

		변경하려는 경우에는 그 운항 예정일 2일 전까지 별지 제102호서식의 외국항공기 항행허가 변경신청서 또는 별지 제103호서식의 영공통과허가 변경신청서를 지방항공청장 또는 항공교통본부장에게 제출해야 한다.〈개정 2023. 9. 12.〉
		제276조(외국항공기의 국내사용허가 신청) 법 제101조 단서에 따라 외국 국적을 가진 항공기를 운항하려는 자는 그 운항 개시 예정일 2일 전까지 별지 제104호서식의 외국항공기 국내사용허가 신청서를 지방항공청장에게 제출하여야 한다.
		제277조(외국항공기의 국내사용허가 변경신청) 제276조에 따라 외국항공기의 국내사용허가를 받은 자가 허가받은 사항을 변경하려는 경우에는 해당 사항이 변경되는 날 2일 전까지 별지 제105호서식의 외국항공기 국내사용허가 변경신청서를 지방항공청장에게 제출하여야 한다.
		제278조(증명서 등의 인정) 법 제102조에 따라 「국제민간항공협약」의 부속서로서 채택된 표준방식 및 절차를 채용하는 협약 체결국 외국정부가 한 다음 각 호의 증명·면허와 그 밖의 행위는 국토교통부장관이 한 것으로 본다. 1. 법 제12조에 따른 항공기 등록증명 2. 법 제23조제1항에 따른 감항증명

		3. 법 제34조제1항에 따른 항공종사자의 자격증명 4. 법 제40조제1항에 따른 항공신체검사증명 5. 법 제44조제1항에 따른 계기비행증명 6. 법 제45조제1항에 따른 항공영어구술능력증명
		제279조(외국인국제항공운송사업자에 대한 운항증명승인 등) ① 「항공사업법」 제54조에 따라 외국인 국제항공운송사업 허가를 받으려는 자는 법 제103조제1항에 따라 그 운항 개시 예정일 60일 전까지 별지 제106호서식의 운항증명승인 신청서에 다음 각 호의 서류를 첨부하여 국토교통부장관에게 제출하여야 한다. 다만, 「항공사업법 시행규칙」 제55조에 따라 이미 제출한 경우에는 다음 각 호의 서류를 제출하지 아니할 수 있다.〈개정 2023. 10. 19.〉 1. 「국제민간항공협약」 부속서 6에 따라 해당 정부가 발행한 운항증명(Air Operator Certificate) 및 운영기준(Operations Specifications) 2. 「국제민간항공협약」 부속서 6(항공기 운항)에 따라 해당 정부로부터 인가받은 운항규정(Operations Manual) 및 정비규정(Maintenance Control Manual) 3. 항공기 운영국가의 항공당국이 인정한 항공기 임대차 계약서(해당 사실이 있는 경우

만 해당한다)

4. 별지 제107호서식의 외국항공기의 소유자등 안전성 검토를 위한 질의서(Questionnaire of Foreign Operators' Safety)

② 국토교통부장관은 제1항에 따라 운항증명승인 신청을 받은 경우에는 그 서류와 다음 각 호의 사항을 검사하여 적합하다고 인정되면 해당 국가에서 외국인국제항공운송사업자에게 발급한 운항증명이 유효함을 확인하는 별지 제108호서식의 운항증명 승인서 및 별지 제109호서식의 운항조건 및 제한사항을 정한 서류를 함께 발급하여야 한다.〈개정 2020. 12. 10.〉

1. 운항증명을 발행한 국가에 대한 국제민간항공기구의 국제항공안전평가(ICAO USOAP 등) 결과

2. 운항증명을 발행한 국가 또는 외국인국제항공운송사업자에 대하여 외국정부가 공표한 항공안전에 관한 평가 결과

③ 국토교통부장관은 제2항제1호부터 제2호까지 사항이 변경되었음을 알게 된 경우 또는 제4항에 따라 변경 내용 및 사유를 제출받은 경우에는 제2항에 따라 발급한 별지 제108호서식의 운항증명승인서 또는 별지 제109호서식의 운항조건 및 제한사항을 개정할 필요가 있다고 판단되면 해당 내용을 변경하여 발급할 수 있다.〈개정 2020. 12. 10.〉

④ 외국인국제항공운송사업자는 제2항에 따라 국토교통부장관이 발급한 별지 제108호서식의 운항증명 승인서 또는 별지 제109호서식의 운항조건 및 제한사항에 변경이 필요한 경우 그 변경사항을 적용하려는 날의 30일 전까지 별지 제109호의2서식의 운항증명 변경승인 신청서에 변경내용을 증명할 수 있는 서류를 첨부하여 국토교통부장관에게 제출해야 한다.〈개정 2020. 12. 10., 2023. 10. 19.〉

제280조(외국인국제항공운송사업자의 항공기의 운항정지 등) 국토교통부장관은 법 제103조제7항에 따라 외국인국제항공운송사업자의 항공기의 운항을 정지하게 하거나 그에 속한 항공종사자의 업무를 정지하게 하려는 경우에는 다음 각 호의 순서에 따라 조치하여야 한다.

1. 국토교통부장관은 외국인국제항공운송사업자 또는 항공종사자에게 항공기의 운항 또는 항공종사자의 업무를 정지하는 사유와 조치하여야 할 내용을 구두로 지체 없이 통보하고, 사후에 서면으로 통보하여야 한다.

2. 제1호에 따라 통보를 받은 자는 조치하여야 할 사항을 조치하였을 때에는 지체 없이 그 내용을 국토교통부장관에게 통보하여야 한다.

3. 국토교통부장관은 제2호에 따른 통보를 받은 경우 그 내용을 확인하고 항공기의 안전운항에 지장이 없다고 판단되면 지체 없

		이 그 사실을 해당 외국인국제항공운송사업자 또는 항공종사자에게 통보하여 항공기의 운항 또는 항공종사자의 업무를 계속 수행할 수 있게 하여야 한다.
		제281조(외국인국제항공운송사업자의 항공기에 탑재하는 서류) 법 제104조제1항에 따라 외국인국제항공운송사업자는 운항하려는 항공기에 다음 각 호의 서류를 탑재하여야 한다. 1. 항공기 등록증명서 2. 감항증명서 3. 탑재용 항공일지 4. 운용한계 지정서 및 비행교범 5. 운항규정(항공기 등록국가가 발행한 경우만 해당한다) 6. 소음기준적합증명서 7. 각 승무원의 유효한 자격증명(조종사 비행기록부를 포함한다) 8. 무선국 허가증명서(radio station license) 9. 탑승한 여객의 성명, 탑승지 및 목적지가 표시된 명부(passenger manifest) 10. 해당 항공운송사업자가 발행하는 수송화물의 목록(cargo manifest)과 화물 운송장에 명시되어 있는 세부 화물신고서류(detailed declarations of the cargo) 11. 해당 국가의 항공당국 간에 체결한 항공기 등의 감독 의무에 관한 이전협정서 사본(법 제5조에 따른 임대차 항공기의 경우

		만 해당한다)
		제282조(외국인국제항공운송사업자의 항공기 운항의 정지 등) 법 제105조제2항에 따른 처분의 세부기준은 별표 39와 같다.
		제283조(외국항공기의 유상운송에 대한 운항안전성 검사) 법 제107조에 따라 국토교통부장관이 실시하는 외국항공기의 유상운송에 대한 운항안전성 검사는 제279조제1항에 따른 서류 및 같은 조 제2항에 따른 사항을 확인하는 것을 말한다.〈개정 2020. 12. 10.〉
		제9장 경량항공기 제284조(경량항공기의 시험비행등 허가 및 안전성인증 등) ① 법 제108조제1항 전단에서 "시험비행 등 국토교통부령으로 정하는 경우"란 다음 각 호의 어느 하나에 해당하는 경우를 말한다. 1. 연구·개발 중에 있는 경량항공기의 안전성 여부를 평가하기 위하여 시험비행을 하는 경우 2. 법 제108조제1항 전단에 따른 안전성인증을 받은 경량항공기의 성능 향상을 위하여 운용한계를 초과하여 시험비행을 하는 경우 3. 그 밖에 국토교통부장관이 필요하다고 인정하는 경우 ② 법 제108조제1항 전단에 따른 시험비행 등(이하 이 조에서 "시험비행등"이라 한다)

을 위하여 허가를 받으려는 자는 별지 제110호서식의 경량항공기 시험비행등 허가 신청서에 해당 경량항공기가 국토교통부장관이 정하여 고시하는 경량항공기 시험비행등의 안전을 위한 기술상의 기준(이하 이 조에서 “경량항공기 시험비행등의 기술기준”이라 한다)에 적합함을 입증하는 다음 각 호의 서류를 첨부하여 「항공안전기술원법」에 따른 항공안전기술원(이하 “기술원”이라 한다)에 제출해야 한다.〈개정 2022. 6. 8., 2024. 7. 17.〉

1. 해당 경량항공기에 대한 소개서(설계개요서, 설계도면, 부품표 및 경량항공기의 제원을 포함한다)

2. 시험비행등 계획서(시험비행등의 기간, 장소 및 시험비행등 점검표를 포함한다)

3. 설계도면과 일치되게 제작되었음을 입증하는 서류

4. 신청인이 제시한 시험비행등의 범위에서 안전 수준을 입증하는 서류(지상성능시험 결과 및 안전대책을 포함한다)

5. 신청인이 제시한 시험비행등을 하기 위한 수준의 조종절차 및 안전성 유지를 위한 정비방법을 명시한 서류

6. 경량항공기 사진(전체 및 측면사진을 말하며, 전자파일로 된 것을 포함한다) 각 1매

7. 그 밖에 시험비행등과 관련하여 국토교통부장관이 필요하다고 인정하여 고시하는 서류

③ 기술원은 제2항에 따른 신청서를 접수 받은 경우 경량항공기 시험비행등의 기술기준에 적합한지를 확인한 후 적합하다고 인정하면 신청인에게 별지 제110호의2서식의 경량항공기 시험비행등 허가서를 발급해야 한다.〈개정 2022. 6. 8., 2024. 7. 17., 2025. 7. 28.〉

④ 법 제108조제1항 전단 및 같은 조 제2항에서 "국토교통부령으로 정하는 기관 또는 단체"란 기술원을 말한다.〈개정 2018. 3. 23., 2024. 7. 17.〉

⑤ 법 제108조제2항에 따른 안전성인증 등급은 다음 각 호와 같이 구분하고, 각 등급에 따른 운용범위는 별표 40과 같다.〈개정 2021. 8. 27., 2022. 6. 8.〉

1. 제1종: 법 제108조제1항 전단에 따라 국토교통부장관이 정하여 고시하는 비행안전을 위한 기술상의 기준(이하 "경량항공기 기술기준"이라 한다)에 적합하게 완제기 형태로 제작된 경량항공기

2. 제2종: 경량항공기 기술기준에 적합하게 조립(組立)형태로 제작된 경량항공기

3. 제3종: 경량항공기가 완제기 형태로 제작되었으나 경량항공기 제작자로부터 경량항공기 기술기준에 적합함을 입증하는 서류를 발급받지 못한 경량항공기

4. 제4종: 다음 각 목의 어느 하나에 해당하는 경량항공기

가. 경량항공기 제작자가 제공한 수리·개조지침을 따르지 아니하고 수리 또는 개조하여 원형이 변경된 경량항공기로서 제한된 범위에서 비행이 가능한 경량항공기

나. 제1호부터 제3호까지에 해당하지 아니하는 경량항공기로서 제한된 범위에서 비행이 가능한 경량항공기

⑥ 제5항에 따른 안전성인증 등급의 구분 및 운용범위에 관하여 필요한 세부사항은 국토교통부장관이 정하여 고시한다.

[제목개정 2022. 6. 8.]

제285조(경량항공기의 정비 확인) ① 법 제108조제4항 본문에 따라 경량항공기소유자등 또는 경량항공기를 사용하여 비행하려는 사람이 경량항공기 또는 그 부품등을 정비한 후 경량항공기 등을 안전하게 운용할 수 있다는 확인을 받기 위해서는 법 제35조제8호에 따른 항공정비사 자격증명을 가진 사람으로부터 해당 정비가 다음 각 호의 어느 하나에 충족되게 수행되었음을 확인받은 후 해당 정비 기록문서에 서명을 받아야 한다.

1. 해당 경량항공기 제작자가 제공하는 최신의 정비교범 및 기술문서

2. 해당 경량항공기 제작자가 정비교범 및 기술문서를 제공하지 아니하여 경량항공기소유자등이 안전성인증 검사를 받을 때 제출한 검사프로그램

3. 그 밖에 국토교통부장관이 정하여 고

시하는 기준에 부합하는 기술자료

② 법 제108조제4항 단서에서 "국토교통부령으로 정하는 경미한 정비"란 별표 41에 따른 정비를 말한다.

제286조(경량항공기 조종사 응시자격) 법 제109조제1항에 따라 경량항공기 조종사 자격증명을 받으려는 사람은 법 제109조제2항 각 호에 해당하지 아니하는 사람으로서 별표 4에 따른 경력을 가진 사람이어야 한다.

제287조(경량항공기 조종사 자격증명 응시원서의 제출 등) 법 제112조제1항부터 제3항까지의 규정에 따라 경량항공기 조종사 자격증명 시험 또는 경량항공기 조종사 자격증명의 한정심사에 응시하려는 사람에 관하여는 제75조부터 제77조까지 및 제81조부터 제89조까지를 준용한다. 이 경우 "항공기"는 "경량항공기"로, "항공종사자"는 "경량항공기 조종사"로, 제87조제1항에 대해서는 "별지 제38호서식"은 "별지 제38호의2서식"으로 보되, 제88조제2항에 대해서는 "실기시험"을 "학과시험"으로 본다.〈개정 2021. 6. 9.〉

제288조(경량항공기의 조종사의 자격증명 업무범위 외의 비행 시 허가대상) 법 제110조 단서에 따라 다음 각 호의 어느 하나에 해당하는 경우에는 국토교통부장관의 허가를 받아야 한다.

1. 새로운 종류의 경량항공기에 탑승하여

		시험비행을 하는 경우 2. 국내에 최초로 도입되는 경량항공기에서 교관으로서 훈련을 실시하는 경우 3. 그 밖에 국토교통부장관이 필요하다고 인정하는 경우
		제289조(경량항공기 시험비행 등의 허가) 법 제110조 단서에 따라 경량항공기의 시험비행 등을 하려는 사람은 별지 제25호서식의 시험비행 등의 허가신청서를 지방항공청장에게 제출하여야 한다.
		제290조(경량항공기 조종사 자격증명의 한정) 국토교통부장관은 법 제111조제3항에 따라 경량항공기의 종류를 한정하는 경우에는 자격증명을 받으려는 사람이 실기심사에 사용하는 다음 각 호의 어느 하나에 해당하는 경량항공기의 종류로 한정해야 한다.〈개정 2021. 8. 27.〉 1. 조종형비행기 2. 체중이동형비행기 3. 경량헬리콥터 4. 자이로플레인 5. 동력패러슈트
		제291조(경량항공기 조종사의 항공신체검사증명의 기준 등) 법 제113조제1항에 따른 경량항공기 조종사의 항공신체검사증명의 기준, 유효기간 및 신청 등에 관하여는 제92조부터 제96조까지의 규정을 준용한다. 이 경우 “항

공기"는 "경량항공기"로, "항공종사자"는 "경량항공기 조종사"로 본다.

제292조(경량항공기 조종사 자격증명 · 항공신체검사증명의 취소 등) ① 법 제114조제1항(법 제115조제3항에서 준용하는 경우를 포함한다) 및 제2항에 따른 행정처분기준은 별표 42와 같다.

② 국토교통부장관 또는 지방항공청장은 제1항에 따른 처분을 한 경우에는 별지 제111호서식의 경량항공기 조종사등 행정처분대장을 작성 · 관리하되, 전자적 처리가 불가능한 특별한 사유가 없으면 전자적 처리가 가능한 방법으로 작성 · 관리하고, 그 처분 내용에 따라 한국교통안전공단의 이사장 또는 한국항공우주의학협회에 통지하여야 한다.〈개정 2018. 3. 23.〉

제293조(경량항공기 조종교육증명 절차 등) ① 법 제115조제1항에 따른 경량항공기 조종사 조종교육증명을 위한 학과시험 및 실기시험, 시험장소 등에 관한 세부적인 내용과 절차는 국토교통부장관이 정하여 고시한다.

② 법 제115조제1항에 따라 조종교육증명을 받아야 하는 조종교육은 경량항공기에 대한 이륙조작 · 착륙조작 또는 공중조작의 실기교육(경량항공기 조종연습생 단독으로 비행하게 하는 경우를 포함한다)으로 한다.

③ 법 제115조제2항에 따라 조종교육증

		명을 받는 자는 한국교통안전공단의 이사장이 실시하는 다음 각 호의 내용이 포함된 안전교육을 정기적(조종교육증명 또는 안전교육을 받은 해의 말일부터 2년 내)으로 받아야 한다.〈개정 2018. 3. 23.〉 1. 항공법령의 개정사항 2. 기상정보 획득 및 이해 3. 경량항공기 사고사례
		제294조(경량항공기 조종연습의 허가 신청) ① 법 제116조제1항에 따라 경량항공기 조종연습 허가를 받으려는 사람은 별지 제112호서식의 경량항공기 조종연습 허가신청서에 자동차운전면허증 사본(제2종 항공신체검사증명서 대신 자동차운전면허증을 제출하는 사람에 한정한다)을 첨부하여 지방항공청장에게 제출해야 한다.〈개정 2020. 2. 28.〉 ② 제1항에 따른 신청을 받은 지방항공청장은 법 제116조제4항에 따라 신청인이 경량항공기 조종연습을 하기에 필요한 능력이 있다고 인정될 때에는 그 조종연습을 허가하고, 별지 제113호서식의 경량항공기 조종연습허가서를 발급하여야 한다.
		제295조(경량항공기 전문교육기관의 지정 등) ① 법 제117조제1항에 따라 경량항공기 조종사를 양성하는 전문교육기관(이하 "경량항공기 전문교육기관"이라 한다)으로 지정을 받으려는 자는 별지 제114호서식의 경량항공기

전문교육기관 지정신청서에 다음 각 호의 사항이 포함된 교육규정을 첨부하여 지방항공청장에게 제출해야 한다.〈개정 2020. 5. 27., 2025. 12. 5.〉

1. 교육과목 및 교육방법
2. 교관 현황(교관의 자격 · 경력 및 정원)
3. 시설 및 장비의 개요
4. 교육평가방법
5. 연간 교육계획
6. 삭제〈2020. 5. 27.〉

② 법 제117조제3항에 따른 경량항공기 전문교육기관의 지정기준은 별표 12와 같으며, 지정을 위한 심사 등에 관한 세부 절차는 국토교통부장관이 정하여 고시한다.

③ 지방항공청장은 제1항에 따른 신청서를 심사하여 그 내용이 제2항에서 정한 지정기준에 적합한 경우에는 별지 제115호서식에 따른 경량항공기 전문교육기관 지정서를 발급해야 한다.〈개정 2025. 12. 5.〉

④ 지방항공청장은 제3항에 따라 경량항공기 전문교육기관을 지정할 때에는 그 내용을 공고해야 한다.〈개정 2025. 12. 5.〉

⑤ 경량항공기 지정전문교육기관은 교육종료 후 교육이수자의 명단 및 평가 결과를 지체 없이 지방항공청장 및 한국교통안전공단의 이사장에게 보고하고, 이를 항공교육훈련통합관리시스템에 입력해야 한다.〈개정 2018. 3. 23., 2020. 5. 27., 2025. 12. 5.〉

		⑥ 경량항공기 지정전문교육기관은 제1항 각 호의 사항에 변경이 있는 경우에는 그 변경 내용을 지체 없이 지방항공청장에게 보고하고, 이를 항공교육훈련통합관리시스템에 입력해야 한다.〈개정 2020. 5. 27., 2025. 12. 5.〉 ⑦ 지방항공청장은 1년마다 경량항공기 지정전문교육기관이 제2항의 지정기준에 적합한지 여부를 심사해야 한다.〈개정 2025. 12. 5.〉 ⑧ 법 제117조제4항제2호에서 "국토교통부령으로 정하는 사항을 위반한 경우"란 다음 각 호의 어느 하나에 해당하는 경우를 말한다. 1. 학과교육 및 실기교육의 과목, 교육시간을 이행하지 아니한 경우 2. 교관 확보기준을 위반한 경우 3. 시설 및 장비 확보기준을 위반한 경우 4. 교육규정 중 교육과정명, 교육생 정원, 학사운영보고 및 기록유지에 관한 기준을 위반한 경우
		제296조(경량항공기의 이륙·착륙 장소 외에서의 이륙·착륙 허가 신청) 영 제23조제3항에 따른 경량항공기의 이륙 또는 착륙의 허가에 관하여는 제160조를 준용한다. 이 경우 "항공기"는 "경량항공기"로 본다.
		제297조(경량항공기의 의무무선설비) ① 법 제119조에서 "국토교통부령으로 정하는 경량항공기"란 제284조제5항제1호부터 제3호까

지의 등급에 해당하는 경량항공기를 말한다.

② 법 제119조에 따라 경량항공기에 설치·운용 하여야 하는 무선설비는 다음 각 호와 같다.

1. 비행 중 항공교통관제기관과 교신할 수 있는 초단파(VHF) 또는 극초단파(UHF) 무선전화 송수신기 1대

2. 기압고도에 관한 정보를 제공하는 2차 감시 항공교통관제 레이더용 트랜스폰더(Mode 3/A 및 Mode C SSR transponder) 1대

③ 제2항제1호에 따른 무선전화 송수신기는 제107조제2항제3호 및 제4호의 성능을 가져야 한다.〈개정 2019. 2. 26.〉

제298조(경량항공기 조종사의 준수사항) ① 법 제120조제1항에 따라 경량항공기 조종사는 다음 각 호의 어느 하나에 해당하는 행위를 하여서는 아니 된다.〈개정 2019. 9. 23.〉

1. 인명이나 재산에 위험을 초래할 우려가 있는 낙하물을 투하하는 행위

2. 주거지역, 상업지역 등 인구가 밀집된 지역이나 그 밖에 사람이 많이 모인 장소의 상공에서 인명 또는 재산에 위험을 초래할 우려가 있는 방법으로 비행하는 행위

3. 안개 등으로 지상목표물을 육안으로 식별할 수 없는 상태에서 비행하는 행위

4. 별표 24에 따른 비행시정 및 구름으로부터의 거리 기준을 위반하여 비행하는 행위

5. 일몰 후부터 일출 전까지의 야간에 비

행하는 행위

6. 평균해면으로부터 1,500미터(5천피트) 이상으로 비행하는 행위. 다만, 항공교통업무기관으로부터 승인을 받은 경우는 제외한다.

7. 동승한 사람의 낙하산 강하(降下)

8. 그 밖에 곡예비행 등 비정상적인 방법으로 비행하는 행위

② 경량항공기 조종사는 항공기를 육안으로 식별하여 미리 피할 수 있도록 주의하여 비행하여야 한다.

③ 경량항공기 조종사는 동력을 이용하지 아니하는 초경량비행장치에 대하여 진로를 양보하여야 한다.

④ 경량항공기의 조종사는 탑재용 항공일지를 경량항공기 안에 갖춰 두어야 하며, 경량항공기를 항공에 사용하거나 개조 또는 정비한 경우에는 지체 없이 항공일지에 다음 각 호의 사항을 적어야 한다.〈개정 2021. 6. 9.〉

1. 경량항공기의 등록부호 및 등록 연월일

2. 경량항공기의 종류 및 형식

3. 안전성인증서번호

4. 경량항공기의 제작자·제작번호 및 제작 연월일

5. 발동기 및 프로펠러의 형식

6. 비행에 관한 다음의 기록

가. 비행 연월일

나. 승무원의 성명

다. 비행목적

라. 비행 구간 또는 장소
마. 비행시간
바. 경량항공기의 비행안전에 영향을 미치는 사항
사. 기장의 서명
7. 제작 후의 총비행시간과 최근의 오버홀 후의 총 비행시간
8. 정비등의 실시에 관한 다음의 사항
가. 실시 연월일 및 장소
나. 실시 이유, 정비등의 위치와 교환 부품명
다. 확인 연월일 및 확인자의 서명 또는 날인

⑤ 항공레저스포츠사업에 종사하는 경량항공기 조종사는 다음 각 호의 사항을 준수하여야 한다.
1. 비행 전에 해당 경량항공기의 이상 유무를 점검하고, 항공기의 안전 운항에 지장을 주는 이상이 있을 경우에는 비행을 중단할 것
2. 비행 전에 비행안전을 위한 주의사항에 대하여 동승자에게 충분히 설명할 것
3. 이륙 시 해당 경량항공기의 제작자가 정한 최대이륙중량을 초과하지 아니하게 할 것
4. 이륙 또는 착륙 시 해당 경량항공기의 제작자가 정한 거리 기준을 충족하는 활주로를 이용할 것
5. 동승자에 관한 인적사항(성명, 생년월일 및 주소)을 기록하고 유지할 것

		제299조(경량항공기사고의 보고 등) 법 제120조제2항에 따라 경량항공기사고를 일으킨 조종사 또는 그 경량항공기의 소유자등은 다음 각 호의 사항을 지방항공청장에게 보고하여야 한다. 1. 조종사 및 그 경량항공기의 소유자등의 성명 또는 명칭 2. 사고가 발생한 일시 및 장소 3. 경량항공기의 종류 및 등록부호 4. 사고의 경위 5. 사람의 사상 또는 물건의 파손 개요 6. 사상자의 성명 등 사상자의 인적사항 파악을 위하여 참고가 될 사항
		제300조(항공기에 관한 규정의 준용) 경량항공기에 관하여는 제12조부터 제17조까지, 제129조, 제161조부터 제170조까지, 제172조부터 제175조까지, 제182조부터 제188조까지, 제190조부터 제196조까지, 제198조, 제222조, 제247조 및 제248조를 준용한다.
		제10장 초경량비행장치 제301조(초경량비행장치 신고) ① 법 제122조제1항 본문에 따라 초경량비행장치소유자등은 법 제124조에 따른 안전성인증을 받기 전(법 제124조에 따른 안전성인증 대상이 아닌 초경량비행장치인 경우에는 초경량비행장치를 소유하거나 사용할 수 있는 권리가 있

는 날부터 30일 이내를 말한다)까지 별지 제116호서식의 초경량비행장치 신고서(전자문서로 된 신고서를 포함한다)에 다음 각 호의 서류(전자문서를 포함한다)를 첨부하여 한국교통안전공단 이사장에게 제출하여야 한다. 이 경우 신고서 및 첨부서류는 팩스 또는 정보통신을 이용하여 제출할 수 있다.〈개정 2020. 12. 10., 2021. 11. 19.〉

1. 초경량비행장치를 소유하거나 사용할 수 있는 권리가 있음을 증명하는 서류
2. 초경량비행장치의 제원 및 성능표
3. 가로 15 센티미터, 세로 10센티미터의 초경량비행장치 측면사진(무인비행장치의 경우에는 기체 제작번호 전체를 촬영한 사진을 포함한다)

② 한국교통안전공단 이사장은 초경량비행장치의 신고를 받으면 별지 제117호서식의 초경량비행장치 신고증명서를 초경량비행장치소유자등에게 발급하여야 하며, 초경량비행장치소유자등은 비행 시 이를 휴대하여야 한다.〈개정 2020. 12. 10.〉

③ 한국교통안전공단 이사장은 제2항에 따라 초경량비행장치 신고증명서를 발급하였을 때에는 별지 제118호서식의 초경량비행장치 신고대장을 작성하여 갖추어 두어야 한다. 이 경우 초경량비행장치 신고대장은 전자적 처리가 불가능한 특별한 사유가 없으면 전자적 처리가 가능한 방법으로 작성·관리하여야

		한다.〈개정 2020. 12. 10.〉 ④ 초경량비행장치소유자등은 초경량비행장치 신고증명서의 신고번호를 해당 장치에 표시하여야 하며, 표시방법, 표시장소 및 크기 등 필요한 사항은 국토교통부장관의 승인을 받아 한국교통안전공단 이사장이 정한다.〈개정 2020. 12. 10.〉 ⑤ 삭제〈2020. 12. 10.〉
		제302조(초경량비행장치 변경신고) ① 법 제123조제1항에서 "초경량비행장치의 용도, 소유자의 성명 등 국토교통부령으로 정하는 사항"이란 다음 각 호의 어느 하나를 말한다. 1. 초경량비행장치의 용도 2. 초경량비행장치 소유자등의 성명, 명칭 또는 주소 3. 초경량비행장치의 보관 장소 ② 초경량비행장치소유자등은 제1항 각 호의 사항을 변경하려는 경우에는 그 사유가 있는 날부터 30일 이내에 별지 제116호서식의 초경량비행장치 변경·이전신고서를 한국교통안전공단 이사장에게 제출하여야 한다.〈개정 2020. 12. 10.〉 ③ 삭제〈2020. 12. 10.〉
		제303조(초경량비행장치 말소신고) ① 법 제123조제4항에 따른 말소신고를 하려는 초경량비행장치 소유자등은 그 사유가 발생한 날부터 15일 이내에 별지 제116호서식의 초

경량비행장치 말소신고서를 한국교통안전공단 이사장에게 제출하여야 한다.〈개정 2020. 12. 10.〉

② 한국교통안전공단 이사장은 제1항에 따른 신고가 신고서 및 첨부서류에 흠이 없고 형식상 요건을 충족하는 경우 지체 없이 접수하여야 한다.〈개정 2020. 12. 10.〉

③ 한국교통안전공단 이사장은 법 제123조제6항에 따른 최고(催告)를 하는 경우 해당 초경량비행장치의 소유자등의 주소 또는 거소를 알 수 없는 경우에는 말소신고를 할 것을 관보에 고시하고, 한국교통안전공단 홈페이지에 공고하여야 한다.〈개정 2020. 12. 10.〉

제304조(초경량비행장치의 시험비행등 허가) ① 법 제124조 전단에서 "시험비행 등 국토교통부령으로 정하는 경우"란 제305조제1항에 따른 초경량비행장치 안전성인증 대상으로 다음 각 호의 어느 하나에 해당하는 경우를 말한다.〈개정 2020. 12. 10.〉

1. 연구·개발 중에 있는 초경량비행장치의 안전성 여부를 평가하기 위하여 시험비행을 하는 경우

2. 안전성인증을 받은 초경량비행장치의 성능개량을 수행하고 안전성여부를 평가하기 위하여 시험비행을 하는 경우

3. 그 밖에 국토교통부장관이 필요하다고 인정하는 경우

② 법 제124조 전단에 따른 시험비행 등

(이하 이 조에서 "시험비행등"이라 한다)을 위하여 허가를 받으려는 자는 별지 제119호 서식의 초경량비행장치 시험비행등 허가 신청서에 해당 초경량비행장치가 국토교통부장관이 정하여 고시하는 초경량비행장치 시험비행등의 안전을 위한 기술상의 기준(이하 "초경량비행장치 시험비행등의 기술기준"이라 한다)에 적합함을 입증하는 다음 각 호의 서류를 첨부하여 기술원에 제출해야 한다.〈개정 2022. 6. 8., 2024. 7. 17.〉

1. 해당 초경량비행장치에 대한 소개서(설계개요서, 설계도면, 부품표 및 비행장치의 제원을 포함한다)

2. 시험비행등 계획서(시험비행등의 기간, 장소 및 시험비행등 점검표를 포함한다)

3. 설계도면과 일치되게 제작되었음을 입증하는 서류

4. 신청인이 제시한 시험비행등의 범위에서 안전 수준을 입증하는 서류(지상성능시험 결과 및 안전대책을 포함한다)

5. 신청인이 제시한 시험비행등을 하기 위한 수준의 조종절차 및 안전성 유지를 위한 정비방법을 명시한 서류

6. 초경량비행장치 사진(전체 및 측면사진을 말하며, 전자파일로 된 것을 포함한다) 각 1매

7. 그 밖에 시험비행등과 관련하여 국토교통부장관이 필요하다고 인정하여 고시하는

		서류 ③ 기술원은 제2항에 따른 신청서를 접수 받은 경우 초경량비행장치 시험비행등의 기술기준에 적합한지를 확인한 후 적합하다고 인정하면 신청인에게 별지 제119호의2서식의 초경량비행장치 시험비행등 허가서를 발급해야 한다.〈개정 2022. 6. 8., 2024. 7. 17., 2025. 7. 28.〉 [제목개정 2022. 6. 8.]
		제305조(초경량비행장치 안전성인증 대상 등) ① 법 제124조 전단에서 "동력비행장치 등 국토교통부령으로 정하는 초경량비행장치"란 다음 각 호의 어느 하나에 해당하는 초경량비행장치를 말한다.〈개정 2024. 11. 13.〉 1. 동력비행장치 2. 행글라이더, 패러글라이더 및 낙하산류(항공레저스포츠사업에 사용되는 것만 해당한다) 3. 기구류(사람이 탑승하는 것만 해당한다) 4. 다음 각 목의 어느 하나에 해당하는 무인비행장치 가. 제5조제5호가목에 따른 무인동력비행장치 중에서 최대이륙중량이 25킬로그램을 초과하는 것 나. 제5조제5호나목에 따른 무인비행선 중에서 연료의 중량을 제외한 자체중량이 12킬로그램을 초과하거나 길이가 7미터를 초과하는 것 5. 회전익비행장치

6. 동력패러글라이더

② 법 제124조 전단에서 "국토교통부령으로 정하는 기관 또는 단체"란 기술원 또는 별표 43에 따른 시설기준을 충족하는 기관 또는 단체 중에서 국토교통부장관이 정하여 고시하는 기관 또는 단체(이하 "초경량비행장치 안전성 인증기관"이라 한다)를 말한다.〈개정 2018. 3. 23.〉

제306조(초경량비행장치의 조종자 증명 등) ① 법 제125조제1항 전단에서 "동력비행장치 등 국토교통부령으로 정하는 초경량비행장치"란 다음 각 호의 어느 하나에 해당하는 초경량비행장치를 말한다.〈개정 2020. 5. 27., 2024. 11. 13.〉

1. 동력비행장치
2. 행글라이더, 패러글라이더 및 낙하산류(항공레저스포츠사업에 사용되는 것만 해당한다)
3. 유인자유기구
4. 무인비행장치. 다만 다음 각 목의 어느 하나에 해당하는 것은 제외한다.

가. 제5조제5호가목에 따른 무인동력비행장치 중에서 연료의 중량을 포함한 최대이륙중량이 250그램 이하인 것

나. 제5조제5호나목에 따른 무인비행선 중에서 연료의 중량을 제외한 자체중량이 12킬로그램 이하이고, 길이가 7미터 이하인 것

5. 회전익비행장치
6. 동력패러글라이더

② 법 제125조제1항 전단에서 "국토교통부령으로 정하는 기관 또는 단체"란 한국교통안전공단 및 별표 44의 기준을 충족하는 기관 또는 단체 중에서 국토교통부장관이 정하여 고시하는 기관 또는 단체(이하 "초경량비행장치조종자증명기관"이라 한다)를 말한다. 〈개정 2018. 3. 23.〉

③ 초경량비행장치조종자증명기관은 법 제125조제1항 후단에 따른 승인을 신청하는 경우에는 다음 각 호의 사항이 포함된 초경량비행장치 조종자 증명 규정에 제·개정 이유서 및 신·구 내용 대비표(변경승인을 신청하는 경우에 한정한다)를 첨부하여 국토교통부장관에게 제출하여야 한다.〈개정 2020. 5. 27.〉

1. 초경량비행장치 조종자 증명 시험의 응시자격

2. 초경량비행장치 조종자 증명 시험의 과목 및 범위

3. 초경량비행장치 조종자 증명 시험의 실시 방법과 절차

4. 초경량비행장치 조종자 증명 발급에 관한 사항

5. 그 밖에 초경량비행장치 조종자 증명을 위하여 국토교통부장관이 필요하다고 인정하는 사항

④ 제3항에 따른 초경량비행장치 조종자 증명 규정 중 제1항제4호가목에 따른 무인동력비행장치에 대한 자격기준, 시험실시 방법

및 절차 등은 다음 각 호의 구분에 따른 무인동력비행장치별로 구분하여 달리 정해야 한다.〈신설 2020. 5. 27.〉

1. 1종 무인동력비행장치: 최대이륙중량이 25킬로그램을 초과하고 연료의 중량을 제외한 자체중량이 150킬로그램 이하인 무인동력비행장치

2. 2종 무인동력비행장치: 최대이륙중량이 7킬로그램을 초과하고 25킬로그램 이하인 무인동력비행장치

3. 3종 무인동력비행장치: 최대이륙중량이 2킬로그램을 초과하고 7킬로그램 이하인 무인동력비행장치

4. 4종 무인동력비행장치: 최대이륙중량이 250그램을 초과하고 2킬로그램 이하인 무인동력비행장치

⑤ 법 제125조제7항에 따른 행정처분기준은 별표 44의2와 같다.〈신설 2020. 2. 28., 2020. 5. 27., 2021. 11. 19.〉

⑥ 지방항공청장은 법 제125조제5항에 따른 처분을 한 경우에는 그 내용을 별지 제119호의3서식의 초경량비행장치 조종자등 행정처분 대장에 작성·관리하고, 그 처분 내용을 한국교통안전공단의 이사장에 통지해야 한다.〈신설 2020. 2. 28., 2020. 5. 27., 2021. 11. 19., 2025. 7. 28.〉

⑦ 제6항에 따른 행정처분 대장은 「전자문서 및 전자거래 기본법」 제2조제1호에 따른

전자문서로 작성·관리할 수 있다.〈신설 2020. 2. 28., 2020. 5. 27., 2021. 11. 19.〉

제306조의2(초경량비행장치 관련 안전교육) ① 법 제125조의2제1항 및 제2항에서 "패러글라이더 등 국토교통부령으로 정하는 초경량비행장치"란 각각 제5조제3호에 따른 패러글라이더를 말한다.

② 법 제125조의2제1항 및 제2항에 따른 안전교육(이하 "초경량비행장치 안전교육"이라 한다)은 최초교육과 정기교육으로 구분하여 실시하며, 그 내용 및 교육시간은 별표 44의3에 따른다. 이 경우 최초교육은 특별한 사정이 없는 한 대면(對面)에 의한 방법으로 하는 교육을 포함해야 한다.

③ 초경량비행장치 안전교육의 시기는 다음 각 호의 구분에 따른다.

1. 최초교육: 다음 각 목의 구분에 따른 기한

가. 법 제125조의2제1항에 따른 안전교육: 제1항에 따른 초경량비행장치에 대해 법 제125조제1항에 따른 초경량비행장치 조종자 증명을 받은 날부터 2년이 되는 날이 속하는 해의 12월 31일까지

나. 법 제125조의2제2항에 따른 안전교육: 같은 항에 따른 조종교육을 실시하기 7일 전까지

2. 정기교육: 직전의 초경량비행장치 안전교육을 받은 날부터 2년이 되는 날이 속하는

해의 1월 1일부터 12월 31일까지

④ 제1항부터 제3항까지에서 규정한 사항 외에 초경량비행장치 안전교육의 실시에 필요한 세부사항은 영 제26조제12항에 따라 지정받은 기관·단체(이하 "초경량비행장치 안전교육기관"이라 한다)가 국토교통부장관의 승인을 받아 정한다.

[본조신설 2024. 11. 13.]

제307조(초경량비행장치 조종자 전문교육기관의 지정 등) ① 법 제126조제1항에 따른 초경량비행장치 조종자 전문교육기관으로 지정받으려는 자는 별지 제120호서식의 초경량비행장치 조종자 전문교육기관 지정신청서에 다음 각 호의 사항을 적은 서류를 첨부하여 한국교통안전공단에 제출하여야 한다.〈개정 2017. 11. 10., 2018. 3. 23.〉

1. 전문교관의 현황
2. 교육시설 및 장비의 현황
3. 교육훈련계획 및 교육훈련규정

② 법 제126조제3항에 따른 초경량비행장치 조종자 전문교육기관의 지정기준은 다음 각 호와 같다.〈개정 2021. 11. 19.〉

1. 다음 각 목의 전문교관이 있을 것

가. 비행시간이 200시간(무인비행장치의 경우 조종경력이 100시간)이상이고, 국토교통부장관이 인정한 조종교육교관과정을 이수한 지도조종자 1명 이상

나. 비행시간이 300시간(무인비행장치의

경우 조종경력이 150시간)이상이고 국토교통부장관이 인정하는 실기평가과정을 이수한 실기평가조종자 1명 이상

2. 다음 각 목의 시설 및 장비(시설 및 장비에 대한 사용권을 포함한다)를 갖출 것

가. 강의실 및 사무실 각 1개 이상

나. 이륙·착륙 시설

다. 훈련용 비행장치 1대 이상

라. 출결 사항을 전자적으로 처리·관리하기 위한 단말기 1대 이상

3. 교육과목, 교육시간, 평가방법 및 교육훈련규정 등 교육훈련에 필요한 사항으로서 국토교통부장관이 정하여 고시하는 기준을 갖출 것

③ 한국교통안전공단은 제1항에 따라 초경량비행장치 조종자 전문교육기관 지정신청서를 제출한 자가 제2항에 따른 기준에 적합하다고 인정하는 경우에는 별지 제121호서식의 초경량비행장치 조종자 전문교육기관 지정서를 발급하여야 한다.〈개정 2017. 11. 10., 2018. 3. 23., 2024. 11. 13.〉

제307조의2(초경량비행장치 조종자 육성 등) ① 한국교통안전공단 이사장은 법 제126조제7항에 따른 초경량비행장치 조종자 교육·훈련 과정의 내용·방법 및 운영에 관한 사항을 정할 수 있다.

② 한국교통안전공단 이사장은 제1항에 따른 사항을 정하려면 국토교통부장관의 승인을

받아야 한다. 이를 변경하려는 경우에도 같다.
[본조신설 2020. 12. 10.]

제308조(초경량비행장치의 비행승인) ① 법 제127조제2항 본문에서 "동력비행장치 등 국토교통부령으로 정하는 초경량비행장치"란 제5조에 따른 초경량비행장치를 말한다. 다만, 다음 각 호의 어느 하나에 해당하는 초경량비행장치는 제외한다.〈개정 2017. 7. 18., 2024. 11. 13.〉

1. 영 제24조제1호부터 제4호까지의 규정에 해당하는 초경량비행장치(항공기대여업, 항공레저스포츠사업 또는 초경량비행장치사용사업에 사용되지 아니하는 것으로 한정한다)

2. 제199조제1호나목에 따른 최저비행고도(150미터) 미만의 고도에서 운영하는 계류식 기구

3. 「항공사업법 시행규칙」 제6조제2항제1호에 사용하는 무인비행장치로서 다음 각 목의 어느 하나에 해당하는 무인비행장치

가. 제221조제1항 및 별표 23에 따른 관제권, 비행금지구역 및 비행제한구역 외의 공역에서 비행하는 무인비행장치

나. 「가축전염병 예방법」 제2조제2호에 따른 가축전염병의 예방 또는 확산 방지를 위하여 소독·방역업무 등에 긴급하게 사용하는 무인비행장치

3의2. 「항공사업법 시행규칙」 제6조제2항제5호의 업무에 사용하는 무인비행장치로서

「수산생물질병 관리법」 제2조제5호에 따른 수산생물전염병의 예방 또는 확산 방지를 위하여 소독·방역 업무 등에 긴급하게 사용하는 무인비행장치

4. 다음 각 목의 어느 하나에 해당하는 무인비행장치

가. 최대이륙중량이 25킬로그램 이하인 무인동력비행장치

나. 연료의 중량을 제외한 자체중량이 12킬로그램 이하이고 길이가 7미터 이하인 무인비행선

5. 그 밖에 국토교통부장관이 정하여 고시하는 초경량비행장치

② 제1항에 따른 초경량비행장치를 사용하여 비행제한공역을 비행하려는 사람은 법 제127조제2항 본문에 따라 별지 제122호서식의 초경량비행장치 비행승인신청서를 지방항공청장·국방부장관 또는 법 제85조제1항에 따라 항공교통업무증명을 받은 자에게 제출하여야 한다. 이 경우 비행승인신청서는 서류, 팩스 또는 정보통신망을 이용하여 제출할 수 있다.〈개정 2017. 7. 18., 2024. 9. 20.〉

③ 지방항공청장·국방부장관 또는 법 제85조제1항에 따라 항공교통업무증명을 받은 자는 제2항에 따라 제출된 신청서를 검토한 결과 비행안전에 지장을 주지 않는다고 판단되는 경우에는 이를 승인해야 한다. 이 경우 동일지역에서 반복적으로 이루어지는 비행에

대해서는 다음 각 호의 구분에 따른 범위에서 비행기간을 명시하여 승인할 수 있다.〈개정 2023. 9. 12., 2024. 9. 20.〉

1. 무인비행장치를 사용하여 비행하는 경우: 12개월

2. 무인비행장치 외의 초경량비행장치를 사용하여 비행하는 경우: 6개월

④ 지방항공청장·국방부장관 또는 법 제85조제1항에 따라 항공교통업무증명을 받은 자는 제3항에 따른 승인을 하는 경우에는 다음 각 호의 조건을 붙일 수 있다.〈신설 2019. 9. 23., 2024. 9. 20.〉

1. 탑승자에 대한 안전점검 등 안전관리에 관한 사항

2. 비행장치 운용한계치에 따른 기상요건에 관한 사항(항공레저스포츠사업에 사용되는 기구류 중 계류식으로 운영되지 않는 기구류만 해당한다)

3. 비행경로에 관한 사항

⑤ 법 제127조제3항제1호에서 "국토교통부령으로 정하는 고도"란 다음 각 호에 따른 고도를 말한다.〈신설 2017. 11. 10., 2018. 11. 22., 2019. 9. 23., 2020. 2. 28.〉

1. 사람 또는 건축물이 밀집된 지역: 해당 초경량비행장치를 중심으로 수평거리 150미터(500피트) 범위 안에 있는 가장 높은 장애물의 상단에서 150미터

2. 제1호 외의 지역: 지표면·수면 또는

물건의 상단에서 150미터

⑥ 법 제127조제3항제2호에서 "국토교통부령으로 정하는 구역"이란 별표 23 제2호에 따른 관제공역 중 관제권과 통제공역 중 비행금지구역을 말한다.〈신설 2017. 11. 10., 2018. 11. 22., 2019. 9. 23., 2020. 2. 28.〉

⑦ 법 제127조제3항제2호에 따른 승인신청이 다음 각 호의 요건을 모두 충족하는 경우에는 12개월의 범위에서 비행기간을 명시하여 승인할 수 있다.〈신설 2020. 5. 27., 2023. 9. 12.〉

1. 교육목적을 위한 비행일 것

2. 무인비행장치는 최대이륙중량이 7킬로그램 이하일 것

3. 비행구역은 「초·중등교육법」 제2조 각 호에 따른 학교의 운동장일 것

4. 비행시간은 정규 및 방과 후 활동 중일 것

5. 비행고도는 지표면으로부터 고도 20미터 이내일 것

6. 비행방법 등이 안전·국방 등 비행금지구역의 지정 목적을 저해하지 않을 것

⑧ 법 제127조제4항에 따라 국가기관등의 장이 무인비행장치를 비행하려는 경우 사전에 유·무선 방법으로 지방항공청장·국방부장관 또는 법 제85조제1항에 따라 항공교통업무증명을 받은 자에게 통보해야 한다. 다만, 제221조제1항 및 별표 23에 따른 관제권에서

		비행하려는 경우에는 해당 관제권의 항공교통업무를 수행하는 자와, 비행금지구역에서 비행하려는 경우에는 해당 구역을 관할하는 자와 사전에 협의가 된 경우에 한정한다.〈신설 2018. 11. 22., 2019. 9. 23., 2020. 2. 28., 2020. 5. 27., 2024. 9. 20.〉 ⑨ 제8항에 따라 무인비행장치를 비행한 국가기관등의 장은 비행 종료 후 지체없이 별지 제122호서식에 따른 초경량비행장치 비행승인신청서를 지방항공청장·국방부장관 또는 법 제85조제1항에 따라 항공교통업무증명을 받은 자에게 제출해야 한다.〈신설 2018. 11. 22., 2019. 9. 23., 2020. 2. 28., 2020. 5. 27., 2021. 6. 9., 2024. 9. 20.〉
		제309조(초경량비행장치의 구조지원 장비 등) ① 법 제128조 본문에서 "국토교통부령으로 정하는 장비"란 다음 각 호의 어느 하나에 해당하는 것(제3호부터 제6호까지는 항공레저스포츠사업에 사용되는 기구류 중 계류식으로 운영되지 않는 기구류에만 해당한다)을 말한다.〈개정 2019. 9. 23.〉 1. 위치추적이 가능한 표시기 또는 단말기 2. 조난구조용 장비(제1호의 장비를 갖출 수 없는 경우만 해당한다) 3. 구급의료용품 4. 기상정보를 확인할 수 있는 장비 5. 휴대용 소화기 6. 항공교통관제기관과 무선통신을 할 수

		있는 장비 ② 법 제128조 단서에서 "무인비행장치 등 국토교통부령으로 정하는 초경량비행장치"란 다음 각 호의 어느 하나에 해당하는 초경량비행장치를 말한다. 1. 동력을 이용하지 아니하는 비행장치 2. 계류식 기구 3. 동력패러글라이더 4. 무인비행장치
		제310조(초경량비행장치 조종자의 준수사항) ① 법 제129조제1항에 따른 초경량비행장치 조종자(이하 "초경량비행장치 조종자"라 한다)는 같은 항에 따라 다음 각 호의 어느 하나에 해당하는 행위를 해서는 안된다. 다만, 무인비행장치의 조종자에 대해서는 제4호 및 제5호를 적용하지 않는다.〈개정 2017. 11. 10., 2018. 11. 22., 2019. 9. 23., 2021. 3. 16., 2022. 6. 8., 2024. 11. 13.〉 1. 인명이나 재산에 위험을 초래할 우려가 있는 낙하물을 투하(投下)하는 행위 2. 주거지역, 상업지역 등 인구가 밀집된 지역이나 그 밖에 사람이 많이 모인 장소의 상공에서 인명 또는 재산에 위험을 초래할 우려가 있는 방법으로 비행하는 행위 2의2. 사람 또는 건축물이 밀집된 지역의 상공에서 건축물과 충돌할 우려가 있는 방법으로 근접하여 비행하는 행위 3. 법 제78조제1항에 따른 관제공역·통

제공역 · 주의공역에서 비행하는 행위. 다만, 법 제127조에 따라 비행승인을 받은 경우와 다음 각 목의 행위는 제외한다.

가. 군사목적으로 사용되는 초경량비행장치를 비행하는 행위

나. 다음의 어느 하나에 해당하는 비행장치를 별표 23 제2호에 따른 관제권 또는 비행금지구역이 아닌 곳에서 제199조제1호나목에 따른 최저비행고도(150미터) 미만의 고도에서 비행하는 행위

1) 제5조제5호가목에 따른 무인동력비행장치 중 최대이륙중량이 25킬로그램 이하인 것

2) 무인비행선 중 연료의 무게를 제외한 자체 무게가 12킬로그램 이하이고, 길이가 7미터 이하인 것

4. 안개 등으로 인하여 지상목표물을 육안으로 식별할 수 없는 상태에서 비행하는 행위

5. 별표 24에 따른 비행시정 및 구름으로부터의 거리기준을 위반하여 비행하는 행위

6. 일몰 후부터 일출 전까지의 야간에 비행하는 행위. 다만, 제199조제1호나목에 따른 최저비행고도(150미터) 미만의 고도에서 운영하는 계류식 기구 또는 법 제124조 전단에 따른 허가를 받아 비행하는 초경량비행장치는 제외한다.

7. 「주세법」 제2조제1호에 따른 주류, 「마약류 관리에 관한 법률」 제2조제1호에 따

른 마약류 또는 「화학물질관리법」 제22조제1항에 따른 환각물질 등(이하 "주류등"이라 한다)의 영향으로 조종업무를 정상적으로 수행할 수 없는 상태에서 조종하는 행위 또는 비행 중 주류등을 섭취하거나 사용하는 행위

8. 제308조제4항에 따른 조건을 위반하여 비행하는 행위

8의2. 지표면 또는 장애물과 가까운 상공에서 360도 선회하는 등 조종자의 인명에 위험을 초래할 우려가 있는 방법으로 패러글라이더를 비행하는 행위

9. 그 밖에 비정상적인 방법으로 비행하는 행위

② 초경량비행장치 조종자는 항공기 또는 경량항공기를 육안으로 식별하여 미리 피할 수 있도록 주의하여 비행하여야 한다.

③ 동력을 이용하는 초경량비행장치 조종자는 모든 항공기, 경량항공기 및 동력을 이용하지 아니하는 초경량비행장치에 대하여 진로를 양보하여야 한다.

④ 무인비행장치 조종자는 해당 무인비행장치를 육안으로 확인할 수 있는 범위에서 조종하여야 한다. 다만, 법 제124조 전단에 따른 허가를 받아 비행하는 경우는 제외한다.

⑤ 「항공사업법」 제50조에 따른 항공레저스포츠사업에 종사하는 초경량비행장치 조종자는 다음 각 호의 사항을 준수해야 한다.〈개정 2019. 9. 23., 2023. 9. 12.〉

1. 비행 전에 해당 초경량비행장치의 이상 유무를 점검하고, 이상이 있을 경우에는 비행을 중단할 것

2. 비행 전에 비행안전을 위한 주의사항에 대하여 동승자에게 충분히 설명할 것

3. 해당 초경량비행장치의 제작자가 정한 최대이륙중량 및 풍속 기준을 초과하지 아니하도록 비행할 것

4. 다음 각 목의 사항을 기록하고 유지할 것. 이 경우 다목부터 마목까지의 사항은 패러글라이더, 동력패러글라이더 및 기구류 중 계류식으로 운영되지 않는 기구류의 조종자만 기록·유지한다.

가. 탑승자의 인적사항(성명, 생년월일 및 주소)

나. 사고 발생 시 비상연락·보고체계 등에 관한 사항

다. 해당 초경량비행장치의 제작사 매뉴얼에 따른 비행 전·후 점검결과 및 조치에 관한 사항

라. 기상정보에 관한 사항

마. 비행 시작·종료시간, 이륙·착륙장소, 비행경로 등 비행에 관한 사항

5. 기구류 중 계류식으로 운영되지 않는 기구류의 조종자는 다음 각 목의 구분에 따른 사항을 관할 항공교통업무기관에 통보할 것

가. 비행 전: 비행 시작시간 및 종료예정시간

나. 비행 후: 비행 종료시간

⑥ 무인자유기구 조종자는 별표 44의4에서 정하는 바에 따라 무인자유기구를 비행해야 한다. 다만, 무인자유기구가 다른 국가의 영토를 비행하는 경우로서 해당 국가가 이와 다른 사항을 정하고 있는 경우에는 이에 따라 비행해야 한다.〈신설 2020. 12. 10., 2024. 11. 13.〉

제311조(무인자유기구의 비행허가 신청 등) ① 법 제129조제2항에 따라 무인자유기구를 비행시키려는 자는 별지 제123호서식의 무인자유기구 비행허가 신청서에 다음 각 호의 사항을 적은 서류를 첨부하여 지방항공청장에게 신청하여야 한다.

1. 성명 · 주소 및 연락처
2. 기구의 등급 · 수량 · 용도 및 식별표지
3. 비행장소 및 회수장소
4. 예정비행시간 및 회수(완료)시간
5. 비행방향, 상승속도 및 최대고도
6. 고도 1만 8천미터(6만피트) 통과 또는 도달 예정시간 및 그 위치
7. 그 밖에 무인자유기구의 비행에 참고가 될 사항

② 지방항공청장은 제1항에 따른 신청을 받은 경우에는 그 내용을 심사한 후 항공교통의 안전에 지장이 없다고 인정하는 경우에는 비행을 허가하여야 한다.

③ 삭제〈2020. 12. 10.〉

		제312조(초경량비행장치사고의 보고 등) 법 제129조제3항에 따라 초경량비행장치사고를 일으킨 조종자 또는 그 초경량비행장치소유자등은 다음 각 호의 사항을 지방항공청장에게 보고하여야 한다. 1. 조종자 및 그 초경량비행장치소유자등의 성명 또는 명칭 2. 사고가 발생한 일시 및 장소 3. 초경량비행장치의 종류 및 신고번호 4. 사고의 경위 5. 사람의 사상(死傷) 또는 물건의 파손 개요 6. 사상자의 성명 등 사상자의 인적사항 파악을 위하여 참고가 될 사항
		제312조의2(무인비행장치의 특별비행승인) ① 법 제129조제5항 전단에 따라 야간에 비행하거나 육안으로 확인할 수 없는 범위에서 비행하려는 자는 별지 제123호의2서식의 무인비행장치 특별비행승인 신청서에 다음 각 호의 서류를 첨부하여 지방항공청장에게 제출하여야 한다.〈개정 2020. 5. 27., 2020. 12. 10.〉 1. 무인비행장치의 종류·형식 및 제원에 관한 서류 2. 무인비행장치의 성능 및 운용한계에 관한 서류 3. 무인비행장치의 조작방법에 관한 서류 4. 무인비행장치의 비행절차, 비행지역,

운영인력 등이 포함된 비행계획서

5. 안전성인증서(제305조제1항에 따른 초경량비행장치 안전성인증 대상에 해당하는 무인비행장치에 한정한다)

6. 무인비행장치의 안전한 비행을 위한 무인비행장치 조종자의 조종 능력 및 경력 등을 증명하는 서류

7. 해당 무인비행장치 사고에 따른 제3자 손해 발생 시 손해배상 책임을 담보하기 위한 보험 또는 공제 등의 가입을 증명하는 서류(「항공사업법」 제70조제4항에 따라 보험 또는 공제에 가입하여야 하는 자로 한정한다)

8. 별지 제122호서식의 초경량비행장치 비행승인신청서(법 제129조제6항에 따라 법 제127조제2항 및 제3항의 비행승인 신청을 함께 하려는 경우에 한정한다)

9. 그 밖에 국토교통부장관이 정하여 고시하는 서류

② 지방항공청장은 제1항에 따른 신청서를 제출받은 날부터 30일(새로운 기술에 관한 검토 등 특별한 사정이 있는 경우에는 90일) 이내에 법 제129조제5항에 따른 무인비행장치 특별비행을 위한 안전기준에 적합한지 여부를 검사한 후 적합하다고 인정하는 경우에는 별지 제123호의3서식의 무인비행장치 특별비행승인서를 발급하여야 한다. 이 경우 지방항공청장은 항공안전의 확보 또는 인구밀집도, 사생활 침해 및 소음 발생 여부 등 주변

환경을 고려하여 필요하다고 인정되는 경우 비행일시, 장소, 방법 등을 정하여 승인할 수 있다.〈개정 2018. 11. 22., 2020. 5. 27.〉

③ 제1항 및 제2항에 규정한 사항 외에 무인비행장치 특별비행승인을 위하여 필요한 사항은 국토교통부장관이 정하여 고시한다.

[본조신설 2017. 11. 10.]

제313조(초경량비행장치사용사업자에 대한 안전개선명령) 법 제130조제2호에서 "국토교통부령으로 정하는 사항"이란 다음 각 호의 어느 하나에 해당하는 사항을 말한다.〈개정 2022. 6. 8., 2024. 11. 13.〉

1. 초경량비행장치사용사업자가 운용중인 초경량비행장치에 장착된 안전성이 검증되지 아니한 장비의 제거

2. 초경량비행장치 제작자가 정한 정비·비행 절차의 이행

3. 법 제125조제1항에 따른 초경량비행장치 조종자 증명을 받아야 하는 사람에 대한 그 증명의 발급·효력 여부에 대한 확인

4. 초경량비행장치 조종자에 대한 다음 각 목의 사항의 교육

가. 제310조에 따른 초경량비행장치 조종자의 준수사항

나. 초경량비행장치 제작자가 정한 정비·비행 절차

다. 그 밖에 초경량비행장치사용사업의 안전을 위하여 국토교통부장관이 필요하다고

		인정하여 고시하는 사항
		제313조의2(국가기관등 무인비행장치의 긴급 비행) ① 법 제131조의2제2항에 따른 무인비행장치의 적용특례가 적용되는 긴급 비행의 목적은 다음 각 호의 어느 하나에 해당하는 공공목적으로 한다.〈개정 2020. 11. 2.〉 1. 재해 · 재난으로 인한 수색 · 구조 2. 시설물 붕괴 · 전도 등으로 인한 재해 · 재난이 발생한 경우 또는 발생할 우려가 있는 경우의 안전진단 3. 산불, 건물 · 선박화재 등 화재의 진화 · 예방 4. 응급환자 후송 5. 응급환자를 위한 장기(臟器) 이송 및 구조 · 구급활동 6. 산림 방제(防除) · 순찰 7. 산림보호사업을 위한 화물 수송 8. 대형사고 등으로 인한 교통장애 모니터링 9. 풍수해 및 수질오염 등이 발생하는 경우 긴급점검 10. 테러 예방 및 대응 11. 그 밖에 제1호부터 제10호까지에서 규정한 공공목적과 유사한 공공목적 ② 법 제131조의2제2항에 따른 안전관리방안에는 다음 각 호의 사항이 포함되어야 한다. 1. 무인비행장치의 관리 및 점검계획

		2. 비행안전수칙 및 교육계획 3. 사고 발생 시 비상연락ㆍ보고체계 등에 관한 사항 4. 무인비행장치 사고로 인하여 지급할 손해배상 책임을 담보하기 위한 보험 또는 공제의 가입 등 피해자 보호대책 5. 긴급비행 기록관리 등에 관한 사항 [본조신설 2017. 11. 10.]
		제11장 보칙 제314조(항공안전전문가) 법 제132조제2항에 따른 항공안전에 관한 전문가로 위촉받을 수 있는 사람은 다음 각 호의 어느 하나에 해당하는 사람으로 한다. 1. 항공종사자 자격증명을 가진 사람으로서 해당 분야에서 10년 이상의 실무경력을 갖춘 사람 2. 항공종사자 양성 전문교육기관의 해당 분야에서 5년 이상 교육훈련업무에 종사한 사람 3. 5급 이상의 공무원이었던 사람으로서 항공분야에서 5년(6급의 경우 10년) 이상의 실무경력을 갖춘 사람 4. 대학 또는 전문대학에서 해당 분야의 전임강사 이상으로 5년 이상 재직한 경력이 있는 사람
		제315조(정기안전성검사) ① 국토교통부장관

또는 지방항공청장은 법 제132조제3항에 따라 다음 각 호의 사항에 관하여 항공운송사업자가 취항하는 공항에 대하여 정기적인 안전성검사를 하여야 한다.

1. 항공기 운항 · 정비 및 지원에 관련된 업무 · 조직 및 교육훈련
2. 항공기 부품과 예비품의 보관 및 급유시설
3. 비상계획 및 항공보안사항
4. 항공기 운항허가 및 비상지원절차
5. 지상조업과 위험물의 취급 및 처리
6. 공항시설
7. 그 밖에 국토교통부장관이 항공기 안전운항에 필요하다고 인정하는 사항

② 법 제132조제6항에 따른 공무원의 증표는 별지 제124호서식의 항공안전감독관증에 따른다.

제316조(항공기의 운항정지 및 항공종사자의 업무정지 등) 국토교통부장관 또는 지방항공청장은 법 제132조제8항에 따라 항공기, 경량항공기 또는 초경량비행장치의 운항 또는 항행안전시설의 운용을 일시 정지하게 하거나 항공종사자, 초경량비행장치 조종자 또는 항행안전시설을 관리하는 자의 업무를 일시 정지하게 하는 경우에는 다음 각 호에 따라 조치하여야 한다.

1. 항공기, 경량항공기 또는 초경량비행장치의 운항 또는 항행안전시설의 운용을 일시

		정지하게 하거나 항공종사자, 초경량비행장치 조종자 또는 항행안전시설을 관리하는 자의 업무를 일시 정지하게 하는 사유 및 조치하여야 할 내용의 통보(구두로 통보한 경우에는 사후에 서면으로 통지하여야 한다) 2. 제1호에 따른 통보를 받은 자가 통보받은 내용을 이행하고 그 결과를 제출한 경우 그 이행 결과에 대한 확인 3. 제2호에 따른 확인 결과 일시 운항정지 또는 업무정지 등의 사유가 해소되었다고 판단하는 경우에는 항공기, 경량항공기 또는 초경량비행장치의 재운항 또는 항행안전시설의 재운용이 가능함을 통보하거나, 항공종사자, 초경량비행장치 조종자 또는 항행안전시설을 관리하는 자가 업무를 계속 수행할 수 있음을 통보(구두로 통보하는 것을 포함한다)
		제317조(항공운송사업자에 관한 안전도 정보의 공개) ① 법 제133조제1호에서 "국토교통부령으로 정하는 항공사고"란 최근 5년 이내에 발생한 항공기사고로서 국제민간항공기구에서 공개한 사고를 말한다. ② 법 제133조제3호에서 "국토교통부령으로 정하는 사항"이란 다음 각 호의 어느 하나에 해당하는 사항을 말한다.〈개정 2019. 9. 23., 2023. 10. 19.〉 1. 외국정부에서 실시·공개한 항공운송사업자의 항공안전평가결과에 관한 사항 2. 항공운송사업자별 기령(機齡) 20년 초

과 항공기(이하 "경년항공기"라 한다)의 보유 및 운영에 관한 사항(외국인국제항공운송사업자는 제외한다)

3. 그 밖에 국토교통부장관이 국민의 안전한 항공기 이용을 위하여 공개할 필요가 있다고 인정하는 정보

③ 국토교통부장관은 법 제133조에 따라 항공운송사업자에 관한 안전도 정보를 공개하는 경우에는 국토교통부 홈페이지에 게재하여야 한다. 이 경우 필요하다고 인정하는 경우에는 항공 관련 기관이나 단체의 홈페이지에 함께 게재할 수 있다.

제317조의2(안전투자의 범위 및 항목) ① 법 제133조의2제1항에 따른 안전투자(이하 "안전투자"라 한다)의 범위 및 항목은 다음 각 호와 같다.

1. 항공기 및 부품

가. 경년항공기의 교체

나. 예비용 항공기의 구입 또는 임차

다. 항공기의 정비ㆍ수리ㆍ개조

라. 발동기ㆍ부품 등의 구매 및 임차

마. 정비시설ㆍ장비의 구매 및 유지 관리

2. 항공기 운항 및 공항시설

가. 공항시설의 설치 및 개선

나. 소방ㆍ제설ㆍ제빙ㆍ방빙 등을 위한 차량 등의 구입

다. 법 제58조제2항에 따른 항공안전관리시스템의 구축 및 유지 관리와 안전정보 관리

		3. 항공종사자 · 직원의 교육훈련 4. 항공안전을 위한 연구개발 5. 항공안전 증진을 위한 홍보 6. 그 밖에 항공안전에 관련된 투자에 관한 사항으로서 국토교통부장관이 고시하는 사항 ② 제1항에 따른 안전투자 범위 및 항목에 관한 세부기준은 국토교통부장관이 정하여 고시한다. [본조신설 2020. 5. 27.]
		제317조의3(안전투자의 공시 기준) ① 법 제133조의2제1항에 따른 안전투자 공시에는 다음 각 호의 사항이 모두 포함되어야 한다. 1. 과거 2년간의 안전투자 실적 2. 당해 연도의 안전투자 계획 3. 향후 1년간 안전투자 계획 4. 그 밖에 안전투자에 관한 사항으로서 국토교통부장관이 정하여 고시하는 사항 ② 제1항에 따른 안전투자공시에 관한 세부기준은 국토교통부장관이 정하여 고시한다. [본조신설 2020. 5. 27.]
		제317조의4(안전투자의 공시 절차) ① 「항공사업법」 제2조제35호에 따른 항공교통사업자(이하 "항공교통사업자"라 한다)는 법 제133조의2에 따른 안전투자의 공시를 하려면 제317조의3에 따른 공시기준(이하 "공시기준"이라 한다)에 따라 안전투자 공시내역서를

작성하여 매년 3월 말까지 국토교통부장관에게 제출하여야 한다.

② 제1항에 따른 안전투자 공시내역서를 받은 국토교통부장관은 안전투자 공시내역서가 공시기준에 맞는지를 확인하여야 하며, 필요한 경우 해당 항공교통사업자에게 안전투자 공시내역서의 보완을 요청할 수 있다.

③ 국토교통부장관은 제2항에 따른 안전투자 공시내역서를 받은 날부터 1개월 이내에 확인의견을 항공교통사업자에게 통보하여야 한다.

④ 제3항에 따른 확인의견을 받은 항공교통사업자는 통보를 받은 날로부터 10일 이내에 확인의견과 안전투자 공시내역서를 항공교통사업자의 인터넷 홈페이지 및 「항공사업법」 제6조제1항제3호에 따른 항공정보포털시스템에 게시해야 한다.

⑤ 제1항부터 제4항까지에서 규정한 사항 외에 안전투자의 공시 절차에 관한 세부적인 사항은 국토교통부장관이 정하여 고시한다.

[본조신설 2020. 5. 27.]

제318조(권한 위임의 범위) 영 제26조제1항제19호나목에서 "국토교통부령으로 정하는 의무보고 대상 항공안전장애"란 별표 20의2 제3호나목의 의무보고 대상 항공안전장애를 말한다.

제318조의2(전문검사기관의 지정 기준) 영

제26조제3항에서 "국토교통부령으로 정하는 기술인력, 시설 및 장비"란 별표 45에 따른 기술인력, 시설 및 장비를 말한다.

제319조(항공영어구술능력평가 전문기관의 지정) ① 영 제26조제8항에 따라 항공영어구술능력증명시험의 실시를 위한 평가전문기관 또는 단체(이하 "평가기관"이라 한다)로 지정받으려는 자는 별지 제125호서식의 항공영어구술능력평가 전문기관 지정신청서에 다음 각 호의 서류를 첨부하여 국토교통부장관에게 제출하여야 한다.〈개정 2019. 9. 23.〉

1. 평가기관의 조직도
2. 평가전문인력의 정원, 자격 및 경력을 적은 서류
3. 평가전문인력에 대한 교육훈련 프로그램
4. 다음 각 목의 사항이 포함된 항공영어구술능력평가업무 수행계획서
   가. 시험문제의 검토·선정
   나. 시험의 실시·평가
   다. 시험결과의 통보
5. 평가의 객관성, 공정성 확보방안 및 부정행위 방지대책

② 국토교통부장관은 제1항에 따라 신청을 받은 경우에는 그 내용을 심사하여 별표 46에 따른 기준에 적합하다고 인정하면 별지 제126호서식의 항공영어구술능력평가 전문기관 지정서를 발급하고 이를 관보에 고시해야 한다.〈개정 2019. 9. 23.〉

		③ 제2항에 따라 지정을 받은 평가기관은 제1항 각 호의 사항이 변경된 경우에는 그 변경 내용을 지체 없이 국토교통부장관에게 보고하여야 한다.
		제320조(평가기관의 인력ㆍ시설기준 등) ① 영 제26조제8항에서 "국토교통부령으로 정하는 인력ㆍ시설 등"이란 별표 46에 따른 인력ㆍ시설 등을 말한다.〈개정 2019. 9. 23.〉 ② 국토교통부장관은 평가기관이 제1항의 기준에 적합한지 여부를 매년 심사하여야 한다. [제목개정 2019. 9. 23.]
		제320조의2(안전투자 공시업무의 위탁) 영 제26조제10항제6호에서 "국토교통부령으로 정하는 업무"란 다음 각 호의 업무를 말한다. 1. 제317조의4제1항에 따른 안전투자 공시내역서의 접수 2. 제317조의4제2항에 따른 안전투자 공시내역서의 확인 및 보완 요청 3. 제317조의4제3항에 따른 안전투자 공시내역서 확인의견의 통보 [본조신설 2020. 5. 27.]
		제320조의3(초경량비행장치 안전교육기관의 지정) ① 영 제26조제12항에서 "국토교통부령으로 정하는 인력, 장비 및 시설을 갖춘 기관ㆍ단체"란 다음 각 호의 요건을 모두 갖춘 기관ㆍ단체를 말한다. 1. 법 제125조제1항에 따른 초경량비행

장치 조종자 증명을 받은 사람으로서 제307조제2항제1호가목에 따른 조종교육교관과정을 이수한 인력을 갖출 것

2. 다음 각 목의 장비 및 시설을 모두 갖출 것. 이 경우 임대차계약 등을 통해 장비 및 시설의 사용권을 확보한 경우에는 그 계약기간 동안 해당 장비 및 시설을 갖춘 것으로 본다.

가. 비대면 교육에 필요한 컴퓨터 등의 장비

나. 교육용 비행장치

다. 교육기록을 안전하게 저장할 수 있는 전자저장매체

라. 사무실 및 대면 교육에 필요한 교육장

② 초경량비행장치 안전교육기관으로 지정받으려는 기관·단체는 별지 제127호서식의 초경량비행장치 안전교육기관 지정 신청서에 다음 각 호의 서류를 첨부하여 국토교통부장관에게 제출해야 한다.

1. 해당 기관·단체의 조직도 및 인력 현황

2. 다음 각 목의 사항이 포함된 초경량비행장치 안전교육 계획서

가. 교육 내용

나. 교육성과에 대한 평가 방법

다. 교육기록 보존 계획

3. 제1항 각 호의 인력, 장비 및 시설을 갖추었음을 증명하는 서류

4. 제1항제1호에 따른 인력에 대한 교육

훈련 계획

③ 국토교통부장관은 제2항에 따라 지정 신청을 받으면 초경량비행장치 안전교육기관으로 적합하다고 인정하는 경우에는 별지 제128호서식의 초경량비행장치 안전교육기관 지정서를 발급하고 그 사실을 관보에 고시해야 한다.

④ 초경량비행장치 안전교육기관은 제1항 각 호의 사항을 변경한 경우에는 그 내용을 지체 없이 국토교통부장관에게 보고해야 한다.

[본조신설 2024. 11. 13.]

제321조(수수료) ① 법 제136조에 따라 수수료를 내야 하는 자와 그 금액은 별표 47과 같다.

② 국가 또는 지방자치단체에 대해서는 국토교통부장관 또는 지방항공청장이 직접 수행하는 업무에 한정하여 제1항에 따른 수수료 및 법 제136조제2항에 따른 여비를 면제한다.

③ 제1항에 따른 수수료는 정보통신망을 이용하여 전자화폐·전자결제 등의 방법으로 내도록 할 수 있다.

④ 법 제136조제2항에 따른 현지출장 등의 여비 지급기준은 「공무원여비규정」에 따른다. 다만, 법 제135조제2항에 따른 전문검사기관의 경우에는 그 기관의 여비규정에 따른다.

⑤ 제1항에 따른 수수료를 과오납한 경우에는 해당 과오납 금액을 반환하고, 별표 47

		제12호, 제13호, 제17호, 제18호, 제30호, 제31호, 제34호, 제35호 및 제38호에 따른 시험 또는 교육을 신청한 사람이 다음 각 호의 어느 하나에 해당하는 사유로 시험에 응시하지 못하거나 교육을 받지 못한 경우에는 해당 수수료의 전부를 납부한 사람에게 반환하여야 한다.〈개정 2018. 3. 23., 2021. 6. 9., 2024. 9. 20.〉 1. 한국교통안전공단의 귀책사유로 시험에 응시하지 못한 경우 2. 학과시험 시행 1일 전까지 및 실기시험 시행 5일 전까지 접수를 취소하는 경우 3. 5등급 이하의 항공영어구술능력증명시험 시행 1일 전까지 및 6등급의 항공영어구술능력증명시험 시행 5일 전까지 접수를 취소하는 경우 4. 다음 각 목의 어느 하나에 해당하는 사유로 시험에 응시하지 못하거나 교육을 받지 못하는 경우 가. 시험에 응시하거나 교육을 받으려는 사람의 사망, 사고 또는 질병의 발생 나. 시험에 응시하거나 교육을 받으려는 사람의 직계가족의 사망 다. 그 밖에 시험에 응시하거나 교육을 받을 수 없는 불가피한 사유가 있다고 한국교통안전공단의 이사장이 인정하는 경우
		제322조(규제의 재검토) 국토교통부장관은 다음 각 호의 사항에 대하여 다음 각 호의 기

준일을 기준으로 3년마다(매 3년이 되는 해의 기준일과 같은 날 전까지를 말한다) 그 타당성을 검토하여 개선 등의 조치를 해야 한다.〈개정 2022. 7. 19., 2025. 1. 17.〉

1. 제91조의4 및 별표 7의4에 따른 모의비행훈련장치의 지정 취소 등 행정처분기준: 2021년 11월 30일

1의2. 제96조의3제1항에 따른 신체적·정신적 상태 저하의 신고 기준: 2025년 1월 19일

1의3. 제97조 및 별표 10에 따른 항공종사자에 대한 행정처분기준: 2022년 7월 19일

1의4. 제103조의2 및 별표 10의2에 따른 조종연습생등에 대한 행정처분기준: 2022년 7월 19일

2. 제104조 및 별표 12에 따른 운항관리사과정 전문교육기관의 지정기준: 2021년 11월 30일

3. 제282조 및 별표 39 제5호에 따른 외국인 국제항공운송사업자에 대한 행정처분기준: 2021년 11월 30일

4. 제292조 및 별표 42에 따른 경량항공기 조종사 등에 대한 행정처분기준: 2021년 11월 30일

[본조신설 2021. 11. 19.]

■ 항공안전법 시행령 [별표 1] <개정 2023. 4. 25.>

항공기등을 제작하려는 자 등에 대한 위반행위의 종류별 과징금의 금액
(제5조 관련)

1. 일반기준

가. 국토교통부장관은 다음의 어느 하나에 해당하는 경우에는 제2호에 따른 과징금 금액의 2분의 1 범위에서 그 금액을 줄일 수 있다. 다만, 과징금을 체납하고 있는 위반행위자의 경우에는 그렇지 않다.

1) 위반행위가 사소한 부주의나 오류로 인한 것으로 인정되는 경우

2) 위반행위자가 법 위반상태를 시정하거나 해소하기 위하여 노력한 사실이 인정되는 경우

3) 그 밖에 위반행위의 정도, 위반행위의 동기와 그 결과 및 위반 횟수 등을 고려하여 과징금 금액을 줄일 필요가 있다고 인정되는 경우

나. 국토교통부장관은 고의 또는 중과실이 없는 위반행위자가 「소상공인기본법」 제2조에 따른 소상공인에 해당하고, 과징금을 체납하고 있지 않은 경우에는 다음의 사항을 고려하여 제2호의 개별기준에 따른 과징금의 100분의 70 범위에서 그 금액을 줄여 부과할 수 있다. 다만, 가목에 따른 감경과 중복하여 적용하지 않는다.

1) 위반행위자의 현실적인 부담능력

2) 경제위기 등으로 위반행위자가 속한 시장·산업 여건이 현저하게 변동되거나 지속적으로 악화된 상태인지 여부

다. 국토교통부장관은 다음의 어느 하나에 해당하는 경우에는 제2호에 따른 과징금 금액의 2분의 1 범위에서 그 금액을 늘릴 수 있다. 다만, 법 제29조제1항에 따른 과징금 금액의 상한을 넘을 수 없다.

1) 위반의 내용·정도가 중대하여 공중에 미치는 영향이 크다고 인정되는 경우

2) 법 위반상태의 기간이 6개월 이상인 경우

3) 그 밖에 위반행위의 정도, 위반행위의 동기와 그 결과 및 위반 횟수 등을 고려하여 과징금 금액을 늘릴 필요가 있다고 인정되는 경우

2. 개별기준

(단위: 백만원)

위반행위	근거 법조문	과징금의 금액
가. 항공기등이 형식증명 또는 부가형식증명 당시의 항공기기술기준에 적합하지 않게 된 경우	법 제20조제7항 제2호	20
나. 항공기등이 제작증명 당시의 항공기기술기준에 적합하지 않게 된 경우	법 제22조제5항 제2호	20
다. 기술표준품이 기술표준품형식승인 당시의 기술표준품형식승인기준에 적합하지 않게 된 경우	법 제27조제4항 제2호	20
라. 장비품 또는 부품이 부품등제작자증명 당시의 항공기기술기준에 적합하지 않게 된 경우	법 제28조제5항 제2호	10

■ 항공안전법 시행령 [별표 1의2] <신설 2018. 4. 24.>

전문교육기관 지정을 받은 자에 대한 위반행위의 종류별 과징금의 금액 (제8조의2제1항 관련)

1. 일반기준

가. 국토교통부장관은 다음의 어느 하나에 해당하는 경우에는 제2호에 따른 과징금 금액의 2분의 1 범위에서 그 금액을 줄일 수 있다. 다만, 과징금을 체납하고 있는 위반행위자의 경우에는 그렇지 않다.

1) 위반행위가 사소한 부주의나 오류로 인한 것으로 인정되는 경우

2) 위반행위자가 법 위반상태를 시정하거나 해소하기 위하여 노력한 사실이 인정되는 경우

3) 그 밖에 위반행위의 정도, 동기와 그 결과 및 위반 횟수 등을 고려하여 과징금 금액을 줄일 필요가 있다고 인정되는 경우

나. 국토교통부장관은 다음의 어느 하나에 해당하는 경우에는 제2호에 따른 과징금 금액의 2분의 1 범위에서 그 금액을 늘릴 수 있다. 이 경우 법 제48조의3제1항에 따른 과징금 금액의 상한을 넘을 수 없다.

1) 위반의 내용·정도가 중대하여 공중에 미치는 영향이 크다고 인정되는 경우

2) 법 위반상태의 기간이 6개월 이상인 경우

3) 그 밖에 위반행위의 정도, 동기와 그 결과 및 위반 횟수 등을 고려하여 과징금 금액을 늘릴 필요가 있다고 인정되는 경우

2. 개별기준

(단위: 백만원)

위반행위	근거 법조문	과징금의 금액
가. 정당한 사유 없이 전문교육기관 지정기준을 위반한 경우	법 제48조의2제1항제2호	
1) 교육과목, 교육방법 또는 교육평가 방법을 위반한 경우		18
2) 교관 확보 및 교관의 자격기준을 위반한 경우		18
3) 시설 및 장비 확보기준을 위반한 경우		
(가) 훈련용 항공기의 감항성을 확보할 수 있도록 유지·관리하지 않은 경우		36
(나) 이착륙 시설(훈련비행장)이 훈련용 항공기의 이착륙에 적합하지 않은 경우		18
4) 교육규정 중 교육과정명, 교육생 정원, 학사운영 보고 및 기록유지에 관한 기준을 위반한 경우		10
나. 법 제48조제5항을 위반하여 정당한 사유 없이 훈련운영기준을 준수하지 않은 경우	법 제48조의2제1항제3호	
1) 훈련운영기준에서 정한 교육과정 외의 교육과정을 운영한 경우		18
2) 훈련운영기준에서 정한 훈련용 항공기 외의 항공기를 이용하여 훈련한 경우		18
3) 훈련운영기준에서 정한 훈련용 항공기에 대한 정비방법을 준수하지 않은 경우		18
4) 훈련운영기준에서 정한 교육훈련의 품질보증체계를 준수하지 않은 경우		10
다. 정당한 사유 없이 법 제48조제10항에 따른 국토교통부장관의 자료 또는 정보제공의 요청을 따르지 않은 경우	법 제48조의2제1항제4호	10
라. 전문교육기관으로 지정받은 이후 2년을 초과하는 기간 동안 교육과정을 개설하지 않은 경우	법 제48조의2제1항제5호	36
마. 고의 또는 중대한 과실로 항공기사고를 발생시키거나 소속 항공종사자에 대하여 관리·감독하는 상당한 주의의무를 게을리하여 항공기사고가 발생한 경우	법 제48조의2제1항제6호	
1) 해당 항공기 사고로 인한 사망자가 200명 이상인 경우		650
2) 해당 항공기 사고로 인한 사망자가 150명 이상 200명 미만인 경우		540
3) 해당 항공기 사고로 인한 사망자가 100명 이상 150명 미만인 경우		432
4) 해당 항공기 사고로 인한 사망자가 50명 이상 100명 미만인 경우		324
5) 해당 항공기 사고로 인한 사망자가 10명 이상 50명 미만인 경우		216
6) 해당 항공기 사고로 인한 사망자		108

가 10명 미만인 경우		
7) 해당 항공기 사고로 인한 중상자가 10명 이상인 경우		108
8) 해당 항공기 사고로 인한 중상자가 5명 이상 10명 미만인 경우		72
9) 해당 항공기 사고로 인한 중상자가 5명 미만인 경우		54
10) 해당 항공기 사고로 인한 항공기 또는 제3자의 재산 피해가 100억원 이상인 경우		108
11) 해당 항공기 사고로 인한 항공기 또는 제3자의 재산 피해가 50억원 이상 100억원 미만인 경우		90
12) 해당 항공기 사고로 인한 항공기 또는 제3자의 재산피해가 10억원 이상 50억원 미만인 경우		72
13) 해당 항공기 사고로 인한 항공기 또는 제3자의 재산피해가 1억원 이상 10억원 미만인 경우		54
14) 해당 항공기 사고로 인한 항공기 또는 제3자의 재산피해가 1억원 미만인 경우		36
바. 법 제58조제2항을 위반하여 다음의 어느 하나에 해당하는 경우	법 제48조의2제1항제7호	
1) 업무를 시작하기 전까지 항공안전관리시스템을 마련하지 않은 경우		36
2) 승인을 받지 않고 항공안전관리시스템을 운용한 경우		36
3) 항공안전관리시스템을 승인받은 내용과 다르게 운용한 경우		36
4) 승인을 받지 않고 국토교통부령으로 정하는 중요사항을 변경한 경우		36

비고

위 표의 마목에 따른 과징금을 부과하는 경우 인명피해와 함께 항공기 또는 제3자의 재산피해가 발생한 경우에는 해당 위반행위에 따른 과징금의 금액을 합산하여 과징금을 부과하되, 합산하는 경우에도 과징금의 총액은 법 제48조의3제1항에 따른 과징금 금액의 상한을 넘을 수 없다.

■ 항공안전법 시행령 [별표 2] <개정 2017. 11. 7.>

항공교통업무증명을 받은 자에 대한 위반행위의 종류별 과징금의 금액 (제19조제1항 관련)

1. 일반기준

가. 국토교통부장관은 다음의 어느 하나에 해당하는 경우에는 제2호에 따른 과징금 금액의 2분의 1 범위에서 그 금액을 줄일 수 있다. 다만, 과징금을 체납하고 있는 위반행위자의 경우에는 그렇지 않다.

1) 위반행위가 사소한 부주의나 오류로 인한 것으로 인정되는 경우

2) 위반행위자가 법 위반상태를 시정하거나 해소하기 위하여 노력한 사실이 인정되는 경우

3) 그 밖에 비행장, 공항, 관제권 또는 관제구의 특성, 위반행위의 정도, 위반행위의 동기와 그 결과 및 위반 횟수 등을 고려하여 과징금 금액을 줄일 필요가 있다고 인정되는 경우

나. 국토교통부장관은 다음의 어느 하나에 해당하는 경우에는 제2호에 따른 과징금 금액의 2분의 1 범위에서 그 금액을 늘릴 수 있다. 다만, 법 제87조제1항에 따른 과징금 금액의 상한을 넘을 수 없다.

1) 위반의 내용·정도가 중대하여 공중에 미치는 영향이 크다고 인정되는 경우

2) 법 위반상태의 기간이 6개월 이상인 경우

3) 그 밖에 비행장, 공항, 관제권 또는 관제구의 특성, 위반행위의 정도, 위반행위의 동기와 그 결과 및 위반 횟수 등을 고려하여 과징금 금액을 늘릴 필요가 있다고 인정되는 경우

2. 개별기준

(단위: 천원)

위반행위	근거 법조문	과징금의 금액
가. 법 제58조제2항을 위반하여 다음의 어느 하나에 해당하는 경우	법 제86조제1항제2호	
1) 항공교통업무 제공을 시작하기 전까지 항공안전관리시스템을 마련하지 않은 경우		1,400
2) 승인을 받지 않고 항공안전관리시스템을 운용한 경우		3,000
3) 항공안전관리시스템을 승인받은 내용과 다르게 운용한 경우		1,400
4) 승인을 받지 않고 국토교통부령으로 정하는 중요사항을 변경한 경우		1,400
나. 법 제85조제4항을 위반하여 항공교통업무	법 제86조제1항제3호	4,000

제공체계를 계속적으로 유지하지 않거나 항공교통업무증명기준을 준수하지 않고 항공교통업무를 제공한 경우		
다. 법 제85조제5항을 위반하여 신고를 하지 않거나 승인을 받지 않고 항공교통업무제공체계를 변경한 경우	법 제86조제1항제4호	1,400
라. 법 제85조제7항을 위반하여 변경된 항공교통업무증명기준에 따르도록 한 명령에 따르지 않은 경우	법 제86조제1항제5호	2,100
마. 법 제85조제9항에 따른 시정조치 명령을 이행하지 않은 경우	법 제86조제1항제6호	1,400
바. 고의 또는 중대한 과실로 항공기사고를 발생시키거나 소속 항공종사자에 대하여 관리·감독하는 상당한 주의의무를 게을리하여 항공기사고가 발생한 경우	법 제86조제1항제7호	
1) 해당 항공기사고로 인한 사망자가 200명 이상인 경우		25,000
2) 해당 항공기사고로 인한 사망자가 150명 이상 200명 미만인 경우		21,000 이상 25,000 미만
3) 해당 항공기사고로 인한 사망자가 100명 이상 150명 미만인 경우		17,000 이상 21,000 미만
4) 해당 항공기사고로 인한 사망자가 50명 이상 100명 미만인 경우		13,000 이상 17,000 미만
5) 해당 항공기사고로 인한 사망자가 10명 이상 50명 미만인 경우		8,000 이상 13,000 미만
6) 해당 항공기사고로 인한 사망자가 10명 미만인 경우		4,000 이상 8,000 미만
7) 해당 항공기사고로 인한 항공기 또는 제3자의 재산 피해가 100억원 이상인 경우		4,000
8) 해당 항공기사고로 인한 항공기 또는 제3자의 재산 피해가 50억원 이상 100억원 미만인 경우		3,000
9) 해당 항공기사고로 인한 항공기 또는 제3자의 재산 피해가 50억원 미만인 경우		2,100
10) 해당 항공기사고로 인한 항공기 또는 제3자의 재산 피해가 1억원 이상 10억원 미만인 경우		1,400
11) 해당 항공기사고로 인한 항공기 또는 제3자의 재산 피해가 1억원 미만인 경우		700

비고

1. 위 표의 바목에 따른 과징금을 부과하는 경우 인명피해와 항공기 또는 제3자의 재산 피해가 같이 발생한 경우에는 해당 과징금의 금액을 합산하여 과징금을 부과하되, 합산하는 경우에도 과징금의 총액은 법 제87조제1항에 따른 금액을 초과할 수 없다.
2. 위 표의 바목1)부터 6)까지의 규정을 적용하는 경우 중상자 2명을 사망자 1명으로 보되, 소수점 이하는 버린다.

■ 항공안전법 시행령 [별표 3] <개정 2021. 6. 8.>

항공운송사업자 등에 대한 위반행위의 종류별 과징금의 금액(제21조제1항 관련)

1. 일반기준

가. 과징금의 산정

1) 둘 이상의 위반행위가 발생한 경우에는 100억원(항공기사용사업자의 경우에는 3억원)의 범위에서 제2호에 따른 각 위반행위별 과징금을 합산하여 산정한다. 다만, 다음의 어느 하나에 해당하는 경우에는 다음의 기준에 따라 과징금을 산정한다.

가) 하나의 행위로 둘 이상의 위반행위가 발생한 경우 그 중 무거운 처분의 기준에 따르되, 그 기준의 2분의 1의 범위에서 가중하여 산정한다.

나) 하나의 비행 편에서 둘 이상의 위반행위가 발생한 경우 그 중 무거운 처분의 기준에 따르되, 그 기준의 3분의 2의 범위에서 가중하여 산정한다.

다) 같은 위반행위가 연속하여 2회 이상 반복하여 발생한 경우 1회의 위반행위로 보아 해당 위반행위의 처분기준에 따라 산정하되, 위반횟수 등을 고려하여 그 기준의 100분의 100의 범위에서 가중하여 산정한다. 다만, 위반사실을 소속 종사자 등이 인지하고도 같은 위반행위를 반복한 경우에는 위반횟수별로 합산하여 산정한다.

2) 1)다)에서 "같은 위반행위"란 제2호의 같은 목(세부유형이 분류되어 있는 경우에는 그 세부유형)의 위반행위를 말하며, 제2호허목 2)·3), 같은 호 보목2)·3), 같은 호 오목2)·3) 및 같은 호 호목2)·3)의 경우에는 국토교통부령으로 정하는 세부유형이 같은 경우를 말한다.

3) 제2호무목1)부터 17)까지의 규정에 따른 과징금을 산정할 때 인명피해와 재산피해가 동시에 발생한 경우 그 중 무거운 처분기준에 따라 과징금을 산정한다.

4) 제2호무목1)부터 7)까지의 규정에 따른 과징금을 산정할 때(국제항공운송사업자와 국내항공운송사업자만 해당한다) 중상자 2명을 사망자 1명으로 보되, 소수점 이하는 버린다.

5) 국제항공운송사업과 국내항공운송사업을 겸업하는 경우에는 국제항공운송사업의 과징금 부과기준에 따라 과징금을 산정한다.

6) 제2호에 따른 과징금의 금액이 해당 항공운송사업자의 전년도(위반행위가 발생한 날이 속하는 해의 직전 연도를 말한다) 매출액의 100분의 4를 초과하는 경우 과징금은 전년도 매출액의 100분의 4에 해당하는 금액으로 한다.

나. 과징금의 조정

1) 다음의 어느 하나에 해당하는 경우에는 가목 및 제2호에 따라 산정된 과징금을 3분의 2의 범위에서 줄일 수 있다. 다만, 과징금을 체납하고 있는 위반행위자의 경우에는 그렇지 않다.

가) 항공안전에 대한 위험을 피하기 위한 부득이한 사유가 있는 경우

나) 「공항시설법」 제2조제7호·제8호 및 같은 법 시행령 제3조에 따른 공항시설 및 비행장시설의 미비·장애, 항공기에 사용한 부품의 결함 및 항공기 정비 등을 위해 사용한 장비 등의 오작동 등 외부적인 상황으로 위반행위가 발생한 경우

다) 위반행위 후 적절한 후속조치를 하여 항공안전에 대한 위험을 감소시키거나 제도개선 등 재발방지를 위한 적절한 조치를 한 경우

라) 「항공사업법」 제63조에 따른 항공교통서비스의 안전성 평가에서 매우우수를 받거나, 법 제58조제3항에 따른 항공안전관리시스템의 충실한 구축·운영, 소속 종사자 등에 대한 교육훈련 등 사고예방 활동을 충실히 수행했다고 인정되는 경우

마) 항공수요의 변화, 천재지변 등으로 항공사업자의 재정상황 등이 심각하게 악화된 경우

바) 그 밖에 위반행위의 정도, 위반행위의 동기와 그 결과 등을 고려하여 과징금 금액을 줄일 필요가 있다고 인정되는 경우

2) 다음의 어느 하나에 해당하는 경우에는 가목 및 제2호에 따라 산정된 과징금 금액을 3분의 2의 범위에서 늘릴 수 있다. 다만, 늘리는 경우에도 법 제92조제1항 또는 제95조제4항에 따른 과징금 금액의 상한을 넘을 수 없다.

가) 위반행위로 인명 또는 재산피해가 발생한 경우(제2호무목의 위반행위로 과징금이 산정되는 경우는 제외한다)

나) 다른 항공기의 운항안전 또는 공중(公衆)에 상당한 영향을 미친 경우

다) 현장 책임자 또는 관리자가 소속 종사자 등의 위반을 방조 또는 강요하거나 교육 소홀, 안전정보 미제공 등 관리·감독상의 책임이 큰 경우

라) 항공기의 운항정지처분이나 과징금을 부과받은 날부터 2년 이내에 같은 위반행위를 한 경우

마) 가목1)다)에 따른 같은 위반행위가 연속하여 2회 이상 발생한 경우로서 해당 위반행위가 7일 이상 이어진 경우

바) 법 제60조에 따른 사실조사 및 법 제132조에 따른 항공안전 활동을 방해하거나 위반사실을 은폐·축소·조작·변조하거나 하려고 한 경우

사) 그 밖에 위반행위의 정도, 위반행위의 동기와 그 결과 등을 고려하여 과

징금 금액을 늘릴 필요가 있다고 인정되는 경우

2. 개별기준

(단위: 백만원)

위반행위	근거 법조문	사업의 종류별 과징금의 금액			
		국제항공 운송사업	국내항공 운송사업	소형항공 운송사업	항공기 사용사업
가. 법 제18조제1항을 위반하여 국적·등록기호 및 소유자등의 성명 또는 명칭을 표시하지 않은 항공기를 운항한 경우	법 제91조제1항제2호 및 제95조제1항·제2항	300	60	30	9
나. 법 제23조제3항을 위반하여 감항증명을 받지 않은 항공기를 운항한 경우	법 제91조제1항제3호 및 제95조제1항·제2항	1,200	240	120	33
다. 법 제23조제9항에 따른 항공기의 감항성 유지를 위한 항공기등, 장비품 또는 부품에 대한 정비등에 관한 감항성개선 또는 그 밖에 검사·정비등의 명령을 이행하지 않고 이를 운항 또는 항공기등에 사용한 경우	법 제91조제1항제4호 및 제95조제1항·제2항	900	180	90	25
라. 법 제25조제2항을 위반하여 소음기준적합증명을 받지 않거나 항공기기술기준에 적합하지 않은 항공기를 운항한 경우	법 제91조제1항제5호 및 제95조제1항·제2항	900	180	90	25
마. 법 제26조를 위반하여 변경된 항공기기술기준을 따르도록 한 요구에 따르지 않은 경우	법 제91조제1항제6호 및 제95조제1항·제2항	900	180	90	25
바. 법 제27조제3항을 위반하여 기술표준품형식승인을 받지 않은 기술표준품을 항공기등에 사용한 경우	법 제91조제1항제7호 및 제95조제1항·제2항	900	180	90	25
사. 법 제28조제3항을 위반하여 부품등제작자증명을 받지 않은 장비품 또는 부품을 항공기등 또는 장비품에 사용한 경우	법 제91조제1항제8호 및 제95조제1항·제2항	900	180	90	25
아. 법 제30조제2항을 위반하여 수리·개조승인을 받지 않은 항공기등을 운항하거나 장비품·부품을 항공기등에 사용한 경우	법 제91조제1항제9호 및 제95조제1항·제2항	400	80	40	11
자. 법 제32조제1항을 위반하여 정비등을 한 항공기등, 장비품 또는 부품에 대하여 감항성을 확인받지 않고 운항 또는 항공기등에 사용한 경우	법 제91조제1항제10호 및 제95조제1항·제2항	900	180	90	25
차. 법 제42조를 위반하여 법 제40조제2항에 따른 자격증명의 종류별 항공신체검사증명의 기준에 적합하지 않은 운항승무원을 항공업	법 제91조제1항제11호 및 제95	400	80	40	11

무에 종사하게 한 경우	조 제1항 · 제2항				
카. 법 제51조를 위반하여 국토교통부령으로 정한 무선설비를 설치하지 않은 항공기 또는 설치한 무선설비가 운용되지 않는 항공기를 운항한 경우	법 제91조 제1항제12호 및 제95조 제1항 · 제2항	400	80	40	11
타. 법 제52조를 위반하여 항공기에 항공계기등을 설치하거나 탑재하지 않고 운항하거나, 그 운용방법 등을 따르지 않은 경우	법 제91조 제1항제13호 및 제95조 제1항 · 제2항	300	60	30	8
파. 법 제53조를 위반하여 항공기에 국토교통부령으로 정하는 양의 연료를 싣지 않고 운항한 경우	법 제91조 제1항제14호 및 제95조 제1항 · 제2항	400	80	40	11
하. 법 제54조를 위반하여 항공기를 운항하거나 야간에 비행장에 주기(駐機) 또는 정박(碇泊)시키는 경우에 국토교통부령으로 정하는 바에 따라 등불로 항공기의 위치를 나타내지 않은 경우	법 제91조 제1항제15호 및 제95조 제1항 · 제2항	180	36	18	5
거. 법 제55조를 위반하여 국토교통부령으로 정하는 비행경험이 없는 운항승무원에게 항공기를 운항하게 하거나 계기비행·야간비행 또는 조종교육의 업무에 종사하게 한 경우	법 제91조 제1항제16호 및 제95조 제1항 · 제2항	300	60	30	8
너. 법 제56조제1항을 위반	법 제91조	300	60	30	8
하여 소속 승무원 및 운항관리사의 피로를 관리하지 않은 경우	제1항제17호 및 제95조 제1항 · 제2항				
더. 법 제56조제2항을 위반하여 국토교통부장관의 승인을 받지 않고 피로위험관리시스템을 운용하거나 중요사항을 변경한 경우	법 제91조 제1항제18호 및 제95조 제1항 · 제2항	300	60	30	8
러. 법 제57조제1항을 위반하여 항공종사자 또는 객실승무원이 주류등의 영향으로 항공업무 또는 객실승무원의 업무를 정상적으로 수행할 수 없는 상태에서 항공업무 또는 객실승무원의 업무에 종사하게 한 경우	법 제91조 제1항제19호 및 제95조 제1항 · 제2항	400	80	40	11
머. 법 제58조제2항을 위반하여 다음의 어느 하나에 해당하는 경우	법 제91조 제1항제20호 및 제95조 제1항 · 제2항				
1) 사업을 시작하기 전까지 항공안전관리시스템을 마련하지 않은 경우		400	80	40	11
2) 승인을 받지 않고 항공안전관리시스템을 운용한 경우		400	80	40	11
3) 항공안전관리시스템을 승인받은 내용과 다르게		400	80	40	11

운용한 경우					
4) 승인을 받지 않고 국토교통부령으로 정하는 중요 사항을 변경한 경우		400	80	40	11
버. 법 제62조제5항 단서를 위반하여 항공기사고, 항공기준사고 또는 의무보고 대상 항공안전장애가 발생한 경우에 국토교통부령으로 정하는 바에 따라 발생 사실을 보고하지 않은 경우	법 제91조제1항제21호 및 제95조제1항·제2항				
1) 항공기사고 발생 사실을 국토교통부령으로 정하는 바에 따라 보고하지 않은 경우		400	80	40	11
2) 항공기준사고 발생 사실을 국토교통부령으로 정하는 바에 따라 보고하지 않은 경우		300	60	30	8
3) 의무보고 대상 항공안전장애 발생 사실을 국토교통부령으로 정하는 바에 따라 보고하지 않은 경우		60	12	6	2
서. 법 제63조제4항에 따라 자격인정 또는 심사를 할 때 소속 기장 또는 기장 외의 조종사에 대하여 부당한 방법으로 자격인정 또는 심사를 한 경우	법 제91조제1항제22호 및 제95조제1항·제2항	300	60	30	8
어. 법 제63조제7항을 위반하여 운항하려는 지역, 노선 및 공항에 대한 경험요건을 갖추지 않은 기장에게 운항을 하게 한 경우	법 제91조제1항제23호	300	60	30	
저. 법 제65조제1항을 위반하여 운항관리사를 두지 않은 경우	법 제91조제1항제24호	300	60	30	
처. 법 제65조제3항을 위반하여 국토교통부령으로 정하는 바에 따라 운항관리사가 해당 업무를 수행하는 데 필요한 교육훈련을 하지 않고 해당 업무에 종사하게 한 경우	법 제91조제1항제25호	180	36	18	
커. 법 제66조를 위반하여 이륙·착륙 장소가 아닌 곳에서 항공기를 이륙하거나 착륙하게 한 경우	법 제91조제1항제26호 및 제95조제1항·제2항	400	80	40	11
터. 법 제68조를 위반하여 같은 조 각 호의 어느 하나에 해당하는 비행 또는 행위를 하게 한 경우	법 제91조제1항제27호 및 제95조제1항·제2항	400	80	40	11
퍼. 법 제70조제1항을 위반하여 허가를 받지 않고 항공기를 이용하여 위험물을 운송한 경우	법 제91조제1항제28호 및 제95조제1항·제2항	600	120	60	17
허. 법 제70조제3항을 위반하여 국토교통부장관이 고시하는 위험물취급의 절차 및 방법에 따르지	법 제91조제1항제29호 및 제95				

않고 위험물을 취급한 경우	조 제1항 · 제2항				
1) 다음의 어느 하나에 해당하는 경우 가) 항공운송이 절대 금지된 위험물을 접수하여 취급한 경우 나) 위험물취급기준의 적용 면제절차를 따르지 않은 경우 다) 위험물이 포함된 화물컨테이너나 단위적재용기를 접수하여 취급한 경우 라) 격리 대상 위험물을 격리하지 않고 적재하여 운송한 경우 마) 폭발성 물질을 격리 구분에 따르지 않고 보관 또는 적재하거나 운송한 경우 바) 화물기로만 운송해야 할 위험물을 여객기로 운송한 경우 사) 위험물의 적재 및 결박 규정을 준수하지 않고 위험물을 적재하여 운송한 경우 아) 위험물이 누출되거나 포장 및 용기가 손상된 상태로 위험물을 항공기로 운송한 경우 자) 운항승무원에게 위험물 적재정보를 제공하지 않은 경우 차) 방사성 물질의 취급 및 운송규정을 준수하지 않은 경우		1,200	240	120	33
2) 국토교통부령으로 정하는 중요한 사항을 준수하지 않은 경우		400	80	40	11
3) 국토교통부령으로 정하는 경미한 사항을 준수하지 않은 경우		10	6	4	1
고. 법 제72조제1항을 위반하여 위험물취급에 관한 교육을 받지 않은 사람에게 위험물취급을 하게 한 경우	법 제91조 제1항제30호 및 제95조 제1항 · 제2항	400	80	40	11
노. 법 제74조제1항을 위반하여 승인을 받지 않고 비행기를 운항한 경우	법 제91조 제1항제31호	1,200	240	120	
도. 법 제75조제1항을 위반하여 승인을 받지 않고 같은 항 각 호의 어느 하나에 해당하는 공역에서 항공기를 운항한 경우	법 제91조 제1항제32호 및 제95조 제1항 · 제2항	300	60	30	8
로. 법 제76조제1항을 위반하여 국토교통부령으로 정하는 바에 따라 운항의 안전에 필요한 승무원을 태우지 않고 항공기를 운항한 경우	법 제91조 제1항제33호 및 제95조 제1항 ·	400	80	40	11

	제2항				
모. 법 제76조제3항을 위반하여 항공기에 태우는 승무원에 대하여 해당 업무를 수행하는 데 필요한 교육훈련을 하지 않은 경우	법 제91조제1항제34호 및 제95조제1항·제2항	400	80	40	11
보. 법 제77조제2항을 위반하여 같은 조 제1항에 따른 운항기술기준을 준수하지 않고 운항하거나 업무를 한 경우	법 제91조제1항제35호 및 제95조제1항·제2항				
1) 다음의 어느 하나에 해당하는 경우 가) 감항성에 적합하지 않은 항공기를 운항한 경우 나) 회항시간 연장운항을 위한 비행요건을 충족하지 않고 비행기를 운항한 경우		1,200	240	120	33
2) 비행규칙 등 국토교통부령으로 정하는 중요한 사항을 준수하지 않은 경우		400	80	40	11
3) 기록물의 보관 등 국토교통부령으로 정하는 경미한 사항을 준수하지 않은 경우		10	6	4	1
소. 법 제90조제1항(법 제96조제1항에서 준용하는 경우를 포함한다)을 위반하여 운항증명을 받지 않고 운항을 시작한 경우	법 제91조제1항제36호 및 제95조제1항	1,200	240	120	33
오. 법 제90조제4항(법 제96조제1항에서 준용하는 경우를 포함한다)을 위반하여 운영기준을 준수하지 않은 경우(항공기사용사업자의 경우에는 법 제96조제1항에서 준용하는 법 제90조에 따라 운항증명을 받은 항공기사용사업자만 해당한다)	법 제91조제1항제37호 및 제95조제1항				
1) 다음의 어느 하나에 해당하는 경우 가) 인가받은 운항의 종류를 위반하여 운항한 경우 나) 항공로·공항의 운항조건 및 제한사항을 위반한 경우 다) 장비품 등의 사용한계시간을 초과하여 장비품 등을 사용한 경우 라) 부식방지프로그램에 따라 항공기의 부식관리 및 정비를 하지 않고 항공기를 운항한 경우		1,200	240	120	33
2) 항공기 중량배분을 위		400	80	40	11

한 방법 등 국토교통부령으로 정하는 중요한 사항을 준수하지 않은 경우					
3) 지상 제빙(除氷)·방빙(防氷) 또는 신뢰성관리 프로그램 등 국토교통부령으로 정하는 경미한 사항을 준수하지 않은 경우		180	36	18	5
조. 법 제90조제5항(법 제96조제1항에서 준용하는 경우를 포함한다)을 위반하여 안전운항체계를 유지하지 않거나 변경된 안전운항체계를 검사받지 않고 항공기를 운항한 경우(항공기사용사업자의 경우에는 법 제96조제1항에서 준용하는 법 제90조에 따라 운항증명을 받은 항공기사용사업자만 해당한다)	법 제91조제1항제38호 및 제95조제1항	400	80	40	11
초. 법 제93조제1항 본문(법 제96조제2항에서 준용하는 경우를 포함한다)을 위반하여 국토교통부장관의 인가를 받지 않고 운항규정 또는 정비규정을 마련한 경우	법 제91조제1항제40호 및 제95조제1항·제2항	1,200	240	120	33
코. 법 제93조제2항 단서(법 제96조제2항에서 준용하는 경우를 포함한다)를 위반하여 국토교통부령으로 정하는 중요사항을 변경한 경우	법 제91조제1항제40호 및 제95조제1항·제2항	400	80	40	11
토. 법 제93조제2항 본문(법 제96조제2항에서 준용하는 경우를 포함한다)을 위반하여 국토교통부장관에게 신고하지 않고 운항규정 또는 정비규정을 변경한 경우	법 제91조제1항제41호 및 제95조제1항·제2항	400	80	40	11
포. 법 제93조제7항 전단(법 제96조제2항에서 준용하는 경우를 포함한다)을 위반하여 같은 조 제1항 본문 또는 제2항 단서에 따라 인가를 받거나 같은 조 제2항 본문에 따라 신고한 운항규정 또는 정비규정을 해당 종사자에게 제공하지 않은 경우	법 제91조제1항제42호 및 제95조제1항·제2항	10	6	4	1
호. 법 제93조제7항 후단(법 제96조제2항에서 준용하는 경우를 포함한다)을 위반하여 같은 조 제1항 본문 또는 제2항 단서에 따라 인가를 받거나 같은 조 제2항 본문에 따라 신고한 운항규정 또는 정비규정을 준수하지 않고 항공기를 운항하거나 정비한 경우	법 제91조제1항제43호 및 제95조제1항·제2항				
1) 다음의 어느 하나에 해당하는 경우 가) 성능기반항행요구공역(PBN)의 운항을 위한 요건 등을 위반하여 운항한 경우		1,200	240	120	33

나) 인가받은 항공종사자 훈련프로그램을 위반한 경우					
다) 정기점검을 수행하지 않고 항공기를 운항한 경우					
라) 정밀계기접근비행의 요건을 갖추지 않고 정밀접근계기비행을 한 경우					
마) 최소장비목록(MEL)을 위반하여 작동하지 않는 계기 및 장비를 갖춘 항공기를 운항한 경우					
2) 정비작업 미수행 등 국토교통부령으로 정하는 중요한 사항을 위반한 경우		400	80	40	11
3) 보고의 누락 등 국토교통부령으로 정하는 경미한 사항을 위반한 경우		10	6	4	1
구. 법 제94조 각 호(법 제96조제2항에서 준용하는 경우를 포함한다)에 따른 항공운송의 안전을 위한 명령을 따르지 않은 경우	법 제91조 제1항제44호 및 제95조 제1항·제2항	600	120	60	17
누. 법 제132조제1항에 따라 업무(항공안전 활동을 수행하기 위한 것만 해당한다)에 관한 보고를 하지 않거나 서류를 제출하지 않은 경우 또는 거짓으로 보고하거나 서류를 제출한 경우	법 제91조 제1항제45호 및 제95조 제1항·제2항	300	60	30	8
두. 법 제132조제2항에 따른 항공기 등에의 출입이나 장부·서류 등의 검사(항공안전 활동을 수행하기 위한 것만 해당한다)를 거부·방해 또는 기피한 경우	법 제91조 제1항제46호 및 제95조 제1항·제2항	300	60	30	8
루. 법 제132조제2항에 따른 관계인에 대한 질문(항공안전 활동을 수행하기 위한 것만 해당한다)에 답변하지 않거나 거짓으로 답변한 경우	법 제91조 제1항제47호 및 제95조 제1항·제2항	300	60	30	8
무. 고의 또는 중대한 과실로 또는 항공종사자의 선임·감독에 상당한 주의의무를 게을리하여 항공기사고를 발생시킨 경우	법 제91조 제1항제48호 및 제95조 제1항·제2항				
1) 해당 항공기사고로 인한 사망자가 200명 이상인 경우		10,000	2,000		
2) 해당 항공기사고로 인한 사망자가 150명 이상 200명 미만인 경우		9,000 이상 10,000 미만	1,800 이상 2,000 미만		
3) 해당 항공기사고로 인한 사망자가 100명 이상 150명 미만인 경우		7,200 이상 9,000	1,440 이상 1,800		

		미만	미만		
4) 해당 항공기사고로 인한 사망자가 50명 이상 100명 미만인 경우		5,400 이상 7,200 미만	1,080 이상 1,440 미만		
5) 해당 항공기사고로 인한 사망자가 50명 이상인 경우				540	
6) 해당 항공기사고로 인한 사망자가 10명 이상 50명 미만인 경우		3,600 이상 5,400 미만	720 이상 1,080 미만	360 이상 540 미만	
7) 해당 항공기사고로 인한 사망자가 10명 미만인 경우		1,800 이상 3,600 미만	360 이상 720 미만		
8) 해당 항공기사고로 인한 사망자가 10명 이상인 경우					300
9) 해당 항공기사고로 인한 사망자가 5명 이상 10명 미만인 경우				180 이상 360 미만	150 이상 300 미만
10) 해당 항공기사고로 인한 사망자가 5명 미만인 경우				90 이상 180 미만	75 이상 150 미만
11) 해당 항공기사고로 인한 중상자가 30명 이상인 경우				90	50
12) 해당 항공기사고로 인한 중상자가 20명 이상 30명 미만인 경우				60 이상 90 미만	20 이상 50 미만
13) 해당 항공기사고로 인한 중상자가 10명 이상 20명 미만인 경우				30 이상 60 미만	10 이상 20 미만
14) 해당 항공기사고로 인한 중상자가 10명 미만인 경우				15 이상 30 미만	7 이상 10 미만
15) 해당 항공기사고로 인한 항공기 또는 제3자의 재산피해가 100억원 이상인 경우		1,800	360	180	50
16) 해당 항공기사고로 인한 항공기 또는 제3자의 재산피해가 50억원 이상 100억원 미만인 경우		1,200 이상 1,800 미만	240 이상 360 미만	120 이상 180 미만	33 이상 50 미만
17) 해당 항공기사고로 인한 항공기 또는 제3자의 재산피해가 10억원 이상 50억원 미만인 경우		900 이상 1,200 미만	180 이상 240 미만	90 이상 120 미만	25 이상 33 미만
18) 경미한 항공기사고[1)부터 17)까지에서 규정한 것 외의 항공기사고		1,800			

를 말한다 이하 19) 및 20)에서 같다]가 비행횟수 3만회 이내에 5회 이상인 경우					
19) 경미한 항공기사고가 비행횟수 3만회 이내에 4회인 경우		1,200			
20) 경미한 항공기사고가 비행횟수 3만회 이내에 3회인 경우		900			

■ 항공안전법 시행령 [별표 4]

정비조직인증을 받은 자에 대한 위반행위의 종류별 과징금의 금액(제22조제1항 관련)

1. 일반기준

가. 국토교통부장관은 다음의 어느 하나에 해당하는 경우에는 제2호에 따른 과징금 금액의 2분의 1 범위에서 그 금액을 줄일 수 있다. 다만, 과징금을 체납하고 있는 위반행위자의 경우에는 그렇지 않다.

1) 위반행위가 사소한 부주의나 오류로 인한 것으로 인정되는 경우

2) 위반행위자가 법 위반상태를 시정하거나 해소하기 위하여 노력한 사실이 인정되는 경우

3) 그 밖에 사업 규모, 위반행위의 정도, 위반행위의 동기와 그 결과 및 위반횟수 등을 고려하여 과징금 금액을 줄일 필요가 있다고 인정되는 경우

나. 국토교통부장관은 다음의 어느 하나에 해당하는 경우에는 제2호에 따른 과징금 금액의 2분의 1 범위에서 그 금액을 늘릴 수 있다. 다만, 법 제99조제1항에 따른 과징금 금액의 상한을 넘을 수 없다.

1) 위반의 내용·정도가 중대하여 공중에 미치는 영향이 크다고 인정되는 경우

2) 법 위반상태의 기간이 6개월 이상인 경우

3) 그 밖에 사업 규모, 위반행위의 정도, 위반행위의 동기와 그 결과 및 위반횟수 등을 고려하여 과징금 금액을 늘릴 필요가 있다고 인정되는 경우

2. 개별기준

(단위: 백만원)

위반행위	근거 법조문	과징금의 금액
가. 법 제58조제2항을 위반하여 다음의 어느 하나에 해당하는 경우	법 제98조제1항 제2호	
1) 업무를 시작하기 전까지 항공안전관리시스템을 마련하지 않은 경우		14
2) 승인을 받지 않고 항공안전관리시스템을 운용한 경우		30
3) 항공안전관리시스템을 승인받은 내용과 다르게 운용한 경우		14
4) 승인을 받지 않고 국토교통부령으로 정하는 중요 사항을 변경한 경우		14
나. 정당한 사유 없이 정비조직인증기준을 위반한 경우	법 제98조제1항 제3호	
1) 인증받은 범위 외에 다음의 정비등을 한 경우		

가) 인증받은 정비능력을 초과하여 정비등을 한 경우		30
나) 인증받은 형식 외의 항공기등에 대한 정비등을 한 경우		50
다) 인증받은 장비품·부품 외의 장비품·부품에 대한 정비등을 한 경우		30
2) 인증받은 정비시설 또는 정비건물 등의 위치를 무단으로 변경하여 정비등을 한 경우		20
3) 인증받은 장소가 아닌 곳에서 정비등을 한 경우		30
4) 인증받은 범위에서 정비등을 수행한 후 법 제35조제8호의 항공정비사 자격증명을 가진 사람으로부터 확인을 받지 않은 경우		50
5) 정비등을 하지 않고 거짓으로 정비기록을 작성한 경우		20
6) 세부 운영기준에서 정한 정비방법·품질관리 절차 및 수행목록 등을 위반하여 정비등을 한 경우[1)부터 5)까지의 규정에 해당되지 않는 사항을 말한다]		10
7) 1)부터 6)까지의 규정 외에 정비조직인증기준을 위반한 경우		5
다. 고의 또는 중대한 과실에 의하거나 항공종사자에 대한 관리·감독에 관하여 상당한 주의의무를 게을리함으로써 항공기사고가 발생한 경우	법 제98조제1항제4호	
1) 해당 항공기사고로 인한 사망자가 200명 이상인 경우		500
2) 해당 항공기사고로 인한 사망자가 150명 이상 200명 미만인 경우		400
3) 해당 항공기사고로 인한 사망자가 100명 이상 150명 미만인 경우		250
4) 해당 항공기사고로 인한 사망자가 50명 이상 100명 미만인 경우		150
5) 해당 항공기사고로 인한 사망자가 10명 이상 50명 미만인 경우		75
6) 해당 항공기사고로 인한 사망자가 10명 미만인 경우		50
7) 해당 항공기사고로 인한 중상자가 10명 이상인 경우		50
8) 해당 항공기사고로 인한 중상자가 5명 이상 10명 미만인 경우		30
9) 해당 항공기사고로 인한 중상자가 5명 미만인 경우		20
10) 해당 항공기사고로 인한 항공기 또는 제3자의 재산 피해가 100억원 이상인 경우		100
11) 해당 항공기사고로 인한 항공기 또는 제3자의 재산 피해가 50억원 이상 100억원 미만인 경우		80
12) 해당 항공기사고로 인한 항공기 또는 제3자의 재산피해가 10억원 이상 50억원 미만인 경우		50
13) 해당 항공기사고로 인한 항공기 또는 제3자의 재산피해가 1억원 이상 10억원 미만인 경우		30
14) 해당 항공기사고로 인한 항공기 또는 제3자의 재산피해가 1억원 미만인 경우		10

비고

위 표의 다목에 따른 과징금을 부과하는 경우 인명피해와 항공기 또는 제3자의 재산피해가 같이 발생한 경우에는 해당 과징금의 금액을 합산하여 과징금을 부과하되, 합산하는 경우에도 과징금의 총액은 법 제99조제1항에 따른 금액을 초과할 수 없다.

■ 항공안전법 시행령 [별표 5] <개정 2024. 7. 9.>

과태료의 부과기준(제30조 관련)

1. 일반기준

가. 위반행위의 횟수에 따른 과태료의 가중된 부과기준은 최근 5년간 같은 위반행위로 과태료 부과처분을 받은 경우에 적용한다. 이 경우 기간의 계산은 위반행위에 대하여 과태료 부과처분을 받은 날과 그 처분 후 다시 같은 위반행위를 하여 적발된 날을 기준으로 한다.

나. 가목에 따라 가중된 부과처분을 하는 경우 가중처분의 적용 차수는 그 위반행위 전 부과처분 차수(가목에 따른 기간 내에 과태료 부과처분이 둘 이상 있었던 경우에는 높은 차수를 말한다)의 다음 차수로 한다.

다. 부과권자는 다음의 어느 하나에 해당하는 경우에는 제2호에 따른 과태료 금액의 2분의 1 범위에서 그 금액을 줄일 수 있다. 다만, 과태료를 체납하고 있는 위반행위자의 경우에는 그렇지 않다.

1) 위반행위가 사소한 부주의나 오류로 인한 것으로 인정되는 경우

2) 위반행위자가 법 위반상태를 시정하거나 해소하기 위하여 노력한 사실이 인정되는 경우

3) 그 밖에 위반행위의 정도, 위반행위의 동기와 그 결과 등을 고려하여 감경할 필요가 있다고 인정되는 경우

라. 부과권자는 고의 또는 중과실이 없는 위반행위자가 「소상공인기본법」 제2조에 따른 소상공인에 해당하고, 과태료를 체납하고 있지 않은 경우에는 다음의 사항을 고려하여 제2호의 개별기준에 따른 과태료의 100분의 70 범위에서 그 금액을 줄여 부과할 수 있다. 다만, 다목에 따른 감경과 중복하여 적용하지 않는다.

1) 위반행위자의 현실적인 부담능력

2) 경제위기 등으로 위반행위자가 속한 시장·산업 여건이 현저하게 변동되거나 지속적으로 악화된 상태인지 여부

마. 부과권자는 다음의 어느 하나에 해당하는 경우에는 제2호에 따른 과태료 금액의 2분의 1 범위에서 그 금액을 늘릴 수 있다. 다만, 법 제166조에 따른 과태료 금액의 상한을 넘을 수 없다.

1) 위반의 내용·정도가 중대하여 공중에 미치는 영향이 크다고 인정되는 경우

2) 법 위반상태의 기간이 6개월 이상인 경우

3) 그 밖에 위반행위의 정도, 위반행위의 동기와 그 결과 등을 고려하여 가중할 필요가 있다고 인정되는 경우

2. 개별기준

(단위: 만원)

위반행위	근거 법조문	과태료 금액		
		1차 위반	2차 위반	3차 이상 위반
가. 법 제13조 또는 제15조제1항을 위반하여 변경등록 또는 말소등록의 신청을 하지 않은 경우	법 제166조 제4항제1호	100	150	200
나. 법 제17조제1항을 위반하여 항공기 등록기호표를 부착하지 않고 항공기를 사용한 경우	법 제166조 제4항제2호	100	150	200
다. 법 제26조를 위반하여 변경된 항공기기술기준을 따르도록 한 요구에 따르지 않은 경우	법 제166조 제4항제3호	100	150	200
라. 법 제33조에 따른 보고를 하지 않거나 거짓으로 보고한 경우	법 제166조 제5항제1호	50	75	100
마. 법 제41조의2를 위반하여 소속 항공교통관제사 또는 운항승무원을 대상으로 건강증진활동계획을 수립·시행하지 않은 경우	법 제166조 제1항제1호	250	375	500
바. 법 제56조제1항을 위반하여 같은 항 각 호의 어느 하나 이상의 방법으로 소속 승무원 및 운항관리사의 피로를 관리하지 않은 경우(항공운송사업자 및 항공기사용사업자는 제외한다)	법 제166조 제1항제1호의2	250	375	500
사. 법 제56조제2항을 위반하여 국토교통부장관의 승인을 받지 않고 피로위험관리시스템을 운용하거나 중요사항을 변경한 경우(항공운송사업자 및 항공기사용사업자는 제외한다)	법 제166조 제1항제2호	250	375	500
아. 법 제58조제2항을 위반하여 다음의 어느 하나에 해당하는 경우(법 제58조제2항제1호 및 제4호에 해당하는 자 중 항공운송사업자 및 항공기사용	법 제166조 제1항제3호			

위반행위	근거 법조문	1차	2차	3차
사업자 외의 자만 해당한다)				
1) 제작 또는 운항 등을 시작하기 전까지 항공안전관리시스템을 마련하지 않은 경우		250	375	500
2) 국토교통부장관의 승인을 받지 않고 항공안전관리시스템을 운용한 경우		250	375	500
3) 항공안전관리시스템을 승인받은 내용과 다르게 운용한 경우		250	375	500
4) 국토교통부장관의 승인을 받지 않고 국토교통부령으로 정하는 중요 사항을 변경한 경우		250	375	500
자. 법 제59조제1항(법 제106조제2항에서 준용하는 경우를 포함한다)을 위반하여 항공기사고, 항공기준사고 또는 의무보고 대상 항공안전장애를 보고하지 않거나 거짓으로 보고한 경우	법 제166조제5항제2호	50	75	100
차. 항공종사자가 아닌 사람으로서 고의 또는 중대한 과실로 법 제61조제1항의 항공안전위해요인을 발생시킨 경우	법 제166조제4항제4호	100	150	200
카. 항공운송사업자 외의 자가 법 제65조제1항을 위반하여 운항관리사를 두지 않고 항공기를 운항한 경우	법 제166조제1항제4호	250	375	500
타. 항공운송사업자 외의 자가 법 제65조제3항을 위반하여 운항관리사가 해당 업무를 수행하는 데 필요한 교육훈련을 하지 않고 업무에 종사하게 한 경우	법 제166조제1항제5호	250	375	500
파. 법 제70조제3항에 따른 위험물취급의 절차와 방법에 따르지 않고 위험물취급을 한 경우	법 제166조제1항제6호			
1) 위험물을 일반화물로 신고하는 경우		250	375	500
2) 운송서류에 표기한 위험물과 다른 위험물을 운송하려는 경우		250	375	500
3) 유엔기준을 충족하지 않은 포장용기를 사용하였거나 위험물 포장지침을 따르지 않았을 경우		250	375	500
4) 휴대 가능한 위험물의 종류 또는 수량기준을 위반한 경우		250	375	500
5) 위험물 운송서류상의 표기가 오기되었거나 서명이 누락된 경우		250	375	500
6) 위험물 라벨을 부착하지 않았거나 위험물 분류와 다른 라벨을 부착한 경우		250	375	500
하. 법 제71조제1항에 따른 검사를 받지 않은 포장 및 용기를 판매한 경우	법 제166조제1항제7호	250	375	500
거. 법 제72조제1항을 위반하여 위험물취급에 필요한 교육을 받지 않고 위험물취급을 한 경우	법 제166조제1항제8호	250	375	500
너. 법 제84조제2항(법 제121조제5항에서 준용하는 경우를 포함한다)을 위반하여 항공교통의 안전을 위한 국토교통부장관 또는 항공교통업무증명을 받은 자의 지시에 따르지 않은 경우	법 제166조제4항제5호	100	150	200
더. 법 제93조제7항 후단(법 제96조제2항에서 준용하는 경우를 포함한다)을 위반하여 운항규정 또는 정비규정을 준수하지 않고 항공기의 운항 또는 정비에 관한 업무를 수행한 경우	법 제166조제4항제6호	100	150	200
러. 법 제108조제3항을 위반하여 부여된 안전성인증 등급에 따른 운용범위를 준수하지 않고 경량항공기를 사용하여 비행한 경우	법 제166조제4항제7호	100	150	200
머. 법 제108조제4항을 위반하여 국토교통부령으로 정하는 방법에 따라 안전하게 운용할 수 있다는 확인을 받지	법 제166조제3항제1호	150	225	300

위반행위	근거 법조문			
않고 경량항공기를 사용하여 비행한 경우				
버. 법 제115조제2항을 위반하여 국토교통부장관이 정하는 바에 따라 교육을 받지 않고 경량항공기 조종교육을 한 경우	법 제166조 제1항제9호	250	375	500
서. 법 제120조제1항을 위반하여 국토교통부령으로 정하는 준수사항을 따르지 않고 경량항공기를 사용하여 비행한 경우	법 제166조 제3항제2호	150	225	300
어. 경량항공기 조종사 또는 그 경량항공기소유자등이 법 제120조제2항을 위반하여 경량항공기사고에 관한 보고를 하지 않거나 거짓으로 보고한 경우	법 제166조 제6항제1호	25	37.5	50
저. 경량항공기소유자등이 법 제121조제1항에서 준용하는 법 제13조 또는 제15조를 위반하여 경량항공기의 변경등록 또는 말소등록을 신청하지 않은 경우	법 제166조 제6항제2호	25	37.5	50
처. 경량항공기소유자등이 법 제121조제1항에서 준용하는 법 제17조제1항을 위반하여 경량항공기 등록기호표를 부착하지 않은 경우	법 제166조 제5항제3호	50	75	100
커. 초경량비행장치소유자등이 법 제122조제5항을 위반하여 신고번호를 해당 초경량비행장치에 표시하지 않거나 거짓으로 표시한 경우	법 제166조 제5항제4호	50	75	100
터. 초경량비행장치소유자등이 법 제123조제4항을 위반하여 초경량비행장치의 말소신고를 하지 않은 경우	법 제166조 제7항제1호	15	22.5	30
퍼. 법 제124조를 위반하여 초경량비행장치의 비행안전을 위한 기술상의 기준에 적합하다는 안전성인증을 받지 않고 비행한 경우(법 제161조제2항이 적용되는 경우는 제외한다)	법 제166조 제1항제10호	250	375	500
허. 법 제125조제1항을 위반하여 초경량비행장치 조종자 증명을 받지 않고 초경량비행장치를 사용하여 비행을 한 경우(법 제161조제2항이 적용되는 경우는 제외한다)	법 제166조 제2항	200	300	400
고. 법 제125조제2항부터 제4항까지의 규정을 위반한 사람으로서 다음의 어느 하나에 해당되는 경우 1) 다른 사람에게 자기의 성명을 사용하여 초경량비행장치 조종을 수행하게 하거나 초경량비행장치 조종자 증명을 빌려 준 경우 2) 다른 사람의 성명을 사용하여 초경량비행장치 조종을 수행하거나 다른 사람의 초경량비행장치 조종자 증명을 빌린 경우 3) 1) 및 2)의 행위를 알선한 경우	법 제166조 제3항제4호	150	225	300
노. 법 제125조의2제2항을 위반하여 국토교통부장관이 실시하는 안전교육을 받지 않고 국토교통부령으로 정하는 초경량비행장치를 사용하여 조종교육을 한 경우	법 제166조 제7항제1호의2	15	22.5	30
도. 법 제127조제3항을 위반하여 국토교통부장관의 승인을 받지 않고 초경량비행장치를 이용하여 비행한 경우(법 제161조제4항제2호가 적용되는 경우는 제외한다)	법 제166조 제3항제5호	150	225	300
로. 법 제128조를 위반하여 국토교통부령으로 정하는 장비를 장착하거나 휴대하지 않고 초경량비행장치를 사용하여 비행을 한 경우	법 제166조 제5항제5호	50	75	100
모. 법 제129조제1항을 위반하여 국토교	법 제166조	150	225	300

통부령으로 정하는 준수사항을 따르지 않고 초경량비행장치를 이용하여 비행한 경우	제3항제6호			
보. 초경량비행장치 조종자 또는 그 초경량비행장치소유자등이 법 제129조제3항을 위반하여 초경량비행장치사고에 관한 보고를 하지 않거나 거짓으로 보고한 경우	법 제166조제7항제2호	15	22.5	30
소. 법 제129조제5항을 위반하여 국토교통부장관이 승인한 범위 외에서 비행한 경우	법 제166조제3항제7호	150	225	300
오. 법 제132조제1항에 따른 보고 등을 하지 않거나 거짓 보고 등을 한 경우	법 제166조제1항제11호	250	375	500
조. 법 제132조제2항에 따른 질문에 대하여 거짓 진술을 한 경우	법 제166조제1항제12호	250	375	500
초. 법 제132조제8항에 따른 운항정지, 운용정지 또는 업무정지를 따르지 않은 경우	법 제166조제1항제13호	250	375	500
코. 법 제132조제9항에 따른 시정조치 등의 명령에 따르지 않은 경우	법 제166조제1항제14호	250	375	500
토. 법 제133조의2제1항에 따른 공시를 하지 않거나 거짓으로 공시한 경우	법 제166조제1항제15호	250	375	500

■ 항공안전법 시행규칙 [별표 1] <개정 2021. 8. 27.>

항공기의 손상·파손 또는 구조상의 결함(제8조 관련)

1. 다음 각 목의 어느 하나에 해당되는 경우에는 항공기의 중대한 손상·파손 및 구조상의 결함으로 본다.
  가. 항공기에서 발동기가 떨어져 나간 경우
  나. 발동기의 덮개 또는 역추진장치 구성품이 떨어져 나가면서 항공기를 손상시킨 경우
  다. 압축기, 터빈 블레이드(날개) 및 그 밖에 다른 발동기 구성품이 발동기 덮개를 관통한 경우. 다만, 발동기의 배기구를 통해 유출된 경우는 제외한다.
  라. 레이더 안테나 덮개가 파손되거나 떨어져 나가면서 항공기의 동체 구조 또는 시스템에 중대한 손상을 준 경우
  마. 플랩(flap), 슬랫(slat: 양력 증대를 위해 비행기 주날개 앞부분에 설치되는 작은 날개) 등 고양력장치(高揚力裝置) 및 윙렛(winglet: 비행기 주날개 끝에 수직 또는 거의 수직으로 부착하는 작은 날개)이 손실된 경우. 다만, 외형변경목록(Configuration Deviation List)을 적용하여 항공기를 비행에 투입할 수 있는 경우는 제외한다.
  바. 바퀴다리(landing gear leg)가 완전히 펴지지 않았거나 바퀴(wheel)가 나오지 않은 상태에서 착륙하여 항공기의 표피가 손상된 경우. 다만, 간단한 수리를 하여 항공기가 비행할 수 있는 경우는 제외한다.
  사. 항공기 내부의 감압 또는 여압을 조절하지 못하게 되는 구조적 손상이 발생한 경우
  아. 항공기준사고 또는 항공안전장애 등의 발생에 따라 항공기를 점검한 결과 심각한 손상이 발견된 경우
  자. 비상탈출로 중상자가 발생했거나 항공기가 심각한 손상을 입은 경우
  차. 그 밖에 가목부터 자목까지의 경우와 유사한 항공기의 손상·파손 또는 구조상의 결함이 발생한 경우

2. 제1호에 해당하는 경우에도 다음 각 목의 어느 하나에 해당하는 경우에는 항공기의 중대한 손상·파손 및 구조상의 결함으로 보지 아니한다.
  가. 덮개와 부품(accessory)을 포함하여 한 개의 발동기의 고장 또는 손상
  나. 프로펠러, 날개 끝(wing tip), 안테나, 프로브(probe), 베인(vane: 공기의 흐름을 위한 작은 날개) 타이어, 브레이크, 바퀴, 페어링(fairing: 노출부의 보호 및 공기 저항력 감소를 위한 유선형 덮개), 패널(panel), 착륙장치 덮개, 방풍창 및 항공기 표피의 손상
  다. 주회전익, 꼬리회전익 및 착륙장치의 경미한 손상
  라. 우박 또는 조류와 충돌 등에 따른 경미한 손상(레이더 안테나 덮개의 구멍을 포함한다)

■ 항공안전법 시행규칙 [별표 2] <개정 2021. 8. 27.>

항공기준사고의 범위(제9조 관련)

1. 항공기의 위치, 속도 및 거리가 다른 항공기와 충돌위험이 있었던 것으로 판단되는 근접비행이 발생한 경우(다른 항공기와의 거리가 500피트 미만으로 근접하였던 경우를 말한다) 또는 경미한 충돌이 있었으나 안전하게 착륙한 경우
2. 항공기가 정상적인 비행 중 지표, 수면 또는 그 밖의 장애물과의 충돌(Controlled Flight into Terrain)을 가까스로 회피한 경우
3. 항공기, 차량, 사람 등이 허가 없이 또는 잘못된 허가로 항공기 이륙·착륙을 위해 지정된 보호구역에 진입하여 다른 항공기와의 충돌을 가까스로 회피한 경우
4. 항공기가 다음 각 목의 장소에서 이륙하거나 이륙을 포기한 경우 또는 착륙하거나 착륙을 시도한 경우
  가. 폐쇄된 활주로 또는 다른 항공기가 사용 중인 활주로
  나. 허가 받지 않은 활주로
  다. 유도로(헬리콥터가 허가를 받고 이륙하거나 이륙을 포기한 경우 또는 착륙하거나 착륙을 시도한 경우는 제외한다)
  라. 도로 등 착륙을 의도하지 않은 장소
5. 항공기가 이륙·착륙 중 활주로 시단(始端)에 못 미치거나(Undershooting) 또는 종단(終端)을 초과한 경우(Overrunning) 또는 활주로 옆으로 이탈한 경우(다만, 항공안전장애에 해당하는 사항은 제외한다)
6. 항공기가 이륙 또는 초기 상승 중 규정된 성능에 도달하지 못한 경우
7. 비행 중 운항승무원이 신체, 심리, 정신 등의 영향으로 조종업무를 정상적으로 수행할 수 없는 경우(Pilot Incapacitation)
8. 조종사가 연료량 또는 연료배분 이상으로 비상선언을 한 경우(연료의 불충분, 소진, 누유 등으로 인한 결핍 또는 사용가능한 연료를 사용할 수 없는 경우를 말한다)
9. 항공기 시스템의 고장, 항공기 동력 또는 추진력의 손실, 기상 이상, 항공기 운용한계의 초과 등으로 조종상의 어려움(Difficulties in Controlling)이 발생했거나 발생할 수 있었던 경우
10. 다음 각 목에 따라 항공기에 중대한 손상이 발견된 경우(항공기사고로 분류된 경우는 제외한다)
  가. 항공기가 지상에서 운항 중 다른 항공기나 장애물, 차량, 장비 또는 동물과 접촉·충돌
  나. 비행 중 조류(鳥類), 우박, 그 밖의 물체와 충돌 또는 기상 이상 등
  다. 항공기 이륙·착륙 중 날개, 발동기 또는 동체와 지면의 접촉·충돌 또는 끌

림(dragging). 다만, 꼬리 스키드(tail skid: 항공기 꼬리 아래 장착되는, 지면 접촉 시 기체 손상 방지장치)의 경미한 접촉 등 항공기 이륙·착륙에 지장이 없는 경우는 제외한다.

라. 착륙바퀴가 완전히 펴지지 않거나 올려진 상태로 착륙한 경우

11. 비행 중 운항승무원이 비상용 산소 또는 산소마스크를 사용해야 하는 상황이 발생한 경우
12. 운항 중 항공기 구조상의 결함(Aircraft Structural Failure)이 발생한 경우 또는 터빈발동기의 내부 부품이 외부로 떨어져 나간 경우를 포함하여 터빈발동기의 내부 부품이 분해된 경우(항공기사고로 분류된 경우는 제외한다)
13. 운항 중 발동기에서 화재가 발생하거나 조종실, 객실이나 화물칸에서 화재·연기가 발생한 경우(소화기를 사용하여 진화한 경우를 포함한다)
14. 비행 중 비행 유도(Flight Guidance) 및 항행(Navigation)에 필요한 다중(多衆) 시스템(Redundancy System) 중 2개 이상의 고장으로 항행에 지장을 준 경우
15. 비행 중 2개 이상의 항공기 시스템 고장이 동시에 발생하여 비행에 심각한 영향을 미치는 경우
16. 운항 중 비의도적으로 항공기 외부의 인양물이나 탑재물이 항공기로부터 분리된 경우 또는 비상조치를 위해 의도적으로 항공기 외부의 인양물이나 탑재물이 항공기로부터 분리한 경우

비고: 항공기준사고 조사결과에 따라 항공기사고 또는 항공안전장애로 재분류 할 수 있다.

■ 항공안전법 시행규칙 [별표 4] <개정 2025. 12. 5.>

항공종사자ㆍ경량항공기조종사 자격증명 응시경력

(제75조, 제91조 및 제286조 관련)

1. 항공종사자

가. 자격증명시험

자격증명의 종류	비행경력 또는 그 밖의 경력
운송용 조종사	1) 비행기에 대하여 자격증명을 신청하는 경우 다음의 경력을 모두 충족하는 비행기 조종사 중 1,500시간 이상의 비행경력이 있는 사람으로서 계기비행증명을 받은 사업용 조종사 또는 부조종사 자격증명(외국정부가 발급한 운송용 조종사 자격증명 또는 계기비행증명이 포함된 사업용 조종사 또는 부조종사 자격증명을 포함한다)을 받은 사람. 이 경우 비행시간을 산정할 때 지방항공청장이 지정한 모의비행훈련장치를 이용한 비행훈련시간은 100시간의 범위에서 인정하되, 모의비행장치는 100시간, 비행훈련장치는 25시간, 기본비행훈련장치는 5시간의 범위에서 인정(비행훈련장치와 기본비행훈련장치를 합산한 비행훈련시간은 25시간을 초과할 수 없다)하고, 다른 종류의 항공기 비행경력은 해당 비행시간의 3분의 1 또는 200시간 중 적은 시간의 범위 내에서 인정한다. 가) 기장 외의 조종사로서 기장의 감독 하에 기장의 임무를 500시간 이상 수행한 경력이나 기장으로서 250시간 이상을 비행한 경력 또는 기장으로서 최소 70시간 이상 비행하였을 경우 해당 비행시간의 2배와 500시간과의 차이만큼 기장 외의 조종사로서 기장의 감독 하에 기장의 임무를 수행한 비행경력 나) 200시간 이상의 야외 비행경력. 이 경우 200시간의 야외 비행경력 중 기장으로서 100시간 이상의 비행경력 또는 기장 외의 조종사로서 기장의 감독 하에 기장의 임무를 수행 한 100시간 이상의 비행경력을 포함해야 한다. 다) 75시간 이상의 기장 또는 기장 외의 조종사로서의 계기비행경력(30시간의 범위 내에서 지방항공청장이 지정한 모의비행훈련장치를 이용한 계기비행경력을 인정한다) 라) 100시간 이상의 기장 또는 기장 외의 조종사로서의 야간 비행경력 2) 헬리콥터에 대하여 자격증명을 신청하는 경우 다음의 경력을 모두 충족하는 헬리콥터 조종사로서 1,000시간 이상의 비행경력이 있는 사업용 조종사 자격증명(외국정부가 발급한 운송용 조종사 또는 사업용 조종사 자격증명을 포함한다)을 받은 사람. 이 경우 비행시간을 산정할 때에는 지방항공청장이 지정한 모의비행훈련장치를 이용한 비행훈련시간은 최대 100시간의 범위에서 인정하되, 모의비행장치는 100시간, 비행훈련장치는 25시간, 기본비행훈련장치는 5시간의 범위에서 인정(비행훈련장치와 기본비행훈련장치를 합산한 비행훈련시간은 25시간을 초과할 수 없다)하고, 다른 종류의 항공기 비행경력은 해당 비행시간의 3분의 1 또는 200시간 중 적은 시간의 범위 내에서 인정한다. 가) 기장으로서 250시간 이상의 비행경력 또는 기장으로서 70시간 이상의 비행시간과 기장 외의 조종사로서 기장의 감독 하에 기장의 임무를 수행한 비행시간의 합계가 250시간 이상의 비행경력 나) 200시간 이상의 야외 비행경력. 이 경우 200시간의 야외 비행경력 중 기장으로서 100시간 이상의 비행경력 또는 기장 외의 조종사로서 기장의 감독 하에 기장의 임무를 수행한 100시간 이상의 비행경력을 포함해야 한다. 다) 30시간 이상의 기장 또는 기장 외의 조종사로서의 계기비행경력(10시간의 범위 내에서 지방항공청장이 지정한 모의비행훈련장치를 이용한 계기비행경력을 인정한다) 라) 50시간 이상의 기장 또는 기장 외의 조종사로서의 야간 비행경력
사업용 조종사	1) 비행기에 대하여 자격증명을 신청하는 경우 다음의 경력을 모두 충족하는 200시간(국토교통부장관이 지정한 전문교육기관의 교육과정을 이수한 사람은 150시간) 이상의 비행경력이 있는 사람으로서 자가용 조종사 자격증명(외국정부가 발급한 운송용 조종사 또는 사업용 조종사 자격증명을 포함한다)을 받은 사람. 이 경우 비행시간을 산정할 때 지방항공청장이 지정한 모의비행훈련장치를 이용한 비행훈련시간은 최대 20시간의 범위에서 인정하되, 모의비행장치 또는 비행훈련장치는 20시간, 기본비행훈련장치는 5시간의 범위에서 인정하고, 다른 종류의 항공기 비행경력은 해당 비행시간의 3분의 1 또는 50시간 중 적은 시간의 범위 내에서 인정한다. 가) 기장으로서 100시간(국토교통부장관이 지정한 전문교육기관의 교육과정을 이수한 사람은 70시간) 이상의 비행경력 나) 기장으로서 20시간 이상의 야외비행경력. 이 경우 총 540킬로미터 이상의 구간에서 2개 이상의 다른 비행장에서의 완전 착륙을 포함해야 한다. 다) 10시간 이상의 기장 또는 기장 외의 조종사로서 계기비행경력(5시간

의 범위 내에서 지방항공청장이 지정한 모의비행훈련장치를 이용한 계기비행경력을 포함한다)

라) 이륙과 착륙이 각각 5회 이상 포함된 5시간 이상의 기장으로서의 야간 비행경력

2) 헬리콥터에 대하여 자격증명을 신청하는 경우 다음의 경력을 모두 충족하는 헬리콥터 조종사로서 150시간(국토교통부장관이 지정한 전문교육기관의 교육과정을 이수한 사람은 100시간) 이상의 비행경력이 있는 사람으로서 헬리콥터의 자가용 조종사 자격증명(외국정부가 발급한 운송용 조종사 또는 사업용 조종사 자격증명을 포함한다)을 받은 사람. 이 경우 비행시간을 산정할 때 지방항공청장이 지정한 모의비행훈련장치를 이용한 비행훈련시간은 최대 20시간의 범위에서 모의비행장치 또는 비행훈련장치는 20시간, 기본비행훈련장치는 5시간의 범위에서 인정하고, 다른 종류의 항공기 비행경력은 해당 비행시간의 3분의 1 또는 50시간 중 적은 시간의 범위 내에서 인정한다.

가) 기장으로서 35시간 이상의 비행경력

나) 기장으로서 10시간 이상의 야외 비행경력. 이 경우 총 300킬로미터 이상의 구간에서 2개의 다른 지점에서의 착륙비행과정을 포함해야 한다.

다) 기장 또는 기장 외의 조종사로서 10시간 이상의 계기비행경력(5시간의 범위 내에서 지방항공청장이 지정한 모의비행훈련장치를 이용한 계기비행경력을 포함한다)

라) 기장으로서 이륙과 착륙이 각각 5회 이상 포함된 5시간 이상의 야간 비행경력

3) 특수활공기에 대하여 자격증명을 신청하는 경우 다음의 활공경력을 모두 충족하는 사람으로서 특수활공기의 자가용 조종사 자격증명을 받은 사람. 다만, 비행기의 조종사 자격증명을 받은 경우에는 단독 조종으로 10시간 이상의 활공 및 10회 이상의 활공 착륙경력이 있는 사람

가) 단독 조종으로 15시간 이상의 활공 및 20회 이상의 활공착륙 또는 단독 조종으로 25시간 이상의 동력비행(비행기에 의한 것을 포함한다) 및 20회 이상의 발동기 작동 중의 착륙(비행기에 의한 것을 포함한다)

나) 출발지점으로부터 240킬로미터 이상의 야외 비행경력(비행기에 의한 것을 포함한다). 이 경우 출발지점과 도착지점의 중간에 2개 이상의 다른 지점에 착륙한 경력을 포함해야 한다.

다) 5회 이상의 실속회복(비행기에 의한 것을 포함한다)

4) 상급활공기에 대하여 자격증명을 신청하는 경우 다음 각 목의 경력을 포함한 15시간 이상의 활공경력이 있는 사람으로서 상급활공기의 자가용 조종사 자격증명을 받은 사람. 다만, 비행기 조종사 자격증명을 받은 경우에는 비행기, 윈치 또는 자동차를 이용하여 30회 이상의 활공경력이 있는 사람

가) 비행기, 윈치 또는 자동차를 이용하여 15회 이상의 활공을 포함한 75회 이상의 활공경력

나) 5회 이상의 실속회복

5) 비행선에 대하여 자격증명을 신청하는 경우 다음 각 목의 비행조종경력을 포함한 200시간 이상의 비행경력이 있는 사람으로서 비행선의 자가용 조종사 자격증명을 소지한 사람

가) 비행선 조종사로서 50시간 이상의 비행경력

나) 10시간 이상의 야외 비행경력 및 10시간 이상의 야간 비행경력을 포함한 30시간 이상의 기장으로서의 비행경력 또는 기장 외의 조종사로서 기장의 감독 하에 기장의 임무를 수행한 비행경력

다) 20시간 이상의 비행시간 및 10시간 이상의 비행선 비행시간을 포함한 40시간 이상의 계기비행시간

라) 20시간 이상의 비행선 비행교육훈련

자가용 조종사

1) 비행기 또는 헬리콥터에 대하여 자격증명을 신청하는 경우 다음의 경력을 모두 충족하는 40시간(국토교통부장관이 지정한 전문교육기관 이수자는 35시간) 이상의 비행경력이 있는 사람(해당 항공기에 대하여 외국정부가 발급한 조종사 자격증명을 소지한 사람을 포함한다). 이 경우 비행시간을 산정할 때 지방항공청장이 지정한 모의비행훈련장치를 이용한 비행훈련시간은 최대 5시간의 범위 내에서 인정하고, 다른 종류의 항공기 또는 경량항공기(경량항공기 중 조종형비행기는 비행기에만 해당하고, 경량헬리콥터는 헬리콥터에만 해당한다) 중 비행경력은 해당 비행시간의 3분의 1 또는 10시간 중 적은 시간의 범위 내에서 인정한다.

가) 비행기에 대하여 자격증명을 신청하는 경우 5시간 이상의 단독 야외 비행경력(solo cross-country flight time)을 포함한 10시간 이상의 단독 비행경력. 이 경우 270킬로미터 이상의 구간 비행 중 2개의 다른 비행장에서의 이륙·완전착륙 경력을 포함해야 한다.

나) 헬리콥터에 대하여 자격증명을 신청하는 경우 5시간 이상의 단독 야외 비행경력을 포함한 10시간 이상의 단독 비행경력. 이 경우 출발지점으로부터 180킬로미터 이상의 구간 비행 중 2개의 다른 지점에서의 착륙비행과정 경력을 포함해야 한다.

2) 특수활공기에 대하여 자격증명을 신청하는 경우 다음 각 목의 활공경력

	이 있는 사람. 다만, 비행기에 대한 조종사 자격증명을 받은 경우에는 2시간 이상의 활공 및 5회 이상의 활공착륙 경력이 있는 사람 가) 단독 조종으로 3시간 이상의 활공(교관과 동승한 활공경력은 1시간의 범위 내에서 인정한다) 및 10회 이상의 활공착륙 또는 단독 조종으로 15시간 이상의 동력비행(비행기에 의한 것을 포함하며, 교관과 동승한 활공경력은 5시간의 범위 내에서 인정한다) 및 10회 이상의 발동기 작동 중의 착륙(비행기에 의한 것을 포함한다) 나) 출발지점으로부터 120킬로미터 이상의 야외 비행. 이 경우 출발지점과 도착지점의 중간에 1개 이상의 다른 지점에 착륙한 경력을 포함해야 한다. 다) 5회 이상의 실속비행(비행기에 의한 것을 포함한다) 3) 상급활공기에 대하여 자격증명을 신청하는 경우 다음의 비행경력을 포함한 6시간 이상의 활공경력이 있는 사람 가) 2시간 이상의 단독 비행경력 나) 20회 이상의 이륙·착륙 비행경력 4) 비행선에 대하여 자격증명을 신청하는 경우 다음의 비행조종경력을 모두 충족하는 25시간 이상의 비행경력이 있는 사람 가) 3시간 이상의 야외 비행경력. 이 경우 45킬로미터 이상의 구간에서 1개 이상의 다른 지점에 이륙·착륙한 비행경력을 포함해야 한다. 나) 비행장에서 5회 이상의 이륙·착륙(완전 정지 포함) 다) 3시간 이상의 계기비행경력 라) 5시간 이상의 기장 임무 비행경력
부조종사	다음의 요건을 모두 충족하는 사람 가) 국토교통부장관이 지정한 전문교육기관의 교육과정을 이수한 사람 나) 지방항공청장이 지정한 모의비행훈련장치를 이용한 비행훈련시간과 실제 비행기에 의한 비행시간의 합계가 240시간 이상인 비행경력이 있는 사람. 이 경우 실제 비행기에 의한 비행시간은 다음의 비행경력을 포함하여 40시간 이상이어야 한다. (1) 5시간 이상의 단독 야외 비행경력을 포함한 10시간 이상의 단독 비행경력 (2) 270킬로미터 이상의 구간 비행 중 2개의 다른 비행장에 이륙·착륙한 비행경력 다) 야간비행경력이 있는 사람 라) 계기비행 경험이 있는 사람
항공사	다음의 어느 하나에 해당하는 사람 가) 야간에 행한 30시간 이상의 야외 비행경력을 포함한 200시간(항공운송사업에 사용되는 항공기 조종사로서의 비행경력이 있는 경우에는 그 비행시간을 100시간의 범위 내에서 인정한다) 이상의 비행경력이 있는 사람 나) 야간비행 중 25회 이상 천체관측에 의하여 위치결정을 하고, 주간비행 중 25회 이상 무선위치선, 천측위치선 그 밖의 항법 제원을 이용하여 위치결정을 하여, 그것을 항법에 응용하는 실기연습을 한 사람 다) 국토교통부장관이 지정한 전문교육기관에서 항공사에 필요한 교육과정을 이수한 사람
항공기관사	다음의 어느 하나에 해당하는 사람 가) 200시간 이상의 운송용 항공기(2개 이상의 발동기를 장착한 군용항공기를 포함한다)를 조종한 비행경력이 있는 사람으로서 항공기관사를 필요로 하는 항공기에 탑승하여 항공기관사 업무의 실기연습을 100시간(50시간의 범위 내에서 지방항공청장이 지정한 모의비행훈련장치를 이용한 비행경력을 인정한다) 이상 한 사람 나) 국토교통부장관이 지정한 전문교육기관에서 항공기관사에게 필요한 교육과정을 이수한 사람 다) 사업용 조종사 자격증명 및 계기비행증명을 받고 항공기관사업무의 실기연습을 5시간 이상 한 사람
항공교통관제사	다음의 어느 하나에 해당하는 사람 가) 국토교통부장관이 지정한 전문교육기관에서 항공교통관제에 필요한 교육과정을 이수한 사람(외국의 전문교육기관으로서 해당 외국정부가 인정한 전문교육기관에서 교육과정을 이수한 사람을 포함한다) 나) 삭제 <2025. 12. 5.> 다) 삭제 <2019. 9. 23.> 라) 외국정부가 발급한 항공교통관제사의 자격증명을 받은 사람
전문항공교통관제사	다음의 요건을 모두 충족하는 사람 가) 항공교통관제사 자격증명을 갖출 것 나) 법 제48조제1항에 따른 전문교육기관이 실시하거나 국토부교통부장관이 법 제83조제4항에 따라 실시하는 전문항공교통관제사 양성을 위한 교육훈련 과정의 이수증을 발급받은 지 6개월이 지나지 않았을 것 다) 항공교통관제시설에서 전문항공교통관제사의 감독 하에 3개월 이상 항공교통관제 업무를 수행한 경력이 있을 것[이 경우 해당 경력에는 이 호 나목 전문항공교통관제사의 응시자격란 나)에 따른 경력을 포함하여 산정할 수 있다]

항공정비사	1) 항공기 종류 한정이 필요한 항공정비사 자격증명을 신청하는 경우에는 다음의 어느 하나에 해당하는 사람 가) 자격증명을 받으려는 해당 항공기 종류에 대한 6개월 이상의 정비업무경력을 포함하여 4년 이상의 항공기 정비업무경력(자격증명을 받으려는 항공기가 활공기인 경우에는 활공기의 정비와 개조에 대한 경력을 말한다)이 있는 사람 나) 「고등교육법」에 따른 대학·전문대학(다른 법령에서 이와 동등한 수준 이상의 학력이 있다고 인정되는 교육기관을 포함한다) 또는 「학점인정 등에 관한 법률」에 따라 학습하는 곳에서 별표 5 제1호에 따른 항공정비사 학과시험의 범위를 포함하는 각 과목을 모두 이수하고, 자격증명을 받으려는 항공기와 동등한 수준 이상의 것에 대하여 교육과정 이수 후의 정비실무경력이 6개월 이상이거나 교육과정 이수 전의 정비실무경력이 1년 이상인 사람 다) 국토교통부장관이 지정한 전문교육기관에서 해당 항공기 종류에 필요한 과정을 이수한 사람(외국의 전문교육기관으로서 그 외국정부가 인정한 전문교육기관에서 해당 항공기 종류에 필요한 과정을 이수한 사람을 포함한다). 이 경우 항공기의 종류인 비행기 또는 헬리콥터 분야의 정비에 필요한 과정을 이수한 사람은 경량항공기의 종류인 경량비행기 또는 경량헬리콥터 분야의 정비에 필요한 과정을 각각 이수한 것으로 본다. 라) 외국정부가 발급한 해당 항공기 종류 한정 자격증명을 받은 사람 2) 정비분야 한정이 필요한 항공정비사 자격증명을 신청하는 경우에는 다음의 어느 하나에 해당하는 사람 가) 항공기 전자·전기·계기 관련 분야에서 4년 이상의 정비실무경력이 있는 사람 나) 국토교통부장관이 지정한 전문교육기관에서 항공기 전자·전기·계기의 정비에 필요한 과정을 이수한 사람으로서 항공기 전자·전기·계기 관련 분야에서 정비실무경력이 2년 이상인 사람
운항관리사	다음의 어느 하나에 해당하는 사람 가) 항공운송사업 또는 항공기사용사업에 사용되는 항공기의 운항에 관하여 다음의 어느 하나에 해당하는 경력을 2년 이상 가진 사람 또는 다음의 어느 하나에 해당하는 경력 둘 이상을 합산하여 2년 이상의 경력이 있는 사람. 다만, 항공운송사업 또는 항공기사용사업에 사용되는 항공기의 운항에 관한 업무를 주된 업무로 하는 기관의 경력만 해당한다. (1) 조종을 행한 경력 (2) 항공교통관제사 자격증명을 받은 후 관제실무경력 (3) 기상업무를 행한 경력 (4) 삭제 <2021. 11. 19.> 나) 삭제 <2021. 11. 19.> 다) 「고등교육법」에 따른 전문대학 이상의 교육기관에서 별표 5 제1호에 따른 운항관리사 학과시험의 범위를 포함하는 각 과목을 이수한 사람으로서 3개월 이상의 운항관리경력(실습경력 포함)이 있는 사람 라) 국토교통부장관이 지정한 전문교육기관에서 운항관리사에 필요한 교육과정을 이수한 사람(외국의 전문교육기관으로서 그 외국정부가 인정한 전문교육기관에서 운항관리에 필요한 교육과정을 이수한 사람을 포함한다) 마) 항공운송사업체에서 운항관리에 필요한 교육과정을 이수하고 응시일 현재 최근 6개월 이내에 90일(근무일 기준) 이상 항공운송사업체에서 운항관리사의 지휘·감독 하에 운항관리실무를 보조하여 행한 경력이 있는 사람 바) 외국정부가 발급한 운항관리사의 자격증명을 받은 사람 사) 항공교통관제사 또는 자가용 조종사 이상의 자격증명을 받은 후 2년 이상의 항공정보업무 경력이 있는 사람

나. 한정심사

심사분야	자격별	응시경력
자격증명한정	조종사 및 항공기관사	다음의 어느 하나에 해당하는 사람 가) 항공기 종류의 한정의 경우는 자격증명시험의 비행경력을 갖춘 사람 나) 항공기 형식의 한정의 경우는 다음의 어느 하나에 해당하는 사람 (1) 제89조제2항에 따라 전문교육기관(외국정부가 인정한 외국의 전문교육기관을 포함한다)이 실시하는 전문교육 또는 제89조제4항에 따라 항공기의 제작자가 실시하는 해당 항공기에 관한 교육과정을 이수한 사람 (2) 제266조에 따른 운항규정에 명시된 항공운송사업자, 항공기사용사업자 또는 항공기제작사가 실시하는 지상교

		육(항공기제작사에서 정한 교육훈련과 동등 이상의 지상교육을 포함한다)을 이수한 사람 또는 자가용으로 운항되는 항공기의 조종사로 자체 지상교육을 이수한 사람으로서 다음의 어느 하나에 해당하는 사람 (가) 비행기의 경우 20시간(왕복발동기를 장착한 비행기의 경우 16시간) 이상의 모의비행훈련과 2시간 이상의 비행훈련을 받은 사람. 다만, 모의비행훈련을 받지 아니한 경우에는 실제비행훈련 1시간을 모의비행훈련 4시간으로 인정할 수 있다. (나) 헬리콥터의 경우 15시간 이상의 모의비행훈련과 5시간 이상의 비행훈련을 받은 사람. 다만, 모의비행훈련을 받지 않은 경우에는 실제비행훈련 1시간을 모의비행훈련 4시간으로 인정할 수 있다. (3) 군ㆍ경찰ㆍ세관에서 해당 기종에 대한 기장비행시간(항공기관사의 경우 항공기관사 비행시간)이 200시간 이상인 사람 (4) 법 제2조제4호에 따른 국가기관등항공기를 소유한 국가ㆍ지방자치단체 및 국립공원관리공단에서 국토교통부장관으로부터 승인을 받은 교육과정[지상교육 및 비행훈련과정(실무교육을 포함한다)]을 이수한 사람 다) 항공기 등급한정의 경우 해당 항공기의 종류 및 등급에 대한 비행시간이 10시간 이상인 사람 라) 제89조제1항에 따라 외국정부로부터 한정자격증명을 소지한 사람
	항공정비사	1) 항공기 종류 한정의 경우 항공정비사 자격증명 취득일부터 해당 항공기 종류에 대한 6개월 이상의 정비실무경력이 있는 사람 2) 전기ㆍ전자ㆍ계기 관련 분야 한정의 경우 항공정비사 자격증명 취득일부터 항공기 전기ㆍ전자ㆍ계기 관련 분야에 대한 2년 이상의 정비실무경력이 있는 사람
	전문항공교통관제사	다음의 요건을 모두 충족하는 사람 가) 이 호 가목 전문항공교통관제사의 비행경력 또는 그 밖의 경력란 가) 및 나)의 요건을 갖출 것 나) 받으려는 한정에 따른 항공교통관제시설에서 전문항공교통관제사의 감독 하에 다음의 구분에 따른 기준 이상의 근

		무경력이 있을 것. 이 경우 같은 업무 종류 및 수행방식에 대한 한정을 가지고 있거나 가졌던 사람은 100분의 50 범위에서, 다른 업무 종류 및 수행방식에 대한 한정을 가지고 있거나 가졌던 사람은 100분의 20 범위에서 각각 이를 줄여 적용할 수 있다. 1) 비행장관제업무의 한정을 받으려는 경우: 비행장관제업무를 1개월 이상 수행한 경력. 이 경우 해당 업무를 수행한 시간은 90시간 이상이어야 한다. 2) 감시접근관제업무의 한정을 받으려는 경우: 감시접근관제업무를 3개월 이상 수행한 경력. 이 경우 해당 업무를 수행한 시간은 180시간 이상이어야 한다. 3) 감시지역관제업무의 한정을 받으려는 경우: 감시지역관제업무를 3개월 이상 수행한 경력. 이 경우 해당 업무를 수행한 시간은 180시간 이상이어야 한다.
조종교육증명	초급(비행기, 비행선, 헬리콥터)	다음의 요건을 모두 충족하는 사람 가) 해당 항공기(활공기를 제외한다) 종류에 대한 200시간 이상의 비행경력 나) 운송용 조종사 또는 사업용 조종사 자격증명을 받은 이후 다음의 어느 하나의 교육훈련을 이수 (1) 제89조제2항에 따라 전문교육기관(외국정부가 인정한 외국의 전문교육기관을 포함한다)이 실시하는 전문교육 또는 제89조제4항에 따라 항공기의 제작자가 실시하는 해당 항공기 종류ㆍ등급에 관한 조종교관과정의 교육훈련 (2) 조종교육증명을 받은 사람으로부터 해당 항공기 종류ㆍ등급에 대한 다음 각 목의 교육훈련 (가) 지상교육: (1)에 따른 전문교육기관의 학과교육과 동등하다고 국토교통부장관 또는 지방항공청장이 인정한 교육 (나) 비행훈련: 조종교육증명을 받고 제125조에 따른 비행경험이 있는 사람과 25시간 이상의 동승 비행훈련 다) 계기비행증명 소지(다만, 비행기 또는 헬리콥터에 대한 초급 조종교육증명을 신청하는 경우에만 해당한다)
	초급(활공	다음의 어느 하나에 해당하는 사람

	기)	가) 활공기에 대한 기장으로서 15시간 이상의 비행경력 나) 사업용 조종사 자격증명을 받은 이후 다음의 어느 하나의 교육훈련을 이수 (1) 제89조제2항에 따라 전문교육기관(외국정부가 인정한 외국의 전문교육기관을 포함한다)이 실시하는 전문교육 또는 제89조제4항에 따라 항공기의 제작자가 실시하는 활공기에 관한 조종교관과정의 교육훈련 (2) 조종교육증명을 받은 사람으로부터 활공기에 대한 다음의 교육훈련 이수 (가) 지상교육: (1)에 따른 전문교육기관의 학과교육과 동등하다고 국토교통부장관 또는 지방항공청장이 인정한 소정의 교육 (나) 비행훈련: 활공기 조종교육증명을 받고 제125조에 따른 비행경험이 있는 사람과 20회 이상의 활공경력을 포함한 2시간 이상의 동승 비행훈련
	선임(비행기, 비행선, 헬리콥터)	해당 항공기(활공기를 제외한다) 종류·등급에 대한 초급 조종교육증명을 받은 후 조종교육업무를 수행한 275시간의 비행경력을 포함한 총 500시간 이상의 비행경력을 보유한 사람
	선임(활공기)	활공기에 대한 초급 조종교육증명을 받은 후 조종교육업무를 수행한 10시간의 비행경력을 포함한 총 25시간 이상의 비행경력을 보유한 사람
계기비행증명	조종사	다음의 요건을 모두 충족하는 사람 가) 해당 비행기 또는 헬리콥터에 대한 운송용 조종사, 사업용 조종사 또는 자가용 조종사 자격증명이 있을 것 나) 비행기 또는 헬리콥터의 기장으로서 해당 항공기 종류에 대한 총 50시간(이 경우 실시하고자 하는 비행기 또는 헬리콥터 기장으로서 10시간 이상의 야외비행경력을 포함) 이상의 야외비행경력을 보유할 것 다) 제89조제2항에 따라 전문교육기관(외국정부가 인정한 외국의 전문교육기관을 포함한다)이 실시하는 전문교육 또는 제89조제4항에 따라 항공기의 제작자가 실시하는 해당 항공기 종류에 관한 계기비행과정의 교육훈련을 이수하거나 다음의 계기비행과정의 교육훈련을 이수할 것 (1) 지상교육: 가)에 따른 전문교육기관의 학과교육과 동등하다고 국토교통부장관 또는 지방항공청장이 인정한 소정의 교육 (2) 비행훈련: 40시간 이상의 계기비행훈련. 이 경우 최대 20시간의 범위에서 모의비행장치 또는 비행훈련장치는 20시간, 기본비행훈련장치는 5시간의 범위에서 조종교육증명을 받고 제125조에 따른 비행경험이 있는 사람으로부터 지방항공청장이 지정한 모의비행훈련장치로 실시한 계기비행훈련시간을 포함할 수 있다.

2. 경량항공기 조종사

가. 자격증명

자격증명의 종류	비행경력 또는 그 밖의 경력
경량항공기 조종사	다음의 어느 하나에 해당하는 사람 가) 국토교통부장관이 지정한 전문교육기관 이수자는 다음 나)의 경력을 모두 충족하는 20시간 나) 경량항공기에 대하여 다음의 경력을 포함한 20시간 이상의 경량항공기 비행경력이 있는 사람 (1) 5시간 이상의 단독 비행경력 (2) 조종형비행기, 경량헬리콥터 및 자이로플레인에 대해서는 5시간 이상의 야외비행경력. 이 경우 120킬로미터 이상의 구간에서 1개 이상의 다른 지점에 이륙·착륙한 비행경력이 있어야 한다. 다) 자가용 조종사, 사업용 조종사, 운송용 조종사 또는 부조종사가 다음의 구분에 따른 경량항공기에 대하여 2시간 이상의 단독 비행경력을 포함한 5시간 이상의 비행경력이 있는 사람 (1) 자가용 조종사, 사업용 조종사, 운송용 조종사 또는 부조종사가 비행기에 대하여 자격증명이 한정된 경우: 경량항공기 조종형비행기 (2) 자가용 조종사, 사업용 조종사, 운송용 조종사 또는 부조종사가 헬리콥터에 대하여 자격증명이 한정된 경우: 경량항공기 경량헬리콥터 및 자이로플레인

나. 한정심사

심사분야	자격별	응시경력

조종 교육 증명	경량항공 기조종사	1) 항공기에 대한 조종교육증명을 받은 사람으로서 다음의 구분에 따른 경량항공기의 비행경력이 5시간 이상인 사람 가) 사업용 또는 운송용 조종사가 비행기에 대하여 자격증명이 한정된 경우: 경량항공기 조종형비행기 나) 사업용 또는 운송용 조종사가 헬리콥터에 대하여 자격증명이 한정된 경우: 경량항공기 경량헬리콥터 및 자이로플레인 2) 경량항공기 조종사 자격증명을 받은 사람으로서 다음의 어느 하나에 해당하는 사람 가) 제89조제1항에 따라 외국정부로부터 경량항공기 종류에 대한 조종교육증명을 받은 사람 나) 제89조제2항에 따라 전문교육기관(외국정부가 인정한 외국의 전문교육기관을 포함한다)이 실시하는 전문교육 또는 제89조제4항에 따라 항공기의 제작자가 실시하는 경량항공기 종류에 관한 조종교관과정의 교육훈련을 이수한 사람 다) 경량항공기의 종류별 비행경력(조종형 경량비행기의 경우에는 비행기 비행경력을, 경량헬리콥터의 경우에는 헬리콥터 비행경력을 각각 포함한다)이 200시간 이상이고 다음의 교육 및 훈련을 이수한 사람 (1) 조종교육에 관하여 국토교통부장관이 인정하는 소정의 지상교육 (2) 경량항공기 조종교육증명을 받은 사람으로부터 15시간 이상의 비행훈련

비고

1. "정비업무"란 정비실무(수리, 개조, 검사를 포함한다), 정비기술, 정비계획 및 정비품질관리를 말한다.
2. 이 표에서 정한 전문교육・훈련을 이수하지 아니한 사람 또는 제266조에 따른 운항규정 또는 정비규정에 명시된 교육훈련 시행을 위하여 항공운송사업자 또는 항공기사용사업자가 실시하는 교육훈련을 이수하지 아니한 사람에 대한 한정심사는 제89조제2항에 따라 전문교육기관(외국정부가 인정한 전문교육기관을 포함한다)이 실시하는 전문교육 또는 제89조제4항에 따라 항공기의 제작자가 실시하는 교육훈련과정과 동등한 수준 이상의 교육훈련을 해당 기종의 교관 또는 위촉심사관으로부터 이수하고 그 교관 또는 위촉심사관이 서명한 교육증명서와 상기 한정심사 신청자격의 각 호에 해당하는 경력사항을 증명하는 서류를 첨부하는 사람에 한하여 시행할 수 있다(경량항공기 조종사의 경우에는 적용하지 아니한다).
3. 다음 각 목의 어느 하나에 해당하는 사람이 지방항공청장이 지정한 모의비행훈련장치로 비행훈련을 받은 경우에는 실제 항공기로 비행훈련을 받은 것으로 본다(경량항공기 조종사의 경우에는 적용하지 아니한다).
   가. 자격증명의 한정을 받으려는 비행기와 같은 등급의 비행기의 형식에 대한 한정자격증명을 받은 사람
   나. 자격증명의 한정을 받으려는 비행기와 같은 등급의 군용 비행기의 기장으로서 500시간 이상의 비행경력이 있는 사람
   다. 총 1천 500시간 이상의 비행경력이 있는 사람. 이 경우 자격증명의 한정을 받으려는 비행기와 같은 등급의 비행기 조종사로 1천시간 이상의 비행경력을 포함해야 한다.
   라. 형식의 한정이 요구되는 두 기종 이상의 비행기 조종사로서 1천시간 이상의 비행경력이 있는 사람
4. 삭제 <2025. 12. 5.>

■ 항공안전법 시행규칙 [별표 5] <개정 2025. 12. 5.>

<u>자격증명시험 및 한정심사의 과목 및 범위</u>(제82조제1항 관련)

1. 항공종사자

가. 학과시험의 과목 및 범위

1) 자격증명시험

자격증명의 종류	자격증명의 한정을 하려는 항공기의 종류·등급 또는 업무의 종류	과목	범위
운송용 조종사	비행기·헬리콥터(헬리콥터 자격증명의 학과시험의 경우 계기비행에 관한 범위는 제외한다)	항공법규	가. 국내항공법규 나. 국제항공법규
		비행이론	가. 비행 원리, 항공역학 등 비행에 관한 이론 및 지식 나. 항공기의 구조와 시스템에 관한 지식 다. 항공기 성능에 관한 지식 라. 항공기의 무게중심과 균형에 관한 지식 마. 항공기 계기와 그 밖의 장비품에 관한 일반지식
		공중항법	가. 항법의 기초 및 종류 나. 항행안전시설의 종류·기능과 이용방법 다. 탑재항행장비의 원리·종류·기능과 사용방법 라. 비행준비·지상운용·이륙·상승·순항·강하·착륙 등 단계별 비행절차 및 비상상황 대응절차 마. 운송용 조종사와 관련된 인적수행능력에 관한 지식(위협 및 오류 관리에 관한 원리를 포함한다) 및 적용
		항공기상	가. 지구 대기의 구조, 열과 온도 등 기상일반에 관한 사항 나. 다음의 기상 등에 관한 지식 1) 대기압과 고도측정 2) 일기도 및 바람·구름 3) 기단 및 전선 4) 난기류, 착빙(着氷) 및 뇌우 5) 열대기상, 북극기상 및 우주기상 등 다. 항공기상 관측 및 분석에 관한 지식 라. 항공기상 예보에 관한 지식 마. 기상레이더 등 기상관측장비에 관한 지식 바. 그 밖에 항공기 운항에 영향을 주는 기상에 관한 지식
		항공교통·통신·정보업무	가. 항공교통관제업무의 일반지식 나. 조난·비상·긴급통신방법 및 절차 다. 항공통신에 관한 일반지식 라. 항공정보간행물, 항공고시보 등 항공정보업무에 관한 지식
사업용 조종사	비행기·헬리콥터·비행선	항공법규	가. 국내항공법규 나. 국제항공법규
		비행이론	가. 비행 원리, 항공역학 등 비행에 관한 이론 및 지식 나. 항공기의 구조와 시스템에 관한 지식 다. 항공기 성능에 관한 지식 라. 항공기의 무게중심과 균형에 관한 지식 마. 항공기 계기와 그 밖의 장비품에 관한 일반지식
		공중항법	가. 항법의 기초 및 종류 나. 항행안전시설의 종류·기능과 이용방법 다. 탑재항행장비의 원리·종류·기능과 사용방법 라. 비행준비·지상운용·이륙·상승·순항·강하·착륙 등 단계별 비행절차 및 비상상황 대응절차 마. 사업용 조종사와 관련된 인적수행능력에 관한 지식(위협 및 오류 관리에 관한

			원리를 포함한다) 및 적용
		항공기상	가. 지구 대기의 구조, 열과 온도 등 기상일반에 관한 사항 나. 다음의 기상 등에 관한 지식 1) 대기압과 고도측정 2) 일기도 및 바람·구름 3) 기단 및 전선 4) 난기류, 착빙 및 뇌우 5) 열대기상, 북극기상 및 우주기상 등 다. 항공기상 관측 및 분석에 관한 지식 라. 항공기상 예보에 관한 지식 마. 기상레이더 등 기상관측장비에 관한 지식 바. 그 밖에 항공기 운항에 영향을 주는 기상에 관한 지식
		항공교통·통신·정보업무	가. 항공교통관제업무의 일반지식 나. 조난·비상·긴급통신방법 및 절차 다. 항공통신에 관한 일반지식 라. 항공정보간행물, 항공고시보 등 항공정보업무에 관한 지식
	활공기	항공법규	가. 국내항공법규 나. 국제항공법규
		비행이론	가. 비행이론에 관한 일반지식 나. 활공기의 취급법과 운항제한에 관한 지식 다. 활공기에 사용되는 계측기의 지식 라. 항공지도의 이용방법 마. 활공비행에 관련된 기상에 관한 지식
자가용 조종사	비행기·헬리콥터·비행선	항공법규	가. 국내항공법규 나. 국제항공법규
		비행이론	가. 비행 원리, 항공역학 등 비행에 관한 이론 및 지식 나. 항공기의 구조와 시스템에 관한 지식 다. 항공기 성능에 관한 지식 라. 항공기의 무게중심과 균형에 관한 지식 마. 항공기 계기와 그 밖의 장비품에 관한

			일반지식
		공중항법	가. 항법의 기초 및 종류 나. 항행안전시설의 종류·기능과 이용방법 다. 탑재항행장비의 원리·종류·기능과 사용방법 라. 비행준비·지상운용·이륙·상승·순항·강하·착륙 등 단계별 비행절차 및 비상상황 대응절차 마. 자가용 조종사와 관련된 인적수행능력에 관한 지식(위협 및 오류 관리에 관한 원리를 포함한다) 및 적용
		항공기상	가. 지구 대기의 구조, 열과 온도 등 기상일반에 관한 사항 나. 다음의 기상 등에 관한 지식 1) 대기압과 고도측정 2) 일기도 및 바람·구름 3) 기단 및 전선 4) 난기류, 착빙 및 뇌우 5) 열대기상, 북극기상 및 우주기상 등 다. 항공기상 관측 및 분석에 관한 지식 라. 항공기상 예보에 관한 지식 마. 기상레이더 등 기상관측장비에 관한 지식 바. 그 밖에 항공기 운항에 영향을 주는 기상에 관한 지식
		항공교통·통신·정보업무	가. 항공교통관제업무의 일반지식 나. 조난·비상·긴급통신방법 및 절차 다. 항공통신에 관한 일반지식 라. 항공정보간행물, 항공고시보 등 항공정보업무에 관한 지식
	활공기	항공법규	가. 국내항공법규 나. 국제항공법규

		공중항법	가. 비행이론에 관한 일반지식(상급활공기와 특수활공기만 해당한다) 나. 활공기의 취급법과 운항제한에 관한 지식 다. 활공비행에 관한 기상의 개요(상급활공기와 특수활공기만 해당한다)
부조종사	비행기	항공법규	가. 국내 항공법규 나. 국제 항공법규
항공사		항공법규	해당 업무에 필요한 항공법규
		공중항법	가. 지문항법 · 추측항법 · 무선항법 나. 천측항법에 관한 일반지식 다. 항법용 계측기의 원리와 사용방법 라. 항행안전시설의 제원 마. 항공도 해독 및 이용방법 바. 항공사와 관련된 인적요소에 관한 일반지식
		항공기상	가. 항공기상통보와 천기도 해독 나. 기상통보 방식 다. 항공기상 관측에 관한 지식 라. 구름과 전선에 관한 지식 마. 그 밖에 비행에 영향을 주는 기상에 관한 지식
		항공교통 · 통신 · 정보업무	가. 항공교통 관제업무의 일반지식 나. 항공교통에 관한 일반지식 다. 조난 · 비상 · 긴급통신방법 및 절차 라. 항공정보업무
항공기관사		항공법규	해당 업무에 필요한 항공법규
		항공역학	가. 항공역학의 이론과 항공기의 중심위치의 계산에 필요한 지식 나. 항공기관사와 관련한 인적요소에 관한 일반지식
		항공기체	항공기의 기체의 강도 · 구조 · 성능과 정비에 관한 지식
		항공발동기	항공기용 발동기와 계통 및 구조 · 성능 · 정비에 관한 지식과 항공기 연료 · 윤활유에 관한 지식
		항공장비	항공기 장비품의 구조 · 성능과 정비에 관한 지식
		항공기제어	비행 중에 필요한 동력장치와 장비품의 제어에 관한 지식
항공교통관제사		항공법규	가. 국내항공법규 나. 국제항공법규
		관제일반	가. 비행계획, 항공교통관제허가 및 항공교통업무와 관련된 항공기 기체 · 발동기 · 시스템의 성능 등에 관한 일반지식 나. 항공로관제절차 다. 접근관제절차 라. 비행장관제절차 마. 레이더관제절차 바. 항공교통관제사와 관련된 인적수행능력에 관한 지식(위협 및 오류 관리에 관한 원리를 포함한다) 및 적용
		항행안전시설	가. 항행안전시설의 종류 · 성능 및 이용방법 나. 항공지도의 해독 다. 공중항법에 관한 일반지식 라. 항법용 계측기의 원리와 사용방법
		항공기상	가. 지구 대기의 구조, 열과 온도 등 기상일반에 관한 사항 나. 다음의 기상 등에 관한 지식 1) 대기압과 고도측정 2) 일기도 및 바람 · 구름 3) 기단 및 전선 4) 난기류, 착빙 및 뇌우 5) 열대기상, 북극기상 및 우주기상 등 다. 항공기상 관측 및 분석에 관한 지식 라. 항공기상 예보에 관한 지식 마. 기상레이더 등 기상관측장비에 관한 지식 바. 그 밖에 항공교통관제에 필요한 기상에 관한 지식

		항공교통·통신·정보업무	가. 항공교통관제업무의 일반지식 나. 조난·비상·긴급통신방법 및 절차 다. 항공통신에 관한 일반지식 라. 항공정보간행물, 항공고시보 등 항공정보업무에 관한 지식
항공 정비사	비행기·헬리콥터·비행선	항공법규	해당 업무에 필요한 항공법규
		정비일반	가. 정비일반의 이론과 항공기의 중심위치의 계산 등에 관한 지식 나. 항공정비 분야와 관련된 인적수행능력에 관한 지식(위험 및 오류 관리에 관한 원리를 포함한다)
		항공기체	항공기체의 강도·구조·성능과 정비에 관한 지식
		항공발동기	항공기용 동력장치의 구조·성능·정비에 관한 지식과 항공기 연료·윤활유에 관한 지식
		전자·전기·계기(기본)	항공기 장비품의 구조·성능·정비 및 전자·전기·계기에 관한 지식
	경량비행기·경량헬리콥터(자이로플레인을 포함한다)	항공법규	비행기·헬리콥터·비행선의 항공법규에서 정한 범위와 같음
		정비일반	비행기·헬리콥터·비행선의 정비일반에서 정한 범위와 같음
		항공기체	비행기·헬리콥터·비행선의 항공기체에서 정한 범위와 같음
		항공발동기	비행기·헬리콥터·비행선의 항공발동기에서 정한 범위와 같음
		전자·전기·계기(기본)	비행기·헬리콥터·비행선의 전자·전기·계기(기본)에서 정한 범위와 같음
	활공기	항공법규	해당 업무에 필요한 항공법규
		정비일반	가. 정비일반의 이론과 항공기의 중심위치의 계산 등에 관한 지식 나. 항공정비 분야와 관련된 인적수행능력에 관한 지식(위험 및 오류 관리에 관한 원리를 포함한다)
		활공기체	활공기의 기체와 장비품(예항장치의 착탈장치를 포함한다)의 강도·성능·정비와 개조에 관한 지식

	전자·전기·계기 분야	항공법규	해당 업무에 필요한 항공법규
		정비일반	가. 정비일반의 이론과 항공기의 중심위치의 계산 등에 관한 지식 나. 항공정비 분야와 관련된 인적수행능력에 관한 지식(위험 및 오류 관리에 관한 원리를 포함한다)
		전자·전기·계기(기본)	항공기 장비품의 구조·성능·정비 및 전자·전기·계기에 관한 지식
		전자·전기·계기(심화)	항공기용 전자·전기·계기의 구조·성능 시험·정비와 개조에 관한 심화지식
운항 관리사		항공법규	항공법규(운항관리사의 업무 수행에 적용되는 항공법규만 해당한다)
		항공기	가. 항공운송사업에 사용되는 항공기의 구조 및 이착륙·순항 성능에 관한 지식 나. 항공운송사업에 사용되는 항공기 연료소비에 관한 지식 다. 중량분포의 기술원칙 라. 중량배분이 항공기 운항에 미치는 영향 마. 최소장비목록(Minimum Equipment List)과 외형변경목록(Configuration deviation list)
		항행안전시설	가. 항행안전시설의 종류·성능 및 이용방법 나. 항공지도의 해독 다. 공중항법에 관한 일반지식 라. 항법용 계측기의 원리와 사용방법 마. 항공기의 운항관리와 관련된 인적수행능력에 관한 지식(위험 및 오류 관리에 관한 원리를 포함한다) 및 적용 바. 표준운항절차의 적용
		항공기상	가. 지구 대기의 구조, 열과 온도 등 기상일반에 관한 사항 나. 다음의 기상 등에 관한 지식 1) 대기압과 고도측정 2) 일기도 및 바람·구름 3) 기단 및 전선

			4) 난기류, 착빙 및 뇌우 5) 열대기상, 북극기상 및 우주기상 등 다. 항공기상 관측 및 분석에 관한 지식 라. 항공기상 예보에 관한 지식 마. 기상레이더 등 기상관측장비에 관한 지식 바. 그 밖에 항공기의 운항관리에 필요한 기상에 관한 지식
		항공통신	가. 항공통신시설의 개요, 통신조작과 시설의 운용방법 및 절차 나. 항공교통관제업무의 일반지식 다. 항공통신 및 항공정보에 관한 지식 라. 조난·비상·긴급통신방법 및 절차

2) 한정심사

자격별	한정을 받으려는 내용	과목	범위
조 종 사	항공기 종류·등급의 한정	없음	없음
	항공기 형식의 한정	해당 형식의 항공기 비행교범	해당 형식의 항공기 조종업무 또는 항공기관사 업무에 필요한 지식
	계기비행증명(비행기·헬리콥터)	계기비행	가. 계기비행 등에 관한 항공법규 나. 추측항법과 무선항법 다. 항공기용 계측기(개요) 라. 항공기상(개요) 마. 항공기상통보 바. 계기비행 등의 비행계획 사. 항공통신에 관한 일반지식 아. 계기비행 등에 관련된 인적요소에 관한 일반지식
	계기비행증명(종류 변경 시)	없 음	없음
	초급 조종교육증명(비행기·헬리콥터·활공기·비행선)	조종교육	가. 조종교육에 관한 항공법규 나. 조종교육의 실시요령 다. 위험·사고의 방지요령 라. 구급법 마. 조종교육에 관련된 인적요소에 관한 일반지식 바. 비행에 관한 전문지식
	선임 조종교육증명(비행기·헬리콥터·활공기·비행선)	없 음	없음
	조종교육증명(종류 또는 등급 변경 시)	없음	없음
항 공 기관사	항공기 종류·등급의 한정	없음	없음
	항공기 형식의 한정	해당 형식의 항공기 비행교범	해당 형식의 항공기 조종업무 또는 항공기관사 업무에 필요한 지식
항공 정비사	항공기(경량항공기를 포함한다) 종류의 한정	1. 다른 항공기(경량항공기를 포함한다) 종류 한정을 받은 경우에는 없음	없 음
		2. 전자·전기·계기 분야의 한정을 받은 경우에는 항공기체, 항공발동기의 내용을 포함한 과목	가. 항공기체: 항공기체(헬리콥터의 경우 회전익을 포함한다)의 강도·구조·성능과 정비에 관한 지식 나. 항공발동기: 항공기용 동력장치의 구조·성능·정비에 관한 지식과 항공기 연료·윤활유에 관한 지식
	정비분야의 한정	항공기 종류 한정을 받은 경우에는 전자·전기·계기 분야(심화)의 내용을 포함한 과목	항공기용 전자·전기·계기의 구조·성능시험·정비와 개조에 관한 심화지식
전문항공 교통관제사	비행장관제업무	관재실무지식	가. 관할 공역 구조 나. 해당 업무에 필요한 법규·절차 및 정보의 출처에 관한 지식 다. 항공교통의 특성 라. 비상상황의 대응 및 수색·구조 계

			획의 이해 마. 받으려는 한정에 따른 비행장의 구조 및 배치(물리적 특성)와 시각지원시설에 관한 지식 바. 받으려는 한정에 따른 비행장·공항에 설치된 항행안전시설의 위치, 주파수 등 운용정보 사. 받으려는 한정에 따른 비행장·공항에 설치된 항공교통관제 장비의 종류·기능 및 사용방법 아. 받으려는 한정에 따른 비행장·공항 및 인근의 지형, 장애물 및 인공시설 등의 현황 자. 받으려는 한정에 따른 비행장·공항 및 인근의 기상 현상 특성 및 기상자료 분석 방법
	감시접근관제업무·감시지역관제업무	관제실무지식	가. 관할 공역 구조 나. 해당 업무에 필요한 법규·절차 및 정보의 출처에 관한 지식 다. 항공교통의 특성과 항공교통흐름 라. 비상상황의 대응 및 수색·구조 계획의 이해 마. 받으려는 한정에 따른 비행장·공항에 설치된 항행안전시설의 위치, 주파수 등 운용정보 바. 받으려는 한정에 따른 비행장·공항에 설치된 항공교통관제 장비의 종류·기능 및 사용방법 사. 관할 공역 내의 지형, 장애물 및 인공시설 등의 현황 아. 관할 공역 내의 기상 현상 특성 및 기상자료 분석 방법 자. 관할 공역 내에 설치된 감시레이더 등 항공교통감시시스템의 원리·성능 및 사용방법

			차. 관할 공역 내 장애물 회피절차 등 관제업무 수행 절차에 관한 지식

나. 실기시험의 범위

1) 자격증명시험

자격증명의 종류	자격증명의 한정을 하려는 항공기의 종류·등급 또는 업무의 종류	실 시 범 위
운송용 조종사 사업용 조종사 부조종사 자가용 조종사	비행기·헬리콥터(헬리콥터 자격증명 실기시험의 경우 계기비행에 관한 범위는 제외한다)·비행선	가. 조종기술 나. 계기비행절차(경량항공기 조종사, 자가용 조종사 및 사업용 조종사의 경우는 제외한다) 다. 무선기기 취급법 라. 공중 대 지상 통신 연락 마. 항법기술 바. 해당 자격의 수행에 필요한 기술
사업용 조종사	활공기	가. 조종기술 나. 해당 자격의 수행에 필요한 기술
자가용 조종사	상급활공기 중급활공기	가. 조종기술 나. 해당 자격의 수행에 필요한 기술
항공사		가. 추측항법 나. 무선항법 다. 천측항법 라. 해당 자격의 수행에 필요한 기술
항공 기관사		가. 기체동력장치나 그 밖의 장비품의 취급과 검사의 방법 나. 항공기 탑재중량의 배분과 중심위치의 계산 다. 기상조건 또는 운항계획에 의한 발동기의 출력의 제어와 연료소비량의 계산 라. 항공기의 고장 또는 1개 이상의 발동기의 부분적 고장의 경우에 하여야 할 처리 마. 해당 자격의 수행에 필요한 기술
항공교통관제사		가. 항공교통관제 분야와 관련된 인적수행능력(위험 및 오류관리능력을 포함한다) 및 항공

		교통관제에 필요한 기술 나. 항공교통관제에 필요한 일반영어 및 표준관제영어
항공 정비사	비행기(경량비행기를 포함한다)·헬리콥터(경량헬리콥터 및 자이로플레인을 포함한다)·비행선	가. 기체동력장치나 그 밖에 장비품의 취급·정비와 검사방법 나. 항공기(경량항공기를 포함한다) 탑재중량의 배분과 중심위치의 계산 다. 해당 자격의 수행에 필요한 기술
	활공기	가. 기체장비품(예항줄과 착탈장치를 포함한다)의 취급·정비·개조 및 검사방법 나. 활공기 탑재중량의 배분과 중심위치의 계산 다. 해당 자격의 수행에 필요한 기술
	전자·전기·계기 관련 분야(기본)	가. 전자·전기·계기의 취급·정비·개조와 검사방법 나. 해당 자격의 수행에 필요한 기술
운 항 관리사		가. 실기시험(실습 및 구술시험 병행): 일기도의 해독, 항공정보의 수집·분석, 비행계획의 작성, 운항 전 브리핑 등의 작업을 하게 하여 운항관리 업무에 필요한 실무적인 능력 확인 나. 구술시험: 운항관리 업무에 필요한 전반적인 지식 확인 1) 항공전반의 일반지식 2) 항공기 성능·운용한계 등 3) 운항에 필요한 정보 등의 수집·분석, 비행안전에 영향을 미치는 요인의 규명 및 향후 영향 예측 4) 악천후의 기상상태, 비정상상태 또는 긴급상태에서의 적절한 조치 결정 5) 운항감시(Flight Monitoring) 및 비행의 개시, 지속, 전환, 종료를 위한 표준 절차 6) 운항관리 분야와 관련된 인적수행능력(위협 및 오류 관리능력을 포함한다) 7) 기상 상황, 항공기 상태 및 운항 절차에 따른 최소한의 운용 제한 적용

2) 한정심사

자격증명의 종류	자격증명의 한정을 받으려는 내용	범위
항 공 기관사	항공기 종류·등급의 한정	해당 항공기의 종류·등급에 맞는 조종업무 또는 항공기관사에게 필요한 기술
	항공기 형식의 한정	해당 항공기 형식에 맞는 조종업무 또는 항공기관사에게 필요한 기술
조 종 사	항공기 종류·등급의 한정	해당 항공기의 종류·등급에 맞는 조종업무 또는 항공기관사에게 필요한 기술
	항공기 형식의 한정	해당 항공기 형식에 맞는 조종업무 또는 항공기관사에게 필요한 기술
	계기비행증명(비행기·헬리콥터)	가. 운항에 필요한 지식 나. 비행 전 작업 다. 기본적인 계기비행 라. 공중조작 및 형식 특성에 맞는 비행 마. 다음의 계기비행 1) 이륙 시의 계기비행 2) 표준계기출발방식 및 계기착륙 3) 체공방식 4) 계기접근방식 5) 복행방식 6) 계기접근·착륙 바. 계기비행방식의 야외 비행 사. 비상시 및 긴급 시의 조작 아. 항공교통관제기관과의 연락 자. 종합능력
	초급 조종교육증명(비행기·헬리콥터·활공기·비행선)	가. 조종기술 나. 비행 전후 지상에서의 조종기술과 관련된 교육요령 다. 항공기에 탑승한 조종연습생에 대한 지상에서의 조종감독요령 라. 항공기 탑승 시의 조종교육요령
	선임 조종교육증명(비행기·헬리콥터·활공기·비행선)	가. 조종기술 나. 비행 전후 지상에서의 조종기술과 관련된 교육요령 다. 항공기에 탑승한 조종연습생에 대한 지상에

		서의 조종감독요령 라. 항공기 탑승 시의 조종교육요령 마. 초급 조종교육증명을 받은 사람에 대한 지도요령
항공 정비사	항공기 종류(경량항공기를 포함한다)의 한정	해당 종류에 맞는 항공기 정비업무에 필요한 기술
	정비분야의 한정	전자·전기·계기 분야(기본 및 심화)의 정비업무에 필요한 기술
전문항공교통 관제사	비행장관제업무·감시접근관제업무·감시지역관제업무	가. 관할 비행장·공항 또는 공역 내 원활한 항공교통흐름 및 질서유지를 위한 항공교통관제 기술·판단력 및 업무 능력 나. 위험 및 오류 관리에 관한 능력

2. 경량항공기 조종사 자격증명시험

가. 학과시험의 과목 및 범위

1) 자격증명시험

자격증명의 종류	자격증명의 한정을 하려는 경량항공기 종류	과목	범위
경량항공기 조종사	조종형비행기·체중이동형비행기·경량헬리콥터·자이로플레인·동력패러슈트	항공법규	해당 업무에 필요한 항공법규
		항공기상	가. 항공기상의 기초지식 나. 항공기상 통보와 기상도의 해독
		비행이론	가. 비행의 기초 원리 나. 경량항공기 구조와 기능에 관한 기초지식
		항공교통 및 항법	가. 공중 대 지상 통신의 기초지식 나. 조난·비상·긴급통신방법 및 절차 다. 항공정보업무 라. 지문항법·추측항법·무선항법

2) 한정심사

자격증명의 종류	한정을 받으려는 내용	과목	범위
경량항공기 조종사	조종교육증명(조종형비행기·체중이동형비행기·경량헬리콥터·자이로플레인·동력패러슈트)	조종교육	가. 조종교육에 관한 항공법규 나. 조종교육의 실시요령 다. 위험·사고의 방지요령 라. 구급법 마. 조종교육에 관련된 인적요소에 관한 사항 바. 비행에 관한 전문지식
	조종교육증명(종류 변경 시)	없음	없음

나. 실기시험의 범위

1) 자격증명시험

자격증명의 종류	자격증명의 한정을 하려는 경량항공기 종류	실시 범위
경량항공기 조종사	조종형비행기·체중이동형비행기·경량헬리콥터·자이로플레인·동력패러슈트	가. 조종기술 나. 무선기기 취급법 다. 공중 대 지상 통신 연락 라. 항법기술 마. 해당 자격의 수행에 필요한 기술

2) 한정심사

자격증명의 종류	자격증명의 한정을 받으려는 내용	범위
경량항공기 조종사	조종교육증명(조종형비행기·체중이동형비행기·경량헬리콥터·자이로플레인·동력패러슈트)	가. 조종기술 나. 비행 전·후 지상에서의 조종기술과 관련된 교육요령 다. 경량항공기에 탑승한 조종연습생에 대한 지상에서의 조종감독요령 라. 경량항공기 탑승 시의 조종교육요령

■ 항공안전법 시행규칙 [별표 6] <개정 2018. 3. 23.>

자격증명을 가진 사람의 학과시험 면제기준(제86조제2항 관련)

응시자격	소지하고 있는 자격증명	학과시험 면제과목
사업용 조종사	항공기관사	비행이론
	항공교통관제사	항공기상
	운항관리사	항공기상
자가용 조종사	항공기관사	비행이론
	운항관리사	공중항법, 항공기상
	항공교통관제사	항공기상
항공기관사	운송용 조종사	항공역학
	사업용 조종사	항공역학
	항공정비사(종류 한정만 해당한다)	항공역학(2018년 12월 31일 이전에 응시하여 항공정비사 자격증명을 취득한 사람에 한정한다), 항공장비, 항공발동기, 항공기체
항공교통 관제사	운송용 조종사	항공기상
	사업용 조종사	항공기상
	자가용 조종사	항공기상
	운항관리사	항행안전시설, 항공기상
항공정비사 (종류 한정만 해당한다)	항공기관사	정비일반, 항공기체, 항공발동기, 전자·전기·계기
운항관리사	운송용 조종사	항행안전시설, 항공기, 항공통신
	사업용 조종사	항행안전시설, 항공기, 항공통신
경량항공기 조종사	운송용 조종사	항공기상, 항공교통 및 항법, 항공법규, 비행이론
	사업용 조종사	
	자가용 조종사	
	항공교통관제사	항공기상, 항공교통 및 항법
	운항관리사	항공기상, 항공교통 및 항법

■ 항공안전법 시행규칙 [별표 7] <개정 2020. 2. 28.>

자격증명시험 및 한정심사의 일부 면제(제88조제2항 및 제89조제3항 관련)

1. 자격증명시험

자격증명의 종류	면제 대상	일부면제 범위
가. 운송용 조종사	1) 사업용 조종사로서 계기비행증명 및 형식에 대한 한정 자격증명을 받은 사람 2) 부조종사 자격증명을 받은 사람	실기시험 중 구술시험만 실시
나. 사업용 조종사	1) 비행경력이 1,500시간 이상인 사람 2) 국토교통부장관이 지정한 전문교육기관에서 사업용 조종사에게 필요한 과정을 이수한 사람	
다. 자가용 조종사	1) 비행경력이 300시간 이상인 사람 2) 국토교통부장관이 지정한 전문교육기관에서 자가용 조종사에게 필요한 과정을 이수한 사람	
라. 항공기관사	1) 항공기관사를 필요로 하는 항공기의 탑승실무경력이 300시간 이상인 사람 2) 국토교통부장관이 지정한 전문교육기관에서 항공기관사에게 필요한 과정을 이수한 사람	
마. 항공교통관제사	1) 5년 이상 항공교통관제에 관한 실무경력이 있는 사람 2) 국토교통부장관이 지정한 전문교육기관에서 항공교통관제사에게 필요한 과정을 이수한 사람	
바. 항공정비사	1) 해당 종류 또는 정비분야와 관련하여 5년 이상의 정비 실무경력이 있는 사람 2) 국토교통부장관이 지정한 전문교육기관에서 항공기 종류 또는 정비분야의 교육과정을 이수한 사람	
사. 운항관리사	1) 5년 이상 운항관리에 관한 실무경력이 있는 사람 2) 국토교통부장관이 지정한 전문교육기관에서 운항관리사에게 필요한 과정을 이수한 사람	
아. 경량항공기조종사	1) 국토교통부장관이 지정한 전문교육기관에서 경량항공기조종사에게 필요한 과정을 이수한 사람	학과시험 중 항공법규만 실시

2. 한정심사

자격증명의 종류	면제 대상	일부면제 범위

조종사	종류추가	해당 종류의 비행경력이 1,500시간 이상인 사람	실기시험 중 구술시험만 실시
조종사	등급추가	해당 등급의 비행경력이 1,500시간 이상인 사람	실기시험 중 구술시험만 실시
조종사	형식추가	해당 형식의 비행시간이 200시간 이상인 사람(훈련비행시간 제외)	실기시험 중 구술시험만 실시
항공 정비사	종류 추가	해당 항공기 종류의 정비실무경력이 5년 이상인 사람	실기시험 중 구술시험만 실시
항공 정비사	정비분야 추가	해당 정비분야의 정비실무경력이 5년 이상인 사람	실기시험 중 구술시험만 실시

■ 항공안전법 시행규칙 [별표 7의2] <신설 2021. 11. 19.>

<u>모의비행훈련장치의 종류·등급 및 운용범위</u>(제91조의2제3항 및 제91조의3제5항 관련)

1. 비행기

종류	등급	운용범위
가. 모의비행장치	1) D등급	가) 모의비행장치 C등급의 범위 나) 모든 기동
	2) C등급	가) 모의비행장치 B등급의 범위 나) 모든 기동[비정상 자세 예방 및 회복 훈련(Upset Prevention Recovery Training)은 제외한다]
	3) B등급	가) 모의비행장치 A등급의 범위 나) 접근 및 착륙
	4) A등급	가) 비행훈련장치의 범위 나) 공중기동[비정상 자세 예방 및 회복훈련(Upset Prevention Recovery Training), 완전실속은 제외한다]
나. 비행훈련장치	1) 7등급	가) 비행훈련장치 6등급의 범위 나) 비행 전·후 점검 절차 다) 이륙 및 출발 절차 라) 공중기동[비정상 자세 예방 및 회복 훈련(Upset Prevention Recovery Training), 완전실속, 비정상 자세 회복(Unusual Attitude Recovery)은 제외한다] 마) 계기비행 바) 접근 및 착륙(야간 이착륙은 제외한다)
	2) 6등급	가) 비행훈련장치 5등급의 범위 나) 이륙 및 출발 절차(정상 및 측풍 이륙, 계기 이륙, 이륙 중 엔진 정지는 제외한다)
	3) 5등급	가) 비행훈련장치 4등급의 범위 나) 이륙 및 출발 절차(정상 및 측풍 이륙, 계기 이륙, 이륙 중 엔진 정지, 이륙 중단은 제외한다) 다) 공중기동[비정상 자세 예방 및 회복 훈련(Upset Prevention Recovery Training), 완전실속, 비정상 자세 회복(Unusual Attitude Recovery), 급변풍 회복은 제외한다] 라) 계기비행(한쪽엔진 부작동, 선회접근은 제외한다) 마) 비상절차

	4) 4등급	가) 기본비행훈련장치의 범위 나) 비행 전·후 점검 절차(지상활주는 제외한다) 다) 정상 및 비정상 절차
다. 기본 비행훈련 장치	-	가) 엔진 시동 및 정지 나) 공중기동[비정상 자세 예방 및 회복 훈련(Upset Prevention Recovery Training), 완전실속, 비정상 자세 회복(Unusual Attitude Recovery), 급변풍 회복 및 급선회는 제외한다] 다) 계기비행(한쪽엔진 부작동, 선회접근 및 계기접근은 제외한다)

2. 헬리콥터

종류	등급	운용범위
가. 모의비행장치	1) D등급	가) 모의비행장치 C등급의 범위 나) 모든 기동
	2) C등급	가) 모의비행장치 B등급의 범위 나) 모든 기동[비정상 자세 예방 및 회복 훈련(Upset Prevention Recovery Training)은 제외한다]
	3) B등급	가) 비행훈련장치의 범위 나) 접근 및 착륙 다) 공중기동[비정상 자세 예방 및 회복 훈련(Upset Prevention Recovery Training), 완전실속은 제외한다]
나. 비행훈련장치	1) 7등급	가) 비행훈련장치 6등급의 범위 나) 비행 전·후 점검 절차 다) 이륙 및 출발 절차 라) 공중기동[비정상 자세 예방 및 회복 훈련(Upset Prevention Recovery Training), 완전실속, 비정상 자세 회복(Unusual Attitude Recovery)은 제외한다] 마) 계기비행 바) 접근 및 착륙(야간 이착륙은 제외한다)
	2) 6등급	가) 비행훈련장치 5등급의 범위 나) 이륙 및 출발 절차(정상 및 측풍 이륙, 계기 이륙, 이륙 중 엔진 정지 제외) 다) 야간투시경을 이용한 공중 기동(비정상 자세 예방 및 회복 훈련(Upset Prevention Recovery Training), 완전실속, 비정상 자세 회복(Unusual Attitude Recovery), 급변풍 회복은 제외한다)
	3) 5등급	가) 비행훈련장치 4등급의 범위 나) 이륙 및 출발 절차(정상 및 측풍 이륙, 계기 이륙, 이륙 중 엔진 정지, 이륙 중단은 제외한다) 다) 공중기동[비정상 자세 예방 및 회복 훈련(Upset Prevention Recovery Training), 완전실속, 비정상 자세 회복(Unusual Attitude Recovery), 급변풍 회복은 제외한다] 라) 계기비행(한쪽엔진 부작동, 선회접근은 제외한다) 마) 비상절차
	4) 4등급	가) 기본비행훈련장치의 범위 나) 비행 전·후 점검 절차(지상활주는 제외한다) 다) 정상 및 비정상 절차
다. 기본 비행훈련 장치	-	가) 엔진 시동 및 정지 나) 공중기동[비정상 자세 예방 및 회복 훈련(Upset Prevention Recovery Training), 완전실속, 비정상 자세 회복(Unusual Attitude Recovery), 급변풍 회복, 급선회은 제외한다] 다) 계기비행(한쪽엔진 부작동, 선회접근, 계기접근은 제외한다)

비고

1. 등급별 운용범위 세부사항은 법 제39조의2제2항에 따라 국토교통부장관이 정하여 고시하는 지정기준 및 제91조의2제4항에 따라 국토교통부장관이 정하여 고시하는 구비요건, 성능 기준, 검사 절차·항목 등에 따른다.
2. 항공기를 대신하여 모의비행장치를 이용한 국지비행 훈련을 받으려는 사람은 다음 각 호의 비행경력을 갖추어야 한다.
   가. 한정자격을 받으려는 항공기와 같은 등급 및 형식에 대한 한정자격증명
   나. 한정자격을 받으려는 항공기와 같은 등급의 군용항공기의 기장으로서 500시간 이상의 비행경력
   다. 한정자격을 받으려는 항공기와 같은 등급의 항공기 조종사로서 1,000시간 이상의 비행경력을 포함한 총 1,500시간 이상의 비행경력
   라. 형식의 한정자격이 요구되는 2개 기종 이상의 항공기 조종사로서 1,000시간 이상의 비행경력

■ 항공안전법 시행규칙 [별표 7의3] <신설 2021. 11. 19.>

모의비행훈련장치 품질관리시스템의 기준(제91조의3제4항 관련)

1. 일반 사항

모의비행훈련장치 운영자는 품질관리시스템 매뉴얼을 작성·비치하고, 해당 매뉴얼에 정책, 이행 및 절차에 관한 내용을 포함할 것

2. 모의비행훈련장치 운영자의 책임과 권한에 관한 사항

가. 모의비행훈련장치 지정기준에 적합하도록 해당 모의비행훈련장치의 상태를 지속적으로 모니터링할 것

나. 품질관리시스템의 정책, 이행, 절차 및 성능 향상 작업을 관리·감독함으로써 품질관리시스템의 유지를 보장할 것

다. 모의비행훈련장치의 유지보수 및 품질관리시스템의 결과에 대한 정기보고 등 운영자와 지방항공청 간의 필요한 업무를 수행할 것

라. 소속 직원에게 품질관리시스템 관련 업무에 대한 명확한 권한과 책임을 부여하고, 업무수행에 필요한 사항을 지원하는 등 책임관리를 할 것

마. 운영자와 소속 직원의 직무대리자를 지정할 것

3. 모의비행훈련장치 검사에 관한 사항

가. 모의비행훈련장치의 검사 신청 및 검사에 필요한 인력·장비를 제공할 것

나. 모의비행장치의 운영을 위하여 지방항공청장이 승인한 모의비행훈련장치의 성능 및 운용품질을 확인하기 위한 자료를 제공할 것

다. 다음 사항을 포함하는 검사 절차를 마련하여 운영할 것

1) 모의비행훈련장치의 하드웨어 및 소프트웨어 변경이 있는 경우 변경지정 검사 대상에 해당되는지를 결정하는 절차

2) 모의비행훈련장치의 지정·변경지정·유효기간 연장을 위한 검사의 경우 해당 모의비행훈련장치의 훈련내용을 확인할 수 있는 절차

3) 모의비행훈련장치의 변경지정을 위한 검사 및 변경지정을 받은 모의비행훈련장치의 사용에 관한 절차

4) 지정 당시 소재지가 아닌 장소에 모의비행훈련장치를 이동하여 설치하려는 경우 이를 위한 지정검사를 받기 위한 절차

4. 모의비행훈련장치의 운영·관리에 관한 사항

가. 모의비행훈련장치의 비행단계별 검사 등 지정기준 적합 여부 확인에 필요한 다음 사항을 포함하는 절차를 마련하여 운영할 것

1) 검사 결과 부적합 사항을 수정하는 절차

2) 항공기 제작사 또는 모의비행훈련장치 제작사 등이 제공하는 데이터베이스의 접수 등 처리에 관한 절차

3) 모의비행훈련장치의 비행 전 기능점검과 자체 정기점검에 관한 절차

4) 모의비행훈련장치 결함 사항을 기록하고, 수정 조치 등을 하는 결함관리에 관한 절차

나. 모의비행훈련장치 장비 또는 구성품에 대한 누락, 오작동 또는 부작동 등의 결함 발견 시 다음의 사항을 포함한 관리 방안을 마련하여 운영할 것

1) 모의비행훈련장치의 내·외부에 결함 사항을 게시하는 등의 정보 공유 및 공개 방안

2) 결함 사항에 대하여 운영자가 지방항공청에 통보하는 절차

5. 모의비행훈련장치 관련 정보의 기록 및 관리에 관한 사항

다음 각 목의 사항에 관한 정보를 체계적으로 기록·관리할 것

가. 제3호나목의 자료의 내용과 그 개정 사항

나. 모의비행훈련장치 지정서 발급 이후 수행된 성능개선 등 변경 사항

다. 모의비행훈련장치 지정서 발급 이후 자체 점검 결과

라. 다음 사항을 포함하는 결함관리 대장

1) 누락, 오작동 또는 부작동하는 구성품이나 장비 목록

2) 결함 사항의 발견 및 해당 사항에 대한 수정 조치가 취해진 일자

3) 결함 사항에 대한 수정 작업을 수행한 담당자의 성명

■ 항공안전법 시행규칙 [별표 7의4] <신설 2021. 11. 19.>

모의비행훈련장치의 지정 취소 등 행정처분기준(제91조의4 관련)

1. 일반기준

가. 국토교통부장관은 다음의 어느 하나에 해당하는 경우에는 제2호에 따른 효력정지 기간의 2분의 1 범위에서 그 기간을 줄일 수 있다.

1) 위반행위가 사소한 부주의나 오류로 인한 것으로 인정되는 경우

2) 위반행위자가 법 위반상태를 시정하거나 해소하기 위하여 노력한 사실이 인정되는 경우

3) 그 밖에 사업 규모, 사업 지역의 특수성, 위반행위의 정도, 위반행위의 동기와 그 결과 및 위반 횟수 등을 고려하여 효력정지 기간을 줄일 필요가 있다고 인정되는 경우

나. 국토교통부장관은 다음의 어느 하나에 해당하는 경우에는 제2호에 따른 효력정지 기간의 2분의 1 범위에서 그 기간을 늘릴 수 있다. 다만, 법 제39조의2제5항에 따른 효력정지 기간의 상한을 넘을 수 없다.

1) 위반의 내용·정도가 중대하여 공중에 미치는 영향이 크다고 인정되는 경우

2) 법 위반상태의 기간이 6개월 이상인 경우

3) 그 밖에 위반행위의 정도, 위반행위의 동기와 그 결과 및 위반 횟수 등을 고려하여 효력정지 기간을 늘릴 필요가 있다고 인정되는 경우

2. 개별기준

위반행위	근거 법조문	처분 내용
가. 거짓이나 그 밖의 부정한 방법으로 모의비행훈련장치 지정을 받은 경우	법 제39조의2제5항제1호	지정 취소
나. 모의비행훈련장치가 지정 당시의 모의비행훈련장치 지정기준에 적합하지 아니하게 된 경우	법 제39조의2제5항제2호	
1) 모의비행훈련장치 운영규정을 위반한 경우		효력정지 60일
2) 모의비행훈련장치의 성능 및 점검요령을 위반한 경우		효력정지 60일
3) 지정 당시 소재지가 아닌 곳에 모의비행장치를 이동하여 설치한 경우		효력정지 30일
4) 법 제39조의2제1항 및 제2항에 따른 변경지정·검사를 받지 않고 모의비행훈련장치를 운용한 경우		효력정지 30일
5) 모의비행훈련장치에 따른 훈련계획을 위반한 경우		효력정지 30일

비고

1. 가장 무거운 위반행위에 대한 처분기준이 지정 취소인 경우에는 지정을 취소하여야 한다.
2. 각 위반행위에 대한 처분기준이 효력정지인 경우에는 그 정지 기간을 합산한다. 다만, 합산하는 경우에도 그 기간은 6개월을 초과할 수 없다.

■ 항공안전법 시행규칙 [별표 8] <개정 2025. 12. 5.>

항공신체검사증명의 종류와 그 유효기간(제92조제1항 관련)

자격증명의 종류	항공신체검사 증명의 종류	유효기간		
		40세 미만	40세 이상 50세 미만	50세 이상
운송용 조종사 사업용 조종사 (활공기 조종사는 제외한다) 부조종사	제1종	12개월. 다만, 다음 각 호의 사람은 6개월로 한다. 1. 항공운송사업에 종사하는 60세 이상인 사람 2. 항공기사용사업에 종사하는 60세 이상인 사람 3. 1명의 조종사로 승객을 수송하는 항공운송사업에 종사하는 40세 이상인 사람		
항공기관사 항공사	제2종	12개월		
자가용 조종사 사업용 활공기 조종사 조종연습생 경량항공기 조종사	제2종(경량항공기조종사의 경우에는 제2종 또는 자동차운전면허증)	60개월	24개월	12개월
항공교통관제사 전문항공교통관제사 항공교통관제연습생	제3종	48개월	24개월	12개월

비 고

1. 위 표에 따른 유효기간의 시작일은 항공신체검사를 받는 날로 하며, 종료일이 매달 말일이 아닌 경우에는 그 종료일이 속하는 달의 말일에 항공신체검사증명의 유효기간이 종료하는 것으로 본다.
2. 경량항공기 조종사의 항공신체검사 유효기간은 제2종 항공신체검사증명을 보유하고 있는 경우에는 그 증명의 연령대별 유효기간으로 하며, 자동차운전면허증을 적용할 경우에는 그 자동차운전면허증의 유효기간으로 한다.

■ 항공안전법 시행규칙 [별표 9] <개정 2021. 8. 27.>

항공신체검사기준(제92조제2항 관련)

검사항목	제1종	제2종	제3종
1. 일반	가. 머리ㆍ얼굴ㆍ목ㆍ몸통 또는 팔다리에 항공업무에 지장을 주는 변형ㆍ기형 또는 기능장애가 없을 것 나. 악성종양 또는 그 염려가 없을 것 다. AIDS가 없을 것. HIV 양성자의 경우 모든 검사에서 질병이 없을 것 라. 중대한 전염성 질환 또는 그 염려가 없을 것 마. 현저한 전신의 쇠약이 없을 것 바. 항공업무에 지장을 주는 과도한 비만이 없을 것 사. 중대한 내분비장애나 대사ㆍ영양장애가 없을 것 아. 중대한 알레르기성 질환이 없을 것 자. 인슐린이나 혈당강하제로 조절이 필요한 당뇨병이 없을 것		
2. 호흡기계통	가. 호흡기계통의 활동성 질환이 없을 것 나. 가슴막(흉막) 또는 세로칸(종격)에 중대한 이상이 없을 것 다. 병터(아픈 곳)의 안정을 확인할 수 없는 폐결핵 후유증이 없을 것 라. 폐기능 저하를 초래하는 호흡기계통의 중대한 질환이 없을 것 마. 기흉(공기가슴증)이나 그 과거병력 또는 기흉이 발생하는 원인이 되는 질환이 없을 것 바. 항공업무 수행에 지장을 줄 염려가 있는 흉부의 수술에 의한 후유증이 없을 것	가. 호흡기계통의 활동성 질환이 없을 것 나. 가슴막 또는 세로칸에 중대한 이상이 없을 것 다. 병터의 안정을 확인할 수 없는 폐결핵 후유증이 없을 것 라. 폐기능 저하를 초래하는 호흡기계통의 중대한 질환이 없을 것 마. 기흉이나 그 과거병력 또는 기흉이 발생하는 원인이 되는 질환이 없을 것 바. 항공업무 수행에 지장을 줄 염려가 있는 흉부의 수술에 의한 후유증이 없을 것	가. 호흡기계통의 활동성 질환이 없을 것 나. 가슴막 또는 세로칸에 중대한 이상이 없을 것 다. 병터의 안정을 확인할 수 없는 폐결핵 후유증이 없을 것 라. 특발성 기흉 또는 그의 반복되는 과거병력이 없을 것 마. 항공업무 수행에 지장을 줄 염려가 있는 흉부의 수술에 의한 후유증이 없을 것

3. 순환기 계통	가. 조절되지 않는 고혈압이 없을 것 나. 순환기계통의 중대한 기능 및 구조적 이상이 없을 것 다. 심근장애, 관상동맥장애 또는 이들의 증후가 없을 것 라. 중대한 선천성 또는 후천성 심질환이 없을 것 마. 중대한 자극생성 또는 흥분전도의 이상이 없을 것 바. 심부전 또는 그 과거병력이 없을 것 사. 동맥류, 중대한 정맥류 또는 임파육종이 인지되지 않을 것 아. 중대한 심장막의 질환이 없을 것 자. 심장판막의 교체, 영구적인 심장 박동기 이식 또는 심장 이식의 과거 병력이 없을 것		
4. 소화기 계통	가. 소화기계통 또는 복막에 중대한 기능장애 또는 질환이 없을 것 나. 항공업무에 지장을 줄 염려가 있는 소화기계 질환이나 수술 후유증, 특히 협착이나 압박에 의한 폐쇄 증상이 없을 것 다. 항공업무에 지장을 줄 염려가 있는 탈장이 없을 것	가. 소화기계통 또는 복막에 중대한 기능장애 또는 질환이 없을 것 나. 항공업무에 지장을 줄 염려가 있는 소화기계 질환이나 수술 후유증, 특히 협착이나 압박에 의한 폐쇄 증상이 없을 것 다. 항공업무에 지장을 줄 염려가 있는 탈장이 없을 것	가. 소화기계통 또는 복막에 중대한 기능장애 또는 질환이 없을 것 나. 항공업무에 지장을 줄 염려가 있는 소화기계 질환이나 수술 후유증, 특히 협착이나 압박에 의한 폐쇄 증상이 없을 것
5. 혈액 및 조혈장기	가. 고도의 빈혈이 없을 것 나. 중대한 국소적 또는 전신적 림프절 비대와 혈액질환이 없을 것 다. 출혈성 경향을 갖는 질환이 없을 것 라. 중대한 비종이 없을 것		
6. 정신계	가. 기질적 정신장애가 없을 것 나. 향정신성 물질로 인한 정신 또는 행동 장애가 없을 것 다. 약물의존 또는 알코올중독이 없을 것 라. 정신분열증이나 정신분열성 또는 망상장애가 없을 것 마. 정동장애가 없을 것 바. 신경증, 스트레스 관련성 또는 신체성 장애가 없을 것 사. 생리적 장애 또는 육체적 요인이 동반된 행동증후군이 없을 것 아. 인격장애 또는 행동장애가 없을 것 자. 지적장애가 없을 것 차. 정신발달장애가 없을 것 카. 유년기 또는 청소년기에 발병한 행동장애 또는 정서장애가 없을 것 타. 그 밖에 다른 정신장애가 없을 것		
7. 신경계	가. 뇌전증이나 원인불명의 의식장애, 경련·발작 또는 이들의 과거병력이 없을 것 나. 중대한 머리외상의 과거병력 또는 머리외상 후유증이 없을 것 다. 중추신경계통의 중대한 장애 또는 이들의 과거병력이 없을 것 라. 중대한 말초신경계통 또는 자율신경계통의 장애가 없을 것		
8. 운동기 계통	가. 뼈 또는 관절의 심한 기형, 변형이나 결손 또는 기능장애가 없을 것 나. 뼈·근육·건·신경 또는 관절에 중대한 질환이나 외상 또는 이들의 후유증에 의한 중대한 운동기능장애가 없을 것 다. 척추에 중대한 질환·변형이나 고통을 갖는 질환 또는 변형이 없을 것 라. 척추장애 또는 척추의 질환이나 변형에 의한 사지의 운동기능장애가 없을 것 마. 습관성 관절 탈구가 없을 것 바. 팔다리에 항공업무에 지장을 줄 염려가 있는 운동기능장애가 없을 것	가. 뼈·근육·건·신경 또는 관절에 중대한 질환이나 외상 또는 이들의 후유증에 의한 중대한 운동기능장애가 없을 것 나. 척추에 중대한 질환·변형이나 고통을 갖는 질환 또는 변형이 없을 것 다. 척추장애 또는 척추의 질환이나 변형에 의한 사지의 운동기능장애가 없을 것 라. 습관성 관절 탈구가 없을 것 마. 팔다리에 항공업무에 지장을 줄 염려가 있는 운동기능장애가 없을 것	가. 뼈·근육·건·신경 또는 관절에 중대한 질환이나 외상 또는 이들의 후유증에 의한 중대한 운동기능장애가 없을 것 나. 습관성 관절 탈구가 없을 것 다. 팔다리에 항공업무에 지장을 줄 염려가 있는 운동기능 장애가 없을 것
9. 신장·비뇨·	가. 신장 및 비뇨생식기계 질환이나 수술의	가. 신장 및 비뇨생식기계 질환이나 수술의	가. 신장 및 비뇨생식기계 질환이나 수술의

생식기 계통	후유증, 특히 협착이나 압박에 의한 폐쇄증상이 없을 것 나. 신장절제의 과거병력이 없을 것 다. 항공업무에 지장을 줄 염려가 있는 부인과 질환이 없을 것 라. 항공업무에 지장을 줄 염려가 있는 월경장애가 없을 것 마. 임신 중이 아닐 것. 다만, 정상 임신인 경우 임신 12주 말부터 26주까지 항공업무에 지장을 줄 염려가 없는 경우는 제외한다.	후유증, 특히 협착이나 압박에 의한 폐쇄증상이 없을 것 나. 신장절제의 과거병력이 없을 것 다. 항공업무에 지장을 줄 염려가 있는 부인과질환이 없을 것 라. 항공업무에 지장을 줄 염려가 있는 월경장애가 없을 것 마. 임신 중이 아닐 것. 다만, 정상 임신인 경우 임신 12주 말부터 26주까지 항공업무에 지장을 줄 염려가 없는 경우는 제외한다.	후유증, 특히 협착이나 압박에 의한 폐쇄증상이 없을 것 나. 신장절제의 과거병력이 없을 것 다. 항공업무에 지장을 줄 염려가 있는 부인과질환이 없을 것 라. 항공업무에 지장을 줄 염려가 있는 월경장애가 없을 것 마. 임신 중이 아닐 것. 다만, 정상 임신인 경우 임신 초기부터 34주까지 항공업무에 지장을 줄 염려가 없는 경우는 제외한다.
10. 눈	가. 안구 또는 안구 부속기에 항공업무에 지장을 줄 질환과 수술 및 상해로 인한 후유증이 없을 것 나. 녹내장이 없을 것 다. 중간 투광체·안저(눈바닥) 또는 시각경로에 항공업무에 지장을 줄 질환이 없을 것 라. 눈 굴절상태에 영향을 주는 수술을 받지 않았을 것. 다만, 피검자의 면허나 한정업무 수행 시 지장을 줄 수 있는 후유증이 없는 경우는 제외한다.		
11. 이비인후과, 구강 및 치아	가. 귀 또는 관련 구조에 항공업무에 지장을 줄 이상이나 질환이 없을 것 나. 전정기관의 장애가 없을 것 다. 치유되지 않는 고막천공(고막에 구멍이 뚫리는 일)이 없을 것 라. 중대한 귀관기능(이관기능) 장애가 없을 것 마. 콧구멍·부비동(코곁굴) 또는 인후두에 중대한 질환이 없을 것 바. 콧구멍에 공기가 통하는 것을 방해할 정도로 비중격(두비공을 분리시키는 막을 말한다)이 굽지 않을 것 사. 심한 말더듬이·발성장애 또는 언어장애가 없을 것 아. 구강 또는 치아에 중대한 질환 또는 기능장애가 없을 것	가. 귀 또는 관련 구조에 항공업무에 지장을 줄 이상이나 질환이 없을 것 나. 전정기관의 장애가 없을 것 다. 치유되지 않는 고막천공이 없을 것 라. 중대한 귀관기능 장애가 없을 것 마. 콧구멍·부비동(코곁굴) 또는 인후두에 중대한 질환이 없을 것 바. 심한 말더듬이·발성장애 또는 언어장애가 없을 것 사. 구강 또는 치아에 중대한 질환 또는 기능장애가 없을 것	가. 귀 또는 관련 구조에 항공업무에 지장을 줄 이상이나 질환이 없을 것 나. 콧구멍·부비공 또는 인후두에 중대한 질환이 없을 것 다. 심한 말더듬이·발성장애 또는 언어장애가 없을 것
12. 시기능	가. 다음의 어느 하나에 해당할 것. 다만, 2)의 기준은 항공업무를 수행할 때 한 쌍 이하의 상용안경(항공업무를 수행할 때 상용하는 교정안경 등을 말한다)을 사용하는 동시에 예비 안경을 휴대할 것을 항공신체검사증명에 조건으로 부여받은	가. 다음의 어느 하나에 해당할 것. 다만, 2)의 기준은 항공업무를 수행할 때 한 쌍 이하의 상용안경(항공업무를 수행할 때 상용하는 교정안경 등을 말한다)을 사용하는 동시에 예비 안경을 휴대할 것을 항공신체검사증명에 조건으로 부여받은	가. 다음의 어느 하나에 해당할 것. 다만, 2)의 기준은 항공업무를 수행할 때 한 쌍 이하의 상용안경(항공업무를 수행할 때 상용하는 교정안경 등을 말한다)을 사용하는 동시에 예비 안경을 휴대할 것을 항공신체검사증명에 조건으로 부여받은

	사람만 해당한다. 1) 각 눈이 교정하지 않고 1.0 이상의 원거리 시력이 있을 것 2) 각 눈이 교정하여 1.0 이상의 원거리 시력이 있을 것 3) 각 눈의 원거리 시력이 교정하지 않고 0.1 미만인 경우에는 최초검사와 이후 5년마다 안과 정밀검사를 제출해야 한다. 나. 교정하지 않거나 자기의 교정안경에 의하여 각 눈이 30센티미터에서 50센티미터까지의 임의의 시거리에서 근거리 시력표(30센티미터 시력용)의 0.5 이상의 시표(시력검사용 표지)를 판독할 수 있고, 다음의 요건을 갖출 것. 다만, 50세 이상은 100센티미터에서 N14 도표나 그에 상응하는 것의 0.5 이상의 시표를 판독할 수 있어야 한다. 1) 근거리 교정만 필요한 경우, 즉시 사용할 수 있는 근거리 교정안경 및 예비안경을	사람만 해당한다. 1) 각 눈이 교정하지 않고 0.5 이상의 원거리 시력이 있을 것 2) 각 눈이 교정하여 0.5 이상의 원거리 시력이 있을 것 3) 각 눈의 원거리 시력이 교정하지 않고 0.1 미만인 경우에는 최초검사와 이후 5년마다 안과 정밀검사를 제출해야 한다. 나. 교정하지 않거나 자기의 교정안경에 의하여 각 눈이 30센티미터에서 50센티미터까지의 임의의 시거리에서 근거리 시력표(30센티미터 시력용)의 0.5 이상의 시표를 판독할 수 있고, 다음의 요건을 갖출 것. 1) 근거리 교정만 필요한 경우, 즉시 사용할 수 있는 근거리 교정안경 및 예비안경을	사람만 해당한다. 1) 각 눈이 교정하지 않고 0.7 이상의 원거리 시력이 있을 것 2) 각 눈이 교정하여 0.7 이상의 원거리 시력이 있을 것 3) 각 눈의 원거리 시력이 교정하지 않고 0.1 미만인 경우에는 최초검사와 이후 5년마다 안과 정밀검사를 제출해야 한다. 나. 교정하지 않거나 자기의 교정안경에 의하여 각 눈이 30센티미터에서 50센티미터까지의 임의의 시거리에서 근거리 시력표(30센티미터 시력용)의 0.5 이상의 시표를 판독할 수 있고, 다음의 요건을 갖출 것. 다만, 50세 이상은 100센티미터에서 N14 도표나 그에 상응하는 것의 0.5 이상의 시표를 판독할 수 있어야 한다. 1) 근거리 교정만 필요한 경우, 즉시 사용할 수 있는 근거리 교정안경 및 예비안경을

	소지해야 한다. 2) 근거리·원거리 교정이 필요한 경우, 계기와 손에 있는 차트 또는 매뉴얼을 보기 위하여 2중 또는 다초점 렌즈를 사용하여 안경을 벗을 필요 없이 근거리·원거리를 볼 수 있어야 한다. 다. 정상적인 양눈 시기능을 가질 것 라. 정상적인 시야를 가질 것 마. 야간시력이 정상일 것 바. 안구운동이 정상이고 안구의 떨림이 없을 것 사. 색각이 정상일 것. 다만, 색각 검사 불합격자에 대해서는 다음의 어느 하나에 해당하는 방법으로 항공신체검사증명서를 발급 1) 색각 제한사항을 부과하여 항공신체검사증명서를 발급 2) 항공전문의사 또는 지정전문교육기관 등 국내외 공인된 기관에서 인정받은 비행교관으로	소지해야 한다. 2) 근거리·원거리 교정이 필요한 경우, 계기와 손에 있는 차트 또는 매뉴얼을 보기 위하여 2중 또는 다초점 렌즈를 사용하여 안경을 벗을 필요 없이 근거리·원거리를 볼 수 있어야 한다. 다. 정상적인 양눈 시기능을 가질 것 라. 정상적인 시야를 가질 것 마. 야간시력이 정상일 것 바. 안구운동이 정상이고 안구의 떨림이 없을 것 사. 색각이 정상일 것. 다만, 색각 검사 불합격자에 대해서는 다음의 어느 하나에 해당하는 방법으로 항공신체검사증명서를 발급 1) 색각 제한사항을 부과하여 항공신체검사증명서를 발급 2) 항공전문의사 또는 지정전문교육기관 등 국내외 공인된 기관에서 인정받은 비행교관으로	소지해야 한다. 2) 근거리·원거리 교정이 필요한 경우, 계기와 손에 있는 차트 또는 매뉴얼을 보기 위하여 2중 또는 다초점 렌즈를 사용하여 안경을 벗을 필요 없이 근거리·원거리를 볼 수 있어야 한다. 다. 정상적인 양눈 시기능을 가질 것 라. 정상적인 시야를 가질 것 마. 야간시력이 정상일 것 바. 안구운동이 정상일 것 사. 색각이 정상일 것. 다만, 색각 검사 불합격자에 대해서는 다음의 어느 하나에 해당하는 방법으로 항공신체검사증명서를 발급 1) 색각 제한사항을 부과하여 항공신체검사증명서를 발급 2) 항공전문의사 또는 지정전문교육기관 등 국내외 공인된 기관에서 인정받은 관제실기교관

	부터 색각실기시험(operational color vision test)과 의학적 관찰비행(color vision medical flight test)을 통과하는 경우에는 색각 제한사항을 부과하지 않고 항공신체검사증명서를 발급	부터 색각실기시험(operational color vision test)과 의학적 관찰비행(color vision medical flight test)을 통과하는 경우에는 색각 제한사항을 부과하지 않고 항공신체검사증명서를 발급	으로부터 색각실기시험(operational color vision test)을 통과하는 경우에는 색각 제한사항을 부과하지 않고 항공신체검사증명서를 발급
13. 청력	가. 소음이 35데시벨 미만인 방에서 각 귀가 매초 500, 1,000 및 2,000헤르츠의 각 주파수에서 35데시벨 이하의 음을, 3,000헤르츠의 주파수에서 50데시벨 이하의 음을 들을 수 있을 것 나. 가목의 기준을 충족하지 못하는 경우에는 다음의 어느 하나에 해당할 것 1) 소음이 50데시벨 미만인 방에서 후방 2미터 거리에서 발성되는 통상 강도의 대화음을 두 귀로 올바르게 들을 수 있을 것 2) 한쪽 귀의 말소리 명료도가 70퍼센트 이상일 것		
14. 종합	항공업무에 지장을 줄 염려가 있는 심신의 결함이 없을 것		

■ 항공안전법 시행규칙 [별표 10] <개정 2025. 12. 5.>

항공종사자에 대한 행정처분기준(제97조제1항 관련)

1. 일반기준

가. 처분의 내용

1) 이 별표에서 "자격등증명 취소"란 항공종사자 자격증명, 자격증명의 한정, 계기비행증명, 조종교육증명 및 항공영어구술능력증명을 취소하는 것을 말한다.

2) 이 별표에서 "효력정지"란 일정기간 항공업무에 종사할 수 있는 자격을 정지하는 것을 말한다.

나. 처분기간의 산정

1) 하나의 행위로 둘 이상의 위반행위가 발생한 경우 그 중 무거운 처분의 기준에 따르되 2분의 1의 범위에서 가중하여 처분한다.

2) 하나의 비행 편에서 둘 이상의 위반행위가 발생한 경우 그 중 무거운 처분의 기준에 따르되 2분의 1의 범위에서 가중하여 처분한다.

3) 같은 위반행위가 연속하여 2회 이상 발생한 경우 1회의 위반행위로 보아 처분하되, 2분의 1의 범위에서 가중하여 처분한다. 다만, 위반사실을 인지하고도 같은 위반행위를 반복한 경우에는 위반횟수별로 합산하여 산정한다.

4) 위반행위가 기장을 보조하는 운항승무원의 잘못으로 발생한 경우에는 기장에 대한 처분 외에 그 운항승무원에 대해서도 처분할 수 있다. 이 경우 그 운항승무원에 대한 처분은 처분기준의 2분의 1의 범위에서 줄여 처분할 수 있다.

5) 위반행위의 차수에 따른 행정처분의 기준은 위반행위를 한 날로부터 최근 2년 이내 같은 위반행위로 행정처분을 받은 경우에 적용한다. 이 경우 기간의 계산은 위반행위에 대하여 행정처분을 받은 날과 그 처분 후 다시 같은 위반행위를 하여 적발된 날을 기준으로 한다.

6) 5)에 따라 가중된 행정처분을 하는 경우 가중처분의 적용 차수는 그 위반행위 전 행정처분 차수[5)에 따른 기간 내에 행정처분이 둘 이상 있었던 경우에는 높은 차수를 말한다]의 다음 차수로 한다.

7) 위반행위가 적발되었으나, 법 제60조제2항 및 제61조제4항에 따라 처분을 면제받은 경우에는 위반행위를 한 것으로 본다.

8) 3)에서 "같은 위반행위"란 제2호의 같은 목(세부유형이 분류되어 있는 경우에는 그 세부유형)의 위반행위를 말하며, 제2호가목29)ㆍ31)ㆍ35)ㆍ36)의 위반행위는 별표 35의 세부유형이 같은 위반행위를 말한다.

다. 처분의 조정

1) 국토교통부장관은 다음의 어느 하나에 해당하는 경우에는 나목 및 제2호에

따른 처분기준의 2분의 1의 범위에서 줄여 처분할 수 있다.

가) 항공안전에 대한 위험을 피하기 위한 부득이한 사유가 있는 경우

나) 행위자가 항공안전 향상에 기여한 공로로 정부로부터 표창을 받은 경우(경미한 위반행위에 한하며, 1회에 한하여 적용한다)

다) 위반행위를 한 항공종사자가 과거 법을 위반한 이력이 없는 경우(경미한 위반행위에 한한다)

라) 「공항시설법」 제2조제7호ㆍ제8호 및 같은 법 시행령 제3조에 따른 공항시설 및 비행장시설의 미비ㆍ장애, 항공기에 사용한 부품의 결함 및 항공기 정비 등을 위해 사용한 장비 등의 오작동 등 외부적인 상황으로 위반행위가 발생한 경우

마) 그 밖에 위반행위의 정도, 위반행위의 동기와 그 결과 등을 고려하여 처분을 줄일 필요가 있다고 인정되는 경우

2) 국토교통부장관은 다음의 어느 하나에 해당하는 경우에는 나목 및 제2호에 따른 처분기준의 2분의 1의 범위에서 늘려 처분할 수 있다.

가) 고의 또는 중과실에 의해 위반행위가 발생한 경우

나) 다른 항공기의 운항안전 또는 공중(公衆)에 상당한 영향을 미친 경우

다) 위반직후 적절한 후속조치를 취하지 아니하여 위험을 증대시킨 경우

라) 그 밖에 위반행위의 정도, 위반행위의 동기와 그 결과 등을 고려하여 처분을 늘릴 필요가 있다고 인정되는 경우

2. 개별 기준

가. 자격증명 등

위반행위	근거 법조문	처분내용
1) 거짓이나 그 밖의 부정한 방법으로 자격증명등을 받은 경우	법 제43조제1항 제1호	자격등증명 취소
2) 이 법을 위반하여 벌금 이상의 형을 선고 받은 경우	법 제43조제1항 제2호	
가) 벌금 200만원 이상		자격등증명 취소
나) 벌금 100만원 이상 200만원 미만		효력정지 50일
다) 벌금 100만원 미만		효력정지 30일
3) 고의 또는 중대한 과실로 항공기 사고를 일으켜 다음 각 목의 인명 피해를 발생한 경우	법 제43조제1항 제3호	
가) 사망자가 발생한 경우		자격등증명 취소
나) 중상자가 발생한 경우		효력 정지 90일 이상
다) 중상자 외의 부상자가 발생한 경우		효력 정지 30일 이상
4) 고의 또는 중대한 과실로 항공기 사고를 일으켜 다음 각 목의 재산 피해를 발생하게 한 경우	법 제43조제1항 제3호	
가) 항공기 또는 제3자의 재산피해가 100억원 이상인 경우		자격등증명 취소
나) 항공기 또는 제3자의 재산피해가 10억원 이상 100억원 미만인 경우		효력 정지 90일 이상
다) 항공기 또는 제3자의 재산피해가 10억원 미만인 경우		효력 정지 30일 이상
5) 법 제32조제1항 본문에 따라 정비 등을 확인하는 항공종사자가 제70조에 따른 방법으로 감항성을 확인하지 않은 경우	법 제43조제1항 제4호	1차 위반: 효력 정지 30일 2차 위반: 효력 정지 120일 3차 이상 위반: 효력 정지 1년
6) 법 제36조제2항을 위반하여 자격증명의 종류에 따른 업무범위 외의 업무에 종사한 경우	법 제43조제1항 제5호	1차 위반: 효력 정지 150일 2차 위반: 효력 정지 1 년
7) 법 제37조제2항을 위반하여 자격증명의 한정을 받은 항공종사자가 한정된 종류, 등급 또는 형식 외의 항공기ㆍ경량항공기, 한정된 정비 분야나 한정된 항공교통관제 업무의 종류, 수행방식 및 항공교통관제시설 외의 항공업무에 종사한 경우	법 제43조제1항 제6호	1차 위반: 효력 정지 30일 2차 위반: 효력 정지 60일 3차 이상 위반: 효력 정지 180일
8) 법 제39조의3제1항을 위반하여 다른 사람에게 자기의 성명을 사용하여 항공업무를 수행하게 하거나 항공종사자 자격증명서를 빌려 준 경우	법 제43조제1항 제6호의2	자격등증명 취소
9) 법 제39조의3제3항을 위반하여 다음 각 목의 행위를 알선한 경우 가) 다른 사람에게 자기의 성명을 사용하여 항공업무를 수행하게 하거나 항공종사자 자격증명서를 빌려 주는 행위 나) 다른 사람의 성명을 사용하여 항공업무를 수행하거나 다른 사람의 항공종사자 자격증명서를	법 제43조제1항 제6호의3	자격등증명 취소

빌리는 행위		
10) 법 제40조제1항을 위반하여 항공신체검사증명을 받지 않고 항공업무(법 제46조제1항제1호 및 제3호에 따른 항공기 조종연습을 포함한다. 이하 18), 19) 및 22)에서 같다)에 종사한 경우	법 제43조제1항 제7호	1차 위반: 효력 정지 30일 2차 위반: 효력 정지 60일 3차 이상 위반: 효력 정지 150일
11) 법 제42조제1항을 위반하여 법 제40조제2항에 따른 자격증명의 종류별 항공신체검사증명의 기준에 적합하지 않은 운항승무원 및 항공교통관제사가 항공업무에 종사한 경우	법 제43조제1항 제8호	1차 위반: 효력 정지 30일 2차 위반: 효력 정지 60일 3차 이상 위반: 효력 정지 150일
12) 법 제42조제2항을 위반하여 신체적·정신적 상태의 저하 사실을 신고하지 않은 경우	법 제43조제1항 제8호의2	1차 위반: 효력 정지 30일 2차 위반: 효력 정지 60일 3차 이상 위반: 효력 정지 150일
13) 법 제42조제4항을 위반하여 같은 조 제3항에 따른 결과를 통지받기 전에 항공업무를 수행한 경우	법 제43조제1항 제8호의3	1차 위반: 효력 정지 30일 2차 위반: 효력 정지 60일 3차 이상 위반: 효력 정지 150일
14) 법 제44조제1항을 위반하여 계기비행증명을 받지 않고 계기비행 또는 계기비행방식에 따른 비행을 한 경우	법 제43조제1항 제9호	1차 위반: 효력 정지 30일 2차 위반: 효력 정지 60일 3차 이상 위반: 효력 정지 180일
15) 법 제44조제2항을 위반하여 조종교육증명을 받지 않고 조종교육을 한 경우	법 제43조제1항 제10호	1차 위반: 효력 정지 30일 2차 위반: 효력 정지 60일 3차 이상 위반: 효력 정지 180일
16) 법 제45조제1항을 위반하여 항공영어구술능력증명을 받지 않고 같은 항 각 호의 어느 하나에 해당하는 업무에 종사한 경우	법 제43조제1항 제11호	1차 위반: 효력 정지 30일 2차 위반: 효력 정지 60일 3차 이상 위반: 효력 정지 180일
17) 법 제55조를 위반하여 국토교통부령으로 정하는 비행경험이 없이 같은 조 각 호의 어느 하나에 해당하는 항공기를 운항하거나 계기비행·야간비행 또는 법 제44조제2항에 따른 조종교육의 업무에 종사한 경우	법 제43조제1항 제12호	1차 위반: 효력 정지 30일 2차 위반: 효력 정지 60일 3차 이상 위반: 효력 정지 150일

18) 법 제57조제1항을 위반하여 주류등의 영향으로 항공업무를 정상적으로 수행할 수 없는 상태에서 항공업무에 종사한 경우	법 제43조제1항 제13호	가. 주류의 경우 1) 혈중알코올농도 0.02 % 이상 0.06 % 미만: 효력 정지 60일 2) 혈중알코올농도 0.06 % 이상 0.09 % 미만: 효력 정지 120일 3) 혈중알코올농도 0.09 % 이상: 자격증명 취소 나. 마약류 또는 환각물질의 경우 1) 1차 위반: 효력 정지 60일 2) 2차 위반: 효력 정지 120일 3) 3차 이상 위반: 자격증명 취소
19) 법 제57조제2항을 위반하여 항공업무에 종사하는 동안에 주류등을 섭취하거나 사용한 경우	법 제43조제1항 제14호	가. 주류의 경우 1) 혈중알코올농도 0.02 % 이상 0.06 % 미만: 효력 정지 60일 2) 혈중알코올농도 0.06 % 이상 0.09 % 미만: 효력 정지 120일 3) 혈중알코올농도 0.09 % 이상: 자격증명 취소 나. 마약류 또는 환각물질의 경우 1) 1차 위반: 효력 정지 60일 2) 2차 위반: 효력 정지 120일 3) 3차 이상 위반: 자격증명 취소
20) 법 제57조제3항을 위반하여 같은 조 제1항에 따른 주류등의 섭취 및 사용 여부의 측정 요구에 따르지 않은 경우	법 제43조제1항제15호	자격등증명 취소
21) 법 제57조의2를 위반하여 항공기 내에서 흡연을 한 경우 가) 운항 중인 항공기 내에서 흡연	법 제43조제1항 제15호의2	 1차 위반: 효력 정지 60일

한 경우		2차 위반: 효력 정지 120일 3차 이상 위반: 효력 정지 180일
나) 주기 중인 항공기 내에서 흡연한 경우		1차 위반: 효력 정지 30일 2차 위반: 효력 정지 60일 3차 이상 위반: 효력 정지 90일
22) 항공업무를 수행할 때 고의 또는 중대한 과실로 항공기준사고, 의무보고대상 항공안전장애 또는 법 제61조제1항에 따른 항공안전위해요인을 발생시킨 경우	법 제43조제1항 제16호	1
가) 법 제61조제1항에 따른 항공안전위해요인을 발생시킨 경우		1차 위반: 효력 정지 15일 2차 위반: 효력 정지 30일 3차 이상 위반: 효력 정지 75일
나) 항공기준사고 또는 의무보고대상 항공안전장애를 발생시킨 경우		1차 위반: 효력 정지 30일 2차 위반: 효력 정지 60일 3차 이상 위반: 효력 정지 150일
23) 법 제62조제2항 또는 제4항부터 제6항까지의 규정을 위반하여 기장이 다음 각 목의 의무를 이행하지 않은 경우	법 제43조제1항 제17호	
가) 항공기의 운항에 필요한 준비완료 확인의 의무		1차 위반: 효력 정지 30일 2차 위반: 효력 정지 60일 3차 이상 위반: 효력 정지 90일
나) 여객구조 등의 의무		1차 위반: 효력 정지 30일 2차 위반: 자격등증명 취소
다) 항공기 사고, 항공기준사고 또는 의무보고 대상 항공안전장애 발생사실의 보고 의무		1차 위반: 효력 정지 30일 2차 위반: 효력 정지 60일 3차 이상 위반: 효력 정지 150일
24) 조종사가 법 제63조에 따른 운항자격의 인정 또는 심사를 받지 않고 운항한 경우	법 제43조제1항 제18호	1차 위반: 효력 정지 30일 2차 위반: 효력 정지 60일 3차 이상 위반: 효력 정지 150일
25) 법 제65조제2항을 위반하여 기장이 운항관리사의 승인을 받지 않고 항공기를 출발시키거나 비행계획을 변경한 경우	법 제43조제1항 제19호	1차 위반: 효력 정지 30일 2차 위반: 효력 정지 60일 3차 위반: 자격등증명 취소
26) 법 제66조를 위반하여 이륙·착륙 장소가 아닌 곳에서 이륙하거나 착륙한 경우	법 제43조제1항 제20호	1차 위반: 효력 정지 30일 2차 위반: 효력 정지 150일 3차 위반: 자격증명 취소
27) 법 제67조제1항을 위반하여 비행규칙을 따르지 않고 비행한 경우	법 제43조제1항 제21호	1차 위반: 효력 정지 30일 2차 위반: 효력 정지 60일 3차 이상 위반: 효력 정지 180일
28) 법 제68조를 위반하여 같은 조 각 호의 어느 하나에 해당하는 비행 또는 행위를 한 경우	법 제43조제1항 제22호	1차 위반: 효력 정지 30일 2차 위반: 효력 정지 60일 3차 위반: 효력 정지 1년
29) 법 제70조제1항을 위반하여 허가를 받지 않고 항공기로 위험물을 운송한 경우	법 제43조제1항 제23호	1차 위반: 효력 정지 30일 2차 위반: 효력 정지 90일 3차 위반: 자격증명 취소
30) 법 제76조제2항을 위반하여 항공업무를 수행한 경우	법 제43조제1항 제24호	1차 위반: 효력 정지 10일 2차 위반: 효력 정지 30일 3차 이상 위반: 효력 정지 90일
31) 법 제77조제2항을 위반하여 같은 조 제1항에 따른 운항기술기준을 준수하지 않고 비행하거나 업무를 수행한 경우	법 제43조제1항 제25호	1차 위반: 효력 정지 30일 2차 위반: 효력 정지 60일 3차 이상 위반: 효력 정지 90일
32) 법 제79조제1항을 위반하여 국토교통부장관이 정하여 공고하는 비행의 방식 및 절차에 따르지 않고 비관제공역(非管制空域) 또는 주의공역(注意空域)에서 비행한 경우	법 제43조제1항 제26호	1차 위반: 효력정지 30일 2차 위반: 효력정지 60일 3차 이상 위반: 효력정지 150일
33) 법 제79조제2항을 위반하여 허가를 받지 않거나 국토교통부장관이 정하는 비행의 방식 및 절차에 따르지 않고 통제공역에서 비행한 경우	법 제43조제1항 제27호	1차 위반: 효력정지 30일 2차 위반: 효력정지 90일 3차 위반: 자격등증명 취소
34) 법 제84조제1항을 위반하여 국토교통부장관 또는 항공교통업무증명을 받은 자가 지시하는 이동·이륙·착륙의 순서 및 시기와 비행의 방법에 따르지 않은 경우	법 제43조제1항 제28호	1차 위반: 효력정지 30일 2차 위반: 효력정지 90일 3차 위반: 자격등증명 취소
35) 법 제90조제4항(법 제96조제1항	법 제43조제1항	1차 위반: 효력 정지 30일

에서 준용하는 경우를 포함한다)을 위반하여 운영기준을 준수하지 않고 비행을 하거나 업무를 수행한 경우	제29호	2차 위반: 효력 정지 180일 3차 위반: 효력 정지 1년
36) 법 제93조제7항 후단(법 제96조제2항에서 준용하는 경우를 포함한다)을 위반하여 운항규정 또는 정비규정을 준수하지 않고 업무를 수행한 경우	법 제43조제1항 제30호	1차 위반: 효력 정지 30일 2차 위반: 효력 정지 60일 3차 이상 위반: 효력 정지 90일
37) 법 제108조제4항 본문에 따라 경량항공기 또는 그 장비품ㆍ부품의 정비사항을 확인하는 항공종사자가 국토교통부령으로 정하는 방법에 따라 확인하지 않은 경우	법 제43조제1항 제30호의2	1차 위반: 효력 정지 30일 2차 위반: 효력 정지 60일 3차 위반: 효력 정지 90일
38) 자격증명등의 정지명령을 위반하여 정지 기간에 항공업무에 종사한 경우	법 제43조제1항 제31호	자격등증명 취소

나. 항공신체검사증명

위반행위	근거 법 조문	처분내용
1) 거짓이나 그 밖의 부정한 방법으로 항공신체검사증명을 받은 경우	법 제43조제3항 제1호	항공신체검사증명 취소
2) 법 제40조제2항에 따른 자격증명의 종류별 항공신체검사증명의 기준에 맞지 않게 되어 항공업무를 수행하기에 부적합하다고 인정되는 경우	법 제43조제3항 제3호	효력정지 30일 이상
3) 법 제40조제5항을 위반하여 한정된 항공업무(법 제46조제1항제1호 및 제3호에 따른 항공기 조종연습을 포함한다. 이하 5), 6) 및 7)에서 같다)의 범위를 준수하지 않고 항공업무를 한 경우	법 제43조제3항 제4호	1차 위반: 효력 정지 30일 2차 위반: 효력 정지 60일 3차 이상 위반: 효력 정지 150일
4) 법 제41조에 따른 항공신체검사명령에 따르지 않은 경우	법 제43조제3항 제5호	1차 위반: 효력 정지 30일 2차 위반: 효력 정지 60일 3차 이상 위반: 효력 정지 150일
5) 법 제42조제1항을 위반하여 항공업무에 종사한 경우	법 제43조제3항 제6호	1차 위반: 효력 정지 30일 2차 위반: 효력 정지 60일 3차 이상 위반: 효력 정지 150일
6) 법 제57조제1항을 위반하여 주류등의 영향으로 항공업무를 정상적으로 수행할 수 없는 상태에서 항공업무에 종사한 경우	법 제43조제1항 제13호 및 같은 조 제3항제2호	가. 주류의 경우 1) 혈중알코올농도 0.02 % 이상 0.06 % 미만: 효력 정지 60일 2) 혈중알코올농도 0.06 % 이상 0.09 % 미만: 효력 정지 120일 3) 혈중알코올농도 0.09 % 이상: 항공신체검사증명 취소 나. 마약류 또는 환각물질의 경우 1) 1차 위반: 효력 정지 60일 2) 2차 위반: 효력 정지 120일 3) 3차 이상 위반: 항공신체검사증명 취소
7) 법 제57조제2항을 위반하여 항공업무에 종사하는 동안에 같은 조 제1항에 따른 주류등을 섭취하거나 사용한 경우	법 제43조제1항 제14호 및 같은 조 제3항제2호	가. 주류의 경우 1) 혈중알코올농도 0.02 % 이상 0.06 % 미만: 효력 정지 60일 2) 혈중알코올농도 0.06 % 이상 0.09 % 미만: 효력 정지 120일 3) 혈중알코올농도 0.09 % 이상: 항공신체검사증명 취소 나. 마약류 또는 환각물질의 경우 1) 1차 위반: 효력 정지 60일 2) 2차 위반: 효력 정지 120일 3) 3차 이상 위반: 항공신체검사증명 취소

8) 법 제57조제3항을 위반하여 같은 조 제1항에 따른 주류등의 섭취 및 사용 여부의 측정 요구에 따르지 않은 경우	법 제43조제1항제15호 및 같은 조 제3항제2호	1차 위반: 효력 정지 60일 2차 위반: 효력 정지 120일 3차 이상 위반: 항공신체검사증명 취소
9) 법 제76조제2항을 위반하여 항공신체검사증명서를 소지하지 않고 항공업무에 종사한 경우	법 제43조제3항제7호	1차 위반: 효력 정지 10일 2차 위반: 효력 정지 30일 3차 이상 위반: 효력 정지 90일

■ 항공안전법 시행규칙 [별표 10의2] <개정 2025. 1. 17.>

조종연습생등에 대한 행정처분기준(제103조의2제1항 관련)

1. 일반기준

가. 처분의 내용

1) 이 별표에서 "연습허가 취소"란 법 제46조제2항에 따른 조종연습허가 또는 법 제47조제2항에 따른 항공교통관제연습허가(이하 이 별표에서 "연습허가"라 한다)를 취소하는 것을 말한다.

2) 이 별표에서 "효력 정지"란 일정기간 조종연습등을 할 수 있는 자격을 정지하는 것을 말한다.

나. 처분기간의 산정

1) 하나의 행위로 둘 이상의 위반행위가 발생한 경우 그 중 무거운 처분의 기준에 따르되 2분의 1의 범위에서 가중하여 처분한다.

2) 하나의 비행 편에서 둘 이상의 위반행위가 발생한 경우 그 중 무거운 처분의 기준에 따르되 2분의 1의 범위에서 가중하여 처분한다.

3) 같은 위반행위가 연속하여 2회 이상 발생한 경우 1회의 위반행위로 보아 처분하되, 2분의 1의 범위에서 가중하여 처분한다. 다만, 위반사실을 인지하고도 같은 위반행위를 반복한 경우에는 위반횟수별로 합산하여 산정한다.

4) 위반행위가 기장을 보조하는 조종연습생(법 제46조제1항제2호에 따른 조종연습을 하는 사람만을 말한다. 이하 이 별표에서 같다)의 잘못으로 발생한 경우에는 기장에 대한 처분 외에 그 조종연습생에 대해서도 처분할 수 있다. 이 경우 그 조종연습생에 대한 처분은 처분기준의 2분의 1의 범위에서 줄여 처분할 수 있다.

5) 위반행위의 차수에 따른 행정처분의 기준은 위반행위를 한 날로부터 최근 2년 이내 같은 위반행위로 행정처분을 받은 경우에 적용한다. 이 경우 기간의 계산은 위반행위에 대하여 행정처분을 받은 날과 그 처분 후 다시 같은 위반행위를 하여 적발된 날을 기준으로 한다.

6) 5)에 따라 가중된 행정처분을 하는 경우 가중처분의 적용 차수는 그 위반행위 전 행정처분 차수[5)에 따른 기간 내에 행정처분이 둘 이상 있었던 경우에는 높은 차수를 말한다]의 다음 차수로 한다.

7) 위반행위가 적발되었으나, 법 제60조제2항 및 제61조제4항에 따라 처분을 면제받은 경우에는 위반행위를 한 것으로 본다.

8) 3)에서 "같은 위반행위"란 제2호의 같은 목(세부유형이 분류되어 있는 경우에는 그 세부유형을 말한다)의 위반행위를 말한다.

다. 처분의 조정

1) 국토교통부장관은 다음의 어느 하나에 해당하는 경우에는 나목 및 제2호에 따른 처분기준의 2분의 1의 범위에서 줄여 처분할 수 있다.
  가) 항공안전에 대한 위험을 피하기 위한 부득이한 사유가 있는 경우
  나) 행위자가 항공안전 향상에 기여한 공로로 정부로부터 표창을 받은 경우(경미한 위반행위로 한정하며, 1회만 적용할 수 있다)
  다) 위반행위를 한 연습생이 과거 법을 위반한 이력이 없는 경우(경미한 위반행위로 한정한다)
  라) 「공항시설법」 제2조제7호ㆍ제8호 및 같은 법 시행령 제3조에 따른 공항시설 및 비행장시설의 미비ㆍ장애, 항공기에 사용한 부품의 결함 및 항공기 정비 등을 위해 사용한 장비 등의 오작동 등 외부적인 상황으로 위반행위가 발생한 경우
  마) 그 밖에 위반행위의 정도, 위반행위의 동기와 그 결과 등을 고려하여 처분을 줄일 필요가 있다고 인정되는 경우
2) 국토교통부장관은 다음의 어느 하나에 해당하는 경우에는 나목 및 제2호에 따른 처분기준의 2분의 1의 범위에서 늘려 처분할 수 있다.
  가) 고의 또는 중과실에 의해 위반행위가 발생한 경우
  나) 다른 항공기의 운항안전 또는 공중(公衆)에 상당한 영향을 미친 경우
  다) 위반 직후 적절한 후속조치를 취하지 않아 위험을 증대시킨 경우
  라) 그 밖에 위반행위의 정도, 위반행위의 동기와 그 결과 등을 고려하여 처분을 늘릴 필요가 있다고 인정되는 경우

2. 개별기준

가. 연습허가

위반행위	근거 법조문	처분내용
1) 거짓이나 그 밖의 부정한 방법으로 연습허가를 받은 경우	법 제47조의2제1항제1호	연습허가 취소
2) 법을 위반하여 벌금 이상의 형을 선고 받은 경우	법 제47조의2제1항제2호	
가) 벌금 200만원 이상		연습허가 취소
나) 벌금 100만원 이상 200만원 미만		효력정지 50일
다) 벌금 100만원 미만		효력정지 30일
3) 고의 또는 중대한 과실로 항공기 사고를 일으켜 다음 각 목의 인명 피해를 발생시킨 경우	법 제47조의2제1항제3호	
가) 사망자가 발생한 경우		연습허가 취소
나) 중상자가 발생한 경우		효력 정지 90일 이상
다) 중상자 외의 부상자가 발생한 경우		효력 정지 30일 이상
4) 고의 또는 중대한 과실로 항공기 사고를 일으켜 다음 각 목의 재산 피해를 발생시킨 경우	법 제47조의2제1항제3호	
가) 항공기 또는 제3자의 재산피해가 100억원 이상인 경우		연습허가 취소
나) 항공기 또는 제3자의 재산피해가 10억원 이상 100억원 미만인 경우		효력 정지 90일 이상
다) 항공기 또는 제3자의 재산피해가 10억원 미만인 경우		효력 정지 30일 이상
5) 법 제46조제4항 및 제47조제4항에서 준용하는 법 제40조제1항을 위반하여 항공신체검사증명을 받지 않고 조종연습등을 한 경우	법 제47조의2제1항제4호	1차 위반: 효력 정지 30일 2차 위반: 효력 정지 60일 3차 이상 위반: 효력 정지 150일
6) 법 제46조제4항 및 제47조제4항에서 준용하는 법 제42조제1항을 위반하여 법 제40조제2항에 따른 자격증명의 종류별 항공신체검사증명의 기준에 적합하지 않은 사람이 조종연습등을 한 경우	법 제47조의2제1항제5호	1차 위반: 효력 정지 30일 2차 위반: 효력 정지 60일 3차 이상 위반: 효력 정지 150일
7) 법 제46조제4항 및 제47조제4항에서 준용하는 법 제42조제2항을 위반하여 신체적ㆍ정신적 상태의 저하 사실을 신고하지 않은 경우	법 제47조의2제1항제6호	1차 위반: 효력 정지 30일 2차 위반: 효력 정지 60일 3차 이상 위반: 효력 정지 150일
8) 법 제46조제4항 및 제47조제4항에서 준용하는 법 제42조제4항을 위반하여 같은 조 제3항에 따른 결과를 통지받기 전에 조종연습등을 한 경우	법 제47조의2제1항제7호	1차 위반: 효력 정지 30일 2차 위반: 효력 정지 60일 3차 이상 위반: 효력 정지 150일
9) 법 제46조제5항 또는 제47조제5항을 위반하여 항공기 조종연습허가서 또는 항공교통관제연습허가서를 소지하지 않고 조종연습등을	법 제47조의2제1항제8호	1차 위반: 효력 정지 30일 2차 위반: 효력 정지 60일 3차 이상 위반: 효력 정지 150일

한 경우		
10) 법 제57조제1항을 위반하여 주류등의 영향으로 조종연습등을 정상적으로 수행할 수 없는 상태에서 조종연습등을 한 경우	법 제47조의2제1항제9호	가. 주류의 경우 1) 혈중알코올농도 0.02% 이상 0.06% 미만: 효력 정지 60일 2) 혈중알코올농도 0.06% 이상 0.09% 미만: 효력 정지 120일 3) 혈중알코올농도 0.09% 이상: 연습허가 취소 나. 마약류 또는 환각물질의 경우 1) 1차 위반: 효력 정지 60일 2) 2차 위반: 효력 정지 120일 3) 3차 이상 위반: 연습허가 취소
11) 법 제57조제2항을 위반하여 조종연습등을 하는 동안에 같은 조 제1항에 따른 주류등을 섭취하거나 사용한 경우	법 제47조의2제1항제10호	가. 주류의 경우 1) 혈중알코올농도 0.02% 이상 0.06% 미만: 효력 정지 60일 2) 혈중알코올농도 0.06% 이상 0.09% 미만: 효력 정지 120일 3) 혈중알코올농도 0.09% 이상: 연습허가 취소 나. 마약류 또는 환각물질의 경우 1) 1차 위반: 효력 정지 60일 2) 2차 위반: 효력 정지 120일 3) 3차 이상 위반: 연습허가 취소
12) 법 제57조제3항을 위반하여 같은 조 제1항에 따른 주류등의 섭취 및 사용 여부의 측정 요구에 따르지 않은 경우	법 제47조의2제1항제11호	연습허가 취소
13) 법 제57조의2를 위반하여 항공기 내에서 흡연을 한 경우	법 제47조의2제1항제12호	
가) 운항 중인 항공기 내에서 흡연한 경우		1차 위반: 효력 정지 60일 2차 위반: 효력 정지 120일 3차 이상 위반: 효력 정지 180일
나) 주기 중인 항공기 내에서 흡연한 경우		1차 위반: 효력 정지 30일 2차 위반: 효력 정지 60일 3차 이상 위반: 효력 정지 90일
14) 조종연습등을 수행할 때 고의 또는 중대한 과실로 항공기준사고, 의무보고대상 항공안전장애 또는 법 제61조제1항에 따른 항공안전위해요인을 발생시킨 경우	법 제47조의2제1항제13호	
가) 법 제61조제1항에 따른 항공안전위해요인을 발생시킨 경우		1차 위반: 효력 정지 15일 2차 위반: 효력 정지 30일 3차 이상 위반: 효력 정지 75일
나) 항공기준사고 또는 의무보고대상 항공안전장애를 발생시킨 경우		1차 위반: 효력 정지 30일 2차 위반: 효력 정지 60일 3차 이상 위반: 효력 정지 150일
15) 법 제47조의2제1항에 따른 연습허가의 정지명령을 위반하여 정지기간에 조종연습등을 한 경우	법 제47조의2제1항제14호	연습허가 취소

나. 항공신체검사증명

위반행위	근거 법 조문	처분내용
1) 거짓이나 그 밖의 부정한 방법으로 항공신체검사증명을 받은 경우	법 제47조의2제2항제1호	항공신체검사증명 취소
2) 법 제46조제4항 및 제47조제4항	법 제47조의2제2	1차 위반: 효력 정지 30일

에서 준용하는 법 제40조제2항에 따른 자격증명의 종류별 항공신체검사증명의 기준에 맞지 않게 되어 조종연습등을 하기에 부적합하다고 인정되는 경우	항제3호	2차 위반: 효력 정지 60일 3차 이상 위반: 효력 정지 150일
3) 법 제46조제4항 및 제47조제4항에서 준용하는 법 제40조제5항을 위반하여 한정된 항공업무의 범위를 준수하지 않고 조종연습등을 한 경우	법 제47조의2제2항제4호	1차 위반: 효력 정지 30일 2차 위반: 효력 정지 60일 3차 이상 위반: 효력 정지 150일
4) 법 제46조제4항 및 제47조제4항에서 준용하는 법 제41조에 따른 항공신체검사명령에 따르지 않은 경우	법 제47조의2제2항제5호	1차 위반: 효력 정지 30일 2차 위반: 효력 정지 60일 3차 이상 위반: 효력 정지 150일
5) 법 제46조제4항 및 제47조제4항에서 준용하는 법 제42조제1항을 위반하여 법 제40조제2항에 따른 자격증명의 종류별 항공신체검사증명의 기준에 적합하지 않은 사람이 조종연습등을 한 경우	법 제47조의2제2항제6호	1차 위반: 효력 정지 30일 2차 위반: 효력 정지 60일 3차 이상 위반: 효력 정지 150일
6) 법 제46조제5항 또는 제47조제5항을 위반하여 항공신체검사증명서를 소지하지 않고 조종연습등을 한 경우	법 제47조의2제2항제7호	1차 위반: 효력 정지 30일 2차 위반: 효력 정지 60일 3차 이상 위반: 효력 정지 150일
7) 법 제57조제1항을 위반하여 주류등의 영향으로 조종연습등을 정상적으로 수행할 수 없는 상태에서 조종연습등을 한 경우	법 제47조의2제1항제9호 및 같은 조 제2항제2호	가. 주류의 경우 1) 혈중알코올농도 0.02% 이상 0.06% 미만: 효력 정지 60일 2) 혈중알코올농도 0.06% 이상 0.09% 미만: 효력 정지 120일 3) 혈중알코올농도 0.09% 이상: 항공신체검사증명 취소 나. 마약류 또는 환각물질의 경우

		1) 1차 위반: 효력 정지 60일 2) 2차 위반: 효력 정지 120일 3) 3차 이상 위반: 항공신체검사증명 취소
8) 법 제57조제2항을 위반하여 조종연습등을 하는 동안에 같은 조 제1항에 따른 주류등을 섭취하거나 사용한 경우	법 제47조의2제1항제10호 및 같은 조 제2항제2호	가. 주류의 경우 1) 혈중알코올농도 0.02% 이상 0.06% 미만: 효력 정지 60일 2) 혈중알코올농도 0.06% 이상 0.09% 미만: 효력 정지 120일 3) 혈중알코올농도 0.09% 이상: 항공신체검사증명 취소 나. 마약류 또는 환각물질의 경우 1) 1차 위반: 효력 정지 60일 2) 2차 위반: 효력 정지 120일 3) 3차 이상 위반: 항공신체검사증명 취소
9) 법 제57조제3항을 위반하여 같은 조 제1항에 따른 주류등의 섭취 및 사용 여부의 측정 요구에 따르지 않은 경우	법 제47조의2제1항제11호 및 같은 조 제2항제2호	항공신체검사증명 취소

항공영어구술능력 등급기준(제99조제1항 관련)

1. 6등급

발 음	발음·강세·리듬 및 억양이 모국어 또는 지역특성에 따라 영향을 받지만 이해하는데 거의 지장이 없다.
문 법	간단하거나 복잡한 문법구조를 사용하여 문장패턴이 지속적으로 잘 조절된다.
어휘력	어휘 범위와 정확성이 다양한 주제에 대하여 효과적으로 대화하는데 충분하며, 관용적 표현과 뉘앙스가 있는 감각적인 어휘를 사용한다.
유창성	자연스럽게 힘들이지 않고 긴 문장을 말할 수 있으며, 강조하기 위하여 말의 흐름에 변화를 준다. 자연스럽게 적절한 신호단어를 사용한다.
이해력	이해력이 거의 모든 문맥에서 언어적·문화적인 미묘한 점을 포함하여 전체적으로 정확하다.
응 대 능 력	거의 모든 상황에서 쉽게 응대하고, 관련된 언어 또는 비언어적 암시에 민감하며 적절히 그것에 반응한다.

2. 5등급

발 음	발음·강세·리듬 및 억양이 모국어 또는 지역특성에 따라 영향을 받지만 이해하는데 지장을 줄 정도는 아니다.
문 법	기본적인 문법구조와 문장패턴이 일괄되게 잘 조절된다. 복잡한 문법구조를 사용하려고 하나, 가끔 의미 전달에 오류가 있다.
어휘력	공통되거나 명확한 업무 관련 주제에 대한 대화에 충분한 어휘력과 정확성이 있으며, 대체로 성공적으로 고쳐 말하기를 한다. 어휘는 때때로 관념적이다.
유창성	익숙한 주제에 대하여 상대적으로 쉽고 길게 말할 수 있으나, 문어체와 같이 말의 흐름에 변화가 없다. 적절한 신호단어를 사용한다.
이해력	업무와 관련된 주제에 대한 대화는 구체적이고 정확하며, 언어상 상황이 복잡하거나 예상하지 못한 상황에 대하여 화자가 거의 정확한 언어를 구사한다. 다양한 화두의 범위(방언/억양)를 이해할 수 있다
응 대 능 력	즉시, 적절히 응대하고 정보를 전달한다. 듣는 사람과 말하는 사람의 관계를 효과적으로 관리한다.

3. 4등급

발 음	발음·강세·리듬 및 억양이 모국어 또는 지역 특성에 따라 영향을 받고 간혹 이해하는데 방해를 받는다.
문 법	기본적인 문법구조와 문장패턴이 독창적으로 사용되고, 일반적으로 잘 조절되나 일상적이지 않거나 예상하지 못한 상황에서는 오류가 있을 수 있으며, 드물게 의미 전달에 방해가 된다.
어휘력	공통되고 명확한 업무 관련 주제에 대한 대화는 충분한 어휘와 정확성이 있으나, 일상적이지 않거나 예상되지 않는 상황에서는 어휘력이 부족하여 자주 고쳐 말하기를 한다.
유창성	적절한 속도로 장황하게 말하여, 다시 말하는 과정이나 무의식적인 대응에 대한 공식적인 연설 시에는 유창함이 떨어지지만 효과적인 대화를 하는 데 방해를 받지는 않는다. 신호단어를 한정하여 사용한다. 삽입어가 혼란을 주지는 않는다.
이해력	사용된 강세나 변화가 국제 사용자들이 충분히 알아들을 수 있는 수준이며, 공통되고 명확한 업무 관련 주제에 대한 이해력은 대체로 정확하다. 화자가 언어적 또는 상황적으로 복잡한 상태이거나 예상하지 못한 대답 상황에서는 이해력이 느려지거나 확실하게 하기 위한 방법이 요구된다.
응 대 능 력	대체로 즉시 응대하고 정보를 전달한다. 기대하지 않은 대화에서도 대화를 시작하거나 유지할 수 있다. 확인을 통하여 잘못 이해한 부분을 명확히 할 수 있다.

■ 항공안전법 시행규칙 [별표 12] <개정 2025. 12. 5.>

전문교육기관 지정기준(제104조제2항 관련)

1. 자가용 조종사과정 지정기준

가. 교육과목 및 교육방법

1) 학과교육: 과목별 교육내용 및 시간은 다음을 표준으로 하되, 총교육시간은 180시간 이상이어야 한다. 다만, 과목별 교육시간은 100분의 35의 범위에서 조정할 수 있고, 교육내용별 교육시간은 조정하여 실시할 수 있다.

과목	교육 내용	교육시간	계
항공법규	국제・국내항공법규	7.5	15
	조종 관련 항공법규	7.5	
공중항법	항법이론	15	45
	비행단계별 비행절차	15	
	인적수행능력(위기 및 오류관리 포함)	15	
항공기상	기상일반	15	30
	항공기상, 분석 및 실무	15	
비행이론	비행이론 일반	10	45
	항공기의 구조와 시스템	15	
	기초비행원리	10	
	항공기 성능	10	
항공교통・통신・정보업무	교통관제업무 일반	15	40
	조난・비상・긴급통신 방법 및 절차	10	
	항공통신・항공정보	15	
시험(중간시험을 한 번 이상 실시해야 한다)		5	5
계			180

2) 실기교육: 과목별 시간은 다음을 표준으로 하며, 과목별 교육시간은 100분의 35 범위 내에서 조정이 가능하되, 단독 비행시간 10시간을 포함한 총교육시간은 35시간 이상이어야 한다. 다만, 지방항공청장이 지정한 모의비행훈련장치를 이용한 비행훈련시간은 별표 4에 따른다.

구분	과목	동승 비행시간	단독 비행시간	계
비행기	1. 장주 이착륙	7	3	10
	2. 공중 조작	7	2	9
	3. 기본계기비행	1	-	1
	4. 야외 비행	5	5	10
	5. 야간 비행	2	-	2
	6. 비정상 및 비상절차	1	-	1
	7. 시험(중간시험을 한 번 이상 실시해야 한다)	2	-	2
	계	25	10	35
헬리콥터	1. 장주 이착륙	8	2	10
	2. 공중 조작	3	2	5
	3. 지표 부근에서의 조작	4	1	5
	4. 야외 비행	5	5	10
	5. 비정상 및 비상절차	3	-	3
	6. 시험(중간시험을 한 번 이상 실시해야 한다)	2	-	2
	계	25	10	35

나. 교관 확보기준

1) 학과교관

가) 자격요건

(1) 21세 이상일 것

(2) 해당 과목에 대한 지식과 능력을 갖추고 있을 것

(3) 항공기 종류 및 등급에 해당하는 자가용 조종사, 사업용 조종사, 부조종사 또는 운송용 조종사 자격증명(항공법규, 인적수행능력, 항공기상, 비행이론, 항공교통・통신・정보업무 과목의 학과교관의 경우에는 제외한다)을 가질 것

(4) 다음 표에 해당하는 교과목별 학과교관이 가져야 할 자격증명은 다음과 같다.

과목	자격증명 등
1. 항공법규	항공종사자 자격증명 소지자 또는 해당 분야의 실무경력(교육경력을 포함한다)이 3년 이상인 사람
2. 항공기상	항공종사자 자격증명(항공정비사를 제외한다) 소지자 또는 해당 분야의 실무경력(교육경력을 포함한다)이 3년 이상인 사람
3. 비행이론	항공종사자 자격증명 소지자 또는 해당 분야의 실무경력(교육경력을 포함한다)이 3년 이상인 사람
4. 항공교통・통신・정보업무	항공종사자 자격증명(항공정비사를 제외한다) 소지자 또는 해당 분야의 실무경력(교육경력을 포함한다)이 3년 이상인 사람
5. 인적수행능력(위기 및 오류관리 포함)	항공종사자 자격증명 소지자 또는 항공의학, 심리학, 철학을 전공하고 인적수행능력 과정을 이수한 사람(항공우주의료 관련 해당분야 실무경력 또는 교육경력이 3년 이상인 사람을 포함한다)

나) 운영기준

(1) 학과교관의 강의는 1주당 30시간을 초과하지 않을 것(비행실기교관으로 근무한 시간을 포함하며 학과시험 감독으로 근무한 시간은 제외한다)

(2) 학과교관의 강의준비 시간은 강의 1시간당 1시간이상 주어질 것.

2) 비행실기교관
가) 자격요건
(1) 21세 이상일 것
(2) 해당 과정의 실기교육(모의비행훈련장치 비행훈련 포함)에 필요한 아래의 항공종사자 자격증명 중 어느 하나를 가질 것. 다만, 사업용 조종사 자격증명을 가진 비행실기교관 중 25% 이상은 계기비행증명을 가질 것
(가) 사업용 조종사 자격증명 및 조종교육증명
(나) 부조종사 자격증명 및 조종교육증명
(다) 운송용 조종사 자격증명 및 조종교육증명
(라) 군의 비행실기교관 자격
나) 운영기준
(1) 비행실기교관의 조종교육시간은 연간 1,200시간(학과교관으로 근무한 시간을 포함하며, 학과시험감독으로 근무한 시간은 제외한다)을 초과하지 아니할 것
(2) 비행실기교관 1명이 담당하는 교육생은 8명 이하로 할 것
3) 주임교관
가) 24세 이상일 것
나) 해당 교육과정 운영에 필요한 지식, 경력, 능력 및 지휘통솔력을 갖춘 학과 및 비행실기 교관 중 각각 1명을 학과주임교관 및 실기주임교관으로 임명할 것
4) 실기시험관
가) 자격요건
(1) 23세 이상일 것
(2) 해당 과정의 실기시험(모의비행훈련장치 실기시험 포함)에 필요한 아래의 항공종사자 자격증명 중 어느 하나를 가진 사람으로서 400시간 이상의 조종교육경력과 1,000시간 이상의 총 비행경력이 있을 것
(가) 사업용 조종사 자격증명 및 선임 조종교육증명
(나) 운송용 조종사 자격증명 및 선임 조종교육증명
(다) 군의 비행평가교관 자격
(3) 최근 2년 이내에 「항공사업법」, 「항공안전법」 또는 「공항시설법」을 위반하여 행정처분을 받은 사실이 없을 것
나) 운영기준
(1) 필요 시 실기시험관은 학과교관 및 비행실기교관을 겸임할 수 있도록 할 것
(2) 실기시험관은 자신이 비행실기 과목을 교육한 학생에 대하여는 그 과목에 대한 평가업무를 수행할 수 없도록 할 것
다. 시설 및 장비 확보기준
1) 강의실, 자료열람실, 비행계획실, 브리핑실, 교관실 및 행정사무실 등 학과교육 및 비행실기교육에 필요한 교육훈련시설은 학생 수를 고려하여 충분히 확보해야 하며, 건축 관계 법규, 「소음·진동관리법」 및 「소방법」 등 관련 법규의 기준에 적합할 것
2) 실기비행훈련에 사용되는 훈련용 항공기는 「항공안전법」에 따른 감항성을 확보할 수 있도록 유지·관리할 것
3) 모의비행훈련장치는 모의비행훈련장치 지정기준 및 검사요령에 따라 지정되고 유지·관리할 것
4) 이착륙 시설(훈련비행장)은 실기비행훈련에 사용되는 항공기의 비행훈련에 적합한 활주로 · 계류장 및 항공교통관제 처리용량을 갖추어야 하며, 교신이 가능한 무선송수신 통신장비를 갖출 것
5) 비행실기교육을 외부에 위탁하는 경우 수탁자는 법 제48조에 따라 전문교육기관 지정을 받은 자일 것. 다만, 비행실기교육을 외국에 있는 교육기관에 위탁하는 경우에는 외국 정부로부터 전문교육기관 지정을 받은 자이어야 한다.
라. 교육평가방법
1) 학과시험은 3회 이상 실시할 것
2) 실기시험은 2회 이상 실시할 것
3) 교육생은 총 학과교육시간의 100분의 85 이상을 이수하도록 할 것
4) 학과시험 범위는 제1호 가목 1) 학과시험 과목에 따라 실시할 것
5) 실기시험 범위는 제1호 가목 2) 실기시험 과목에 따라 실시할 것
6) 과목별 합격기준은 100분의 70 이상으로 할 것
7) 과목별 불합격자는 해당 과목 교육시간의 100분의 20 이내에서 추가교육을 한 후 2회의 재시험을 실시할 수 있도록 할 것
마. 교육계획: 교관, 시설 및 장비 등을 고려한 연간 최대 교육인원을 포함한 교육계획을 수립할 것
바. 교육규정에 포함하여야 할 사항
1) 교육기관의 명칭
2) 교육기관의 소재지
3) 항공종사자 자격별 교육과정명
4) 교육목표 및 목적
5) 교육기관 운영과 관련된 조직 및 인원과 관련된 임무
6) 교육생 응시기준 및 선발방법 등
7) 교육생 정원(연간 최대 교육인원)
8) 편입기준
9) 결석자에 대한 보충교육 방법

10) 시험시행 횟수, 시기 및 방법

11) 학사운영(입학 및 수료 등) 보고에 관한 사항

12) 수료증명서 발급에 관한 사항

13) 교육과정 운영과 관련된 기록·유지 등에 관한 사항

14) 그 밖에 전문교육기관 운영에 필요한 사항 등

사. 항공안전관리시스템(SMS)을 마련할 것

아. 역량기반의 교육 및 평가(CBTA: Competency-based training and assessment)를 할 것

2. 사업용 조종사과정 지정기준

가. 교육과목 및 교육방법

1) 학과교육: 과목별 교육내용 및 시간은 다음을 표준으로 하되, 총교육시간은 510시간(자가용 조종사과정 교육시간을 포함한다) 이상이어야 한다. 다만, 과목별 교육시간은 100분의 35의 범위에서 조정할 수 있고, 교육내용별 교육시간은 조정하여 실시할 수 있다.

과목	교육 내용	교육시간	계
항공법규	국제·국내항공법규	45	90
	조종 관련 항공법규	45	
공중항법	항법이론	30	105
	비행단계별 비행절차	30	
	인적수행능력(위기 및 오류관리 포함)	45	
항공기상	기상일반	15	90
	항공기상	30	
	항공기상분석 및 실무	45	
비행이론	비행이론 일반	10	115
	항공기의 구조와 시스템	45	
	기초비행원리	30	
	항공기 성능	30	
항공교통·통신·정보업무	교통관제업무 일반	30	90
	조난·비상·긴급통신 방법 및 절차	15	
	항공통신	30	
	항공정보	15	
시험(중간시험을 네 번 이상 실시해야 한다)		20	20
계			510

※ 비고 : 총 교육시간의 50% 범위 내에서 국토교통부장관이 인정하는 CBT(Computer Based Training)를 이용하여 교육을 실시할 수 있다.

2) 실기교육: 과목별 시간배분은 다음을 표준으로 하며, 과목별 교육시간은 100 분의 35 범위 내에서 조정이 가능하되, 기장으로서의 비행시간 70시간을 포함한 총교육시간은 150시간 이상(자가용 조종사과정 교육시간을 포함한다)이어야 한다. 다만, 지방항공청장이 지정한 모의비행훈련장치를 이용한 비행훈련시간 인정은 별표 4에 따른다.

구분	과목	동승 비행시간	단독 비행시간 (또는 기장시간)	계
비행기	1. 장주 이착륙	15	20	35
	2. 공중 조작	10	15	25
	3. 기본계기비행	10	10	20
	4. 야외 비행	34	20	54
	5. 야간 비행	5	5	10
	6. 비정상 및 비상절차	1	-	1
	7. 시험(중간시험을 세 번 이상 실시해야 한다)	5	-	5
	계	80	70	150
헬리콥터	1. 장주 이착륙	15	5	20
	2. 공중 조작	3	3	6
	3. 지표 부근에서의 조작	5	2	7
	4. 기본계기비행	5	5	10
	5. 야외 비행	15	10	25
	6. 야간 비행	2	5	7
	7. 비정상 및 비상절차	15	5	20
	8. 시험(중간시험을 두 번 이상 실시해야 한다)	5	-	5
	계	65	35	100

나. 교관 확보기준

1) 학과교관

가) 자격요건

(1) 21세 이상일 것

(2) 해당 과목에 대한 지식과 능력을 갖추고 있을 것

(3) 항공기 종류 및 등급에 해당하는 자가용 조종사, 사업용 조종사, 부조종사 또는 운송용 조종사 자격증명(항공법규, 인적수행능력, 항공기상, 비행이론, 항공교통·통신·정보업무 과목의 학과교관의 경우에는 제외한다)을 가질 것

(4) 다음 표에 해당하는 교과목별 학과교관이 가져야 할 자격증명은 다음과 같다.

과목	자격증명 등
1. 항공법규	항공종사자 자격증명 소지자 또는 해당 분야의 실무경력(교육경력을 포함한다)이 3년 이상인 사람

2. 항공기상	항공종사자 자격증명(항공정비사를 제외한다) 소지자 또는 해당 분야의 실무경력(교육경력을 포함한다)이 3년 이상인 사람
3. 비행이론	항공종사자 자격증명 소지자 또는 해당 분야의 실무경력(교육경력을 포함한다)이 3년 이상인 사람
4. 항공교통 · 통신 · 정보업무	항공종사자 자격증명(항공정비사를 제외한다) 소지자 또는 해당 분야의 실무경력(교육경력을 포함한다)이 3년 이상인 사람
5. 인적수행능력(위기 및 오류관리 포함)	항공종사자 자격증명 소지자 또는 항공의학, 심리학, 철학을 전공하고 인적수행능력 과정을 이수한 사람(항공우주의료 관련 해당분야 실무경력 또는 교육경력이 3년 이상인 사람을 포함한다)

나) 운영기준

(1) 학과교관의 강의는 1주당 30시간을 초과하지 않을 것(비행실기교관으로 근무한 시간을 포함하며, 학과시험 감독으로 근무한 시간은 제외한다)

(2) 학과교관의 강의준비 시간은 강의 1시간당 1시간 이상 주어질 것

2) 비행실기교관

가) 자격요건

(1) 21세 이상일 것

(2) 해당 과정의 실기교육(모의비행훈련장치 비행훈련을 포함한다)에 필요한 아래의 항공종사자 자격증명 중 어느 하나를 가질 것. 다만, 사업용 조종사 자격증명 또는 군의 비행실기교관 자격을 가진 비행실기교관 중 100분의 75 이상은 계기비행증명 또는 군의 계기비행증명을 가질 것

(가) 사업용 조종사 자격증명 및 조종교육증명

(나) 운송용 조종사 자격증명 및 조종교육증명

(다) 군의 비행실기교관 자격

나) 운영기준

(1) 비행실기교관의 조종교육시간은 연간 1,200시간(학과교관으로 근무한 시간을 포함하며, 학과시험 감독으로 근무한 시간은 제외한다)을 초과하지 아니할 것

(2) 비행실기교관 한명이 담당하는 교육생은 6명 이하로 할 것.

3) 주임교관

가) 24세 이상일 것

나) 해당 교육과정 운영에 필요한 지식, 경력, 능력 및 지휘통솔력을 갖춘 학과 및 비행실기 교관 중 각각 1명을 학과주임교관 및 실기주임교관으로 임명할 것

4) 실기시험관

가) 자격요건

(1) 23세 이상일 것

(2) 해당 과정의 실기시험(모의비행훈련장치 실기시험을 포함한다)에 필요한 아래의 항공종사자 자격증명 중 어느 하나를 가진 사람으로서 500시간 이상의 조종교육경력과 1,500시간 이상의 총 비행경력이 있을 것

(가) 사업용 조종사(계기비행증명을 보유할 것) 자격증명 및 선임 조종교육증명

(나) 운송용 조종사 자격증명 및 조종교육증명

(다) 군의 비행평가교관 자격(군의 계기비행증명을 보유할 것)

(3) 최근 2년 이내에 「항공사업법」, 「항공안전법」 또는 「공항시설법」을 위반하여 행정처분을 받은 사실이 없을 것

나) 운영기준

(1) 필요 시 실기시험관을 학과교관 및 비행실기교관을 겸임할 수 있도록 할 것

(2) 전문교육기관 설치자 및 관리자는 실기시험관을 겸직하지 않도록 할 것

(3) 실기시험관은 자신이 비행실기 과목을 교육한 학생에 대하여는 그 과목에 대한 평가업무를 수행할 수 없도록 할 것

다. 시설 및 장비 확보기준

1) 강의실, 자료열람실, 비행계획실, 브리핑실, 교관실 및 행정사무실 등 학과교육 및 비행실기교육에 필요한 교육훈련시설은 학생 수를 고려하여 충분히 확보해야 하며, 건축 관계 법규, 「소음·진동관리법」 및 「소방법」 등 관련 법규의 기준에 적합할 것

2) 실기비행훈련에 사용되는 훈련용 항공기는 「항공안전법」에 따른 감항성을 확보할 수 있도록 유지·관리할 것.

3) 모의비행훈련장치는 모의비행훈련장치 지정기준 및 검사요령에 따라 지정되고 유지·관리할 것

4) 이착륙 시설(훈련비행장)은 실기비행훈련에 사용되는 항공기의 비행훈련에 적합한 활주로 · 계류장 및 항공교통관제 처리용량을 갖추어야 하며, 교신이 가능한 무선송수신 통신장비를 갖출 것

5) 비행실기교육을 외부에 위탁하는 경우 수탁자는 법 제48조에 따라 전문교육기관 지정을 받은 자일 것. 다만, 비행실기교육을 외국에 있는 교육기관에 위탁하는 경우에는 외국 정부로부터 전문교육기관 지정을 받은 자이어야 한다.

라. 교육평가방법

1) 학과시험은 5회 이상 실시할 것

2) 실기시험은 4회 이상 실시할 것

3) 교육생은 총 학과교육시간의 100분의 85 이상을 이수하도록 할 것

4) 학과시험 범위는 제2호 가목 1) 학과시험 과목에 따라 실시할 것

5) 실기시험 범위는 제2호 가목 2) 실기시험 과목에 따라 실시할 것

6) 과목별 합격기준은 100분의 70 이상으로 할 것

7) 과목별 불합격자는 해당 과목 교육시간의 100분의 20 이내에서 추가교육을 한 후 2회의 재시험을 실시할 수 있도록 할 것

마. 교육계획: 교관, 시설 및 장비 등을 고려한 연간 최대 교육인원을 포함한 교육계획을 수립할 것

바. 교육규정에 포함하여야 할 사항

1) 교육기관의 명칭

2) 교육기관의 소재지

3) 항공종사자 자격별 교육과정명

4) 교육목표 및 목적

5) 교육기관 운영과 관련된 조직 및 인원과 관련된 임무

6) 교육생 응시기준 및 선발방법 등

7) 교육생 정원(연간 최대 교육인원)

8) 편입기준

9) 결석자에 대한 보충교육 방법

10) 시험시행 횟수, 시기 및 방법

11) 학사운영(입학 및 수료 등) 보고에 관한 사항

12) 수료증명서 발급에 관한 사항

13) 교육과정 운영과 관련된 기록·유지 등에 관한 사항

14) 그 밖에 전문교육기관 운영에 필요한 사항 등

사. 항공안전관리시스템(SMS)을 마련할 것

아. 역량기반의 교육 및 평가(CBTA: Competency-based training and assessment)를 할 것

3. 부조종사(MPL: Multi-crew Pilot Licence) 과정 지정기준

가. 교육과목 및 교육방법

1) 학과교육: 과목별 시간배분은 다음을 표준으로 하며, 과목별 교육시간은 100분의 35 범위 내에서 조정이 가능하되, 총교육시간은 650시간 이상이어야 한다. 다만, 총 교육시간의 50% 범위 내에서 국토교통부장관이 인정하는 CBT(Computer Based Training)를 이용한 교육시간은 이를 포함할 수 있다.

과목	교육시간
1. 항공법규	18
2. 항공교통관제 및 항공정보(수색 및 구조 포함)	40
3. 전파법규 및 전기통신술	10
4. 무선공학(항공보안무선시설 및 무선기기)	27
5. 항공기상	77
6. 공중항법	68
7. 항공계기	20
8. 운항관리(비행계획 포함)	10
9. 항공역학(비행이론, 감항검사 포함)	40
10. 항공기구조	20
11. 항공장비	30
12. 동력장치	30
13. 정비방식, 중량배분, 중심위치, 항공기 성능	30
14. 항공기 조종법	30
15. 항공기 취급법	10
16. 인적 성능 및 한계(위기 및 오류 관리 포함)	20
17. 특정 형식의 항공기 비행교범(구조, 동력장치, 장비, 성능, 운용제한 및 중량배분 등 포함)	116
18. 특정 형식의 항공기 조종실 절차훈련(CPT: Cockpit Procedure Training)	20
19. 항공사 운영(항공역사, 운송항공회사, 항공경제, ICAO와 IATA의 역할 포함)	10
20. 시험(중간시험을 여덟 번 이상 실시하여야 한다)	24
계	650

2) 실기교육: 과목별 시간배분은 다음을 표준으로 하며, 과목별 교육시간은 100분의 35 범위 내에서 조정이 가능하되, 지방항공청장이 지정한 특정 형식의 항공기 모의비행훈련장치를 이용한 비행훈련 시간과 최소한 40시간 이상의 실제 비행기에 의한 비행경력을 포함하여 총 240시간 이상이어야 한다.

과목	동승 비행시간	단독 비행시간 (또는 기장시간)	계
1. 항공기 비행 전 지상작동	10	3	13
2. 항공기 이륙	30	12	42
3. 항공기 상승비행	25	10	35
4. 항공기 순항비행	15	10	25
5. 항공기 강하비행	15	10	25
6. 항공기 접근비행	25	10	35
7. 항공기 착륙	30	12	42
8. 항공기 비행 후 지상작동	10	3	13
9. 시험(중간시험을 여덟 번 이상 실시하여야 한다)	10	-	10
계	170	70	240

나. 교관 확보기준

1) 학과교관 자격요건

가) 자격요건

(1) 21세 이상일 것

(2) 해당 과목에 대한 지식과 능력을 갖추고 있을 것

(3) 항공기 종류 및 등급에 해당하는 자가용 조종사, 사업용 조종사, 부조종사

또는 운송용 조종사 자격증명을 가질 것

(4) 다음 표에 해당하는 교과목별 학과교관이 소지해야 할 자격증명은 다음과 같다.

과목	자격증명 등
1. 항공교통관제, 항공정보, 항공기상, 운항관리 등	자가용 조종사, 사업용 조종사, 부조종사, 운송용 조종사, 운항관리사, 항공교통관제사 중 1개
2. 전파법규, 전기통신술, 무선공학 등	자가용 조종사, 사업용 조종사, 부조종사, 운송용 조종사 또는 해당 과목 교육에 적합한 국가기술자격증명 중 1개
3. 항공계기, 항공역학, 항공기구조, 항공장비, 동력장치, 정비방식, 중량배분 중심위치, 항공기 성능, 항공기 취급법 등	자가용 조종사, 사업용 조종사, 부조종사, 운송용 조종사, 항공기관사, 항공정비사 중 1개
4. 인적 성능 및 한계 중 항공생리·심리 및 구급법	자가용 조종사, 사업용 조종사, 부조종사, 운송용 조종사, 항공의학에 관한 교육을 받은 의사 중 1개

나) 운영기준

(1) 학과교관의 강의는 1주당 20시간을 초과하지 않을 것(비행실기교관으로 근무한 시간을 포함하며 학과시험 감독으로 근무한 시간은 제외한다)

(2) 학과교관의 강의준비 시간은 강의 1시간당 1이상 주어질 것

2) 비행실기교관

가) 자격요건

(1) 21세 이상일 것

(2) 해당 과정의 실기교육(모의비행훈련장치 비행훈련을 포함한다)에 필요한 아래의 항공종사자 자격증명 중 어느 하나를 가질 것. 다만, 사업용 조종사 자격증명 또는 군의 비행실기교관 자격을 가진 비행실기교관 중 100분의 75 이상은 계기비행증명 또는 군의 계기비행증명을 가질 것

(가) 사업용 조종사 자격증명 및 조종교육증명

(나) 운송용 조종사 자격증명 및 조종교육증명

(다) 군의 비행실기교관 자격

나) 운영기준

(1) 비행실기교관의 조종교육 시간은 연간 1,200시간(학과교관으로 근무한 시간을 포함하며, 학과시험 감독으로 근무한 시간은 제외한다)을 초과하지 아니할 것

(2) 비행실기교관 한명이 담당하는 교육생은 6명 이하로 할 것

3) 주임교관

가) 24세 이상일 것

나) 해당 교육과정 운영에 필요한 지식, 경력, 능력 및 지휘통솔력을 갖춘 학과 및 비행실기 교관 중 각각 1명을 학과주임교관 및 실기주임교관으로 임명할 것

4) 실기시험관

가) 자격요건

(1) 23세 이상일 것

(2) 실기시험관은 해당 과정의 실기시험(모의비행훈련장치 실기시험을 포함한다)에 필요한 아래의 항공종사자 자격증명 중 어느 하나를 가지고 500시간 이상의 조종교육경력과 1,500시간 이상의 총비행경력이 있을 것

(가) 사업용 조종사(계기비행증명을 보유할 것) 자격증명 및 선임 조종교육증명

(나) 운송용 조종사 자격증명 및 선임 조종교육증명

(다) 군의 비행평가교관 자격(군의 계기비행증명을 보유할 것)

(3) 최근 2년 이내에 「항공사업법」, 「항공안전법」 또는 「공항시설법」을 위반하여 행정처분을 받은 사실이 없을 것

나) 운영기준

(1) 필요 시 실기시험관은 학과교관 및 비행실기교관을 겸임할 수 있도록 할 것

(2) 전문교육기관 설치자 및 관리자는 실기시험관을 겸직하지 않도록 할 것

(3) 실기시험관은 자신이 비행실기 과목을 교육한 학생에 대해서는 그 과목에 대한 평가업무를 수행할 수 없도록 할 것

다. 시설 및 장비 확보기준

1) 강의실, 자료열람실, 비행계획실, 브리핑실, 교관실 및 행정사무실 등 학과교육 및 비행실기교육에 필요한 교육훈련시설은 학생 수를 고려하여 충분히 확보해야 하며, 건축 관계 법규, 「소음·진동관리법」 및 「소방법」 등 관련법규의 기준에 적합할 것

2) 실기비행훈련에 사용되는 훈련용 항공기는 「항공안전법」에 따른 감항성을 확보할 수 있도록 유지·관리할 것

3) 모의비행훈련장치는 모의비행훈련장치 지정기준 및 검사요령에 따라 지정되고 유지·관리할 것

4) 이착륙 시설(훈련비행장)은 실기비행훈련에 사용되는 항공기의 비행훈련에 적합한 활주로·계류장 및 항공교통관제 처리용량을 갖추어야 하며, 교신이 가능한 무선송수신 통신장비를 갖출 것

5) 비행실기교육을 외부에 위탁하는 경우 수탁자는 법 제48조에 따라 전문교육기관 지정을 받은 자일 것. 다만, 비행실기교육을 외국에 있는 교육기관에 위탁하는 경우에는 외국 정부로부터 전문교육기관 지정을 받은 자이어야 한다.

라. 교육평가방법

1) 교육과정 중 학과시험 및 실기시험은 각각 9회 이상 실시할 것

2) 교육생은 총 학과교육시간의 100분의 85 이상을 이수토록 할 것

3) 학과시험 범위는 제3호 가목 1) 학과시험 과목에 따라 실시할 것

4) 실기시험 범위는 제3호 가목 2) 실기시험 과목에 따라 실시할 것

5) 과목별 합격기준은 100분의 70 이상으로 할 것

6) 과목별 불합격자는 해당 과목 교육시간의 100분의 20 이내에서 추가교육을 한 후 2회의 재시험을 실시할 수 있도록 할 것

마. 교육계획: 교관, 시설 및 장비 등을 고려한 연간 최대 교육인원을 포함한 교육계획을 수립할 것

바. 교육규정에 포함하여야 할 사항

1) 교육기관의 명칭

2) 교육기관의 소재지

3) 항공종사자 자격별 교육과정명

4) 교육목표 및 목적

5) 교육기관 운영과 관련된 조직 및 인원과 관련된 임무

6) 교육생 응시기준 및 선발방법 등

7) 교육생 정원(연간 최대 교육인원)

8) 편입기준

9) 결석자에 대한 보충교육 방법

10) 시험시행 횟수, 시기 및 방법

11) 학사운영(입학 및 수료 등) 보고에 관한 사항

12) 수료증명서 발급에 관한 사항

13) 교육과정 운영과 관련된 기록·유지 등에 관한 사항

14) 그 밖에 전문교육기관 운영에 필요한 사항 등

사. 항공안전관리시스템(SMS)을 마련할 것

아. 역량기반의 교육 및 평가(CBTA: Competency-based training and assessment)를 할 것

4. 조종사 등급 한정 추가과정 지정기준

가. 교육과목 및 교육방법

1) 학과교육: 과목별 시간배분은 다음을 표준으로 하며, 과목별 교육시간은 100분의 35 범위 내에서 조정이 가능하되, 총교육시간은 20시간 이상이어야 한다.

과목	교육시간
1. 항공기 일반(다발항공기의 구조, 동력장치, 장비, 성능, 운용제한 및 중량 배분 등 포함)	10
2. 항공기 조종법	9
3. 시험	1
계	20

2) 실기교육: 과목별 시간배분은 다음을 표준으로 한다.

과목	동승비행시간
1. 장주 이착륙	2
2. 공중 조작	3
3. 기본계기비행	2
4. 비정상 및 비상절차	2
5. 시험	1
계	10

나. 교관 확보기준

1) 학과교관

가) 자격요건

(1) 21세 이상일 것

(2) 해당 과목에 대한 지식과 능력을 갖추고 있을 것

(3) 항공기 종류 및 등급에 해당하는 사업용 조종사, 부조종사 또는 운송용 조종사 자격증명을 가질 것. 단 항공기 일반 과목의 학과교관은 해당 종류의 항공정비사 자격증명을 가진 사람도 가능

나) 운영기준

(1) 학과교관의 강의는 1주당 20시간을 초과하지 않을 것(비행실기교관으로 근무한 시간을 포함하며, 학과시험감독으로 근무한 시간은 제외한다)

(2) 학과교관의 강의준비 시간은 강의 1시간당 1시간 이상 주어질 것

2) 비행실기교관

가) 자격요건

(1) 21세 이상일 것

(2) 해당 과정의 실기교육에 필요한 아래의 항공종사자 자격증명 중 어느 하나를 가질 것

(가) 사업용 조종사 자격증명(계기비행증명을 보유할 것) 및 조종교육증명

(나) 운송용 조종사 자격증명 및 조종교육증명

(다) 군의 비행실기교관 자격(군의 계기비행증명을 보유할 것)

나) 운영기준

(1) 비행실기교관의 조종교육시간은 연간 1,200시간(학과교관으로 근무한 시간

을 포함하며, 학과시험 감독으로 근무한 시간은 제외한다)을 초과하지 아니할 것

(2) 비행실기교관 한명이 담당하는 교육생은 6명 이하로 할 것

3) 주임교관

가) 24세 이상일 것

나) 해당 교육과정 운영에 필요한 지식, 경력, 능력 및 지휘통솔력을 갖춘 학과 및 비행실기 교관 중 각각 1명을 학과주임교관 및 실기주임교관으로 임명할 것

4) 실기시험관

가) 자격요건

(1) 23세 이상일 것

(2) 해당 과정의 실기시험에 필요한 아래의 항공종사자 자격증명 중 어느 하나를 가지고 400시간 이상의 조종교육경력과 1,000시간 이상의 총비행경력이 있을 것

(가) 사업용 조종사(계기비행증명을 보유할 것) 자격증명 및 선임 조종교육증명

(나) 운송용 조종사 자격증명 및 선임 조종교육증명

(다) 군의 비행평가교관 자격(군의 계기비행증명을 보유할 것)

(3) 최근 2년 이내에 「항공사업법」, 「항공안전법」 또는 「공항시설법」을 위반하여 행정처분을 받은 사실이 없을 것

나) 운영기준

(1) 필요 시 실기시험관을 학과교관 및 비행실기교관을 겸임할 수 있도록 할 것

(2) 전문교육기관 설치자 및 관리자는 실기시험관을 겸직하지 않도록 할 것

(3) 실기시험관은 자신이 비행실기 과목을 교육한 학생에 대해서는 그 과목에 대한 평가업무를 수행할 수 없도록 할 것

다. 시설 및 장비 확보기준

1) 강의실, 자료열람실, 비행계획실, 브리핑실, 교관실 및 행정사무실 등 학과교육 및 비행실기교육에 필요한 교육훈련시설은 학생 수를 고려하여 충분히 확보해야 하며, 건축 관계 법규, 「소음·진동관리법」 및 「소방법」등 관련 법규의 기준에 적합할 것

2) 실기비행훈련에 사용되는 훈련용 항공기는 「항공안전법」에 따른 감항성을 확보할 수 있도록 유지·관리할 것

3) 이착륙 시설(훈련비행장)은 실기비행훈련에 사용되는 항공기의 비행훈련에 적합한 활주로 · 계류장 및 항공교통관제 처리용량을 갖추어야 하며, 교신이 가능한 무선송수신 통신장비를 갖출 것

4) 비행실기교육을 외부에 위탁하는 경우 수탁자는 법 제48조에 따라 전문교육기관 지정을 받은 자일 것. 다만, 비행실기교육을 외국에 있는 교육기관에 위탁하는 경우에는 외국 정부로부터 전문교육기관 지정을 받은 자이어야 한다.

라. 교육평가방법

1) 교육과정 중 학과시험 및 실기시험은 각각 한 번 이상 실시할 것

2) 교육생은 총학과교육시간의 100분의 85 이상을 이수토록 할 것

3) 학과시험 범위는 제4호 가목 1) 학과시험 과목에 따라 실시할 것

4) 실기시험 범위는 제4호 가목 2) 실기시험 과목에 따라 실시할 것

5) 과목별 합격기준은 100분의 70 이상으로 할 것

6) 과목별 불합격자는 해당 과목 교육시간의 100분의 20 이내에서 추가교육을 한 후 2회의 재시험을 실시할 수 있도록 할 것

마. 교육계획: 교관, 시설 및 장비 등을 고려한 최대 교육인원을 포함한 교육계획을 수립할 것

바. 교육규정에 포함하여야 할 사항

1) 교육기관의 명칭

2) 교육기관의 소재지

3) 항공종사자 자격별 교육과정명

4) 교육목표 및 목적

5) 교육기관 운영과 관련된 조직 및 인원과 관련된 임무

6) 교육생 응시기준 및 선발방법 등

7) 교육생 정원(연간 최대 교육인원)

8) 편입기준

9) 결석자에 대한 보충교육 방법

10) 시험시행 횟수, 시기 및 방법

11) 학사운영(입학 및 수료 등) 보고에 관한 사항

12) 수료증명서 발급에 관한 사항

13) 교육과정 운영과 관련된 기록·유지 등에 관한 사항

14) 그 밖에 전문교육기관 운영에 필요한 사항 등

사. 역량기반의 교육 및 평가(CBTA : Competency-based training and assessment)를 할 것

5. 조종사 형식 한정 추가과정 지정기준

가. 교육과목 및 교육방법

1) 학과교육: 과목별 시간배분은 다음을 표준으로 하며, 과목별 교육시간은 100분의 35 범위 내에서 조정이 가능하되, 총교육시간은 140시간 이상이거나 항공기 제작회사가 정한 형식한정 변경에 필요한 학과교육 시간 이상이어야 한다. 다만, 총 교육시간의 50% 범위 내에서 국토교통부장관이 인정하는 CBT(Computer Based Training)를 이용한 교육시간은 이를 포함할 수 있다.

과목	교육시간
1. 해당 항공기 비행교범(구조, 동력장치, 장비, 성능, 운용제한 및 중량배분 등 포함)	116
2. 해당 항공기 조종실 절차훈련(CPT, Cockpit Procedure Training)	20
3. 시험(중간시험을 두 번 이상 실시하여야 한다)	4
계	140

2) 실기교육: 과목별 배분시간은 다음을 표준으로 한다.

구분	과목	동승비행시간	
		제트발동기	왕복발동기
비행기	1. 모의비행훈련	20	16
	2. 실제비행훈련	2	2
	3. 시험(중간시험을 한 번 이상 실시해야 한다)	2	2
계		24	20
헬리콥터	1. 모의비행훈련	15	
	2. 실제비행훈련	5	
	3. 시험(중간시험을 한 번 이상 실시해야 한다)	2	
계		22	

※ 비고: 항공기의 제작자가 정한 형식 한정 변경에 필요한 실기교육시간 또는 국토교통부장관이 인가한 훈련규정에서 정한 실기교육시간 이상으로 과정을 운영할 수 있다.

나. 교관 확보기준

1) 학과교관

가) 자격요건

(1) 21세 이상일 것

(2) 해당 과목에 대한 지식과 능력을 갖추고 있을 것

(3) 해당 과정에 맞는 형식의 사업용 조종사, 부조종사 또는 운송용 조종사 자격증명을 가질 것. 단 항공기 비행교범 과목의 학과교관은 해당 형식의 항공기에 대한 정비경력이 있는 항공정비사 자격증명을 가진 사람도 가능

나) 운영기준

(1) 학과교관의 강의는 1주당 20시간을 초과하지 않을 것(비행실기교관으로 근무한 시간을 포함하며, 학과시험 감독으로 근무한 시간은 제외한다)

(2) 학과교관의 강의준비 시간은 강의 1시간당 1시간 이상 주어질 것

2) 비행실기교관

가) 자격요건

(1) 21세 이상일 것

(2) 해당 과정에 맞는 항공기의 형식 한정 자격을 가진 사람으로서 아래의 항공종사자 자격증명 중 어느 하나를 가져야 한다.

(가) 사업용 조종사 자격증명(비행기에 대해서만 계기비행증명을 보유할 것) 및 조종교육증명

(나) 운송용 조종사 자격증명 및 조종교육증명

(다) 군의 비행실기교관 자격(비행기에 대해서만 군의 계기비행증명을 보유할 것)

나) 운영기준

(1) 비행실기교관의 조종교육시간은 연간 1,200시간(학과교관으로 근무한 시간을 포함하며, 학과시험 감독으로 근무한 시간은 제외한다)을 초과하지 아니할 것

(2) 비행실기교관 한명이 담당하는 교육생은 6명 이하로 할 것

3) 주임교관

가) 24세 이상일 것

나) 해당 교육과정 운영에 필요한 지식, 경력, 능력 및 지휘통솔력을 갖춘 학과 및 비행실기 교관 중 각각 1명을 학과주임교관 및 실기주임교관으로 임명할 것

4) 실기시험관

가) 자격요건

(1) 23세 이상일 것

(2) 해당 과정의 실기시험에 필요한 아래의 항공종사자 자격증명 중 어느 하나를 가지고 500시간 이상의 조종교육경력과 해당 형식의 항공기 비행시간 100시간을 포함하여 1,500시간 이상의 총비행경력이 있을 것

(가) 사업용 조종사(계기비행증명을 보유할 것) 자격증명 및 조종교육증명

(나) 운송용 조종사 자격증명 및 선임 조종교육증명

(다) 군의 비행평가교관 자격(군의 계기비행증명을 보유할 것)

(3) 최근 2년 이내에 「항공사업법」, 「항공안전법」 또는 「공항시설법」을 위반하여 행정처분을 받은 사실이 없을 것

나) 운영기준

(1) 필요 시 실기시험관을 학과교관 및 비행실기교관을 겸임할 수 있도록 할 것

(2) 전문교육기관 설치자 및 관리자는 실기시험관을 겸직하지 않도록 할 것

(3) 실기시험관은 자신이 비행실기 과목을 교육한 학생에 대해서는 그 과목에 대한 평가업무를 수행할 수 없도록 할 것

다. 시설 및 장비 확보기준

1) 강의실, 자료열람실, 비행계획실, 브리핑실, 교관실 및 행정사무실 등 학과교육 및 비행실기교육에 필요한 교육훈련시설은 학생 수를 고려하여 충분히 확보해야 하며, 건축 관계 법규, 「소음·진동관리법」 및 「소방법」 등 관련 법규의 기준에 적합할 것

2) 실기비행훈련에 사용되는 훈련용 항공기는 「항공안전법」에 따른 감항성을 확보할 수 있도록 유지·관리할 것

3) 이착륙 시설(훈련비행장)은 실기비행훈련에 사용되는 항공기의 비행훈련에 적합한 활주로·계류장 및 항공교통관제 처리용량을 갖추어야 하며, 교신이 가능한 무선송수신 통신장비를 갖출 것

4) 비행실기교육을 외부에 위탁하는 경우 수탁자는 법 제48조에 따라 전문교육기관 지정을 받은 자일 것. 다만, 비행실기교육을 외국에 있는 교육기관에 위탁하는 경우에는 외국 정부로부터 전문교육기관 지정을 받은 자이어야 한다.

라. 교육평가방법

1) 학과시험은 3회 이상 실시할 것

2) 실기시험은 2회 이상 실시할 것

3) 교육생은 총 학과교육시간의 100분의 85 이상을 이수토록 할 것

4) 학과시험 범위는 제5호 가목 1)학과시험 과목에 따라 실시할 것

5) 실기시험 범위는 제5호 가목 2)실기시험 과목에 따라 실시할 것

6) 과목별 합격기준은 100분의 70 이상으로 할 것

7) 과목별 불합격자는 해당 과목 교육시간의 100분의 20 이내에서 추가교육을 한 후 2회의 재시험을 실시할 수 있도록 할 것

마. 교육계획: 교관, 시설 및 장비 등을 고려한 최대 교육인원을 포함한 교육계획을 수립할 것

바. 교육규정에 포함하여야 할 사항

1) 교육기관의 명칭

2) 교육기관의 소재지

3) 항공종사자 자격별 교육과정명

4) 교육목표 및 목적

5) 교육기관 운영과 관련된 조직 및 인원과 관련된 임무

6) 교육생 응시기준 및 선발방법 등

7) 교육생 정원(연간 최대 교육인원)

8) 편입기준

9) 결석자에 대한 보충교육 방법

10) 시험시행 횟수, 시기 및 방법

11) 학사운영(입학 및 수료 등) 보고에 관한 사항

12) 수료증명서 발급에 관한 사항

13) 교육과정 운영과 관련된 기록·유지 등에 관한 사항

14) 그 밖에 전문교육기관 운영에 필요한 사항 등

사. 역량기반의 교육 및 평가(CBTA : Competency-based training and assessment)를 할 것

6. 계기비행증명과정 지정기준

가. 교육과목 및 교육방법

1) 학과교육: 과목별 교육내용 및 시간은 다음을 표준으로 하되, 총교육시간은 70시간 이상이어야 한다. 다만, 과목별 교육시간은 100분의 35의 범위에서 조정할 수 있고, 교육내용별 교육시간은 조정하여 실시할 수 있다.

과목	교육 내용	교육시간	계
계기비행	항공법규(계기비행 등에 관한 사항)	8	68
	운항일반	15	
	계기비행 및 비상절차	30	
	항공교통관제 시스템	15	
시험(중간시험을 한 번 이상 실시해야 한다)		2	2
계			70

※ 비고 : 총 교육시간의 50% 범위 내에서 국토교통부장관이 인정하는 CBT (Computer Based Training)를 이용하여 교육을 실시할 수 있다.

2) 실기교육: 과목별 배분시간은 다음을 표준으로 하며, 과목별 비행시간은 100분의 35 범위에서 조정이 가능하되, 총교육시간은 40시간 이상이어야 한다. 다만, 지방항공청장이 지정한 모의비행훈련장치를 이용한 비행훈련시간 인정은 별표 4에 따른다.

과목	동승 비행시간
1. 기본계기비행(정상, 비정상 및 비상상태 회복절차 등 포함)	10
2. 계기비행(계기이륙, 표준계기 출발 및 도착, 항공로 비행, 체공, 접근 및 착륙 등 포함)	18
3. 야외 계기비행	10
4. 시험(중간시험을 한 번 이상 실시해야 한다)	2
계	40

나. 교관 확보기준

1) 학과교관

가) 자격요건

(1) 20세 이상일 것

(2) 해당 과목에 대한 지식과 능력을 갖추고 있을 것

(3) 해당 과정에 맞은 항공기 종류의 사업용 조종사, 부조종사 또는 운송용 조종사 자격증명(항공법규, 운항일반, 항공교통관제시스템 과목의 학과교관은 제외한다)을 가질 것

(4) 다음 표에 해당하는 교과목별 학과교관이 가져야 할 자격증명은 다음과 같다.

과목	자격증명 등
1. 항공법규, 운항일반	항공종사자 자격증명 소지자 또는 해당 분야의 실무경력(교육경력을 포함한다)이 3년 이상인 사람
2. 항공교통관제시스템	자가용·사업용·운송용 조종사, 항공교통관제사, 운항관리사 자격증명 소지자 또는 해당 분야의 실무경력(교육경력을 포함한다)이 3년 이상인 사람

나) 운영기준

(1) 학과교관의 강의는 1주당 20시간을 초과하지 않을 것(비행실기교관으로 근무한 시간을 포함하며, 학과시험 감독으로 근무한 시간은 제외한다)

(2) 학과교관의 강의준비 시간은 강의 1시간당 1시간 이상 주어질 것

2) 비행실기교관

가) 자격요건

(1) 21세 이상일 것

(2) 비행실기교관은 해당 과정에 맞는 다음 항공종사자 자격증명 중 어느 하나를 가질 것

(가) 사업용 조종사 자격증명(계기비행증명을 보유할 것) 및 조종교육증명

(나) 운송용 조종사 자격증명 및 조종교육증명

(다) 군의 비행실기교관 자격(군의 계기비행증명을 보유할 것)

나) 운영기준

(1) 비행실기교관의 조종교육시간은 연간 1,200시간(학과교관으로 근무한 시간을 포함하며, 학과시험감독으로 근무한 시간은 제외한다)을 초과하지 아니할 것

(2) 비행실기교관 한명이 담당하는 교육생은 6명 이하로 할 것

3) 주임교관

가) 24세 이상일 것

나) 해당 교육과정 운영에 필요한 지식, 경력, 능력 및 지휘통솔력을 갖춘 학과 및 비행실기 교관 중 각각 1명을 학과주임교관 및 실기주임교관으로 임명할 것

4) 실기시험관

가) 자격요건

(1) 23세 이상일 것

(2) 해당 과정의 실기시험에 필요한 아래의 항공종사자 자격증명 중 어느 하나를 가지고 500시간 이상의 조종교육경력과 해당 종류의 항공기 계기비행시간 100시간을 포함하여 1,500시간 이상의 총비행경력이 있을 것

(가) 사업용 조종사(계기비행증명을 보유할 것) 자격증명 및 선임 조종교육증명

(나) 운송용 조종사 자격증명 및 선임 조종교육증명

(다) 군의 비행평가교관 자격(군의 계기비행증명을 보유할 것)

(3) 최근 2년 이내에 「항공사업법」, 「항공안전법」 또는 「공항시설법」을 위반하여 행정처분을 받은 사실이 없을 것

나) 운영기준

(1) 필요 시 실기시험관을 학과교관 및 비행실기교관을 겸임할 수 있도록 할 것

(2) 전문교육기관 설치자 및 관리자는 실기시험관을 겸직하지 않도록 할 것

(3) 실기시험관은 자신이 비행실기 과목을 교육한 학생에 대해서는 그 과목에 대한 평가업무를 수행할 수 없도록 할 것

다. 시설 및 장비 확보기준

1) 강의실, 자료열람실, 비행계획실, 브리핑실, 교관실 및 행정사무실 등 학과교육 및 비행실기교육에 필요한 교육훈련시설은 학생 수를 고려하여 충분히 확보해야 하며, 건축 관계 법규, 「소음·진동관리법」 및 「소방법」 등 관련법규의 기준에 적합할 것

2) 실기비행훈련에 사용되는 훈련용 항공기는 「항공안전법」에 따른 감항성을 확보할 수 있도록 유지·관리할 것

3) 이착륙 시설(훈련비행장)은 실기비행훈련에 사용되는 항공기의 비행훈련에 적합한 활주로·계류장 및 항공교통관제 처리용량을 갖추어야 하며, 교신이 가능한 무선송수신 통신장비를 갖출 것

라. 교육평가방법

1) 교육과정 중 학과시험 및 실기시험은 각각 2회 이상 실시할 것

2) 교육생은 총 학과교육시간의 100분의 85 이상을 이수토록 할 것

3) 학과시험 범위는 제6호가목1) 학과시험 과목에 따라 실시할 것

4) 실기시험 범위는 제6호가목2) 실기시험 과목에 따라 실시할 것

5) 과목별 합격기준은 100분의 70 이상으로 할 것

6) 과목별 불합격자는 해당 과목 교육시간의 100분의 20 이내에서 추가교육을 한 후 2회의 재시험을 실시할 수 있도록 할 것

마. 교육계획: 교관, 시설 및 장비 등을 고려한 연간 최대 교육인원을 포함한 교육

계획을 수립할 것

바. 교육규정에 포함하여야 할 사항

1) 교육기관의 명칭

2) 교육기관의 소재지

3) 항공종사자 자격별 교육과정명

4) 교육목표 및 목적

5) 교육기관 운영과 관련된 조직 및 인원과 관련된 임무

6) 교육생 응시기준 및 선발방법 등

7) 교육생 정원(연간 최대 교육인원)

8) 편입기준

9) 결석자에 대한 보충교육 방법

10) 시험시행 횟수, 시기 및 방법

11) 학사운영(입학 및 수료 등) 보고에 관한 사항

12) 수료증명서 발급에 관한 사항

13) 교육과정 운영과 관련된 기록·유지 등에 관한 사항

14) 그 밖에 전문교육기관 운영에 필요한 사항 등

사. 역량기반의 교육 및 평가(CBTA : Competency-based training and assessment)를 할 것

7. 조종교육증명과정 지정기준

가. 교육과목 및 교육방법

1) 학과교육: 과목별 시간배분은 다음을 표준으로 하며, 과목별 교육시간은 100분의 35 범위 내에서 조정이 가능하되, 총교육시간은 135시간 이상이어야 한다. 다만, 총 교육시간의 50% 범위 내에서 국토교통부장관이 인정하는 CBT(Computer Based Training)를 이용한 교육시간은 이를 포함할 수 있다.

과목	교육시간
1. 항공법규(항공교통관제 및 항공정보 포함)	10
2. 사업용 조종사에 필요한 학과교육의 복습	40
3. 교육심리학(학습진도, 인간의 행동, 효과적인 의사소통, 교수과정, 교육방법, 비평, 평가, 교육보조자료의 이용 등을 포함)	50
4. 교육방법(비행교육기술, 교육계획 등을 포함)	20
5. 비행안전이론	5
6. 인적수행능력(위기 및 오류관리 포함)	5
7. 시험(중간시험을 한 번 이상 포함하여야 한다)	5
계	135

2) 실기교육: 실기교육시간은 15시간 이상이어야 한다.

과 목	동승 비행시간
1. 비행 전후 점검	1
2. 공중조작(해당 항공기에 대한 자가용 및 사업용 조종사 실기교육에 필요한 과목)	2
3. 지상참조 비행	2
4. 장주비행	2
5. 야간비행	2
6. 야외 비행(계기비행 포함)	2
7. 비정상 및 비상절차	2
8. 시험(중간시험을 한 번 이상 포함하여야 한다)	2
계	15

※ 비고: 조종교육증명 과정 수료 시 교육생의 총비행시간은 230시간 이상이어야 한다.

나. 교관 확보기준

1) 학과교관

가) 자격요건

(1) 21세 이상일 것

(2) 해당 과목에 대한 지식과 능력을 갖추고 있을 것

(3) 해당 과정에 맞는 항공기 종류의 사업용 조종사, 부조종사 또는 운송용 조종사 자격증명(항공법규, 교육심리학, 인적수행능력 과목의 학과교관은 제외한다)을 가질 것

(4) 다음 표에 해당하는 교과목별 학과교관이 가져야 할 자격증명은 다음과 같다.

과목	자격증명 등
1. 항공법규	항공종사자 자격증명 소지자 또는 해당 분야의 실무경력(교육경력을 포함한다)이 3년 이상인 사람
2. 교육심리학	항공종사자 자격증명 소지자, 심리학을 전공한 사람 또는 해당 분야의 실무경력(교육경력을 포함한다)이 3년 이상인 사람
3. 인적수행능력(위기 및 오류관리 포함)	항공종사자 자격증명 소지자 또는 항공의학, 심리학, 철학을 전공하고 인적수행능력 과정을 이수한 사람(항공우주의료 관련 해당분야 실무경력 또는 교육경력이 3년 이상인 사람을 포함한다)

나) 운영기준

(1) 학과교관의 강의는 1주당 20시간을 초과하지 않을 것(비행실기교관으로 근무한 시간을 포함하며, 학과시험감독으로 근무한 시간은 제외한다)

(2) 학과교관의 강의준비 시간은 강의 1시간당 1시간 이상 주어질 것
2) 비행실기교관
가) 자격요건
(1) 21세 이상일 것
(2) 해당 과정에 맞는 다음의 항공종사자 자격증명 중 어느 하나를 가지고 있을 것
(가) 사업용 조종사(계기비행증명을 보유할 것) 자격증명 및 조종교육증명
(나) 운송용 조종사 자격증명 및 조종교육증명
(다) 군의 비행평가교관 자격(군의 계기비행증명을 보유할 것)
나) 운영기준
(1) 비행실기교관의 조종교육시간은 연간 1,200시간(학과교관으로 근무한 시간을 포함하며, 학과시험 감독으로 근무한 시간은 제외한다)을 초과하지 아니할 것
(2) 비행실기교관 한명이 담당하는 교육생은 6명 이하로 할 것
3) 주임교관
가) 24세 이상일 것
나) 해당 교육과정 운영에 필요한 지식, 경력, 능력 및 지휘통솔력을 갖춘 학과 및 비행실기 교관 중 각각 1명을 학과주임교관 및 실기주임교관으로 임명할 것
4) 실기시험관
가) 자격요건
(1) 23세 이상일 것
(2) 해당 과정의 실기시험에 필요한 아래의 항공종사자 자격증명 중 어느 하나를 가지고 500시간 이상의 조종교육경력과 해당 종류의 항공기 계기비행시간 100시간을 포함하여 1,500시간 이상의 총비행경력이 있을 것
(가) 사업용 조종사(계기비행증명을 보유할 것) 자격증명 및 선임 조종교육증명
(나) 운송용 조종사 자격증명 및 선임 조종교육증명
(다) 군의 비행평가교관 자격(군의 계기비행증명을 보유할 것)
(3) 최근 2년 이내에 「항공사업법」, 「항공안전법」 또는 「공항시설법」을 위반하여 행정처분을 받은 사실이 없을 것
나) 운영기준
(1) 필요 시 실기시험관을 학과교관 및 비행실기교관을 겸임할 수 있도록 할 것
(2) 전문교육기관 설치자 및 관리자는 실기시험관을 겸직하지 않도록 할 것
(3) 실기시험관은 자신이 비행실기 과목을 교육한 학생에 대해서는 그 과목에 대한 평가업무를 수행할 수 없도록 할 것
다. 시설 및 장비 확보기준
1) 강의실, 자료열람실, 비행계획실, 브리핑실, 교관실 및 행정사무실 등 학과교육 및 비행실기교육에 필요한 교육훈련시설은 학생 수를 고려하여 충분히 확보해야 하며, 건축 관계 법규, 「소음·진동관리법」 및 「소방법」 등 관련 법규의 기준에 적합할 것
2) 실기비행훈련에 사용되는 훈련용 항공기는 「항공안전법」에 따른 감항성을 확보할 수 있도록 유지·관리할 것.
3) 이착륙 시설(훈련비행장)은 실기비행훈련에 사용되는 항공기의 비행훈련에 적합한 활주로·계류장 및 항공교통관제 처리용량을 갖추어야 하며, 교신이 가능한 무선송수신 통신장비를 갖출 것
라. 교육평가방법
1) 학과시험은 3회 이상 실시할 것
2) 실기시험은 2회 이상 실시할 것
3) 교육생은 총학과교육시간의 100분의 85 이상을 이수토록 할 것
4) 학과시험 범위는 제7호 가목 1) 학과시험 과목에 따라 실시할 것
5) 실기시험 범위는 제7호 가목 2) 실기시험 과목에 따라 실시할 것
6) 과목별 합격기준은 100분의 70 이상으로 할 것
7) 과목별 불합격자는 해당 과목 교육시간의 100분의 20 이내에서 추가교육을 한 후 2회의 재시험을 실시할 것
마. 교육계획: 교관, 시설 및 장비 등을 고려한 연간 최대 교육인원을 포함한 교육계획을 수립할 것
바. 교육규정에 포함하여야 할 사항
1) 교육기관의 명칭
2) 교육기관의 소재지
3) 항공종사자 자격별 교육과정명
4) 교육목표 및 목적
5) 교육기관 운영과 관련된 조직 및 인원과 관련된 임무
6) 교육생 응시기준 및 선발방법 등
7) 교육생 정원(연간 최대 교육인원)
8) 편입기준
9) 결석자에 대한 보충교육 방법
10) 시험시행 횟수, 시기 및 방법
11) 학사운영(입학 및 수료 등) 보고에 관한 사항
12) 수료증명서 발급에 관한 사항

13) 교육과정 운영과 관련된 기록·유지 등에 관한 사항

14) 그 밖에 전문교육기관 운영에 필요한 사항 등

사. 역량기반의 교육 및 평가(CBTA : Competency-based training and assessment)를 할 것

8. 항공교통관제사과정 지정기준

가. 교육과목 및 교육방법

1) 학과교육: 과목별 교육내용 및 시간은 다음을 표준으로 하되, 총교육시간은 345시간 이상이어야 한다. 다만, 과목별 교육시간은 100분의 35의 범위에서 조정할 수 있고, 교육내용별 교육시간은 조정하여 실시할 수 있다.

과목	교육 내용	교육시간	계
항공법규	국제・국내항공법	22.5	45
	항공교통관제 관련 항공법규	22.5	
관제일반	관제일반	15	75
	항공로관제절차	15	
	접근관제절차	15	
	공항교통관제	15	
	인적수행능력(위기 및 오류 관리 포함)	15	
항행안전시설	항행안전시설	15	45
	항공지도	15	
	공중항법	15	
항공기상	기상일반	15	45
	항공기상	15	
	항공기상분석 및 실무	15	
항공교통・통신・정보업무	교통관제업무 일반	15	60
	조난・비상・긴급통신 방법 및 절차	15	
	항공통신	15	
	항공정보	15	
항공관제영어	항공관제영어(발음법 포함)	68	68
시험	시험(중간시험을 세 번 이상 실시하여야 한다)	7	7
계			345

2) 실기교육: 실기교육시간은 180시간 이상이어야 한다.

과목	교육시간
1. 항공교통관제 실기교육 (국토교통부장관이 인정한 모의관제장비에 의한 교육도 포함한다)	176
2. 시험(중간시험은 두 번 이상 실시하여야 한다)	4
계	180

※ 비고

1. 항공교통관제 실기교육은 비행장관제 실기교육을 100시간 이상 하고, 나머지 시간은 지역관제, IFR 비행장관제 또는 접근관제 실기교육을 해야 한다.

2. 실기교육은 지역관제소 또는 표준계기출발절차 및 계기접근절차가 수립되어 있는 비행장의 관제탑 또는 접근관제소에서 할 수 있다.

나. 교관 확보기준

1) 학과교관

가) 자격요건

(1) 21세 이상일 것

(2) 해당 과목에 대한 지식과 능력을 갖추고 있을 것

(3) 해당 과정에 맞는 항공교통관제사 자격증명(항공법규, 항행안전시설, 인적수행능력, 항공기상, 항공교통・통신・정보업무, 항공관제영어 과목의 학과교관은 제외한다)

(4) 다음 표에 해당하는 교과목별 학과교관이 가져야 할 자격증명은 다음과 같다.

과목	자격증명 등
1. 항공법규	항공종사자 자격증명 소지자 또는 해당 분야의 실무경력(교육경력을 포함한다)이 3년 이상인 사람
2. 항행안전시설	자가용・사업용・운송용 조종사, 항공교통관제사, 운항관리사, 군의 항공교통관제 교관자격 소지자 또는 해당 분야의 실무경력(교육경력을 포함한다)이 3년 이상인 사람 중 1개
3. 항공기상	자가용・사업용・운송용 조종사, 항공교통관제사, 군의 항공교통관제 교관자격, 운항관리사 소지자 또는 해당 분야의 실무경력(교육경력을 포함한다) 3년 이상인 사람
4. 항공교통・통신・정보업무	자가용・사업용・운송용 조종사, 항공교통관제사, 군의 항공교통관제 교관자격, 운항관리사 소지자 또는 해당 분야 실무경력(교육경력을 포함

	한다) 3년 이상인 사람
5. 항공관제영어	자가용·사업용·운송용 조종사, 항공교통관제사, 군의 항공교통관제 교관자격 소지자 또는 해당 과목의 실무경력(교육경력을 포함한다)이 3년 이상인 사람
6. 인적수행능력(위기 및 오류 관리 포함)	항공종사자 자격증명 소지자 또는 항공의학, 심리학, 철학을 전공하고 인적수행능력 과정을 이수한 사람

나) 운영기준

(1) 학과교관의 강의는 1주당 20시간을 초과하지 않을 것(관제실기교관으로 근무한 시간을 포함하며, 학과시험 감독으로 근무한 시간은 제외한다)

(2) 학과교관의 강의준비 시간은 강의 1시간당 1시간 이상 주어질 것

2) 관제실기교관

가) 자격요건

(1) 21세 이상일 것

(2) 해당 과정에 맞는 항공교통관제사 자격증명 또는 군의 항공교통관제 실기교관자격이 있을 것

(3) (2)의 자격을 갖춘 후 3년 이상의 관제 실무경력(군 교육기관의 경우 군에서의 관제경력을 포함한다)이 있을 것

나) 운영기준

(1) 관제실기교관의 교육시간은 1주당 20시간(학과교관으로 근무한 시간을 포함하며, 학과시험감독으로 근무한 시간은 제외한다)을 초과하지 아니할 것

(2) 관제실기교관 한명이 담당하는 교육생은 6명 이하로 할 것

3) 주임교관

가) 24세 이상일 것

나) 해당 교육과정 운영에 필요한 지식, 경력, 능력 및 지휘통솔력을 갖춘 학과 및 관제실기 교관 중 각각 1명을 학과주임교관 및 실기주임교관으로 임명할 것

4) 실기시험관

가) 자격요건

(1) 23세 이상일 것

(2) 해당 과정의 실기시험에 필요한 항공교통관제사 자격증명 또는 군의 항공교통관제 실기평가교관 자격을 가지고, 3년 이상의 관제실기교육 경력을 포함한 5년 이상의 항공교통관제사로서의 실무경력을 가질 것

(3) 최근 2년 이내에 「항공사업법」, 「항공안전법」 또는 「공항시설법」을 위반하여 행정처분을 받은 사실이 없을 것

나) 운영기준

(1) 필요 시 실기시험관을 학과교관 및 관제실기교관을 겸임할 수 있도록 할 것

(2) 전문교육기관 설치자 및 관리자는 실기시험관을 겸직하지 않도록 할 것

(3) 실기시험관은 자신이 관제실기 과목을 교육한 학생에 대해서는 그 과목에 대한 평가업무를 수행할 수 없도록 할 것

다. 시설 및 장비 확보기준

1) 강의실, 어학실습실, 자료열람실, 교관실 및 행정사무실 등 학과교육 및 관제실기교육에 필요한 교육훈련시설은 학생 수를 고려하여 충분히 확보해야 하며, 건축 관계 법규, 「소음·진동관리법」 및 「소방법」 등 관련 법규의 기준에 적합할 것

2) 실제 관제장비를 사용할 수 없는 기관은 관제실기교육에 사용되는 국토교통부장관이 인정한 모의관제장비를 다음과 같이 갖출 것. 단, 비행장관제를 실습할 수 있는 수동식 또는 자동식 모의비행장관제장비 중 하나는 반드시 갖추어야 한다.

가) 모의비행장관제장비

(1) 수동식 모의비행장관제장비

(가) 건물과 비행장 모형을 대형 탁자에 설치해 놓고 보조요원들이 그 주위에 둘러서서 모형항공기를 이동시키며, 조종사처럼 무선통신을 할 수 있을 것

(나) 모형관제탑에서는 그 모형비행장과 모형항공기를 보면서 교육을 할 수 있을 것

(다) 관제탑 콘솔에는 전시판, 무선전화기 마이크, 헤드폰, 5회선의 전화, 풍향풍속계 등을 갖출 것

(라) 관제탑에서 사용되는 업무일지·지도·절차도를 갖출 것

(2) 자동식 모의비행장관제장비

(가) 모형관제탑 내 관제사의 전면에 위치한 스크린에 비행장과 비행장 주위의 항공기 이동상황을 컴퓨터로 전시하고, 보조요원이 그 상황을 조절하면서 조종사처럼 무선통신을 할 수 있을 것

(나) 모형관제탑에서는 스크린에 전시되는 모형비행장과 모형항공기를 보면서 교육할 수 있을 것

(다) 모형관제탑 콘솔에는 전시판, 무선전화기 마이크, 헤드폰, 5회선의 전화, 풍향풍속계 등을 갖출 것

(라) 관제탑에서 사용되는 업무일지·지도·절차도를 갖출 것

나) 다음과 같은 모의접근관제장비를 갖출 것

(1) 학생 및 보조요원이 사용할 긴 콘솔이 있고, 그 위에 비행진행판 또는 전시판을 갖추어야 하며, 레이더접근관제·정밀접근관제 교육용으로는 실물레이더 또는 컴퓨터를 이용한 자동식모의관제장비를 갖출 것

(2) 항공기 역할을 하는 보조요원 2명이 다른 방 또는 동일한 실내의 다른 쪽에 위치해 있고, 지역관제소·관제탑·소방·기상실·항공사 등과의 전화통신을 담당하는 보조요원 1명이 있을 것 이 경우 학생이 보조요원 역할을 담당할 수 있다.

(3) 전화와 무선통신용 장비를 각각 갖출 것

(4) 접근관제소에서 사용되는 업무일지·지도·절차도를 갖출 것

다) 다음과 같은 모의항로관제장비를 갖출 것

(1) 지역관제소의 각 섹터별로 콘솔에 비행진행판 또는 전시판을 갖추어야 하며, 레이더항로관제 교육용으로는 실물 레이더 또는 컴퓨터를 이용한 자동식 모의관제장비를 갖출 것

(2) 각 섹터별로 공중 대 지상 통신 및 지점 간 통신(5회선 이상)을 위한 통상적인 통신시설을 갖출 것

(3) 항공기 역할을 하는 보조요원 2명이 다른 방 또는 동일한 실내의 다른 쪽에 위치해 있고, 접근관제소·관제탑·기상실·통신실·항공사 등과의 전화통신을 담당하는 보조요원 1명이 있을 것

(4) 지역관제소에서 사용되는 업무일지·지도·절차도를 갖출 것

라. 교육평가방법

1) 학과시험은 4회 이상 실시할 것

2) 실기시험은 3회 이상 실시할 것

3) 교육생은 총학과교육시간의 100분의 85 이상을 이수토록 할 것

4) 학과시험 범위는 제8호 가목 1) 학과시험 과목에 따라 실시할 것

5) 실기시험 범위는 제8호 가목 2) 실기시험 과목에 따라 실시할 것

6) 과목별 합격기준은 100분의 70 이상으로 할 것

7) 과목별 불합격자는 해당 과목 교육시간의 100분의 20 이내에서 추가교육을 한 후 2회의 재시험을 실시할 수 있도록 할 것

마. 교육계획: 교관, 시설 및 장비 등을 고려한 최대 교육인원을 포함한 교육계획을 수립할 것

바. 교육규정에 포함하여야 할 사항

1) 교육기관의 명칭

2) 교육기관의 소재지

3) 항공종사자 자격별 교육과정명

4) 교육목표 및 목적

5) 교육기관 운영과 관련된 조직 및 인원과 관련된 임무

6) 교육생 응시기준 및 선발방법 등

7) 교육생 정원(연간 최대 교육인원)

8) 편입기준

9) 결석자에 대한 보충교육 방법

10) 시험시행 횟수, 시기 및 방법

11) 학사운영(입학 및 수료 등) 보고에 관한 사항

12) 수료증명서 발급에 관한 사항

13) 교육과정 운영과 관련된 기록·유지 등에 관한 사항

14) 그 밖에 전문교육기관 운영에 필요한 사항 등

사. 역량기반의 교육 및 평가(CBTA : Competency-based training and assessment)를 할 것

8의2. 전문항공교통관제사과정 지정기준

가. 초기 교육훈련 과정

1) 교육과목 및 교육방법

가) 공통과정: 전문항공교통관제사 자격증명을 받기 위해 필요한 공통지식의 습득을 위한 학과교육 과정

(1) 교육 대상: 전문항공교통관제사 자격증명을 보유하지 않은 항공교통관제사

(2) 교육 내용 및 시간

과목	주제	교육 내용	교육시간	계
항공법규	항공교통관리 관련 규정	항공교통업무, 자격증명 관련 법령 및 제 규정	2	2
항공교통 안전관리	항공교통업무 안전관리	항공안전관리 시스템 일반	2	2
공항 및 공역	공항	공항구조(활주로, 유도로, 계기착륙장치, 표지, 항공등화, 장애물 제한 표면 등), 공항자료	3	6
	공역	비행정보구역, 항공로, 접근관제구역	3	
항공기 및 운항	항공기	항공기의 일반적인 특성 및 시스템	4	8
	항행	지역항법(RNAV), 성능기반항행(PBN), 항공기 운항 단계별 세부 항행절차	4	
항공기상	항공기상업무	항공기상 분석 및 실무	2	2
항공교통	항공교통관리	항공교통관제, 비행정보업무,	4	24

		경보업무		
관리	관제절차 일반	비행장관제, 접근관제, 지역관제	4	
	분리기준	비행장관제업무에 속하는 분리기준, 감시접근관제업무 및 감시지역관제업무에 속하는 분리기준	4	
	통신	무선 통화 기법, 표준 관제 용어	6	
	협조	관계기관 등과의 협조 원칙 및 종류	2	
	공중충돌경고장치 및 경고 기능	공중충돌경고장치, 관제장비 경고 기능	2	
	관제 기본 실무 기술	항공기 특성에 따른 분리기법 등 관제실무 기술	2	
인적요인	역량 강화	피로·스트레스 관리 및 팀워크 역량 강화	2	4
	인적 오류	업무 수행 중 의도치 않은 행동 등 인적 오류나 리스크에 대한 분석·관리	2	
장비	항공교통관제 장비	관제장비 일반	2	2
비정상 및 비상 상황	항공기 비정상·비상 상황	항공기 비정상·비상 상황 일반 사항(종류, 비행승무원 대응절차, 방어 기제, 항공교통관제 업무 영향 등)	4	6
	관제시설 우발상황	우발상황에 대한 조치	2	
계				56

나) 한정과정: 전문항공교통관제사 자격증명의 한정을 받기 위해 필요한 전문지식, 기술 및 태도 등을 습득하기 위한 학과교육 및 실기교육 과정. 다만 법 제85조제1항에 따라 항공교통업무증명을 받은 자가 교육을 실시하는 경우로서 항공교통관제 업무를 수행에 따른 안전상의 문제가 없다고 국토교통부장관이 인정하는 경우에는 한정과정을 면제할 수 있다.

(1) 교육 대상: 다음의 어느 하나에 해당하는 자

(가) 초기 교육훈련 과정의 공통과정을 수료한 자

(나) 전문항공교통관제사 자격증명의 한정을 받은 자로서 그 한정과 다른 항공교통관제 업무의 종류 및 수행방식에 따른 한정을 받으려는 자

(2) 교육 과정

(가) 비행장관제 한정과정

① 학과교육

과목	주제	교육 내용	교육시간	계
비행장 관제 업무 절차	관제탑 관제절차	허가중계석 관제절차	3	17
		지상이동항공기 관제절차, 기동지역 내 차량 통제절차, 항공등화 운영절차	6	
		이륙항공기 관제절차, 착륙항공기 관제절차, 시계비행항공기 관제절차	6	
		저시정 관제절차	2	
장비 및 시스템	모의관제장비 운용	시뮬레이터 구성요소, 작동 절차, HMI 조작법	2	2
계				19

② 실기교육(모의관제훈련)

교육 내용	교육시간
1. 이륙 항공기 분리(각종 출발제한사항 적용 등) 2. 착륙 항공기 분리 3. 단일 활주로 운영 시 이·착륙 항공기 분리 4. 교통장주 상 VFR 항공기, IFR 출발·도착 항공기, 관제권 통과 항공기 간 분리 5. 활주로 변경 6. 필수정보 제공 7. 저시정 절차 8. 비정상 항공기 관리	30
계	30

※ 비고: 모의관제훈련은 현재 운영 중인 비행장관제탑 또는 가상의 비행장관제탑을 기준으로 실시할 수 있다. 이 경우 가상의 비행장관제탑을 기준으로 훈련을 실시하는 경우에는 두 본의 평행활주로로 구성된 비행장에 대해 별도의 관제절차를 수립해야 한다.

(나) 감시접근관제 및 감시지역관제 한정과정

① 학과교육

과목	주제	교육 내용	교육시간	계
접근관제 업무 관제절차	접근관제소 관제절차	관할공항 비행절차, 접근 관제 공역 내 교통흐름	4	12
		관제탑 협조절차, 지역관제소 협조절차	2	
		출발 항공기 관제절차	2	
		도착 항공기 관제절차	4	

지역관제 업무 관제절차	지역관제소 관제절차	공항별 입출항절차, 고도배정 체계(FLAS)	2	10
		접근관제소 및 인접 지역관제소간 협조절차, 관제섹터간 협조절차, 항공로 진출입 협조절차, 군 협조절차	4	
		섹터별 관제절차	4	
장비 및 시스템	모의관제장비 운용	시뮬레이터 구성요소, 작동 절차, HMI 조작법	2	2
계				24

② 실기교육(모의관제훈련)

교육 내용	시간
1. 감시접근관제 모의관제 가. 출발 항공기 관제 나. 도착 항공기 관제 다. 동시 종속·독립접근 운영 라. 복행·회항·체공·시계비행 항공기 관제 마. 활주로 변경 바. 저시정 절차 사. 비정상 항공기 관리	45
2. 감시지역관제 모의관제 가. 출발 항공기 고도배정 및 고도분리 나. 출발 항공기 종적분리 다. 도착 항공기 종적분리(고도역전 상황 처리 포함) 라. 교차 항공로 항공기 관리 마. VFR 항공기 관제 바. 악기상 상황 관리 사. 비정상 항공기 관리	45
계	90

※ 비고

모의관제훈련은 현재 운영 중인 접근관제시설·지역관제시설 또는 가상의 접근관제시설·지역관제시설을 기준으로 실시할 수 있다. 이 경우 가상의 접근관제시설·지역관제시설을 기준으로 훈련을 실시하는 경우에는 다음 각 호의 구분에 따른 관제 절차를 갖추어야 한다.

1. 가상의 접근관제시설: 두 개 이상의 공항과 연결된 접근관제구역 및 해당 구역 내 착륙·출발·통과·교차 항공로를 포함하는 공역구조를 갖출 것
2. 가상의 지역관제시설: 다른 지역관제소 및 두 개 이상의 접근관제구역과 인접하도록 구성할 것

2) 교관 확보기준

가) 학과교관

(1) 자격요건

(가) 국토교통부장관이 정하여 고시하는 바에 따라 개설·위탁한 교관 교육과정을 이수할 것

(나) 다음의 구분에 따른 자격증명 등을 갖출 것

과목	자격증명 등
항공법규	항공종사자 자격증명 소지자 또는 해당 분야 실무경력(교육경력을 포함한다)이 3년 이상인 사람
항공교통 안전관리	항공종사자 자격증명 소지자 또는 해당 분야 실무경력(교육경력을 포함한다)이 3년 이상인 사람
공항 및 공역	전문항공교통관제사, 운항관리사 자격증명 소지자 또는 해당 분야 실무경력(교육경력을 포함한다)이 3년 이상인 사람
항공기 및 운항	자가용·사업용·운송용 조종사, 전문항공교통관제사, 운항관리사 자격증명 소지자 또는 해당 분야 실무경력(교육경력을 포함한다) 이 3년 이상인 사람
항공기상	자가용·사업용·운송용 조종사, 전문항공교통관제사, 운항관리사 자격증명 소지자 또는 해당 분야 실무경력(교육경력을 포함한다)이 3년 이상인 사람
인적요인	항공종사자 자격증명 소지자 또는 항공의학, 심리학, 철학을 전공한 사람
장비	항공종사자 자격증명 소지자 또는 해당 분야 실무경력(교육경력을 포함한다)이 3년 이상인 사람

(2) 운영기준

(가) 강의는 1주당 30시간을 초과하지 않을 것

(나) 매년 6시간 이상 국토교통부장관이 실시하는 다음의 사항에 관한 정기교육을 받을 것

① 학습과정에 대한 기본원리

② 교수법

③ 직무에 대한 임무, 권한, 책임

④ 훈련절차

나) 한정과정 실기교관(모의관제장비 교관)

(1) 자격요건

(가) 해당 한정과정의 전문항공교통관제사 자격증명의 한정을 보유하고 3년 이상의 실무 경력이 있을 것. 다만, 국토교통부장관이 정하여 고

시하는 바에 따라 항공교통관제시설의 교통량, 혼잡도 및 관할 비행장·공역 구조 등을 고려하여 위험도 평가 등을 실시한 경우로서 국토교통부장관이 필요하다고 인정하는 경우에는 해당 실무 경력을 단축하여 적용할 수 있다.

(나) 국토교통부장관이 정하여 고시하는 바에 따라 개설·위탁한 교관 교육과정을 이수할 것

(다) 해당 과목에 대한 지식과 능력을 갖추고 있을 것

(2) 운영기준

(가) 강의는 1주당 30시간을 초과하지 않을 것

(나) 교관 1명이 담당하는 교육생은 6명 이하로 할 것

(다) 매년 6시간 이상 국토교통부장관이 실시하는 다음의 사항에 관한 정기교육을 받을 것

① 학습과정에 대한 기본원리

② 교수법

③ 직무에 대한 임무, 권한, 책임

④ 훈련절차

다) 모의관제장비 모의조종사

자가용·사업용·운송용 조종사 자격증명 또는 항공교통관제사 자격증명을 소지할 것

라) 초기교육 훈련팀장

(1) 자격요건

(가) 전문항공교통관제사 자격증명의 한정을 보유하고 5년 이상의 실무 경력이 있을 것. 다만, 국토교통부장관이 정하여 고시하는 바에 따라 항공교통관제시설의 교통량, 혼잡도 및 관할 비행장·공역 구조 등을 고려하여 위험도 평가 등을 실시한 경우로서 국토교통부장관이 필요하다고 인정하는 경우에는 해당 실무 경력을 단축하여 적용할 수 있다.

(나) 국토교통부장관이 정하여 고시하는 바에 따라 개설·위탁한 교관 교육과정을 이수할 것

(2) 운영기준: 매년 6시간 이상 국토교통부장관이 실시하는 다음의 사항에 관한 정기교육을 받을 것

(가) 학습과정에 대한 기본원리

(나) 교수법

(다) 직무에 대한 임무, 권한, 책임

(라) 훈련절차

3) 시설 및 장비 확보기준

가) 학과장, 실기교육장 등 교육에 필요한 교육훈련시설을 학생 수를 고려하여 충분히 확보할 것

나) 실제 관제장비를 사용할 수 없는 기관은 다음의 요건을 모두 충족하는 모의관제장비를 갖출 것

(1) 국토교통부장관이 정하여 고시하는 바에 따라 한정과정별로 적합한 모의관제장비를 갖출 것. 이 경우 감시접근관제 및 감시지역관제 한정과정에 사용되는 모의관제장비는 통합하여 운영할 수 있다.

(2) 모의비행장관제장비에 국지관제석, 지상관제석, 허가중계석, 감독석, 모의조종사석을 각각 1석 이상씩 갖출 것

(3) 모의접근관제장비에 출발관제석 1석, 도착관제석 또는 접근관제석 2석, 감독석 1석, 모의조종사석 1석 이상을 각각 갖출 것

(4) 모의지역관제장비에 레이더 관제석 3석, 감독석 1석, 모의조종사석 1석 이상을 각각 갖출 것

(5) (2)부터 (4)에 따른 모의조종사석은 모의관제석과 별도의 독립된 공간에 갖출 것

4) 교육 평가방법

가) 학과교육 평가방법

(1) 학과시험은 과목별로 학과교육이 종료되기 전 1회 이상, 종료 후 1회 실시할 것

(2) 교육생은 총 학과교육 시간의 100분의 85 이상을 이수할 것

(3) 학과시험 범위는 공통과정 및 한정과정의 학과교육 과목에 따를 것

(4) 학과시험 합격기준은 100분의 70 이상으로 할 것

나) 실기교육 평가방법

(1) 실기시험은 각 실기교육 종료 후 1회 실시할 것

(2) 다음의 평가기준을 적용할 것

(가) 관제석 장비를 확인하고 사용할 수 있을 것

(나) 항공기를 식별하고 감시하면서 상황인식을 유지할 수 있을 것

(다) 비행자료 현시장비를 감시하고 갱신할 수 있을 것

(라) 운영 주파수를 지속적으로 들을 수 있을 것

(마) 적절한 허가, 지시 및 정보를 관련 항공기에 제공할 수 있을 것

(바) 표준 관제용어를 사용할 수 있을 것

(사) 효율적으로 통신할 수 있을 것

(아) 표준분리치를 준수하여 항공기를 분리할 수 있을 것

(자) 다른 관제석, 항공교통업무기관 및 관계기관과 항공교통 안전에 관

한 사항을 적절하게 협조할 것

(차) 관련 공항·공역의 운영절차를 정확하게 적용할 것

(카) 잠재적인 충돌상황을 인지할 수 있을 것

(타) 업무 우선순위에 따라 업무를 수행할 수 있을 것

(파) 적절한 분리 방법을 선택하고 시행할 수 있을 것

(3) 실기시험 합격기준은 (2)의 평가기준을 충족하여 교통상황을 안전하고 효율적으로 관리할 수 있다고 인정되는 경우로 할 것

다) 그 밖의 사항

(1) 학과시험 및 실기시험 불합격자는 해당 과목 교육시간의 100분의 20 이상 추가교육을 받은 후 2회의 범위에서 재시험을 치를 수 있도록 하며, 2회의 재시험에 모두 불합격한 사람에 대해서는 별도의 조치방안을 마련할 것

(2) 가)(4) 및 나)(3)의 합격기준을 충족한 사람에게는 전문항공교통관제사 초기교육 수료증을 발급해야 한다.

5) 교육계획: 교관, 시설 및 장비 등을 고려하여 최대 교육인원을 포함한 연간 교육계획을 수립할 것

6) 교육규정에 포함되어야 할 사항

가) 교육기관의 명칭

나) 교육기관의 소재지

다) 항공종사자 자격별 교육과정명

라) 교육목표 및 목적

마) 교육기관 운영과 관련된 조직 및 인원과 관련된 임무

바) 교육생 정원(연간 최대 교육인원)

사) 시험시행 횟수, 시기 및 방법

아) 교육과정 운영(입과 및 수료 등) 보고에 관한 사항

자) 수료증 발급에 관한 사항

차) 교육과정 운영과 관련된 기록·유지 등에 관한 사항

카) 그 밖의 전문교육기관 운영에 필요한 사항 등

7) 항공안전관리시스템

실제 관제장비를 사용하여 운항 중인 항공기를 대상으로 직접 무선 교신하는 내용의 실기교육을 실시하는 경우에는 교육생이 항공기 항행에 위험을 초래하지 않도록 하는 항공안전관리시스템을 마련할 것. 이 경우 전문교육기관으로 지정받으려는 기관에 항공안전관리시스템이 마련되어 있는 경우에는 해당 시스템과 통합하여 운용할 수 있다.

8) 교육자료의 보관: 교육생의 자격, 교육 및 시험 기록 등에 관한 자료를 보관할 것

나. 직무교육훈련 과정

1) 교육 대상: 가목에 따른 초기 교육훈련 과정을 이수한 자로서 다음의 어느 하나에 해당하는 자

가) 전문항공교통관제사 자격증명 및 자격증명의 한정을 취득하려는 자

나) 전문항공교통관제사 자격증명의 한정을 받은 자로서 그 한정과 다른 항공교통관제 업무의 종류, 수행방식 및 항공교통관제시설의 자격증명의 한정을 취득하려는 자

2) 교육과목 및 교육방법

가) 학과교육: 한정의 종류별 교육내용 및 시간은 다음을 표준으로 하되, 항공교통관제시설의 특성에 따라 교육내용 및 시간을 조정할 수 있다.

한정의 종류	교육 내용	교육시간
비행장관제업무	가. 한정을 받으려는 비행장의 배치, 물리적 특성 및 시각보조시설 나. 관할 공역 구조 다. 적용 가능한 규칙, 절차 및 정보 출처 라. 항행안전시설 마. 항공교통관제 장비 및 그 사용 방법 바. 지형 및 주요 지형물 사. 항공교통의 특성 아. 공항 주변의 기상 특성 이해 자. 비상 상황 및 수색구조 계획	90
감시접근관제업무 및 감시지역관제업무	가. 관할 공역 구조 나. 적용 가능한 규칙, 절차 및 정보 출처 다. 항행안전시설 라. 항공교통관제 장비 및 그 사용 방법 마. 지형 및 주요 지형물 바. 항공교통의 특성과 교통흐름 사. 관할구역의 기상 현상 아. 비상 상황 및 수색구조 계획 자. 적용 가능한 항공교통감시시스템 및 관련 장비의 원리, 사용 및 제한사항 차. 적절한 지형 회피절차를 포함하여 항공교통관제 감시업무를 제공하기 위한 절차	90

나) 실무교육: 한정의 종류별 교육내용 및 시간은 다음을 표준으로 하되, 항공교통관제시설의 특성에 따라 교육내용 및 시간을 조정할 수 있다.

한정의 종류	교육 내용	교육시간
비행장관제업무	취득하려는 한정의 권한에 따른 항공교통관제 업무를 제공하기 위하여 필요한 위험·오류 인지·관리 역량 등	90
감시접근관제업무 및 감시지역관제업무		180

※ 비고
1. 실무교육은 항공기의 고장 등 비정상적인 상황에 대한 교육과 정상적인 상황에 대한 교육으로 구분하여 실시해야 한다.
2. 실무교육은 실무교관의 감독 하에 실제 운항 중인 항공기와 직접 교신하는 방법으로 실시해야 한다. 다만, 비고 제1호에 따른 비정상적인 상황에 대한 교육을 실시하는 경우에는 모의관제장비 훈련교관의 감독 하에 모의관제장비를 활용하여 실시할 수 있다.
3. 교육생이 받으려는 교육의 한정의 종류와 같은 항공교통관제 업무의 종류 및 수행방식에 따른 한정을 받은 경우에는 교육시간을 100분의 50의 범위에서 줄일 수 있다.
4. 교육생이 받으려는 교육의 한정의 종류와 다른 항공교통관제 업무의 종류 및 수행방식에 따른 한정을 받은 경우에는 교육시간을 100분의 20의 범위에서 줄일 수 있다.

3) 교관 확보기준
가) 학과교관
(1) 자격요건
(가) 해당 항공교통관제시설에 대한 전문항공교통관제사 자격증명의 한정을 받을 것
(나) 국토교통부장관이 정하여 고시하는 바에 따라 개설·위탁한 교관 교육과정을 이수할 것
(2) 운영기준
(가) 학과교관의 강의는 1주당 30시간을 초과하지 않을 것
(나) 매년 6시간 이상 국토교통부장관이 실시하는 다음의 사항에 관한 정기교육을 받을 것
① 학습과정에 대한 기본원리
② 교수법
③ 직무에 대한 임무, 권한, 책임
④ 훈련절차
나) 실무교관
(1) 자격요건
(가) 해당 항공교통관제시설에 대한 유효한 전문항공교통관제사 자격증명의 한정을 보유하고 그 시설에서 2년 이상의 실무 경력이 있을 것. 다만, 국토교통부장관이 정하여 고시하는 바에 따라 항공교통관제시설의 교통량, 혼잡도 및 관할 비행장·공역 구조 등을 고려하여 위험도 평가 등을 실시한 경우로서 국토교통부장관이 필요하다고 인정하는 경우에는 해당 실무 경력을 단축하여 적용할 수 있다.
(나) 국토교통부장관이 정하여 고시하는 바에 따라 개설·위탁한 교관 교육과정을 이수할 것
(2) 운영기준
(가) 강의는 1주당 30시간을 초과하지 않을 것
(나) 교관 1명이 담당하는 교육생은 3명 이하로 할 것
(다) 매년 6시간 이상 국토교통부장관이 실시하는 다음의 사항에 관한 정기교육을 받을 것
① 학습과정에 대한 기본원리
② 교수법
③ 직무에 대한 임무, 권한, 책임
④ 훈련절차
다) 심사관
(1) 자격요건: 다음의 요건을 모두 충족하는 심사관을 2명 이상 확보할 것. 다만, 국토교통부장관이 정하여 고시하는 바에 따라 항공교통관제시설의 교통량, 혼잡도 및 관할 비행장·공역 구조 등을 고려하여 위험도 평가 등을 실시한 경우로서 국토교통부장관이 필요하다고 인정하는 경우에는 (가) 및 (나)에 따른 경력을 단축하여 적용할 수 있다.
(가) 해당 항공교통관제시설에 대한 유효한 전문항공교통관제사 자격증명의 한정을 보유하고 그 시설에서 2년 이상의 실무교관 경력 또는 이에 준하는 경력이 있을 것
(나) 전문항공교통관제사 자격증명을 받고 5년 이상의 실무 경력이 있을 것
(다) 국토교통부장관이 정하여 고시하는 바에 따라 개설·위탁한 교관 교육과정을 이수할 것
(2) 운영기준: 매년 6시간 이상 국토교통부장관이 실시하는 다음의 사항에 관한 정기교육을 받을 것
(가) 학습과정에 대한 기본원리
(나) 교수법
(다) 직무에 대한 임무, 권한, 책임

(라) 훈련절차

라) 직무교육 훈련팀장

(1) 자격요건

(가) 해당 항공교통관제시설에 대한 유효한 전문항공교통관제사 자격증명의 한정을 보유하고 그 시설에서 2년 이상의 심사관 경력 또는 이에 준하는 경력이 있을 것

(나) 전문항공교통관제사 자격증명을 받고 10년 이상의 실무 경력이 있을 것

(다) (가) 및 (나)의 자격요건은 국토교통부장관이 정하여 고시하는 바에 따라 항공교통관제시설의 교통량, 혼잡도 및 관할 비행장・공역 구조 등을 고려하여 위험도 평가 등을 실시한 경우로서 국토교통부장관이 필요하다고 인정하는 경우에는 단축하여 적용할 수 있다.

(2) 운영기준: 매년 6시간 이상 국토교통부장관이 실시하는 다음의 사항에 관한 정기교육을 받을 것

(가) 학습과정에 대한 기본원리

(나) 교수법

(다) 직무에 대한 임무, 권한, 책임

(라) 훈련절차

마) 모의관제장비 훈련교관

(1) 자격요건

(가) 해당 항공교통관제시설에 대한 전문항공교통관제사 자격증명의 한정을 보유하고 그 시설에서 2년 이상의 실무교관 경력 또는 이에 준하는 경력이 있을 것

(나) 전문항공교통관제사 자격증명을 받고 2년 이상의 실무 경력이 있을 것

(2) 운영기준: 매년 6시간 이상 국토교통부장관이 실시하는 다음의 사항에 관한 정기교육을 받을 것

(가) 학습과정에 대한 기본원리

(나) 교수법

(다) 직무에 대한 임무, 권한, 책임

(라) 훈련절차

바) 모의관제장비 모의조종사

자가용・사업용・운송용 조종사 자격증명 또는 항공교통관제사 자격증명을 소지할 것

4) 시설 및 장비 확보기준

가) 학과장, 실기교육장 등 교육에 필요한 교육훈련시설을 학생 수를 고려하여 충분히 확보할 것

나) 실제 관제장비를 사용할 수 없거나 비정상적인 상황에 대한 실무교육을 모의관제장비를 활용하여 실시하려는 기관은 다음의 요건을 모두 충족하는 모의관제장비를 갖출 것

(1) 국토교통부장관이 정하여 고시하는 바에 따라 한정과정별로 적합한 모의관제장비를 갖출 것. 이 경우 감시접근관제 및 감시지역관제 한정과정에 사용되는 모의관제장비는 통합하여 운영할 수 있다.

(2) 모의비행장관제장비에 국지관제석, 지상관제석, 허가중계석, 감독석, 모의조종사석을 각각 1석 이상씩 갖출 것

(3) 모의접근관제장비에 출발관제석 1석, 도착관제석 또는 접근관제석 2석, 감독석 1석, 모의조종사석 1석 이상을 각각 갖출 것

(4) 모의지역관제장비에 레이더 관제석 3석, 감독석 1석, 모의조종사석 1석 이상을 각각 갖출 것

(5) (2)부터 (4)에 따른 모의조종사석은 모의관제석과 별도의 독립된 공간에 갖출 것

5) 교육 평가방법

가) 학과교육 평가방법

(1) 학과시험은 과정별로 학과교육이 종료되기 전 1회 이상, 종료 후 1회 실시할 것

(2) 교육생은 총 학과교육 시간의 100분의 85 이상을 이수할 것

(3) 학과시험 범위는 학과교육의 교육 내용에 따를 것

(4) 학과시험 합격기준은 100분의 70 이상으로 할 것

나) 실무교육 평가방법

(1) 실무시험은 2회 이상 실시할 것

(2) 다음의 평가기준을 적용할 것

(가) 관제석 장비를 확인하고 사용할 수 있을 것

(나) 항공기를 식별하고 감시하면서 상황인식을 유지할 수 있을 것

(다) 비행자료 현시장비를 감시하고 갱신할 수 있을 것

(라) 운영 주파수를 지속적으로 들을 수 있을 것

(마) 적절한 허가, 지시 및 정보를 관련 항공기에게 제공할 수 있을 것

(바) 표준 관제용어를 사용할 수 있을 것

(사) 효율적으로 통신할 수 있을 것

(아) 표준분리치를 준수하여 항공기를 분리할 수 있을 것

(자) 적절하게 협조할 것

(차) 관련 공항・공역의 운영절차를 정확하게 적용할 것

(카) 잠재적인 충돌상황을 인지할 수 있을 것

(타) 업무 우선순위에 따라 업무를 수행할 수 있을 것

(파) 적절한 분리 방법을 선택하고 시행할 수 있을 것

(3) 실무시험 합격기준은 (2)의 평가기준을 충족하여 교통상황을 안전하고 효율적으로 관리할 수 있다고 인정되는 경우로 할 것

다) 그 밖의 사항

(1) 학과시험 및 실무시험 불합격자는 해당 과목 교육시간의 100분의 20 이상에서 추가교육을 한 후 2회의 재시험을 실시할 수 있도록 하며, 2회의 재시험에도 불합격한 자에 대한 조치방안을 마련할 것

(2) 가)(4) 및 나)(3)의 합격기준을 충족하는 사람에게는 전문항공교통관제사 직무교육훈련 수료증을 발급해야 한다.

6) 교육계획: 교관, 시설 및 장비 등을 고려하여 최대 교육인원을 포함한 연간 교육계획을 수립할 것

7) 교육규정에 포함되어야 할 사항

가) 교육기관의 명칭

나) 교육기관의 소재지

다) 항공종사자 자격별 교육과정명

라) 교육목표 및 목적

마) 교육기관 운영과 관련된 조직 및 인원과 관련된 임무

바) 교육생 정원(연간 최대 교육인원)

사) 시험시행 횟수, 시기 및 방법

아) 교육과정 운영(입과 및 수료 등) 보고에 관한 사항

자) 수료증명서 발급에 관한 사항

차) 교육과정 운영과 관련된 기록·유지 등에 관한 사항

카) 그 밖의 전문교육기관 운영에 필요한 사항 등

8) 항공안전관리시스템

실제 관제장비를 사용하여 운항 중인 항공기를 대상으로 직접 무선 교신하는 내용의 실무교육을 실시하는 경우에는 교육생이 항공기 항행에 위험을 초래하지 않도록 하는 항공안전관리시스템을 마련할 것. 이 경우 전문교육기관으로 지정받으려는 기관에 항공안전관리시스템이 마련되어 있는 경우에는 해당 시스템과 통합하여 운용할 수 있다.

9) 교육자료의 보관: 교육생의 자격, 교육 및 시험 기록 등에 관한 자료를 보관할 것

9. 항공정비사과정 지정기준

가. 교육과목 및 교육방법: 과목별 교육내용 및 시간은 다음을 표준으로 하되, 총교육시간은 2,410시간(항공전자·전기·계기과정은 1,725시간) 이상이어야 한다. 다만, 과목별 교육시간은 100분의 35의 범위에서 조정할 수 있고, 교육내용별 교육시간은 조정하여 실시할 수 있다.

과목	교육 내용	비행기 과정			헬리콥터 과정			항공전자·전기·계기 과정		
		학과 시간	실기 시간	계	학과 시간	실기 시간	계	학과 시간	실기 시간	계
항공법규	국제항공법(ICAO와 IATA에 관한 내용 포함)	45	-	45	45	-	45	45	-	45
	국내항공법(사고조사 및 항공보안 포함)									
	항공정비관리(정비관련 규정, 도서, 정비조직, 정비프로그램, 정비방식 및 양식기록에 관한 내용 포함)	45	-	45	45	-	45	45	-	45
	중간시험(2회 이상)	5	-	5	5	-	5	5	-	5
	소계	95	-	95	95	-	95	95	-	95
정비일반	수학·물리	30	-	30	30	-	30	30	-	30
	항공역학	45	-	45	45	-	45	45	-	45
	항공기 도면	20	25	45	20	25	45	20	25	45
	항공기 중량 및 평형관리	10	20	30	10	20	30	10	20	30
	항공기 재료, 공정, 하드웨어	20	25	45	20	25	45	20	25	45
	항공기 세척 및 부식방지	15	15	30	15	15	30	15	15	30
	유체 라인 및 피팅	10	35	45	10	35	45	10	35	45
	일반공구와 측정공구	10	20	30	10	20	30	10	20	30
	안전 및 지상취급과 서비스작업	20	10	30	20	10	30	20	10	30
	검사원리 및 기법	30	15	45	30	15	45	30	15	45
	인적수행능력(위기 및 오류 관리 포함)	45	-	45	45	-	45	45	-	45
	중간시험(2회 이상)	10	-	10	10	-	10	10	-	10
	소계	265	165	430	265	165	430	265	165	430
항공기체	항공기 구조	50	55	105	10	5	15	-	-	-
	항공기 천, 외피, 목재와 구조물 수리	20	10	30	20	10	30	-	-	-
	항공기 금속구조 수리	30	60	90	30	60	90	-	-	-
	항공기 용접	20	40	60	20	40	60	-	-	-
	첨단 복합 소재	25	50	75	25	50	75	-	-	-
	항공기 도색 및 마무리	10	20	30	10	20	30	-	-	-
	항공기 유압계통	30	30	60	30	30	60	-	-	-
	항공기 착륙장치 계통	30	30	60	30	30	60	-	-	-
	항공기 연료계통	30	30	60	30	30	60	-	-	-
	화재방지, 제빙	15	15	30	15	15	30	-	-	-

	(De-icing)·방빙(Anti-icing) 및 빗물 제어(Rain Control)									
	객실공조 및 공기압력 제어계통	20	25	45	20	25	45	-	-	-
	헬리콥터 구조 및 계통	-	-	-	20	25	45	-	-	-
	헬리콥터 조종 계통	-	-	-	20	25	45	-	-	-
	중간시험(2회 이상)	15	-	15	15	-	15	-	-	-
	소계	295	365	660	295	365	660	-	-	-
항공발동기	왕복엔진일반 및 흡기·배기계통	40	50	90	-	-	-	-	-	-
	왕복엔진 연료 및 연료조절계통	20	25	45	20	25	45	-	-	-
	왕복엔진 점화 및 시동계통	20	25	45	20	25	45	-	-	-
	왕복엔진 윤활 및 냉각계통	20	25	45	20	25	45	-	-	-
	프로펠러	20	25	45	20	25	45	-	-	-
	헬리콥터 엔진	-	-	-	20	25	45	-	-	-
	헬리콥터 동력전달장치	-	-	-	20	25	45	-	-	-
	왕복엔진 장착, 탈착 및 교환	20	25	45	20	25	45	-	-	-
	왕복엔진 정비 및 작동(화재방지계통 포함)	20	25	45	20	25	45	-	-	-
	경량항공기 엔진	10	5	15	10	5	15	-	-	-
	가스터빈엔진 일반 및 구조	20	25	45	20	25	45	-	-	-
	가스터빈엔진 연료 및 연료조절계통	20	25	45	20	25	45	-	-	-
	가스터빈엔진 점화 및 시동계통	20	25	45	20	25	45	-	-	-
	가스터빈엔진 윤활 및 냉각계통	20	25	45	20	25	45	-	-	-
	가스터빈엔진 장착, 탈착 및 교환	20	25	45	20	25	45	-	-	-
	가스터빈엔진 정비 및 작동(화재방지계통 포함)	10	20	30	10	20	30	-	-	-
	중간시험(2회 이상)	5	5	10	5	5	10	-	-	-
	소계	285	355	640	285	355	640	-	-	-
전자·전기·계기(기본)	기초전기·전자	120	75	195	120	75	195	120	75	195
	항공기 전기계통	60	30	90	60	30	90	60	30	90
	항공기 계기계통	60	30	90	60	30	90	60	30	90
	항공기 통신 및 항법계통, 자동비행장치	120	60	180	120	60	180	120	60	180
	중간시험(2회 이상)	5	10	15	5	10	15	5	10	15
	소계	365	205	570	365	205	570	365	205	570
전자·전기·계기(심화)	전자·전기·계기	-	-	-	-	-	-	45	45	90
	디지털 전자	-	-	-	-	-	-	45	45	90
	라디오 주파수(RF: radio frequency) 통신	-	-	-	-	-	-	60	60	120
	항공통신계통	-	-	-	-	-	-	60	60	120
	항법계통	-	-	-	-	-	-	90	90	180
	중간시험(2회 이상)	-	-	-	-	-	-	5	10	15
	소계							305	310	615
최종시험	통합평가 시험	5	10	15	5	10	15	5	10	15
계		1,310	1,100	2,410	1,310	1,100	2,410	1,035	690	1,725

※ 비고: 항공기체 과목 중 비행기 과정 및 헬리콥터 과정의 실기를 다목2)의 표 중 제5호가목2)의 장비를 활용하여 실시하는 경우에는 해당 장비를 활용한 실기시간은 각 과정별로 총 실기시간의 100분의 50을 초과할 수 없다.

나. 교관 확보기준

1) 학과교관

가) 자격요건

(1) 21세 이상일 것

(2) 해당 과목에 대한 지식과 능력을 갖추고 있을 것

(3) 항공정비사 자격증명 및 해당 과목에 대한 3년 이상의 교육경력(과목명이 동일하지 않더라도 해당 과목의 교육 내용을 교육한 경력은 해당 과목에 대한 교육경력으로 보며, 항공정비사 자격증명 취득 전의 경력을 포함한다)을 가질 것. 다만, 항공법규, 전기·전자·계기, 인적수행능력, 수학·물리·일반기계 및 항공역학 과목의 경우에는 다음 표에 해당하는 자격증명 등을 가질 것

과목	자격증명 등
1. 항공법규	항공종사자 자격증명 소지자 또는 해당 분야의 실무경력(교육경력을 포함한다)이 3년 이상인 사람
2. 전기·전자·계기	항공정비사 또는 해당 과목 교육에 적합한 국가기술자격을 소지하고, 항공전자(전기 또는 계기를 포함한다) 교육과정을 이수(자격 소지 전의 경력을 포함한다)한 사람
3. 인적수행능력(위기 및 오류관리 포함)	항공종사자 자격증명 소지자 또는 항공의학, 심리학, 철학 분야 학사 이상의 학위 소지자로서 인적성능 및 한계과정을 이수(자격증명 소지 또는 항공의학 등 전공 전의 경력을 포함한다)한 사람
4. 수학·물리·일반기계	해당 과목에 대한 학사 이상 자격을 취득한 후 교육기관에서 교육경험이 있는 사람
5. 항공역학	항공정비사 또는 조종사 자격증명을 소지하였거나 해당 분야의 교육경력이 3년 이상인 사람

(4) 삭제 <2022. 7. 19.>

나) 운영기준

(1) 학과교관의 강의는 1주당 20시간을 초과하지 않을 것(정비실기교관으로 근무한 시간을 포함하며, 학과시험감독으로 근무한 시간은 제외한다)

(2) 학과교관의 강의준비 시간은 강의 1시간당 1시간 이상 주어질 것

다) 학과교관의 강의준비 시간은 강의 1시간당 1시간을 표준으로 한다.

2) 정비실기교관

가) 자격요건

(1) 21세 이상일 것

(2) 해당 과정에 맞는 항공정비사 자격증명 또는 군 교육기관의 경우 군의 항공정비사 실기교관자격이 있을 것

(3) (2)의 자격을 갖춘 후 3년 이상의 정비 실무경력(군에서의 정비 실무경력을 포함한다)이 있을 것

나) 운영기준

(1) 정비실기교관의 교육시간은 1주당 20시간(학과교관으로 근무한 시간을 포함하며, 학과시험 감독으로 근무한 시간은 제외한다)을 초과하지 아니할 것

(2) 정비실기교관 한명이 담당하는 교육생은 12명 이하로 할 것

3) 주임교관

가) 24세 이상일 것

나) 해당 교육과정 운영에 필요한 지식, 경력, 능력 및 지휘통솔력을 갖춘 학과 및 정비실기 교관 중 각각 1명을 학과주임교관 및 실기주임교관으로 임명할 것

4) 실기시험관

가) 자격요건

(1) 23세 이상일 것

(2) 해당 과정의 실기시험에 필요한 항공정비사 자격증명 또는 군의 항공정비사 실기평가교관 자격을 소지하고 3년 이상의 정비 실기교육 경력을 포함한 5년 이상의 항공정비사로서의 실무경력을 가질 것

(3) 최근 2년 이내에 「항공법」 또는 「항공안전법」을 위반하여 행정처분을 받은 사실이 없을 것

나) 운영기준

(1) 필요 시 실기시험관을 학과교관 및 정비실기교관을 겸임할 수 있도록 할 것

(2) 전문교육기관 설치자 및 관리자는 실기시험관을 겸직하지 않도록 할 것

(3) 실기시험관은 자신이 정비실기 과목을 교육한 학생에 대해서는 그 과목에 대한 평가업무를 수행할 수 없도록 할 것

다. 시설 및 장비 확보기준

1) 강의실, 정비실습실, 자료열람실, 교관실 및 행정사무실 등 학과교육 및 정비실기교육에 필요한 교육훈련시설은 학생 수를 고려하여 충분히 확보해야 하며, 건축 관계 법규, 「소음·진동관리법」 및 「소방법」 등 관련 법규의 기준에 적합할 것

2) 정비실기를 위해 갖추어야 할 장비는 다음과 같다.

구분	장비 및 공구	
	비행기과정 또는 헬리콥터 과정	항공전기·전자·계기 과정
1. 기초 금속 가공 실기	가. 장비 1) 동력 그라인더(Grinder: 연마기) 2) 동력 드릴링머신(Drilling Machine: 구멍 뚫는 기계) 3) 바이스(Vise: 가공물 고정을 위한 소형 기구) 12개 이상 및 작업대 3대 이상 4) 형상 가공장비 5) 금속 절단용 동력 쇠톱 나. 측정 및 금 긋기 개인용 공구 1) 스털자 2) 삼각자 3) 필러 게이지(Feeler Gauge: 틈새 측정기) 세트 4) 디바이더(Divider: 컴퍼스 모양의 제도용구) 세트 5) 버니어캘리퍼스(Vernier Calipers: 아들자가 달려 두께나 지름을 재는 기구)(안팎 지름 측정) 6) 마이크로미터(안팎 지름 측정) 다. 조립용 공구 1) 일반공구 세트 2) 사이드 커터 플라이어(Side Cutter Plier: 절단용 공구, 펜치) 3) 핸드 드릴과 소형 다이어미터 드릴(Diameter Drill: 다양한 지름 크기로 구멍을 뚫는 기구) 세트 4) 해머 세트(볼핀(Ball Peen: 둥근 머리), 동, 고무, 가죽, 플라스틱, 크로스형(머리·자루 수직의 한 손 사용형))	
2.용접 실기	가. 산소-아세틸렌 용접장비 세트 나. 전기 아크 용접기 1대 다. 용접 보호장구(눈 및 얼굴 가리개, 보안경, 가죽 장갑 및 앞치마) 라. 점 용접용 전기저항 용접기 1대	
3.판금	가. 장비	

실기	1) 절단기 1대 2) 그라인더 1대 3) 판재 접기 장치(Cornice Brake) 4) 핸드 바이스(Hand Vise) 1개 5) 형상 롤러(Forming Roll) 1대 6) 정밀드릴링머신(Sensitive Drilling Machine) 1대 7) 공기 압축기(Air Compressor) 나. 공구 1) 판금(Plate) 게이지 1개 2) 판금 공구 세트 3) 쇠톱 4) 줄 세트 5) 센터 및 핀 펀치 세트 6) 평면 정과 여러 단면의 정 세트 7) 복합소재 수리 공구	
4. 발동기 실기	가. 장비 1) 왕복발동기 1대 이상 2) 가스-터빈 발동기 5대 이상 3) 시운전이 가능한 발동기 또는 작동모습을 시현할 수 있는 발동기 1대 이상 4) 발동기 분해 시 부품 보관용 스탠드 5) 부품 세척용 장비 6) 이동용 호이스트(Hoist: 물건을 들어 옮기는 기중기) 7) 발동기 슬링(Sling: 물건을 감싸 매다는 기구) 8) 발동기 분해 및 조립용 공구 세트 9) 비파괴검사용 장비[초음파검사, 형광침투검사, 와전류검사(와전류를 이용한 결함 검사), 자분탐상검사(자기를 이용한 결함 검사)] 10) 내시경검사 장비 나. 공구 1) 일반 공구 세트 2) 토크 렌치(Torque Wrench: 볼트와 너트를 규정된 회전력에 맞춰 조이는 데 사용하는 공구) 3) 스트랩 렌치(Strap Wrench: 끈을 이용하여 물체 표면에 손상을 주지 않고 물체를 잡을 수 있는 렌치)	

5. 항공기체 실기	가. 다음의 장비 3대 이상. 이 경우 2)의 장비 대수는 1)의 장비 대수의 100분의 50을 초과할 수 없다. 1) 가동할 수 있거나 정비가 가능한 헬리콥터, 비행기를 포함한 항공기 2) 1)의 장비와 유사·동일한 구조를 가상현실 및 증강현실 관련 기술을 활용하여 구현하는 등 국토교통부장관이 정하여 고시하는 기준에 적합한 교육 장비 나. 유압식 리프트잭(Lift Jack: 물건을 들어 올리는 기구의 하나), 리프트슬링(Lift Sling: 물건을 감싸 매달아 올리는 기구의 하나) 등 작업대 다. 기술도서(圖書) 비치용 책상 및 진열대 라. 작업용 운반차 마. 소화장비(CO_2 소화기 등) 바. 작업대, 바퀴 고정 받침목 등 격납고용 비품 사. 이동용 소형 크레인 아. 타이어 수리용 장비 자. 오일 및 연료 보충용 장비 차. 케이블 스웨이징(Swaging: 압축가공) 장비 카. 이동용 유압식 실험 트롤리(Trolley: 운반선반) 타. 일반 공구 세트 파. 로터 트래킹(Rotor Tracking: 헬리콥터 회전날개 궤적) 및 밸런싱 장비 (헬리콥터 과정에 한한다) 하. 트랜스미션(변속기) 정비용 작업대 2대 (헬리콥터 과정에 한한다)	
6. 항공기계통 실기	가. 유압계통 부품 나. 착륙장치계통 부품 다. 공압계통 부품 라. 비행조종장치 부품 마. 객실 공기조절장치 부품 바. 산소계통 부품 자. 세빙계통 부품 차. 비상장치, 방빙장치 등의 다양한 부품	좌동
7. 항공전기·	가. 특수공구 및 측정기기 1) 전기 납땜인두 12세트 이상	좌동

전자· 계기 실기 (기본)	2) 전선 스트리퍼(Stripper: 전선 피복 제거기) 1개 이상 3) 전기·전자·계기용 공구 1세트 이상 4) 크림핑(Crimping: 단자·전선 접합용 압착 펜치) 공구 1세트 이상 5) 멀티미터(multimeter: 휴대용 전류 전압계) 1세트 이상 6) 오실로스코프(Oscilloscope: 전압의 변화를 화면으로 보여주는 장치) 1세트 이상 7) 메가 옴(Mega Ohm) 미터 1세트 이상 8) 배터리 충전장치 9) 직류(5~28 V DC)·교류(AC) 전원공급장치 10) 전원공급장치 11) 신호발생기(실기 교육용 포함) 12) 교류 전압계 13) 변압기 나. 소요자재 1) 실기교육용 항공기 케이블 2) 항공기 플러그, 리셉터클(Receptacle: 벽이나 천장에 설치하여 전기장치를 끼워 사용할 수 있는 배선 기구의 하나) 등 3) 항공기 램프(직류 및 교류용) 다. 시험 또는 훈련장비 1) 압력계기 시험용 장비 2) 고도계기 시험용 장비 3) 공기누설 점검용 장비(모형장비를 포함한다) 4) 컴퍼스 교정 모의장치 5) 간단한 형태의 자동조종장치 6) 항공전자 작동 모의장치 라. 탑재장비 및 계기 1) 매니폴드 압력 게이지(여러 개의 가지관이 갈라져 있는 기관의 압력을 측정하는 기기) 2) 유압 게이지 3) 발동기 오일 압력 게이지 4) 속도계기 5) 피토(Pitot: 기체나 액체의 흐르는 속도를 구하는 장치) 정압 헤드 6) 고도계	

	7) 상승계 8) 선회지시계(항공기의 선회방향·속도를 나타내는 계기) 및 경사지시계(항공기의 경사를 나타내는 계기) 9) 방향 자이로스코프(Gyroscope: 회전축이 수평 위치로 유지되어 항공기 선회나 자세 변화의 영향을 받지 않고 항상 정확한 방향을 표시하는 장치) 10) 인공수평계 11) 발동기회전계기 12) 발동기온도계기 13) 발동기 배기가스 온도계기 14) 연료량계기 15) 송신기(Transmitter) 16) 초단파·고주파 송수신기 17) 계기착륙장치[착륙경로수신기, 위치 수신기] 18) 장거리 항법 장비(GPS, IRs) 19) 탑재항법장비 20) 무선고도계기 21) 항공기 마그네토(Magneto: 자석 발전기) 및 점화용 전선 22) 직류 발전기 또는 교류 발전기 23) 전압 조정기 및 전류제한 장치 24) 시동기(Starter Motor) 25) 정지형 인버터(Static Inverter)	
8. 항공 전기· 전자· 계기 실기 (심화)		1) 정속구동장치 또는 통합구동발전기 2) 반파정류기(Half-Wave Rectifier), 전파정류기(Full Wave Rectifier) 또는 브리지정류기(Bridge Rectifier: 4개의 소자를 브리지형으로 접속한 전파 정류기) 3) 전자식 디스플레이 유닛 4) 오디오 컨트롤 패널(Audio Control Panel-ACP) 5) 무선통신 패널 (Radio Comm-unication Panel-RCP) 6) 선형 변위 비례 변환 장치(Linear Variable Differential Transducer-LVDT) 또는 각 변위 비례 변환 장치(Rotary Variable Differential Transformer-RVDT) 7) 도통(導通: 전자 회로 및 전자 부품에

		대한 전기적 특성) 점검용 전기선 묶음(Wire Bundle) 8) 전기·전자장비실(Electric and Electronic Equipment Compartment) 모형 9) 정전기방지용 장비 세트

라. 교육평가방법

1) 학과시험은 9회 이상 실시하도록 할 것

2) 실기시험은 8회 이상 실시하도록 할 것

3) 교육생은 총 교육시간의 100분의 85 이상을 이수하도록 할 것

4) 학과시험은 제9호가목에 따른 과목별로 실시한다.

5) 실기시험은 제9호가목에 따른 과목별로 실시한다.

6) 과목별 합격기준은 100분의 70 이상으로 할 것

7) 과목별 불합격자는 해당 과목 교육시간의 100분의 20 이내에서 추가교육을 한 후 2회의 재시험을 실시할 수 있도록 할 것

8) 다른 항공정비사 교육과정을 이수할 때 동일한 교육과목을 이수한 경우에는 해당 교육과정을 이수하는데 필요한 해당 교육과목을 이수한 것으로 볼 것

마. 교육계획: 교관, 시설 및 장비 등을 고려한 연간 최대 교육인원을 포함한 교육계획을 수립하여야 한다.

바. 교육규정에 포함하여야 할 사항은 다음과 같다.

1) 교육기관의 명칭

2) 교육기관의 소재지

3) 항공종사자 자격별 교육과정명

4) 교육목표 및 목적

5) 교육기관 운영과 관련된 조직 및 인원과 관련된 임무

6) 교육생 응시기준 및 선발방법 등

7) 교육생 정원(연간 최대 교육인원)

8) 편입기준

9) 결석자에 대한 보충교육 방법

10) 시험시행 횟수, 시기 및 방법

11) 학사운영(입학 및 수료 등) 보고에 관한 사항

12) 수료증명서 발급에 관한 사항

13) 교육과정 운영과 관련된 기록·유지 등에 관한 사항

14) 그 밖에 전문교육기관 운영에 필요한 사항 등

사. 역량기반의 교육 및 평가(CBTA : Competency-based training and assessment)를 할 것

10. 경량항공기 조종사과정 지정기준

가. 교육과목 및 교육방법

1) 학과교육: 과목별 시간배분은 다음을 표준으로 하며, 총교육시간은 20시간 이상이어야 한다.

교육과목	교육시간
1. 항공법규	2
2. 항공기상	3
3. 항공역학(비행이론)	10
4. 항공교통통신(정보업무, 공중항법 포함한다)	3
5. 시험(중간시험을 한 번 이상 실시하여야 한다)	2
계	20

2) 실기교육: 과목별 시간배분은 다음을 표준으로 하며, 단독 비행시간 또는 기장시간(자기의 책임 하에 비행한 시간을 말한다. 이하 같다) 5시간을 포함한 총교육시간은 20시간 이상이어야 한다.

구분	과목	동승 비행시간	단독 비행시간(또는 기장시간)	교육시간
조종형비행기, 체중이동형비행기, 동력패러슈트	1. 장주 이륙·착륙	7	3	10
	2. 공중 조작	4	2	6
	3. 비정상 및 비상절차	2	-	2
	4. 시험(중간시험을 한 번 이상 실시하여야 한다)	2	-	2
	계	15	5	20
회전익경량항공기	1. 장주 이륙·착륙	3	2	5
	2. 공중 조작	3	2	5
	3. 지표 부근에서의 조작	4	1	5
	4. 비정상 및 비상절차	3	-	3
	5. 시험(중간시험을 한 번 이상 실시하여야 한다)	2	-	2
	계	15	5	20

나. 교관 확보기준

1) 학과교관

가) 자격요건

(1) 20세 이상일 것

(2) 해당 과목에 대한 지식과 능력을 갖추고 있을 것

(3) 경량항공기 종류에 해당하는 조종사 자격증명을 가질 것

나) 운영기준

(1) 학과교관의 강의는 1주당 30시간을 초과하지 않을 것(비행실기교관으로 근무한 시간을 포함하며, 학과시험 감독으로 근무한 시간은 제외한다)

(2) 학과교관의 강의준비 시간은 강의 1시간당 1시간 이상 주어질 것

2) 비행실기교관

가) 자격요건

(1) 20세 이상일 것

(2) 경량항공기 조종사 자격증명 및 조종교육증명을 가질 것

나) 운영기준

(1) 비행실기교관의 조종교육시간은 연간 1,200시간(학과교관으로 근무한 시간을 포함하며, 학과시험 감독으로 근무한 시간은 제외한다)을 초과하지 아니할 것

(2) 비행실기교관 한 명이 담당하는 교육생은 8명 이하로 할 것

3) 주임교관

가) 24세 이상일 것

나) 해당 교육과정 운영에 필요한 지식, 경력, 능력 및 지휘통솔력을 갖춘 학과 및 비행실기 교관 중 1명을 주임교관으로 임명할 것

4) 실기시험관

가) 자격요건

(1) 23세 이상일 것

(2) 해당 경량항공기의 조종사 자격증명을 가진 사람으로서 300시간 이상의 비행경력이 있을 것

(3) 최근 2년 이내에 「항공법」 또는 「항공안전법」을 위반하여 행정처분을 받은 사실이 없을 것

나) 운영기준

(1) 필요 시 실기시험관을 학과교관 및 비행실기교관을 겸임할 수 있도록 할 것

(2) 전문교육기관 설치자 및 관리자는 실기시험관을 겸직하지 않도록 할 것

(3) 실기시험관은 자신이 비행실기 과목을 교육한 학생에 대해서는 그 과목에 대한 평가업무를 수행할 수 없도록 할 것

다. 시설 및 장비 확보기준

1) 강의실, 자료열람실, 비행계획실, 브리핑실, 교관실 및 행정사무실 등 학과교육 및 비행실기교육에 필요한 교육훈련시설은 학생 수를 고려하여 충분히 확보해야 하며, 건축 관계 법규, 「소음·진동관리법」 및 「소방법」 등 관련 법규의 기준에 적합할 것

2) 실기비행훈련에 사용되는 훈련용 경량항공기는 「항공안전법」에 따른 안전성인증을 확보할 수 있도록 유지·관리할 것

3) 이착륙 시설(훈련비행장)은 실기비행훈련에 사용되는 항공기의 비행훈련에 적합한 활주로·계류장 및 항공교통관제 처리용량을 갖추어야 하며, 교신이 가능한 무선송수신 통신장비를 갖출 것

라. 교육평가방법

1) 교육과정 중 학과시험 및 실기시험은 각각 2회 이상 실시할 것

2) 학과시험 범위는 제1호 가목 (1) 학과교육 과목에 따라 실시할 것

3) 실기시험 범위는 제1호 가목 (2) 실기교육 과목에 따라 실시할 것

4) 과목별 합격기준은 100분의 70 이상으로 할 것

5) 과목별 불합격자는 해당 과목 교육시간의 100분의 20 이내에서 추가교육을 한 후 2회의 재시험을 실시할 수 있도록 할 것.

마. 교육계획: 교관, 시설 및 장비 등을 고려한 연간 최대 교육인원을 포함한 교육계획을 수립할 것

바. 교육규정에 포함되어야 할 사항

1) 교육기관의 명칭

2) 교육기관의 소재지

3) 항공종사자 자격별 교육과정명

4) 교육목표 및 목적

5) 교육기관 운영과 관련된 조직 및 인원과 관련된 임무

6) 교육생 응시기준 및 선발방법 등

7) 교육생 정원(연간 최대 교육인원)

8) 편입기준

9) 결석자에 대한 보충교육 방법

10) 시험시행 횟수, 시기 및 방법

11) 학사운영(입학 및 수료 등) 보고에 관한 사항

12) 수료증명서 발급에 관한 사항

13) 교육과정 운영과 관련된 기록·유지 등에 관한 사항

14) 그 밖에 전문교육기관 운영에 필요한 사항 등

11. 삭제 <2018. 3. 23.>

12. 운항관리사과정 지정기준

가. 교육과목 및 교육방법

1) 학과교육: 과목별 교육내용 및 시간은 다음을 표준으로 하되, 총 교육시간은 410시간 이상이어야 한다. 다만, 과목별 교육시간은 100분의 35의 범위에서 조정할 수 있고, 교육내용별 교육시간은 조정하여 실시할 수 있다.

과목	교육 내용	교육시간	계

항공법규	항공안전법	45	45
항공기개론	항공기 작동의 원리(엔진, 계기장치 등)	15	45
	항공기 운영 제약사항	15	
	최소 장비 목록	15	
항공기 성능계산 및 비행계획	항공기 성능 및 비행 특성	15	45
	성능계산, 연료소모량 계산	15	
	비행계획 작성 및 준비	15	
인적성능	인적성능	45	45
항공기상	기상일반	15	45
	항공기상	15	
	항공기상분석 및 실무	15	
공중항법 및 항행안전시설	항행안전시설	15	45
	항공지도	15	
	공중항법	15	
운항절차	운항절차	45	45
비행원리	비행원리	45	45
항공교통 · 통신 · 정보업무	항공교통	15	45
	항공통신	15	
	항공정보	15	
시험(중간시험을 한 번 이상 실시해야 한다)		5	5
계			410

2) 실기교육: 과목별 시간배분은 다음을 표준으로 한다.

과목	교육시간
1. 운항관리 실습교육	39
2. 시험(중간시험은 한 번 이상 실시해야 한다)	6
계	45

나. 교관 확보기준

1) 학과교관

가) 자격요건

(1) 21세 이상일 것

(2) 해당 과목에 대한 지식과 능력을 갖추고 있을 것

(3) 해당 과목에 대한 교육경력이 있을 것

(4) 해당 과정에 맞는 운항관리사 자격증명을 가질 것. 다만, 항공법규, 항공기개론, 인적성능, 항공기상, 비행원리, 항공교통 · 통신 · 정보업무 과목의 학과교관은 그렇지 않다.

(5) 다음 표에 해당하는 교과목별 학과교관이 가져야 할 자격증명은 다음과 같다.

과목	자격증명 등
1. 항공법규	항공종사자 자격증명 소지자이거나 해당 분야의 실무경력(교육경력을 포함한다)이 3년 이상인 사람
2. 항공기개론	
3. 항공기 성능계산 및 비행계획	운항관리사 자격증명 소지자이거나 해당 분야의 실무경력(교육경력을 포함한다)이 3년 이상인 사람
4. 인적성능	항공종사자 자격증명 소지자이거나 항공의학, 심리학, 철학을 전공하고 인적성능 과정을 이수한 사람
5. 항공기상	자가용 · 사업용 · 운송용 조종사, 항공교통관제사, 군의 항공교통관제 교관자격 소지자 및 운항관리사 소지자이거나 해당 분야의 실무경력(교육경력을 포함한다)이 3년 이상인 사람
6. 공중항법 및 항행안전시설	운항관리사 자격증명 소지자이거나 해당 분야의 실무경력(교육경력을 포함한다)이 3년 이상인 사람
7. 운항절차	
8. 비행원리	항공종사자 자격증명 소지자이거나 해당 분야의 실무경력(교육경력을 포함한다)이 3년 이상인 사람
9. 항공교통 · 통신 · 정보업무	자가용 · 사업용 · 운송용 조종사, 항공교통관제사, 군의 항공교통관제 교관자격 소지자 및 운항관리사 소지자이거나 해당 분야 실무경력(교육경력을 포함한다)이 3년 이상인 사람

나) 운영기준

(1) 학과교관의 강의는 1주당 20시간을 초과하지 않을 것(운항관리 실습교관으로 근무한 시간을 포함하며, 학과시험 감독으로 근무한 시간은 제외한다)

(2) 학과교관의 강의준비 시간은 강의 1시간당 1시간 이상 주어질 것

2) 운항관리 실습교관

가) 자격요건

(1) 21세 이상일 것

(2) 해당 과정에 맞는 운항관리사 자격증명 보유자로 3년 이상의 실무경력이 있을 것

나) 운영기준

(1) 운항관리 실습교관의 교육시간은 1주당 20시간(학과교관으로 근무한 시간을 포함하며, 학과시험 감독으로 근무한 시간은 제외한다)을 초과하지 않을 것

(2) 운항관리 실습교관 한명이 담당하는 교육생은 20명 이하로 할 것

3) 주임교관

가) 24세 이상일 것

나) 해당 교육과정 운영에 필요한 지식, 경력, 능력 및 지휘통솔력을 갖춘 학과교관 및 운항관리 실습교관 중 각각 1명을 학과주임교관 및 실습주임교관으로 임명할 것

4) 실습시험관

가) 자격요건

(1) 23세 이상일 것

(2) 해당 과정의 실기시험에 필요한 운항관리사 자격증명 자격을 소지하고, 3년 이상의 운항관리 실습교육 경력을 포함한 5년 이상의 운항관리사로서의 실무경력을 가질 것

(3) 최근 2년 이내에 「항공사업법」, 「항공안전법」 또는 「공항시설법」을 위반하여 행정처분을 받은 사실이 없을 것

나) 운영기준

(1) 필요 시 실습시험관이 학과교관 및 운항관리 실습교관을 겸임할 수 있도록 할 것

(2) 전문교육기관 설치자 및 관리자는 실습시험관을 겸직하지 않도록 할 것

(3) 실습시험관이 직접 운항관리 실습 과목을 교육한 학생에 대해서는 그 과목의 평가업무를 수행할 수 없도록 할 것

다. 시설 및 장비 확보기준

1) 강의실, 자료열람실, 교관실 및 행정사무실 등 학과교육 및 운항관리 실습교육에 필요한 교육훈련시설은 학생 수를 고려하여 충분히 확보해야 하며, 건축 관계 법규, 「소음·진동관리법」 및 「소방법」 등 관련 법규의 기준에 적합할 것

라. 교육평가방법

1) 학과시험은 2회 이상 실시할 것

2) 실습시험은 2회 이상 실시할 것

3) 교육생은 총 학과교육시간의 100분의 85 이상을 이수토록 할 것

4) 학과시험 범위는 제12호가목1) 학과시험 과목에 따라 실시할 것

5) 실기시험 범위는 제12호가목2) 실습시험 과목에 따라 실시할 것

6) 과목별 합격기준은 100분의 70 이상으로 할 것

7) 과목별 불합격자는 해당 과목 교육시간의 100분의 20 이내에서 추가교육을 한 후 2회의 재시험을 실시할 수 있도록 할 것

마. 교육계획: 교관, 시설 및 장비 등을 고려한 최대 교육인원을 포함한 교육계획을 수립할 것

바. 교육규정에 포함해야 할 사항

1) 교육기관의 명칭

2) 교육기관의 소재지

3) 항공종사자 자격별 교육과정명

4) 교육목표 및 목적

5) 교육기관 운영과 관련된 조직 및 인원과 관련된 임무

6) 교육생 응시기준 및 선발방법 등

7) 교육생 정원(연간 최대 교육인원)

8) 편입기준

9) 결석자에 대한 보충교육 방법

10) 시험시행 횟수, 시기 및 방법

11) 학사운영(입학 및 수료 등) 보고에 관한 사항

12) 수료증명서 발급에 관한 사항

13) 교육과정 운영과 관련된 기록·유지 등에 관한 사항

14) 그 밖에 전문교육기관 운영에 필요한 사항 등

사. 역량기반의 교육 및 평가(CBTA: Competency-based training and assessment)를 할 것

■ 항공안전법 시행규칙 [별표 12의2] <신설 2018. 4. 25.>

지정전문교육기관 지정 취소 등 행정처분기준(제104조의2제1항 관련)

1. 일반기준

가. 국토교통부장관은 다음의 어느 하나에 해당하는 경우에는 제2호에 따른 업무정지 기간의 2분의 1 범위에서 그 기간을 줄일 수 있다.

1) 위반행위가 사소한 부주의나 오류로 인한 것으로 인정되는 경우

2) 위반행위자가 법 위반상태를 시정하거나 해소하기 위하여 노력한 사실이 인정되는 경우

3) 그 밖에 사업 규모, 사업 지역의 특수성, 위반행위의 정도, 위반행위의 동기와 그 결과 및 위반 횟수 등을 고려하여 업무정지 기간을 줄일 필요가 있다고 인정되는 경우

나. 국토교통부장관은 다음의 어느 하나에 해당하는 경우에는 제2호에 따른 업무정지 기간의 2분의 1 범위에서 그 기간을 늘릴 수 있다. 다만, 법 제48조의2제1항에 따른 업무정지 기간의 상한을 넘을 수 없다.

1) 위반의 내용·정도가 중대하여 공중에 미치는 영향이 크다고 인정되는 경우

2) 법 위반상태의 기간이 6개월 이상인 경우

3) 그 밖에 위반행위의 정도, 위반행위의 동기와 그 결과 및 위반 횟수 등을 고려하여 업무정지 기간을 늘릴 필요가 있다고 인정되는 경우

2. 개별기준

위반행위	근거 법조문	처분 내용
가. 거짓이나 그 밖의 부정한 방법으로 전문교육기관으로 지정받은 경우	법 제48조의2제1항제1호	지정 취소
나. 정당한 사유 없이 전문교육기관 지정기준을 위반한 경우	법 제48조의2제1항제2호	
1) 교육과목, 교육방법 또는 교육평가 방법을 위반한 경우		업무정지 5일
2) 교관 확보 및 교관의 자격기준을 위반한 경우		업무정지 5일
3) 시설 및 장비 확보기준을 위반한 경우		
가) 훈련용 항공기의 감항성을 확보할 수 있도록 유지·관리하지 않은 경우		업무정지 10일
나) 이착륙 시설(훈련비행장)이 훈련용 항공기의 이착륙에 적합하지 않은 경우		업무정지 5일
4) 교육규정 중 교육과정명, 교육생 정원, 학사운영 보고 및 기록유지에 관한 기준을 위반한 경우		업무정지 3일
다. 법 제48조제5항을 위반하여 정당한 사유 없이 훈련운영기준을 준수하지 않은 경우	법 제48조의2제1항제3호	
1) 훈련운영기준에서 정한 교육과정 외의 교육과정을 운영한 경우		업무정지 5일
2) 훈련운영기준에서 정한 훈련용 항공기 외의 항공기를 이용하여 훈련한 경우		업무정지 5일
3) 훈련운영기준에서 정한 훈련용 항공기에 대한 정비방법을 준수하지 않은 경우		업무정지 5일
4) 훈련운영기준에서 정한 교육훈련의 품질보증체계를 준수하지 않은 경우		업무정지 3일
라. 정당한 사유 없이 법 제48조제10항에 따른 국토교통부장관의 자료 또는 정보제공의 요청을 따르지 않은 경우	법 제48조의2제1항제4호	업무정지 3일
마. 전문교육기관으로 지정받은 이후 2년을 초과하는 기간 동안 교육과정을 개설하지 않은 경우	법 제48조의2제1항제5호	업무정지 10일
바. 고의 또는 중대한 과실로 항공기사고를 발생시키거나 소속 항공종사자에 대하여 관리·감독하는 상당한 주의의무를 게을리하여 항공기사고가 발생한 경우	법 제48조의2제1항제6호	
1) 해당 항공기 사고로 인한 사망자가 200명 이상인 경우		업무정지 180일
2) 해당 항공기 사고로 인한 사망자가 150명 이상 200명 미만인 경우		업무정지 150일

3) 해당 항공기 사고로 인한 사망자가 100명 이상 150명 미만인 경우		업무정지 120일
4) 해당 항공기 사고로 인한 사망자가 50명 이상 100명 미만인 경우		업무정지 90일
5) 해당 항공기 사고로 인한 사망자가 10명 이상 50명 미만인 경우		업무정지 60일
6) 해당 항공기 사고로 인한 사망자가 10명 미만인 경우		업무정지 30일
7) 해당 항공기 사고로 인한 중상자가 10명 이상인 경우		업무정지 30일
8) 해당 항공기 사고로 인한 중상자가 5명 이상 10명 미만 경우		업무정지 20일
9) 해당 항공기 사고로 인한 중상자가 5명 미만인 경우		업무정지 15일
10) 해당 항공기 사고로 인한 항공기 또는 제3자의 재산 피해가 100억원 이상인 경우		업무정지 30일
11) 해당 항공기 사고로 인한 항공기 또는 제3자의 재산 피해가 50억원 이상 100억원 미만인 경우		업무정지 25일
12) 해당 항공기 사고로 인한 항공기 또는 제3자의 재산피해가 10억원 이상 50억원 미만인 경우		업무정지 20일
13) 해당 항공기 사고로 인한 항공기 또는 제3자의 재산피해가 1억원 이상 10억원 미만인 경우		업무정지 15일
14) 해당 항공기 사고로 인한 항공기 또는 제3자의 재산피해가 1억원 미만인 경우		업무정지 10일
사. 법 제58조제2항을 위반하여 다음 각 목의 어느 하나에 해당하는 경우	법 제48조의2제1항제7호	
1) 업무를 시작하기 전까지 항공안전관리시스템을 마련하지 않은 경우		업무정지 10일
2) 승인을 받지 않고 항공안전관리시스템을 운용한 경우		업무정지 10일
3) 항공안전관리시스템을 승인받은 내용과 다르게 운용한 경우		업무정지 10일
4) 승인을 받지 않고 국토교통부령으로 정하는 중요사항을 변경한 경우		업무정지 10일
아. 법 제48조제1항 본문에 따른 업무정지 기간에 업무를 한 경우	법 제48조의2제1항제8호	지정 취소

비고

1. 가장 무거운 위반행위에 대한 처분기준이 지정 취소인 경우에는 지정을 취소하여야 한다.
2. 각 위반행위에 대한 처분기준이 업무정지인 경우에는 그 정지기간을 합산한다. 다만, 합산하는 경우에도 그 기간은 6개월을 초과할 수 없다.
3. 위 표의 바목에 따른 업무정지 처분을 하는 경우 인명피해와 항공기 또는 제3자의 재산피해가 같이 발생한 경우에는 해당 업무정지 기간을 합산하여 처분하되, 합산하는 경우에도 그 기간은 6개월을 초과할 수 없다.

■ 항공안전법 시행규칙 [별표 13] <개정 2021. 11. 19.>

항공신체검사 의료기관 시설 및 장비기준(제105조제2항제3호 관련)

1. 시설기준

시설의 종류	
진료실	임상병리실 (혈액ㆍ소변 검사에 필요한 장비를 갖출 것)
신체검사실	방사선실
청력검사실	대기실

2. 의료장비기준

장비의 종류	
신장계	심전도기
체중계	※ 운동부하심전도기
청진기	시력표/시력검사기
혈압계	시야검사기
이비경	사위검사기
검안경	안압측정기
흉부X선검사기	색각검사기
소변검사스틱	※ 입체시측정기
혈액검사기	※ 안저검사기
※ 폐기능검사기	청력검사기
※ 뇌파검사기	※ 청력검사부스

비고

1. 시설 및 장비의 기준량은 1이다.
2. ※는 권고 장비이다.

■ 항공안전법 시행규칙 [별표 14] <개정 2021. 11. 19.>

항공전문의사에 대한 행정처분기준(제106조제2항)

위반행위 또는 사유	해당 법 조문	처분내용
1. 거짓이나 그 밖의 부정한 방법으로 항공전문의사로 지정받은 경우	법 제50조제1항제1호	지정 취소
2. 항공전문의사가 법 제40조에 따른 항공신체검사증명서의 발급 등 국토교통부령으로 정하는 다음 각 목의 업무를 게을리 수행한 경우	법 제50조제1항제2호	
가. 제93조제2항에 따른 항공신체검사증명서 발급 업무를 태만히 수행한 경우	법 제50조제1항제2호	1차 위반: 효력 정지 1개월 2차 위반: 효력 정지 3개월 3차 위반: 효력 정지 6개월
나. 제93조제3항에 따른 항공신체검사증명서 발급대장 작성ㆍ비치업무를 태만히 수행한 경우	법 제50조제1항제2호	1차 위반: 효력 정지 1개월 2차 위반: 효력 정지 3개월 3차 위반: 효력 정지 6개월
다. 제93조제4항에 따른 항공신체검사증명서 발급 결과 통지업무를 태만히 수행한 경우	법 제50조제1항제2호	1차 위반: 효력 정지 1개월 2차 위반: 효력 정지 3개월 3차 위반: 효력 정지 6개월
3. 항공전문의사 지정의 효력정지 기간에 법 제40조에 따른 항공신체검사증명에 관한 업무를 수행한 경우	법 제50조제1항제3호	지정 취소
4. 항공전문의사가 법 제49조제2항에 따른 지정기준에 적합하지 아니하게 된 경우	법 제50조제1항제4호	지정 취소
5. 항공전문의사가 법 제49조제3항에 따른 전문교육을 받지 않은 경우	법 제50조제1항제5호	1차 위반: 효력 정지 1개월 2차 위반: 효력 정지 3개월 3차 위반: 효력 정지 6개월
6. 항공전문의사가 고의 또는 중대한 과실로 항공신체검사증명서를 잘	법 제50조제1항제6호	지정 취소

못 발급한 경우		
7. 항공전문의사가 「의료법」 제65조 또는 제66조에 따라 자격이 취소 또는 정지된 경우	법 제50조제1항제7호	지정 취소
8. 본인이 지정 취소를 요청한 경우	법 제50조제1항제8호	지정 취소

비고:

1. 위반행위의 차수에 따른 행정처분의 기준은 최근 1년간 같은 위반행위로 행정처분을 받은 경우에 적용한다. 이 경우 기간의 계산은 같은 위반행위에 대하여 행정처분을 받은 날과 그 처분 후 다시 같은 위반행위를 하여 적발된 날을 기준으로 한다.
2. 제1호에 따라 가중된 행정처분을 하는 경우 가중처분의 적용 차수는 그 위반행위 전 행정처분 차수(제1호에 따른 기간 내에 행정처분이 둘 이상 있었던 경우에는 높은 차수를 말한다)의 다음 차수로 한다.
3. 위반행위의 정도, 동기 및 그 결과 등을 고려하여 행정처분의 2분의 1의 범위에서 이를 늘리거나 줄일 수 있다.

■ 항공안전법 시행규칙 [별표 15] <개정 2021. 8. 27.>

항공기에 장비하여야 할 구급용구 등(제110조 관련)

1. 구급용구

구 분	품 목	수 량	
		항공운송사업 및 항공기사용사업에 사용하는 경우	그 밖의 경우
가. 수상비행기(수륙 양용 비행기를 포함한다)	·구명동의 또는 이에 상당하는 개인부양 장비 ·음성신호발생기 ·해상용 닻 ·일상용 닻	탑승자 한 명당 1개 1기 1개 1개	탑승자 한 명당 1개 1기 1개(해상이동에 필요한 경우만 해당한다) 1개
나. 육상비행기(수륙 양용 비행기를 포함한다)			
1) 착륙에 적합한 해안으로부터 93킬로미터(50해리) 이상의 해상을 비행하는 다음의 경우 가) 쌍발비행기가 임계발동기가 작동하지 않아도 최저안전고도 이상으로 비행하여 교체비행장에 착륙할 수 있는 경우 나) 3발 이상의 비행기가 2개의 발동기가 작동하지 않아도 항로상 교체비행장에 착륙할 수 있는 경우	·구명동의 또는 이에 상당하는 개인부양 장비	탑승자 한 명당 1개	탑승자 한 명당 1개
2) 1) 외의 육상단발비행기가 해안으로부터 활공거리를 벗어난 해상을 비행하는 경우	·구명동의 또는 이에 상당하는 개인부양 장비	탑승자 한 명당 1개	탑승자 한 명당 1개

3) 이륙경로나 착륙접근경로가 수상에서의 사고 시에 착수가 예상되는 경우	·구명동의 또는 이에 상당하는 개인부양 장비	탑승자 한 명당 1개	
다. 장거리 해상을 비행하는 비행기			
1) 비상착륙에 적합한 육지로부터 120분 또는 740킬로미터(400해리) 중 짧은 거리 이상의 해상을 비행하는 다음의 경우	·구명동의 또는 이에 상당하는 개인부양 장비 ·구명보트 ·불꽃조난신호장비	탑승자 한 명당 1개 적정 척 수 1기	탑승자 한 명당 1개 적정 척 수 1기
가) 쌍발비행기가 임계발동기가 작동하지 않아도 최저안전고도 이상으로 비행하여 교체비행장에 착륙할 수 있는 경우 나) 3발 이상의 비행기가 2개의 발동기가 작동하지 않아도 항로상 교체비행장에 착륙할 수 있는 경우			
2) 1) 외의 비행기가 30분 또는 185킬로미터(100해리) 중 짧은 거리 이상의 해상을 비행하는 경우	·육상비행기 또는 수상비행기의 구분에 따라 가 또는 나에서 정한 품목 ·구명보트 ·불꽃조난신호장비	육상비행기 또는 수상비행기의 구분에 따라 가 또는 나에서 정한 수량 적정 척 수 1기	적정 척 수 1기
3) 비행기가 비상착륙에 적합한 육지로부터 93킬로미터(50해리) 이상의 해상을 비행하는 경우	·구명동의 또는 이에 상당하는 개인부양 장비		탑승자 한 명당 1개
4) 비상착륙에 적합한 육지로부터 단발기는 185킬로미터(100해리), 다발기는 1개의 발동기가 작동하지 않아도 370킬로미터(200해리) 이상의 해상을 비행하는 경우	·구명보트 ·불꽃조난신호장비		적정 척 수 1기
라. 수색구조가 특별히 어려운 산악지역, 외딴지역 및 국토교통부장관이 정한 해상 등을 횡단 비행하는 비행기(헬리콥터를 포함한다)	·불꽃조난신호장비 ·구명장비	1기 이상 1기 이상	1기 이상 1기 이상
마. 헬리콥터			
1) 제1종 또는 제2종 헬리콥터가 육지(비상착륙에 적합한 섬을 포함한다)로부터 순항속도로 10분거리 이상의 해상을 비행하는 경우	· 헬리콥터 부양장치 ·구명동의 또는 이에 상당하는 개인부양 장비 ·구명보트 ·불꽃조난신호장비	1조 탑승자 한 명당 1개 적정 척 수 1기	1조 탑승자 한 명당 1개 적정 척 수 1기
2) 제3종 헬리콥터가 다음의 비행을 하는 경우			
가) 비상착륙에 적합한 육지 또는 섬으로부터 자동회전 또는 안전착륙거리를 벗어난 해상을 비행하는 경우	·헬리콥터 부양장치	1조	1조
나) 비상착륙에 적합한 육지 또는 섬으로부터 자동회전거리를 초과하되, 국토교통부장관이 정한 육지로부터의 거리 내의 해상을 비행하는 경우	·구명동의 또는 이에 상당하는 개인부양 장비	탑승자 한 명당 1개	탑승자 한 명당 1개

다) 가)에서 정한 지역을 초과하는 해상을 비행하는 경우	·구명동의 또는 이에 상당하는 개인부양 장비	탑승자 한 명당 1개	탑승자 한 명당 1개
3) 제2종 및 제3종 헬리콥터가 이륙 경로나 착륙접근 경로가 수상에 서의 사고시에 착수가 예상되는 경우	·구명보트 ·불꽃조난신호장비 ·구명동의 또는 이에 상당하는 개인부양 장비	적정 척 수 1기 탑승자 한 명당 1개	적정 척 수 1기 탑승자 한 명당 1개
4) 앞바다(offshore)를 비행하거나 국토교통부장관이 정한 수상을 비행할 경우	·헬리콥터 부양장치	1조	1조
5) 산불진화 등에 사용되는 물을 담기 위해 수면위로 비행하는 경우	·구명동의 또는 이에 상당하는 개인부양 장비	탑승자 한 명당 1개	탑승자 한 명당 1개

비고:

1) 구명동의 또는 이에 상당하는 개인부양 장비는 생존위치표시등이 부착된 것으로서 각 좌석으로부터 꺼내기 쉬운 곳에 두고, 그 위치 및 사용방법을 승객이 명확히 알기 쉽도록 해야 한다.

2) 육지로부터 자동회전 착륙거리를 벗어나 해상 비행을 하거나 산불 진화 등에 사용되는 물을 담기 위해 수면 위로 비행 하는 경우 헬리콥터의 탑승자는 헬리콥터가 수면 위에서 비행하는 동안 위 표 마목에 따른 구명동의를 계속 착용하고 있어야 한다.

3) 헬리콥터가 해상 운항을 할 경우, 해수 온도가 10℃ 이하일 경우에는 탑승자 모두 구명동의를 착용해야 한다.

4) 음성신호발생기는 1972년 「국제해상충돌예방규칙협약」에서 정한 성능을 갖춰야 한다.

5) 구명보트의 수는 탑승자 전원을 수용할 수 있는 수량이어야 한다. 이 경우 구명보트는 비상시 사용하기 쉽도록 적재되어야 하며, 각 구명보트에는 비상신호등·방수휴대등이 각 1개씩 포함된 구명용품 및 불꽃조난신호장비 1기를 갖춰야 한다. 다만, 구명용품 및 불꽃조난신호장비는 구명보트에 보관할 수 있다.

6) 위 표 마목의 제1종·제2종 및 제3종 헬리콥터는 다음과 같다.

가) 제1종 헬리콥터(Operations in performance Class 1 helicopter): 임계발동기에 고장이 발생한 경우, TDP(Take-off Decision Point: 이륙결심지점) 전 또는 LDP(Landing Decision Point: 착륙결심지점)를 통과한 후에는 이륙을 포기하거나 또는 착륙지점에 착륙해야 하며, 그 외에는 적합한 착륙 장소까지 안전하게 계속 비행이 가능한 헬리콥터

나) 제2종 헬리콥터(Operations in performance Class 2 helicopter): 임계발동기에 고장이 발생한 경우, 초기 이륙 조종 단계 또는 최종 착륙 조종 단계에서는 강제 착륙이 요구되며, 이 외에는 적합한 착륙 장소까지 안전하게 계속 비행이 가능한 헬리콥터

다) 제3종 헬리콥터(Operations in performance Class 3 helicopter): 비행 중 어느 시점이든 임계발동기에 고장이 발생할 경우 강제착륙이 요구되는 헬리콥터

2. 소화기

가. 항공기에는 적어도 조종실 및 조종실과 분리되어 있는 객실에 각각 한 개 이상의 이동이 간편한 소화기를 갖춰 두어야 한다. 다만, 소화기는 소화액을 방사 시 항공기 내의 공기를 해롭게 오염시키거나 항공기의 안전운항에 지장을 주는 것이어서는 안 된다.

나. 항공기의 객실에는 다음 표의 소화기를 갖춰 두어야 한다.

승객 좌석 수	소화기의 수량
1) 6석부터 30석까지	1
2) 31석부터 60석까지	2
3) 61석부터 200석까지	3
4) 201석부터 300석까지	4
5) 301석부터 400석까지	5
6) 401석부터 500석까지	6
7) 501석부터 600석까지	7
8) 601석 이상	8

3. 항공운송사업용 및 항공기사용사업용 항공기에는 사고 시 사용할 도끼 1개를 갖춰 두어야 한다.

4. 항공운송사업용 여객기에는 다음 표의 손확성기를 갖춰 두어야 한다.

승객 좌석수	손확성기의 수
61석부터 99석까지	1
100석부터 199석까지	2
200석 이상	3

5. 의료지원용구(Medical supply)

구분	품목	수량
가. 구급의료용품 (First-aid Kit)	1) 내용물 설명서 2) 멸균 면봉(10개 이상) 3) 일회용 밴드 4) 거즈 붕대 5) 삼각건, 안전핀 6) 멸균된 거즈 7) 압박(탄력) 붕대 8) 소독포 9) 반창고 10) 상처 봉합용 테이프 11) 손 세정제 또는 물수건 12) 안대 또는 눈을 보호할 수 있는 테이프 13) 가위 14) 수술용 접착테이프 15) 핀셋 16) 일회용 의료장갑(2개 이상) 17) 체온계(비수은 체온계) 18) 인공호흡 마스크 19) 최신 정보를 반영한 응급처치 교범 20) 구급의료용품 사용 시 보고를 위한 서식 21) 복용 약품(진통제, 구토억제제, 코 충혈 완화제, 제산제, 항히스타민제), 다만, 자가용 항공기, 항공기사용사업용 항공기 및 여객을 수송하지 않는 항공운송사업용 헬리콥터의 경우에는 항히스타민제를 갖춰두지 않을 수 있다.	승객 좌석 수에 따른 다음의 수량 가) 100석 이하: 1조 나) 101석부터 200석까지: 2조 다) 201석부터 300석까지: 3조 라) 301석부터 400석까지: 4조 마) 401석부터 500석까지: 5조 바) 501석 이상: 6조
나. 감염예방 의료용구(Universal Precaution Kit)	1) 액체응고제(파우더) 2) 살균제 3) 피부 세척을 위한 수건 4) 얼굴/눈 보호대(마스크) 5) 일회용 의료장갑 6) 보호용 앞치마(에이프런) 7) 흡착용 대형 타올 8) 오물 처리를 위한 주걱(긁을 수 있는 도구 포함) 9) 오물을 위생적으로 처리할 수 있는 봉투 10) 사용 설명서	승객 좌석 수에 따른 다음의 수량 가) 250석 이하: 1조 나) 251석부터 500석까지: 2조 다) 501석 이상: 3조
다. 비상의료용구 (Emergency Medical Kit)	1) 장비 가) 내용물 설명서 나) 청진기 다) 혈압계 라) 인공기도 마) 주사기 바) 주사바늘 사) 정맥주사용 도관(카테터) 아) 항균 소독포 자) 일회용 의료 장갑 차) 주사 바늘 폐기함 카) 도뇨관 타) 정맥 혈류기(수액세트) 파) 지혈대 하) 스폰지 거즈 거) 접착 테이프 너) 외과용 마스크 더) 기관 도관(또는 대형 정맥 삽입관) 러) 탯줄 집게(제대 겸자) 머) 체온계(비수은 체온계) 버) 기본인명구조술 지침서 서) 인공호흡용 백 밸브 마스크(Bag-valve mask: 자동 팽창 환기 마스크)	1조

	어) 손전등(펜라이트)과 건전지 2) 약품 가) 아드레날린제(희석 농도 1:1,000) 또는 에피네프린(희석 농도 1:1,000) 나) 항히스타민제(주사용) 다) 정맥주사용 포도당(50%, 주사용 50ml) 라) 니트로글리세린 정제(또는 스프레이) 마) 진통제 바) 항경련제(주사용) 사) 진토제(주사용) 아) 기관지 확장제(흡입식) 자) 아트로핀 차) 부신피질스테로이드(주사제) 카) 이뇨제(주사용) 타) 자궁수축제 파) 주사용 생리식염수(농도 0.9%, 용량 250ml 이상) 하) 아스피린(경구용) 거) 경구용 베타수용체 차단제	

비고:

1. 모든 항공기에는 가목에서 정하는 수량의 구급의료용품을 탑재해야 한다.
2. 항공운송사업용 항공기에는 나목에서 정하는 수량의 감염예방 의료용구를 탑재하여야 한다. 다만, 「재난 및 안전관리 기본법」 제38조에 따라 발령된 위기경보가 심각 단계인 경우에는 나목에서 정하는 감염예방 의료용구에 1조를 더한 감염예방 의료용구를 탑재해야 한다.
3. 비행시간이 2시간 이상이면서 승객 좌석 수가 101석 이상인 항공운송사업용 항공기에는 다목에서 정하는 수량 이상의 비상의료용구를 탑재해야 한다.
4. 가목에 따른 구급의료용품과 나목에 따른 감염예방 의료용구는 비행 중 승무원이 쉽게 접근하여 사용할 수 있도록 객실 전체에 고르게 분포되도록 갖춰 두어야 한다.

6. 삭제 <2020. 11. 2.>

■ 항공안전법 시행규칙 [별표 16] <개정 2021. 8. 27.>

항공계기 등의 기준(제117조제1항 관련)

<table>
<tr><th rowspan="3">비행구분</th><th rowspan="3">계 기 명</th><th colspan="4">수 량</th></tr>
<tr><th colspan="2">비행기</th><th colspan="2">헬리콥터</th></tr>
<tr><th>항공운송사업용</th><th>항공운송사업용 외</th><th>항공운송사업용</th><th>항공운송사업용 외</th></tr>
<tr><td rowspan="6">시계비행방식</td><td>나침반
(MAGNETIC COMPASS)</td><td>1</td><td>1</td><td>1</td><td>1</td></tr>
<tr><td>시계(시, 분, 초의 표시)</td><td>1</td><td>1</td><td>1</td><td>1</td></tr>
<tr><td>정밀기압고도계
(SENSITIVE PRESSURE ALTIMETER)</td><td>1</td><td>-</td><td>1</td><td>1</td></tr>
<tr><td>기압고도계
(PRESSURE ALTIMETER)</td><td>-</td><td>1</td><td>-</td><td>-</td></tr>
<tr><td>속도계
(AIRSPEED INDICATOR)</td><td>1</td><td>1</td><td>1</td><td>1</td></tr>
<tr><td colspan="5"></td></tr>
<tr><td rowspan="14">계기비행방식</td><td>나침반
(MAGNETIC COMPASS)</td><td>1</td><td>1</td><td>1</td><td>1</td></tr>
<tr><td>시계(시, 분, 초의 표시)</td><td>1</td><td>1</td><td>1</td><td>1</td></tr>
<tr><td>정밀기압고도계
(SENSITIVE PRESSURE ALTIMETER)</td><td>2</td><td>1</td><td>2</td><td>1</td></tr>
<tr><td>기압고도계
(PRESSURE ALTIMETER)</td><td>-</td><td>1</td><td>-</td><td>-</td></tr>
<tr><td>동결방지장치가 되어 있는 속도계
(AIRSPEED INDICATOR)</td><td>1</td><td>1</td><td>1</td><td>1</td></tr>
<tr><td>선회 및 경사지시계
(TURN AND SLIP INDICATOR)</td><td>1</td><td>1</td><td>-</td><td>-</td></tr>
<tr><td>경사지시계
(SLIP INDICATOR)</td><td>-</td><td>-</td><td>1</td><td>1</td></tr>
<tr><td>인공수평자세지시계
(ATTITUDE INDICATOR)</td><td>1</td><td>1</td><td colspan="2">조종석당 1개 및 여분의 계기 1개</td></tr>
<tr><td>자이로식 기수방향지시계
(HEADING INDICATOR)</td><td>1</td><td>1</td><td>1</td><td>1</td></tr>
<tr><td>외기온도계
(OUTSIDE AIR TEMPERATURE INDICATOR)</td><td>1</td><td>1</td><td>1</td><td>1</td></tr>
<tr><td>승강계
(RATE OF CLIMB AND DESCENT INDICATOR)</td><td>1</td><td>1</td><td>1</td><td>1</td></tr>
<tr><td>안정성유지시스템
(STABILIZATION SYSTEM)</td><td>-</td><td>-</td><td>1</td><td>1</td></tr>
</table>

비고:

1. 자이로식 계기(회전축이 수평 위치로 유지되어 항공기 선회나 자세 변화의 영

향을 받지 않고 방향, 위치, 수평 상태 등을 표시하는 기기)에는 전원의 공급상태를 표시하는 수단이 있어야 한다.

2. 비행기의 경우 고도를 지시하는 3개의 바늘로 된 고도계(three pointer altimeter)와 드럼형 지시고도계(drum pointer altimeter)는 정밀기압고도계의 요건을 충족하지 않으며, 헬리콥터의 경우 드럼형 지시고도계는 정밀기압고도계의 요건을 충족하지 않는다.
3. 선회 및 경사지시계(헬리콥터의 경우에는 경사지시계), 인공수평 자세지시계 및 자이로식 기수방향지시계의 요건은 결합 또는 통합된 비행지시계(Flight director)로 충족될 수 있다. 다만, 동시에 고장 나는 것을 방지하기 위하여 각각의 계기에는 안전장치가 내장되어야 한다.
4. 헬리콥터의 설계자 또는 제작자가 안정성유지시스템 없이도 안정성을 유지할 수 있는 능력이 있다고 시험비행을 통하여 증명하거나 이를 증명할 수 있는 서류 등을 제출한 경우에는 안정성유지시스템을 갖추지 않을 수 있다.
5. 계기비행방식에 따라 운항하는 최대이륙중량 5,700킬로그램을 초과하는 비행기와 제1종 및 제2종 헬리콥터는 주 발전장치와는 별도로 30분 이상 인공수평 자세지시계를 작동시키고 조종사가 자세지시계를 식별할 수 있는 조명을 제공할 수 있는 비상전원 공급장치를 갖추어야 한다. 이 경우 비상전원 공급장치는 주발전장치 고장시 자동으로 작동되어야 하고 자세지시계가 비상전원으로 작동 중임이 계기판에 명확하게 표시되어야 한다.
6. 야간에 시계비행방식으로 국외를 운항하려는 항공운송사업용 헬리콥터는 시계비행방식으로 비행할 경우 위 표에 따라 장착해야 할 계기와 조종사 1명당 1개의 인공수평 자세지시계, 1개의 경사지시계, 1개의 자이로식 기수방향지시, 1개의 승강계를 장착해야 한다.
7. 진보된 조종실 자동화 시스템[Advanced cockpit automation system(Glass cockpit)-각종 아날로그 및 디지털 계기를 하나 또는 두 개의 전시화면(Display)으로 통합한 형태]을 갖춘 항공기는 주 시스템과 전시(Display)장치가 고장난 경우 조종사에게 항공기의 자세, 방향, 속도 및 고도를 제공하는 여분의 시스템을 갖추어야 한다. 다만, 주간에 시계비행방식으로 운항하는 헬리콥터는 제외한다.
8. 국외를 운항하는 항공운송사업 외의 비행기가 계기비행방식으로 비행하려는 경우에는 2개의 독자적으로 작동하는 비행기 자세 측정 장치(independent altitude measuring)와 비행기 자세 전시 장치(display system)를 갖추어야 한다.
9. 야간에 시계비행방식으로 운항하려는 항공운송사업 외의 헬리콥터에는 각 조종석마다 자세지시계 1개와 여분의 자세지시계 1개, 경사지시계 1개, 기수방향지시계 1개, 승강계 1개를 추가로 장착해야 한다.

■ 항공안전법 시행규칙 [별표 17]

항공기에 실어야 할 연료와 오일의 양(제119조 관련)

구분		연료 및 오일의 양	
		왕복발동기 장착 항공기	터빈발동기 장착 항공기
항공운송사업용 및 항공기사용사업용 비행기	계기비행으로 교체비행장이 요구될 경우	다음 각 호의 양을 더한 양 1. 이륙 전에 소모가 예상되는 연료(taxi fuel)의 양 2. 이륙부터 최초 착륙예정 비행장에 착륙할 때까지 필요한 연료(trip fuel)의 양 3. 이상사태 발생 시 연료 소모가 증가할 것에 대비하기 위한 것으로서 법 제77조에 따라 고시하는 운항기술기준(이하 이 표에서 "운항기술기준"이라 한다)에서 정한 연료(Contingency fuel)의 양 4. 다음 각 목의 어느 하나에 해당하는 연료(destination alternate fuel)의 양 가. 1개의 교체비행장이 요구되는 경우: 다음의 양을 더한 양 1) 최초 착륙예정 비행장에서 한 번의 실패접근에 필요한 양 2) 교체비행장까지 상승비행, 순항비행, 강하비행, 접근비행 및 착륙에 필요한 양 나. 2개 이상의 교체비행장이 요구되는 경우: 각각의 교체비행장에 대하여 가	다음 각 호의 양을 더한 양 1. 이륙 전에 소모가 예상되는 연료의 양 2. 이륙부터 최초 착륙예정 비행장에 착륙할 때까지 필요한 연료의 양 3. 이상사태 발생 시 연료 소모가 증가할 것에 대비하기 위한 것으로서 운항기술기준에서 정한 연료의 양 4. 다음 각 목의 어느 하나에 해당하는 연료의 양 가. 1개의 교체비행장이 요구되는 경우: 다음의 양을 더한 양 1) 최초 착륙예정 비행장에서 한 번의 실패접근에 필요한 양 2) 교체비행장까지 상승비행, 순항비행, 강하비행, 접근비행 및 착륙에 필요한 양 나. 2개 이상의 교체비행장이 요구되는 경우: 각각의 교체비행장에 대하여 가목에 따라 산정된 양 중 가장 많은 양 5. 교체비행장에 도착 시 예상되는 비행기의 중량 상태에서 표준대기 상태에서의 체

		목에 따라 산정된 양 중 가장 많은 양 5. 교체비행장에 도착 시 예상되는 비행기의 중량 상태에서 순항속도 및 순항고도로 45분간 더 비행할 수 있는 연료(final reserve fuel)의 양 6. 그 밖에 비행기의 비행성능 등을 고려하여 운항기술기준에서 정한 추가 연료의 양	공속도로 교체비행장의 450미터(1,500피트)의 상공에서 30분간 더 비행할 수 있는 연료의 양 6. 그 밖에 비행기의 비행성능 등을 고려하여 운항기술기준에서 정한 추가 연료의 양
	계기비행으로 교체비행장이 요구되지 않을 경우	다음 각 호의 양을 더한 양 1. 이륙 전에 소모가 예상되는 연료의 양 2. 이륙부터 최초 착륙예정 비행장에 착륙할 때까지 필요한 연료의 양 3. 이상사태 발생 시 연료소모가 증가할 것에 대비하기 위한 것으로서 운항기술기준에서 정한 연료의 양 4. 다음 각 목의 어느 하나에 해당하는 연료의 양 가. 제186조제3항제1호에 해당하는 경우: 표준대기상태에서 최초 착륙예정 비행장의 450미터(1,500피트)의 상공에서 체공속도로 15분간 더 비행할 수 있는 양 나. 제186조제3항제2호에 해당하는 경우: 다음의 어느 하나에 해당하는 양 중	다음 각 호의 양을 더한 양 1. 이륙 전에 소모가 예상되는 연료의 양 2. 이륙부터 최초 착륙예정 비행장에 착륙할 때까지 필요한 연료의 양 3. 이상사태 발생 시 연료소모가 증가할 것에 대비하기 위한 것으로서 운항기술기준에서 정한 연료의 양 4. 다음 각 목의 어느 하나에 해당하는 연료의 양 가. 제186조제3항제1호에 해당하는 경우: 표준대기상태에서 최초 착륙예정 비행장의 450미터(1,500피트)의 상공에서 체공속도로 15분간 더 비행할 수 있는 양 나. 제186조제3항제2호에 해당하는 경우: 제5호에 따른 연료의 양을 포함하여

		더 적은 양 1) 제5호에 따른 연료의 양을 포함하여 순항속도로 45분간 더 비행할 수 있는 양에 순항고도로 계획된 비행시간의 15퍼센트의 시간을 더 비행할 수 있는 양을 더한 양 2) 순항속도로 2시간을 더 비행할 수 있는 양 5. 최초 착륙예정 비행장에 도착 시 예상되는 비행기 중량 상태에서 순항속도 및 순항고도로 45분간 더 비행할 수 있는 연료의 양. 다만, 제4호나목1)에 따라 연료를 실은 경우에는 제5호에 따른 연료를 실은 것으로 본다. 6. 그 밖에 비행기의 비행성능 등을 고려하여 운항기술기준에서 정한 추가 연료의 양	최초 착륙예정 비행장의 상공에서 정상적인 순항 연료소모율로 2시간을 더 비행할 수 있는 양 5. 최초 착륙예정 비행장에 도착 시 예상되는 비행기 중량 상태에서 표준대기 상태에서의 체공속도로 최초 착륙예정 비행장의 450미터(1,500피트)의 상공에서 30분간 더 비행할 수 있는 양. 다만, 제4호나목에 따라 연료를 실은 경우에는 제5호에 따른 연료를 실은 것으로 본다. 6. 그 밖에 비행기의 비행성능 등을 고려하여 운항기술기준에서 정한 추가 연료의 양
	시계비행을 할 경우	다음 각 호의 양을 더한 양 1. 최초 착륙예정 비행장까지 비행에 필요한 양 2. 순항속도로 45분간 더 비행할 수 있는 양	
항공운송사업용 및 항공기사용사업용 외의 비행기	계기비행으로 교체비행장이 요구될 경우	다음 각 호의 양을 더한 양 1. 최초 착륙예정 비행장까지 비행에 필요한 양 2. 그 교체비행장까지 비행을 마친 후 순항고도로 45분간 더 비행할 수 있는 양	
	계기비행으로 교체비행장이 요구되지 않	다음 각 호의 양을 더한 양 1. 제186조제3항 단서에 따라 교체비행장이 요구되지 않는 경우 최초 착륙예정 비행장까지 비행에 필요한 양 2. 순항고도로 45분간 더 비행할 수 있는 양	

	을 경우	
	수간에 시계비행을 할 경우	다음 각 호의 양을 더한 양 1. 최초 착륙예정 비행장까지 비행에 필요한 양 2. 순항고도로 30분간 더 비행할 수 있는 양
	야간에 시계비행을 할 경우	다음 각 호의 양을 더한 양 1. 최초 착륙예정 비행장까지 비행에 필요한 양 2. 순항고도로 45분간 더 비행할 수 있는 양
항공운송사업용 및 항공기사용사업용 헬리콥터	시계비행을 할 경우	다음 각 호의 양을 더한 양 1. 최초 착륙예정 비행장까지 비행에 필요한 양 2. 최대항속속도로 20분간 더 비행할 수 있는 양 3. 이상사태 발생 시 연료소모가 증가할 것에 대비하기 위한 것으로서 운항기술기준에서 정한 연료의 양
	계기비행으로 교체비행장이 요구될 경우	다음 각 호의 양을 더한 양 1. 최초 착륙예정 비행장까지 비행하여 한 번의 접근과 실패접근을 하는 데 필요한 양 2. 교체비행장까지 비행하는 데 필요한 양 3. 표준대기 상태에서 교체비행장의 450미터(1,500피트)의 상공에서 30분간 체공하는 데 필요한 양에 그 비행장에 접근하여 착륙하는 데 필요한 양을 더한 양 4. 이상사태 발생 시 연료소모가 증가할 것에 대비하기 위한 것으로서 운항기술기준에서 정한 연료의 양
	계기비행으로 교체비행장이 요구되지 않을 경우	제186조제7항제1호의 경우에는 다음 각 호의 양을 더한 양 1. 최초 착륙예정 비행장까지 비행에 필요한 양 2. 표준대기 상태에서 최초 착륙예정 비행장의 450미터(1,500피트)의 상공에서 30분간 체공하는 데 필요한 양에 그 비행장에 접근하여 착륙하는 데 필요한 양을 더한 양 3. 이상사태 발생 시 연료소모가 증가할 것에 대비하기 위한 것으로서 운항기술기준에서 정한 연료의 양
	계기비행으로 적당한 교체비행장이 없을 경우	제186조제7항제2호의 경우에는 다음 각 호의 양을 더한 양 1. 최초 착륙예정 비행장까지 비행에 필요한 양 2. 최초 착륙예정 비행장의 상공에서 체공속도로 2시간 동안 체공하는 데 필요한 양
항공운송사업용 및 항공기사용사업용 외의 헬리콥터	시계비행을 할 경우	다음 각 호의 양을 더한 양 1. 최초 착륙예정 비행장까지 비행에 필요한 양 2. 최대항속속도로 20분간 더 비행할 수 있는 양 3. 이상사태 발생 시 연료 소모가 증가할 것에 대비하여 소유자등이 정한 추가의 양
	계기비행으로 교체비행장이 요구될 경우	다음 각 호의 양을 더한 양 1. 최초 착륙예정 비행장까지 비행하여 한 번의 접근과 실패접근을 하는 데 필요한 양 2. 교체비행장까지 비행하는 데 필요한 양 3. 표준대기 상태에서 교체비행장의 450미터(1,500피트)의 상공에서 30분간 체공하는 데 필요한 양에 그 비행장에 접근하여 착륙하는 데 필요한 양을 더한 양 4. 이상사태 발생 시 연료 소모가 증가할 것에 대비하여 소유자등이 정한 추가의 양
	계기비행으로 교체비행장이 요구되지 않는 경우	다음 각 호의 양을 더한 양 1. 최초 착륙예정 비행장까지 비행에 필요한 양 2. 표준대기 상태에서 최초 착륙예정 비행장의 450미터(1,500피트)의 상공에서 30분간 체공하는 데 필요한 양에 그 비행장에 접근하여 착륙하는 데 필요한 양을 더한 양 3. 이상사태 발생 시 연료 소모가 증가할 것에 대비하여 소유자등이 정한 추가의 양
	계기비행으로 적당한 교체비행장이 없을 경우	다음 각 호의 양을 더한 양 1. 최초 착륙예정 비행장까지 비행에 필요한 양 2. 그 비행장의 상공에서 체공속도로 2시간 동안 체공하는 데 필요한 양

■ 항공안전법 시행규칙 [별표 18] <개정 2019. 9. 23.>

운항승무원의 승무시간등 기준(제127조제1항 관련)

1. 운항승무원의 연속 24시간 동안 최대 승무시간 · 비행근무시간 기준

(단위: 시간)

운항승무원 편성	최대 승무시간	최대 비행근무시간
기장 1명	8	13
기장 1명, 기장 외의 조종사 1명	8	13
기장 1명, 기장 외의 조종사 1명, 항공기관사 1명	12	15
기장 1명, 기장 외의 조종사 2명	12	16
기장 2명, 기장 외의 조종사 1명	13	16.5
기장 2명, 기장 외의 조종사 2명	16	20
기장 2명, 기장 외의 조종사 2명, 항공기관사 2명	16	20

비고

1. "승무시간(Flight Time)"이란 비행기의 경우 이륙을 목적으로 비행기가 최초로 움직이기 시작한 때부터 비행이 종료되어 최종적으로 비행기가 정지한 때까지의 총 시간을 말하며, 헬리콥터의 경우 주회전익이 회전하기 시작한 때부터 주회전익이 정지된 때까지의 총 시간을 말한다.
2. "비행근무시간(Flight Duty Period)"이란 운항승무원이 1개 구간 또는 연속되는 2개 구간 이상의 비행이 포함된 근무의 시작을 보고한 때부터 마지막 비행이 종료되어 최종적으로 항공기의 발동기가 정지된 때까지의 총 시간을 말한다.
3. 연속되는 24시간 동안 12시간을 초과하여 승무할 경우 항공기에는 다음 각 목의 어느 하나에 해당하는 휴식시설이 있어야 한다. 이 경우 위 표에 따른 최대 비행근무시간은 다음 각 목의 구분에 따른 휴식시설의 등급에 따라 단축한다.
   가. 1등급 휴식시설[객실 외에 있는 침상(bunk)이나 수평으로 수면할 수 있는 시설]: 단축 없음
   나. 2등급 휴식시설(객실 내에 있는 80도 이상의 수평에 가까운 자세로 수면할 수 있고 커튼 등으로 승객과 분리된 좌석): 1시간 단축
   다. 3등급 휴식시설(객실 또는 조종실 내에 있는 발과 다리 받침대가 있고 40도 이상 기울어지는 좌석): 2시간 단축
4. 시차가 4시간을 초과하는 지역을 운항하는 운항승무원이 해당 지역에서 최소 36시간 이상의 연속되는 휴식을 취하지 못하였거나, 최소 72시간 이상 체류하지 못한 경우에는 위 표 및 비고 제3호에 따른 최대 비행근무시간을 30분 단축한다.
5. 항공기사용사업 중 응급구호 및 환자 이송을 하는 헬리콥터의 운항승무원은 제외한다.
6. 법 제55조제2호에 따른 국외운항항공기의 운항승무원은 제외한다.

2. 운항승무원의 연속되는 28일 및 365일 동안의 최대 승무시간 기준

(단위: 시간)

운항승무원 편성	연속 28일	연속 365일
기장 1명	100	1,000
기장 1명, 기장 외의 조종사 1명	100	1,000
기장 1명, 기장 외의 조종사 1명, 항공기관사 1명	120	1,000
기장 1명, 기장 외의 조종사 2명	120	1,000
기장 2명, 기장 외의 조종사 1명	120	1,000
기장 2명, 기장 외의 조종사 2명	120	1,000
기장 2명, 기장 외의 조종사 2명, 항공기관사 2명	120	1,000

비고

1. 운항승무원의 편성이 불규칙하게 이루어지는 경우 해당 기간 중 가장 많은 시간편성 항목의 최대 승무시간 기준을 적용한다.
2. 「항공사업법」 에 따른 항공기사용사업 중 응급구호 및 환자 이송을 하는 헬리콥터의 운항승무원은 제외한다.

3. 운항승무원의 연속되는 7일 및 28일 동안의 최대 근무시간 기준

구분	연속 7일	연속 28일
근무시간	60시간	190시간

비고

1. "근무시간"이란 운항승무원이 항공기 운영자의 요구에 따라 근무보고를 하거나 근무를 시작한 때부터 모든 근무가 끝난 때까지의 시간을 말한다.
2. 항공기사용사업 중 응급구호 및 환자 이송을 하는 헬리콥터의 운항승무원은 제외한다.

4. 운항승무원의 비행근무시간에 따른 최소 휴식시간 기준

비행근무시간	휴식시간
8시간 미만	10시간 이상
8시간 이상 ~ 9시간 미만	11시간 이상
9시간 이상 ~ 10시간 미만	12시간 이상
10시간 이상 ~ 11시간 미만	13시간 이상
11시간 이상 ~ 12시간 미만	14시간 이상
12시간 이상 ~ 13시간 미만	15시간 이상
13시간 이상 ~ 14시간 미만	16시간 이상
14시간 이상 ~ 15시간 미만	17시간 이상
15시간 이상 ~ 16시간 미만	18시간 이상
16시간 이상 ~ 17시간 미만	20시간 이상
17시간 이상 ~ 18시간 미만	22시간 이상
18시간 이상 ~ 19시간 미만	24시간 이상
19시간 이상 ~ 20시간 미만	26시간 이상

비고

1. 항공운송사업자 및 항공기사용사업자는 운항승무원이 승무를 마치고 마지막

으로 취한 지상에서의 휴식 이후의 비행근무시간에 따라서 위 표에서 정하는 지상에서의 휴식을 취할 수 있도록 해야 한다.
2. 항공운송사업자 및 항공기사용사업자는 운항승무원이 연속되는 7일마다 연속되는 30시간 이상의 휴식을 취할 수 있도록 해야 한다.

5. 응급구호 및 환자 이송을 하는 헬리콥터 운항승무원의 최대 승무시간 기준

구분	연속 24시간	연속 3개월	연속 6개월	1년
최대 승무시간	8시간	500시간	800시간	1,400시간

6. 법 제55조제2호에 따른 국외운항항공기의 운항승무원의 연속 24시간 동안 최대 승무시간 · 비행근무시간

운항승무원 편성	최대 승무시간	최대비행근무시간
기장 1명, 기장 외의 조종사 1명	10	14
기장 1명, 기장 외의 조종사 2명	16	18

비고:
1. 기장 2명 편성의 경우 최대승무시간을 2시간까지 연장하여 승무할 수 있다. 단, 1개 구간의 승무시간이 10시간을 초과하는 경우에는 승무를 마치고 지상에서 최소 휴식시간 없이는 새로운 비행근무를 할 수 없으며, 연장된 승무시간은 1주일 동안 총 4시간을 초과할 수 없다.
2. 기장 1명, 기장 외의 조종사 2명 편성의 경우 등판 각도조절이 가능한 휴식용 좌석이 있어야 한다. 단, 180도로 누울 수 있는 휴식용 침상 등이 있는 경우에는 최대승무시간 및 최대근무시간을 각각 2시간 연장할 수 있다.

■ 항공안전법 시행규칙 [별표 19] <개정 2019. 9. 23.>

객실승무원의 비행근무시간 및 휴식시간기준(제128조제2항 관련)

객실승무원 수	비행근무시간	휴식시간
최소 객실승무원 수	14시간	10시간
최소 객실승무원 수에 1명 추가	16시간	14시간
최소 객실승무원 수에 2명 추가	18시간	14시간
최소 객실승무원 수에 3명 추가	20시간	14시간

비고: 항공운송사업자는 객실승무원이 연속되는 7일마다 연속되는 24시간 이상의 휴식을 취할 수 있도록 해야 한다.

■ 항공안전법 시행규칙 [별표 20] <개정 2021. 6. 9.>

항공안전관리시스템의 구축 · 운용 및 승인기준(제132조제2항 관련)

1. 항공안전에 관한 정책 및 달성목표
가. 최고경영관리자(Chief Executive Officer)의 권한 및 책임에 관한 사항
1) 최고경영관리자는 다음 각 호의 권한 및 책임을 가질 것
가) 항공기 운항 및 제작 · 교육 · 사업 등의 서비스 실시여부에 대한 최종 결정 권한
나) 항공기 운항 및 제작 · 교육 · 사업 등의 서비스 관련 재정적 · 인적 자원 활용에 관한 최종 결정 권한
다) 해당 기관 · 법인 등의 안전성과에 대한 최종 책임
2) 최고경영관리자는 국제민간항공협약 및 관련 법령에 따라 다음의 사항을 모두 포함하는 안전정책(이하 "안전정책"이라 한다)을 수립할 것. 이 경우 수립된 안전정책은 환경 변화에 대응할 수 있도록 지속적으로 관리되어야 한다.
가) 안전문화 활성화 유도 등 안전의 책임에 관한 사항
나) 안전정책 이행을 위한 재정적 · 인적 자원 등의 제공에 관한 사항
다) 항공기사고 · 항공기준사고 · 항공안전장애에 관한 정보 등 항공안전데이터 및 항공안전정보의 수집, 보고절차 등에 관한 사항
라) 안전규정을 준수하지 않거나 준수하지 못한 경우 조직 구성원의 징계 등에 관한 사항
3) 최고경영관리자는 안전정책에 따라 다음의 사항을 모두 포함하는 조직의 안전목표(이하 "안전목표"라 한다)를 수립할 것. 이 경우 수립된 안전목표는 환경 변화에 대응할 수 있도록 지속적으로 관리되어야 한다.
가) 안전성과의 모니터링 및 측정에 관한 사항
나) 항공안전관리시스템의 효과적인 운영의 책임에 관한 사항
4) 최고경영관리자는 조직 구성원과 소통하고 협력하여 안전정책 및 안전목표를 수립해야 한다.
나. 안전관리 관련 업무분장에 관한 사항
1) 최고경영관리자는 항공안전관리시스템의 구축 및 운영을 위해 다음의 기준에 따라 내부규정으로 그 업무 분장에 관한 사항을 정할 것
가) 최고경영관리자에게 항공안전관리시스템의 구축 및 운영에 관한 명확한 권한과 책임의 부여
나) 최고경영관리자 외의 고위관리자에게 안전 업무에 대한 명확한 권한과

책임의 부여

다) 그 밖의 관리자 및 조직 구성원에게 안전 업무에 대한 명확한 권한과 책임의 부여

라) 측정된 항공안전 위험도에 대한 안전개선조치를 결정할 수 있는 관리자의 지정

2) 최고경영관리자가 조직 구성원과 소통하고 협력하여 업무분장을 하는 구조를 갖출 것

다. 총괄 안전관리자(Key Safety Personnel)의 지정

최고경영관리자는 항공안전관리시스템의 효율적 운영을 위해 항공안전관리시스템을 총괄적으로 구축 및 관리하는 총괄 안전관리자를 지정할 것

라. 위기대응계획 관련 관계기관 협의에 관한 사항

1) 최고경영관리자는 항공기 사고 등 비상상황에 대처하기 위한 위기대응계획을 수립할 것

2) 최고경영관리자는 비상상황에 신속하게 대처하기 위하여 관계기관과의 협의를 거쳐 비상상황 시 수행할 각 기관의 역할을 미리 정할 것

마. 매뉴얼 등 항공안전관리시스템 관련 기록·관리에 관한 사항

1) 최고경영관리자는 다음의 사항을 모두 포함하여 항공안전관리시스템 매뉴얼을 마련할 것

가) 안전정책 및 안전목표에 관한 사항

나) 항공안전관리시스템 관련 법령에 관한 사항

다) 항공안전관리시스템 운영절차 및 방법에 관한 사항

라) 안전관리 관련 업무분장에 관한 사항

2) 최고경영관리자는 항공안전관리시스템을 통해 생산되는 자료를 기록하고 보존할 것

2. 항공안전 위험도의 관리

가. 항공안전위해요인의 식별절차에 관한 사항

1) 최고경영관리자는 법 제58조제2항에 따른 제작, 교육, 운항 또는 사업 등에 직접 또는 간접적(보안·보건·재무 등)으로 영향을 주는 항공안전위해요인을 식별하기 위한 절차를 마련하여 운영할 것

2) 항공안전위해요인 식별은 사고가 발생한 이후에 대한 사후조치 방식과 사고예방을 위한 사전관리 방식이 모두 이루어질 것

나. 항공안전 위험도 평가 및 경감조치에 관한 사항

최고경영관리자는 발견된 항공안전위해요인별로 항공기사고에 영향을 주는 정도 및 발생빈도 등을 분석 및 측정하고 그 결과를 종합적으로 관리하는 절차를 마련할 것

다. 자체 안전보고의 운영에 관한 사항

1) 최고경영관리자가 운영하는 제1호가목2)다)에 따른 안전보고절차는 법 제59조·제61조에 따른 항공안전 의무보고 및 항공안전 자율보고에 준하는 정도의 안전보고절차일 것

2) 최고경영관리자는 법 제58조제2항에 따른 제작, 교육, 운항 또는 사업 등의 업무 일부를 다른 기관·단체·법인에 도급 또는 위탁하는 경우에는 수급인 또는 수탁자에 대해서도 1)에 따른 안전보고 절차를 운영할 것

3. 항공안전보증

가. 안전성과의 모니터링 및 측정에 관한 사항

1) 최고경영관리자는 측정한 안전성과를 검증하고 항공안전 위험도 관리의 효율성을 확인하는 방안을 마련할 것

2) 안전성과는 안전목표에 따라 설정한 안전성과지표(safety performance indicator) 및 지표 별 목표치(safety performance target) 등과 연계하여 확인할 것

나. 변화관리에 관한 사항

최고경영관리자는 법 제58조제2항에 따른 사업·교육 또는 운항에 영향을 줄 수 있는 업무처리절차 및 업무환경 등의 변화를 인지하고 그 변화로 인해 새롭게 출현하는 항공안전위해요인이나 항공안전위해요인에 대한 위험도를 재측정하고 관리할 것

다. 항공안전관리시스템 운영절차 개선에 관한 사항

최고경영관리자는 항공안전관리시스템의 효과적 운영을 위해 운영절차의 적절성을 지속으로 진단하고 보완할 것

4. 항공안전증진

가. 안전교육 및 훈련에 관한 사항

최고경영관리자는 조직 구성원의 업무별로 항공안전관리시스템 운영에 대하여 필요한 교육훈련 프로그램을 수립하고 교육훈련을 실시할 것

나. 안전관리 관련 정보 등의 공유에 관한 사항

최고경영관리자는 조직 구성원과 다음의 안전관리 관련 정보를 항상 공유할 것

1) 항공안전관리시스템의 운영에 관한 정보

2) 주요 항공안전위해요인 등 항공안전데이터 및 항공안전정보

3) 항공안전위해요인 제거 및 항공안전 위험도 경감 등 안전개선조치에 관한

정보

4) 항공안전관리시스템 운영절차 개선 등에 관한 정보

5. 다음 각 목에 해당하는 자는 해당 프로그램이나 시스템을 구비한 항공안전관리시스템 구축·운용할 것

가. 제130조의2에 해당하는 항공운송사업자: 법 제58조제4항에 따른 비행자료분석프로그램

나. 국토교통부장관 또는 항공교통업무증명을 받은 자: 법 제83조제1항에 따른 항공교통관제 업무 중 레이더를 이용하여 항공교통관제 업무를 수행하려는 경우에는 법 제58조제5항 각 호에 따른 사항이 포함된 항공안전관리시스템

■ 항공안전법 시행규칙 [별표 20의2] <개정 2025. 7. 28.>

의무보고 대상 항공안전장애의 범위(제134조 관련)

구분	항공안전장애 내용
1. 비행 중	가. 항공기간 분리최저치가 확보되지 않았거나 다음의 어느 하나에 해당하는 경우와 같이 분리최저치가 확보 되지 않을 우려가 있었던 경우. 1) 항공기에 장착된 공중충돌경고장치 회피기동(ACAS RA)이 발생한 경우 2) 항공교통관제기관의 항공기 감시 장비에 근접충돌경고(short-term conflict alert)가 표시된 경우. 다만, 항공교통관제사가 항공법규 등 관련 규정에 따라 항공기 상호 간 분리최저치 이상을 유지토록 하는 관제지시를 하였고 조종사가 이에 따라 항행을 한 것이 확인된 경우는 제외한다.
	나. 지형·수면·장애물 등과 최저 장애물회피고도(MOC, Minimum Obstacle Clearance)가 확보되지 않았던 경우(항공기준사고에 해당하는 경우는 제외한다)
	다. 비행금지구역 또는 비행제한구역에 허가 없이 진입한 경우를 포함하여 비행경로 또는 비행고도 이탈 등 항공교통관제기관의 사전 허가를 받지 아니한 항행을 한 경우. 다만, 허용된 오차범위 내의 운항 등 일시적인 경미한 고도·경로 이탈은 제외한다.
2. 이륙·착륙	가. 다음의 어느 하나에 해당하는 형태의 이륙 또는 착륙을 한 경우 1) 활주로 또는 착륙표면에 항공기 동체 꼬리, 날개 끝, 엔진덮개, 착륙장치 등의 비정상적 접촉 2) 비행교범 등에서 정한 강하속도(vertical speed), "G" 값(착륙표면 접촉충격량) 등을 초과한 착륙(hard landing) 또는 최대착륙중량을 초과한 착륙(heavy landing) 3) 활주로·헬리패드(헬리콥터 이착륙장을 말한다) 등에 착륙 접지했으나, 다음의 어느 하나에 해당하는 착륙을 한 경우 가) 정해진 접지구역(touch-down zone)에 못 미치는 착륙(short landing) 나) 정해진 접지구역(touch-down zone)을 초과한 착륙(long landing)

	나. 항공기가 다음의 어느 하나에 해당하는 사유로 이륙활주를 중단한 경우 또는 이륙을 강행한 경우 1) 부적절한 기재·외장 설정 2) 항공교통관제지시, 기상 등 그 밖의 사유
	다. 항공기가 이륙활주 또는 착륙활주 중 착륙장치가 활주로표면 측면 외측의 포장된 완충구역(Runway Shoulder 이내로 한정한다)으로 이탈하였으나 활주로로 다시 복귀하여 이륙활주 또는 착륙활주를 안전하게 마무리 한 경우
3. 지상운항	가. 항공기가 지상운항 중 다른 항공기나 장애물, 차량, 장비 등과 접촉·충돌하였거나, 공항 내 설치된 항행안전시설 등을 포함한 각종 시설과 접촉·추돌한 경우
	나. 항공기가 주기(駐機) 중 또는 가목의 지상운항 이외의 목적으로 이동 중 다른 항공기나 장애물, 차량, 장비 등과 접촉·충돌한 경우. 다만, 항공기의 손상이 없거나 운항허용범위 이내의 손상인 경우는 제외한다.
	다. 항공기가 유도로를 이탈한 경우
	라. 항공기, 차량, 사람 등이 허가 없이 유도로에 진입한 경우
	마. 항공기, 차량, 사람 등이 허가 없이 또는 잘못된 허가로 항공기의 이륙·착륙을 위해 지정된 보호구역 또는 활주로에 진입하였으나 다른 항공기의 안전 운항에 지장을 주지 않은 경우
4. 운항 준비	가. 지상조업 중 비정상 상황(급유 중 인위적으로 제거해야 하는 다량의 기름유출 등)이 발생한 경우
	나. 위험물 처리과정에서 부적절한 라벨링, 포장, 취급 등이 발생한 경우
5. 항공기 화재 및 고장	가. 운항 중 다음의 어느 하나에 해당하는 경미한 화재 또는 연기가 발생한 경우 1) 운항 중 항공기 구성품 또는 부품의 고장으로 인하여 조종실 또는 객실에 연기·증기 또는 중독성 유해가스가 축적되거나 퍼지는 현상이 발생한 경우 2) 객실 조리기구·설비 또는 휴대전화기 등 탑승자의 물품에서 경미한 화재·연기가 발생한 경우. 다만, 단순 이물질에 의한 것으로 확인된 경우는 제외한다. 3) 화재경보시스템이 작동한 경우. 다만, 탑승자의 일시적 흡연, 스프레이 분사, 수증기 등의 요인으로 화재경보시스템이 작동된 것으로 확인된 경우는 제외한다.
	나. 운항 중 항공기의 연료공급시스템(fuel system)과 연료덤핑시스템(fuel dumping system: 비행 중 항공기 중량 감소를 위해 연료를 공중에 배출하는 장치)에 영향을 주는 고장이나 위험을 발생시킬 수 있는 연료 누출이 발생한 경우
	다. 지상운항 중 또는 이륙·착륙을 위한 지상 활주 중 제동력 상실을 일으키는 제동시스템 구성품의 고장이 발생한 경우
	라. 운항 중 의도하지 아니한 착륙장치의 내림이나 올림 또는 착륙장치의 문 열림과 닫힘이 발생한 경우
	마. 제작사가 제공하는 기술자료 또는 수리지침에 따른 최대 수리허용범위(제작사가 기술자료 또는 수리지침을 제공하지 않는 경우에는 법 제19조에 따라 고시한 항공기기술기준에 따른 최대 수리허용범위를 말한다)를 초과한 항공기 구조의 균열, 영구적인 변형이나 부식이 발생한 경우
	바. 대수리가 요구되는 항공기 구조 손상이 발생한 경우
	사. 항공기의 고장, 결함 또는 기능장애로 결항, 항공기 교체, 회항 등이 발생한 경우
	아. 운항 중 엔진 덮개가 풀리거나 이탈한 경우
	자. 운항 중 다음의 어느 하나에 해당하는 사유로 발동기가 정지된 경우 1) 발동기의 연소 정지 2) 발동기 또는 항공기 구조의 외부 손상 3) 외부 물체의 발동기 내 유입 또는 발동기 흡입구에 형성된 얼음의 유입
	차. 운항 중 발동기 배기시스템 고장으로 발동기, 인접한 구조물 또는 구성품이 파손된 경우
	카. 고장, 결함 또는 기능장애로 항공기에서 발동기를 조기(非계획적)에 떼어 낸 경우
	타. 운항 중 프로펠러 페더링시스템(프로펠러 날개깃 각도를 조절하는 장치) 또는 항공기의 과속을 제어하기 위한 시스템에 고장이 발생한 경우(운항 중 프로펠러 페더링이 발생한 경우를 포함한다)
	파. 운항 중 비상조치를 하게 하는 항공기 구성품 또는 시스템의 고장이 발생한 경우. 다만, 발동기 연소를 인위적으로 중단시킨 경우는 제외한다.
	하. 비상탈출을 위한 시스템, 구성품 또는 탈출용 장비가 고장, 결함, 기능장애 또는 비정상적으로 전개한 경우(훈련, 시험, 정비 또는 시현 시 발생한 경우를 포함한다)
	거. 운항 중 화재경보시스템이 오작동 한 경우

	너. 고장, 결함 또는 기능장애로 이륙활주를 중단한 경우 또는 이륙을 강행한 경우
	더. 고장, 결함 또는 기능장애로 운항 중 여압조절 실패, 비정상적인 문·창문 열림 등 객실의 안전이 우려되는 상황이 발생한 경우(항공기준사고에 해당하는 사항은 제외한다)
6. 공항 및 항행서비스	가. 「공항시설법」 제2조제16호에 따른 항공등화시설에 다음의 어느 하나에 해당하는 상황이 발생한 경우 1) 「공항시설법」 제47조에 따라 국토교통부장관이 정하여 고시한 규정 중 항공등화 운영 및 유지관리 수준에 미달한 경우 2) 항공등화시설의 운영이 중단되어 항공기 운항에 지장을 주는 경우
	나. 활주로, 유도로 및 계류장이 항공기 운항에 지장을 줄 정도로 중대한 손상을 입었거나 화재가 발생한 경우
	다. 안전 운항에 지장을 줄 수 있는 물체 또는 위험물이 활주로, 유도로 등 공항 이동지역에 방치된 경우
	라. 다음의 어느 하나에 해당하는 항공교통통신 장애가 발생한 경우 1) 항공기와 항공교통관제기관 간 양방향 무선통신이 두절되어 안전운항을 위해 필요로 하는 관제교신을 하지 못한 상황 2) 항공기에 대한 항공교통관제업무가 중단된 상황
	마. 다음의 어느 하나에 해당하는 상황이 발생한 경우 1) 「공항시설법」 제2조제15호에 따른 항행안전무선시설, 항공고정통신시설·항공이동통신시설·항공정보방송시설 등 항공정보통신시설의 운영이 중단된 상황(예비장비가 작동한 경우도 포함한다) 2) 「공항시설법」 제2조제15호에 따른 항행안전무선시설, 항공고정통신시설·항공이동통신시설·항공정보방송시설 등 항공정보통신시설과 항공기 간 신호의 송·수신 장애가 발생한 상황 3) 1) 및 2) 외의 예비장비(전원시설을 포함한다) 장애가 24시간 이상 발생한 상황
	바. 활주로 또는 유도로 등 공항 이동지역 내에서 차량과 차량, 장비 또는 사람이 충돌하거나 장비와 사람이 충돌하여 항공기 운항에 지장을 초래한 경우
7. 기타	가. 운항 중 항공기가 다음의 어느 하나에 해당되는 충돌·접촉, 또는 충돌우려 등이 발생한 경우 1) 우박, 그 밖의 물체. 다만, 항공기 손상이 없거나 운항허용 범위 이내의 손상인 경우는 제외한다. 2) 드론, 무인비행장치 등
	나. 운항 중 여압조절 실패, 비상장비의 탑재 누락, 비정상적 문·창문 열림 등 객실의 안전이 우려되는 상황이 발생한 경우(항공기준사고 및 제5호더목에 해당하는 사항은 제외한다)
	다. 제127조제1항 단서에 따라 국토교통부장관이 정하여 고시한 승무시간 등의 기준 내에서 해당 운항승무원의 최대승무시간이 연장된 경우
	라. 비행 중 정상적인 조종을 할 수 없는 정도의 레이저 광선에 노출된 경우
	마. 항공기의 급격한 고도 또는 자세 변경 등(난기류 등 기상요인으로 인한 것을 포함한다)으로 인해 객실승무원이 부상을 당하여 업무수행이 곤란한 경우
	바. 항공기 운항 관련 직무를 수행하는 객실승무원의 신체·정신건강 또는 심리상태 등의 사유로 해당 객실승무원의 교체 또는 하기(下機)를 위하여 출발지 공항으로 회항하거나 목적지 공항이 아닌 공항에 착륙하는 경우
	사. 항공기가 조류 또는 동물과 충돌 한 경우(조종사 등이 충돌을 명확히 인지하였거나, 충돌흔적이 발견된 경우로 한정한다)
	아. 항공기사용사업자가 「항공안전법 시행규칙」 제182조 및 제183조에 따라 제출한 비행계획서 상의 탑승 총 인원을 초과하여 탑승시킨 경우

■ 항공안전법 시행규칙 [별표 21]

순항고도(제164조제1항제2호 및 제3호 관련)

1. 일반적으로 사용되는 순항고도

가. 고도측정 단위를 미터(meter)로 사용하는 지역

비 행 방 향											
000°에서 179°까지						180°에서 359°까지					
계 기 비 행			시 계 비 행			계 기 비 행			시 계 비 행		
비행 고도	고 도		비행 고도	고 도		비행 고도	고 도		비행 고도	고 도	
	미터	피트		미터	피트		미터	피트		미터	피트
0030	300	1 000	-	-	-	0060	600	2 000	-	-	-
0090	900	3 000	0105	1 050	3 500	0120	1200	3 900	0135	1 350	4 400
0150	1 500	4 900	0165	1 650	5 400	0180	1800	5 900	0195	1 950	6 400
0210	2 100	6 900	0225	2 250	7 400	0240	2400	7 900	0255	2 550	8 400
0270	2 700	8 900	0285	2 850	9 400	0300	3000	9 800	0315	3 150	10 300
0330	3 300	10 800	0345	3 450	11 300	0360	3600	11 800	0375	3 750	12 300
0390	3 900	12 800	0405	4 050	13 300	0420	4200	13 800	0435	4 350	14 300
0450	4 500	14 800	0465	4 650	15 300	0480	4800	15 700	0495	4 950	16 200
0510	5 100	16 700	0525	5 250	17 200	0540	5400	17 700	0555	5 550	18 200
0570	5 700	18 700	0585	5 850	19 200	0600	6000	19 700	0615	6 150	20 200
0630	6 300	20 700	0645	6 450	21 200	0660	6600	21 700	0675	6 750	22 100
0690	6 900	22 600	0705	7 050	23 100	0720	7200	23 600	0735	7 350	24 100
0750	7 500	24 600	0765	7 650	25 100	0780	7800	25 600	0795	7 950	26 100
0810	8 100	26 600	0825	8 250	27 100	0840	8400	27 600	0855	8 550	28 100
0890	8 900	29 100	0920	9 200	30 100	0950	9500	31 100	0980	9 800	32 100
1010	10 100	33 100	1040	10 400	34 100	1070	10700	35 100	1100	11 000	36 100
1130	11 300	37 100	1160	11 600	38 100	1190	11900	39 100	1220	12 200	40 100
1250	12 500	41 100	1280	12 800	42 100	1310	13100	43 000	1370	13 400	44 000
1370	13 700	44 900	1400	14 000	46 100	1430	14300	46 900	1460	14 600	47 900
1490	14 900	48 900	1520	15 200	49 900	1550	15500	50 900	1580	15 800	51 900
.	.	.	.	.	.	.	.	.	.	.	.
.	.	.	.	.	.	.	.	.	.	.	.
.	.	.	.	.	.	.	.	.	.	.	.

나. 고도측정 단위를 피트(feet)로 사용하는 지역

비 행 방 향											
000°에서 179°까지						180°에서 359°까지					
계 기 비 행			시 계 비 행			계 기 비 행			시 계 비 행		
비행 고도	고 도		비행 고도	고 도		비행 고도	고 도		비행 고도	고 도	
	피트	미터		피트	미터		피트	미터		피트	미터
010	1 000	300	-	-	-	020	2 000	600	-	-	-
030	3 000	900	035	3 500	1 050	040	4 000	1 200	045	4 500	1 350
050	5 000	1 500	055	5 500	1 700	060	6 000	1 850	065	6 500	2 000
070	7 000	2 150	075	7 500	2 300	080	8 000	2 450	085	8 500	2 600
090	9 000	2 750	095	9 500	2 900	100	10 000	3 050	105	10 500	3 200
110	11 000	3350	115	11 500	3 500	120	12 000	3 650	125	12 500	3 800
130	13 000	3 950	135	13 500	4 100	140	14 000	4 250	145	14 500	4 400
150	15 000	4 550	155	15 500	4 700	160	16 000	4 900	165	16 500	5 050
170	17 000	5 200	175	17 500	5 350	180	18 000	5 500	185	18 500	5 650
190	19 000	5 800	195	19 500	5 950	200	20 000	6 100	205	20 500	6 250
210	21 000	6 400	215	21 500	6 550	220	22 000	6 700	225	22 500	6 850
230	23 000	7 000	235	23 500	7 150	240	24 000	7 300	245	24 500	7 450
250	25 000	7 600	255	25 500	7 750	260	26 000	7 900	265	26 500	8 100
270	27 000	8 250	275	27 500	8 400	280	28 000	8 550	285	28 500	8 700
290	29 000	8 850	300	30 000	9 150	310	31 000	9 450	320	32 000	9 750
330	33 000	10 050	340	34 000	10 350	350	35 000	10 650	360	36 000	10 950
370	37 000	11 300	380	38 000	11 600	390	39 000	11 900	400	40 000	12 200
410	41 000	12 500	420	42 000	12 800	430	43 000	13 100	440	44 000	13 400
450	45 000	13 700	460	46 000	14 000	470	47 000	14 350	480	48 000	14 650
490	49 000	14 950	500	50 000	15 250	510	51 000	15 550	520	52 000	15 850
.	.	.	.	.	.	.	.	.	.	.	.
.	.	.	.	.	.	.	.	.	.	.	.
.	.	.	.	.	.	.	.	.	.	.	.

2. 수직분리축소공역(RVSM)에서의 순항고도

가. 고도측정 단위를 미터(meter)로 사용하며 8,900미터 이상 12,500미터 이하의 고도에서 300미터의 수직분리최저치가 적용되는 지역

비 행 방 향											
000°에서 179°까지						180°에서 359°까지					
계 기 비 행			시 계 비 행			계 기 비 행			시 계 비 행		
비행 고도	고 도		비행 고도	고 도		비행 고도	고 도		비행 고도	고 도	
	미터	피트		미터	피트		미터	피트		미터	피트
0030	300	1 000	-	-	-	0060	600	2 000	-	-	-
0090	900	3 000	0105	1 050	3 500	0120	1 200	3 900	0135	1 350	4 400
0150	1 500	4 900	0165	1 650	5 400	0180	1 800	5 900	0195	1 950	6 400
0210	2 100	6 900	0225	2 250	7 400	0240	2 400	7 900	0255	2 550	8 400

0270	2 700	8 900	0285	2 850	9 400	0300	3 000	9 800	0315	3 150	10 300
0330	3 300	10 800	0345	3 450	11 300	0360	3 600	11 800	0375	3 750	12 300
0390	3 900	12 800	0405	4 050	13 300	0420	4 200	13 800	0435	4 350	14 300
0450	4 500	14 800	0465	4 650	15 300	0480	4 800	15 700	0495	4 950	16 200
0510	5 100	16 700	0525	5 250	17 200	0540	5 400	17 700	0555	5 550	18 200
0570	5 700	18 700	0585	5 850	19 200	0600	6 000	19 700	0615	6 150	20 200
0630	6 300	20 700	0645	6 450	21 200	0660	6 600	21 700	0675	6 750	22 100
0690	6 900	22 600	0705	7 050	23 100	0720	7 200	23 600	0735	7 350	24 100
0750	7 500	24 600	0765	7 650	25 100	0780	7 800	25 600	0795	7 950	26 100
0810	8 100	26 600	0825	8 250	27 100	0840	8 400	27 600	0855	8 550	28 100
0890	8 900	29 100				0920	9 200	30 100			
0950	9 500	31 100				0980	9 800	32 100			
1010	10 100	33 100				1040	10 400	34 100			
1070	10 700	35 100				1100	11 000	36 100			
1130	11 300	37 100				1160	11 600	38 100			
1190	11 900	39 100				1220	12 200	40 100			
1250	12 500	41 100				1310	13 100	43 000			
1370	13 700	44 900				1430	14 300	46 900			
1490	14 900	48 900				1550	15 500	50 900			
·	·	·				·	·	·			
·	·	·				·	·	·			
·	·	·				·	·	·			

나. 고도측정 단위를 피트(feet)로 사용하며 FL290 이상 FL410 이하의 고도에서 1,000피트의 수직분리최저치가 적용되는 지역

비 행 방 향											
000°에서 179°까지						180°에서 359°까지					
계 기 비 행			시 계 비 행			계 기 비 행			시 계 비 행		
비행고도	고도		비행고도	고도		비행고도	고도		비행고도	고도	
	피트	미터		피트	미터		피트	미터		피트	미터
010	1 000	300	-	-	-	020	2 000	600	-	-	-
030	3 000	900	035	3 500	1 050	040	4 000	1 200	045	4 500	1 350
050	5 000	1 500	055	5 500	1 700	060	6 000	1 850	065	6 500	2 000
070	7 000	2 150	075	7 500	2 300	080	8 000	2 450	085	8 500	2 600
090	9 000	2 750	095	9 500	2 900	100	10 000	3 050	105	10 500	3 200
110	11 000	3 350	115	11 500	3 500	120	12 000	3 650	125	12 500	3 800
130	13 000	3 950	135	13 500	4 100	140	14 000	4 250	145	14 500	4 400
150	15 000	4 550	155	15 500	4 700	160	16 000	4 900	165	16 500	5 050
170	17 000	5 200	175	17 500	5 350	180	18 000	5 500	185	18 500	5 650
190	19 000	5 800	195	19 500	5 950	200	20 000	6 100	205	20 500	6 250
210	21 000	6 400	215	21 500	6 550	220	22 000	6 700	225	22 500	6 850
230	23 000	7 000	235	23 500	7 150	240	24 000	7 300	245	24 500	7 450
250	25 000	7 600	255	25 500	7 750	260	26 000	7 900	265	26 500	8 100
270	27 000	8 250	275	27 500	8 400	280	28 000	8 550	285	28 500	8 700
290	29 000	8 850				300	30 000	9 150			
310	31 000	9 450				320	32 000	9 750			
330	33 000	10 050				340	34 000	10 350			
350	35 000	10 650				360	36 000	10 950			
370	37 000	11 300				380	38 000	11 600			
390	39 000	11 900				400	40 000	12 200			
410	41 000	12 500				430	43 000	13 100			
450	45 000	13 700				470	47 000	14 350			
490	49 000	14 950				510	51 000	15 550			
·	·	·				·	·	·			
·	·	·				·	·	·			
·	·	·				·	·	·			

■ 항공안전법 시행규칙 [별표 22] <개정 2021. 8. 27.>

수상에서의 항공기 등불(제168조제6호 관련)

1. 수상이동

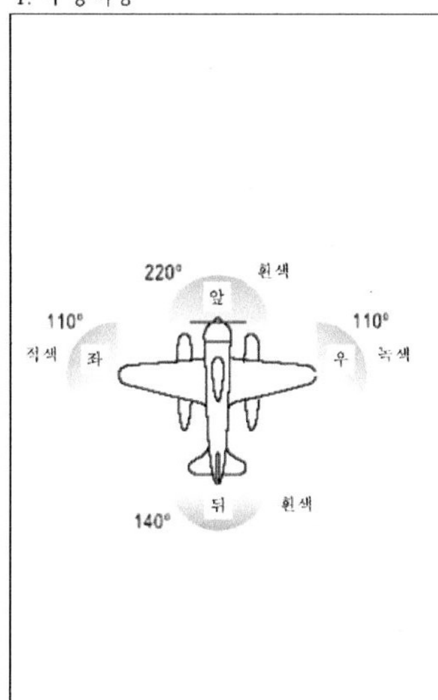	다음의 등불이 차폐(遮蔽)되지 않고 지속적으로 점등되어야 한다. 1) 좌측 수평면 상하로 발광하며 발광각도 110°의 적색등 2) 우측 수평면 상하로 발광하며 발광각도 110°의 녹색등 3) 후방으로 발광하며 발광각도 140°의 백색등 4) 전방 수평면 상하로 발광하며 발광각도 220°의 백색등 주: 1), 2) 또는 3)에서 명시한 등불은 적어도 3.7㎞(2NM)의 거리에서 보여야 하며, 4)에서 명시한 등불은 비행기 길이가 20m나 그 이상인 경우에는 적어도 9.3㎞(5NM)의 거리에서, 비행기의 길이가 20m 미만인 경우에는 적어도 5.6㎞(3NM)의 거리에서 눈에 보여야 한다.

2. 다른 선박 또는 비행기를 견인하는 항공기

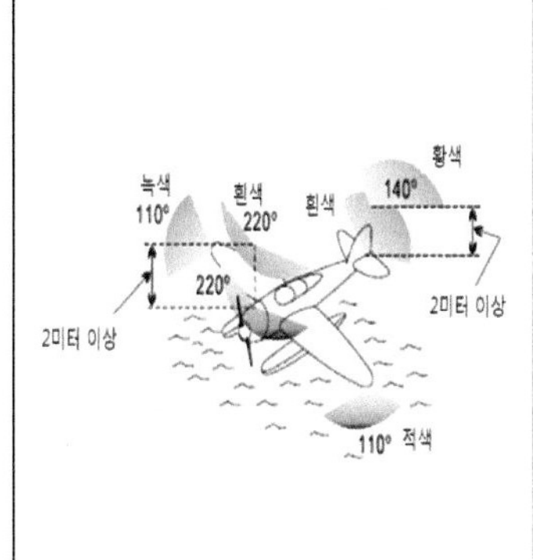	다음의 등불이 차폐되지 않고 지속적으로 점등되어야 한다. 1) 수상이동 시에서 명시한 등불 2) 수상이동 시의 3)에서 명시한 등불과 동일한 특성을 보유한 상태에서, 위로 적어도 2미터 이상 분리된 황색등 3) 수상이동 시의 4)에서 명시한 등불과 동일한 특성을 보유한 상태에서, 위나 아래로 최소 2미터 이상 분리된 제2등불

3. 견인되는 항공기

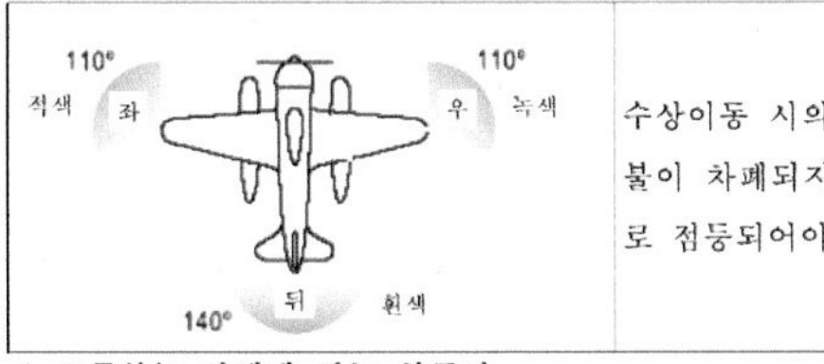	수상이동 시의 1), 2), 3)에서 명시한 등불이 차폐되지 않은 상태에서 지속적으로 점등되어야 한다.

4. 조종불능 상태에 있는 항공기

가. 대수속력(Making way: 항공기의 물에 대한 속력으로서 자기 항공기 또는 다른 항공기ㆍ선박의 추진장치의 작용이나 그로 인한 항공기의 관성에 의하여 생기는 것)이 없는 경우

	가장 잘 보이는 곳에 지속 점등되는 2개의 적색등(두 등불간의 간격은 1미터 이상)을 적어도 3.7㎞(2NM)의 거리에서 모든 수평방향에서 눈에 보일 수 있게 점등하여야 한다.

나. 대수속력(Making way)이 있는 경우

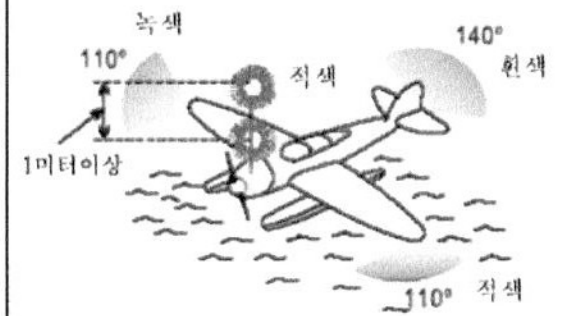	대수속력이 없는 경우의 등불과 수상이동시의 1), 2), 3)에 명시한 등불을 점등하여야 한다.

5. 정박 중인 항공기

가. 비행기의 길이가 50m 미만일 경우

	가장 잘 보이는 곳에 지속 점등되는 백색등을 적어도 3.7㎞(2NM)의 거리에서 모든 수평방향에서 눈에 보일 수 있게 점등하여야 한다.

나. 비행기의 길이가 50m 또는 그 이상일 경우

	앞쪽과 뒤쪽에 지속 점등되는 백색등을

	적어도 5.6㎞(3NM)의 거리에서 모든 수평방향에서 눈에 보일 수 있게 점등하여야 한다.

다. 비행기의 폭이 50m 또는 그 이상일 경우

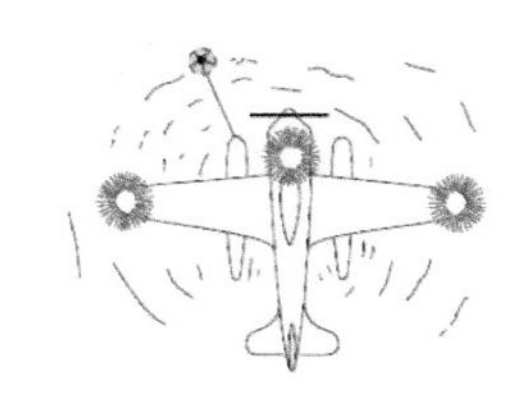	최대 폭을 나타내주기 위하여 날개 양끝에서 지속 점등되는 백색등을 적어도 1.9㎞(1NM)의 거리에서 모든 수평방향에서 눈에 보일 수 있게 점등하여야 한다.

라. 비행기의 폭 및 길이가 50m 또는 그 이상일 경우

	비행기의 최대 폭과 길이를 나타내주기 위하여 날개 양끝과 앞쪽과 뒤쪽에서 지속 점등되는 백색등을 적어도 1.9㎞(1NM)의 거리에서 모든 수평방향에서 눈에 보일 수 있게 점등하여야 한다.

■ 항공안전법 시행규칙 [별표 23] <개정 2022. 12. 9.>

공역의 구분(제221조제1항 관련)

1. 제공하는 항공교통업무에 따른 구분

구 분		내 용
관제공역	A등급 공역	모든 항공기가 계기비행을 해야 하는 공역
	B등급 공역	계기비행 및 시계비행을 하는 항공기가 비행 가능하고, 모든 항공기에 분리를 포함한 항공교통관제업무가 제공되는 공역
	C등급 공역	모든 항공기에 항공교통관제업무가 제공되나, 시계비행을 하는 항공기 간에는 교통정보만 제공되는 공역
	D등급 공역	모든 항공기에 항공교통관제업무가 제공되나, 계기비행을 하는 항공기와 시계비행을 하는 항공기 및 시계비행을 하는 항공기 간에는 교통정보만 제공되는 공역
	E등급 공역	계기비행을 하는 항공기에 항공교통관제업무가 제공되고, 시계비행을 하는 항공기에 교통정보가 제공되는 공역
비관제공역	F등급 공역	계기비행을 하는 항공기에 비행정보업무와 항공교통조언업무가 제공되고, 시계비행항공기에 비행정보업무가 제공되는 공역
	G등급 공역	모든 항공기에 비행정보업무만 제공되는 공역

2. 공역의 사용목적에 따른 구분

구 분		내 용
관제공역	관 제 권	「항공안전법」 제2조제25호에 따른 공역으로서 비행정보구역 내의 B, C 또는 D등급 공역 중에서 시계 및 계기비행을 하는 항공기에 대하여 항공교통관제업무를 제공하는 공역
	관 제 구	「항공안전법」 제2조제26호에 따른 공역(항공로 및 접근관제구역을 포함한다)으로서 비행정보구역 내의 A, B, C, D 및 E등급 공역에서 시계 및 계기비행을 하는 항공기에 대하여 항공교통관제업무를 제공하는 공역
	비행장 교통구역	「항공안전법」 제2조제25호에 따른 공역 외의 공역으로서 비행정보구역 내의 D등급에서 시계비행을 하는 항공기 간에 교통정보를 제공하는 공역
비관제공역	조 언 구 역	항공교통조언업무가 제공되도록 지정된 비관제공역
	정 보 구 역	비행정보업무가 제공되도록 지정된 비관제공역
통제공역	비행금지구역	안전, 국방상, 그 밖의 이유로 항공기의 비행을 금지하는 공역
	비행제한구역	항공사격·대공사격 등으로 인한 위험으로부터 항공기의 안전을 보호하거나 그 밖의 이유로 비행허가를 받지 않은 항공

		기의 비행을 제한하는 공역
	초경량비행장치 비행제한구역	초경량비행장치의 비행안전을 확보하기 위하여 초경량비행장치의 비행활동에 대한 제한이 필요한 공역
주의공역	훈 련 구 역	민간항공기의 훈련공역으로서 계기비행항공기로부터 분리를 유지할 필요가 있는 공역
	군작전구역	군사작전을 위하여 설정된 공역으로서 계기비행항공기로부터 분리를 유지할 필요가 있는 공역
	위 험 구 역	항공기의 비행시 항공기 또는 지상시설물에 대한 위험이 예상되는 공역
	경 계 구 역	대규모 조종사의 훈련이나 비정상 형태의 항공활동이 수행되는 공역
	초 경 량 비 행 장 치 비 행 구 역	초경량비행장치의 비행활동이 수행되는 공역으로 그 주변을 비행하는 자의 주의가 필요한 공역

■ 항공안전법 시행규칙 [별표 24] <개정 2021. 8. 27.>

시계상의 양호한 기상상태(제175조 관련)

고도	공역	비행시정	구름으로부터의 거리
1. 해발 3,050미터(10,000피트) 이상	B·C·D·E·F 및 G등급	8천 미터	수평으로 1,500미터, 수직으로 300미터(1,000피트)
2. 해발 3,050미터(10,000피트) 미만에서 해발 900미터(3,000피트) 또는 장애물 상공 300미터(1,000피트) 중 높은 고도 초과	B·C·D·E·F 및 G등급	5천 미터	수평으로 1,500미터, 수직으로 300미터(1,000피트)
3. 해발 900미터(3,000피트) 또는 장애물 상공 300미터(1,000피트) 중 높은 고도 이하	B·C·D 및 E등급	5천 미터	수평으로 1,500미터, 수직으로 300미터(1,000피트)
	F 및 G등급	5천 미터	지표면 육안 식별 및 구름을 피할 수 있는 거리

비고 : 다음 각 호의 경우에는 제3호 F 및 G등급 공역의 비행시정을 1,500미터까지 적용할 수 있다.

1. 우세시정(prevailing visibility: 평평한 지역의 절반 이상의 범위에서 형상을 식별할 수 있는 최대거리) 하에서 다른 항공기나 장애물을 보고 피할 수 있을 정도의 속도로 움직이는 경우
2. 그 지역 내의 항공교통량이나 업무량이 적어 다른 항공기와 마주칠 확률이 낮은 경우
3. A등급 공역에서는 시계비행이 허용되지 않는다.

제2종 및 제3종 계기착륙시설(ILS) 정밀계기접근용 장비 및 운항제한 등의 기준(제181조제8항제4호 관련)

1. 제2종 정밀계기접근

가. 항공기탑재장비: 비행계기 · 항행안전무선장비 와 그 밖에 해당 항공기의 등록국이 인가한 추가장비를 탑재하여 운용해야 한다. 추가장비를 탑재하는 경우 법 제93조 또는 이 규칙 제279조제1항제1호에 따른 운항규정에 그 목록과 운용기준을 구체적으로 밝혀야 한다.

나. 활주로가시범위(Runway Visual Range/RVR) 측정장비

1) 활주로가시범위(RVR) 550미터 이상 적용 시: 활주로접지구역(Touchdown Zone) 활주로가시범위(RVR) 측정시스템이 설치 및 운용되어야 하고, 이 측정치는 모든 항공기 운항에 적용한다.

2) 활주로가시범위(RVR) 300미터 이상 550미터 미만 적용 시: 활주로접지구역(Touchdown Zone) 활주로가시범위(RVR) 및 활주로말단구역(Rollout) 활주로가시범위(RVR) 측정시스템이 설치 · 운용되어야 하고, 이 중 활주로접지구역(Touchdown Zone)의 활주로가시범위(RVR) 측정치는 모든 항공기 운항에 적용하며, 활주로말단구역(Rollout) 활주로가시범위(RVR) 측정치는 조종사에게 참조용으로 적용한다. 중간(Mid) 활주로가시범위(RVR) 측정치는 참조용으로 적용하고, 활주로말단구역(Rollout) 활주로가시범위(RVR)가 없을 경우에는 활주로말단구역(Rollout) 활주로가시범위(RVR) 측적치를 대체하여 사용한다.

다. 조종자 자격

1) 제2종의 정밀계기접근절차에 따라 비행하려는 기장은 운항증명 소지자에게 인가된 제2종 정밀계기접근 훈련프로그램을 수료하고, 위촉심사관 또는 운항자격심사관으로부터 제2종 정밀계기접근 운항자격을 취득해야 한다.

2) 해당 형식 항공기의 기장 비행시간이 100시간 미만인 기장은 활주로가시범위(RVR) 550미터 이상의 기상 최저치를 적용해야 한다.

라. 운항제한

1) 조종사는 최종적으로 측정된 활주로가시범위(RVR)가 착륙최저치 미만인 경우 항공기를 정밀계기접근절차의 최종접근구간에 진입시켜서는 안 된다.

2) 조종사는 항공기가 최종접근구간에 진입한 후 활주로가시범위(RVR)가 허가된 최저치 미만으로 기상이 악화된다는 측정치를 받은 경우에도 결심고도(DH)까지 계속 비행할 수 있다.

3) 조종사는 활주로접지구역(Touchdown Zone) 활주로가시범위(RVR) 측정치가 550미터 미만인 경우에 다음의 어느 하나의 경우에는 계기접근절차의 최종접근구간에 진입해서는 안 된다.

가) 가목에 따른 항공기 탑재장비가 탑재되어 정상적으로 운용되지 않는 경우

나) 지상에 설치된 다음의 제2종 장비가 정상적으로 작동되지 않는 경우

(1) 외측마커: 계기착륙시설(ILS) 정밀계기접근용으로 정밀 또는 감시레이더 픽스, 무지향표지시설(NDB) · 전방향표지시설(VOR) · 거리측정시설(DME) 픽스 또는 레디알을 외측마커로 대체하여 사용할 수 있다.

(2) 내측마커: "RANA"(Radar/Radio Altimeter not authorized)로 지정된 제2종 정밀계기접근절차를 제외하고, Radar/Radio 고도수정치(Altimeters)는 내측마커를 대체하여 사용할 수 있다.

(3) 진입등(ALSF-1 또는 ALSF-2) 및 연쇄식 섬멸등(Sequenced Flashing Lights)

(4) 고광도활주로등(High Intensity Runway Lights)

(5) 접지구역등(Touchdown Zone Lights) 및 활주로중심선등(Runway Centerline Lights)

다) 나목 1)에 따른 활주로가시범위(RVR) 측정장비가 정상적으로 작동되지 않는 경우

라) 착륙활주로의 측풍이 15노트를 초과한 경우

마) 착륙활주로의 길이가 해당 항공기의 필요착륙거리(Required Landing Field Length)보다 100분의 15 이상 길지 않는 경우

마. 실패접근: 조종사는 다음의 어느 하나에 해당하는 경우 실패접근을 하여야 한다.

1) 인가된 결심고도(DH)에 도달한 항공기의 조종사가 안전하게 활주로에 접근할 수 있게 맨눈으로 제2종 등화시설 등 지상 시각참조물을 확인할 수 없는 경우

2) 인가된 결심고도(DH)에 통과하여 강하한 항공기의 조종사가 안전하게 활주로에 접근할 수 있게 맨눈으로 제2종 등화시설 등 지상 시각참조물을 확인할 수 없는 경우

3) 조종사가 활주로접지구역 안에 안전하게 착륙할 수 없다고 판단한 경우

4) 결심고도(DH)에 도달하기 전에 제2종 지상장비중 어느 하나가 고장난 경우

5) 제2종 정밀계기접근용 항공기탑재장비가 고장난 경우, 다만, 접지구역 상공 300미터보다 높은 고도에서 자동조종장치가 고장나서 그 연결을 해제하였을 경우, 조종사가 수동 및 자동으로 제2종 정밀접근을 하도록 인가받은 경우 인가된 수동 조종장치를 사용하여 자동접근을 수동으로 계속할 수 있다.

바. 제2종 정밀계기접근 공항 및 활주로

법 제5장에 따라 제2종 정밀계기접근용 공항 및 활주로로 인가를 받은 공항 및 활주로에 적용한다.

2. 제3종 정밀계기접근

가. 항공기탑재장비: 비행계기 · 항행안전무선장비 와 그 밖에 해당 항공기의 등록국이 인가한 추가장비를 탑재하여 운용해야 한다. 추가장비를 탑재하는 경우 법 제93조 또는 이 규칙 제279조제1항제1호에 따른 운항규정에 그 종류와 작동기준을 명확하게 기록해야 한다.

나. 활주로가시범위(RVR) 측정장비

1) 제3종 활주로가시범위(RVR) 175미터 이상의 착륙최저치 적용 시: 활주로접지구역(Touchdown Zone) · 중간(Mid) 및 활주로말단구역(Rollout)의 활주로가시범위(RVR) 측정시스템이 설치 및 운용되어야 하고, 활주로접지구역(Touchdown Zone) 및 중간(Mid) 활주로가시범위(RVR) 측정치는 제3종 정밀계기접근 항공기 운항에 적용한다. 활주로말단구역(Rollout) 활주로가시범위(RVR) 측정치는 조종사에게 참조용으로 제공한다.

2) 최소능력활주(Fail-passive Rollout) 통제시스템을 사용하는 제3종 활주로가시범위(RVR) 175미터) 미만 착륙최저치 적용시: 활주로접지구역(Touchdown Zone) · 중간(Mid) 및 활주로말단구역(Rollout)의 활주로가시범위(RVR) 측정시스템이 설치 및 운용되어야 하고, 이 측정치는 모든 제3종 정밀계기접근 항공기 운항에 적용한다.

3) 중복운용능력활주(Fail-operational Rollout) 통제시스템을 사용하는 제3종 활주로가시범위(RVR) 175미터 미만 착륙최저치 적용시: 활주로접지구역(Touchdown Zone) · 중간(Mid) 및 활주로말단구역(Rollout)의 활주로가시범위(RVR) 측정시스템이 설치 및 정상 운용되어야 하고, 이 측정치는 모든 제3종 정밀계기접근 항공기 운항에 적용한다. 이 활주로가시범위(RVR) 측정시스템 중 1개가 일시 고장난 경우, 나머지 2개의 활주로가시범위(RVR) 측정시스템으로 정밀계기접근을 할 수 있고, 그 나머지 2개의 활주로가시범위(RVR) 측정치는 제3종 정밀계기접근 항공기 운항에 적용한다.

다. 조종사 자격

1) 제3종의 정밀계기접근절차에 따라 비행하려는 기장은 운항증명 소지자에게 인가된 제3종 정밀계기접근 훈련프로그램을 수료하고, 위촉심사관 또는 운항자격심사관으로부터 제3종 정밀계기접근 운항자격을 취득해야 한다.

2) 해당 형식 항공기의 기장 비행시간이 100시간 미만인 기장은 활주로가시범위(RVR) 550미터 이상의 기상 최저치를 적용해야 한다.

라. 운항제한

1) 조종사는 최근 측정된 활주로가시범위(RVR)가 착륙최저치 미만인 경우 계기접근절차의 최종접근구간에 진입해서는 안 된다.

2) 조종사는 항공기가 최종접근구간에 진입한 후 활주로가시범위(RVR)가 허가된 최저치 미만으로 기상이 악화된다는 보고를 받은 경우에도 경고고도 (Alert Height/AH) 또는 결심고도(DH)까지는 계속 비행할 수 있다.

3) 조종사는 다음의 요건에 해당하는 경우에는 제3종 정밀계기접근절차의 최종접근구간에 진입해서는 안 된다.

가) 가목에 따라 항공기 탑재장비가 탑재되어 정상으로 운용되지 않는 경우

나) 연쇄식 섬멸등(Sequenced Flashing Lights)을 제외한 모든 제3종 지상장비가 정상으로 작동하지 않는 경우. 다만, 정밀 감시레이더 픽스, 무지향표지시설(NDB) · 전방향표지시설(VOR) · 거리측정시설(DME) 픽스 · 공고된 지점(Waypoints/WP) 또는 최저 활공각교차고도(Glide PathIntercept Altitude/GSIA) 픽스는 외측마커를 대체하여 사용할 수 있다.

다) 착륙활주로의 측풍이 15노트를 초과한 경우

라) 착륙활주로의 길이가 해당 항공기의 필요착륙거리(Required Landing Field Length)보다 15% 이상 길지 않는 경우

마) 활주로가시범위(RVR)가 175미터(600피트) 미만의 모든 제3종 운항은 사용되는 유도로중심선등(Taxiway Centerline Lights)이 있는 유도로가 직접 연결된 활주로에서 수행되어야 하고, 이 유도로중심선등이 국제민간항공기구(ICAO)가 정한 제3종 규정에 적합하지 않는 경우

마. 실패접근

1) 최소능력(Fail-passive) 착륙시스템을 사용하는 제3종 정밀계기접근: 조종사는 다음의 어느 하나에 해당하는 경우 실패접근을 해야 한다.

가) 결심고도(DH)에 도달한 항공기의 조종사가 활주로접지구역 등의 시각참조물을 확인할 수 없는 경우

나) 결심고도(DH)에 도달하기 전 또는 도달 시 보고된 활주로가시범위(RVR)가 최소능력(Fail-passive) 운항에 승인된 활주로가시범위(RVR) 최저치 미만인 경우

다) 결심고도(DH)를 통과한 후 항공기의 조종사가 활주로접지구역 등 시각참조물을 맨눈으로 확인할 수 없는 경우

라) 항공기가 활주로에 접지하기 전에 최소능력(Fail-passive) 비행 조종장치가 고장난 경우

마) 조종사가 활주로접지구역 내에 안전하게 착륙할 수 없다고 판단한 경우

바) 결심고도(DH)에 도달하기 전에 제3종 지상장비 중 어느 하나가 고장난 경우

사) 활주로접지구역의 측풍이 15노트를 초과한 경우

2) 중복운용능력(Fail-Operational) 착륙시스템 및 활주(Rollout) 통제시스템을 사용하는 제3종 정밀계기접근: 조종사는 다음의 어느 하나에 해당하는 경우에

는 경고고도(AH)에 도달 전부터 실패접근을 해야 한다.

가) 경고고도(AH)에 도달하기 전에 필요탑재장비중 어느 하나가 고장난 경우

나) 필수적인 지상장비중 어느 하나가 고장난 경우. 다만, 연쇄식 섬멸등(Sequenced Flashing Light) 및 진입등이 고장났을 경우에는 제3종 정밀계기접근 및 착륙은 계속할 수 있다.

다) 활주로접지대의 측풍이 15노트를 초과한 경우

3) 시스템 고장이 더 높은 접근최저치에 영향을 주지 않는 경우에는 1) 및 2)의 규정에 따른 더 높은 최저치 종류의 접근을 계속할 수 있다.

바. 제3종 정밀계기접근 공항 및 활주로

법 제5장에 따라 제3종 정밀계기접근용 공항 및 활주로로 인가를 받은 공항 및 활주로에 적용한다.

■ 항공안전법 시행규칙 [별표 26] <개정 2021. 8. 27.>

신호(제194조 관련)

1. 조난신호(Distress signals)

가. 조난에 처한 항공기가 다음의 신호를 복합적 또는 각각 사용할 경우에는 중대하고 절박한 위험에 처해 있고 즉각적인 도움이 필요함을 나타낸다.

1) 무선전신 또는 그 밖의 신호방법에 의한 "SOS" 신호(모스부호는 ···−−−···)

2) 짧은 간격으로 한 번에 1발씩 발사되는 붉은색불빛을 내는 로켓 또는 대포

3) 붉은색불빛을 내는 낙하산 부착 불빛

4) "메이데이(MAYDAY)"라는 말로 구성된 무선 전화 조난 신호

5) 데이터링크를 통해 전달된 "메이데이(MAYDAY)" 메시지

나. 조난에 처한 항공기는 가목에도 불구하고 주의를 끌고, 자신의 위치를 알리며, 도움을 얻기 위한 어떠한 방법도 사용할 수 있다.

2. 긴급신호(Urgency signals)

가. 항공기 조종사가 착륙등 스위치의 개폐를 반복하거나 점멸항행등과는 구분되는 방법으로 항행등 스위치의 개폐를 반복하는 신호를 복합적으로 또는 각각 사용할 경우에는 즉각적인 도움은 필요하지 않으나 불가피하게 착륙해야 할 어려움이 있음을 나타낸다.

나. 다음의 신호가 복합적으로 또는 각각 따로 사용될 경우에는 이는 선박, 항공기 또는 다른 차량, 탑승자 또는 목격된 자의 안전에 관하여 매우 긴급한 통보사항을 가지고 있음을 나타낸다.

1) 무선전신 또는 그 밖의 신호방법에 의한 "XXX" 신호

2) 무선전화로 송신되는 "PAN PAN"

3) 데이터링크를 통해 전송된 "PAN PAN"

3. 요격 시 사용되는 신호

가. 요격항공기의 신호 및 피요격항공기의 응신

1) 피요격항공기는 지체 없이 다음 조치를 해야 한다.

가) 나목에 따른 시각 신호를 이해하고 응답하며, 요격항공기의 지시에 따를 것

나) 가능한 경우에는 관할 항공교통업무기관에 피요격 중임을 통보할 것

다) 항공비상주파수 121.5MHZ나 243.0MHZ로 호출하여 요격항공기 또는 요격관계기관과 연락하도록 노력하고 해당항공기의 식별부호 및 위치와 비행내용을 통보할 것

라) 트랜스폰더 SSR을 장착하였을 경우에는 항공교통관제기관으로부터 다른 지시가 있는 경우를 제외하고는 Mode A Code 7700으로 맞출 것

마) 자동종속감시시설(ADS-B 또는 ADS-C)을 장착하였을 경우에는 항공교통

관제기관으로부터 다른 지시가 있는 경우를 제외하고는 적절한 비상기능을 선택할 것

바) 항공교통관제기관으로부터 무선으로 수신한 지시가 요격항공기의 시각신호와 다를 경우 피요격항공기는 요격항공기의 시각신호에 따라 이행하면서 항공교통관제기관에 조속한 확인을 요구해야 한다.

사) 항공교통관제기관으로부터 무선으로 수신한 지시가 요격항공기의 무선지시와 다를 경우 피요격항공기는 요격항공기의 무선지시에 따라 이행하면서 항공교통관제기관에 조속한 확인을 요구해야 한다.

2) 요격절차는 다음과 같이 하여야 한다.

가) 요격항공기와 통신이 이루어졌으나 통상의 언어로 사용할 수 없을 경우에 필요한 정보와 지시는 다음과 같은 발음과 용어를 2회 연속 사용하여 전달할 수 있도록 시도해야 한다.

PHRASE	PRONUNCIATION	MEANING
CALL SIGN (call sign)	KOL SA-IN (call sign)	My call sign is (call sign)
WILCO	VILL-KO	Understood Will comply
CAN NOT	KANN NOTT	Unable to comply
REPEAT	REE-PEET	Repeat your instruction
AM LOST	AM LOSST	Position unknown
MAYDAY	MAYDAY	I am in distress
HIJACK	HI-JACK	I have been hijacked
LAND (place name)	LAAND (place name)	I request to land at (place name)
DESCEND	DEE-SEND	I require descent

나) 요격항공기가 사용해야 하는 용어는 다음과 같다.

Phrase	Pronunciation	Meaning
CALL SIGN	KOL SA-IN	What is your call sign?
FOLLOW	FOL-LO	Follow me
DESCEND	DEE-SEND	Descend for landing
YOU LAND	YOU LAAND	Land at this aerodrome
PROCEED	PRO-SEED	You may proceed

3) 요격항공기로부터 시각신호로 지시를 받았을 경우 피요격항공기도 즉시 시각신호로 요격항공기의 지시에 따라야 한다.

4) 요격항공기로부터 무선을 통하여 지시를 청취하였을 경우 피요격항공기는 즉시 요격항공기의 무선지시에 따라야 한다.

나. 시각 신호

1) 요격항공기의 신호 및 피요격항공기의 응신

번호	요격항공기의 신호	의 미	피요격항공기의 응신	의 미
1	피요격항공기의 약간 위쪽 전방 좌측(또는 피요격항공기가 헬리콥터인 경우에는 우측)에서 날개를 흔들고 항행등을 불규칙적으로 점멸시킨 후 응답을 확인하고, 통상 좌측(헬리콥터인 경우 우측)으로 완만하게 선회하여 원하는 방향으로 향한다. 주1) 기상조건 또는 지형에 따라 위에서 제시한 요격항공기의 위치 및 선회방향을 반대로 할 수도 있다. 주2) 피요격항공기가 요격항공기의 속도를 따르지 못할 경우 요격항공기는 race track형으로 비행을 반복하며, 피요격항공기의 옆을 통과할 때마다 날개를 흔들어야 한다.	당신은 요격을 당하고 있으니 나를 따라오라.	날개를 흔들고, 항행등을 불규칙적으로 점멸시킨 후 요격항공기의 뒤를 따라간다.	알았다. 지시를 따르겠다.
2	피요격항공기의 진로를 가로지르지 않고 90° 이상의 상승선회를 하며, 피요격항공기로부터 급속히 이탈한다.	그냥 가도 좋다.	날개를 흔든다.	알았다. 지시를 따르겠다.
3	바퀴다리를 내리고 고정착륙등을 켠 상태로 착륙방향으로 활주로 상공을 통과하며, 피요격항공기가 헬리콥터인 경우에는 헬리콥터착륙구역 상공을 통과	이 비행장에 착륙하라.	바퀴다리를 내리고, 고정착륙등을 켠 상태로 요격항공기를 따라서 활주로나 헬리콥터착륙구역 상공을 통과한 후 안전하게 착륙	알았다. 지시를 따르겠다.

	한다. 헬리콥터의 경우, 요격헬리콥터는 착륙접근을 하고 착륙장 부근에 공중에서 저고도 비행을 한다.		할 수 있다고 판단되면 착륙한다.	

2) 피요격항공기의 신호 및 요격항공기의 응신

번호	피요격항공기의 신호	의 미	요격항공기의 응신	의 미
1	비행장 상공 300미터(1,000피트) 이상 600미터(2,000피트) 이하 [(헬리콥터의 경우 50미터(170피트) 이상 100미터(330피트) 이하]의 고도로 착륙활주로나 헬리콥터착륙구역 상공을 통과하면서 바퀴다리를 올리고 섬광착륙등을 점멸하면서 착륙활주로나 헬리콥터착륙구역을 계속 선회한다. 착륙등을 점멸할 수 없는 경우에는 사용가능한 다른 등화를 점멸한다.	지정한 비행장이 적절하지 못하다.	피요격항공기를 교체비행장으로 유도하려는 경우에는 바퀴다리를 올린 후 1) 요격항공기의 신호 및 피요격항공기의 응신 1의 요격항공기 신호방법을 사용한다. 피요격항공기를 방면하려는 경우에는 1) 요격항공기의 신호 및 피요격항공기의 응신 2의 요격항공기 신호방법을 사용한다.	알았다. 나를 따라 오라. 알았다. 그냥 가도 좋다.
2	점멸하는 등화와는 명확히 구분할 수 있는 방법으로 사용가능한 모든 등화의 스위치를 규칙적으로 개폐한다.	지시를 따를 수 없다.	1) 요격항공기의 신호 및 피요격항공기의 응신 2의 요격항공기 신호방법을 사용한다.	알았다.
3	사용가능한 모든 등화를 불규칙적으로 점멸한다.	조난상태에 있다.	1) 요격항공기의 신호 및 피요격항공기의 응신 2의 요격항공기 신호방법을 사용한다.	알았다.

4. 비행제한구역, 비행금지구역 또는 위험구역 침범 경고신호

지상에서 10초 간격으로 발사되어 붉은색 및 녹색의 불빛이나 별모양으로 폭발하는 신호탄은 비인가 항공기가 비행제한구역, 비행금지구역 또는 위험구역을 침범하였거나 침범하려고 한 상태임을 나타내며, 해당 항공기는 이에 필요한 시정조치를 해야 함을 나타낸다.

5. 무선통신 두절 시의 연락방법

가. 빛총신호

신호의 종류	의 미		
	비행 중인 항공기	지상에 있는 항공기	차량·장비 및 사람
연속되는 녹색	착륙을 허가함	이륙을 허가함	
연속되는 붉은색	다른 항공기에 진로를 양보하고 계속 선회할 것	정지할 것	정지할 것
깜박이는 녹색	착륙을 준비할 것 (착륙 및 지상유도를 위한 허가가 뒤이어 발부)	지상 이동을 허가함	통과하거나 진행할 것
깜박이는 붉은색	비행장이 불안전하니 착륙하지 말 것	사용 중인 착륙지역으로부터 벗어날 것	활주로 또는 유도로에서 벗어날 것
깜박이는 흰색	착륙하여 계류장으로 갈 것	비행장 안의 출발지점으로 돌아 갈 것	비행장 안의 출발지점으로 돌아갈 것

나. 항공기의 응신

1) 비행 중인 경우

가) 주간: 날개를 흔든다. 다만, 최종 선회구간(base leg) 또는 최종 접근구간(final leg)에 있는 항공기의 경우에는 그러하지 아니하다.

나) 야간: 착륙등이 장착된 경우에는 착륙등을 2회 점멸하고, 착륙등이 장착되지 않은 경우에는 항행등을 2회 점멸한다.

2) 지상에 있는 경우

가) 주간: 항공기의 보조익 또는 방향타를 움직인다.

나) 야간: 착륙등이 장착된 경우에는 착륙등을 2회 점멸하고, 착륙등이 장착되지 않은 경우에는 항행등을 2회 점멸한다.

6. 유도신호(MARSHALLING SIGNALS)

가. 항공기에 대한 유도원의 신호

1) 유도원은 항공기의 조종사가 유도업무 담당자임을 알 수 있는 복장을 해야 한다.

2) 유도원은 주간에는 일광형광색봉, 유도봉 또는 유도장갑을 이용하고, 야간 또

는 저시정상태에서는 발광유도봉을 이용하여 신호를 하여야 한다.

3) 유도신호는 조종사가 잘 볼 수 있도록 유도봉을 손에 들고 다음의 위치에서 조종사와 마주 보며 실시한다.

가) 비행기의 경우에는 비행기의 왼쪽에서 조종사가 가장 잘 볼 수 있는 위치

나) 헬리콥터의 경우에는 조종사가 유도원을 가장 잘 볼 수 있는 위치

4) 유도원은 다음의 신호를 사용하기 전에 항공기를 유도하려는 지역 내에 항공기와 충돌할 만한 물체가 있는지를 확인해야 한다.

1. 항공기 안내(Wingwalker)	
	오른손의 유도봉을 위쪽을 향하게 한 채 머리 위로 들어 올리고, 왼손의 유도봉을 아래로 향하게 하면서 몸쪽으로 붙인다.

2. 출입문의 확인	
	양손의 유도봉을 위로 향하게 한 채 양팔을 쭉 펴서 머리 위로 올린다.

3. 다음 유도원에게 이동 또는 항공교통관제기관으로부터 지시 받은 지역으로의 이동	
	양쪽 팔을 위로 올렸다가 내려 팔을 몸의 측면 바깥쪽으로 쭉 편 후 다음 유도원의 방향 또는 이동구역방향으로 유도봉을 가리킨다.

4. 직진	
	팔꿈치를 구부려 유도봉을 가슴 높이에서 머리 높이까지 위 아래로 움직인다.

5. 좌회전(조종사 기준)	
	오른팔과 유도봉을 몸쪽 측면으로 직각으로 세운 뒤 왼손으로 직진신호를 한다. 신호동작의 속도는 항공기의 회전속도를 알려준다.

6. 우회전(조종사 기준)	
	왼팔과 유도봉을 몸쪽 측면으로 직각으로 세운 뒤 오른손으로 직진신호를 한다. 신호동작의 속도는 항공기의 회전속도를 알려준다.

7. 정지	
	유도봉을 쥔 양쪽 팔을 몸 쪽 측면에서 직각으로 뻗은 뒤 천천히 두 유도봉이 교차할 때 까지 머리위로 움직인다.

8. 비상정지	
	빠르게 양쪽 유도봉을 든 팔을 머리 위로 뻗었다가 유도봉을 교차시킨다.

9. 브레이크 정렬	
	손바닥을 편 상태로 어깨 높이로 들어 올린다. 운항승무원을 응시한 채 주먹을 쥔다. 승무원으로부터 인지신호(엄지손가락을 올리는 신호)를 받기 전까지는 움직여서는 안 된다.

10. 브레이크 풀기

	주먹을 쥐고 어깨 높이로 올린다. 운항승무원을 응시한 채 손을 편다. 승무원으로부터 인지신호(엄지손가락을 올리는 신호)를 받기 전까지는 움직여서는 안 된다.

11. 고임목 삽입	
	팔과 유도봉을 머리 위로 쭉 뻗는다. 유도봉이 서로 닿을 때까지 안쪽으로 유도봉을 움직인다. 운항승무원에게 인지표시를 반드시 수신하도록 한다.

12. 고임목 제거	
	팔과 유도봉을 머리 위로 쭉 뻗는다. 유도봉을 바깥쪽으로 움직인다. 운항승무원에게 인가받기 전까지 바퀴 고정 받침목을 제거해서는 안 된다.

13. 엔진시동걸기	
	오른팔을 머리 높이로 들면서 유도봉을 위를 향한다. 유도봉으로 원 모양을 그리기 시작하면서 동시에 왼팔을 머리 높이로 들고 엔진시동 걸 위치를 가리킨다.

14. 엔진 정지	
	유도봉을 쥔 팔을 어깨 높이로 들어 올려 왼쪽 어깨 위로 위치시킨 뒤 유도봉을 오른쪽·왼쪽 어깨로 목을 가로질러 움직인다.

15. 서행	
	허리부터 무릎 사이에서 위 아래로 유도봉을 움직이면서 뻗은 팔을 가볍게 툭툭 치는 동작으로 아래로 움직인다.

16. 한쪽 엔진의 출력 감소	
	양손의 유도봉이 지면을 향하게 하여 두 팔을 내린 후, 출력을 감소시키려는 쪽의 유도봉을 위아래로 흔든다.

17. 후진	
	몸 앞 쪽의 허리높이에서 양팔을 앞쪽으로 빙글빙글 회전시킨다. 후진을 정지시키기 위해서는 신호 7 및 8을 사용한다.

18. 후진하면서 선회(후미 우측)	
	왼팔은 아래쪽을 가리키며 오른팔은 머리 위로 수직으로 세웠다가 옆으로 수평위치까지 내리는 동작을 반복한다.

19. 후진하면서 선회(후미 좌측)	
	오른팔은 아래쪽을 가리키며 왼팔은 머리 위로 수직으로 세웠다가 옆으로 수평위치까지 내리는 동작을 반복한다.

20. 긍정(Affirmative)/ 모든 것이 정상임(All Clear)	
	오른팔을 머리높이로 들면서 유도봉을 위로 향한다. 손 모양은 엄지손가락을 치켜세운다. 왼쪽 팔은 무릎 옆쪽으로 붙인다.

*21. 공중정지(Hover)	
	유도봉을 든 팔을 90° 측면으로 편다.

*22. 상승	
	유도봉을 든 팔을 측면 수직으로 쭉 펴고 손바닥을 위로 향하면서 손을 위쪽으로 움직인다. 움직임의 속도는 상승률을 나타낸다.

*23. 하강	
	유도봉을 든 팔을 측면 수직으로 쭉 펴고 손바닥을 아래로 향하면서 손을 아래로 움직인다. 움직임의 속도는 강하율을 나타낸다.

*24. 왼쪽으로 수평이동(조종사 기준)	
	팔을 오른쪽 측면 수직으로 뻗는다. 빗자루를 쓰는 동작으로 같은 방향으로 다른 쪽 팔을 이동시킨다.

*25. 오른쪽으로 수평이동(조종사 기준)	
	팔을 왼쪽 측면 수직으로 뻗는다. 빗자루를 쓰는 동작으로 같은 방향으로 다른 쪽 팔을 이동시킨다.

*26. 착륙	
	몸의 앞쪽에서 유도봉을 쥔 양팔을 아래쪽으로 교차시킨다.

27. 화재	
	화재지역을 왼손으로 가리키면서 동시에 어깨와 무릎사이의 높이에서 부채질 동작으로 오른손을 이동시킨다. 야간 - 유도봉을 사용하여 동일하게 움직인다.

28. 위치대기(stand-by)	
	양팔과 유도봉을 측면에서 45°로 아래로 뻗는다. 항공기의 다음 이동이 허가될 때 까지 움직이지 않는다.

29. 항공기 출발	
	오른손 또는 유도봉으로 경례하는 신호를 한다. 항공기의 지상이동(taxi)이 시작될 때 까지 운항승무원을 응시한다.

30. 조종장치를 손대지 말 것(기술적 · 업무적 통신신호)	
	머리 위로 오른팔을 뻗고 주먹을 쥐거나 유도봉을 수평방향으로 쥔다. 왼팔은 무릎 옆에 붙인다.

31. 지상 전원공급 연결(기술적 · 업무적 통신신호)

	머리 위로 팔을 뻗어 왼손을 수평으로 손바닥이 보이도록 하고, 오른손의 손가락 끝이 왼손에 닿게 하여 "T"자 형태를 취한다. 밤에는 광채가 나는 유도봉을 이용하여 "T"자 형태를 취할 수 있다.

32. 지상 전원공급 차단(기술적 · 업무적 통신신호)	
	신호 31과 같이 한 후 오른손이 왼손에서 떨어지도록 한다. 운항승무원이 인가할 때 까지 전원공급을 차단해서는 안 된다. 밤에는 광채가 나는 유도봉을 이용하여 "T"자 형태를 취할 수 있다.

33. 부정(기술적 · 업무적 통신신호)	
	오른팔을 어깨에서부터 90°로 곧게 뻗어 고정시키고, 유도봉을 지상 쪽으로 향하게 하거나 엄지손가락을 아래로 향하게 표시한다. 왼손은 무릎 옆에 붙인다.

34. 인터폰을 통한 통신의 구축(기술적 · 업무적 통신신호)	
	몸에서부터 90°로 양 팔을 뻗은 후, 양손이 두 귀를 컵 모양으로 가리도록 한다.

35. 계단 열기 · 닫기	
	오른팔을 측면에 붙이고 왼팔을 45° 머리 위로 올린다. 오른팔을 왼쪽 어깨 위쪽으로 쓸어 올리는 동작을 한다.

비고:

1. 항공기 유도원이 배트, 조명유도봉 또는 횃불을 드는 경우에도 관련 신호의 의미는 같다.
2. 항공기의 엔진번호는 항공기를 마주 보고 있는 유도원의 위치를 기준으로 오른쪽에서부터 왼쪽으로 번호를 붙인다.
3. "*"가 표시된 신호는 헬리콥터에 적용한다.
4. 주간에 시정이 양호한 경우에는 조명막대의 대체도구로 밝은 형광색의 유도봉이나 유도장갑을 사용할 수 있다.

나. 유도원에 대한 조종사의 신호

1) 조종실에 있는 조종사는 손이 유도원에게 명확히 보이도록 해야 하며, 필요한 경우에는 쉽게 식별할 수 있도록 조명을 비추어야 한다.

2) 브레이크

가) 주먹을 쥐거나 손가락을 펴는 순간이 각각 브레이크를 길거나 푸는 순간을 나타낸다.

나) 브레이크를 걸었을 경우: 손가락을 펴고 양팔과 손을 얼굴 앞에 수평으로 올린 후 주먹을 쥔다.

다) 브레이크를 풀었을 경우: 주먹을 쥐고 팔을 얼굴 앞에 수평으로 올린 후 손가락을 편다.

3) 고임목(Chocks)

가) 고임목을 끼울 것: 팔을 뻗고 손바닥을 바깥쪽으로 향하게 하며, 두 손을 안쪽으로 이동시켜 얼굴 앞에서 교차되게 한다.

나) 고임목을 뺄 것: 두 손을 얼굴 앞에서 교차시키고 손바닥을 바깥쪽으로 향하게 하며, 두 팔을 바깥쪽으로 이동시킨다.

4) 엔진시동 준비완료

시동시킬 엔진의 번호만큼 한쪽 손의 손가락을 들어올린다.

다. 기술적 · 업무적 통신신호

1) 수동신호는 음성통신이 기술적 · 업무적 통신신호로 가능하지 않을 경우에만 사용해야 한다.

2) 유도원은 운항승무원으로부터 기술적 · 업무적 통신신호에 대하여 인지하였음을 확인해야 한다.

7. 비상수신호

가. 탈출 권고	
	한 팔을 앞으로 뻗어 눈높이까지 들어 올린 후 손짓으로 부르는 동작을 한다. 야간 - 막대를 사용하여 동일하게 움직인다.
나. 동작중단 권고 - 진행 중인 탈출 중단 및 항공기 이동 또는 그 밖의 활동 중단	

	양팔을 머리 앞으로 들어 올려 손목에서 교차시키는 동작을 한다. 야간 - 막대를 사용하여 동일하게 움직인다.
다. 비상 해제	
	양팔을 손목이 교차할 때 까지 안쪽 방향으로 모은 후 바깥 방향으로 45도 각도로 뻗는 동작을 한다. 야간 - 막대를 사용하여 동일하게 움직인다.

■ 항공안전법 시행규칙 [별표 27] <개정 2021. 8. 27.>

위험물의 포장·용기검사기관의 검사장비 및 검사인력 등의 지정기준
(제210조제2항 관련)

1. 용지 및 건물 면적
 가. 시험실(화학분석실 용지는 제외한다): 231제곱미터
 나. 사무실: 66제곱미터
2. 시험항목별 시험기기

시험항목	시 험 기 기	수	비 고
시험환경 및 사전처리	· 항온항습실(고정) · 항온항습기(work in chamber)	· 1실 · 1대 이상	(온도: -30℃~60℃/ 습도: 0%~98%)
낙하시험	· 정밀낙하시험기 · 중량물낙하시험기	· 1대 이상 · 1대 이상	
적재시험	· 적재시험기 또는 하중 추	· 1대 이상	
수압시험	· 수압시험기	· 1대 이상	
기밀시험	· 수조/기밀시험기	· 1대 이상	
흡수도시험	· 코브법 테스터(Cobb Method Tester: 종이 또는 판지의 물 흡수도 시험기)	· 1대 이상	
기타시험	· 진동시험기 · 자력측정기(Gauss meter) · 강봉(Steel Rod)	· 1대 이상 · 1대 이상 · 1대 이상	
비 고: 화학성분 정성 및 정량분석 시험기[제시된 UN No. 및 성능분석(MSDS) 등의 확인 또는 하주 의뢰 시 확인시험] · ICP(고주파 플라스마 발광분석기) · GC-MASS(가스크로마토그래피/질량분석기) · LC-MASS(액체크로마토그래피/질량분석기) · FT-IR(적외선분광분석기)			

3. 시험검사원
 가. 시험검사책임자: 시험검사소당 1명
 나. 전문시험검사원: 2명

■ 항공안전법 시행규칙 [별표 28] <개정 2017. 7. 18.>

위험물 포장·용기 검사기관의 행정처분기준(제211조제1항 관련)

위 반 행 위	해당 법 조문	처분내용
1. 거짓이나 그 밖의 부정한 방법으로 포장·용기 검사기관의 지정을 받은 경우	법 제71조제5항제1호	지정취소
2. 포장·용기검사기관이 법 제71조제2항에 따른 포장 및 용기의 검사방법·합격기준 등을 위반하여 법 제71조제1항에 따른 검사를 한 경우	법 제71조제5항제2호	
가. 포장 및 용기의 검사방법·합격기준에 따른 시료 개수를 준수하지 않은 경우		업무전부정지(90일)
나. 검사를 하지 않은 포장 및 용기 또는 합격기준을 미달한 포장 및 용기에 대하여 검사합격증을 발행한 경우		지정취소
다. 지정된 시험검사원이 아닌 자가 시험을 한 경우		업무전부정지(30일)
3. 법 제71조제4항에 따른 포장·용기 검사기관의 지정기준에 맞지 않게 된 경우	법 제71조제5항제3호	업무전부정지(30일)
가. 검사기관의 시험실 및 사무실 기준에 맞지 않게 된 경우		
나. 검사에 필요한 시험기기를 갖추지 않은 경우		
다. 검사에 필요한 시험검사책임자 및 전문시험검사원을 확보하지 않은 경우		

■ 항공안전법 시행규칙 [별표 29]

위험물전문교육기관의 지정기준(제212조제2항 관련)

1. 교육시설은 교육환경 및 보건위생에 적합한 장소에 설립하되, 그 목적을 실현하는 데에 필요한 다음 각 목의 시설을 갖추어야 한다.
   가. 강의실
   나. 실습 또는 실기 등이 필요한 경우에는 이에 필요한 시설 및 설비
   다. 사무실·화장실·급수시설 등 보건위생상 필요한 시설 및 설비
   라. 그 밖에 교육에 필요한 교구 및 자료 열람시설

2. 단위시설의 기준
   가. 강의실 면적은 60제곱미터 이상으로 하되, 1제곱미터당 1.2명 이하가 되도록 할 것
   나. 화장실은 성별로 구분해야 하고, 급수시설은 상수도를 사용하는 경우를 제외하고는 그 수질이 「먹는 물 관리법」 제5조제3항에 따른 수질기준에 적합할 것
   다. 채광시설·환기시설 및 냉난방시설은 보건위생에 적합하게 해야 하며, 야간교육을 하는 경우 조명시설은 책상면과 흑판면의 조도가 150럭스 이상일 것
   라. 방음시설은 「소음·진동관리법」에 따른 생활소음규제기준에 적합해야 하며, 소방시설은 「소방법」에 따른 소방기구·경보설비·피난시설 등 방화 및 소방에 필요한 시설을 갖출 것

3. 장비
   가. 교육용 위험물 등급 표찰 자료(각 등급별로 보유해야 한다)
   나. 교육용 위험물 취급 표찰 자료(해당 연도 발행분만 적용한다)
   다. 위험물 화주신고서, 항공운송장, 위험물 사고·준사고 보고서 사본
   라. 시청각교육 보조장비: TV, VTR, OHP 등
   마. 국제민간항공기구, 국제항공운송협회 또는 국토교통부에서 발간하는 위험물 관련 항공위험물운송기술기준 및 기타 지침서
   바. 한글로 작성된 교육교재(다만, 한글을 사용할 수 없는 교육생을 대상으로 교육과정을 운영할 경우는 해당 언어로 교육교재를 작성할 수 있다.)

4. 다음 각 목의 어느 하나에 해당하는 상근 인력 2명 이상의 교관을 확보해야 한다.
   가. 국제민간항공기구, 국제항공운송협회, 위험물취급전문교육기관 등에서 위험물교관 교육과정을 이수한 사람
   나. 국제민간항공기구, 국제항공운송협회, 위험물취급전문교육기관 등에서 해당 교육시험 합격 증명을 받고 항공위험물 교육경력이 5년 이상인 사람으로서 국토교통부장관이 교관으로 적합하다고 인정하는 사람

■ 항공안전법 시행규칙 [별표 30]

위험물전문교육기관의 행정처분기준(제213조제1항 관련)

위 반 행 위	해당 법 조문	처분내용
1. 거짓이나 그 밖의 부정한 방법으로 위험물전문교육기관의 지정을 받은 경우	법 제72조제5항제1호	지정취소
2. 법 제72조제4항에 따른 위험물전문교육기관의 지정기준에 맞지 않게 된 경우 가. 교육기관의 시설기준에 맞지 않게 된 경우 나. 교육에 필요한 장비를 갖추지 않은 경우 다. 교육에 필요한 적정인력의 교관을 확보하지 않은 경우	법 제72조제5항제2호	업무정지(30일)

■ 항공안전법 시행규칙 [별표 31] <개정 2025. 12. 5.>

항공교통업무증명의 취소 또는 항공교통업무 제공의 정지처분의 기준

(제254조제1항 관련)

위반행위	근거 법조문	처분내용
1. 거짓이나 그 밖의 부정한 방법으로 항공교통업무증명을 받은 경우	법 제86조제1항제1호	증명취소
1의2. 법 제38조의2제4항에 따라 심사를 할 때 부당한 방법으로 심사를 한 경우	법 제86조제1항제1호의2	증명취소 또는 업무정지 (180일)
2. 법 제58조제2항을 위반하여 다음 각 목의 어느 하나에 해당하는 경우	법 제86조제1항제2호	
가. 항공교통업무 제공을 시작하기 전까지 항공안전관리시스템을 마련하지 아니한 경우		업무정지 (10일)
나. 승인을 받지 아니하고 항공안전관리시스템을 운용한 경우		업무정지 (20일)
다. 항공안전관리시스템을 승인받은 내용과 다르게 운용한 경우		업무정지 (10일)
라. 승인을 받지 아니하고 국토교통부령으로 정하는 중요사항을 변경한 경우		업무정지 (10일)
3. 법 제85조제4항을 위반하여 항공교통업무제공체계를 계속적으로 유지하지 아니하거나 항공교통업무증명기준을 준수하지 아니하고 항공교통업무를 제공한 경우	법 제86조제1항제3호	업무정지 (30일)
4. 법 제85조제5항을 위반하여 신고를 하지 아니하거나 승인을 받지 아니하고 항공교통업무제공체계를 변경한 경우	법 제86조제1항제4호	업무정지 (10일)
5. 법 제85조제6항을 위반하여 변경된 항공교통업무증명기준에 따르도록 한 명령에 따르지 아니한 경우	법 제86조제1항제5호	업무정지 (15일)
6. 법 제85조제8항에 따른 시정조치 명령을 이행하지 아니한 경우	법 제86조제1항제6호	업무정지 (10일)
7. 고의 또는 중대한 과실로 항공기사고를 발생시키거나 소속 항공종사자에 대하여 관리·감독하는 상당한 주의의무를 게을리하여 항공기사고가 발생한 경우	법 제86조제1항제7호	
가. 해당 항공기사고로 인한 사망자가 200명 이상인 경우		증명취소 또는 업무정지 (180일)
나. 해당 항공기사고로 인한 사망자가 150명 이상 20		업무정지

위반행위	근거 법조문	처분기준
0명 미만인 경우		(150일)
다. 해당 항공기사고로 인한 사망자가 100명 이상 150명 미만인 경우		업무정지 (120일)
라. 해당 항공기사고로 인한 사망자가 50명 이상 100명 미만인 경우		업무정지 (90일)
마. 해당 항공기사고로 인한 사망자가 10명 이상 50명 미만인 경우		업무정지 (60일)
바. 해당 항공기사고로 인한 사망자가 10명 미만인 경우		업무정지 (30일)
사. 해당 항공기사고로 인한 항공기 또는 제3자의 재산 피해가 100억원 이상인 경우		업무정지 (30일)
아. 해당 항공기사고로 인한 항공기 또는 제3자의 재산 피해가 50억원 이상 100억원 미만인 경우		업무정지 (20일)
자. 해당 항공기사고로 인한 항공기 또는 제3자의 재산 피해가 50억원 미만인 경우		업무정지 (15일)
차. 해당 항공기사고로 인한 항공기 또는 제3자의 재산 피해가 1억원 이상 10억원 미만인 경우		업무정지 (10일)
카. 해당 항공기사고로 인한 항공기 또는 제3자의 재산 피해가 1억원 미만인 경우		업무정지 (5일)
8. 항공교통업무 제공의 정지기간에 항공교통업무를 제공한 경우	법 제86조제1항제8호	증명취소

비고

1. 위 표의 제7호에 따른 항공교통업무정지처분을 하는 경우 인명피해와 항공기 또는 제3자의 재산 피해가 같이 발생한 경우에는 해당 항공교통업무정지기간을 합산하여 처분하되, 합산하는 경우에도 항공교통업무정지기간은 180일을 초과할 수 없다.
2. 위 표의 제7호가목부터 바목까지의 규정을 적용할 때 중상자 2명을 사망자 1명으로 보며, 소수점 이하는 버린다.

■ 항공안전법 시행규칙 [별표 32] <개정 2022. 12. 9.>

운항증명 신청 시에 제출할 서류(제257조제1항 관련)

1. 국토교통부장관 또는 지방항공청장으로부터 발급 받은 「항공사업법」 제7조에 따른 국내 항공운송사업면허증 또는 국제항공운송사업면허증, 「항공사업법」 제10조제1항에 따른 소형항공운송사업등록증, 「항공사업법」 제30조에 따른 항공기사용사업등록증 중 해당 면허증 또는 등록증의 사본
2. 「항공사업법」 제7조제4항 또는 제10조제4항에 따라 제출한 사업계획서 내용의 추진일정
3. 조직・인력의 구성, 업무분장 및 책임
4. 주요 임원의 이력서
5. 항공법규 준수의 이행 서류와 이를 증명하는 서류(Final Compliance Statement)
6. 항공기 또는 운항・정비와 관련된 시설・장비 등의 구매・계약 또는 임차 서류
7. 종사자 훈련 교과목 운영계획
8. 별표 36에서 정한 내용이 포함되도록 구성된 다음 각 목의 구분에 따른 교범. 이 경우 단행본으로 운영하거나 각 교범을 통합하여 운영할 수 있다.
   가. 운항일반교범(Policy and Administration Manual)
   나. 항공기운영교범(Aircraft Operating Manual)
   다. 최소장비목록 및 외형변경목록(MEL/CDL)
   라. 훈련교범(Training Manual)
   마. 항공기성능교범(Aircraft Performance Manual)
   바. 노선지침서(Route Guide)
   사. 비상탈출절차교범(Emergency Evacuation Procedures Manual)
   아. 위험물교범(Dangerous Goods Manual)
   자. 사고절차교범(Accident Procedures Manual)
   차. 보안업무교범(Security Manual)
   카. 항공기 탑재 및 처리교범(Aircraft Loading and Handling Manual)
   타. 객실승무원업무교범(Cabin Attendant Manual)
   파. 비행교범(Airplane Flight Manual)
   하. 지속감항정비프로그램(Continuous Airworthiness Maintenance Program)
9. 승객 브리핑카드(Passenger Briefing Cards)
10. 급유・재급유・배유절차
11. 비상구열 좌석(Exit Row Seating)절차
12. 약물 및 주정음료 통제절차
13. 운영기준에 포함될 자료

14. 비상탈출 시현계획(Emergency Evacuation Demonstration Plan)
15. 운항증명을 위한 현장검사 수검계획(Flight Operations Inspection Plan)
16. 환경영향평가서(Environmental Assessment)
17. 훈련계약에 관한 사항
18. 정비규정
19. 그 밖에 국토교통부장관이 정하는 사항

■ 항공안전법 시행규칙 [별표 33] <개정 2023. 10. 19.>

운항증명의 검사기준(제258조 관련)

1. 서류검사 기준

검사 항목 및 검사 기준	적용대상 사업자			
	항공운송사업			항공기 사용사업
	국제	국내	소형	
가. 「항공사업법」 제7조제4항 또는 제10조제4항에 따라 제출한 사업계획서 내용의 추진일정 국토교통부장관 또는 지방항공청장이 운항증명을 위한 검사를 시작하기 전에 완료되어야 하는 항목, 활동내용 및 항공기등의 시설물 구매에 관한 내용이 정확한 예정일 순서에 따라 이치에 맞게 수립되어 있을 것	○	○	○	○
나. 조직ㆍ인력의 구성, 업무분장 및 책임 신청자가 인가받으려는 운항을 하기에 적합한 조직체계와 충분한 인력을 확보하고 업무분장을 명확하게 유지할 것	○	○	○	○
다. 항공법규 준수의 이행 서류와 이를 증명하는 서류(Regulations Compliance Statement) 항공운송사업자 또는 항공기사용사업자에게 적용되는 항공법규의 준수방법을 논리적으로 진술하거나 또는 증명서류로 확인시킬 수 있을 것	○	○	○	○
라. 항공기 또는 운항ㆍ정비와 관련된 시설ㆍ장비 등의 구매ㆍ계약 또는 임차 서류 신청자가 제시한 운항을 하는 데 필요한 항공기, 시설 및 업무 준비를 마쳤음을 증명할 수 있을 것	○	○	○	○
마. 종사자 훈련 교과목 운영계획 기초훈련, 비상절차훈련, 지상운항절차훈련, 비행훈련, 정기훈련(Recurrent Training), 전환 및 승격훈련(Transition and Upgrade Training), 항공기차이점훈련(Differences Training), 보안훈련, 위험물취급훈련, 검열운항승무원/비행교관훈련, 객실승무원훈련, 운항관리사훈련 및 정비인력훈련을 포함한 종사자에 대한 훈련계획이 적절히 수립되어 있을 것	○	○	○	○
바. 별표 36에서 정한 내용이 포함되도록 구성된 다음의 구분에 따른 교범				
1) 운항일반교범(Policy and Administration Manual)	○	○	○	○
2) 항공기운영교범(Aircraft Operating Manual)	○	○	○	해당될 경우 적용
3) 최소장비목록 및 외형변경목록(MEL/CDL)	○	○	○	해당될 경우 적용
4) 훈련교범(Training Manual)	○	○	○	○
5) 항공기성능교범(Aircraft Performance Manual)	○	○	○	○
6) 노선지침서(Route Guide)	○	○	○	-
7) 비상탈출절차교범(Emergency Evacuation Procedu	○	○	해당될	-

res Manual)			경우 적용	
8) 위험물교범(Dangerous Goods Manual)	○	○	해당될 경우 적용	-
9) 사고절차교범(Accident Procedures Manual)	○	○	○	○
10) 보안업무교범(Security Manual)	○	○	○	-
11) 항공기 탑재 및 처리교범(Aircraft Loading and Handling Manual)	○	○	○	-
12) 객실승무원업무교범(Cabin Attendant Manual)	○	○	해당될 경우 적용	-
13) 비행교범(Airplane Flight Manual)	○	○	○	○
14) 지속감항정비프로그램(Continuous Airworthiness Maintenance Program)	○	○	해당될 경우 적용	해당될 경우 적용
15) 지상조업 협정 및 절차	○	○	○	-
사. 승객 브리핑카드(Passenger Briefing Cards) 운항승무원 및 객실승무원이 도울 수 없는 비상상황에서 승객이 필요로 하는 기능과 승객의 재착석절차 등이 적절하게 정해져 있을 것	○	○	○	-
아. 급유・재급유・배유절차 연료 주입과 배유 시 처리절차 및 안전조치가 적절하게 정해져 있을 것	○	○	○	해당될 경우 적용
자. 비상구열 좌석(Exit Row Seating)절차 비상상황 발생 시 객실승무원의 객실안전업무를 보조하도록 하기 위한 비상구열좌석의 배정방법 등의 절차가 적절하게 정해져 있을 것	○	○	해당될 경우 적용	-
차. 약물 및 주류등 통제절차 항공기 안전운항을 해칠 수 있는 승무원의 약물 또는 주류등의 섭취를 방지할 대책이 적절히 마련되어 있을 것	○	○	○	○
카. 운영기준에 포함될 자료 운항하려는 항로・공항 및 항공기 정비방법 등에 관한 기초자료가 적절히 작성되어 있을 것	○	○	○	○
타. 비상탈출 시현계획(Emergency Evacuation Demonstration Plan) 비상상황에서 운항승무원 및 객실승무원이 취해야 할 조치능력을 모의로 시현할 수 있는 시나리오 및 일정 등이 적절히 짜여져 있을 것	○	○	해당될 경우 적용	-
파. 항공기 운항 검사계획(Flight Operations Inspection Plan) 항공법규를 준수하면서 모든 운항업무를 수행할 수 있음을 시범 보일 수 있는 시나리오 및 일정 등 계획이 적절히 짜여져 있을 것	○	○	○	-
하. 환경영향평가서(Environmental Assessment) 자체적으로 또는 외부기관으로부터 환경영향평가에 관한 종합적 분석자료가 준비되어 있을 것	○	○	○	-
거. 훈련계약에 관한 사항	○	○	○	○
종사자 훈련에 관한 아웃소싱 등 해당 사유가 있는 경우 훈련방식과 조건 등 적절한 훈련여건을 갖추고 있음을 증명할 수 있을 것				
너. 정비규정 별표 37에서 정한 사항에 대한 모든 절차 등이 적절하게 정해져 있을 것	○	○	○	○
더. 그 밖에 국토교통부장관이 정하는 사항	○	○	○	○

2. 현장검사 기준

검사 항목 및 검사 기준	적용 대상 사업자			
	항공운송사업			항공기 사용사업
	국제	국내	소형	
가. 지상의 고정 및 이동시설・장비 검사 주 운항기지, 주 정비기지, 국내외 취항공항 및 교체공항(국토교통부장관 또는 지방항공청장이 지정하는 곳만 해당한다)의 지상시설・장비, 인력 및 훈련프로그램 등이 신청자가 인가받으려는 운항을 하기에 적합하게 갖추어져 있을 것	○	○	○	○
나. 운항통제조직의 운영 운항통제, 운항 감독방법, 운항관리사의 배치와 임무 배정 등이 안전운항을 위하여 적절하게 이루어지고 있을 것	○	○	○	○
다. 정비검사시스템의 운영 정비방법・기준 및 검사절차 등이 적합하게 갖추어져 있을 것	○	○	○	○
라. 항공종사자 자격증명 검사 조종사・항공기관사・운항관리사 및 정비사의 자격증명 소지 등 자격관리가 적절히 이루어지고 있을 것	○	○	○	○
마. 훈련프로그램 평가 1) 훈련시설, 훈련스케줄 및 교과목 등이 적절히 짜여져 있고 실행되고 있음을 증명할 것 2) 운항승무원에 대한 훈련과정이 기초훈련, 비상절차훈련, 지상훈련, 비행훈련 및 항공기차이점훈련을 포함하여 효과적으로 짜여져 있고 자격을 갖춘 교관이 훈련시키고 있음을 증명할 것 3) 검열운항승무원 및 비행교관 훈련과정이 적절하게 짜여져 있고 그대로 실행하고 있을 것 4) 객실승무원 훈련과정이 기초훈련, 비상절차훈련 및 지상훈련을 포함하여 적절하게 짜여져 있고 그대로 실행하고 있음을 증명할 것. 다만, 화물기 및 소형항공운송사업의 경우에는 적용하지 않는다. 5) 운항관리사의 훈련과정이 적절하게 짜여져 있고 그대로 실행되고 있음을 증명할 것 6) 위험물취급훈련 및 보안훈련과정이 적절하게 짜여져 있고 그대로 실행되고 있음을 증명할 것	○	○	○	해당될 경우 적용

7) 정비훈련과정이 적절하게 짜여져 있고 그대로 실행되고 있음을 증명할 것				
바. 비상탈출 시현 비상상황에서 비상탈출 및 구명장비의 사용 등 운항승무원 및 객실승무원이 취해야 할 조치를 적절하게 할 수 있음을 시범 보일 것	○	○	해당될 경우 적용	-
사. 비상착수 시현 수면 위로 비행하게 될 항공기의 기종과 모델별로 비상착수 시 비상장비의 사용 등 필요한 조치를 적절하게 할 수 있음을 시범 보일 것	○	○	해당될 경우 적용	-
아. 기록 유지·관리 검사 1) 운항승무원 훈련, 비행시간·휴식시간, 자격관리 등 운항 관련 기록이 적절하게 유지 및 관리되고 있을 것 2) 항공기기록, 직원훈련, 자격관리 및 근무시간 제한 등 정비 관련 기록이 적절하게 관리·유지되고 있을 것 3) 비행기록(Flight Records)이 적절하게 유지되고 있을 것	○	○	○	○
자. 항공기 운항검사(Flight Operations Inspection) 비행 전(Pre-flight), 비행 중(In-flight) 및 비행 후(Post-flight)의 모든 운항절차가 적절하게 이루어지고 있음을 시범 보일 것	○	○	○	-
차. 객실승무원 직무능력 평가 비행 중 객실 내 안전업무를 수행하기에 적절한 능력을 보유하고 있음을 시범 보일 것	○	○	해당될 경우 적용	-
카. 항공기 적합성 검사(Aircraft Conformity Inspection) 항공기가 안전하게 비행할 수 있는 성능을 유지하고 있음을 증명할 것	○	○	○	○
타. 주요 간부직원에 대한 직무지식에 관한 인터뷰 검사관이 실시하는 주요 보직자에 대한 무작위 인터뷰 시 해당직무에 대한 이해와 필요한 지식을 보유하고 있음을 증명할 것	○	○	○	○

■ 항공안전법 시행규칙 [별표 34] <개정 2022. 12. 9.>

항공운송사업자 등의 운항증명 취소 등 행정처분기준(제264조제1항 관련)

1. 일반기준

가. 운항정지일수 산정

1) 국토교통부장관은 둘 이상의 위반행위가 발생한 경우에는 각 위반행위별 운항정지일수를 합산하여 산정하되, 가장 무거운 위반행위에 대한 처분기준이 운항증명 취소인 경우 운항증명을 취소한다. 다만, 다음의 어느 하나에 해당하는 경우에는 다음의 기준에 따라 운항정지일수를 산정한다.

가) 하나의 행위로 둘 이상의 위반행위가 발생한 경우 그 중 무거운 처분의 기준에 따르되, 그 기준의 2분의 1의 범위에서 가중하여 산정한다.

나) 하나의 비행 편에서 둘 이상의 위반행위가 발생한 경우 그 중 무거운 처분의 기준에 따르되, 그 기준의 3분의 2의 범위에서 가중하여 산정한다.

다) 같은 위반행위가 연속하여 2회 이상 발생한 경우 1회의 위반행위로 보아 처분하되, 위반횟수 등을 고려하여 100분의 100의 범위에서 가중하여 처분한다. 다만, 위반사실을 인지하고도 같은 행위를 반복한 경우에는 위반횟수 별로 합산하여 처분한다.

2) 1)다)에서 "같은 위반행위"란 제2호의 같은 목(세부유형이 분류되어 있는 경우에는 그 세부유형)의 위반행위를 말한다. 다만, 제2호고목2)·3), 같은 호 소목2)·3), 같은 호 조목2)·3) 및 같은 호 두목2)·3)의 경우에는 별표 35의 세부유형이 같은 위반행위를 말한다.

3) 제2호우목1)부터 17)까지의 규정에 따른 항공기 운항정지처분을 부과하는 경우(국제항공운송사업자와 국내항공운송사업자만 해당한다) 중상자 2명을 사망자 1명으로 보되, 소수점 이하는 버린다.

나. 운항정지일수의 조정

1) 다음의 어느 하나에 해당하는 경우에는 가목 및 제2호에 따라 산정된 운항정지일수를 3분의 2의 범위에서 줄일 수 있다. 다만, 과징금을 체납하고 있는 위반행위자의 경우에는 그렇지 않다.

가) 항공안전에 대한 위험을 피하기 위한 부득이한 사유가 있는 경우

나) 「공항시설법」 제2조제7호·제8호 및 같은 법 시행령 제3조에 따른 공항시설 및 비행장시설의 미비·장애, 항공기에 사용한 부품의 결함 및 항공기 정비 등을 위해 사용한 장비 등의 오작동 등 외부적인 상황으로 위반행위가 발생한 경우

다) 위반행위 후 적절한 후속조치를 하여 항공안전에 대한 위험을 감소시키

거나 제도개선 등 재발방지를 위한 적절한 조치를 한 경우

라) 「항공사업법」 제63조에 따른 항공교통서비스의 안전성 평가에서 매우 우수를 받거나, 법 제58조제3항에 따른 항공안전관리시스템의 충실한 구축·운영, 소속 종사자 등에 대한 교육훈련 등 사고예방 활동을 충실히 수행했다고 인정되는 경우

마) 항공수요의 변화, 천재지변 등으로 항공사업자의 재정상황 등이 심각하게 악화된 경우

바) 그 밖에 위반행위의 정도, 위반행위의 동기와 그 결과 등을 고려하여 운항정지일수를 줄일 필요가 있다고 인정되는 경우

2) 다음의 어느 하나에 해당하는 경우에는 가목 및 제2호에 따라 산정된 운항정지일수를 3분의 2의 범위에서 늘릴 수 있다. 다만, 늘리는 경우에도 180일을 넘을 수 없다.

가) 위반행위로 인명 또는 재산피해가 발생한 경우(제2호우목의 위반행위로 운항정지일수가 산정되는 경우는 제외한다)

나) 다른 항공기의 운항안전 또는 공중(公衆)에 상당한 영향을 미친 경우

다) 현장 책임자 또는 관리자가 소속 종사자 등의 위반을 방조 또는 강요하거나 교육 소홀, 안전정보 미제공 등 관리·감독상의 책임이 큰 경우

라) 항공기의 운항정지처분이나 과징금을 부과받은 날부터 2년 이내에 같은 위반행위를 한 경우

마) 가목1)다)에 따른 같은 위반행위가 연속하여 2회 이상 발생한 경우로서 해당 위반행위가 7일 이상 이어진 경우

바) 법 제60조에 따른 사실조사 및 법 제132조에 따른 항공안전 활동을 방해하거나 위반사실을 은폐·축소·조작·변조하거나 하려고 한 경우

사) 그 밖에 위반행위의 정도, 위반행위의 동기와 그 결과 등을 고려하여 운항정지일수를 늘릴 필요가 있다고 인정되는 경우

2. 개별기준

위반행위	근거 법조문	사업 종류별 처분 내용		
		국내·국제 항공운송사업	소형항공 운송사업	항공기 사용사업
가. 거짓이나 그 밖의 부정한 방법으로 운항증명을 받은 경우(항공기사용사업자의 경우에는 법 제96조제1항에서 준용하는 법 제90조에 따라 운항증명을 받아야 하는 항공기사용사업자만 해당한다)	법 제91조제1항제1호 및 제95조제1항	운항증명 취소	운항증명 취소	운항증명 취소
나. 법 제18조제1항을 위반하여 국적·등록기호 및 소유자등의 성명 또는 명칭을 표시하지 아니한 항공기를 운항한 경우	법 제91조제1항제2호 및 제95조제1항·제2항	항공기 운항정지 5일	항공기 운항정지 5일	항공기 운항정지 5일
다. 법 제23조제3항을 위반하여 감항증명을 받지 아니한 항공기를 항공에 사용한 경우	법 제91조제1항제3호 및 제95조제1항·제2항	항공기 운항정지 30일	항공기 운항정지 30일	항공기 운항정지 30일
라. 법 제23조제9항에 따른 항공기의 감항성 유지를 위한 항공기등, 장비품 또는 부품에 대한 정비등에 관한 감항성개선지시 또는 그 밖에 검사·정비등의 명령을 이행하지 아니하고 이를 운항 또는 항공기등에 사용한 경우	법 제91조제1항제4호 및 제95조제1항·제2항	항공기 운항정지 20일	항공기 운항정지 20일	항공기 운항정지 20일
마. 법 제25조제2항을 위반하여 소음기준적합증명을 받지 아니하거나 항공기기술기준에 적합하지 아니한 항공기를 운항한 경우	법 제91조제1항제5호 및 제95조제1항·제2항	항공기 운항정지 20일	항공기 운항정지 20일	항공기 운항정지 20일
바. 법 제26조를 위반하여 변경된 항공기기술기준을 따르도록 한 요구에 따르지 아니한 경우	법 제91조제1항제6호 및 제95조제1항·제2항	항공기 운항정지 20일	항공기 운항정지 20일	항공기 운항정지 20일
사. 법 제27조제3항을 위	법 제91조제1	항공기	항공기	항공기

반하여 기술표준품형식승인을 받지 아니한 기술표준품을 항공기등에 사용한 경우	항제7호 및 제95조제1항·제2항	운항정지 20일	운항정지 20일	운항정지 20일
아. 법 제28조제3항을 위반하여 부품등제작자증명을 받지 아니한 장비품 또는 부품을 항공기등 또는 장비품에 사용한 경우	법 제91조제1항제8호 및 제95조제1항·제2항	항공기 운항정지 20일	항공기 운항정지 20일	항공기 운항정지 20일
자. 법 제30조제2항을 위반하여 수리·개조승인을 받지 아니한 항공기등을 운항하거나 장비품·부품을 항공기등에 사용한 경우	법 제91조제1항제9호 및 제95조제1항·제2항	항공기 운항정지 7일	항공기 운항정지 7일	항공기 운항정지 7일
차. 법 제32조제1항을 위반하여 정비등을 한 항공기등, 장비품 또는 부품에 대하여 감항성을 확인받지 아니하고 운항 또는 항공기등에 사용한 경우	법 제91조제1항제10호 및 제95조제1항·제2항	항공기 운항정지 20일	항공기 운항정지 20일	항공기 운항정지 20일
카. 법 제42조를 위반하여 법 제40조제2항에 따른 자격증명의 종류별 항공신체검사증명의 기준에 적합하지 아니한 운항승무원을 항공업무에 종사하게 한 경우	법 제91조제1항제11호 및 제95조제1항·제2항	항공기 운항정지 7일	항공기 운항정지 7일	항공기 운항정지 7일
타. 법 제51조를 위반하여 국토교통부령으로 정한 무선설비를 설치하지 아니한 항공기 또는 설치한 무선설비가 운용되지 아니하는 항공기를 운항한 경우	법 제91조제1항제12호 및 제95조제1항·제2항	항공기 운항정지 7일	항공기 운항정지 7일	항공기 운항정지 7일
파. 법 제52조를 위반하여 항공기에 항공계기등을 설치하거나 탑재하지 아니하고 운항하거나, 그 운용방법 등을 따르지 아니한 경우	법 제91조제1항제13호 및 제95조제1항·제2항	항공기 운항정지 5일	항공기 운항정지 5일	항공기 운항정지 5일
하. 법 제53조를 위반하여 항공기에 국토교통부령으로 정하는 양의 연료를 싣지 아니하고 운항한 경우	법 제91조제1항제14호 및 제95조제1항·제2항	항공기 운항정지 7일	항공기 운항정지 7일	항공기 운항정지 7일
거. 법 제54조를 위반하여 항공기를 운항하거나 야간에 비행장에 주기 또는 정박시키는 경우에 국토교통부령으로 정하는 바에 따라 등불로 항공기의 위치를 나타내지 아니한 경우	법 제91조제1항제15호 및 제95조제1항·제2항	항공기 운항정지 3일	항공기 운항정지 3일	항공기 운항정지 3일
너. 법 제55조를 위반하여 국토교통부령으로 정하는 비행경험이 없는 운항승무원에게 항공기를 운항하게 하거나 계기비행·야간비행 또는 조종교육의 업무에 종사하게 한 경우	법 제91조제1항제16호 및 제95조제1항·제2항	항공기 운항정지 5일	항공기 운항정지 5일	항공기 운항정지 5일
더. 법 제56조제1항을 위반하여 소속 승무원 또는 운항관리사의 피로를 관리하지 아니한 경우	법 제91조제1항제17호 및 제95조제1항·제2항	항공기 운항정지 5일	항공기 운항정지 5일	항공기 운항정지 5일
러. 법 제56조제2항을 위반하여 국토교통부장관	법 제91조제1항제18호 및	항공기 운항정지	항공기 운항정지	항공기 운항정지

의 승인을 받지 아니하고 피로위험관리시스템을 운용하거나 중요사항을 변경한 경우	제95조제1항·제2항	5일	5일	5일
머. 법 제57조제1항을 위반하여 항공종사자 또는 객실승무원이 주류등의 영향으로 항공업무 또는 객실승무원의 업무를 정상적으로 수행할 수 없는 상태에서 항공업무 또는 객실승무원의 업무에 종사하게 한 경우	법 제91조제1항제19호 및 제95조 제1항·제2항	항공기 운항정지 7일	항공기 운항정지 7일	항공기 운항정지 7일
버. 법 제58조제2항을 위반하여 다음 각 목의 어느 하나에 해당하는 경우	법 제91조제1항제20호 및 제95조제1항·제2항			
1) 사업을 시작하기 전까지 항공안전관리시스템을 마련하지 아니한 경우		항공기 운항정지 7일	항공기 운항정지 7일	항공기 운항정지 7일
2) 승인을 받지 아니하고 항공안전관리시스템을 운용한 경우		항공기 운항정지 7일	항공기 운항정지 7일	항공기 운항정지 7일
3) 항공안전관리시스템을 승인받은 내용과 다르게 운용한 경우		항공기 운항정지 7일	항공기 운항정지 7일	항공기 운항정지 7일
4) 승인을 받지 아니하고 국토교통부령으로 정하는 중요 사항을 변경한 경우		항공기 운항정지 7일	항공기 운항정지 7일	항공기 운항정지 7일
서. 법 제62조제5항 단서를 위반하여 항공기사고, 항공기준사고 또는 의무보고 대상 항공안전장애가 발생한 경우에 국토교통부령으로 정하는 바에 따라 발생사실을 보고하지 않은 경우	법 제91조제1항제21호 및 제95조제1항·제2항			
1) 항공기사고 발생 사실을 국토교통부령으로 정하는 바에 따라 보고하지 않은 경우		항공기 운항정지 7일	항공기 운항정지 7일	항공기 운항정지 7일
2) 항공기준사고 발생 사실을 국토교통부령으로 정하는 바에 따라 보고하지 않은 경우		항공기 운항정지 5일	항공기 운항정지 5일	항공기 운항정지 5일
3) 의무보고 대상 항공안전장애 발생 사실을 국토교통부령으로 정하는 바에 따라 보고하지 않은 경우		항공기 운항정지 3일	항공기 운항정지 3일	항공기 운항정지 3일
어. 법 제63조제4항에 따라 자격인정 또는 심사를 할 때 소속 기장 또는 기장 외의 조종사에 대하여 부당한 방법으로 자격인정 또는 심사를 한 경우	법 제91조제1항제22호 및 제95조제1항·제2항	항공기 운항정지 5일	항공기 운항정지 5일	항공기 운항정지 5일
저. 법 제63조제7항을 위반하여 운항하려는 지역, 노선 및 공항에 대한 경험요건을 갖추지 않은 기장에게 운항을 하게 한 경우	법 제91조제1항제23호 및 제95조제1항·제2항	항공기 운항정지 5일	항공기 운항정지 5일	
처. 법 제65조제1항을 위반하여 운항관리사를 두지 않은 경우	법 제91조제1항제24호	항공기 운항정지 5일	항공기 운항정지 5일	
커. 법 제65조제3항을 위	법 제91조제1	항공기	항공기	

반하여 국토교통부령으로 정하는 바에 따라 운항관리사가 해당 업무를 수행하는 데에 필요한 교육훈련을 하지 아니하고 해당 업무에 종사하게 한 경우	항제25호	운항정지 3일	운항정지 3일	
터. 법 제66조를 위반하여 이륙·착륙 장소가 아닌 곳에서 항공기를 이륙하거나 착륙하게 한 경우	법 제91조제1항제26호 및 제95조제1항·제2항	항공기 운항정지 7일	항공기 운항정지 7일	항공기 운항정지 7일
퍼. 법 제68조를 위반하여 같은 조 각 호의 어느 하나에 해당하는 비행 또는 행위를 하게 한 경우	법 제91조제1항제27호 및 제95조제1항·제2항	항공기 운항정지 7일	항공기 운항정지 7일	항공기 운항정지 7일
허. 법 제70조제1항을 위반하여 허가를 받지 아니하고 항공기를 이용하여 위험물을 운송한 경우	법 제91조제1항제28호 및 제95조제1항·제2항	항공기 운항정지 10일	항공기 운항정지 10일	항공기 운항정지 10일
고. 법 제70조제3항을 위반하여 국토교통부장관이 고시하는 위험물취급의 절차 및 방법에 따르지 않고 위험물을 취급한 경우	법 제91조제1항제29호 및 제95조제1항·제2항			
1) 다음의 어느 하나에 해당하는 경우 가) 항공운송이 절대 금지된 위험물을 접수하여 취급한 경우 나) 위험물취급기준의 적용 면제절차를 따르지 않은 경우 다) 위험물이 포함된 화물컨테이너나 단위 적재용기를 접수하여 취급한 경우 라) 격리 대상 위험물을 격리하지 않고 적재하여 운송한 경우 마) 폭발성 물질을 격리 구분에 따르지 않고 보관 또는 적재하거나 운송한 경우 바) 화물기로만 운송해야 할 위험물을 여객기로 운송한 경우 사) 위험물의 적재 및 결박 규정을 준수하지 않고 위험물을 적재하여 운송한 경우 아) 위험물이 누출되거나 포장 및 용기가 손상된 상태로 위험물을 항공기로 운송한 경우 자) 운항승무원에게 위험물 적재정보를 제공하지 않은 경우 차) 방사성 물질의 취급 및 운송규정을		항공기 운항정지 30일	항공기 운항정지 30일	항공기 운항정지 30일

준수하지 않은 경우				
2) 1) 외의 중요한 사항을 준수하지 않은 경우		항공기 운항정지 7일	항공기 운항정지 7일	항공기 운항정지 7일
3) 1) 및 2) 외의 경미한 사항을 준수하지 않은 경우		항공기 운항정지 3일	항공기 운항정지 3일	항공기 운항정지 3일
노. 법 제72조제1항을 위반하여 위험물취급에 관한 교육을 받지 아니한 사람에게 위험물취급을 하게 한 경우	법 제91조제1항제30호 및 제95조제1항·제2항	항공기 운항정지 7일	항공기 운항정지 7일	항공기 운항정지 7일
도. 법 제74조제1항을 위반하여 승인을 받지 아니하고 비행기를 운항한 경우	법 제91조제1항제31호	항공기 운항정지 30일	항공기 운항정지 30일	
로. 법 제75조제1항을 위반하여 승인을 받지 아니하고 같은 항 각 호의 어느 하나에 해당하는 공역에서 항공기를 운항한 경우	법 제91조제1항제32호 및 제95조제1항·제2항	항공기 운항정지 5일	항공기 운항정지 5일	항공기 운항정지 5일
모. 법 제76조제1항을 위반하여 국토교통부령으로 정하는 바에 따라 운항의 안전에 필요한 승무원을 태우지 아니하고 항공기를 운항한 경우	법 제91조제1항제33호 및 제95조 제1항·제2항	항공기 운항정지 7일	항공기 운항정지 7일	항공기 운항정지 7일
보. 법 제76조제3항을 위반하여 항공기에 태우는 승무원에 대하여 해당 업무를 수행하는 데 필요한 교육훈련을 하지 아니한 경우	법 제91조제1항제34호 및 제95조제1항·제2항	항공기 운항정지 7일	항공기 운항정지 7일	항공기 운항정지 7일
소. 법 제77조제2항을 위반하여 같은 조 제1항에 따른 운항기술기준을 준수하지 아니하고 운항하거나 업무를 한 경우	법 제91조제1항제35호 및 제95조제1항·제2항			
1) 다음의 어느 하나에 해당하는 경우 가) 감항성에 적합하지 않은 항공기를 운항한 경우 나) 회항시간 연장운항을 위한 비행요건을 충족하지 않고 비행기를 운항한 경우		항공기 운항정지 30일	항공기 운항정지 30일	항공기 운항정지 30일
2) 1) 외에 비행규칙 등 중요한 사항을 준수하지 않은 경우		항공기 운항정지 7일	항공기 운항정지 7일	항공기 운항정지 7일
3) 1) 및 2) 외에 기록물의 보관 등 경미한 사항을 준수하지 않은 경우		항공기 운항정지 3일	항공기 운항정지 3일	항공기 운항정지 3일
오. 법 제90조제1항(법 제96조제1항에서 준용하는 경우를 포함한다)을 위반하여 운항증명을 받지 아니하고 운항을 시작한 경우(항공기사용사업자의 경우에는 법 제96조제1항에서 준용하는 법 제90조에 따라 운항증명을 받아야 하는 항공기사용사업자만 해당한다)	법 제91조제1항제36호 및 제95조제1항	항공기 운항정지 30일	항공기 운항정지 30일	항공기 운항정지 30일

조. 법 제90조제4항(법 제96조제1항에서 준용하는 경우를 포함한다)을 위반하여 운영기준을 준수하지 아니한 경우(항공기사용사업자의 경우에는 법 제96조제1항에서 준용하는 법 제90조에 따라 운항증명을 받아야하는 항공기사용사업자만 해당한다)	법 제91조제1항제37호 및 제95조제1항			
1) 다음의 어느 하나에 해당하는 경우 가) 인가받은 운항의 종류를 위반하여 운항한 경우 나) 항공로·공항의 운항조건 및 제한사항을 위반한 경우 다) 장비품 등의 사용한계시간을 초과하여 장비품 등을 사용한 경우 라) 부식방지프로그램에 따라 항공기의 부식관리 및 정비를 하지 않고 항공기를 운항한 경우		항공기 운항정지 30일	항공기 운항정지 30일	항공기 운항정지 30일
2) 1) 외에 항공기 중량배분을 위한 방법 등 중요한 사항을 준수하지 않은 경우		항공기 운항정지 7일	항공기 운항정지 7일	항공기 운항정지 7일
3) 1) 및 2) 외에 지상 제빙(除氷)·방빙(防氷) 또는 신뢰성관리프로그램 등 경미한 사항을 준수하지 않은 경우		항공기 운항정지 3일	항공기 운항정지 3일	항공기 운항정지 3일
초. 법 제90조제5항(법 제96조제1항에서 준용하는 경우를 포함한다)을 위반하여 안전운항체계를 유지하지 아니하거나 변경된 안전운항체계를 검사받지 아니하고 항공기를 운항한 경우(항공기사용사업자의 경우에는 법 제96조제1항에서 준용하는 법 제90조에 따라 운항증명을 받아야하는 항공기사용사업자만 해당한다)	법 제91조제1항제38호 및 제95조제1항	항공기 운항정지 7일	항공기 운항정지 7일	항공기 운항정지 7일
코. 법 제90조제7항(법 제96조제1항에서 준용하는 경우를 포함한다)을 위반하여 항공기 또는 노선운항의 정지처분에 따르지 아니하고 항공기를 운항한 경우(항공기사용사업자의 경우에는 법 제96조제1항에서 준용하는 법 제90조에 따라 운항증명을 받아야하는 항공기사용사업자만 해당한다)	법 제91조제1항제39호 및 제95조제1항	운항증명 취소	운항증명 취소	운항증명 취소

토. 법 제90조제9항(법 제96조제1항에서 준용하는 경우를 포함한다)에 따른 운항증명 효력정지 기간에 항공기를 운항한 경우	법 제91조제1항제39호의2 및 제95조제1항ㆍ제2항	운항증명 취소	운항증명 취소	운항증명 취소
포. 법 제93조제1항 본문(법 제96조제2항에서 준용하는 경우를 포함한다)을 위반하여 국토교통부장관의 인가를 받지 아니하고 운항규정 또는 정비규정을 마련한 경우	법 제91조제1항제40호 및 제95조제1항ㆍ제2항	항공기 운항정지 30일	항공기 운항정지 30일	항공기 운항정지 30일
호. 법 제93조 제2항 단서(법 제96조제2항에서 준용하는 경우를 포함한다)를 위반하여 국토교통부령으로 정하는 중요사항을 변경한 경우	법 제91조제1항제40호 및 제95조제1항ㆍ제2항	항공기 운항정지 7일	항공기 운항정지 7일	항공기 운항정지 7일
구. 법 제93조제2항 본문(법 제96조제2항에서 준용하는 경우를 포함한다)을 위반하여 국토교통부장관에게 신고하지 아니하고 운항규정 또는 정비규정을 변경한 경우	법 제91조제1항제41호 및 제95조제1항ㆍ제2항	항공기 운항정지 7일	항공기 운항정지 7일	항공기 운항정지 7일
누. 법 제93조제7항 전단(법 제96조제2항에서 준용하는 경우를 포함한다)을 위반하여 같은 조 제1항 본문 또는 제2항 단서에 따라 인가를 받거나 같은 조 제2항 본문에 따라 신고한 운항규정 또는 정비규정을 해당 종사자에게 제공하지 아니한 경우	법 제91조제1항제42호 및 제95조제1항ㆍ제2항	항공기 운항정지 3일	항공기 운항정지 3일	항공기 운항정지 3일
두. 법 제93조제7항 후단(법 제96조제2항에서 준용하는 경우를 포함한다)을 위반하여 같은 조 제1항 본문 또는 제2항 단서에 따라 인가를 받거나 같은 조 제2항 본문에 따라 신고한 운항규정 또는 정비규정을 준수하지 아니하고 항공기를 운항하거나 정비한 경우	법 제91조제1항제43호 및 제95조제1항ㆍ제2항			
1) 다음의 어느 하나에 해당하는 경우 가) 성능기반항행요구공역(PBN)의 운항을 위한 요건 등을 위반하여 운항한 경우 나) 인가받은 항공종사자 훈련프로그램을 위반한 경우 다) 정기점검을 수행하지 않고 항공기를 운항한 경우 라) 정밀계기접근비행의 요건을 갖추지 않고 정밀접근계기비행을 한 경우 마) 최소장비목록(MEL)을 위반하여 작		항공기 운항정지 30일	항공기 운항정지 30일	항공기 운항정지 30일

동하지 않는 계기 및 장비를 갖춘 항공기를 운항한 경우				
2) 1) 외에 정비작업 미수행 등 중요한 사항을 위반한 경우		항공기 운항정지 7일	항공기 운항정지 7일	항공기 운항정지 7일
3) 1) 및 2) 외에 보고의 누락 등 경미한 사항을 위반한 경우		항공기 운항정지 3일	항공기 운항정지 3일	항공기 운항정지 3일
루. 법 제94조 각 호(법 제96조제2항에서 준용하는 경우를 포함한다)에 따른 항공운송의 안전을 위한 명령을 따르지 아니한 경우	법 제91조제1항제44호 및 제95조제1항·제2항	항공기 운항정지 10일	항공기 운항정지 10일	항공기 운항정지 10일
무. 법 제132조제1항에 따라 업무(항공안전 활동을 수행하기 위한 것만 해당한다)에 관한 보고를 하지 아니하거나 서류를 제출하지 아니하는 경우 또는 거짓으로 보고하거나 서류를 제출한 경우	법 제91조제1항제45호 및 제95조제1항·제2항	항공기 운항정지 5일	항공기 운항정지 5일	항공기 운항정지 5일
부. 법 제132조제2항에 따른 항공기 등에의 출입이나 장부·서류 등의 검사(항공안전 활동을 수행하기 위한 것만 해당한다)를 거부·방해 또는 기피한 경우	법 제91조제1항제46호 및 제95조제1항·제2항	항공기 운항정지 5일	항공기 운항정지 5일	항공기 운항정지 5일
수. 법 제132조제2항에 따른 관계인에 대한 질문(항공안전 활동을 수행하기 위한 것만 해당한다)에 답변하지 아니하거나 거짓으로 답변한 경우	법 제91조제1항제47호 및 제95조제1항·제2항	항공기 운항정지 5일	항공기 운항정지 5일	항공기 운항정지 5일
우. 고의 또는 중대한 과실에 의하여 또는 항공종사자의 선임·감독에 관하여 상당한 주의의무를 게을리하여 항공기사고를 발생시킨 경우	법 제91조제1항제48호 및 제95조제1항·제2항			
1) 해당 항공기사고로 인한 사망자가 200명 이상인 경우		운항증명 취소 또는 항공기 운항정지 180일		
2) 해당 항공기사고로 인한 사망자가 150명 이상 200명 미만인 경우		항공기 운항정지 150일 이상 180일 미만		
3) 해당 항공기사고로 인한 사망자가 100명 이상 150명 미만인 경우		항공기 운항정지 120일 이상 150일 미만		
4) 해당 항공기사고로 인한 사망자가 50명 이상 100명 미만인 경우		항공기 운항정지 90일 이상 120일 미만		
5) 해당 항공기사고로 인한 사망자가 50명 이상인 경우			운항증명 취소 또는 항공기 운항정지 180일	
6) 해당 항공기사고로 인한 사망자가 10명 이상 50명 미만인 경		항공기 운항정지 60일 이상	항공기 운항정지 150일 이상	

우		90일 미만	180일 미만	
7) 해당 항공기사고로 인한 사망자가 10명 미만인 경우		항공기 운항정지 30일 이상 60일 미만		
8) 해당 항공기사고로 인한 사망자가 10명 이상인 경우				운항증명 취소 또는 항공기 운항정지 180일
9) 해당 항공기사고로 인한 사망자가 5명 이상 10명 미만인 경우			항공기 운항정지 120일 이상 150일 미만	항공기 운항정지 150일 이상 180일 미만
10) 해당 항공기사고로 인한 사망자가 5명 미만인 경우			항공기 운항정지 90일 이상 120일 미만	항공기 운항정지 120일 이상 150일 미만
11) 해당 항공기사고로 인한 중상자가 30명 이상인 경우			항공기 운항정지 90일	항공기 운항정지 90일
12) 해당 항공기사고로 인한 중상자가 20명 이상 30명 미만인 경우			항공기 운항정지 60일 이상 90일 미만	항공기 운항정지 60일 이상 90일 미만
13) 해당 항공기사고로 인한 중상자가 10명 이상 20명 미만인 경우			항공기 운항정지 30일 이상 60일 미만	항공기 운항정지 30일 이상 60일 미만
14) 해당 항공기사고로 인한 중상자가 10명 미만인 경우			항공기 운항정지 20일 이상 30일 미만	항공기 운항정지 20일 이상 30일 미만
15) 해당 항공기사고로 인한 항공기 또는 제3자의 재산피해가 100억원 이상인 경우		항공기 운항정지 30일	항공기 운항정지 30일	항공기 운항정지 30일
16) 해당 항공기사고로 인한 항공기 또는 제3자의 재산피해가 50억원 이상 100억원 미만인 경우		항공기 운항정지 20일 이상 30일 미만	항공기 운항정지 20일 이상 30일 미만	항공기 운항정지 20일 이상 30일 미만
17) 해당 항공기사고로 인한 항공기 또는 제3자의 재산피해가 10억원 이상 50억원 미만인 경우		항공기 운항정지 15일 이상 20일 미만	항공기 운항정지 15일 이상 20일 미만	항공기 운항정지 15일 이상 20일 미만
18) 경미한 항공기사고[1)부터 17)까지에 해당하지 않는 항공기사고를 말한다. 이하 19) 및 20)에서 같다]가 비행횟수 3만 회 이내에 5회 이상인 경우		항공기 운항정지 30일		
19) 경미한 항공기사고가 비행횟수 3만 회 이내에 4회인 경우		항공기 운항정지 20일		
20) 경미한 항공기사고가 비행횟수 3만 회 이내에 3회인 경우		항공기 운항정지 15일		
주. 법 제91조에 따른 항공기 운항의 정지기간에 운항한 경우	법 제91조제1항제49호 및 제95조제1항	운항증명 취소	운항증명 취소	운항증명 취소

■ 항공안전법 시행규칙 [별표 35] <개정 2023. 9. 12.>

위반행위의 세부유형(제265조 관련)

1. 법 제70조제3항에 따른 위험물취급의 방법 및 절차 위반행위 중 영 별표 3 제2호 허목2)·3) 및 이 규칙 별표 34 고목2)·3)에 따른 중요한 사항과 경미한 사항의 위반행위는 다음과 같이 구분한다.

가. 중요한 사항 위반행위

1) 위험물을 항공우편물로 운송한 경우(항공우편으로 운송 가능한 위험물은 제외한다)
2) 위험물 항공운송에 대한 보안계획을 수립하지 않은 경우
3) 위험물 운송서류를 첨부하지 않은 위험물을 접수하여 취급한 경우
4) 위험물을 여객기의 객실이나 또는 조종실에 탑재하여 운송한 경우(승무원 및 승객의 위험물 탑재규정에 따라 탑재가 허용되는 것은 제외한다)
5) 서로 위험한 반응을 일으킬 수 있는 격리 대상 위험물을 격리 구분하여 보관하지 않은 경우
6) '화물기 외 운송 금지(CAO)'라벨이 부착된 위험물을 여객기에 탑재한 경우
7) 운항 중 위험물에 의한 비상상황 발생 시 기장이 위험물 관련 정보를 제공하지 않은 경우
8) 보고의무가 있는 위험물사고 또는 준사고의 발생 보고를 하지 않은 경우
9) 신고하지 않았거나 잘못 신고한 위험물을 발견하고도 이를 신고하지 않은 경우
10) 위험물접수절차를 준수하지 아니하여 미신고 위험물이 반입되어 운송된 경우
11) 운항승무원에게 위험물운송 관련 비상대응지침/정보를 제공하지 않은 경우
12) 위험물 항공운송에 대한 보안계획을 준수하지 않은 경우

나. 경미한 사항 위반행위

1) 소량위험물의 취급규정을 준수하지 않은 경우
2) 유엔번호 또는 항공위험물운송기술기준에 따라 분류되지 않은 위험물을 취급한 경우
3) 위험물 표기 또는 표찰 규정을 준수하지 않은 위험물 포장물을 취급한 경우
4) 위험물 접수·점검목록상의 확인 내용을 누락하여 위험물을 접수한 경우
5) 완전하게 작성되지 않은 위험물 운송서류가 첨부된 위험물을 취급한 경우
6) 일반화물을 접수·보관하거나 항공기에 탑재할 때 위험물 표기 또는 표찰을 제거하지 않고 취급하는 경우
7) 액체 위험물이 들어 있는 포장물의 취급 및 적재규정을 준수하지 않은 경우
8) 위험물이 손상 또는 누출되었을 경우, 기술기준에 따라 안전조치를 하지 않은 경우
9) 위험물이 들어 있는 단위 적재용기의 위험물 인식 표시규정을 준수하지 않은 경우
10) 독성 또는 감염성 물질의 탑재규정을 준수하지 않은 경우
11) 자성 물질의 탑재규정을 준수하지 않은 경우
12) 드라이아이스의 탑재규정을 준수하지 않은 경우
13) 발포성 폴리메릭 비즈(Polymeric Beads)의 탑재규정을 준수하지 않은 경우
14) 자기 반응성 물질 또는 유기 과산화물의 취급방법을 준수하지 않은 경우
15) 기장통보서(NOTOC)에 위험물의 정보 또는 서명을 누락한 경우
16) 기장통보서(NOTOC)의 보관방법 또는 보관기간(1년)을 준수하지 않은 경우
17) 화물 접수, 보관 위험물 관련 장소에 위험물 운송과 관련한 정보를 담고 있는 게시물을 게시하지 않은 경우
18) 위험물 운송서류 보관기간(1년)을 준수하지 않은 경우
19) 항공사 홈페이지, 탑승권 발권구역, 항공기 탑승구역에 항공위험물의 항공기 반입금지 안내문이 잘 보이도록 게시하지 않은 경우
20) 그 밖에 항공운송사업자의 위험물 운송 책임에 관한 규정을 위반한 경우

2. 법 제77조제2항에 따른 운항기술기준 위반행위 중 영 별표 3 제2호보목2)·3) 및 이 규칙 별표 34 소목2)·3)에 따른 중요한 사항과 경미한 사항의 위반행위는 다음과 같이 구분한다.

가. 중요한 사항 위반행위

1) 착빙지역 또는 착빙이 예상되는 지역으로 운항하는 경우 제빙 또는 방빙과 관련된 규정을 위반하여 운항하거나, 운항승무원에게 적절한 제빙 및 방빙 교육을 이수하도록 하지 않은 경우
2) 해당 공항의 기상최저치 또는 표준이륙 최저치 미만에서 항공기를 운항한 경우
3) 근접비행 및 편대비행과 관련된 규정을 위반하여 항공기를 운항한 경우
4) 항공기로 모의계기비행을 하는 경우 운항기술기준에서 정한 요건을 충족하지 않거나, 항공운송사업을 위한 운항 시 모의계기비행을 하거나 비정상 및 비상상황을 모의하여 비행한 경우
5) 수면 위 또는 인적이 드문 지역의 상공 외의 지역에서 항공기 시험비행을 하거나, 통제구역 및 설정된 특정구역에서 제한조건을 준수하지 않거나, 허가를

받지 않고 항공기를 운항한 경우

6) 수직분리축소(RVSM)공역 또는 성능기반항행요구(PBN)공역 등으로 지정된 공역에서 운항절차 및 제한사항 등을 따르지 않고 항공기를 운항한 경우

7) 운항증명 소지자가 해당 운항에 필요한 자격증명을 갖추지 않은 항공종사자로 하여금 업무에 종사하게 한 경우

8) 항공기 조종실 출입과 관련된 규정 및 절차를 위반하여 출입시킨 경우

9) 관계 당국의 허가를 받은 경우를 제외하고, 비행계획서를 제출하지 않고 항공기를 이륙하도록 한 경우

10) 운항증명 소지자가 국토교통부장관 또는 지방항공청장으로부터 인가받은 각종 필수 교육과정을 이수하지 못하였거나 기량 또는 경력을 갖추지 못했거나, 자격심사 등을 이수하지 못한 운항승무원·객실승무원 또는 운항관리사에게 임무를 부여한 경우

11) 운항증명 소지자가 해당 항공기 형식에 대하여 자격 요건을 충족하지 못한 비행교관, 검열운항승무원, 객실승무원 교관(심사관, 감독관 포함) 및 운항관리사 교관에게 임무를 부여한 경우

12) 운항증명 소지자가 지정을 받지 못한 모의비행훈련장치를 훈련, 심사 또는 지정한 목적 외의 용도로 사용하거나, 승인 없이 외국의 항공운송사업자 또는 훈련기관에서 자국의 정부로부터 인가받은 훈련프로그램 및 모의비행훈련장치를 훈련 또는 심사에 사용한 경우

13) 운항증명 소지자가 항공업무종사자에 대한 훈련 및 심사에 관한 규정을 제정하여 국토교통부장관 또는 지방항공청장의 인가를 받지 않고 사용한 경우

14) 인가받지 않은 자에게 항공기등의 정비, 예방정비·수리 및 개조, 검사 또는 서비스 상태로 환원시키기 위한 확인행위를 하도록 하거나, 인가받은 업무범위를 초과하여 업무를 수행하게 한 경우

15) 운항증명 소지자가 국토교통부장관 또는 지방항공청장에게 운영기준변경신청서를 제출하지 않고 변경한 경우

16) 운항증명 소지자가 운항 및 정비 주기지를 유지하지 않은 경우

17) 운항증명 소지자가 조종실 음성기록장치와 비행기록장치 및 그 내용을 보관해야 하는 기간 동안 보관하지 않은 경우

18) 항공운송사업자가 국토교통부장관 또는 지방항공청장의 인가를 받지 않고 항공운송사업의 목적으로 항공기를 임차하여 사용한 경우

19) 운항증명 소지자가 국토교통부장관 또는 지방항공청장의 인가를 받지 않고 다른 운항증명 소지자와 항공기를 상호 교환하여 사용한 경우

20) 항공운송사업 중 여객운송을 목적으로 항공기를 운항하려는 자가 비상탈출 시범이 필요한 경우임에도 불구하고 비상탈출 시범을 보이지 않고 운항한 경우

21) 항공운송사업을 목적으로 하거나 특수운항지역을 운항하거나 특수항법시스템을 사용하는 항공기를 사용하려는 자가 사용 예정인 항공기 기종과 해당 운항방식에 적용되는 법규 및 규정에 따라 그 기종에 대한 시범비행을 성공적으로 수행하여 보이지 않고 운항한 경우

22) 운항증명 소지자가 운항 주기지에 운항지역 및 운항유형에 적합한 운항 지원시설 및 정비 지원시설을 두지 않거나 각 공항마다 항공기의 안전한 서비스와 조업에 적합한 지상조업시설을 마련하지 않은 경우

23) 운항증명 소지자가 승객을 수송하거나 지상에 주기하고 있는 항공기에 승객이 탑승하고 있을 때 운항기술기준에서 규정하고 있는 수의 객실승무원을 탑승시키지 않은 경우

24) 항공기 탑재 및 처리교범에 항공기 형식별로 항공기 조업 및 탑재에 대한 절차와 제한사항이 수록되어 있지 않은 경우

25) 운항증명 소지자가 비행 준비, 항공로 선정 및 공항 운항을 위한 결정을 할 때 사용하는 기상 보고자료 및 예보가 기상관서 또는 그 밖의 승인된 기관으로부터 인가를 받은 시스템이 아닌 경우

26) 운항증명 소지자가 항공기의 출발·관리 및 운항 상황 감시 등 운항관리를 하는 데 적합한 시스템을 운영하지 않거나 그 시스템을 국토교통부장관 또는 지방항공청장으로부터 인가를 받아 운영기준에 수록하지 않은 경우 및 운항관리센터에 자격이 있는 운항관리사를 배치하지 않은 경우

27) 운항증명 소지자가 국토교통부장관 또는 지방항공청장으로부터 인가를 받지 않고 별도의 특수항법을 사용하는 일부 노선을 운항한 경우

28) 운항하려는 공항 및 활주로 상태 등이 항공기의 안전운항에 위험을 줄 수 있는 상태임에도 불구하고 항공기를 운항하게 한 경우

29) 운항증명소지자가 항공기 보안 등 보안관리에 관한 절차 및 규정을 위반한 경우

30) 승객이 항공기에 탑승하고 있거나 탑승·하기(下機) 중 항공기에 연료를 보급하는 경우 준수해야 할 절차를 이행하지 않고 연료를 보급한 경우

31) 감항증명서를 위조하여 항공에 사용한 경우

32) 공수비행(空手飛行: 유상승객·화물 등을 싣지 않고 하는 비행) 또는 시험비행 허가를 받지 않고 비행한 경우

33) 항공정비사가 업무범위를 초과하여 항공기등의 정비를 한 경우

34) 국토교통부장관 또는 지방항공청장의 허가를 받지 않고 항공기 객실에 화

물을 운송한 경우

35) 인가받지 않은 수리사업자가 수리한 장비품·부품을 항공에 사용한 경우

36) 감항성 개선 지시사항과 다른 방법으로 작업을 수행하고 항공기를 운항한 경우(국토교통부장관의 승인을 받은 경우는 제외한다)

37) 항공기의 지속적인 감항성 유지를 위하여 국토교통부장관 또는 지방항공청장이 인가한 검사프로그램을 이행하지 않고 항공기를 운항한 경우

38) 비승인 부품을 항공기등에 사용한 경우

39) 제작사가 발행한 정비교범 또는 지침서 및 국토교통부장관 또는 지방항공청장이 지정한 방법 등에 따르지 않고 항공기등을 정비(예방정비를 포함한다) 또는 개조한 경우

40) 제작사가 발행한 정비교범 또는 지침서에 따른 검사를 하지 않고 항공기등을 사용한 경우(국토교통부장관 또는 지방항공청장이 별도의 검사프로그램을 승인한 경우는 제외한다)

41) 제작사가 발행한 정비교범 또는 정비프로그램 등에 따라 사용기한이 정해진(시한성) 부품을 교체하지 않거나 관리하지 않은 경우

42) 비상구조용 장비가 지정된 위치에 갖춰져 있지 않은 경우

43) 항공업무를 수행하기에 부적합한 신체적 결함을 가진 사람을 운항승무원으로 항공업무에 종사하게 한 경우

44) 항공기에 탑재된 화물 등이 적절히 배분되고 안전하게 고정되어 있지 않은 상태로 운항한 경우

45) 항공기의 최대이륙중량을 초과하여 운항한 경우

46) 항공교통관제기관의 허가사항을 준수하지 않고 운항한 경우(비행경로·고도·운항순서 변경 등 다른 항공기의 운항에 지장을 초래한 경우만 해당한다)

47) 최근의 비행경험 등 자격을 갖추지 못한 운항승무원으로 하여금 운항을 하게 한 경우

48) 조종실 출입문을 잠그지 않은 상태로 승객을 태우고 운항한 경우(정상적인 조종실 출입절차에 따라 조종실을 출입하는 경우는 제외한다)

49) 관제비행으로 운항하는 동안 항공교통관제기관과의 양방향 통신을 지속적으로 유지하지 않은 경우(비행경로·고도·운항순서 변경 등 다른 항공기의 운항에 지장을 초래한 경우만 해당한다)

50) 운항승무원의 항공영어구술능력 향상을 위한 교육훈련프로그램을 수립하지 않거나 이를 시행하지 않은 경우

51) 국토교통부장관으로부터 인가를 받지 않고 북극 항공로로 운항한 경우

52) 「국제민간항공협약」 83bis에 따라 우리나라와 항공기등의 감독의무에 관한 이전협정이 체결되지 않은 국가에 등록된 항공기를 임차하여 사용하거나 우리나라에 등록된 항공기를 그 국가에 임대한 경우

53) 운항증명 소지자가 자격 요건을 갖추지 못한 사람으로 하여금 객실승무원 교관, 심사관, 감독관의 업무를 수행하게 한 경우

54) 운항증명 소지자가 객실승무원 교육훈련 위탁에 관한 기준을 준수하지 않고 교육훈련을 위탁한 경우

55) 관제비행 시 준수해야 할 사항을 이행하지 않은 경우(비행경로·고도·운항순서 변경 등 다른 항공기의 운항에 지장을 초래한 경우만 해당한다)

56) 항공기와 관제탑이 있는 공항 간의 양방향 통신이 유지되지 않은 상태에서 그 공항의 상공을 운항하거나 통과·출발·착륙한 경우(비행경로·고도·운항순서 변경 등 다른 항공기의 운항에 지장을 초래한 경우만 해당한다)

57) 항공기 안전운항과 관련된 장비의 고장 또는 오작동, 결함을 거짓으로 보고한 경우

58) 국토교통부 또는 지방항공청에 소속된 공무원이 주류 등의 섭취 또는 사용 여부를 측정하고자 할 때 이를 거절한 사람을 업무에 종사시킨 경우

59) 계기비행방식으로 비행할 경우 구비하여야 할 계기를 구비하지 않거나 그 요건을 충족하지 않은 상태에서 운항한 경우

60) 정밀계기접근 제2종 및 제3종의 운항규칙 등을 준수하지 않고 정밀계기접근절차를 이행한 경우

61) 항공운송사업에 사용되는 항공기에 대한 성능과 운항제한사항을 준수하지 않고 운항한 경우(국토교통부장관 또는 지방항공청장으로부터 허가를 받은 경우는 제외한다)

62) 국토교통부장관 또는 지방항공청장으로부터 인가받은 필수교육과정을 이수하지 못한 항공종사자 또는 객실승무원에게 항공업무를 수행하게 한 경우

63) 운항규정 또는 정비규정을 신고하기 전에 항공업무에 적용한 경우

64) 항공기 정비업무를 수행하는 사람이 휴식시간 또는 연속근무시간을 준수하지 않고 정비업무를 하게 한 경우

나. 경미한 사항 위반행위

1) 승객 처리 시 음주 또는 약물과 관련된 규정을 위반한 경우
2) 비상구열 좌석과 관련한 규정 및 절차를 준수하지 않은 경우
3) 기장 및 부조종사의 편조와 관련된 규정을 위반하여 편조 및 임무를 수행하게 한 경우
4) 운항증명 소지자가 운항 주기지에 운영기준 모두를 갖춰 두지 않거나 최신의 상태로 유지하지 않은 경우
5) 운항증명 소지자가 품질시스템 및 품질보증프로그램을 구축하지 않거나 품질관리자를 임명하지 않은 경우
6) 운항증명 소지자가 비행 준비 및 수행에 사용된 정보, 보고서 및 업무종사자의 비행, 근무 및 휴식시간, 훈련 및 정비 수행사항 등에 관한 기록을 보관해야 하는 기간 동안 유지 또는 보관하지 않은 경우
7) 운항증명 소지자가 국토교통부장관 또는 지방항공청장에게 운항하려는 각 항공기의 정상, 비정상 및 비상 절차가 수록된 항공기 운영교범을 신고하지 않은 경우
8) 운항증명 소지자가 항공운송사업을 위한 운항을 하는 경우 비행할 때마다1명을 기장(PIC)으로 지명하지 않은 경우
9) 운항증명 소지자가 운항규정에 특별 상황 승객 수송에 대한 절차를 설정하지 않았고 기장 또한 이를 알지 못하였거나 이에 동의하지 않은 상태에서 특별 상황 승객을 수송한 경우
10) 운항증명 소지자가 국토교통부장관 또는 지방항공청장으로부터 인가를 받은 승무원 심사와 표준화에 관한 프로그램을 보유하지 않은 경우
11) 운항증명 소지자가 해당 기종에 적합한 요약된 조종실 점검목록표를 운항승무원에게 배포하지 않거나 각 항공기마다 이를 갖춰 두지 않은 경우
12) 운항증명 소지자가 국토교통부장관 또는 지방항공청장의 인가를 받은 최소장비목록(MEL), 외형변경목록(CDL) 및 항공기성능교범을 운항승무원, 정비사 및 운항통제업무를 부여받은 종사자가 임무를 수행하는 동안 사용할 수 있도록 제공하지 않은 경우
13) 운항증명 소지자가 국토교통부장관 또는 지방항공청장에게 신고한 객실업무교범을 객실승무원에게 배포하지 않거나 여객 운송 담당자들에게 열람하도록 제공하지 않은 경우
14) 운항증명 소지자가 구두 브리핑에 추가하여 여객을 운송하는 각 항공기마다 승객이 사용하기 편리한 위치에 비상구에 대한 도해(圖解)와 작동방법, 비상 장비를 사용하는 데 필요한 그 밖의 안내 및 비상구열 좌석 착석에 대한 제한과 요건에 관련된 정보 등이 수록된 카드를 갖춰 두지 않은 경우
15) 운항증명 소지자가 사용항로 및 공항에 대한 운항자료를 관리하기 위하여 국토교통부장관 또는 지방항공청장으로부터 인가받은 운항자료관리시스템을 보유하지 않은 경우
16) 등록말소된 항공기의 등록부호를 제거하지 않고 비행한 경우(다만, 국토교통부장관의 승인을 받은 경우는 제외한다)
17) 항공기 등록부호의 크기·규격·부착위치 등을 기준에 맞도록 하지 않고 비행한 경우
18) 항공기를 국외로 매각하고 감항증명서를 반납하지 않은 경우
19) 공수비행 또는 시험비행의 허가기간을 초과하여 비행하거나 비행 제한사항을 위반하여 비행한 경우
20) 삭제 <2020. 11. 2.>
21) 작업자가 인정을 받지 않은 장비·공구 등을 사용하여 정비를 한 경우
22) 정비조직인증서 등 사업자에게 발행한 증명서 또는 승인서를 주 사업소의 일반인이 보기 쉬운 곳에 게시하지 않은 경우
23) 삭제 <2020. 11. 2.>
24) 최신 내용의 운항기술기준을 종사자들에게 배부하지 않거나 사무실 등에 갖춰 두지 않은 경우(최신의 운항기술기준을 종사자들이 업무에 활용할 수 있도록 사내 전산망 등을 이용하여 배부한 경우는 제외한다)
25) 항공기 감항성에 관한 증명서 또는 승인서를 부정한 목적으로 복제하거나 위조하여 사용한 경우
26) 항공기의 감항증명 유효기간이 단축되거나 운용한계의 지정사항이 변경된 경우 해당 항공기의 감항증명서 및 운용한계지정서를 반납하지 않고 사용한 경우
27) 항공기 감항증명서를 해당 항공기의 임차인 또는 국내 매수인에게 양도하지 않고 경우
28) 지속적인 감항성 유지를 위한 정비 및 항공기 운영 실태의 감시·평가를 하지 않거나 평가정보를 국토교통부장관 및 형식증명 소지자에게 보고 또는 통보하지 않은 경우
29) 형식설계를 책임지고 있는 기관으로부터 획득한 지속적인 감항성 유지에 관한 정보 및 권고 사항을 국토교통부장관이 정한 절차에 따라 이행하지 않은 경우
30) 비승인 부품 또는 비승인 의심부품을 발견한 경우 이를 국토교통부장관 또는 지방항공청장에게 보고하지 않은 경우
31) 항공기등에 대하여 예방정비 등을 한 후 그 정비 내용, 정비 근거자료, 정비

완료일 등을 정비기록부 등에 기록하지 않은 경우

32) 항공기등을 검사한 후 검사일자, 검사 내용 등을 정비기록부 등에 기록하지 않은 경우

33) 해당 운항에 필요한 계기·장비 및 비행서류 등을 항공기에 탑재 또는 장착하지 않거나 그 요건을 충족하지 아니한 상태에서 운항한 경우

34) 정밀계기접근을 위한 계기 및 장비 등을 정비 요건에 따라 정비하지 않은 경우

35) 운항승무원이 이용할 수 있는 주파수 변경 판넬이 장착되어 있지 않은 상태로 계기비행방식의 운항을 한 경우

36) 항공기의 위치를 표시하는 등불 및 계기조명설비를 갖추지 않거나 필요한 수량을 장착하지 않고 운항한 경우

37) 비상장비 또는 구조장비 및 구명장비가 즉시 사용할 수 있는 상태로 탑재되어 있지 않거나 상세한 작동법 및 최근 검사일자 등이 표시되어 있지 않은 경우

38) 비상위치지시용 무선표지설비에 사용되는 건전지를 교체 시기를 초과하여 사용한 경우

39) 비상시 파괴하기에 적합한 항공기의 동체(胴體) 부분이 있음에도 불구하고 그 부분을 표시하지 않거나 그 표시방법 및 색깔 등을 위반하여 표시한 경우

40) 항공기에 탑재하는 비상장비 및 구명장비에 대한 일람표를 작성 및 유지하지 않거나 일람표에 포함되어야 할 사항을 누락한 경우

41) 퓨즈(Fuse)를 사용하는 항공기의 경우 제작사에서 권고한 바에 따라 비행 중에 사용할 수 있는 정격 용량의 예비 교체퓨즈를 탑재하지 않고 운항한 경우

42) 승무원 및 승객 등이 사용할 좌석 또는 침대에 어깨끈 또는 안전벨트를 장착하지 않고 운항한 경우

43) 삭제 <2020. 11. 2.>

44) 운항승무원이 사용할 수 있는 헤드셋과 마이크가 장착된 기내 인터폰 장치를 장착하지 않거나 그 장착 요건을 준수하지 않고 운항한 경우

45) 엔진의 성능을 모니터할 수 있는 엔진계기를 장착하지 않고 운항한 경우

46) 사고 예방 등을 위한 경고기능을 제공하는 장치 및 관련 계기 등의 장착 요건을 준수하지 않고 운항한 경우

47) 승객 비상구와 접근방법 및 문 여는 방법이 표시되어 있지 않은 상태로 운항한 경우

48) 비상위치지시용 무선표지설비(ELT)를 구명정에 장착(헬리콥터만 해당한다)하지 않거나 객실승무원이 쉽게 접근할 수 없는 장소에 둔 상태로 운항한 경우

49) 항공기 내 화장실에 자동으로 작동되는 소화기를 장착하지 않거나 소화기가 작동되지 않은 상태로 운항한 경우

50) 최대 승객 좌석 수가 19석을 초과하는 승객 운송용 항공기 내 화장실에 성능 요건을 충족하지 않은 연기 감지기 또는 그와 같은 기능의 장비를 장착하지 않고 운항한 경우

51) 운항승무원 및 객실승무원이 사용할 수 있는 적정 수량의 호흡 보호장비를 탑재하지 않거나 그 성능이 미달한 장비를 탑재한 상태로 운항한 경우

52) 항공기에 탑재되어 원격조종으로 펼칠 수 없고 총 중량이 40킬로그램 이상인 구명보트에 기계적으로 펼칠 수 있는 보조장치가 없는 경우

53) 구조조정기관(Rescue Coordination Center)과의 긴급통신체계를 유지하지 않은 경우

54) 금연표시, 안전벨트 착용표시 등 승객 안내표시 또는 플래카드를 부착하지 않거나 적정 수량을 부착하지 않고 운항한 경우

55) 기내방송시스템의 작동 성능이 충족되지 않은 상태로 운항한 경우

56) 계기, 장비 등이 고장 난 상태로 운항한 경우(최소장비목록 등 국토교통부장관 또는 지방항공청장이 인가한 방식에 따라 운항한 경우는 제외한다)

57) 검사프로그램에 따라 검사를 하는 종사자들에게 최신의 검사프로그램 사본을 제공하지 않은 경우

58) 항공기를 매각 또는 임대하는 경우 매수자 또는 임차인에게 정비기록을 양도하지 않은 경우

59) 운항 중 직무 수행에 필요한 법·규정 및 절차 등을 승무원에게 제공하지 않은 경우

60) 이착륙 및 비행의 중요 단계에서 운항승무원 및 객실승무원이 지정된 근무위치에 있지 않은 경우

61) 운항증명 소지자가 기장에게 운항하려는 지역에서의 수색 및 구조업무에 관하여 필요한 정보를 제공하지 않은 경우

62) 운항자격심사관 또는 항공안전감독관의 조종실 출입을 허용하지 않은 경우 그 사유를 국토교통부장관 또는 지방항공청장에게 보고하지 않거나 보고기한을 초과하여 보고한 경우

63) 비행 중 발생한 항공기의 결함을 탑재용 항공일지에 기록하지 않은 경우

64) 기내에서 항공기의 성능 및 장비에 악영향을 미칠 수 있는 휴대용 전자기기의 사용을 허용한 경우(국토교통부장관이 특별히 정한 경우는 제외한다)

65) 조종사에게 비행 중 외부로부터 방사된 레이저광선에 노출되는 경우를 대비한 교육을 실시하지 않고 항공업무에 종사하게 한 경우
66) 목적공항에 착륙한 후 항공교통관제기관에 도착보고를 하지 않은 경우(항공교통관제기관에서 자동적으로 비행계획서를 종료시키지 않은 경우에만 해당한다)
67) 지상 또는 수상에 설치된 통신시설 및 항행안전시설 등 항공기의 안전운항 및 비행과 연관된 시설 등의 상태가 적합하다고 판단되지 않은 상태에서 운항한 경우
68) 교체비행장의 요건 및 선정기준 등을 준수하지 않고 교체비행장(해상교체 착륙장을 포함한다)을 선정하여 운항한 경우
69) 공항의 이동지역 내에서 항공기의 지상 활주에 필요한 요건을 갖추지 않고 항공기의 지상활주를 하게 한 경우
70) 공항의 기상과 활주로 상태 등 항공기가 안전하게 이착륙할 수 있는지 여부를 확인하지 않고 운항한 경우
71) 운항하는 지역에서 요구되는 고도계 수정치를 기준으로 한 순항고도를 유지하지 않고 운항한 경우
72) 최저안전고도를 준수하지 않고 운항한 경우(국토교통부장관이 정한 바에 따라 운항한 경우는 제외한다)
73) 삭제 <2020. 11. 2.>
74) 정밀계기접근 제2종 및 제3종 교범을 운항기지에 갖추지 않은경우(사내 전산망을 이용하여 열람할 수 있는 경우는 제외한다)
75) 통행의 우선순위를 준수하지 않고 운항한 경우
76) 삭제 <2020. 11. 2.>
77) 비행교범 등을 최신의 상태로 개정하지 않거나, 항공기 운용을 위해 필요한 플래카드 등을 탑재하지 않고 운항한 경우
78) 성능기반항행요구공역 또는 수직분리축소공역에서 안전비행에 영향을 주는 위급한 상황이 발생한 경우 등에 있어서 항공교통관제기관에 보고해야 할 사항을 보고하지 않은 경우
79) 관제탑을 운영하지 않는 비행장에 착륙하거나 그 인접지역에서 운항하는 경우 준수해야 할 사항을 이행하지 않은 경우
80) 항공기의 출발・도착시 교통장주(交通場周, Traffic Pattern) 기준 고도 또는 활공각 기준 고도보다 높은 고도를 준수하지 않고 운항한 경우
81) 항공교통관제기관의 허가사항을 준수하지 않고 운항한 경우(비행경로・고도・운항순서 변경 등 다른 항공기의 운항에 지장을 초래한 경우는 제외한다)
82) 관제비행으로 운항하는 동안 항공교통관제기관과의 양방향 통신을 지속적으로 유지하지 않은 경우(비행경로・고도・운항순서 변경 등 다른 항공기의 운항에 지장을 초래한 경우는 제외한다)
83) 관제비행 시 준수해야 할 사항을 이행하지 않은 경우(비행경로・고도・운항순서 변경 등 다른 항공기의 운항에 지장을 초래한 경우는 제외한다)
84) 항공기와 관제탑이 있는 공항 간의 양방향 통신이 유지되지 않은 상태에서 그 공항의 상공을 운항하거나 통과・출발・착륙한 경우(비행경로・고도・운항순서 변경 등 다른 항공기의 운항에 지장을 초래한 경우는 제외한다)
85) 운항 중 국제항공신호를 수신하거나 목격한 경우 그 신호에 따른 조치를 하지 않고 운항한 경우
86) 항공기등에 관한 정비기록 등 기록물을 보존하지 않은 경우
87) 비행계획서를 작성하지 않거나, 그 계획서에 기장 및 운항관리사가 서명하지 않고 운항한 경우(교체공항 등으로 회항한 경우는 제외한다)
88) 계기비행 시 준수해야 할 최저고도를 준수하지 않고 운항한 경우
89) 관제공역 또는 비관제공역에서 계기비행고도 또는 비행고도를 준수하지 않고 운항한 경우
90) 표준계기접근절차를 준수하지 않고 공항에 계기접근을 시도한 경우(국토교통부장관이 별도로 인가한 경우는 제외한다)
91) 실패접근절차를 준수하지 않고 실패접근을 시도한 경우
92) 항공운송사업자가 운항승무원의 비행 중 육지 또는 수면 충돌사고(CFIT)를 예방하기 위한 훈련프로그램을 수립하지 않거나 이행하지 않은 경우
93) 항공운송사업자가 운항승무원 및 객실승무원에게 승무원 브리핑절차를 제공하지 않거나, 승무원 브리핑을 실시하지 않고 운항한 경우
94) 비상탈출, 구명장비 등의 사용법 등에 관하여 승객 브리핑을 하지 않고 운항한 경우
95) 운항 중 비상상황 발생 시 승객에게 비상조치사항에 대한 안내방송을 하지 않은 경우
96) 알코올 음료의 제공이 제한된 승객에게 알코올음료를 제공한 경우
97) 이착륙단계에서 항공기의 안전운항을 위하여 필요한 임무 외에 다른 업무를 수행하도록 승무원에게 요구한 경우
98) 삭제 <2020. 11. 2.>
99) 국토교통부장관 또는 지방항공청장이 승인하지 않은 전자항행자료(Electronic navigation data)를 사용하여 운항한 경우

100) 안정된 착륙접근을 위한 준수사항을 이행하지 않고 착륙한 경우
101) 정밀접근절차를 이행하는 비행기가 안전한 착륙형태 및 자세를 갖추고 안전기준치 이상의 고도로 활주로 끝부분을 통과할 수 있게 하는 운항절차를 수립하지 않거나 같은 절차를 이행하지 않고 운항한 경우
102) 계기접근절차의 최종 접근단계가 시작되는 지점을 통과한 후 접근을 계속하기 위한 요건을 충족하지 않은 상태로 계기접근을 지속한 경우
103) 항공기에 탑승한 승객 및 휴대 수하물 등의 처리에 관한 규정을 준수하지 않고 관련 업무를 수행한 경우
104) 운항승무원의 연령 제한규정을 위반하여 항공업무를 수행하게 한 경우
105) 삭제 <2020. 11. 2.>
106) 최근 12개월 이내에 임무 수행에 필요한 자격심사를 통과하지 못한 객실승무원에게 항공업무를 수행하게 한 경우
107) 검열운항승무원의 임명 요건을 위반하여 검열운항승무원을 임명한 경우
108) 국토교통부장관 또는 지방항공청장으로부터 인가받은 규정을 준수하지 않고 종사자에 대한 훈련 또는 심사를 한 경우
109) 국토교통부장관 또는 지방항공청장이 인가한 특별근무비행계획(Special flight duty schemes)을 준수하지 않은 경우
110) 비행인가 등 운항통제업무에 관하여 준수해야 할 사항을 위반하여 항공기를 운항하게 한 경우
111) 주 운항기지에 증명서, 규정, 교범 등을 갖춰 두지 않은 경우
112) 삭제 <2020. 11. 2.>
113) 항공기 운항, 운항통제, 지상조업, 정비업무, 그 밖의 운항 지원업무에 종사하는 직원의 자격 및 훈련에 관한 기록을 유지하지 않은 경우
114) 비행안전규정, 교범 등의 자료를 관리할 수 있는 비행안전문서시스템을 수립하지 않거나 국토교통부장관 또는 지방항공청장의 승인을 받지 않고 비행안전문서시스템을 사용한 경우
115) 승인된 비행안전문서시스템을 이행하지 않은 경우
116) 전자교범 및 전자기록유지시스템의 운용에 관한 절차와 규정을 수립하지 않고 규정, 절차, 지침, 교범 등의 기록물을 전자 형태로 운용한 경우
117) 항공운송사업을 목적으로 항공기를 임차하여 사용하려는 경우, 국토교통부장관 또는 지방항공청장이 부과한 제한사항을 준수하지 않고 운항한 경우
118) 국적 항공사 간 항공기 임대차에 관한 기준을 준수하지 않고 항공운송사업에 사용할 항공기를 임대차한 경우
119) 중간 기착지에서 항공기 조업이 적절히 수행될 수 있는 시간을 고려하지 않고 운항계획을 수립한 경우
120) 운항하려는 노선에 관한 지침서와 항공지도 등을 운항승무원과 운항통제업무를 담당하는 종사자에게 제공하지 않거나 최신 상태로 유지하지 않은 경우
121) 정비목적의 품질보증프로그램을 포함한 품질관리시스템을 갖추지 않은 경우
122) 삭제 <2020. 11. 2.>
123) 운항증명 소지자가 소속 항공종사자 및 객실승무원의 근무 시작 전 해당 항공종사자 및 객실승무원의 음주여부를 검사하지 않은 경우

3. 법 제90조제4항(법 제96조제1항에서 준용하는 경우를 포함한다)에 따른 운영기준 위반행위 중 영 별표 3 제2호오목2)·3) 및 이 규칙 별표 34 조목2)·3)에 따른 중요한 사항과 경미한 사항 위반행위는 다음과 같이 구분한다.
가. 중요한 사항 위반행위
1) 항공기 적재, 중량배분 및 균형 등에 관한 절차를 준수하지 않은 경우
2) 운항증명 소지자가 정기편, 부정기편 운항 공항 활주로에 대하여 해당 항공기의 운항에 필요한 성능자료(Performance Data)[공항 분석 일람표(Airport Analysis Chart), 활주로 이착륙 하중 일람표(RTOLW Chart), 전이고도 일람표(T/L Chart)]를 조종사 및 운항관리사에게 제공하지 않은 경우(성능자료가 제공되지 않는 공항은 제외한다)
3) 운항증명 소지자가 운영기준에 허가된 승객 좌석 수를 초과하여 승객을 탑승시켜 운항하거나 최소 객실승무원 수에 미달하게 객실승무원을 탑승시켜 운항하는 등 운항허가사항을 위반하여 운항한 경우
4) 공중충돌경고장치와 관련된 요건을 준수하지 않은 경우
5) 허가받지 아니한 항로·공항을 운항하거나 공항별로 허가받지 않은 항공기를 운항한 경우
6) 특수공항과 관련된 허가, 제한사항 및 관련 규정을 위반한 경우
7) 터미널에서의 비행규칙, 제한사항 및 관련 규정을 위반한 경우
8) 운항증명 소지자가 운영기준에 규정된 해당 부문의 관리자 변경 내용을 변경신청하지 않거나 자격이 없는 사람을 임명한 경우
9) 운항증명 소지자가 운영기준에 규정된 운항관리센터에 운항관리사를 배치하여 근무하도록 하지 않은 경우
10) 운항증명 소지자가 운영기준에 규정된 운항 관리를 위하여 사용하는 비행계획시스템, 비행감시시스템, 항공정보시스템, 항공기스케줄시스템의 중요 변

경 내용을 변경신청하지 않고 적용한 경우

11) 운항증명 소지자가 운영기준에 규정된 절차에 따라 인가를 받은 기내수하물처리절차를 준수하지 않고 기내에 수하물을 탑재한 경우

12) 운항증명 소지자가 운영기준에 규정된 중량배분통제프로그램(Weight and Balance Control Program)의 절차를 위반하여 항공기를 운항한 경우

13) 회항시간 연장운항 정비프로그램 인가를 받지 않고 장거리운항을 한 경우

14) 국토교통부장관으로부터 인가받지 않은 자와 정비계약을 체결하여 항공기등·장비품·부품을 정비한 경우

15) 수직분리축소공역을 운항하는 항공기의 정비프로그램 인가를 받지 않고 항공기를 수직분리축소공역 운항에 사용한 경우

16) 운항증명 소지자가 지속적 감항유지 프로그램에 따라 정비하지 않은 경우

17) 운항증명 소지자가 운영기준에서 정한 회항시간 연장운항 정비프로그램에 따라 항공기의 추진장치, 항공기체 계통의 신뢰성 평가를 하지 않고 운항한 경우

18) 운항증명 소지자가 항공기에 장착된 각 엔진 및 장비품 등을 운영기준에서 정한 정비방식에 따라 정비하지 않은 경우

19) 운영기준의 항공기 목록에 등재되지 않은 항공기를 운항한 경우

20) 정비작업을 수행하는 업체의 정비능력 외의 정비를 하게하고 항공기를 항공에 사용한 경우

21) 운항증명 소지자가 운영기준에 규정된 특수공항에 자격을 갖추지 못한 운항승무원을 해당 공항에 운항하도록 하거나 운항 요건이 충족되지 않은 상태에서 해당 공항에 운항하게 한 경우

나. 경미한 사항 위반행위

1) 승인된 기내휴대품 프로그램을 준수하지 않은 경우

2) 허가된 지상 제빙 및 방빙 프로그램을 수정한 후 인가를 받지 않고 사용한 경우

3) 인가된 컴퓨터 기록·유지시스템을 계속 사용하기 위한 조건을 준수하지 않은 경우

4) 소유권 변경, 비행일정의 변경 등 필수 보고사항을 보고하지 않은 경우

5) 계기비행방식 I등급(Class I) 항행을 위하여 인가된 항공기 및 지역항행시스템 외의 항공기 및 시스템을 이용하여 운항하거나 이에 따른 제한사항을 위반한 경우

6) A등급 공역 내에서의 I등급(Class I) 항행을 위하여 인가된 항공기, 지역항행시스템 또는 장거리항행시스템 외의 항공기 또는 시스템을 이용하여 운항하거나 이에 따른 제한사항을 위반한 경우

7) 장거리항행시스템을 사용하여 계기비행방식 2등급(Class II) 항행이 허가된 지역 외의 지역에서 2등급 항행을 하거나 이에 따른 제한사항을 위반한 경우

8) 허가된 계기접근절차 외에 다른 형태의 계기접근절차를 수행하거나 이에 따른 조건 및 제한사항을 위반한 경우

9) 특수터미널지역 IFR 운항과 관련된 허가, 제한사항 및 규정을 위반한 경우

10) 인가된 항공기의 검사프로그램을 위반한 경우

11) 인가된 신뢰성프로그램을 위반한 경우

12) 부품 차용인가절차를 위반하여 운영한 경우

13) 점검주기 조정 시 절차를 준수하지 않은 경우

14) 회항시간 연장운항 정비프로그램 인가기준을 위반하여 비행기를 정비하고 장거리운항에 사용한 경우

15) 수직분리축소공역을 운항하는 항공기의 정비프로그램 인가사항을 위반한 경우

16) 삭제 <2020. 11. 2.>

17) 운항증명 소지자가 인가를 받은 기내수하물 처리절차를 객실승무원 및 공항직원이 준수할 수 있도록 관련 교범에 수록하여 운영하지 않거나 최신의 내용으로 개정 유지하지 않은 경우

18) 운항증명 소지자가 운영기준에 규정된 절차에 따라 기내에 반입 또는 탁송이 금지된 제한품목을 승객에게 안내하지 않거나 관리감독을 소홀히 하여 승객이 이를 위반한 경우

19) 운항증명 소지자가 운항업무에 종사하는 운항승무원, 운항관리사 등에게 운영기준에 규정된 유효한 공항 운항자료를 제공하지 않거나 공항 운항자료를 최신의 상태로 유지 관리하지 않은 경우

20) 운항증명 소지자가 인가된 운영기준 중 기상자료시스템 내용의 중요 변경사항을 국토교통부장관 또는 지방항공청장에게 변경신청하지 않고 사용한 경우(천재지변 등으로 긴급하게 대체시스템을 사용하는 경우는 제외한다)

21) 운항증명 소지자가 인가된 운영기준에 비상구 주변의 지정좌석(Exit Row Seating) 운영절차에 관한 내용을 수록하지 않거나 그 절차를 위반하여 업무를 수행한 경우

22) 운항증명 소지자가 인가된 운영기준 중 컴퓨터 기록·유지시스템을 수정하거나 변경하는 경우 국토교통부장관 또는 지방항공청장에게 변경신청하지 않고 이를 적용하거나, 컴퓨터에 기록한 기본 자료를 정해진 기간 동안 보관하지 않은 경우

23) 운항증명 소지자가 운영기준에 규정된 필수 보고사항을 보고하지 않은 경우
24) 해당 형식의 항공기에 대한 비행시간을 충족하지 못한 기장에게 기상기준값을 상향조정하여 적용하지 않고 운항하게 한 경우
25) 착륙 최저기상기준값의 자격을 취득하지 못한 기장으로 하여금 시정(視程)이 3/4마일(SM) 또는 활주로 가시거리(RVR)가 1,200미터(4,000피트) 미만인 경우에 계기접근을 수행하게 한 경우
26) 삭제 <2020. 11. 2.>
27) 운항증명 소지자가 운영기준에서 정한 조건과 제한사항을 준수하지 않고 부품을 사용한 경우
28) 운항증명 소지자가 운영기준에서 정한 항공기 장비품 상호교환 프로그램의 요건들을 충족하지 않고 항공기 장비품을 상호교환한 경우
29) 공수비행에 대한 특별비행허가규정을 위반하여 공수비행을 한 경우
30) 운영기준에 명시한 정비문서의 규정에 따라 비상장비·구급용구를 정비하지 않은 경우

4. 법 제93조제7항 후단(법 제96조제2항에서 준용하는 경우를 포함한다)에 따른 운항규정 및 정비규정의 위반행위 중 영 별표 3 제2호호목2)·3) 및 이 규칙 별표 34 제2호두목2)·3)에 따른 중요한 사항과 경미한 사항 위반행위는 다음과 같이 구분한다.

가. 중요한 사항 위반행위
1) 승객이 항공기에 탑승하고 있거나 탑승·하기 중 항공기에 연료를 보급하는 경우 준수해야 할 절차를 이행하지 않고 연료를 보급한 경우
2) 운항증명 소지자가 지상조업회사와 맺은 조업협정에 명시된 조업절차 준수 여부를 지속적으로 관리·감독하지 않은 경우
3) 운항증명 소지자가 항공기에 탑재할 산소요구량을 위반하거나 승무원이 비행 중 산소의 사용에 관한 규정을 위반한 경우
4) 운항승무원 또는 객실승무원이 운항규정에 규정된 각 비행단계별 표준운항절차(Standard Operating procedures)를 위반한 경우
5) 비행 중 정상점검표(Normal Checklist)를 사용해야 할 경우에 이를 사용하지 않거나 정상점검표에 규정된 내용과 다르게 절차를 수행한 경우
6) 항공기 출발 시 발생한 돌발 사태에 대하여 대응절차에 규정된 절차대로 이행하지 않은 경우
7) 운항승무원 또는 객실승무원이 사용하는 정상·비정상 또는 비상절차와 관련된 점검표에 따라 업무를 수행하지 않은 경우
8) 비행하는 노선 및 비행장에 대한 운항절차 또는 최저비행고도 등을 위반하여 운항한 경우
9) 운항증명 소지자가 고용한 항공종사자가 운항업무를 수행할 때 운항규정에 규정된 책임과 의무를 다하지 않은 경우
10) 운항증명 소지자가 운항승무원, 객실승무원의 승무시간·근무시간 제한 기준 및 운항관리사의 근무시간 제한 기준을 위반한 경우
11) 지역항행시스템(RNAV)운항지역, 수직분리축소공역(RVSM), 북극항공로 운항을 위한 운항 요건, 항공기에 장착해야 할 장비 요건 또는 운항절차를 위반한 경우
12) 회항시간 연장운항 및 항로상 교체공항이 60분을 초과하는 장거리 운항을 위하여 갖추어야 할 운항통제, 운항절차 및 업무종사자에 대한 교육훈련 요건을 위반한 경우
13) 인가받은 최저기상기준값을 위반하여 운항한 경우
14) 운항규정에 규정된 연료 및 오일 탑재기준을 위반한 경우
15) 자격이 없는 사람에게 항공기 탑재 및 중량배분 업무를 수행하게 하거나, 항공기 탑재 및 처리교범의 절차를 지키지 아니하여 항공기 탑재 및 중량배분 산정에 중대한 착오가 발생한 경우
16) 지상에서의 제빙·방빙절차를 위반한 경우
17) 삭제 <2020. 11. 2.>
18) 계기비행기상상태(IMC)에서의 자동조종장치(Autopilot) 및 자동추력조절장치(Auto-Throttles)의 사용에 관한 절차를 위반한 경우
19) 항공교통관제(ATC) 승인(Clearance)의 확인(Clarification) 및 수락(Acceptance)에 관한 절차를 위반한 경우 또는 이륙 및 상승경로상에 위치한 지형지물 회피 가능 여부를 고려하지 않고 비행계획을 수립하여 운항한 경우
20) 항공기의 출발 또는 접근 브리핑절차를 위반하거나 절차와 다르게 업무를 수행한 경우
21) 조종사가 정기편 및 부정기편에 대하여 출발공항에서 목적공항까지 비행하려는 지역, 항로 및 공항절차에 대하여 사전에 익숙하게 검토하지 않고 운항한 경우
22) 조종사가 안정된 접근절차를 위반하여 운항한 경우
23) 지표면 근처에서 규정된 강하율 또는 접근절차를 위반하여 운항한 경우
24) 착륙을 위한 계기접근을 시작하거나 계속하는 절차를 위반하여 운항한 경우

25) 착륙을 위한 정밀 및 비정밀 접근절차를 위반하여 운항한 경우
26) 야간 및 계기비행기상상태에서 계기접근 및 착륙하는 동안 승무원별로 할당된 임무 및 절차를 위반하여 운항한 경우
27) 비행 중 육지 또는 수면충돌사고(CFIT) 회피절차와 지상접근경고장치(GPWS)절차를 위반하여 운항한 경우
28) 공중충돌회피장치(ACAS) 사용절차를 위반하여 운항한 경우
29) 비상상황에서 해야 할 조치사항을 포함한 위험물 수송에 관한 항공기 탑재, 통보, 조치 및 운송절차를 위반하여 운항한 경우
30) 항공기에 탑재한 항행데이터의 적합성 보증절차 및 데이터의 최신판 유지절차를 위반한 경우
31) 최소장비목록(MEL) 또는 외형변경목록(CDL)에 규정된 절차를 위반하여 운항한 경우
32) 운항규정 중 승무원 편성기준을 위반하여 항공기를 운항하게 한 경우
33) 각 운항구간별로 한 명의 기장을 임명하도록 되어 있는 규정을 지키지 아니하고 운항하게 한 경우
34) 운항승무원, 객실승무원 또는 운항관리사로 하여금 휴식시간을 준수하지 않고 업무를 수행하게 한 경우
35) 운항승무원 또는 운항관리사가 운항규정에 따라 조치해야 할 최소장비목록 또는 외형변경목록의 내용을 조치하지 않 운항하거나 운항하게 한 경우
36) 정비기록문서를 거짓으로 작성한 경우
37) 시험비행에 해당하는 작업을 수행한 후 시험비행을 하지 않고 운항한 경우
38) 감항성에 영향을 미치는 결함을 기록하지 않거나 수정하지 않고 운항한 경우
39) 인가받은 항공기 정비프로그램을 위반하여 항공기 정비를 한 경우

나. 경미한 사항 위반행위

1) 「국제민간항공협약」 부속서 12에서 정한 항공기사고를 목격한 기장의 행동절차를 이행하지 않은 경우
2) 운용허용기준을 초과하여 장비품 등을 항공에 사용한 경우
3) 인가를 받지 않거나 인가를 받은 범위 외의 정비훈련·방법을 제정하여 운행한 경우
4) 인가를 받은 검사원 외의 사람이 검사를 한 경우
5) 인가를 받지 않고 검사원을 임명하여 항공기 검사업무를 수행하도록 한 경우
6) 무선통신에 필요한 항공기 장비 요건, 운항승무원의 자격 요건 등을 위반한 경우
7) 항공기 및 정비시설 안전을 위한 방법·기준을 위반한 경우
8) 승무원이 운항 중 안전운항에 대한 기장의 지휘에 따르지 않거나 기장의 승계 지정에 의한 지휘 순서를 따르지 않고 운항한 경우
9) 운항규정에서 정한 운항비행계획서에 포함할 사항을 누락하고 운항비행계획서를 작성한 경우
10) 사고 예방 및 비행안전프로그램에 관한 절차를 위반한 경우
11) 항공기에 탑재한 항행데이터의 적합성 보증절차 및 최신 데이터의 유지에 관한 절차를 위반한 경우
12) 비상장비 및 안전장비의 점검표에 따라 업무를 수행하지 않은 경우
13) 운항승무원에게 비행 중 사용하는 최신의 노선지침서를 제공하지 않거나 운항승무원이 최신의 노선지침서를 이용하여 운항하지 않은 경우
14) 운항승무원·운항관리사 또는 객실승무원의 훈련프로그램을 인가받기 전에 적용하거나 훈련프로그램의 내용을 준수하지 않은 경우
15) 운항승무원 또는 객실승무원이 운항규정에 따른 승무원 출두시각을 위반하여 항공기를 지연운항하게 한 경우
16) 운항규정의 절차에 따라 운항승무원 또는 객실승무원이 준수해야 할 규정·매뉴얼 등의 내용을 최신의 상태로 유지하지 않거나 비행 시 휴대하도록 되어 있는 의무를 이행하지 않은 경우
17) 운항규정에 따른 운항서류의 기록 유지 및 보관을 하지 않은 경우
18) 회항시간 연장운항에 대한 비행 감시업무를 각 비행단계별로 규정된 절차에 따라 수행하지 않은 경우
19) 회항시간 연장운항에 대하여 비행마다 제공해야 하는 회항시간 연장운항 노선지도(EDTO Plotting Chart)를 제공하지 않은 경우
20) 운항승무원이 비행 중 비상주파수 등 주파수를 청취하지 않고 운항한 경우
21) 정비기록에 대한 작성, 기록 유지 및 보관방법을 위반한 경우
22) 지속적으로 감항성 정보 및 권고사항을 획득하고 평가하지 않은 경우
23) 승인받지 않은 정비프로그램을 종사자에게 제공하여 항공에 사용한 경우
24) 감항성 확보를 위하여 준수해야 할 규정, 기준 및 절차이행을 감시하기 위하여 구축된 품질시스템을 운용하지 않은 경우
25) 인가된 기체구조 수리평가프로그램을 이행하지 않은 경우
26) 인가받지 않은 자와 계약을 맺어 정비를 수행하거나 승인된 도면을 이용하지 않고 장비·공구를 제작한 경우
27) 정비계약업체에 대한 평가 및 인가를 하지 않고 그 업체와 정비계약을 맺은

경우
28) 계약에 의한 정비가 계약에 따라 적절히 수행되는지를 확인하지 않은 경우
29) 정비규정에 따라 보고하여야 할 항공기의 고장 및 결함을 보고하지 않은 경우
30) 정비규정에 따른 품질심사를 실시하지 않거나 관련 규정을 이행하지 않은 경우
31) 기술지시서를 발행하기 위한 규정을 준수하지 않은 경우
32) 정비시설의 환경기준을 위반한 경우
33) 엔진 시운전절차 또는 견인절차를 위반한 경우
34) 인가받은 훈련프로그램에 규정된 대로 교육을 실시하지 않은 경우
35) 자재의 수령·저장·반납 및 취급에 관한 규정을 위반하여 자재를 취급한 경우
36) 비인가 의심부품(폐품에서 뽑아낸 부품을 포함한다)을 사용한 경우
37) 교정하지 않거나 교정시한 만료일이 지난 정밀측정장비를 사용한 경우
38) 정전기 민감 부품의 취급절차를 준수하지 않은 경우
39) 승인된 정비문서 또는 도면을 이용하지 않고 항공기 및 관련 부품을 정비한 경우
40) 정비작업 또는 정비규정의 변형적용(Deviation) 관리를 위반한 경우
41) 용접 비파괴검사 등 특수업무종사자 및 확인정비사에 대한 자격인정기준을 위반하여 자격을 부여한 경우
42) 2단계 이상의 부식 및 부식 재발 방지 보완대책을 마련하여 보고하지 않거나 보고한 보완대책을 이행하지 않은 경우
43) 기장이 탑재용 항공일지의 확인정비사 서명(Return to Service)을 확인하지 않고 운항한 경우(확인정비사가 주재(駐在)하지 아니하는 장소에 착륙한 경우는 제외한다)
44) 수령검사 및 자재의 품질기준을 위반하여 자재 또는 부품을 항공기에 사용한 경우
45) 항공기의 일시적 비행허용을 위한 기술검토 절차를 위반하여 항공기 비행을 하게 한 경우
46) 항공기 컴퓨터 장치에 탑재가능 소프트웨어(Loadable software)가 제작사 등에서 마련한 보안강화 장치에 따라 보호되지 않은 경우
47) 자재의 저장정비 및 시효관리 기준을 위반한 경우
48) 항공기 부품의 호환성 선정에 관한 기준을 위반한 경우
49) 운항승무원이 비행 중 항공기 고도인지의 유지, 고도복명절차를 위반한 경우

■ 항공안전법 시행규칙 [별표 36] <개정 2024. 9. 20.>

운항규정에 포함되어야 할 사항(제266조제2항제1호 관련)

1. 비행기를 이용하여 항공운송사업 또는 항공기사용사업을 하려는 자의 운항규정은 다음과 같은 구성으로 운항의 특수한 상황을 고려하여 분야별로 분리하거나 통합하여 발행할 수 있다.

가. 일반사항(General)
1) 항공기 운항업무를 수행하는 종사자의 책임과 의무
2) 운항승무원 및 객실승무원의 승무시간·근무시간 제한 및 휴식시간 제공에 관한 기준과 운항관리사의 근무시간 제한에 관한 규정
3) 성능기반항행요구(PBN)공역의 운항을 위한 요건을 포함한 항공기에 장착하여야 할 항법장비의 목록
4) 장거리 운항과 관련된 장소에서의 장거리항법절차, 회항시간 연장운항을 위한 운항통제, 운항절차, 교육훈련, 비행감시절차 및 중요시스템 고장시의 절차 및 회항공항의 이용 절차
5) 무선통신 청취를 유지하여야 할 상황
6) 최저비행고도 결정방법
7) 비행장 운영최저치(Aerodrome operating minima) 결정방법
8) 승객이 항공기에 탑승하고 있는 상태에서의 연료 재급유 중 안전예방조치
9) 지상조업 협정 및 절차
10) 「국제민간항공협약」 부속서 12에서 정한 항공기 사고를 목격한 기장의 행동절차
11) 지휘권 승계의 지정을 포함한 운항형태별 운항승무원
12) 항로상에서 1개 또는 그 이상의 발동기가 고장이 날 가능성을 포함한 운항의 모든 환경을 고려한 항공기에 탑재하여야 할 연료 및 오일 양의 산출에 관한 세부지침
13) 산소의 요구량과 사용하여야 하는 조건
14) 항공기의 중량 및 균형 관리를 위한 지침
15) 지상에서의 제빙·방빙(De-icing/Anti-icing) 작업수행 및 관리를 위한 지침
16) 운항비행계획서(Operational flight plan)의 세부사항
17) 각 비행단계별 표준운항절차(Standard operating procedures)
18) 정상 점점표(Normal checklist)의 사용 및 사용시기에 관한 지침
19) 출발 시 돌발사태 대응절차
20) 고도 인지의 유지 및 자동으로 설정하거나 운항승무원의 고도 복명·복창

(Altitude call-out)에 관한 지침

21) 계기비행기상상태(IMC)에서의 자동조종장치(Autopilots) 및 자동추력조절장치(Auto-throttles)의 사용에 관한 지침

22) 지형회피가 포함된 곳에서의 항공교통관제(ATC) 승인의 확인 및 수락에 관한 지침

23) 출발 및 접근 브리핑 내용

24) 지역·항로 및 공항을 익숙하게 하기 위한 절차

25) 안정된 접근절차(Stabilized approach procedure)

26) 지표면 근처에서의 많은 강하율에 대한 제한

27) 계기접근을 시작하거나 계속하기 위한 요구조건

28) 정밀 및 비정밀 계기접근절차의 수행을 위한 지침

29) 야간 및 계기비행기상상태에서의 계기접근 및 착륙하는 동안 승무원의 업무량 관리를 위한 운항승무원 임무 및 절차의 할당

30) 비행 중 육지 또는 수면 충돌사고(CFIT) 회피를 위한 지침 및 훈련요건과 지상접근경고장치(GPWS)의 사용을 위한 정책

31) 공중충돌회피 및 공중충돌회피장치(ACAS)의 사용을 위한 정책·지침·절차 및 훈련요건

32) 다음을 포함한 민간 항공기의 요격에 관한 정보 및 지침

(가) 「국제민간항공협약」 부속서 2에서 정한 요격을 받은 항공기의 기장의 행동절차

(나) 요격하는 항공기 및 요격을 받은 항공기가 사용하는 「국제민간항공협약」 부속서 2에 포함된 시각신호 사용방법

33) 15,000미터(49,000피트)를 초과하는 고도로 비행하는 항공기를 위한 다음의 사항

(가) 태양 우주방사선에 노출될 경우 취하여야 할 최선의 진로를 조종사가 결정할 수 있도록 하는 정보

(나) 강하하기로 결정하였을 경우 다음 사항이 포함된 절차

(1) 적절한 항공교통업무(ATS) 기관에 사전 경고를 줄 필요성과 잠정적인 강하허가를 받을 필요성

(2) 항공교통업무 기관과 통신설정이 아니 되거나 간섭을 받을 경우 취하여야 할 조치

34) 항공안전관리시스템의 운영 및 관리에 관한 사항

35) 비상의 경우 취하여야 할 조치사항을 포함한 위험물 수송에 관한 정보 및 지침

36) 보안 지침 및 안내서

37) 「국제민간항공협약」 부속서 6에서 정한 수색절차 점검표

38) 항공기에 탑재된 항행장비에 사용되는 항행데이터(Electronic Navigation data)의 적합성을 보증하기 위한 절차 및 동 데이터를 적시에 배분하고 최신판으로 유지할 수 있도록 하는 절차

39) 비행 개시, 비행의 지속, 회항 및 비행의 종료에 관한 운항승무원·운항관리사의 기능과 책임을 포함하는 운항통제에 대한 책임과 운항통제에 관한 정책 및 관련 절차

40) 출발공항 또는 도착공항의 구조(救助) 및 소방등급 정보와 운항적합성 평가에 관한 사항

41) 전방시현장비 및 시각강화장비의 사용에 관한 지침 및 훈련 절차(전방시현장비 및 시각강화장비를 사용하는 경우에만 해당한다)

42) 전자비행정보장비의 사용에 관한 지침 및 훈련 절차(전자비행정보장비를 사용하는 경우에만 해당한다)

나. 항공기 운항정보(Aircraft operating information)

1) 형식증명·감항증명 등의 항공기 인증서 및 운용한계지정서에 명시된 항공기운항 제한사항(Aircraft certificate limitation and operating limitation)

2) 「국제민간항공협약」 부속서 6에서 정한 운항승무원이 사용할 정상·비정상 및 비상 절차와 이와 관련된 점검표

3) 모든 엔진작동 시 상승성능에 대한 운항지침 및 정보

4) 다른 추력·동력 및 속도 조절에 따른 비행 전·비행 중 계획을 위한 비행계획자료

5) 항공기의 형식별 최대측풍과 배풍요소 및 동 수치를 감소시키는 돌풍, 저시정, 활주로 상태, 승무원 경험, 오토파일럿의 사용, 비정상 또는 비상상황, 그 밖에 운항과 관련된 요소

6) 중량 및 균형 계산을 위한 지침 및 자료

7) 항공기 화물탑재 및 화물의 고정을 위한 지침

8) 「국제민간항공협약」 부속서 6에서 정한 조종계통과 관련된 항공기 시스템과 그 사용을 위한 지침

9) 성능기반항행요구(PBN)공역에서의 운항을 위한 요건을 포함하여 승인을 얻거나 인가를 받은 특별운항 및 운항할 비행기의 형식에 맞는 최소장비목록(MEL)과 외형변경목록(CDL)

10) 비상 및 안전장비의 점검표 및 그 사용지침

11) 항공기 형식별 특정절차, 승무원 협조, 승무원의 비상시 위치할당 및 각 승무원에게 할당된 비상시의 임무를 포함한 비상탈출절차

12) 운항승무원과 객실승무원간의 협조를 위하여 필요한 절차의 설명을 포함한

객실승무원이 사용할 정상·비정상 및 비상 절차와 이와 관련된 점검표 및 필요하면 항공기 계통에 관한 정보

13) 요구되는 산소의 총량과 이용가능한 양을 결정하기 위한 절차를 포함한 다른 항로에 대한 생존 및 비상장비와 이륙 전 장비의 정상기능을 확인하는데 필요한 절차

14) 생존자가 지상에서 공중으로 사용할 「국제민간항공협약」 부속서 12에 포함된 시각신호코드

15) 운항승무원 및 운항업무를 담당하는 자에게 운항정보(NOTAM, AIP, AIC, AIRAC 등)에 수록된 정보를 배포하기 위한 절차

다. 지역, 노선 및 비행장(Areas, routes and aerodromes)

1) 운항승무원이 해당비행을 위하여 항공기 운항에 적용할 수 있는 통신시설, 항행안전시설, 비행장, 계기접근, 계기도착 및 계기출발에 관한 정보와 항공운송사업자 또는 항공기사용사업자가 항공기 운항의 적절한 수행을 위하여 필요하다고 판단되는 그 밖의 정보가 포함된 노선지침서(Route Guide)

2) 비행하려는 각 노선에 대한 최저비행고도

3) 최초 목적지 비행장 또는 교체 비행장으로 사용할만한 각 비행장에 대한 비행장 기상최저치

4) 접근 또는 비행장시설의 기능저하에 따른 비행장 기상최저치의 증가내용

5) 다음의 정보를 포함한 규정에서 요구하는 모든 비행 프로파일(Profile)의 준수를 위하여 필요한 정보(다만, 다음의 정보에는 제한을 두지는 아니한다)

(가) 이륙거리에 영향을 미치는 항공기 계통 고장을 포함한 건조, 젖은 상태 및 오염된 상태에서의 이륙 활주로 길이요건의 결정

(나) 이륙상승 제한의 결정

(다) 항로상승 제한의 결정

(라) 접근상승 및 착륙상승 제한의 결정

(마) 착륙거리에 영향을 미치는 항공기 계통 고장을 포함한 건조, 젖은 상태 및 오염된 상태에서의 착륙 활주로 길이요건의 결정

(바) 타이어 속도제한과 같은 추가적인 정보의 결정

라. 훈련(Training)

1) 「국제민간항공협약」 부속서 6에서 정한 운항승무원 훈련프로그램 및 요건의 세부내용

2) 「국제민간항공협약」 부속서 6에서 정한 객실승무원 훈련프로그램의 세부내용

3) 「국제민간항공협약」 부속서 6에서 정한 비행감독의 방법과 관련하여 고용된 운항관리사 훈련프로그램의 세부내용

4) 별표 12 제1호에 따른 자가용조종사 과정, 같은 별표 제2호에 따른 사업용조종사과정, 같은 별표 7호에 따른 계기비행증명과정 또는 같은 별표 제8호에 따른 조종교육증명과정의 지정기준의 학과교육, 실기교육, 교관확보기준, 시설 및 장비확보기준, 교육평가방법, 교육계획, 교육규정 등 세부내용(항공기를 이용하여 소속 직원 외에 타인의 수요에 따른 비행훈련을 하는 경우에 적용한다)

2. 헬리콥터를 이용하여 항공운송사업 또는 항공기사용사업을 하려는 자의 운항규정은 다음과 같은 구성으로 운항의 특수한 상황을 고려하여 분야별로 분리하거나 통합하여 발행할 수 있다.

가. 일반사항(General)

1) 항공기 운항업무를 수행하는 종사자의 책임과 의무

2) 운항승무원 및 객실승무원의 승무시간·근무시간 제한 및 휴식시간 제공에 관한 기준과 운항관리사의 근무시간 제한에 관한 규정

3) 항공기에 장착하여야 할 항법장비의 목록

4) 무선통신 청취를 유지하여야 할 상황

5) 최저비행고도 결정방법

6) 헬기장 기상최저치 결정방법

7) 승객이 항공기에 탑승하고 있는 상태에서의 연료 재급유 중 안전예방조치

8) 지상조업 협정 및 절차

9) 「국제민간항공협약」 부속서 12에서 정한 항공기 사고를 목격한 기장의 행동절차

10) 지휘권 승계의 지정을 포함한 운항형태별 운항승무원

11) 항로상에서 1개 또는 그 이상의 발동기가 고장날 가능성을 포함한 운항의 모든 환경을 고려한 항공기에 탑재하여야 할 연료 및 오일 양의 산출에 관한 세부지침

12) 산소의 요구량과 사용하여야 하는 조건

13) 항공기 중량 및 균형 관리를 위한 지침

14) 지상에서의 제빙·방빙(De-icing/Anti-icing) 작업수행 및 관리를 위한 지침

15) 운항비행계획서(Operational flight plan)의 세부사항

16) 각 비행단계별 표준운항절차(Standard operating procedures)

17) 정상 점검표(Normal checklist)의 사용 및 사용시기에 관한 지침

18) 출발시 돌발사태 대응절차

19) 고도 인지의 유지에 관한 지침

20) 지형회피가 포함된 곳에서의 항공교통관제(ATC) 승인의 확인 및 수락에

관한 지침

21) 출발 및 접근 브리핑 내용

22) 항로 및 목적지를 익숙하게 하기 위한 절차

23) 계기접근을 시작하거나 계속하기 위한 요구조건

24) 정밀 및 비정밀 계기접근절차의 수행을 위한 지침

25) 야간 및 계기비행기상상태에서의 계기접근 및 착륙하는 동안 승무원의 업무량 관리를 위한 운항승무원의 임무 및 절차의 할당

26) 다음을 포함한 민간 항공기의 요격에 관한 정보 및 지침

가) 「국제민간항공협약」 부속서 2에서 정한 요격을 받은 항공기 기장의 행동절차

나) 요격하는 항공기 및 요격을 받은 항공기가 사용하는 「국제민간항공협약」 부속서 2에 포함된 시각신호사용방법

27) 「국제민간항공협약」 부속서 6에서 정한 안전정책과 종사자의 책임을 포함한 사고예방 및 비행안전프로그램의 세부내용

28) 비상의 경우에 취하여야 할 조치사항을 포함한 위험물 수송에 관한 정보 및 지침

29) 보안 지침 및 안내서

30) 「국제민간항공협약」 부속서 6에서 정한 수색절차 점검표

31) 비행 개시, 비행의 지속, 회항 및 비행의 종료에 관한 운항승무원ㆍ운항관리사의 기능과 책임을 포함하는 운항통제에 대한 책임과 운항통제에 관한 정책 및 관련 절차

나. 항공기 운항정보(Aircraft operating information)

1) 형식증명ㆍ감항증명 등의 항공기 인증서 및 운용한계지정서에 명시된 항공기 운항 제한사항(Aircraft certificate limitation and operating limitation)

2) 「국제민간항공협약」 부속서 6에서 정한 운항승무원이 사용할 정상ㆍ비정상 및 비상 절차와 이와 관련된 점검표

3) 다른 추력ㆍ동력 및 속도 조절에 따른 비행 전ㆍ비행 중 계획을 위한 비행계획자료

4) 중량 및 균형 계산을 위한 지침 및 자료

5) 항공기 화물탑재 및 화물의 고정을 위한 지침

6) 「국제민간항공협약」 부속서 6에서 정한 조종계통과 관련된 항공기 시스템과 그 사용을 위한 지침

7) 헬리콥터 형식 및 인가받은 특정운항을 위한 최소장비목록(MEL)

8) 비상 및 안전장비의 점검표 및 그 사용지침

9) 형식별 특정절차, 승무원 협조, 승무원의 비상시 위치할당 및 각 승무원에게 할당된 비상시의 임무를 포함한 비상탈출절차

10) 운항승무원과 객실승무원간의 협조를 위하여 필요한 절차의 설명을 포함한 객실승무원이 사용할 정상ㆍ비정상 및 비상 절차와 이와 관련된 점검표 및 필요한 항공기 계통에 관한 정보

11) 요구되는 산소의 총량과 이용가능한 양을 결정하기 위한 절차를 포함한 다른 항로에 대한 생존 및 비상장비와 이륙 전 장비의 정상기능을 확인하는데 필요한 절차

12) 생존자가 지상에서 공중으로 사용할 「국제민간항공협약」 부속서 12에 포함된 시각신호코드

13) 엔진작동 시 상승성능에 대한 운항지침 및 정보(Information on helicopter climb performance with all engines operation). 이 경우 정보는 헬리콥터 제작사 등에서 제공한 자료를 기초로 한 것만을 말한다.

14) 운항승무원 및 운항업무를 담당하는 자에게 운항정보(NOTAM, AIP, AIC, AIRAC 등)에 수록된 정보를 배포하기 위한 절차

다. 노선 및 비행장(Routes and aerodromes)

1) 운항승무원이 해당비행을 위하여 항공기 운항에 적용할 수 있는 통신시설, 항행안전시설, 비행장, 계기접근, 계기도착 및 계기출발에 관한 정보와 항공운송사업자 또는 항공기사용사업자가 항공기 운항의 적절한 수행을 위하여 필요하다고 판단되는 그 밖의 정보가 포함된 노선지침서(Route Guide)

2) 비행하려는 각 노선에 대한 최저비행고도

3) 최초 목적지 헬기장 또는 교체 헬기장으로 사용할 만한 각 헬기장에 대한 헬기장 기상최저치

4) 접근 또는 헬기장 시설의 기능저하에 따른 헬기장 기상최저치의 증가내용

라. 훈련(Training)

1) 「국제민간항공협약」 부속서 6에서 정한 운항승무원 훈련프로그램 및 요건의 세부내용

2) 「국제민간항공협약」 부속서 6에서 정한 객실승무원 훈련프로그램의 세부내용

3) 「국제민간항공협약」 부속서 6에서 정한 비행감독의 방법과 관련하여 고용된 운항관리사 훈련프로그램의 세부내용

4) 별표 12 제1호에 따른 자가용조종사 과정, 같은 별표 제2호에 따른 사업용조종사과정, 같은 별표 제6호에 따른 계기비행증명과정 또는 같은 별표 제7호에 따른 조종교육증명과정의 지정기준의 학과교육, 실기교육, 교관확보기준, 시설 및 장비확보기준, 교육평가방법, 교육계획, 교육규정 등 세부내용(항공기를 이용하여 소속 직원 외에 타인의 수요에 따른 비행훈련을 하는 경우에 적용한다)

■ 항공안전법 시행규칙 [별표 37] <개정 2021. 8. 27.>

정비규정에 포함되어야 할 사항(제266조제2항제2호 관련)

내용	항공 운송사업	항공기 사용사업	변경 인가 대상
1. 일반사항			
가. 제정/개정/관리(차례/유효 페이지 목록/ 개정 기록표/개정요약/인가 및 신고목록/ 배포처 등 포함)	O	O	
나. 목적(지속 감항정비 프로그램 (CAMP) 준수 명시)	O		
다. 적용 범위	O	O	
라. 책임관리자 의무	O	O	
마. 용어 정의 및 약어	O	O	
바. 관련 항공법규와 인가받은 운영기준 등 준수 의무	O	O	
사. 정비규정의 적용을 받는 항공기 목록 및 운항 형태	O	O	
2. 직무 및 정비조직			
가. 정비조직 및 부문별 책임관리자	O	O	
나. 정비업무에 관한 분장 및 책임	O	O	
다. 항공기 정비에 종사하는 자의 자격인정 기준 및 업무범위	O	O	O
라. 검사원의 자격인정 기준과 업무범위	O	O	O
마. 용접, 비파괴검사 등 특수업무 종사자의 자격인정 기준과 업무범위	O	O	O
바. 취항 공항지점의 목록과 수행하는 정비에 관한 사항	O		
사. 항공기 정비에 종사하는 자의 근무시간, 업무의 인수인계에 관한 사항	O	O	
3. 항공기의 감항성을 유지하기 위한 정비 프로그램(CAMP)			
가. 항공기 정비프로그램의 개발, 개정 및 적용 기준	O		O
나. 항공기, 엔진/APU, 장비품 등의 정비 방식, 정비단계, 점검주기 등에 대한 프로그램	O		O
다. 항공기, 엔진, 장비품 정비계획	O		
라. 엔진 수리작업 기준(Workscope planning)에 관한 사항	O		O
마. 특별 정비작업 및 비계획 정비에 관한 사항	O		
바. 사용기한이 정해진(시한성) 품목의 목록 및 한계에 관한 사항	O		O
사. 점검주기의 일시조정 기준	O		O
아. 경년항공기에 대한 특별정비기준	O		O
1) 경년항공기 안전강화 규정			
2) 경년시스템 감항성 향상프로그램			
3) 기체구조 반복 점검 프로그램			
4) 연료탱크 안전강화 규정			
5) 기체구조 수리평가 프로그램			
6) 부식처리 및 관리 프로그램			
4. 항공기 검사프로그램			
가. 항공기 검사프로그램의 개정 및 적용 기준		O	O
나. 운용 항공기의 검사방식, 검사단계 및 시기(반복주기를 포함한다)		O	O
다. 항공기 형식별 검사단계별 점검표		O	
라. 사용기한이 정해진(시한성) 품목의 목록 및 한계에 관한 사항		O	O
마. 점검주기의 일시조정 기준		O	O
5. 품질관리			
가. 품질관리 기준 및 방침	O	O	O
나. 지속적인 분석 및 감시 시스템 (CASS)과 품질심사에 관한 절차	O		O
다. 신뢰성관리절차	O		O
라. 필수 검사제도	O		O
마. 필수 검사항목 지정	O		O
바. 일반 검사제도	O	O	O
사. 항공기 고장, 결함 및 부식 등에 대한 조사 분석 및 항공 당국/제작사 보고 절차	O	O	O
아. 정비프로그램의 유효성 및 효과분석 방법	O		
자. 수령검사 및 자재품질기준	O	O	O
차. 정비작업의 면제처리 및 예외 적용에 관한 사항	O		O
카. 중량 및 평형계측 절차	O	O	
타. 사고조사장비(FDR/CVR) 운용 절차	O	O	
6. 기술관리			
가. 감항성 개선지시, 기술회보 등의 검토 수행절차	O	O	O
나. 기체구조수리평가 프로그램	O		O
다. 항공기 부식 예방 및 처리에 관한 사항	O	O	O
라. 대수리·개조의 수행절차, 기록 및 보고 절차	O	O	
마. 기술적 판단 기준 및 조치 절차	O		O
바. 기체구조 손상허용 기술 승인 절차	O		O
사. 일시적 비행허용을 위한 기술검토 절차(Deferral EA)	O		O
아. 탑재 소프트웨어(Loadable software) 보안관리	O		O
7. 항공기등, 장비품 및 부품의 정비방법 및 절차			
가. 수행하려는 정비의 범위(항공기 기종 및 엔진 형식	O	O	O

별)			
나. 수행된 정비 등의 확인 절차(비행 전 감항성 확인, 비상상비 삭롱가능상태 확인 및 정비수행을 확인하는 자 등)	O	O	
다. 최소장비목록(MEL) 또는 외형변경 목록(CDL) 적용기준 및 정비이월 절차(NEF 포함)	O	O	O
라. 제·방빙절차	O	O	
마. 지상조업 감독, 급유/급유량/연료 품질 관리 등 운항정비를 위한 절차	O	O	
바. 회항시간 연장운항(EDTO), 수직 분리 축소(RVSM), 정밀접근 (CAT) 등 특정 사항에 따른 정비 절차	O	O	
사. 발동기 시운전 절차	O	O	
아. 항공기 여압 시험 절차	O	O	
자. 비행시험, 공수비행에 관한 기준 및 절차	O	O	
차. 구급용구 등의 관리 절차	O	O	
카. 정전기 민감부품(ESDS)의 취급 절차	O	O	
8. 계약정비			
가. 계약정비를 하는 경우 정비확인에 대한 책임, 서명 및 확인절차	O	O	
나. 계약정비에 대한 평가, 계약 후 이행 여부에 대한 심사 절차	O	O	O
9. 장비 및 공구 관리			
가. 정밀측정 장비 및 시험장비의 관리 절차	O	O	O
나. 장비 및 공구를 제작하여 사용하는 경우 승인 절차	O	O	
10. 정비 시설			
가. 보유 또는 이용하려는 정비시설의 위치 및 수행하는 정비작업	O	O	
나. 각 정비 시설별로 갖추어야 하는 설비 및 환경 기준	O	O	
11. 정비 매뉴얼, 기술문서 및 정비 기록물 의 관리방법			
가. 각종 기술자료의 접수, 배포 및 이용 방법	O	O	
나. 전자교범 및 전자 기록 유지관리 시스템	O		O
다. 탑재용 항공일지(비행 및 정비) 등의 서식 및 기록 방법, 운영 절차	O	O	O
라. 정비기록 문서의 관리책임 및 보존 기간	O	O	O
마. 정비문서 및 각종 꼬리표의 서식 및 기록 방법(기술지시서, 정시점검 카드, 작업지시서 등)	O	O	
바. 적정 예비엔진 수량을 판단하는 기준	O		
12. 정비 훈련 프로그램			
가. 교육과정의 종류, 과정별 시간 및 실시 방법	O	O	O
나. 강사(교관)의 자격 기준 및 임명	O	O	O
다. 훈련자의 평가 기준 및 방법	O	O	O
라. 위탁교육 시 위탁 기관이 강사, 커리큘럼(curriculum) 등의 적절성 확인 방법	O	O	
마. 정비훈련 기록에 관한 사항	O	O	
13. 자재 관리			
가. 자재관리 일반(구매, 검수, 저장, 불출, 반납 등)	O	O	
나. 저장정비 및 시효관리	O	O	
다. 부품 임차, 공동사용, 교환, 유용에 관한 사항	O		O
라. 외부 보관부품(External Stock) 관리에 관한 사항	O		
마. 비인가 부품·비인가의심부품의 판단 방법 및 보고 절차	O	O	
바. 위험물(Dangerous Goods) 취급 절차	O	O	
사. 호환품 선정기준	O	O	
14. 안전 및 보안에 관한 사항			
가. 항공기 지상안전을 유지하기 위한 방법	O	O	
나. 인적요인에 대한 안전관리 방법	O	O	
다. 마약, 약물 및 주류 오용 금지사항	O	O	
라. 항공기 보안에 관한 사항	O	O	
15. 그 밖에 항공운송사업자 또는 항공기 사용사업자가 필요하다고 판단하는 사항			
가. 양식 및 양식 관리절차	O	O	

■ 항공안전법 시행규칙 [별표 38]

정비조직인증 취소 등 행정처분기준(제273조제2항 관련)

위 반 행 위	근거 법조문	처분내용
1. 거짓이나 그 밖의 부정한 방법으로 정비조직인증을 받은 경우	법 제98조제1항제1호	인증취소
2. 법 제98조에 따른 업무정지 기간에 업무를 한 경우	법 제98조제1항제5호	인증취소
3. 법 제58조제2항을 위반하여 다음 각 목의 어느 하나에 해당하는 경우	법 제98조제1항제2호	
가. 업무를 시작하기 전까지 항공안전관리시스템을 마련하지 아니한 경우		업무정지(10일)
나. 승인을 받지 아니하고 항공안전관리시스템을 운용한 경우		업무정지(10일)
다. 항공안전관리시스템을 승인받은 내용과 다르게 운용한 경우		업무정지(10일)
라. 승인을 받지 아니하고 제130조제3항으로 정하는 중요 사항을 변경한 경우		업무정지(10일)
4. 정당한 사유 없이 법 제97조제1항에 따른 정비조직인증기준을 위반한 경우	법 제98조제1항제3호	
가. 인증받은 범위 외의 다음의 정비등을 한 경우		
1) 인증받은 정비능력을 초과하여 정비등을 한 경우		업무정지(10일)
2) 인증받은 형식 외의 항공기등에 대한 정비등을 한 경우		업무정지(15일)
3) 인증받은 장비품 · 부품 외의 장비품 · 부품의 정비등을 한 경우		업무정지(10일)
나. 인증받은 정비시설 또는 정비건물 등의 위치를 무단으로 변경하여 정비등을 한 경우		업무정지(7일)
다. 인증받은 장소가 아닌 곳에서 정비등을 한 경우		업무정지(10일)
라. 인증받은 범위에서 정비등을 수행한 후 법 제35조제8호의 항공정비사 자격증명을 가진 자로부터 확인을 받지 않은 경우		업무정지(15일)
마. 정비등을 하지 않고 거짓으로 정비기록을 작성한 경우		업무정지(7일)
바. 세부 운영기준에서 정한 정비방법 · 품질관리절차 및 수행목록 등을 위반하여 정비등을 한 경우(가목부터 마목까지의 규정에 해당되지 않는 사항을 말한다)		업무정지(5일)
사. 가목부터 바목까지의 규정 외에 정비조직인증기준을 위반한 경우		업무정지(3일)
5. 고의 또는 중대한 과실에 의하여 또는 항공종사자에 대한 관리 · 감독에 관하여 상당한 주의의무를 게을리함으로써 항공기 사고가 발생한 경우	법 제98조제1항제4호	
가. 해당 항공기 사고로 인한 사망자가 200명 이상인 경우		업무정지(180일)
나. 해당 항공기 사고로 인한 사망자가 150명 이상 200명 미만인 경우		업무정지(150일)
다. 해당 항공기 사고로 인한 사망자가 100명 이상 150명 미만인 경우		업무정지(120일)
라. 해당 항공기 사고로 인한 사망자가 50명 이상 100명 미만인 경우		업무정지(90일)
마. 해당 항공기 사고로 인한 사망자가 10명 이상 50명 미만인 경우		업무정지(60일)
바. 해당 항공기 사고로 인한 사망자가 10명 미만인 경우		업무정지(30일)
사. 해당 항공기 사고로 인한 중상자가 10명 이상인 경우		업무정지(30일)
아. 해당 항공기 사고로 인한 중상자가 5명 이상 10명 미만인 경우		업무정지(20일)
자. 해당 항공기 사고로 인한 중상자가 5명 미만인 경우		업무정지(15일)
차. 해당 항공기 사고로 인한 항공기 또는 제3자의 재산 피해가 100억원 이상인 경우		업무정지(90일)
카. 해당 항공기 사고로 인한 항공기 또는 제3자의 재산 피해가 50억원 이상 100억원 미만인 경우		업무정지(60일)
타. 해당 항공기 사고로 인한 항공기 또는 제3자의 재산피해가 10억원 이상 50억원 미만인 경우		업무정지(30일)
파. 해당 항공기 사고로 인한 항공기 또는 제3자의 재산피해가 1억원 이상 10억원 미만인 경우		업무정지(20일)
하. 해당 항공기 사고로 인한 항공기 또는 제3자의 재산피해가 1억원 미만인 경우		업무정지(10일)

비고

위 표의 제5호에 따른 정비등의 업무정지처분을 하는 경우 인명피해와 항공기 또는 제3자의 재산피해가 같이 발생한 경우에는 해당 정비등의 업무정지기간을 합산하여 처분하되, 합산하는 경우에도 정비등의 업무정지기간이 180일을 초과할 수 없다.

■ 항공안전법 시행규칙 [별표 39] <개정 2021. 11. 19.>

외국인 국제항공운송사업자의 항공기 운항정지 등 행정처분기준
(제282조 관련)

위 반 행 위	근거 법 조문	처분내용
1. 거짓이나 그 밖의 부정한 방법으로 운항증명승인을 받은 경우	법 제105조제1항제1호	운항증명 승인취소
2. 법 제103조제1항을 위반하여 운항증명승인을 받지 아니하고 운항한 경우	법 제105조제1항제2호	항공기운항 정지(180일)
3. 법 제103조제3항을 위반하여 같은 조 제2항에 따른 운항조건・제한사항을 준수하지 아니한 경우	법 제105조제1항제3호	항공기운항 정지(20일)
4. 법 제103조제5항을 위반하여 변경승인을 받지 아니하고 운항한 경우	법 제105조제1항제4호	항공기운항 정지(30일)
5. 법 제106조제1항에 따라 준용되는 법 제57조제1항을 위반하여 조종사가 주류등의 영향으로 항공업무를 정상적으로 수행할 수 없는 상태에서 항공업무에 종사하게 한 경우	법 제105조제1항제5호	항공기운항 정지(20일)
6. 법 제106조제2항에 따라 준용되는 법 제94조 각 호에 따른 항공운송의 안전을 위한 명령에 따르지 아니한 경우	법 제105조제1항제6호	항공기운항 정지(30일)
7. 항공기 운항의 정지기간에 항공기를 운항한 경우	법 제105조제1항제7호	운항증명 승인취소

■ 항공안전법 시행규칙 [별표 40] <개정 2020. 12. 10.>

경량항공기 안전성인증 등급에 따른 운용범위(제284조제5항 관련)

등급	운용범위
제1종	제한 없음
제2종	항공기대여업 또는 항공레저스포츠사업에의 사용 제한
제3종	다음의 각 호의 사용을 제한 1. 항공기대여업 또는 항공레저스포츠사업에의 사용 2. 조종사를 포함하여 2명이 탑승한 경우에는 이륙 장소의 중심으로부터 반경 10킬로미터 범위를 초과하는 비행에 사용
제4종	다음의 각 호의 사용을 제한 1. 항공기대여업 또는 항공레저스포츠사업에의 사용 2. 이륙 장소의 중심으로부터 반경 10킬로미터 범위를 초과하는 비행에 사용 3. 1명의 조종사 외의 사람이 탑승하는 비행에 사용 4. 인구 밀집지역 상공에서의 비행에 사용

비고 : 항공안전기술원은 안전성인증 검사결과에 따라 비행고도, 속도 등의 성능에 관한 제한사항을 추가로 지정할 수 있다.

■ 항공안전법 시행규칙 [별표 41] <개정 2021. 8. 27.>

경량항공기에 대한 경미한 정비의 범위(제285조제2항 관련)

경량항공기에 대한 경미한 정비의 범위는 다음과 같으며, 복잡한 조립 조작이 포함되어 있지 않아야 한다.

1. 착륙장치(Landing Gear)의 타이어를 떼어내는 작업(이하 "장탈"이라 한다), 원래의 위치에 붙이는 작업(이하 "장착"이라 한다)
2. 착륙장치의 탄성충격흡수장치(Elastic Shock Absorber)의 고정용 코드(Cord)의 교환
3. 착륙장치의 유압완충지주(Shock Strut)에 윤활유 또는 공기의 보충
4. 착륙장치 바퀴(Wheel) 베어링에 대한 세척 및 윤활유 주입 등의 서비스
5. 손상된 풀림방지 안전선(Safety Wire) 또는 고정 핀(Cotter Key)의 교환
6. 덮개(Cover plates), 카울링(Cowing) 및 페어링(Fairing)과 같은 비구조부품목의 장탈(분해하는 경우는 제외한다) 및 윤활
7. 리브 연결(Rib Stitching), 구조부 부품 또는 조종면의 장탈을 필요로 하지 않는 단순한 직물의 기움
8. 유압유 저장탱크에 유압액을 보충하는 것
9. 1차 구조부재 또는 작동 시스템의 장탈 또는 분해가 필요하지 않은 동체(Fuselage), 날개, 꼬리부분의 표면[균형 조종면(Balanced control surfaces)은 제외한다], 페어링, 카울링, 착륙장치, 조종실 내부의 장식을 위한 덧칠(Coating)
10. 장비품(Components)의 보존 또는 보호를 위한 재료의 사용. 다만, 관련된 1차 구조부재 또는 작동 시스템의 분해가 요구되지 않아야 하고, 덧칠이 금지되거나 좋지 않은 영향이 없어야 한다.
11. 객실 또는 조종실의 실내 장식품 또는 장식용 비품의 수리. 다만, 수리를 위해 1차 구조부재나 작동 시스템의 분해가 요구되지 않아야 하고, 작동 시스템에 간섭을 주거나 1차 구조부재에 영향을 주지 않아야 한다.
12. 페어링, 구조물이 아닌 덮개, 카울링, 소형 패치에 대한 작고 간단한 수리 작업 및 공기흐름에 영향을 줄 수 있는 외형상의 변화가 없는 보강작업
13. 작업이 조종계통 또는 전기계통 장비품 등과 같은 작동 시스템의 구조에 간섭을 일으키지 않는 측면 창문(Side Windows)의 교환
14. 안전벨트의 교환
15. 1차 구조부과 작동 시스템의 분해가 필요하지 않는 좌석 또는 좌석부품의 교환
16. 고장 난 착륙등(Landing Light)의 배선 회로에 대한 고장탐구 및 수리
17. 위치등(Position Light)과 착륙등(Landing Light)의 전구, 반사면, 렌즈의 교환
18. 중량과 평형(Weight and Balance) 계산이 필요 없는 바퀴와 스키의 교환
19. 프로펠러나 비행조종계통의 장탈이 필요 없는 카울링의 교환
20. 점화플러그의 교환, 세척 또는 간극(Gap)의 조정
21. 호스 연결부위의 교환
22. 미리 제작된 연료 배관의 교환
23. 연료와 오일 여과기 세척
24. 배터리의 교환 및 충전 서비스
25. 작동에 부수적인 역할을 하며 구조부재가 아닌 파스너(Fastener: 잠금장치)의 교환 및 조절

■ 항공안전법 시행규칙 [별표 42] <개정 2022. 6. 8.>

경량항공기 조종사 등에 대한 행정처분기준(제292조제1항 관련)

1. 일반기준

가. 처분의 구분

1) 자격증명등의 취소란 경량항공기 조종사 자격증명, 경량항공기 조종교육증명, 경량항공기 조종연습허가를 취소하는 것을 말한다.

2) 자격증명등의 효력의 정지란 일정기간 경량항공기 조종연습 및 경량항공기를 조종할 수 있는 자격을 정지하는 것을 말한다.

나. 처분기간의 산정

1) 하나의 행위로 둘 이상의 위반행위가 발생한 경우 그 중 무거운 처분의 기준에 따르되, 2분의 1의 범위에서 가중하여 처분한다.

2) 하나의 비행 편에서 둘 이상의 위반행위가 발생한 경우 그 중 무거운 처분의 기준에 따르되, 2분의 1의 범위에서 가중하여 처분한다.

3) 같은 위반행위가 연속하여 2회 이상 발생한 경우 1회의 위반행위로 보아 처분하되, 2분의 1의 범위에서 가중하여 처분한다. 다만, 위반사실을 인지하고도 같은 위반행위를 반복한 경우에는 위반횟수별로 합산하여 산정한다.

4) 위반행위가 기장을 보조하는 경량항공기 조종사의 잘못으로 발생한 경우에는 기장에 대한 처분 외에 그 경량항공기 조종사에 대해서도 처분할 수 있다. 이 경우 그 경량항공기 조종사에 대한 처분은 처분기준의 2분의 1의 범위에서 줄여 처분할 수 있다.

5) 위반행위의 차수에 따른 행정처분의 기준은 위반행위를 한 날로부터 최근 1년 이내 같은 위반행위로 행정처분을 받은 경우에 적용한다. 이 경우 기간의 계산은 위반행위에 대하여 행정처분을 받은 날과 그 처분 후 다시 같은 위반행위를 하여 적발된 날을 기준으로 한다.

6) 위 5)에 따라 가중된 행정처분을 하는 경우 가중처분의 적용차수는 그 위반행위 전 행정처분 차수[위 5)에 따른 기간 내에 행정처분이 둘 이상 있었던 경우에는 높은 차수를 말한다]의 다음 차수로 한다.

7) 위 3)에서 "같은 위반행위"란 제2호의 같은 목(세부유형이 분류되어 있는 경우에는 그 세부유형)의 위반행위를 말한다.

다. 처분의 조정

1) 국토교통부장관은 다음의 어느 하나에 해당하는 경우에는 나목 및 제2호에 따른 처분기준의 2분의 1의 범위에서 줄여 처분할 수 있다.

가) 항공안전에 대한 위험을 피하기 위한 부득이한 사유가 있는 경우

나) 행위자가 항공안전 향상에 기여한 공로로 정부로부터 표창을 받은 경우(경미한 위반행위에 한정하며, 1회에 한정하여 적용한다)

다) 위반행위를 한 경량항공기 조종사가 과거 법을 위반한 이력이 없는 경우(경미한 위반행위에 한정한다)

라) 「공항시설법」 제2조제7호·제8호에 따른 공항시설 및 비행장시설의 미비·장애, 「공항시설법」 제2조제19호에 따른 이착륙장 시설의 미비·장애 및 경량항공기에 사용한 부품의 결함 및 경량항공기 정비 등을 위해 사용한 장비 등의 오작동 등 외부적인 상황으로 위반행위가 발생한 경우

마) 그 밖에 위반행위의 정도, 위반행위의 동기와 그 결과 등을 고려하여 처분을 줄일 필요가 있다고 인정되는 경우

2) 국토교통부장관은 다음의 어느 하나에 해당하는 경우에는 나목 및 제2호에 따른 처분기준의 2분의 1의 범위에서 늘려 처분할 수 있다.

가) 고의 또는 중과실에 의해 위반행위가 발생한 경우

나) 다른 항공기 또는 경량항공기의 운항안전 또는 공중(公衆)에 상당한 영향을 미친 경우

다) 위반직후 적절한 후속조치를 취하지 아니하여 위험을 중대시킨 경우

라) 그 밖에 위반행위의 정도, 위반행위의 동기와 그 결과 등을 고려하여 처분을 늘릴 필요가 있다고 인정되는 경우

2. 개별 기준

가. 자격증명등

위반행위 또는 사유	근거 법 조문	처분내용
1) 거짓이나 그 밖의 부정한 방법으로 자격증명등을 받은 경우	법 제114조제1항제1호	자격증명 취소
2) 이 법을 위반하여 벌금 이상의 형을 선고받은 경우	법 제114조제1항제2호	
가) 벌금 100만원 미만		효력정지 30일
나) 벌금 100만원 이상 200만원 미만		효력정지 50일
다) 벌금 200만원 이상		자격증명 취소
3) 경량항공기 조종업무를 수행할 때 고의 또는 중대한 과실로 경량항공기사고를 일으켜 다음 각 목의 인명피해를 발생시킨 경우	법 제114조제1항제3호	
가) 중상자 외의 부상자가 발생한 경우		효력 정지 30일 이상

나) 중상자가 발생한 경우		효력 정지 90일 이상
다) 사망자가 발생한 경우		자격증명 취소
4) 경량항공기 조종업무를 수행할 때 고의 또는 중대한 과실로 경량항공기사고를 일으켜 다음 각 목의 재산피해를 발생시킨 경우	법 제114조제1항제3호	
가) 경량항공기 또는 제3자의 재산피해가 10억원 미만인 경우		효력 정지 30일 이상
나) 경량항공기 또는 제3자의 재산피해가 10억원 이상 100억원 미만인 경우		효력 정지 90일 이상
다) 경량항공기 또는 제3자의 재산피해가 100억원 이상인 경우		자격증명 취소
5) 법 제110조 본문을 위반하여 경량항공기 조종업무 외의 업무에 종사한 경우	법 제114조제1항제4호	1차 위반: 효력 정지 150일 2차 위반: 효력 정지 1년
6) 법 제111조제2항을 위반하여 경량항공기 조종사 자격증명의 한정을 받은 사람이 한정된 경량항공기 종류 외의 경량항공기를 조종한 경우	법 제114조제1항제5호	1차 위반: 효력 정지 30일 2차 위반: 효력 정지 60일 3차 이상 위반: 효력 정지 180일
7) 법 제112조의2제1항을 위반하여 다른 사람에게 자기의 성명을 사용하여 경량항공기 조종업무를 수행하게 하거나 경량항공기 조종사 자격증명서를 빌려준 경우	법 제114조제1항제5호의2	자격증명 취소
8) 법 제112조의2제3항을 위반하여 다음 각 목의 행위를 알선한 경우 가) 다른 사람에게 자기의 성명을 사용하여 경량항공기 조종업무를 수행하게 하거나 경량항공기 조종사 자격증명서를 빌려주는 행위 나) 다른 사람의 성명을 사용하여 경량항공기 조종업무를 수행하거나 다른 사람의 경량항공기 조종사 자격증명서를 빌리는 행위	법 제114조제1항제5호의3	자격증명 취소
9) 법 제113조(법 제116조제5항에서 준용하는 경우를 포함한다)를 위반하여 항공신체검사증명을 받지 않고 경량항공기 조종업무를 하거나 경량항공기 조종연습을 한 경우	법 제114조제1항제6호	1차 위반: 효력 정지 30일 2차 위반: 효력 정지 60일 3차 이상 위반: 효력 정지 150일
10) 법 제115조제1항을 위반하여 조종교육증명을 받지 않고 조종교육을 한 경우	법 제114조제1항제7호	1차 위반: 효력 정지 30일 2차 위반: 효력 정지 60일 3차 이상 위반: 효력 정지 180일
11) 법 제115조제2항을 위반하여 국토교통부장관이 정하는 교육을 받지 않은 경우	법 제114조제1항제8호	1차 위반: 효력 정지 30일 2차 위반: 효력 정지 60일 3차 이상 위반: 효력 정지 180일
12) 법 제118조를 위반하여 이륙·착륙 장소가 아닌 곳 또는 「공항시설법」 제25조제6항에 따라 사용이 중지된 장소에서 경량항공기를 이륙하거나 착륙하게 한 경우	법 제114조제1항제9호	1차 위반: 효력 정지 30일 2차 위반: 효력 정지 150일 3차 위반: 효력 정지 1년
13) 법 제121조제2항에서 준용하는 법 제57조제1항을 위반하여 주류등의 영향으로 경량항공기 조종업무(법 제116조에 따른 경량항공기 조종연습을 포함한다)를 정상적으로 수행할 수 없는 상태에서 경량항공기를 사용하여 비행한 경우	법 제114조제1항제10호	가) 주류의 경우 (1) 혈중알코올농도 0.02퍼센트 이상 0.06퍼센트 미만: 효력 정지 60일 (2) 혈중알코올농도 0.06퍼센트 이상 0.09퍼센트 미만: 효력 정지 120일 (3) 혈중알코올농도 0.09퍼센트 이상: 자격증명 취소 나) 마약류 또는 환각물질의 경우 (1) 1차 위반: 효력 정지 60일 (2) 2차 위반: 효력 정지 120일 (3) 3차 이상 위반: 자격증명 취소

14) 법 제121조제2항에서 준용하는 법 제57조제2항을 위반하여 경량항공기 조종업무(법 제116조에 따른 경량항공기 조종연습을 포함한다)에 종사하는 동안에 같은 조 제1항에 따른 주류등을 섭취하거나 사용한 경우	법 제114조제1항 제11호	가) 주류의 경우 (1) 혈중알코올농도 0.02퍼센트 이상 0.06퍼센트 미만: 효력 정지 60일 (2) 혈중알코올농도 0.06퍼센트 이상 0.09퍼센트 미만: 효력 정지 120일 (3) 혈중알코올농도 0.09퍼센트 이상: 자격증명 취소 나) 마약류 또는 환각물질의 경우 (1) 1차 위반: 효력 정지 60일 (2) 2차 위반: 효력 정지 120일 (3) 3차 이상 위반: 자격증명 취소
15) 법 제121조제2항에서 준용하는 법 제57조제3항을 위반하여 같은 조 제1항에 따른 주류등의 섭취 및 사용 여부의 측정 요구에 따르지 않은 경우	법 제114조제1항 제12호	자격증명 취소
16) 법 제121조제3항에서 준용하는 법 제67조제1항을 위반하여 비행규칙을 따르지 않고 비행한 경우	법 제114조제1항 제13호	1차 위반: 효력 정지 30일 2차 위반: 효력 정지 60일 3차 이상 위반: 효력 정지 180일
17) 법 제121조제4항에서 준용하는 법 제79조제1항을 위반하여 국토교통부장관이 정하여 공고하는 비행의 방식 및 절차에 따르지 않고 비관제공역 또는 주의공역에서 비행한 경우	법 제114조제1항 제14호	1차 위반: 효력 정지 30일 2차 위반: 효력 정지 60일 3차 이상 위반: 효력 정지 150일
18) 법 제121조제4항에서 준용하는 법 제79조제2항을 위반하여 허가를 받지 않거나 국토교통부장관이 정하는 비행의 방식 및 절차에 따르지 않고 통제공역에서 비행한 경우	법 제114조제1항 제15호	1차 위반: 효력 정지 30일 2차 위반: 효력 정지 90일 3차 위반: 자격증명 취소
19) 법 제121조제5항에서 준용하는 법 제84조제1항을 위반하여 국토교통부장관 또는 항공교통업무증명을 받은 자가 지시하는 이동·이륙·착륙의 순서 및 시기와 비행의 방법에 따르지 않은 경우	법 제114조제1항 제16호	1차 위반: 효력 정지 30일 2차 위반: 효력 정지 90일 3차 위반: 자격증명 취소
20) 자격증명등의 정지기간에 경량항공기 조종업무에 종사한 경우	법 제114조제1항 제17호	자격증명 취소

나. 항공신체검사증명

위반행위 또는 사유	해당 법 조문	처분내용
1) 거짓이나 그 밖의 부정한 방법으로 항공신체검사증명을 받은 경우	법 제114조제2항 제1호	항공신체검사증명 취소
2) 법 제113조제2항에서 준용하는 법 제40조제2항에 따른 자격증명의 종류별 항공신체검사증명의 기준에 맞지 않게 되어 경량항공기 조종업무를 수행하기에 부적합하다고 인정되는 경우	법 제114조제2항 제2호	효력정지 30일 이상
3) 법 제121조제2항에서 준용하는 법 제57조제1항을 위반하여 주류등의 영향으로 경량항공기 조종업무(법 제116조에 따른 경량항공기 조종연습을 포함한다)를 정상적으로 수행할 수 없는 상태에서 경량항공기를 사용하여 비행한 경우	법 제114조제2항 제3호	가) 주류의 경우 (1) 혈중알코올농도 0.02퍼센트 이상 0.06퍼센트 미만: 효력 정지 60일 (2) 혈중알코올농도 0.06퍼센트 이상 0.09퍼센트 미만: 효력 정지 120일 (3) 혈중알코올농도 0.09퍼센트 이상: 항공신체검사증명 취소 나) 마약류 또는 환각물질의 경우 (1) 1차 위반: 효력 정지 60일 (2) 2차 위반: 효력 정지

		120일 (3) 3차 이상 위반: 항공신체검사증명 취소
4) 법 제121조제2항에서 준용하는 법 제57조제2항을 위반하여 경량항공기 조종업무(법 제116조에 따른 경량항공기 조종연습을 포함한다)에 종사하는 동안에 같은 조 제1항에 따른 주류등을 섭취하거나 사용한 경우	법 제114조제2항 제3호	가) 주류의 경우 (1) 혈중알코올농도 0.02퍼센트 이상 0.06퍼센트 미만: 효력 정지 60일 (2) 혈중알코올농도 0.06퍼센트 이상 0.09퍼센트 미만: 효력 정지 120일 (3) 혈중알코올농도 0.09퍼센트 이상: 항공신체검사증명 취소 나) 마약류 또는 환각물질의 경우 (1) 1차 위반: 효력 정지 60일 (2) 2차 위반: 효력 정지 120일 (3) 3차 이상 위반: 항공신체검사증명 취소
5) 법 제121조제2항에서 준용하는 법 제57조제3항을 위반하여 같은 조 제1항에 따른 주류등의 섭취 및 사용 여부의 측정 요구에 따르지 않은 경우	법 제114조제2항 제3호	1차 위반: 효력 정지 60일 2차 위반: 효력 정지 120일 3차 이상 위반: 항공신체검사증명 취소

■ 항공안전법 시행규칙 [별표 43]

초경량비행장치 안전성 인증기관의 인력 및 시설기준(제305조제2항 관련)

구분	기준
1. 법인성격	항공관련 업무를 수행하는 비영리법인
2. 전문인력	다음 각 목의 어느 하나에 해당하는 사람 5명 이상을 확보할 것 가. 법 제35조제8호에 따른 항공정비사 자격증명을 받은 사람 나. 「국가기술자격법」에 따른 항공기사 이상의 자격을 받은 사람 다. 항공기술 관련 학사 이상의 학위를 취득한 후 3년 이상 항공기등, 경량항공기 또는 초경량비행장치의 설계·제작·정비 또는 품질보증 또는 안전성인증 업무에 종사한 경력이 있는 사람
3. 시설 및 장비	가. 초경량비행장치의 시험비행 등을 위한 이륙 및 착륙 시설(타인의 시설을 임차하여 사용하는 경우를 포함한다) 나. 안전성인증 민원업무 처리에 필요한 사무실 및 사무기기 다. 초경량비행장치와 관련된 기술자료실 라. 초경량비행장치 조종자 등에 대한 안전교육을 실시할 수 있는 강의실

■ 항공안전법 시행규칙 [별표 44]

초경량비행장치 조종자 증명기관의 인력 및 시설기준(제306조제2항 관련)

구분	기준
1. 법인성격	항공 조종, 정비 등의 업무를 수행하는 비영리법인
2. 전문인력	다음 각 목의 어느 하나에 해당하는 사람 3명 이상을 확보할 것 가. 법 제35조제3호에 따른 자가용 조종사 이상의 자격증명을 받은 사람 나. 법 제109조제1항에 따른 경량항공기 조종사 자격증명을 취득한 후 3년 이상 경량항공기 또는 초경량비행장치의 조종교육 업무에 종사한 경력이 있는 사람 다. 법 제125조제1항에 따른 초경량비행장치 조종자 증명을 취득한 후 3년 이상 초경량비행장치의 조종교육 업무에 종사한 경력이 있는 사람 라. 경량항공기 또는 초경량비행장치의 조종 관련 업무에 5년 이상 종사한 경력이 있는 사람
3. 시설 및 장비	가. 초경량비행장치 조종자 증명의 학과시험을 위한 학과시험장(타인의 시설을 임차하여 사용하는 경우를 포함한다) 나. 초경량비행장치 조종자 증명의 실기시험을 위한 이륙 및 착륙 시설(타인의 시설을 임차하여 사용하는 경우를 포함한다) 다. 초경량비행장치 조종자 증명 관련 민원업무 처리에 필요한 사무실 및 사무기기

■ 항공안전법 시행규칙 [별표 44의2] <개정 2024. 11. 13.>

초경량비행장치 조종자 등에 대한 행정처분기준(제306조제5항 관련)

위반행위 또는 사유	해당 법 조문	처분내용
1. 거짓이나 그 밖의 부정한 방법으로 자격증명등을 받은 경우	법 제125조제5항제1호	조종자증명 취소
2. 이 법을 위반하여 벌금 이상의 형을 선고받은 경우	법 제125조제5항제2호	가. 벌금 100만원 미만 : 효력정지 30일 나. 벌금 100만원 이상 200만원 미만 : 효력정지 50일 다. 벌금 200만원 이상 : 조종자증명 취소
3. 초경량비행장치의 조종자로서 업무를 수행할 때 고의 또는 중대한 과실로 초경량비행장치사고를 일으켜 다음 각 목의 인명피해를 발생시킨 경우	법 제125조제5항제3호	
가. 사망자가 발생한 경우		조종자증명 취소
나. 중상자가 발생한 경우		효력 정지 90일
다. 중상자 외의 부상자가 발생한 경우		효력 정지 30일
4. 초경량비행장치의 조종자로서 업무를 수행할 때 고의 또는 중대한 과실로 초경량비행장치사고를 일으켜 다음 각 목의 재산피해를 발생시킨 경우	법 제125조제5항제3호	
가. 초경량비행장치 또는 제3자의 재산피해가 100억원 이상인 경우		효력 정지 180일
나. 초경량비행장치 또는 제3자의 재산피해가 10억원 이상 100억원 미만인 경우		효력 정지 90일
다. 초경량비행장치 또는 제3자의 재산피해가 10억원 미만인 경우		효력 정지 30일
5. 법 제125조제2항을 위반하여 다른 사람에게 자기의 성명을 사용하여 초경량비행장치 조종을 수행하게 하거나 초경량비행장치 조종자 증명을 빌려 준 경우	법 제125조제5항제3호의2	조종자 증명 취소
6. 법 제125조제4항을 위반하여 다음 각 목에 해당하는 행위를 알	법 제125조제5항제3호의3	조종자 증명 취소

선한 경우 가. 다른 사람에게 자기의 성명을 사용하여 초경량비행장치 조종을 수행하게 하거나 초경량비행장치 조종자 증명을 빌려 주는 행위 나. 다른 사람의 성명을 사용하여 초경량비행장치 조종을 수행하거나 다른 사람의 초경량비행장치 조종자 증명을 빌리는 행위		
6의2. 법 제125조의2제1항을 위반하여 안전교육을 받지 않고 비행을 한 경우	법 제125조제5항제3호의4	1차 위반: 효력 정지 30일 2차 위반: 효력 정지 60일 3차 이상 위반: 효력 정지 180일
7. 법 제129조제1항에 따른 초경량비행장치 조종자의 준수사항을 위반한 경우	법 제125조제5항제4호	1차 위반: 효력 정지 30일 2차 위반: 효력 정지 60일 3차 이상 위반: 효력 정지 180일
8. 법 제131조에서 준용하는 법 제57조제1항을 위반하여 주류등의 영향으로 초경량비행장치를 사용하여 비행을 정상적으로 수행할 수 없는 상태에서 초경량비행장치를 사용하여 비행한 경우	법 제125조제5항제5호	가. 주류의 경우 - 혈중알콜농도 0.02퍼센트 이상 0.06퍼센트 미만: 효력 정지 60일 - 혈중알콜농도 0.06퍼센트 이상 0.09퍼센트 미만: 효력 정지 120일 - 혈중알콜농도 0.09퍼센트 이상: 효력 정지 180일 나. 마약류 또는 환각물질의 경우 - 1차 위반: 효력 정지 60일 - 2차 위반: 효력 정지 120일 - 3차 이상 위반: 효력 정지 180일
9. 법 제131조에서 준용하는 법 제57조제2항을 위반하여 초경량비행장치를 사용하여 비행하는 동안에 같은 조 제1항에 따른 주류등을 섭취하거나 사용한 경우	법 제125조제5항제6호	가. 주류의 경우 - 혈중알콜농도 0.02퍼센트 이상 0.06퍼센트 미만: 효력 정지 60일 - 혈중알콜농도 0.06퍼센트 이상 0.09퍼센트 미만: 효력 정지 120일 - 혈중알콜농도 0.09퍼센트 이상: 효력 정지 180일 나. 마약류 또는 환각물질의 경우 - 1차 위반: 효력 정지 60일 - 2차 위반: 효력 정지 120일 - 3차 이상 위반: 효력 정지 180일
10. 법 제131조에서 준용하는 법 제57조제3항을 위반하여 같은 조 제1항에 따른 주류등의 섭취 및 사용 여부의 측정 요구에 따르지 않은 경우	법 제125조제5항제7호	조종자증명 취소
11. 조종자 증명의 효력정지기간에 초경량비행장치를 사용하여 비행한 경우	법 제125조제5항제8호	조종자증명 취소

비고

1. 처분의 구분
   가. 조종자증명 취소: 초경량비행장치 조종자증명을 취소하는 것을 말한다.
   나. 효력 정지: 일정기간 초경량비행장치를 조종할 수 있는 자격을 정지하는 것을 말한다.
2. 1개의 위반행위나 사유가 2개 이상의 처분기준에 해당되는 경우와 고의 또는 중대한 과실로 인명 및 재산피해가 동시에 발생한 경우에는 그 중 무거운 처분기준을 적용한다.
3. 위반행위의 차수에 따른 행정처분의 기준은 최근 1년간 같은 위반행위로 행정처분을 받은 경우에 적용한다. 이 경우 기간의 계산은 같은 위반행위에 대하여 행정처분을 받은 날과 그 처분 후 다시 같은 위반행위를 하여 적발된 날을 기준으로 한다.
4. 다음 각 목의 사유를 고려하여 행정처분의 2분의 1의 범위에서 가중하거나 감경할 수 있다.
   가. 가중할 수 있는 경우
      1) 위반의 내용·정도가 중대하여 공중에 미치는 영향이 크다고 인정되는 경우
      2) 위반행위가 고의나 중대한 과실에 의한 것으로 인정되는 경우
      3) 과거 효력정지 처분이 있는 경우
   나. 감경할 수 있는 경우
      1) 위반행위가 고의성이 없는 사소한 부주의나 오류로 인한 것으로 인정되는 경우
      2) 위반행위가 처음 발생한 경우
      3) 위반행위자가 법 위반상태를 시정하거나 해소하기 위하여 노력한 사실이 인정되는 경우

■ 항공안전법 시행규칙 [별표 44의3] <신설 2024. 11. 13.>

초경량비행장치 안전교육의 내용 및 교육시간(제306조의2제2항 관련)

교육과목	교육시간	
	최초교육	정기교육
항공안전 관계 법령 및 규정	2시간	1시간
초경량비행장치 운용 등 기술능력	1시간	1시간
초경량비행장치 사고사례	1시간	1시간
비상절차 등 조종자 안전 준수사항	4시간	1시간
계	8시간	4시간

■ 항공안전법 시행규칙 [별표 44의4] <개정 2024. 11. 13.>

무인자유기구의 비행절차(제310조제6항 관련)

1. 무인자유기구의 종류

가. 소형 무인자유기구: 총중량이 2kg 이상 4kg 미만인 1개 이상의 화물을 운반하는 무인자유기구(다목2)부터 4)까지에 해당하는 무인자유기구는 제외한다)

나. 중형 무인자유기구: 총중량이 4kg 이상 6kg 미만인 2개 이상의 화물을 운반하는 무인자유기구(다목2)부터 4)까지에 해당하는 무인자유기구는 제외한다)

다. 대형 무인자유기구: 다음의 어느 하나에 해당하는 화물을 운반하는 무인자유기구

1) 총중량이 6kg 이상인 화물

2) 개별 화물의 중량이 3kg 이상인 화물

3) 개별 화물의 밀도가 13g/㎠ 이상이고, 그 개발 화물의 중량이 2kg 이상인 화물

4) 230뉴톤(newtons) 이상의 중량을 지탱할 수 있는 밧줄이나 기타 지주를 사용하는 화물

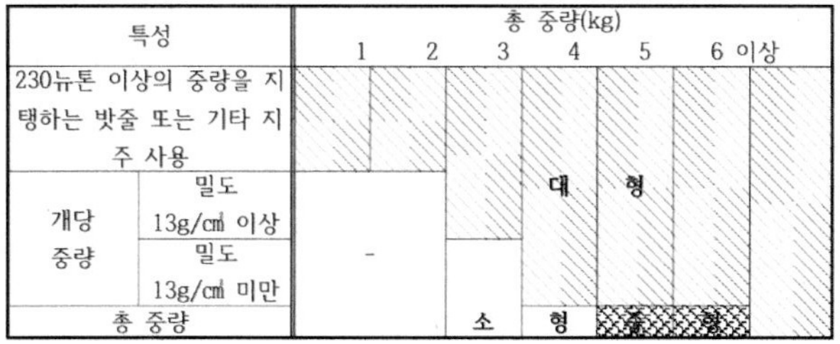

특성		총 중량(kg)						
		1	2	3	4	5	6 이상	
230뉴톤 이상의 중량을 지탱하는 밧줄 또는 기타 지주 사용								
개당 중량	밀도 13g/㎠ 이상	-			대	형		
	밀도 13g/㎠ 미만							
총 중량				소	형	중	형	

2. 일반 기준(General operating rules)

가. 기상관측용 중형 또는 대형 무인자유기구는 다른 국가의 영토를 가로질러 운용해서는 아니 된다.

나. 무인자유기구 또는 운반하는 화물이 지면과 충돌하여 다른 사람 또는 재산에 피해를 주어서는 아니 된다.

3. 운용한계 및 장비기준(Operating limitations and equipment requirements)

가. 중형 및 대형 무인자유기구는 도시, 번화가 등 인구밀집지역이나 옥외에 군중이 있는 지역의 상공에서 300미터(1,000피트) 미만의 고도로 비행해서는 아니 된다.

나. 대형 무인자유기구를 비행하려면 다음의 기준을 갖추어야 한다.

1) 자동 또는 원격조정으로 유상하중을 이탈시키는 독립적인 도구 또는 장치가 2개 이상 있을 것

2) 폴리에틸렌 0(Zero) 기압기구인 경우 각각 독립적으로 해당 대형 무인자유기구의 비행을 종료시키는 방법ㆍ장치 또는 도구가 2개 이상 있을 것

3) 대형 무인자유기구에는 다음의 어느 하나에 해당하는 것을 탑재할 것
가) 200㎒ ~ 2,700㎒의 주파수 범위 내에서 지상레이더에 반사 신호를 보내는 반사기나 반사체
나) 지상레이더의 유효범위 밖에서 운용자가 계속적으로 항적을 추적할 수 있도록 하는 장비

다. 지상 SSR 장비 또는 ADS-B 장비가 운용 중인 지역에서 대형 무인자유기구를 비행하려면 배정된 코드(code)로 계속 작동되거나 필요한 경우 감시국(Tracking station)에 의해 작동시킬 수 있는 2차 감시 항공교통관제 레이더용 트랜스폰더(SSR 트랜스폰더 또는 ADS-B 송신기)를 탑재해야 한다.

라. 그 일부분의 파손에 230뉴톤(newtons)을 초과하는 힘이 필요한 안테나를 가진 무인자유기구를 비행하려면 해당 안테나에 15미터 이하의 간격으로 부착된 유색 삼각 깃발 또는 표지기를 부착해야 한다.

마. 대형 무인자유기구를 야간(일몰과 일출 사이를 말한다. 이하 바목에서 같다)에 고도 18,000미터(60,000피트) 미만으로 비행하려면 등화를 달아야 한다.

바. 15미터를 초과하는 길이의 계류도구(현저히 눈에 띄는 색깔의 낙하산이 아닌 것만 해당한다)를 가진 대형 무인자유기구를 야간에 고도 18,000미터(60,000피트) 미만에서 비행하려면 계류도구를 현저히 눈의 띄는 색깔로 교대로 도색하거나 유색 삼각 깃발을 부착해야 한다.

사. 대형 무인자유기구는 다음의 어느 하나에 해당하는 경우 18,000미터(60,000피트) 미만의 고도에서 비행해서는 아니 된다.
1) 4 옥타(oktas) 이상의 구름 등이 있을 경우
2) 수평시정이 8킬로미터 미만일 경우

4. 비행의 종료(Termination)

대형 무인자유기구는 다음 각 목의 어느 하나에 해당하는 경우에는 제3호나목 1) 및 2)에 따른 종료장치로 비행을 종료시켜야 한다.

가. 기상상태가 대형 무인자유기구 비행에 필요한 기준치 미만인 경우

나. 고장 또는 다른 원인에 의해 항공기, 사람 또는 지상의 재산에 위험을 초래할 우려가 있는 경우

다. 영공통과 허가를 받지 않고 다른 국가의 영토로 진입하려는 경우

5. 비행 통보(Flight notification)

가. 비행 전 통보
1) 중형 또는 대형 무인자유기구는 예정된 비행일로부터 7일 전까지 관할 항공교통업무기관에 다음 각 호의 사항을 통보해야 한다.
가) 식별부호 또는 계획명칭
나) 기구의 분류등급 및 특징
다) SSR code 또는 NDB 주파수
라) 조종자의 이름 및 전화번호
마) 부양위치
바) 부양예정시간(연속하여 부양할 경우에는 시작시간과 종료시간을 말한다)
사) 부양 기구 수 및 예정부양간격(여러 개를 부양할 경우만 해당한다)
아) 예상 상승방향
자) 순항비행고도(기압고도)
차) 기압고도 18,000미터(60,000피트)를 통과하거나 고도 18,000미터(60,000피트)이하의 수평비행고도에 도달할 때까지의 예정 소요시간 및 위치
카) 비행종료일시 및 낙하위치. 다만, 비행종료 일시 및 낙하위치를 정확하게 예상할 수 없는 경우 장기간으로 통보해야 한다.
2) 1)에 따라 통보한 사항이 변경된 경우에는 부양예정시간으로부터 6시간 이전(시간이 중요한 변수인 태양 또는 우주전파간섭에 대한 연구목적인 경우에는 운용개시예정시간으로부터 30분 이전)에 관할 항공교통업무기관에 통보해야 한다.

나. 발사통보

중형 또는 대형 무인자유기구 조정자는 해당 무인자유기구를 부양한 직후 다음의 사항을 관할 항공교통업무기관에 통보해야 한다.
1) 기구비행 식별부호
2) 부양위치
3) 부양시간
4) 기압고도 18,000미터(60,000피트) 통과 예정시간 또는 고도 18,000미터 (60,000피트) 이하의 수평비행고도 도달 예정 시간 및 위치
5) 부양기구 수
6) 예정부양간격(여러 개를 부양할 경우에만 해당한다)
7) 예상 상승방향의 변경사항

다. 취소통보

조종자는 중형 또는 대형 무인자유기구의 비행이 취소된 경우 이를 지체 없이 관할 항공교통업무기관에 통보해야 한다.

6. 위치기록 및 보고(Position recording and reports)

가. 대형 무인자유기구 조종자는 기구의 비행경로를 추적하여 다음의 구분에 따른 시간마다 그 위치를 기록해야 하며, 관할 항공교통업무기관이 요청한 경우 그 위치를 보고해야 한다.
1) 기압고도 18,000미터(60,000피트) 이하의 고도에서 운용되는 경우: 2시간
2) 기압고도 18,000미터(60,000피트)를 초과하는 고도에서 운용되는 경우: 24시간

나. 대형 무인자유기구 조종자는 가목에 따른 위치를 기록할 수 없을 경우 지체 없이 최종 기록위치와 그 사실을 관할 항공교통업무기관에 통보해야 한다.

다. 무인자유기구 조종자는 기구의 위치추적이 재개되었을 경우 지체 없이 그 사실을 관할 항공교통업무기관에 통보해야 한다.

라. 대형 무인자유기구 조종자는 강하 개시 1시간 전에 다음의 사항을 관할 항공교통업무기관에 통보해야 한다
   1) 최종위치
   2) 최종고도(기압고도)
   3) 기압고도 18,000미터(60,000피트) 진입 예상시간
   4) 지상낙하 예상 시간 및 위치
마. 중형 또는 대형 무인자유기구 조종자는 기구의 비행이 종료되면 이를 관할 항공교통업무기관에 통보해야 한다.

■ 항공안전법 시행규칙 [별표 45] <개정 2021. 6. 9.>

전문검사기관이 갖추어야 할 기술인력·시설 및 장비기준(제318조의2 관련)

구 분	기 준
1. 기술인력	항공기등 또는 장비품의 인증업무 또는 시제품에 대한 기능시험·성능시험·구조시험 등의 업무에 5년 이상의 경력이 있는 사람 2명 이상을 확보하고, 인증 관련법 제도 외에 나목부터 자목까지 중 해당 분야의 교육·훈련을 이수하여야 한다. 가. 인증 관련법 제도 나. 기체구조 및 하중 인증분야 다. 추진기관 인증분야 라. 세부계통 및 실내장치 인증분야 마. 환경증명 인증분야 바. 비행시험 및 비행성능 인증분야 사. 항공전자·전기 인증분야 아. 형식증명 또는 제작증명 적합성 검사분야 자. 소프트웨어 인증분야
2. 시 설	가. 항공기등 또는 장비품의 해당분야에 대한 설계검증 및 품질인증을 위한 시설 나. 기술인력의 교육·훈련을 위한 시설(자체 교육·훈련을 실시할 경우만 해당한다)
3. 장 비	항공기등 또는 장비품의 해당분야에 대한 설계검증·시험분석 및 평가를 위해 필요한 장비

■ 항공안전법 시행규칙 [별표 46] <개정 2021. 6. 9.>

항공영어구술능력평가 전문기관의 인력·시설기준 등(제320조제1항 관련)

1. 인력기준 가. 면접인력: 항공영어구술능력증명 6등급의 자격을 갖춘 사람 2명 이상 나. 평가인력: 항공전문가 및 영어전문가 각 1명 이상 다. 출제인력: 항공전문가 또는 영어전문가 중 1개 이상의 자격을 갖춘 전문가 2명 이상. 이 경우 출제인력 중 1명은 항공영어구술능력증명 6등급을 소지해야 한다. 라. 운영인력: 2명 이상 2. 시설기준 등 가. 운영인력 등이 근무할 수 있는 사무실을 확보할 것 나. 컴퓨터 기반의 시험(Computer Based Test)을 실시할 수 있고, 외부 소음을 차단할 수 있는 방음시설 등을 갖춘 시험장을 확보할 것 다. 시험문제, 평가기록 등을 보존할 수 있는 보안성이 확보된 저장매체를 확보할 것

비고
1. "항공전문가"란 최근 10년 이내에 항공업무(조종·관제·무선통신)에 5년 이상 종사한 사람으로서 항공영어구술능력증명 5등급 이상의 자격을 갖춘 사람을 말한다.
2. "영어전문가"란 다음 각 목의 어느 하나에 해당하는 사람으로서 항공영어구술능력증명 5등급 이상의 자격을 갖춘 사람을 말한다.
   가. 영어 교육 또는 평가와 관련된 학과의 석사학위 이상의 자격을 갖춘 사람
   나. 영어 교육 또는 평가를 수행하는 기관에서 최근 10년 이내에 3년 이상 재직한 사람으로서 영어 교육 또는 평가와 관련된 학과의 학사학위 이상의 자격을 갖춘 사람
   다. 영어 교육 또는 평가를 수행하는 기관에서 최근 10년 이내에 5년 이상 재직한 사람
3. 동일한 인력이 동일한 응시자에 대해 면접과 평가를 동시에 겸임할 수 없다.
4. 면접·평가·출제인력은 필요한 경우 외부 전문가를 위촉하여 수행할 수 있다.

■ 항공안전법 시행규칙 [별표 47] <개정 2025. 12. 5.>

수수료(제321조 관련)

납부자	수수료
1. 법 제20조제1항에 따라 형식증명 또는 제한형식증명을 신청하거나 변경신청을 하는 자	
가. 다음의 항공기등에 대한 형식증명 또는 제한형식증명을 신청하는 자	
1) 비행기, 헬리콥터 및 비행선	
가) 최대이륙중량 5,700킬로그램 이하	
(1) 단발기	130만원
(2) 다발기	260만원
나) 최대이륙중량 5,700킬로그램 초과	263만3천원에 최대이륙중량이 5,700킬로그램에서 1,000킬로그램을 초과할 때마다 3만3천원을 더한 금액
2) 활공기	46만5천원
3) 발동기	
가) 피스톤발동기	65만원
나) 터보프롭 또는 터보샤프트 발동기	130만원
다) 제트발동기	260만원
4) 프로펠러	30만원
나. 형식증명 또는 제한형식증명의 변경신청을 하는 자	가목에 따른 금액의 100분의 50
2. 법 제20조제5항에 따라 부가형식증명을 신청하는 자	37만원
3. 법 제21조제1항에 따라 다음 각 목의 항공기등에 대한 형식증명승인을 신청하는 자	
가. 최대이륙중량이 5,700킬로그램 이하인 비행기, 헬리콥터 및 비행선	
1) 단발기	65만원
2) 다발기	130만원
나. 최대이륙중량이 5,700킬로그램을 초과하는 비행기, 헬리콥터	131만6천원에 최대이륙중량이 5,700킬로그램에서 1,000킬로그램을 초과할 때마다 1만6천원을 더한 금액
다. 활공기	23만원
라. 발동기	
1) 피스톤발동기	33만원
2) 터보프롭 또는 터보샤프트 발동기	65만원
3) 제트발동기	130만원
마. 프로펠러	15만원
4. 법 제21조제5항에 따라 부가형식증명승인을 받으려는 자	18만원
5. 법 제22조제1항에 따라 다음 각 목의 항공기등에 대한 제작증명을 신청하는 자	
가. 항공기	130만원
나. 발동기 또는 프로펠러	65만원
6. 법 제23조제1항에 따라 다음 각 목의 항공기에 대한 감항증명(실험분류, 특별비행허가분류는 제외한다)을 신청하는 자	
가. 법 제20조제1항에 따른 형식증명 또는 제한형식증명 또는 제21조제1항에 따른 형식증명승인을 받은 항공기, 감항증명을 받은 사실이 있는 항공기	
1) 최대이륙중량이 5,700킬로그램 이하인 비행기, 헬리콥터 및 비행선	
가) 단발기	10만원
나) 다발기	20만원
2) 최대이륙중량이 5,700킬로그램을 초과하는 비행기, 헬리콥터 및 비행선	20만3천원에 최대이륙중량이 5,700킬로그램에서 1,000킬로그램을 초과할 때마다 3천원을 더한 금액
3) 활공기	4만원
나. 법 제20조제1항에 따른 형식증명 또는 제한형식증명을 받지 않은 항공기	가목의 감항증명검사수수료에 제1호에 따른 형식증명 또는 제한형식증명 검사수수료를 더한 금액

7. 법 제24조제1항에 따라 다음 각 목에 대한 감항승인을 받으려는 자	
가. 항공기	제6호에 따른 금액
나. 발동기, 프로펠러, 장비품 또는 부품	개당 2천원. 다만, 부품을 묶음 단위로 신청하는 경우 묶음당 2천원
8. 법 제25조제1항에 따라 소음기준적합증명을 받으려는 자(이 규칙 제51조제2항에 따라 서류검사만으로 소음기준적합증명을 받는 자는 제외한다)	
가. 신규로 소음기준적합증명을 받으려는 자	
1) 최대이륙중량이 5,700킬로그램 이하인 항공기	10만원(시험비행을 실시하는 경우에는 18만5천원)
2) 최대이륙중량이 5,700킬로그램을 초과하는 항공기	10만800원에 최대이륙중량이 5,700킬로그램에서 1,000킬로그램을 초과할 때마다 800원을 더한 금액(시험비행을 실시하는 경우에는 18만2천원에 최대이륙중량이 5,700킬로그램에서 1,000킬로그램을 초과할 때마다 1천원을 더한 금액)
나. 종전에 소음기준적합증명을 받았던 항공기가 수리·개조 등으로 소음치(騷音値)가 변동됨에 따라 다시 소음기준적합증명을 받으려는 자	
1) 최대이륙중량이 5,700킬로그램 이하인 항공기	5만원(시험비행을 실시하는 경우에는 14만2천원)
2) 최대이륙중량이 5,700킬로그램을 초과하는 항공기	5만500원에 최대이륙중량이 5,700킬로그램에서 1,000킬로그램을 초과할 때마다 500원을 더한 금액(시험비행을 실시하는 경우에는 14만3천원에 최대이륙중량이 1,000킬로그램을 초과할 때마다 1천원을 더한 금액)
9. 법 제27조제1항에 따라 기술표준품형식승인을 받으려는 자	27만원
10. 법 제28조제1항에 따라 부품등제작자증명을 받으려는 자	26만원
11. 법 제30조제1항에 따라 다음 각 목에 대한 수리·개조승인을 받으려는 자	
가. 비행기, 헬리콥터 및 비행선	
1) 최대이륙중량이 5,700킬로그램 이하인 경우	
가) 단발기	4만원
나) 다발기	8만원
2) 최대이륙중량이 5,700킬로그램을 초과하는 경우	8만2천원에 최대이륙중량이 5,700킬로그램에서 1,000킬로그램을 초과할 때마다 2천원을 더한 금액
나. 활공기	4만원
다. 발동기, 프로펠러, 장비품 또는 부품(항공기에 장착되어 있지 않은 상태로 신청한 경우만 해당한다)	4만원
12. 법 제38조제1항에 따라 학과시험 및 실기시험에 응시하는 자	
가. 학과시험	5만6천원
나. 실기시험	
1) 조종사, 항공정비사(구술시험 시), 항공교통관제사(구술시험 시), 운항관리사	9만7천원
2) 항공정비사	12만7천원
3) 항공교통관제사	10만2천원
13. 법 제38조제2항에 따라 항공기·경량항공기 탑승경력 및 정비경력 등을 심사받으려는 자 및 같은 조 제3항 각 호 외의 부분 전단에 따라 관제 기술 및 업무지식에 관한 심사를 받으려는 자	
가. 학과시험	9만2천원
나. 실기시험	11만7천원
14. 법 제38조제4항에 따라 항공종사자 자격증명 시험	

및 한정심사의 전부 또는 일부를 면제받으려는 자 가. 전부를 면제받으려는 자 나. 일부를 면제받으려는 자	 2만원 1만원
15. 법 제38조제5항에 따라 자격증명서를 발급받으려는 자	1만원
16. 법 제39조의2제1항에 따라 모의비행훈련장치의 지정, 변경 지정 또는 지정의 유효기간 연장을 신청하는 자	39만2천원
17. 법 제44조에 따라 계기비행증명 또는 조종교육증명을 받으려는 자 가. 학과시험 나. 실기시험	 9만2천원 11만7천원
18. 법 제45조에 따라 항공영어구술능력증명을 위한 시험을 신청하거나 항공영어구술능력증명서를 발급받으려는 자 가. 항공영어구술능력증명을 위한 시험을 신청하는 자 나. 항공영어구술능력증명서를 발급받으려는 자	 12만3천원 1만1천원
19. 법 제46조제3항에 따라 항공기 조종연습허가서를 발급받으려는 자	200원
20. 법 제63조제1항에 따라 운항자격인정을 받으려는 자 가. 지식에 관한 자격인정 나. 기량에 관한 자격인정	 5만2천원 8만3천원
21. 법 제74조제1항에 따라 회항시간 연장운항의 승인을 받으려는 자	8만원
22. 법 제75조제1항에 따라 수직분리축소공역 등에서의 항공기 운항 승인을 받으려는 자	8만원
23. 법 제90조제1항에 따라 운항증명을 받으려는 자	78만원
24. 법 제90조제5항에 따라 안전운항체계 변경에 관한 검사를 받으려는 자	39만원
25. 법 제97조제1항에 따라 정비조직인증을 받으려는 자 가. 신규 신청 및 갱신 신청을 하는 경우 나. 정비시설의 위치(정비시설을 추가하는 경우를 포함한다) 및 운영기준 상의 업무범위의 변경을 위한 신청을 하는 경우	 78만원 39만원
26. 법 제103조제1항에 따라 외국인국제항공운송사업자에 대한 운항증명승인을 받으려는 자	39만원
27. 법 제103조제5항에 따라 외국인국제항공운송사업자에 대한 운항증명의 변경승인을 받으려는 자	19만5천원
28. 법 제107조에 따라 외국항공기의 유상운송에 대한 운항안전성 검사를 받으려는 자	20만원
29. 법 제108조제1항에 따라 다음 각 목의 경량항공기 안전성인증을 받으려는 자 가. 초도인증(국내에서 설계·제작하거나 외국에서 국내로 도입한 경량항공기에 대한 최초의 안전성 인증을 말한다) 나. 정기인증(안전성인증의 유효기간의 만료로 인하여 새로 받는 인증을 말한다) 다. 수시인증(경량항공기의 비행안전에 영향을 미치는 개조로서 기술원이 정하는 개조 후에 받는 안전성인증을 말한다) 라. 재인증(가목부터 다목에 따른 안전성인증에서 부적합 판정을 받은 사항을 정비한 후 다시 실시하는 인증을 말한다)	 20만원 15만원 9만원 4만5천원
30. 법 제112조제1항에 따라 경량항공기 조종사 자격증명 시험에 응시하는 자 가. 학과시험 나. 실기시험	 5만6천원 9만7천원
31. 법 제112조제2항에 따라 경량항공기 조종사 자격증명 한정심사를 받으려는 자 가. 학과시험 나. 실기시험	 9만2천원 11만7천원
32. 법 제112조제3항에 따라 경량항공기 조종사 자격증명 시험 및 한정심사의 전부 또는 일부를 면제받	

으려는 자 가. 전부를 면제받으려는 자 나. 일부를 면제받으려는 자	 2만원 1만원
33. 법 제112조제4항에 따라 경량항공기 조종사 자격증명서를 발급받으려는 자	1만원
34. 법 제115조제1항에 따라 경량항공기 조종교육증명을 받으려는 자 가. 학과시험 나. 실기시험	 9만2천원 11만7천원
35. 법 제115조제2항에 따라 경량항공기 안전교육을 받으려는 자	5만원(온라인 교육의 경우 3만5천원)
36. 법 제116조제4항에 따라 경량항공기 조종연습허가서를 발급받으려는 자	200원
37. 법 제124조에 따라 다음 각 목의 초경량비행장치 안전성인증을 받으려는 자 가. 초도인증(국내에서 설계·제작하거나 외국에서 국내로 도입한 초경량항공기에 대한 최초의 안전성인증을 말한다) 나. 정기인증(안전성인증의 유효기간의 만료로 인하여 새로 받는 인증을 말한다) 다. 수시인증(초경량항공기의 비행안전에 영향을 미치는 개조로서 초경량비행장치 안전성 인증기관이 정하는 개조 후에 받는 안전성인증을 말한다) 라. 재인증(가목부터 다목에 따른 안전성인증에서 부적합 판정을 받은 사항을 정비한 후 다시 실시하는 인증을 말한다)	 20만원(인력활공기, 낙하산류의 경우 15만원) 15만원(인력활공기, 낙하산류의 경우 10만원) 9만원 4만5천원
38. 법 제125조제1항에 따라 초경량비행장치 조종자 증명을 받으려는 자 가. 학과시험 나. 실기시험 다. 증명서 발급	 4만4천원 6만6천원 1만원
39. 법 제125조의2에 따라 초경량비행장치 안전교육을 받으려는 자	5만원(온라인 교육의 경우 3만5천원)
40. 법 제129조제5항에 따라 무인비행장치 특별비행승인을 받으려는 자	1만원
41. 다음 각 목의 증명서, 승인서 등을 재발급받으려는 자 가. 법 제20조제1항에 따른 형식증명서, 제한형식증명서 및 같은 조 제5항에 따른 부가형식증명서 나. 법 제21조제1항에 따른 형식증명승인서 다. 법 제23조제1항에 따른 감항증명서 라. 법 제25조제1항에 따른 소음기준적합증명서 마. 법 제27조제1항에 따른 기술표준품형식승인서 바. 법 제28조제1항에 따른 부품등제작자증명서 아. 법 제46조제3항에 따른 항공기 조종연습허가서 차. 법 제116조제4항에 따른 경량항공기 조종연습허가서	200원
41의2. 다음 각 목의 증명서를 재발급받으려는 자 가. 법 제38조제4항에 따른 자격증명서를 재발급받으려는 자 나. 법 제112조제4항에 따른 경량항공기 조종사 자격증명서를 재발급받으려는 자 다. 법 제125조제1항에 따른 초경량비행장치 조종자 증명의 증명서를 재발급받으려는 자	1만원
42. 법 제45조제1항에 따른 항공영어구술능력증명서를 재발급받으려는 자	1만1천원
43. 법 제108조제1항에 따른 경량항공기 안전성인증서 및 법 제124조에 따른 초경량비행장치 안전성인증서를 재발급받으려는 자	2만원
44. 삭제 <2025. 7. 28.>	

비고

1 신청인은 위 표에 따른 증명, 승인 등을 위하여 전문검사기관 등에서 수행해야 하는 기술검증 등이 필요한 경우에는 수수료와 별도로 이에 필요한 비용을 부담해야 한다. 이 경우 기술검증 등에 대한 비용은 해당 전문검사기관 등에서 정한 기준에 따른다.

2. 2024년 7월 17일부터 2026년 5월 31일까지 위 표 제1호부터 제11호까지에 따른

증명, 승인 등을 신청하는 자에 대해서는 수수료의 100분의 50을 감면한다.

3. 항공운송사업자가 해당 항공운송사업자에 속한 법 제31조제2항에 따른 검사원으로부터 감항증명을 위한 항공기 상태검사 및 시험비행을 받는 경우에는 위 표 제6호에도 불구하고 해당 호에 따른 수수료를 면제한다.
4. 위 표 제6호에 따른 감항증명 및 제7호에 따른 감항승인에 불합격하여 다시 증명 또는 승인을 신청하는 자에 대해서는 해당 수수료의 100분의 50(재증명 또는 재승인을 위하여 서류 검사만 필요로 하는 경우에는 전액)을 감면할 수 있다.
5. 위 표 제12호부터 제15호까지, 제17호, 제29호부터 제34호까지, 제37호, 제38호 및 제41호의2에 따른 증명 또는 승인 등을 신청하는 자는 수수료와 별도로 「부가가치세법」에 따른 부가가치세를 부담해야 한다.
6. 위 표 제12호 및 제17호에 따른 시험에 응시하는 자는 시험실시기관이 제공하는 항공기를 이용하는 경우에는 수수료와 별도로 해당 항공기의 실운용비를 부담해야 한다.
7. 「국민기초생활 보장법」에 따른 수급자 또는 「한부모가족지원법」에 따른 보호대상자에 대해서는 제12호, 제17호 및 제38호에 따른 수수료의 100분의 50을 감면할 수 있다.
8. 위 표 제29호나목 및 다목에 따른 경량항공기 안전성인증 및 같은 표 제37호나목 및 다목에 따른 초경량비행장치 안전성인증의 경우 해당 인증을 위하여 서류 검사만을 필요로 하는 경우에는 수수료의 100분의 50을 감면할 수 있다.

■ 항공안전법 시행규칙 [별지 제1호서식] <개정 2018. 6. 27.>

[ ] 형식증명 Application for Type Certificate
신청서
[ ] 제한형식증명 Application for Restricted Type Certificate

※ 색상이 어두운 난은 신청인이 작성하지 아니하며, [ ]에는 해당되는 곳에 √표를 합니다. (앞 쪽)

접수번호	접수일시	처리기간 (Durations) 30일

신청인 (Applicant)	성명 또는 명칭 Name	생년월일 Date of Birth
	주소 Address	

[ ] 항공기 (Aircraft) [ ] 발동기 (Engine) [ ] 프로펠러 (Propeller)	감항분류 Airworthiness category
	형식 또는 모델 Type or Model
	제작일련번호 Product Serial No.
	제작자 성명 또는 명칭 Name of Manufacturer
	제작자주소 Address of Manufacturer
	설계자 성명 또는 명칭 Name of Designer
비고 Remarks	

「항공안전법」 제20조제1항 및 같은 법 시행규칙 제18조제1항에 따라 ([ ] 형식증명, [ ] 제한형식증명)을 신청합니다.

In accordance with Paragraph 1, Article 20 of Aviation Safety Act and Paragraph 1, Article 18 of Enforcement Regulation of Aviation Safety Act, I hereby apply for ([ ]Type Certificate, [ ] Restricted Type Certificate) and submit herewith the required documents.

년 월 일

신청인 Applicant (서명 또는 인) (Signature)

국토교통부장관 귀하

Attention: Minister of Ministry of Land, Infrastructure and Transport

첨부서류 (Documents)	수수료(Fee)
1. 인증계획서(Certification Plan) 2. 항공기 3면도(The three view drawing of that aircraft) 3. 발동기의 설계·운용 특성 및 운용한계에 관한 자료(The description of the engine design features, operating characteristics, and operating limitations)(발동기의 경우에만 해당) 4. 그 밖에 국토교통부장관이 정하여 고시하는 서류(Documents in specified Korean Air worthiness Standards)	「항공안전법 시행규칙」 제321조에서 정한 수수료

210mm×297mm[백상지(80g/㎡) 또는 중질지(80g/㎡)]

(뒤 쪽)

처리절차

이 신청서는 아래와 같이 처리됩니다.

■ 항공안전법 시행규칙 [별지 제2호서식] <개정 2018. 6. 27.>

형식설계 변경신청서

※ 색상이 어두운 난은 신청인이 작성하지 아니하며, [ ]에는 해당되는 곳에 √표를 합니다. (앞 쪽)

접수번호	접수일시	처리기간 (Durations) 30일
신청인 (Applicant)	성명 또는 명칭 Name	생년월일 Date of Birth
	주소 Address	
[ ] 항공기 [ ] 발동기 [ ] 프로펠러	종류	
	형식	형식증명번호
	설계자 성명 또는 명칭	제작일련번호
	제작자 성명 또는 명칭	
	제작자주소	
	감항증명번호 (항공기만 해당한다)	감항증명 유효기간 (항공기만 해당한다)
변 경 사 유		
비 고		

「항공안전법」 제20조제1항 및 같은 법 시행규칙 제19조에 따라 형식설계를 변경하고자 관계서류를 첨부하여 신청합니다.

년 월 일

신청인
Applicant

국토교통부장관 귀하

첨부서류 (Documents)	1. 형식증명서(copy of Type Certificate) 또는 제한형식증명서(copy of Restricted Type Certificate) 사본 2. 인증계획서(Certification Plan) 3. 항공기 3면도(The three view drawing of that aircraft) 4. 발동기의 설계·운용 특성 및 운용한계에 관한 자료(The description of the engine design features, operating characteristics, and operating limitations)(발동기의 경우에만 해당) 5. 그 밖에 국토교통부장관이 정하여 고시하는 서류(Documents in specified Korean Airworthiness Standards)	수수료(Fee) 「항공안전법 시행규칙」 제321조에서 정한 수수료

210mm×297mm[백상지(80g/㎡) 또는 중질지(80g/㎡)]

(뒤 쪽)

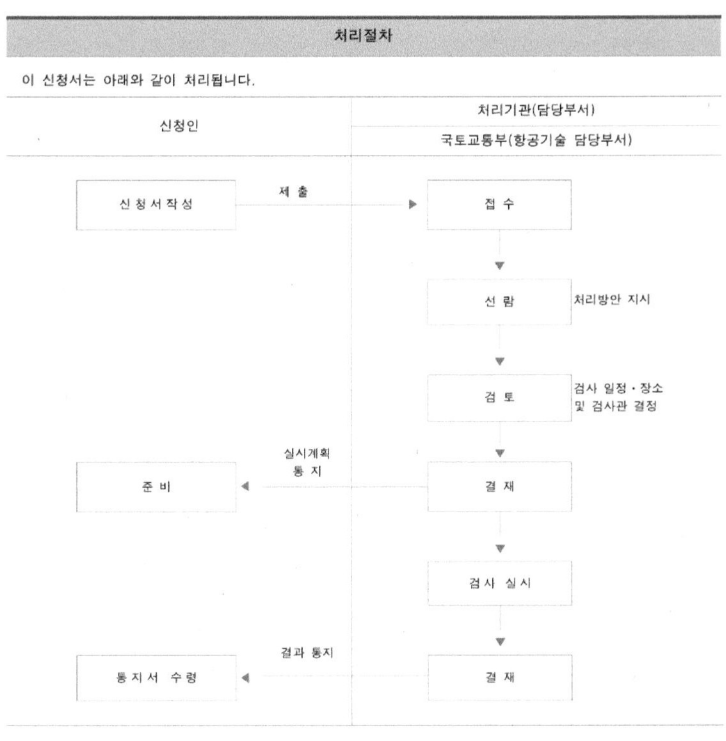

■ 항공안전법 시행규칙 [별지 제3호서식] <개정 2018. 6. 27.>

대 한 민 국 국 토 교 통 부	증명서 번호 Certificate No.:

The Republic Korea
Ministry of Land, Infrastructure and Transport

[ ] 형 식 증 명 서(Type Certificate)
[ ] 제 한 형 식 증 명 서(Restricted Type Certificate)

1. 분류(Classification)	
2. 형식 또는 모델(Type or Model)	
3. 설계자의 성명 또는 명칭 (Name of Designer)	
4. 설계자 주소(Address of Designer)	
5. 감항분류(Airworthiness Category)	
6. 형식증명자료집 번호 (Type of Certificate Data Sheet No.)	

위의 [ ]항공기, [ ]발동기, [ ]프로펠러는 「항공안전법」 제20조제3항 및 같은 법 시행규칙 제21조제1항에 따라 (해당 특정업무와 관련된) 항공기기술기준에 적합한 형식임을 증명합니다.

In accordance with Paragraph 3, Article 20 of Aviation Safety Act and Paragraph 1, Article 21 of Enforcement Regulation of Aviation Safety Act, the Minister of Ministry of Land, Infrastructure and Transport hereby certifies that the abovementioned [aircraft, engine, propeller] (Restricted) type design meets airworthiness requirements of Aviation Safety Act(for operation of the special purposes).

년 월 일

Date of Issuance

국토교통부장관 직인

Minister of Ministry of Land, Infrastructure and Transport

210mm×297mm[백상지(120g/㎡)]

■ 항공안전법 시행규칙 [별지 제4호서식] <개정 2018. 6. 27.>

[ ] 형식증명서
[ ] 제한형식증명서 **재발급 신청서**

※ 색상이 어두운 난은 신청인이 작성하지 아니합니다.

접수번호	접수일시	발급일	처리기간 7일

신청인 (양수인)	성명 또는 명칭	
	주소	
양도인	성명 또는 명칭	
	주소	
형식		증명번호
사유		

「항공안전법」 제20조제4항 및 같은 법 시행규칙 제22조제1항에 따라 위와 같이 ([ ] 형식증명서, [ ] 제한형식증명서)의 재발급을 신청합니다.

년 월 일

신청인 (서명 또는 인)

국토교통부장관 귀하

첨부서류	1. 양도 및 양수에 관한 계획서 2. 항공기등의 설계자료 및 감항성유지 사항의 양도·양수에 관한 서류 3. 그 밖에 국토교통부장관이 정하여 고시하는 서류	수수료(Fee) 「항공안전법 시행규칙」 제321조에서 정한 수수료

처리절차

신청서 작성	→	접 수	→	현지조사(필요시) 또는 검토 · 확인	→	기안 및 결재	→	결과 알림
신청인		국토교통부 (항공기술 담당부서)		국토교통부 (항공기술 담당부서)		국토교통부 (항공기술 담당부서)		

210mm×297mm[백상지(80g/㎡) 또는 중질지(80g/㎡)]

■ 항공안전법 시행규칙 [별지 제5호서식] <개정 2018. 6. 27.>

부가형식증명 신청서
Application for Supplemental Type Certificate

※ 색상이 어두운 난은 신청인이 작성하지 아니하며, [ ]에는 해당되는 곳에 √표를 합니다. (앞 쪽)

접수번호	접수일시	처리기간 (Durations) 30일

신청인 (Applicant)	성명 또는 명칭 Name	생년월일 Date of Birth
	주소 Address	
[ ] 항공기 (Aircraft) [ ] 발동기 (Engine) [ ] 프로펠러 (Propeller)	감항분류 Airworthiness category	
	형식 또는 모델 Type or Model	
	제작일련번호 Product Serial No.	
	제작자 성명 또는 명칭 Name of Manufacturer	
	제작자주소 Address of Manufacturer	
	설계자 성명 또는 명칭 Name of Designer	
	설계변경내용 Description of Modification	
	부품의 판매여부 Intent to sell the Parts	
비 고 Remarks		

「항공안전법」 제20조제5항 및 같은 법 시행규칙 제23조제1항에 따라 부가형식증명을 신청합니다.

In accordance with Paragraph 5,, Article 20 of Aviation Safety Act and Paragraph 1, Article 23 of Enforcement Regulation of Aviation Safety Act, I hereby apply for Supplemental Type Certificate and submit herewith the required documents.

년 월 일

신청인 Applicant (서명 또는 인) (Signature)

국토교통부장관 귀하
Attention: Minister of Ministry of Land, Infrastructure and Transport

첨부서류 (Documents)	1. 항공기기술기준에 대한 적합성 입증계획서(Copy of Supplemental Type Certificate Plan) 2. 설계도면 및 설계도면 목록(Copy of Design Drawings and Drawings List) 3. 부품표 및 사양서(Copy of Parts List and Specifications) 4. 그 밖에 참고사항을 적은 서류(Copy of Reference Documents)	수수료(Fee) 「항공안전법 시행규칙」 제321조에서 정한 수수료

210㎜×297㎜[백상지(80g/㎡) 또는 중질지(80g/㎡)]

(뒤 쪽)

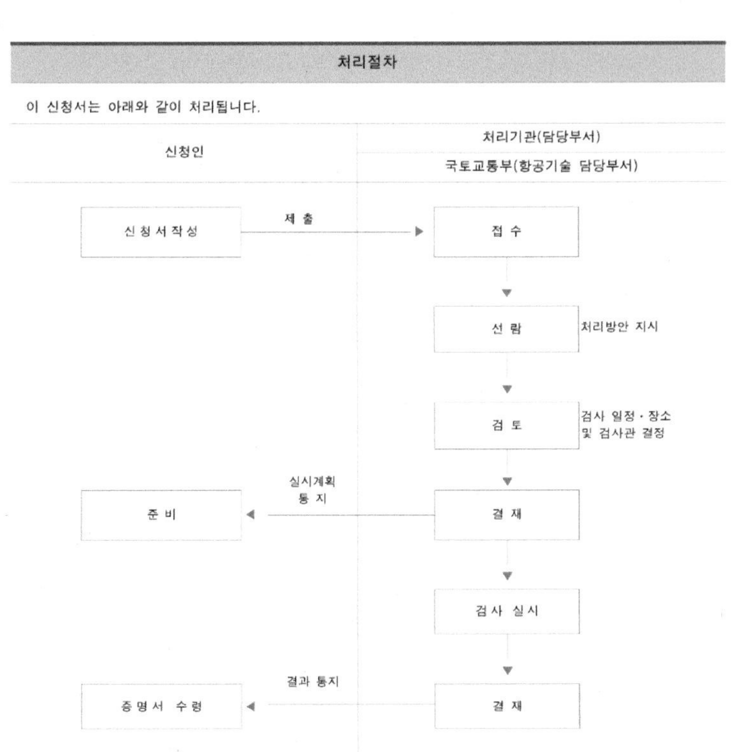

■ 항공안전법 시행규칙 [별지 제6호서식] <개정 2018. 6. 27.>

대 한 민 국 국토교통부 The Republic of Korea	증명서 번호 Certificate No.: 관련 형식증명번호 Type Certificate No.:

Ministry of Land, Infrastructure and Transport

부가형식증명서

Supplemental Type Certificate

1. 구분(Classification)	
2. 형식 또는 모델(Type or Model)	
3. 감항분류(Airworthiness category)	
4. 설계자의 성명 또는 명칭(Name of Designer)	
5. 설계자의 주소(Address of Designer)	
6. 설계변경 승인내용(Description of Modification)	
7. 기타(Remarks)	

위의 [ ]항공기, [ ]발동기, [ ]프로펠러는 「항공안전법」 제20조제6항 및 같은 법 시행규칙 제25조에 따라 항공기기술기준에 적합한 형식임을 증명합니다.

In accordance with Paragraph 6, Article 20 of Aviation Safety Act and Article 25 of Enforcement Regulation of Aviation Safety Act, the Minister of Ministry of Land, Infrastructure and Transport hereby certifies that the above mentioned [aircraft, engine, propeller] type design meets airworthiness requirements of Aviation Safety Act.

년 월 일

Date of Issuance

국토교통부장관 직인

Minister of Ministry of Land, Infrastructure and Transport

210mm×297mm[백상지(120g/㎡)]

■ 항공안전법 시행규칙 [별지 제7호서식] <개정 2022. 6. 8.>

형식증명승인 신청서

Application for Type Certificate Validation

※ 색상이 어두운 난은 신청인이 작성하지 아니하며, [ ]에는 해당되는 곳에 √표를 합니다. (앞 쪽)

접수번호	접수일시	처리기간 25일 (Durations)

신 청 인 (Applicant)	성명 또는 명칭 Name	생년월일 Date of Birth
	주소 Address	
[ ] 항공기 (Aircraft) [ ] 발동기 (Engine) [ ] 프로펠러 (Propeller)	감항분류 Airworthiness category	
	형식 또는 모델 Type or Model	
	형식증명번호 Certificate No.	
	제작일련번호 Product Serial No.	
	제작자 성명 또는 명칭 Name of Manufacturer	
	제작자주소 Address of Manufacturer	
	설계자 성명 또는 명칭 Name of Designer	
	형식증명자료집번호 Type Certification Data Sheet No.	
비 고 Remarks		

「항공안전법」 제21조제1항 및 같은 법 시행규칙 제26조제1항에 따라 형식증명승인을 받고자 관계서류를 첨부하여 신청합니다.

In accordance with Paragraph 1, Article 21 of Aviation Safety Act and Paragraph 1, Article 26 of Enforcement Regulation of Aviation Safety Act, I hereby apply for Type Certificate Validation and submit herewith the required documents.

년 월 일

신청인

Applicant

국토교통부장관 귀하

Attention: Minister of Ministry of Land, Infrastructure and Transport

첨부서류 (Documents)	1. 외국정부의 형식증명서(Copy of Type Certificate) 2. 형식증명자료집(Copy of Type Certification Data Sheet) 3. 설계 개요서(Copy of Design Description Documents) 4. 항공기기술기준에 적합함을 입증하는 자료(Copy of Compliance Check List and/or Data demonstrating compliance or equivalent) 5. 비행교범 또는 운용방식을 적은 서류(Copy of Flight and/or Operation Manual) 6. 정비방식을 적은 서류(Copy of Documents describing Maintenance Procedures) 7. 그 밖에 참고사항을 적은 서류(Copy of Reference Documents)	수수료(Fee) 「항공안전법 시행규칙」 제321조에서 정한 수수료

210mm×297mm[백상지(80g/㎡) 또는 중질지(80g/㎡)]

(뒤 쪽)

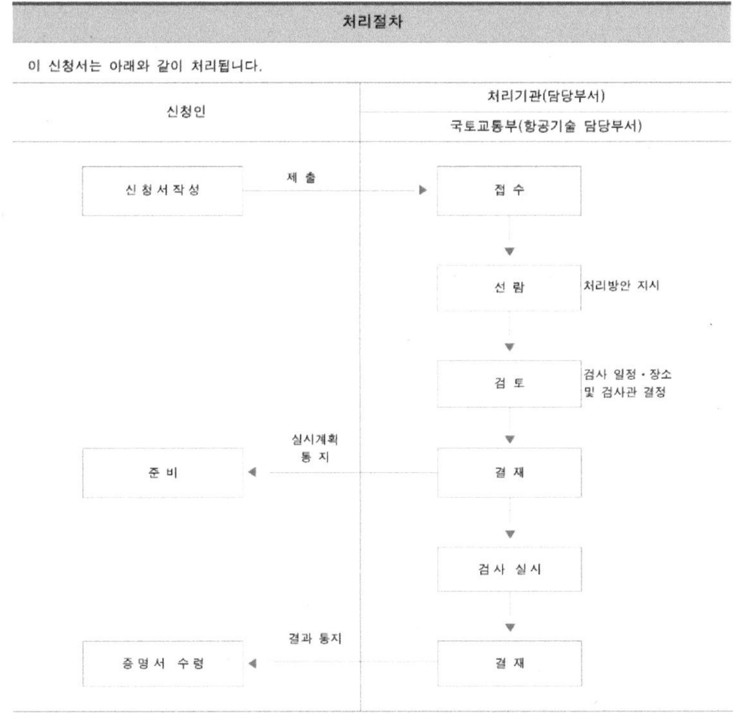

■ 항공안전법 시행규칙 [별지 제8호서식] <개정 2018. 6. 27.>

증명서 번호
Certificate No.:

대 한 민 국
국토교통부
The Republic of Korea

Ministry of Land, Infrastructure and Transport

형 식 증 명 승 인 서
Type Certificate Validation

1. 분류(Classification)	
2. 형식 또는 모델(Type or Model)	
3. 설계자의 성명 또는 명칭 (Name of Designer)	
4. 설계자 주소(Address of Designer)	
5. 외국의 형식증명 번호 (Certificate No. issued by foreign Authority)	
6. 감항분류 (Airworthiness Category, Aircraft only)	
7. 형식증명자료집 번호 (Type Certification Data Sheet No.)	

위의 [ ]항공기, [ ]발동기, [ ]프로펠러는 「항공안전법」 제21조제4항 및 같은 법 시행규칙 제28조에 따라 항공기기술기준에 적합한 형식임을 증명합니다.

In accordance with Paragraph 4, Article 21 of Aviation Safety Act and Article 28 of Enforcement Regulation of Aviation Safety Act, the Head of Civil Aviation Safety Authority hereby certifies that the abovementioned [aircraft, engine, propeller] type design meets airworthiness requirements of Aviation Safety Act.

년 월 일
Date of Issuance

국토교통부장관 직인

Minister of Ministry of Land, Infrastructure and Transport

210mm×297mm[백상지(120g/㎡)]

■ 항공안전법 시행규칙 [별지 제9호서식] <개정 2022. 6. 8.>

부가형식증명승인 신청서
(Application for Supplemental Type Certificate Validation)

※ 색상이 어두운 난은 신청인이 작성하지 아니하며, [ ]에는 해당되는 곳에 √표를 합니다.

(앞 쪽)

접수번호	접수일시	처리기간 (Durations) 20일 (20 Days)

신 청 인 (Applicant)	성명 또는 명칭 Name	생년월일 Date of Birth
	주소 Address	

[ ] 항공기 (Aircraft) [ ] 발동기 (Engine) [ ] 프로펠러 (Propeller)	감항분류 Airworthiness category
	형식 또는 모델 Type or Model
	제작일련번호 Product Serial No.
	제작자 성명 또는 명칭 Name of Manufacturer
	제작자주소 Address of Manufacturer
	설계자 성명 또는 명칭 Name of Designer
	설계변경내용 Description of Modification
	부품의 판매여부 Intent to sell the Parts
비 고 Remarks	

「항공안전법」 제21조제5항 및 같은 법 시행규칙 제29조제1항에 따라 위와 같이 부가형식증명승인을 신청합니다.

In accordance with Paragraph 5, Article 21 of Aviation Safety Act and Paragraph 1, Article 29 of Enforcement Regulation of Aviation Safety Act, I hereby apply for Supplemental Type Certificate Validation and submit herewith the required documents.

년 월 일

신청인 Applicant (서명 또는 인) (Signature)

국토교통부장관 귀하

Attention: Minister of Ministry of Land, Infrastructure and Transport

첨부서류 (Documents)	1. 외국정부의 부가형식증명서(Copy of Supplemental Type Certificate) 2. 변경되는 설계 개요서(Copy of Changed Design Description Documents) 3. 변경되는 설계가 항공기기술기준에 적합함을 입증하는 자료(Copy of Compliance Check List and/or Data demonstrating compliance or equivalent) 4. 변경되는 설계에 따라 개정된 비행교범(운용방식을 포함한다)(Copy of Supplemental Flight Manual including operation limitations) 5. 변경되는 설계에 따라 개정된 정비교범(정비방식을 포함한다)(Copy of Supplemental Maintenance Manual including Instructions for Continued Airworthiness) 6. 그 밖에 참고사항을 적은 서류(Copy of Reference Documents)	수수료(Fee) 「항공안전법 시행규칙」 제321조에서 정한 수수료

210㎜×297㎜[백상지(80g/㎡) 또는 중질지(80g/㎡)]

(뒤 쪽)

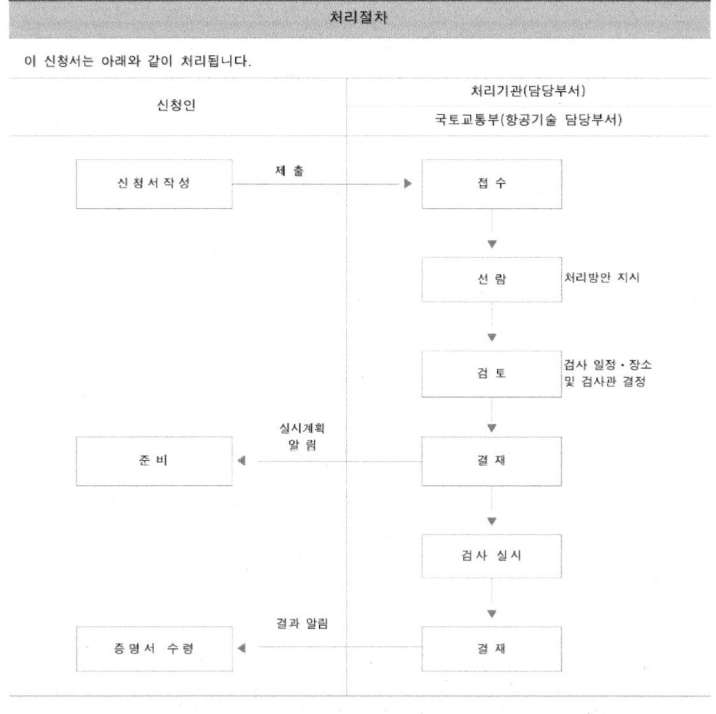

■ 항공안전법 시행규칙 [별지 제10호서식] <개정 2018. 6. 27.>

대 한 민 국 국토교통부 The Republic of Korea	증명서 번호 Certificate No.: 관련형식증명번호 Type Certificate No.:

Ministry of Land, Infrastructure and Transport

부 가 형 식 증 명 승 인 서

Supplemental Type Certificate Validation

1. 구분(Classification)	
2. 형식 또는 모델(Type or Model)	
3. 감항분류(Airworthiness category)	
4. 설계자의 성명 또는 명칭 (Name of Designer)	
5. 설계자 주소(Address of Designer)	
6. 설계변경 승인내용 (Description of Modification)	
7. 기 타(Remarks)	

위의 [ ]항공기, [ ]발동기, [ ]프로펠러는 「항공안전법」 제21조제6항 및 같은 법 시행규칙 제31조에 따라 항공기기술기준에 적합한 형식임을 증명합니다.

In accordance with Paragraph 6, Article 21 of Aviation Safety Act and Article 31 of Enforcement Regulation of Aviation Safety Act, the Minister of Ministry of Land, Infrastructure and Transport hereby certifies that the above mentioned [aircraft, engine, propeller] type design meets airworthiness requirements of Aviation Safety Act.

년 월 일
Date of Issuance

국토교통부장관 [직인]

Minister of Ministry of Land, Infrastructure and Transport

210mm×297mm[백상지(120g/㎡)]

■ 항공안전법 시행규칙 [별지 제11호서식] <개정 2018. 6. 27.>

제작증명 신청서

Application for Production Certificate

※ 색상이 어두운 난은 신청인이 작성하지 아니하며, [ ]에는 해당되는 곳에 √표를 합니다. (앞 쪽)

접수번호	접수일시	처리기간 (Durations) 30일

신청구분	[ ] 신규(New) [ ] 추가 또는 변경(Additions or Change to Production Certificate)	
신청인 (Applicant)	성명 또는 명칭 Name	생년월일 Date of Birth
	주소 Address	전화(Tel):
	신청인의 자격 Eligibility of applicant	[ ] T.C. Holder [ ] R.T.C. Holder [ ] Licensee under a T.C or S.T.C

[ ] 항공기 (Aircraft) [ ] 발동기 (Engine) [ ] 프로펠러 (Propeller)	형식 또는 모델 Type or Model
	(제한) 형식증명/부가형식증명번호 (Restricted) Type Certificate No./ Supplemental Certificate No.
	제작자 성명 또는 명칭 Name of Manufacturer
	제작공장 위치 Address of Factory
	제작증명번호 Production Certificate No.
	설계자 성명 또는 명칭 Name of Designer
	설계자주소 Address of Designer
비고 Remarks	

「항공안전법」 제22조제1항 및 같은 법 시행규칙 제32조제1항에 따라 제작증명을 신청합니다.

In accordance with Paragraph 1, Article 22 of Aviation Safety Act and Paragraph 1, Article 32 of Enforcement Regulation of Aviation Safety Act. I hereby apply for Production certificate and submit herewith the required documents.

년 월 일

신청인
Applicant

국토교통부장관 귀하
Attention: Minister of Ministry of Land, Infrastructure and Transport

첨부서류 (Documents)	1. 품질관리규정(Copy of Quality Control Manual) 2. 제작하려는 항공기등의 제작 방법 및 기술 등을 설명하는 자료(copy of Description Document for manufacturing method and technic) 3. 제작 설비 및 인력 현황(Copy of Description Data for manufacturing facility and manpower) 4. 품질관리 및 품질검사의 체계를 설명하는 자료(Copy of Description Data for Quality Control System) 5. 제작하려는 항공기등의 감항성 유지 및 관리체계를 설명하는 자료(Copy of Description Document for Continued Airworthiness Traceability System of Aircraft and Parts)	수수료(Fee) 「항공안전법 시행규칙」 제321조에서 정한 수수료

210mm×297mm[백상지(80g/㎡) 또는 중질지(80g/㎡)]

(뒤 쪽)

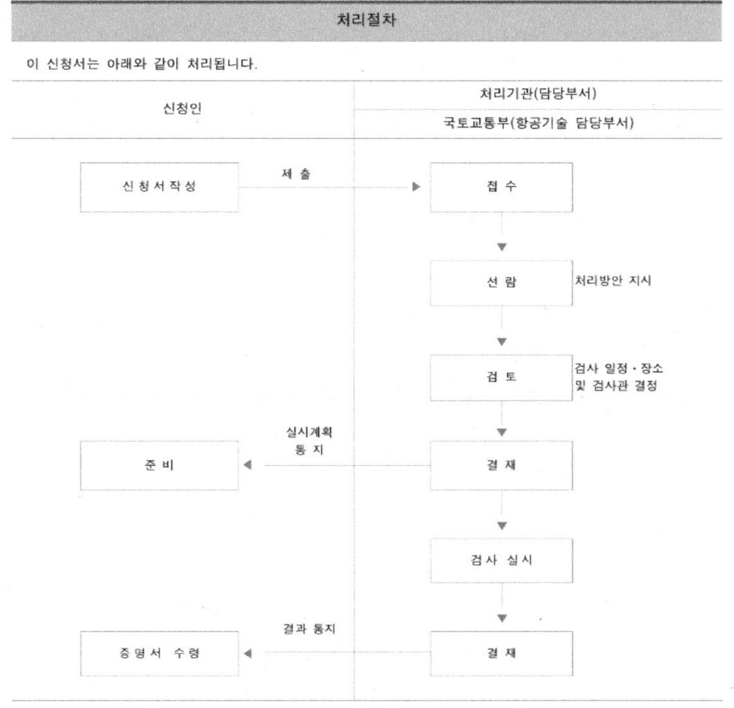

■ 항공안전법 시행규칙 [별지 제12호서식] <개정 2020. 12. 10.>

대한민국
국토교통부
The Republic of Korea
Ministry of Land, Infrastructure and Transport

증명서 번호
Certificate No

제 작 증 명 서

Production Certificate

1. 분류 (Classification)	
2. 형식 또는 모델 (Type or Model)	
3. 제작자의 성명 또는 명칭 (Name of Manufacturer)	
4. 제작공장 위치 (Location of The Manufacturing Facility)	
5. 품질관리규정 명칭 (Title of Quality Control Manual)	
6. 관련 (제한)형식증명 또는 부가형식증명 번호 [Related (Restricted)Type Certificate No. and/or Supplemental Certificate No.]	

「항공안전법」 제22조제3항 및 같은 법 시행규칙 제34조제1항에 따라 항공기기술기준에 적합한 제작자임을 증명합니다.

In accordance with Paragraph 3, Article 22 of Aviation Safety Act and Paragraph 1, Article 34 of Enforcement Regulation of Aviation Safety Act, the Minister of Ministry of Land, Infrastructure and Transport hereby certifies that the above mentioned manufacturer is in compliance with requirements of Aviation Safety Act.

년 월 일
Date of Issuance

국토교통부장관 직인

Minister of Ministry of Land, Infrastructure and Transport

본 증명서는 양도될 수 없으며, 기본설비 또는 위치의 주요변경 시에는 국토교통부장관에게 즉시 보고하여야 합니다.

(This Certificate is not transferable, and any major change in the basic facilities, or in the location thereof, shall be immediately reported to Minister of Ministry of Land, Infrastructure and Transport)

210mm×297mm[백상지(120g/㎡)]

■ 항공안전법 시행규칙 [별지 제13호서식]

항공기 표준감항증명 신청서

※ 색상이 어두운 난은 신청인이 작성하지 아니합니다. (앞 쪽)

접수번호		접수일시	처리기간 7일
신청인	성명 또는 명칭		생년월일
	주소		
항공기	등록부호		
	형식 또는 모델		
	제작자 성명(명칭)		
	제작일련번호		
	제작일자		
	표준감항 분류		
	운용분류		
	제작 후 총 사용기간		
검사 희망 장소 및 일자			

「항공안전법」 제23조제1항 및 같은 법 시행규칙 제35조제1항에 따라 위와 같이 표준감항증명을 신청합니다.

년 월 일

신청인 (서명 또는 인)

국토교통부장관 또는 지방항공청장 귀하

첨부서류	1. 비행교범 2. 정비교범 3. 그 밖에 감항증명과 관련하여 국토교통부장관이 필요하다고 인정하여 고시하는 서류	수수료(Fee) 「항공안전법 시행규칙」 제321조에서 정한 수수료

210mm×297mm[백상지(80g/㎡) 또는 중질지(80g/㎡)]

(뒤 쪽)

처리절차

이 신청서는 아래와 같이 처리됩니다.

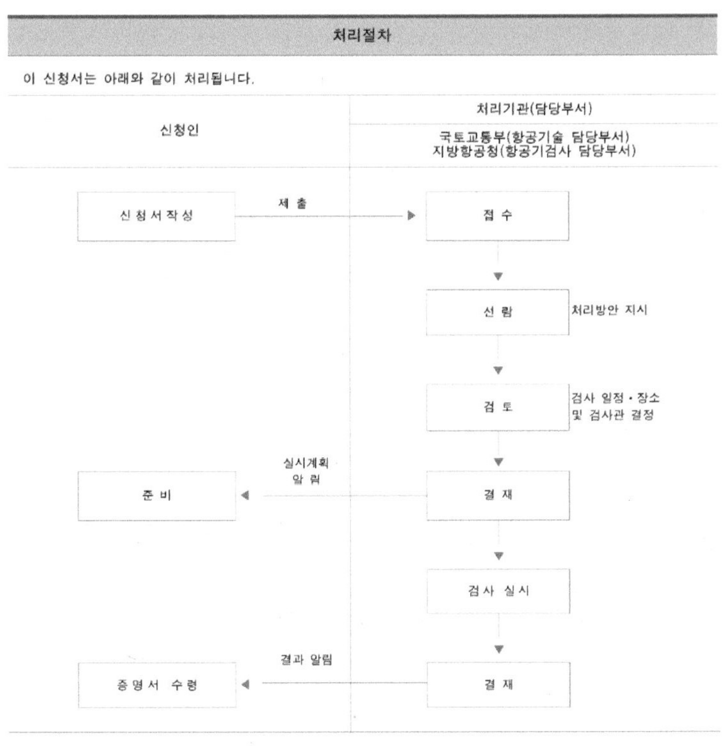

■ 항공안전법 시행규칙 [별지 제14호서식] <개정 2020. 12. 10.>

항공기 특별감항증명 신청서

※ 색상이 어두운 난은 신청인이 작성하지 아니하며, [ ]에는 해당되는 곳에 √ 표를 합니다. (앞 쪽)

접수번호	접수일시	처리기간 7일

신청인	성명 또는 명칭	생년월일
	주소	
항공기	등록부호	
	형식 또는 모델	
	제작자 성명(명칭)	
	제작일련번호	
	제작일자	
	특별감항증명 분류	[ ] 제한분류 [ ] 실험분류 [ ] 특별비행허가
비행 계획	비행 목적(용도)	
	일시 및 경로	
	제한사항	
그 밖에 비행과 관련된 사항		

「항공안전법」 제23조제1항 및 같은 법 시행규칙 제35조제1항에 따라 위와 같이 특별감항증명을 신청합니다.

년 월 일

신청인 (서명 또는 인)

국토교통부장관 또는 지방항공청장 귀하

첨부서류	1. 비행교범(연구·개발을 위한 특별감항증명의 경우에는 해당하지 않습니다) 2. 정비교범(연구·개발을 위한 특별감항증명의 경우에는 해당하지 않습니다) 3. 그 밖에 감항증명과 관련하여 국토교통부장관이 필요하다고 인정하여 고시하는 서류	수수료(Fee) 「항공안전법 시행규칙」 제321조에서 정한 수수료

210㎜×297㎜[백상지(80g/㎡) 또는 중질지(80g/㎡)]

(뒤 쪽)

처리절차

이 신청서는 아래와 같이 처리됩니다.

신청인		처리기관(담당부서) 국토교통부(항공기술 담당부서) 지방항공청(항공기검사 담당부서)	
신청서작성	제출 ▶	접수	
		▼ 선람	처리방안 지시
		▼ 검토	검사 일정·장소 및 검사관 결정 (필요한 경우)
준비	◀ 실시계획 알림	▼ 결재	
		▼ 검사 실시 (필요한 경우)	
증명서 수령	◀ 결과 알림	▼ 결재	

■ 항공안전법 시행규칙 [별지 제15호서식]

대 한 민 국
국토교통부
The Republic of Korea
Ministry of Land, Infrastructure and Transport

증명번호
Certificate No.

표준감항증명서
Certificate of Airworthiness(Standard)

1. 국적 및 등록기호 Nationality and registration marks	2. 항공기 제작자 및 항공기 형식 Manufacturer and manufacturer's designation of aircraft	3. 항공기 제작일련번호 Aircraft serial number

4. 운용분류 Operational category	5. 감항분류 Airworthiness category

6. 이 증명서는 「국제민간항공협약」 및 대한민국 「항공안전법」 제23조에 따라 위의 항공기가 운용한계를 준수하여 정비하고 운항될 경우에만 감항성이 있음을 증명합니다.

This Certificate of Airworthiness is issued pursuant to the Convention on International Civil Aviation dated 7 December 1944 and Article 23 of Aviation Safety Act of the Republic of Korea in respect of the above-mentioned aircraft which is considered to be airworthy when maintained and operated in accordance with the foregoing and the pertinent operating limitations.

7. 발행연월일:
Date of issuance

국토교통부장관 또는
지방항공청장 직인

Minister of Ministry of Land, Infrastructure and Transport or
Administrator of ○○ Regional Office of Aviation

8. 유효기간 Validity period
□ 부터 까지
From: To:
□ 「항공안전법」 제23조에 따라 이 항공기의 감항증명은 정지 또는 특별히 제한되지 않는 한 계속 유효합니다.
Pursuant to Article 23 of Enforcement Regulation of Aviation Safety Act, this certificate shall remain in effect until suspended or restricted.

9. 검사관 및 확인날짜 Inspector and date
검사관(Inspector): ○○○ [서명(Signature)] 날짜(Date):

160㎜×136㎜[백상지(120g/㎡)]

■ 항공안전법 시행규칙 [별지 제16호서식]

대 한 민 국
국토교통부
The Republic of Korea
Ministry of Land, Infrastructure and Transport

증명번호
Certificate No.

특별감항증명서
Certificate of Airworthiness(Special)

1. 국적 및 등록기호 Nationality and registration marks	2. 항공기 제작자 및 항공기 형식 Manufacturer and manufacturer's designation of aircraft	3. 항공기 제작일련번호 Aircraft serial number

4. 특별감항증명 분류 Certificate category	5. 용도 Purpose

6. 이 증명서는 대한민국 「항공안전법」 제23조에 따라 위의 항공기가 운용한계를 준수하여 정비하고 운항될 경우에만 감항성이 있음을 증명합니다.

This special airworthiness certificate is issued pursuant to the Article 23 of Aviation Safety Act of the Republic of Korea in respect of the above-mentioned aircraft which is considered to be airworthy when maintained and operated in accordance with the foregoing and the pertinent operating limitations.

7. 제한사항:
Limitations

8. 발행연월일:
Date of issuance

국토교통부장관 또는
지방항공청장 직인

Minister of Ministry of Land, Infrastructure and Transport or
Administrator of ○○ Regional Office of Aviation

9. 유효기간 Validity Period
부터 까지
From: To:

10. 검사관 및 확인날짜 Inspector and date
검사관(Inspector): ○○○ [서명(Signature)] 날짜(Date):

160㎜×136㎜[백상지(120g/㎡)]

■ 항공안전법 시행규칙 [별지 제17호서식] <개정 2018. 6. 27.>

[ ] 표준감항증명서 [ ] 특별감항증명서 재발급 신청서

※ 색상이 어두운 난은 신청인이 작성하지 아니하며, [ ]에는 해당되는 곳에 √표를 합니다.

접수번호	접수일시	발급일	처리기간 1일

신청인	성명	
	주소	

종류	등록부호
형식	제작일련번호
감항분류	증명번호
제작자	
사유	

「항공안전법」 제23조제4항 및 같은 법 시행규칙 제42조제2항에 따라 위와 같이 ([ ] 표준감항증명서, [ ] 특별감항증명서)의 재발급을 신청합니다.

년 월 일

신청인 (서명 또는 인)

국토교통부장관 또는 지방항공청장 귀하

첨부서류	없 음	수수료(Fee) 「항공안전법 시행규칙」 제321조에서 정한 수수료

처리절차

신청서 작성	→	접 수	→	현지조사(필요시) 또는 검토 · 확인	→	기안 및 결재	→	결과 알림
신청인		국토교통부 (항공기술 담당부서) 지방항공청 (항공검사 담당부서)		국토교통부 (항공기술 담당부서) 지방항공청 (항공검사 담당부서)		국토교통부 (항공기술 담당부서) 지방항공청 (항공검사 담당부서)		

210mm×297mm[백상지(80g/㎡) 또는 중질지(80g/㎡)]

■ 항공안전법 시행규칙 [별지 제18호서식] <개정 2018. 6. 27.>

운용한계 지정서 Operating Limitations Specification

지정번호 Issue No.

1. 항공기의 형식 또는 모델

   Type or Model of Aircraft

2. 항공기의 국적 및 등록기호

   Nationality and Registration Marks

3. 항공기의 제작일련번호

   Aircraft Serial Number

4. 감항증명번호

   Airworthiness Certificate No.

위 항공기의 운용한계를 「항공안전법」 제23조제4항 및 같은 법 시행규칙 제39조제2항에 따라 다음과 같이 지정합니다.

In accordance with Paragraph 4, Article 23 of Aviation Safety Act and Paragraph 2, Article 39 of Enforcement of Aviation Safety Act, operating limitation of the abovementioned aircraft specified as follows.

감항분류

Airworthiness Category

운용한계

Operating Limitations

년 월 일

Date of Issuance

국토교통부장관 또는 지방항공청장 직인

Minister of Ministry of Land, Infrastructure and Transport or Administrator of OO Regional Office of Aviation

134mm×190mm[백상지(150g/㎡)]

■ 항공안전법 시행규칙 [별지 제19호서식]

항공기 감항승인 신청서

※ 색상이 어두운 난은 신청인이 작성하지 아니하며, [ ]에는 해당되는 곳에 √표를 합니다.

접수번호	접수일시	처리기간 7일

신청인	성명 또는 명칭						
	주소						
구매인	성명 또는 명칭						
	주소						
목적지 국가							
상태	[ ] 신규(New) [ ] 오버홀(Newly Overhauled) [ ] 중고(Used)						
등록부호		감항분류		운용분류			
구 분	형식 또는 모델	제작자	제작일련번호	제작일자	사용시간		
					오버홀 후	총	
항공기							

시험비행 수행일	
국내 관련규정 충족여부	
수입국의 특별요건 충족여부	
적절한 보호조치(선적되는 경우만 해당합니다)	
소유권 이전일	

「항공안전법」 제24조제1항 및 같은 법 시행규칙 제46조제1항제1호에 따라 위와 같이 항공기의 감항승인을 신청합니다.

년 월 일

신청인 (서명 또는 인)

국토교통부장관 또는 지방항공청장 귀하

첨부서류	1. 항공기기술기준에 적합함을 입증하는 자료 2. 정비교범(제작사가 발행한 것만 해당합니다) 3. 그 밖에 「항공안전법」 제23조제8항에 따른 감항성개선 명령의 이행결과 등 국토교통부장관이 정하여 고시하는 서류	수수료(Fee) 「항공안전법 시행규칙」 제321조에서 정한 수수료

처리절차

신청서 작성	→	접 수	→	검토 · 확인	→	검사 실시	→	결재 · 알림	→	증명서 수령
신청인		국토교통부(항공기술 담당 부서) 지방항공청(항공검사 담당 부서)		국토교통부(항공기술 담당 부서) 지방항공청(항공검사 담당 부서)		국토교통부(항공기술 담당 부서) 지방항공청(항공검사 담당 부서)		국토교통부(항공기술 담당 부서) 지방항공청(항공검사 담당 부서)		신청인

210mm×297mm[백상지(80g/㎡) 또는 중질지(80g/㎡)]

■ 항공안전법 시행규칙 [별지 제20호서식]

부품 등 감항승인 신청서

※ 색상이 어두운 난은 신청인이 작성하지 아니하며, [ ]에는 해당되는 곳에 √표를 합니다.

접수번호	접수일시	처리기간 7일

신청인	성명 또는 명칭	
	주소	
구매인	성명 또는 명칭	
	주소	
목적	[ ] 국내용 [ ] 수출용(목적지 국가 :)	
부품상태	[ ]신규(New) [ ] 오버홀(Newly Overhauled)	
부품명세	부품명	
	부품번호	
	수량	
장착대상	제작사 및 모델	
	규격번호	
수입국의 특별요건 충족여부		
부식·손상 보호조치(선적되는 경우만 해당합니다)		

「항공안전법」 제24조제1항 및 같은 법 시행규칙 제46조제1항제2호에 따라 위와 같이 부품 등의 감항승인을 신청합니다.

년 월 일

신청인 (서명 또는 인)

국토교통부장관 또는 지방항공청장 귀하

첨부서류	1. 항공기기술기준 또는 기술표준품형식승인기준에 적합함을 입증하는 자료 2. 정비교범(제작사가 발행한 것만 해당합니다) 3. 그 밖에 「항공안전법」 제23조제8항에 따른 감항성개선 명령의 이행 결과 등 국토교통부장관이 정하여 고시하는 서류	수수료(Fee) 「항공안전법 시행규칙」 제321조에서 정한 수수료

처리절차

신청서 작성	→	접 수	→	검토 · 확인	→	검사 실시	→	결재 · 알림	→	증명서 수령
신청인		국토교통부(항공기술 담당 부서) 지방항공청(항공검사 담당 부서)		국토교통부(항공기술 담당 부서) 지방항공청(항공검사 담당 부서)		국토교통부(항공기술 담당 부서) 지방항공청(항공검사 담당 부서)		국토교통부(항공기술 담당 부서) 지방항공청(항공검사 담당 부서)		신청인

210mm×297mm[백상지(80g/㎡) 또는 중질지(80g/㎡)]

대 한 민 국
국토교통부
THE REPUBLIC OF KOREA
Ministry of Land, Infrastructure and Transport

번호 No.

항공기 감항승인서
Export Certificate of Airworthiness

이 증명서는 아래 항공제품이 대한민국의 감항요건에 따른 감항성 및 예외사항을 제외한 수입국의 특별요건에 적합함을 증명합니다. 이 증명서는 매수자와 매도자 사이의 어떠한 협정 또는 계약과 상관없으며 항공기를 운항할 수 있는 권한을 부여하지도 않습니다.

This certifies that the product identified below, has been examined and as of the date of this certificate, is considered airworthy in accordance with a comprehensive and detailed airworthiness requirements of the Republic of Korea Government, and is in compliance with those special requirements of the importing country filed with the Republic of Korea Government, except as noted below. This certificate in no way attests to compliance with any agreements or contracts between the vendor and purchaser, nor does it constitute authority to operate an aircraft.

제　　　품(Product):

제　작　자(Manufacturer):

모　　　델(Model):

일 련 번 호(Serial No.):

발동기 모델(Engine Model):

프로펠러 모델(Propeller Model):

[ ] 신규(New)　[ ] 오버홀(Newly Overhauled)　[ ] 중고 항공기(Used Aircraft)

목적지 국가(Country to which exported):

예외사항(Exceptions):

발행연월일(Date of Issuance):

국토교통부장관 또는
지방항공청장　　직인

Minister of Ministry of Land, Infrastructure and Transport or

Administrator of ○○ Regional Office of Aviation

210㎜×297㎜[백상지(120g/㎡)]

1. 국토교통부/대한민국 (Approving National Aviation Authority/Country): Republic of Korea/ MOLIT		**2. 부품 등 감항승인서 AIRWORTHINESS APPROVAL TAG**		3. 추적번호(Tracking No)	
4. 명칭 및 주소(Organization Name and Address)				5. 작업지시, 계약 또는 송장번호 (Work Order, Contract or Invoice No)	
6. 품목 (Item)	7. 품명 (Description)	8. 부품번호 (Part No.)	9. 수량 (Quantity)	10. 일련번호/배치번호 (Serial No./Batch No.)	11. 상태/작업 (Status/Work)
12. 비 고(Remarks)					

13a. 위의 품목은 아래의 사항에 적합하게 제작되었음 (Certifies the items identified above were manufactured in conformity to:) ☐ 인가된 설계자료에 일치하며 안전한 작동상태에 있음(Approved design data and are in a condition for safe operation) ☐ 제12호란에 명시한 인가되지 않은 설계자료에 따름(Non-approved design data specified in Block 12)		14a. ☐ 항공안전법 제32조에 따른 정비확인(Aviation Safety Act Article 32 Return to Service) ☐ 제12호란에 명시한 다른 법규에 따른 정비확인(Other Regulation specified in Block 12) 제11호란 및 제12호란(필요한 경우 따로 작성하여 첨부합니다)에 기술된 작업은 「항공안전법」 제32조에 따라 수행되었으며, 해당 품목을 항공기·발동기·프로펠러, 장비품 또는 부품에 사용하는 것을 승인함. 다만, 제12호란에 명시한 다른 법규가 있는 경우에는 그에 따릅니다. [Certifies that unless otherwise specified in Block 12, the work specified Block 11 and described in Block 12 was carried out in accordance with Aviation Safety Act Article 32 and in respect to the work, the items are approved for return to service]	
13b. 승인자 서명 (Authorized Signature)	13c. 인가/승인번호 (MOLIT Authorization No.)	14b. 승인자 서명 (Authorized Signature)	14c. 인가/인증번호 (MOLIT Approval/Certificate No.)
13d. 성명(Name)	13e. 일자(Date)	14d. 성명(Name)	14e. 일자(Date)

User / Installer Responsibilities

이 인증서는 부품·구성품 또는 조립품의 장착을 자동으로 승인하는 것은 아니므로 사용자·장착자는 감항당국의 법규에 따라 적합 여부를 판단한 후 사용해야 합니다.
It is important to understand that the existence of this document alone does not automatically constitute authority to install the part/component/assembly.
Where the user/installer performs work in accordance with the national regulations of an airworthiness authority different that the airworthiness authority of the country specified in Block 1, it is essential that the user/installer ensures that his/her airworthiness authority accepts parts/components/assemblies from the airworthiness authority of the country specified in Block 1.
Statements in Blocks 13a and 14a do not constitute installations certification. In all cases, aircraft maintenance records must contain an installation certification issued in accordance with the national regulations by the user/installer before the aircraft may be flown.

297㎜×210㎜[백상지(120g/㎡)]

■ 항공안전법 시행규칙 [별지 제23호서식]

소음기준적합증명 신청서

※ 색상이 어두운 난은 신청인이 작성하지 아니합니다. (앞 쪽)

접수번호	접수일시	처리기간 7일	
신청인	성명 또는 명칭		생년월일
	주소		
항공기	제작자 주소		
	제작자 성명(명칭)		
	종류	국적 및 등록기호	
	형식	등록번호	
	제작일련번호	제작일자	
	감항증명유효기간	소음기준적합증명번호	
검사희망장소		검사희망일자	

「항공안전법」 제25조제1항 및 같은 법 시행규칙 제50조제1항에 따라 소음기준적합증명을 받고자 관계서류를 첨부하여 신청합니다.

년 월 일

신청인 (서명 또는 인)

국토교통부장관 또는 지방항공청장 귀하

첨부서류	1. 해당 항공기가 「항공안전법」 제19조제2호에 따른 소음기준에 적합함을 입증하는 비행교범 2. 해당 항공기가 소음기준에 적합하다는 사실을 증명할 수 있는 서류(해당 항공기를 제작 또는 등록한 국가나 항공기 제작기술을 제공한 국가가 소음기준에 적합하다고 증명한 항공기만 해당) 3. 수리 · 개조 등에 관한 기술사항을 적은 서류(수리 · 개조 등으로 항공기의 소음치(騷音値)가 변경된 경우에만 해당)	수수료(Fee) 「항공안전법 시행규칙」 제321조에서 정한 수수료

210㎜×297㎜[백상지(80g/㎡) 또는 중질지(80g/㎡)]

(뒤 쪽)

처리절차

이 신청서는 아래와 같이 처리됩니다.

신청인		처리기관(담당부서) 국토교통부(항공기술 담당부서) 지방항공청(항공기검사 담당부서)	
신청서작성	제출 →	접수	
		↓ 선람	처리방안 지시
		↓ 검토	측정일정 · 측정장소 및 검사관 결정
준비	◀ 소음측정 실시계획통지	↓ 결재	
		↓ 소음측정 실시	
증명서 수령	◀ 결과 통지	↓ 결재	

[별지 제23호의2서식] <신설 2022. 6. 8.>

소음기준적합증명서 재발급 신청서

※ 색상이 어두운 난은 신청인이 작성하지 않으며, [ ]에는 해당되는 곳에 √ 표를 합니다.

접수번호	접수일시	발급일	처리기간 1일

신청인	성명	
	주소	

항공기	제작자 성명(명칭)	제작일자
	종류	국적 및 등록기호
	형식	제작일련번호
	감항증명유효기간	소음기준적합증명번호

사유

「항공안전법」 제25조제1항 및 같은 법 시행규칙 제52조제2항에 따라 위와 같이 소음기준적합증명서의 재발급을 신청합니다.

년 월 일

신청인 (서명 또는 인)

국토교통부장관 또는 지방항공청장 귀하

첨부서류	없 음	수수료(Fee) 「항공안전법 시행규칙」 제321조에서 정한 수수료

처리절차

신청서 작성	→	접 수	→	발급기록 확인	→	기안 및 결재	→	결과 알림
신청인		국토교통부 (항공기술 담당부서) 지방항공청 (항공검사 담당부서)		국토교통부 (항공기술 담당부서) 지방항공청 (항공검사 담당부서)		국토교통부 (항공기술 담당부서) 지방항공청 (항공검사 담당부서)		

210mm×297mm[백상지(80g/㎡) 또는 중질지(80g/㎡)]

■ 항공안전법 시행규칙 [별지 제24호서식] <개정 2019. 9. 23.>

증명번호

Certificate No.

대한민국

국토교통부

The Republic of Korea

Ministry of Land, Infrastructure and Transport

소음기준적합증명서
Noise Certificate

1. 국적 및 등록기호 National and Registration Marks	2. 항공기 제작사 및 형식 Manufacturer, Manufacturer's Designation of Aircraft	3. 항공기 제작 일련번호 Aircraft Serial Number

4. 엔진(Engine):	5. 프로펠러(Propeller):

6. 최대이륙중량: Maximum Take-off Mass kg	7. 최대착륙중량: Maximum Landing Mass kg	8. 소음기준 Noise Certificate Standard

9. 추가개조사항(소음적합을 위한 개조사항만 적음):

Additional modifications incorporated for the purpose of compliance with the applicable noise certification standards

10. 측면 소음치 Lateral/Full Power Noise Level	11. 착륙 소음치 Approach Noise Level	12. 상공 소음치 Flyover/Overflight Noise Level	13. 이륙 소음치 Take-off Noise Level

14. 비고 Remark

15. 이 증명서는 「국제민간항공협약」(1944. 12. 7.) 및 대한민국 「항공안전법」에 따라 발급하며, 위의 항공기는 「국제민간항공협약」 및 「항공안전법」 그리고 이에 관련된 모든 항공규정을 준수하여 정비하고 운항될 때에 한정하여 소음기준에 적합함을 증명합니다.

This Noise Certificate is issued pursuant to the Convention on International Civil Aviation dated 7 December 1944, and to the Aviation Safety Act of the Republic of Korea, in respect of the abovementioned aircraft, which is considered to comply with the relevant noise requirements when maintained and operated in accordance with the foregoing and the regulations made thereafter.

16. 발행 연월일: . . .

Date of Issuance

국토교통부장관 또는 지방항공청장 직인

Minister of Ministry of Land, Infrastructure and Transport or

Administrator of OO Regional Office of Aviation

210㎜×297㎜[백상지(120g/㎡)]

■ 항공안전법 시행규칙 [별지 제25호서식]

시험비행 등의 허가신청서

※ 색상이 어두운 난은 신청인이 작성하지 아니하며, [ ]에는 해당되는 곳에 √ 표를 합니다.

접수번호	접수일시	처리기간 (Durations) 3일

신 청 인 (Applicant)	성명 또는 명칭 Name	생년월일 Date of Birth
	주소 Address	전화(Tel):
항공기	종류 · 등급	형식 · 등록기호
소유자	성명 또는 명칭	
	주소 · 국적	
비행계획	목적 · 일시	
	경로	
조종사	성명	자격
동승자	성명	동승목적
기타 필요사항		

「항공안전법」 제25조제2항 · 제36조제2항제2호 · 제110조 및 같은 법 시행규칙 제53조제2항 · 제80조 · 제289조에 따라 시험비행 등의 허가를 신청합니다.

년 월 일

신청인

국토교통부장관 또는 지방항공청장 귀하

처리절차

신청서 작성	→	접 수	→	검 토	→	결 재	→	결과 통지
신청인		국토교통부 또는 지방항공청 (안전운항 담당부서)		국토교통부 또는 지방항공청 (안전운항 담당부서)		국토교통부 또는 지방항공청 (안전운항 담당부서)		

210㎜×297㎜[백상지(80g/㎡) 또는 중질지(80g/㎡)]

■ 항공안전법 시행규칙 [별지 제26호서식]

기술표준품형식승인 신청서
Application for Technical Standard Order Authorization

※ 색상이 어두운 난은 신청인이 작성하지 아니합니다. (앞 쪽)

접수번호	접수일시	처리기간 (Durations) 30일

신청인 (Applicant)	성명 또는 명칭 Name	생년월일 Date of Birth
	주소 Address	전화(Tel):
기술표준품명칭 Name of TSO		
기술표준품부품번호 Part Number of TSO		
적용최소성능표준 Applicable MPS		
품질시스템명칭 Title of QC System		
제작자 성명 또는 명칭 Name of Manufacturer		
제작공장위치 Location of Manufacturing Facility		
설계자 성명 또는 명칭 Name of Designer		
설계자주소 Address of Designer		
비고 Remarks		

「항공안전법」 제27조제1항 및 같은 법 시행규칙 제55조제1항에 따라 기술표준품에 대한 형식승인을 받고자 관계서류를 첨부하여 신청합니다.

In accordance with Paragraph 1, Article 27 of Aviation Safety Act and Paragraph 1, Article 55 of Enforcement Regulation of Aviation Safety Act, I hereby apply for Technical Standard Order Authorization and submit herewith the required documents.

년 월 일

신청인
Applicant

국토교통부장관 귀하

Attention: Minister of Ministry of Land, Infrastructure and Transport

첨부서류 (Documents)	1. 기술표준품형식승인기준에 대한 적합성 입증 계획서 또는 확인서(Copy of Certification Plan or Compliance Statements) 2. 기술표준품의 설계도면 · 설계도면 목록 및 부품 목록(Each copy of Design Drawings and Drawings List, Parts List) 3. 기술표준품의 제조규격서 및 제품사양서(Each copy of Manufacturing Specifications and Product Specification) 4. 기술표준품의 품질관리규정(Copy of Quality Control Manual) 5. 해당 기술표준품의 감항성 유지 및 관리체계를 설명하는 자료(Copy of Description Document for Continued Airworthiness and Traceability System of the TSO Parts) 6. 그 밖에 참고사항을 적은 서류(Copy of Reference Documents)	수수료(Fee) 「항공안전법 시행규칙」 제321조에서 정한 수수료

210㎜×297㎜[백상지(80g/㎡) 또는 중질지(80g/㎡)]

처리절차		

이 신청서는 아래와 같이 처리됩니다.

신청인		처리기관(담당부서) 국토교통부(항공기술 담당부서)	
신청서작성	제 출 →	접 수	
		↓ 선 람	처리방안 지시
		↓ 검 토	검사 일정 · 장소 및 검사관 결정
준 비	← 실시계획 통 지	↓ 결 재	
		↓ 평가 실시	
증명서 수령	← 결과 통지	↓ 결 재	

승인서 번호
Authorization No.

대 한 민 국
국토교통부
The Republic Korea
Ministry of Land, Infrastructure and Transport

기술표준품형식승인서
Technical Standard Order Authorization

1. 기술표준품 명칭 (Name of TSO)	
2. 기술표준품 부품번호 (Parts Number of TSO)	
3. 적용 최소성능표준 (Applicable MPS)	
4. 규격완화여부 (Application of Deviation)	
5. 설계자 성명 또는 명칭 주소 (Name and Address of Designer)	
6. 적용 품질시스템 (Applicable Quality Control System)	
7. 제작자 성명 또는 명칭 및 주소 (Name and Address of Manufacturer)	

위의 기술표준품은 「항공안전법」 제27조제1항 및 같은 법 시행규칙 제58조제1항에 따라 항공기기술기준에 적합함을 증명합니다.
In accordance with Paragraph 1, Article 27 of Aviation Safety Act and Paragraph 1, Article 58 of Enforcement Regulation of Aviation Safety Act, the Minister of Ministry of Land, Infrastructure and Transport hereby certifies that the abovemention ed Technical Standard Order is in Compliance with requirements of Aviation Act.

년 월 일
Date of Issuance

국토교통부장관 직인

Minister of Ministry of Land, Infrastructure and Transport

210mm×297mm[백상지(120g/㎡)]

■ 항공안전법 시행규칙 [별지 제28호서식]

[ ] 항공기기술기준 제 · 개정 신청서
[ ] 기술표준품형식승인기준 제 · 개정 신청서

※ 색상이 어두운 난은 신청인이 작성하지 아니하며, [ ]에는 해당되는 곳에 √표를 합니다. (앞 쪽)

접수번호	접수일시	처리기간 (Durations) 30일

신청인	성명 또는 명칭	생년월일
	주소 전화(Tel):	
제 · 개정 필 요 성		
제 · 개정 주요내용		

「항공안전법」 [ ] 제19조 / [ ] 제27조 및 같은 법 시행규칙 제59조제1항에 따라

[ ] 항공기기술기준 / [ ] 기술표준품형식승인기준 을 [ ] 제정 / [ ] 개정 할 것을 신청합니다.

년 월 일

신청인

국토교통부장관 귀하

첨부서류 (Documents)	1. 항공기기술기준 또는 기술표준품형식승인기준 신 · 구조문대비표	수수료(Fee) 없음

210mm×297mm[백상지(80g/㎡) 또는 중질지(80g/㎡)]

(뒤 쪽)

처리절차

이 신청서는 아래와 같이 처리됩니다.

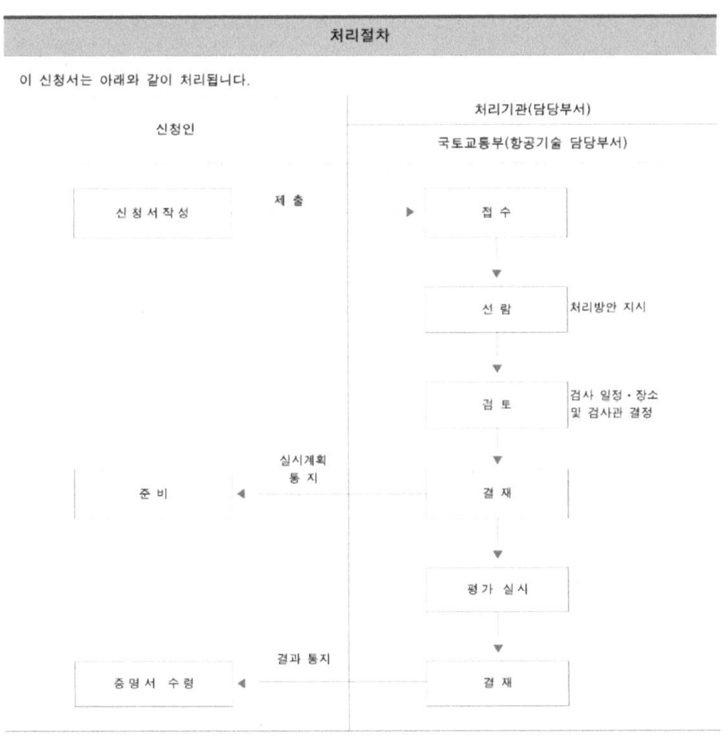

■ 항공안전법 시행규칙 [별지 제29호서식]

부품등제작자증명 신청서
Application for Parts Manufacturer Approval

※ 색상이 어두운 난은 신청인이 작성하지 아니합니다. (앞 쪽)

접수번호	접수일시	처리기간 (Durations) 30일

신청인 (Applicant)	성명 또는 명칭 Name	생년월일 Date of Birth
	주소 Address	전화(Tel):

적용 항공기등 Eligible Product Model	
적용 대상 부품등 Eligible Parts	
증명 신청 부품등 Parts for PMA	
품질시스템 Quality Control System	
제작자 성명 또는 명칭 Name of Manufacturer	
제작공장 위치 Location of Manufacturing Facility	
설계자 성명 또는 명칭 Name of Designer	
설계자 주소 Address of Designer	
비고 Remarks	

「항공안전법」 제28조제1항 및 같은 법 시행규칙 제61조제1항에 따라 부품등제작자증명을 받고자 관계서류를 첨부하여 신청합니다.

In accordance with Paragraph 1, Article 28 of Aviation Safety Act and Paragraph 1, Article 61 of Enforcement Regulation of Aviation Safety Act, I hereby apply for Parts Manufacturer Approval and submit herewith the required documents.

년 월 일

신청인
Applicant

국토교통부장관 귀하

Attention: Minister of Ministry of Land, Infrastructure and Transport

첨부서류 (Documents)	1. 부품등의 식별서(Copy of Part Identification Document) 2. 항공기기술기준에 대한 적합성 입증 계획서 또는 확인서(Copy of Certification Plan or Compliance Statements) 3. 부품등의 설계도면·설계도면 목록 및 부품등의 목록(Each copy of Design Drawings and Drawings List, Parts List) 4. 부품등의 제조규격서 및 제품사양서(Each copy of Manufacturing Specifications and Product Specification) 5. 부품등의 품질관리규정(Copy of Quality Control Manual) 6. 해당 부품등의 감항성 유지 및 관리체계를 설명하는 자료(Copy of Description Document for Continued Airworthiness and Traceability System of the Parts) 7. 그 밖에 참고사항을 적은 서류(Copy of Reference Documents)	수수료(Fee) 「항공안전법 시행규칙」 제321조에서 정한 수수료

210mm×297mm[백상지(80g/㎡) 또는 중질지(80g/㎡)]

(뒤 쪽)

작성방법

① 신청인 성명 또는 명칭: 신청인의 성명 또는 법인 명칭을 적습니다.
② 주민등록번호: 신청인의 주민등록번호 또는 법인등록번호를 적습니다.
③ 신청인 주소: 신청인의 주소를 적습니다.
④ 적용 항공기등: 본 신청의 부품이 장착될 항공기, 발동기, 프로펠러의 형식증명 소지자 성명 또는 명칭, 모델명을 적습니다.
⑤ 적용 대상 부품: 본 신청으로 대체 및 개조하고자 하는 형식증명 항공기등의 부품에 대한 제작자명, 품명, 부품번호, 도면번호를 적습니다.
⑥ 증명 신청 부품: 본 신청으로 부품등제작자증명을 받고자 하는 부품 등에 대한 품명, 부품번호, 도면번호를 적습니다.
⑤ 품질보증시스템: 본 신청을 통하여 승인된 부품 등이 제작될 공장에서 운영되고 있는 공인 품질시스템(ISO9001, AS9100, 국방품질시스템 등) 및 인증 일자, 또는 관련요건에 따라서 자체적으로 운영하고 있는 품질시스템을 적습니다.
⑧ 제작자 성명 또는 명칭: 본 신청을 통하여 증명을 받은 부품 등을 제작할 제작자의 성명 또는 명칭을 적습니다.
⑨ 제작공장 위치: 본 신청을 통하여 증명을 받은 부품을 제작할 공장이 소재한 주소를 적습니다.
⑩ 설계자 성명 또는 명칭: 부품등제작자증명을 신청하는 해당 부품 등에 대한 설계권을 가지고 있는 설계자의 성명 또는 명칭을 적습니다.
⑪ 설계자 주소: 부품등제작자증명을 신청하는 해당 부품 등에 대한 설계자의 주소를 적습니다.
⑫ 비고: 부품등제작자증명을 신청하는 해당 부품 등에 대한 설계입증방법(시험 및 계산, 동일성, 면허계약, 부가형식증명)과 그 밖의 사항을 적습니다.

처리절차

이 신청서는 아래와 같이 처리됩니다.

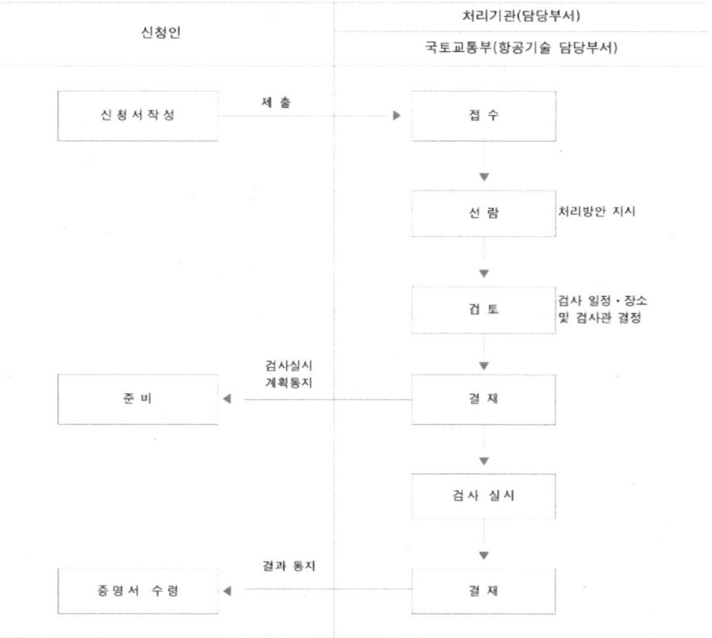

■ 항공안전법 시행규칙 [별지 제30호서식]

대 한 민 국 국토교통부 The Republic of Korea Ministry of Land, Infrastructure and Transport	증명서 번호 Certificate No.
	증명서부록번호 PMA Supplement No.

부품등제작자증명서

Parts Manufacturer Approval

1. 적용 항공기등의 명칭 (Eligible Product Model)	
2. 대체 대상 부품등 (Parts for Replacement)	
3. 부품등제작자증명 부품등 (Parts for PMA)	
4. 설계자 성명 또는 명칭 및 주소 (Name and Address of Designer)	
5. 적용 품질시스템 (Applicable Quality Control System)	
6. 제작자 성명 또는 명칭 및 주소 (Name and Address of Manufacturer)	

위 부품등제작자는 「항공안전법」 제28조제1항 및 같은 법 시행규칙 제64조제1항에 따라 항공기기술기준에 적합함을 증명합니다.

In accordance with Paragraph 1, Article 28 of Aviation Safety Act and Paragraph 1, Article 64 of Enforcement Regulation of Aviation Safety Act, the Minister of Ministry of Land, Infrastructure and Transport certifies that the abovementioned Parts Manufacturer Approval is in compliance with requirements of Aviation Act.

년 월 일

Date of Issuance

국토교통부장관 직인

Minister of Ministry of Land, Infrastructure and Transport

210mm×297mm[백상지(120g/㎡)]

■ 항공안전법 시행규칙 [별지 제31호서식]

항공기등 또는 부품등의 수리·개조승인 신청서

※ 색상이 어두운 난은 신청인이 작성하지 아니하며, [ ]에는 해당되는 곳에 √표를 합니다. (앞 쪽)

접수번호	접수일시	처리기간 (Durations) 7일

신청인 (Applicant)	성명 또는 명칭 Name	
	주소 Address	전화(Tel):
[ ] 항공기 (Aircraft) [ ] 발동기 (Engine) [ ] 프로펠러 (Propeller) [ ] 장비품 (Components)	소유자명	
	국적 및 등록기호 (항공기의 경우)	
	제작사	
	형식	
	일련번호	
	작업 형식	[ ] 수리 [ ] 개조
비고 Remarks		

「항공안전법」 제30조제1항 및 같은 법 시행규칙 제66조에 따라 수리·개조 승인을 받고자 관계서류를 첨부하여 신청합니다.

년 월 일

신청인
Applicant

지방항공청 귀하

첨부서류 (Documents)	수리계획서 또는 개조계획서(1. 수리·개조 신청사유 및 작업일정, 2. 작업을 수행하려는 인증된 정비조직의 업무범위, 3. 수리·개조에 필요한 인력, 장비, 시설 및 자재 목록, 4. 해당 항공기등 또는 부품등의 도면과 도면 목록, 5. 수리·개조 작업지시서를 포함한다)	수수료(Fee) 「항공안전법 시행규칙」 제321조에서 정한 수수료

210mm×297mm[백상지(80g/㎡) 또는 중질지(80g/㎡)]

(뒤 쪽)

처리절차

이 신청서는 아래와 같이 처리됩니다.

신청인		처리기관(담당부서) 지방항공청(항공기검사 담당부서)	
신 청 서 작 성	제 출 →	접 수	
		▼ 선 람	처리방안 지시
		▼ 검 토	검사 일정 · 장소 및 검사관 결정 (현장검사 필요시)
준 비	◀ 검사실시 계획통지 (필요시)	▼ 결 재	
		▼ 검사 실시 (필요시)	
통 지 서 수 령	◀ 결과 통지	▼ 결 재	

■ 항공안전법 시행규칙 [별지 제32호서식]

항공기등 또는 부품등의 수리 · 개조 결과서
Major Repair & Alteration

※ 색상이 어두운 난은 신청인이 작성하지 아니합니다.

접수번호	접수일시	처리기간 (Durations) 3일

항공기 Aircraft	제작자 Make	형식 Model
	일련번호 Serial No.	등록기호 Registration No.
소유자 Owner	성명 Name	
	주소 Address	

승인받은 작업지시서

수리 · 개조 품목 식별 Unit Identification				수리 · 개조 구분 Type	
품목(Unit)	제작사 Make	형식 Model	일련번호 Serial No.	수리 Repair	개조 Alteration
기체(Airframe)					
엔진(Powerplant)					
프로펠러(Propeller)					
장비품(Appliance)					

확인자 인적사항(Confirmity Statement)

정비조직명 및 주소 AMO Name & Address		인가번호 Certificate No.
확인정비사 Authority Mechanic	위촉검사관 Designated Inspector	정부검사관 Government Inspector

작업사항
Description of Work Accomplished 공간 부족시 따로 작성하여 첨부합니다. If more space is required, attach additional sheets

「항공안전법」 제30조제1항 및 같은 법 시행규칙 제67조제2항에 따라 수리 · 개조결과서를 제출합니다.

In accordance with Article 30 of Aviation Safety Act and Article 67 of Enforcement Regulation of Aviation Safety Act, I hereby report for Repair and/or Alteration made to the unit(s) identified in item 4 above.

년 월 일
Date of Issuance

제출인
Applicant

지방항공청장 귀하

Attention: Administrator of Regional Aviation Administration

첨부서류 (Documents)	작업지시서 수행본(Copy of Engineering Order Accomplished) 1부	수수료(Fee) 없음

210mm×297mm[백상지(80g/㎡)]

■ 항공안전법 시행규칙 [별지 제33호서식]

(앞 쪽)

대 한 민 국
국토교통부
The Republic of Korea
Ministry of Land, Infrastructure and Transport

국외 정비확인자 인정서

Designated Overseas Maintenance Mechanic Certificate

인정번호 No.: ______ 성 명 Name in Full: ______ 생년월일 Date of Birth: ______ 국 적 Nationality: ______ 자 격 Qualification: ______	사진 (2.5cm×3cm)

위 사람은 「항공안전법」 제32조 및 같은 법 시행규칙 제73조제1항에 따라 다음 사항에 대하여 국외항공기정비 확인자로 인정합니다.

The undersigned hereby certify that the above mentioned person is appointed as an authorized overseas mechanic for aircraft maintenance in the capacity described below in accordance with Article 32 of Aviation Safety Act and Article 73 of Enforcement Regulation.

90mm×70mm[백상지(120g/㎡)]

(뒤 쪽)

확인행위 장소
Designated Area ______

유효기간 부터 까지
Effective Term: From: ______ To: ______

한 정 사 항
Rating

종 류 Category	등 급 Class	형 식 Type	비 고 Remark

Date of Issue: Signature:

국토교통부장관 직인

Minister of Ministry of Land, Infrastructure and Transport

■ 항공안전법 시행규칙 [별지 제34호서식] <개정 2019. 9. 23.>

통합항공안전정보시스템(https://www.esky.go.kr)에서도 신청할 수 있습니다.

항공기 고장 · 결함 · 기능장애 보고서(Service Difficulty Report)

1. 제출자 정보 (Submitter Information)		***접수번호(Unique Control)**
항공기 등록부호(Registration)	발생일시(Difficulty Date)	제출자 구분(Submitter type)
소유자등 성명(Operator Designator)	항공사 종류(Operator Type)	편명(Flight Number)

2. 발생 유형 (Type of Occurrence)

ATA 코드(ATA Code)		고장 등의 상태(Nature of condition)		발견방법(How Discovered)	
조치사항(Precautionary procedures)		비행단계 (Stage of Operation)		관할(Region)	
기상(Weather) [ ] VMC [ ] IMC [ ] N/A(해당없음)	비행고도(Altitude)	탑승자 수(Number of Crew & Passenger) 운항승무원 (Flight Crew)	객실승무원 (Cabin Crew)	승객 (Passenger)	부상자 (Injury)

3. 항공기 등 현황 (Major equipment Identity)

	제작사 (Manufacturer)	형식 (Model)	제작일련번호 (Serial Number)	총 비행시간 (Total Time, hours)	총 비행횟수 (Total Cycles)
항공기(Aircraft)					
엔진(Engine)					
프로펠러(Propeller)					

4. 고장내용(Problem Description) (Note : 1,500자 이내로 작성하세요)

• 필요한 경우, 사진, 도면 등의 설명 자료는 별도로 첨부합니다.

5. 해당 부품 또는 구조 결함(Specific Part or Structure Causing difficulty)

부품 명(Part Name)	제작자(Manufacturer's Name)	부품번호(Part Number)
일련번호(Serial Number)	부품상태(Part Condition)	부품/결함위치(Part/Defect Location)
부품 총사용시간(Total Time, hours)	부품 총사용횟수(Total Cycles)	([ ]오버홀 [ ]수리 [ ]검사) 이후 사용시간(Time since, hours)

6. 결함 부품이 포함된 장비품(Component/Assembly That Includes Defective Part)

장비품명(Component Name)	제작자(Manufacturer's Name)	장비품 번호(Part Number)
일련번호(Serial Number)	모델번호(Model Number)	장비품/결함위치(Component/Defect Location)
장비품 총사용시간(Total Time, hours)	장비품 총사용횟수(Total Cycles)	([ ]오버홀 [ ]수리 [ ]검사) 이후 사용시간(Time since, hours)

7. 기체 구조 결함(Structure Causing difficulty)

균열 위치		균열 길이 (Crack Length, mm)	균열 개수 (Number of Cracks)
(Body or Fuselage Station) ______부터(from) ______까지(to)	(Water Line) ______부터(from) ______까지(to)		

스트링거(Stringer)위치:[ ]좌측(left) [ ]우측(right)______부터(from) [ ]좌측(left) [ ]우측(right)______까지(to)

Butt Line 위치 :[ ]좌측(left) [ ]우측(right)______부터(from) [ ]좌측(left) [ ]우측(right)______까지(to)

Wing Station 위치 :[ ]좌측(left) [ ]우측(right)______부터(from) [ ]좌측(left) [ ]우측(right)______까지(to)

다른 구조부위(Structural Other): 부식레벨(Corrosion Level): [ ] Level 2 [ ] Level 3

「항공안전법」 제33조 및 같은 법 시행규칙 제74조제2항에 따라 항공기 고장 등을 위와 같이 보고합니다.(In accordance with Article 33 of the Aviation Safety Act and Paragraph 2, Article 74 of the Ministerial Regulation of Aviation Safety Act, I hereby report the occurrence of mandatory reporting items as described above.)

일자(Date):______/______/______ (YYYY/ MM/ DD)

보고자(Name) (서명 또는 인)

연락처(Telephone) Signature

국토교통부장관 또는 지방항공청장 귀하

(Attention : Minister of Ministry of Land, Infrastructure and Transport or Administrator of ○○ Regional Office of Aviation)

210mm×297mm[백상지(80g/㎡)]

(앞 쪽)

항공종사자 자격증명시험(한정심사) 응시원서

본인은 년도 제 차 항공종사자 자격증명시험(한정심사)의 학과시험/실기시험에 응시하고자 원서를 제출합니다.

※ 아래 작성사항은 사실과 다름이 없으며, 만약 시험 합격 후에 허위 또는 부실작성 사실이 발견되었을 때에는 합격의 취소처분에도 이의를 제기하지 아니할 것을 서약합니다.

년 월 일

응시자 (서명 또는 인)

한국교통안전공단이사장 귀하

① 신청인 성명	한글		② 주민등록번호 (여권번호)	
	영문			
③ 주소	한글	우편번호(-)	④ 전화 번호	
	영문		⑤ E-MAIL	
⑥ 응시자격명 (한정사항)				
⑦ 종류구분	항공기종류	[ ]비행기 [ ]헬리콥터 [ ]비행선 [ ]활공기 [ ]항공우주선		
	경량항공기종류	[ ] 조종형비행기 [ ] 체중이동형비행기 [ ] 경량헬리콥터 [ ] 자이로플레인 [ ] 동력패러슈트		
	정비분야	[ ]전자・전기・계기		
	항공교통관제 업무 종류 및 수행방식	[ ]비행장관제업무 [ ]감시접근관제업무 [ ]감시지역관제업무		
⑧ 등급	[ ]육상([ ]단발 [ ]다발) [ ]수상([ ]단발[ ]다발) [ ]활공기([ ]상급[ ]중급)			
⑨ 응시과목	학과시험:			
	실기시험: [ ]구 술 [ ]실 기			
⑩ 면제과목				
⑪ 면제근거	[ ]관련자격 취득 [ ]일부과목 합격 [ ]지정전문교육기관 수료 [ ]경력 소지 [ ]기타			
⑫ 응시번호	학과*	실기*	⑬구비서류	경력증명서 각 1부 / 자격증사본 각 1부 졸업증명서 1부 / 과목합격증 각 1부 연습허가서 1부
⑭ 시험장소			⑮ 시험일시	. . . .

······························ 자르는 선 ······························

⑥ 응시자격명		응 시 표	
⑭ 시험장소		⑮ 시험일시	. . . .
⑫ 응시번호	학과*	실기*	
① 성명	한글	② 주민등록번호	
	영문	(여권번호)	( )

년 월 일

한국교통안전공단이사장 직인

210㎜×297㎜[백상지(80g/㎡) 또는 중질지(80g/㎡)]

(뒤 쪽)

작 성 방 법

1. *표란은 응시자가 쓰지 않습니다.
2. 흑색 또는 청남색으로 바르게 써야 합니다.
3. ③항의 한글 주소는 시험결과를 받아볼 수 있는 거주지를 한글로 표기하되, 번지, 통반, 우편번호까지 써야하며 영문주소는 자격증 발급 시 적게 되는 영문주소로 써야 합니다.
4. ④항의 전화번호는 즉시 연락 가능한 전화번호(휴대전화 등)를 써야 합니다.
5. ⑤항의 E-MAIL 주소는 시험결과를 받아볼 수 있는 메일주소를 써야 합니다.
   응시과목 면제에 해당하는 자격증만을 써야 합니다.
6. ⑥항은 응시하고자 하는 자격증명의 종류를 적으시고 형식한정, 계기비행증명, 조종교육증명 또는 항공교통관제시설 등 한정사항(해당자에 한함)으로 구분하여 써야 합니다.
7. ⑦항, ⑧항 및 ⑪항은 해당란에 ✔표를 해야 합니다.
8. ⑬항은 해당사항이 있는 경우에 한정합니다.
9. ⑭항의 시험장소와 ⑮항의 시험일시는 정확히 써야 합니다.
10. 수수료는 「항공안전법 시행규칙」 제321조 및 「부가가치세법」에 따라 시험시행공고에 의한 소정액을 납부해야 합니다.
11. 접수된 원서의 작성사항은 변경할 수 없습니다.
12. 제출된 응시원서는 반환이 불가하며 수수료는 「항공안전법 시행규칙」 제321조 이외의 사유로는 반환하지 않습니다.

....

주 의 사 항

1. 응시표를 발급받은 후 소정 기입란에 누락된 사항이 없는가를 확인해야 합니다.
2. 응시표를 가지지 아니한 자는 응시하지 못하며, 분실 또는 훼손한 때에는 재발급을 받아야 합니다.
3. 학과시험 수험장에는 답안지 작성에 소요되는 필기도구 및 계산기 외는 휴대할 수 없습니다.
4. 실기시험 장소에는 실기시험에 필요한 용구를 휴대할 수 있으나, 감독요원 또는 실기시험관의 사전 확인을 받아 사용할 수 있습니다.
5. 시험시작 30분 전에 지정된 좌석에 착석해야 하며, 응시표는 감독요원의 확인을 받아야 합니다.
6. 전산망과 연결된 컴퓨터로 시험을 시행하는 경우 이미 제출하신 답안은 번복할 수 없습니다.
7. 응시 도중에 퇴장하거나 이석한 사람은 다시 입장할 수 없으며, 수험장 내에서는 흡연, 시험 관련 담화, 물품대여 등을 모두 금합니다.
8. 부정행위자 또는 주의사항이나 시험감독자의 지시에 따르지 아니하는 사람에 대하여는 즉각 퇴장을 명하고, 시험을 무효로 하며, 부정행위자는 향후 2년간 안전공단에서 시행하는 자격시험(한정심사)의 응시자격이 정지됩니다.
9. 그 밖의 자세한 것은 감독요원 또는 실기시험관의 지시에 따라야 합니다.

■ 항공안전법 시행규칙 [별지 제36호서식]

비행경력증명서

1. 성명: 2. 소속: 3. 주민등록번호 또는 여권번호: ( )

일자	항공기형식	착륙횟수	비행임무별 비행시간							비행종류별 비행시간								계기비행		기타
			기장	부기장		교관조종사	학생조종사	항공기관사	소계	주간비행				야간비행				실제비행	모의비행	
										시계비행		야외비행		시계비행		야외비행				
				기장감독하의조종행위	기장외의조종사					기장	기장외의조종사	기장	기장외의조종사	기장	기장외의조종사	기장	기장외의조종사			
계																				

「항공안전법 시행규칙」 제77조제2항에 따라 위 사람의 비행경력을 위와 같이 증명합니다.

발급일: . . . 발급기관명/주소 발급자 (서명 또는 인) 전화번호:

210㎜×297㎜[백상지(80g/㎡)]

■ 항공안전법 시행규칙 [별지 제37호서식] <개정 2025. 12. 5.>

항공종사자 자격증명서 (재)발급신청서

※ 색상이 어두운 난은 신청인이 작성하지 아니하며, [ ]에는 해당되는 곳에 √표를 합니다.

접수번호	접수일시	처리기간 5일

신청사유	[ ] 신규 [ ] 변경 [ ] 분실 [ ] 훼손		
자격번호	재발급만 해당	연락처	자택
성명	한글		휴대폰
	영문		E-mail
주민등록번호	※외국인은 생년월일과 여권번호 기입		
주소	한글		
	영문		
성별	[ ] 남 [ ]여	국적	
신청자격	[ ] 운송용조종사 [ ] 경량항공기조종사 [ ] 항공정비사 [ ] 사업용조종사 [ ] 항공사 [ ] 운항관리사 [ ] 자가용조종사 [ ] 항공기관사 [ ] 부조종사 [ ] 항공교통관제사 [ ] 전문항공교통관제사		
영어능력등급	등급(유효기간: 년 월 일 ~ 년 월 일) ※해당자만 기입		
추가발급 선택사항	[ ] 전자문서 ※ 폴리염화비닐(PVC) 카드로 기본 발급되며, 전자문서 형태를 선택하는 경우 추가로 발급		

「항공안전법」 제38조제5항·제112조제4항으로 및 같은 법 시행규칙 제87조제1항에 따라 위와 같이 자격증명서의 (재)발급을 신청합니다.

년 월 일

신청인 (서명 또는 인)

한국교통안전공단이사장 귀하

첨부서류	「항공안전법」 제40조에 따른 유효한 항공신체검사증명서(운항승무원, 항공교통관제사, 전문항공교통관제사, 경량항공기 조종사에 한함)	수수료 「항공안전법 시행규칙」 제321조에서 정한 수수료

처리절차

신청서 작성	→	접 수	→	확 인	→	증명서 작성	→	수 령
신청인		한국교통안전공단 (시험담당 부서)		한국교통안전공단 (시험담당 부서)		한국교통안전공단 (시험담당 부서)		신청인

210㎜×297㎜[백상지(80g/㎡) 또는 중질지(80g/㎡)]

[별지 제38호서식] <개정 2025. 12. 5.>

(앞 쪽)

Ⅰ. 발행국 (NAME OF STATE)

사진 (1.5×2cm)

Ⅱ. 자격명 (TITLE OF LICENCE)

Ⅲ. 자격번호 (SERIAL NO. OF THE LICENSE)

Ⅳ. 성명 (NAME)

Ⅳa. 생년월일 (DATE OF BIRTH)

Ⅴ. 주소 (ADDRESS)

Ⅵ. 국적 (NATIONALITY)

Ⅶ. 소지자 서명(SIGNATURE OF HOLDER)

Ⅻ. 한정사항(RATINGS)

(뒤 쪽)

자격번호(SERIAL NO. OF THE LICENSE) 성명(NAME)

XIII. 특기사항(REMARKS)

- 항공영어구술능력등급(ENGLISH PROFICIENCY)
- LEVEL [ ] VALID UNTIL [DATE]
  (Originally issued by)
- 제한사항(LIMITATIONS)

Ⅹ. 발급자 서명(SIGNATURE OF OFFICER ISSUING THE LICENSE) 및 발급일(DATE OF ISSUE)

Ⅷ. 본 항공종사자 자격증명은 「항공안전법」 제135조에 따라 국토교통부장관의 위탁을 받은 수탁기관의 장이 확인·발급함 (ON BEHALF OF THE MINISTRY OF LAND, INFRASTRUCTURE AND TRANSPORT OF THE REPUBLIC OF KOREA)

Ⅸ. 「항공안전법」 제38조제5항·제112조제4항 및 같은 법 시행규칙 제87조제1항에 따라 위와 같이 자격증명서를 발급합니다. (THIS LICENCE HOLDER HAS BEEN FOUND TO BE PROPERLY QUALIFIED TO EXERCISE THE PRIVILEGES OF THE LICENCE IN ACCORDANCE WITH ARTICLE 38-5 AND 112-4 OF THE AVIATION SAFETY ACT AND ARTICLE 87-1 OF ENFORCEMENT REGULATION OF ACT.)

Ⅺ. **한국교통안전공단이사장** 직인

(CHAIRMAN OF KOREA TRANSPORTATION SAFETY AUTHORITY)

54㎜×86㎜(PVC 카드 또는 전자문서)

[별지 제38호의2서식] <신설 2021. 6. 9.>

[경량항공기조종사 자격증명서]

(앞 쪽)

Ⅰ. **대한민국**
(REPUBLIC OF KOREA)

Ⅱ. **경량항공기조종사**
(PILOT OF A LIGHT SPORT AIRCRAFT)

1.5cm x 2cm

Ⅲ. (자격번호 기재)

Ⅳ. (소지자 성명 국문 및 영문 병행 기재)

Ⅳa. (생년월일 영문 기재) Ⅴ. (주소 국문 및 영문 병행 기재)

Ⅵ. (국적 국문 및 영문 병행 기재)

Ⅷ. 국토교통부(MINISTRY OF LAND, INFRASTRUCTURE AND TRANSPORT)의 위탁을 받아 한국교통안전공단이사장(CHAIRMAN OF KOREA TRANSPORTATION SAFETY AUTHORITY)이 발급함

Ⅸ. 항공안전법 제112조제4항 및 같은 법 시행규칙 제87조제1항에 따라 위와 같이 발급함 (HAS BEEN FOUND TO BE PROPERLY QUALIFIED TO EXERCISE THE PRIVILEGES OF)

Ⅹ. 발급일(D.O.I): (발급일 영문 기재)

Ⅺ. (발급기관 CI 표기)

한국교통안전공단이사장 직인

CHAIRMAN OF KOREA TRANSPORTATION SAFETY AUTHORITY

[경량항공기조종사 자격증명서 발급 서식]

(뒤 쪽)

(소지자 자격번호 기재)　(소지자 성명 국문 기재)

XII. 한정사항(RATINGS)

(한정사항 기재)

XIII. 특기사항(REMARKS)

- 제한사항(LIMITATIONS): (제한사항 기재)

VII. 소지자 서명 (SIGNATURE OF HOLDER):

54㎜×86㎜(PVC 카드 또는 전자문서)

■ 항공안전법 시행규칙 [별지 제39호서식] <개정 2020. 2. 28.>

항공종사자 자격증명서 발급대장

사 진 (2.5㎝ × 3㎝)	자격종류	자격증번호	발급일자
	성명(한글/영어)		주민등록번호 (여권번호)

성 별	국 적

주 소	
소 속	
경 력	

자격증명 취득사항(이전 자격 등)

자격종류	번 호	발급일자	근 거	확인일자	확인자

계기비행증명 · 조종교육증명

종 류	증명번호	항공기 종류	근 거	증명일자	확 인
계기비행증명					
조종교육증명					

취소사항

취소사유	취소내용	근 거	취소일자	확 인

한정사항

종 류	등 급	형 식	정 비 분 야	근 거	한정일자	확 인

행정처분

처분기관	근 거 (처분일)	처분종류	처분기간	처분원인 (위반종류)	확인일자	확 인

항공영어구술능력 등급

등 급	유효기간	등 급	유효기간	등 급	유효기간

기 타

210㎜×297㎜[백상지(80g/㎡)]

■ 항공안전법 시행규칙 [별지 제40호서식] <개정 2025. 12. 5.>

항공종사자 자격증명서 유효성확인 신청서

※ 색상이 어두운 난은 신청인이 작성하지 아니하며, [ ]에는 해당되는 곳에 √표를 합니다. (앞 쪽)

접수번호	접수일시	처리기간 5일

신청인 정보	성명 한글	생년월일
	성명 영문	
	주소	
	전화번호	이메일주소

신청자격	[ ] 운송용조종사 [ ] 사업용조종사 [ ] 자가용조종사 [ ] 부조종사 [ ] 항공사 [ ] 항공기관사 [ ] 항공교통관제사 [ ] 전문항공교통관제사 [ ] 항공정비사 [ ] 운항관리사

자격번호		국적	
항공영어 구술능력 증명정보	등급	유효기간 ~	

「항공안전법」 제38조제5항ㆍ제112조제4항 및 같은 법 시행규칙 제87조제7항에 따라 자격증명서 유효성 확인 증명서 발급을 신청합니다.

년 월 일

신청인 (서명 또는 인)

한국교통안전공단이사장 귀하

신청인 제출서류	「항공안전법」 제40조에 따른 유효한 항공신체검사증명서(운항승무원, 항공교통관제사, 전문항공교통관제사, 경량항공기 조종사에 한함)	수수료 「항공안전법 시행규칙」 제321조에서 정한 수수료
발급담당자 확인사항	항공신체검사증명서가 발급일자 기준 유효한지 여부를 확인	

유의사항

1. 접수된 신청서의 내용을 변경할 수 없으며 증명서를 발급받은 후 누락된 사항과 오류가 없는가를 확인하여야 합니다.
2. 제출된 신청서는 반환하지 않으며 증명서 발급 이후에는 수수료를 반환하지 않습니다.
3. 그 밖의 필요한 사항은 한국교통안전공단 02-3151-1500으로 문의하시기 바랍니다.

210mm×297mm[백상지(80g/㎡) 또는 중질지(80g/㎡)]

(뒤 쪽)

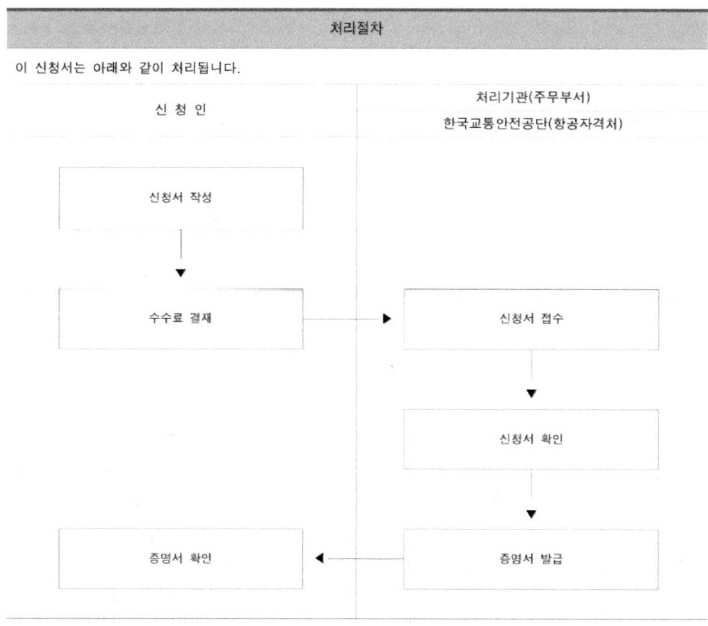

[별지 제41호서식] <개정 2022. 6. 8.>

(발급번호)

자격증명서 유효성확인 증명서

(Airman License Verification Certificate)

Ⅰ. 발급국가(Name of State):

Ⅱ. 발급기관(Authority issuing the License):

Ⅲ. 개인정보(Personal Information)

성명(Name)		생년월일(Date of birth)	
국적(Nationality)			

Ⅳ. 자격증명 및 한정사항(License and Ratings)

자격번호 (Number)	자격명 (Title)	자격증명 유효기간 (Valid date of license)	한정사항 (Ratings)	한정사항 유효기간 (Valid date of rating)	발급일자 (Date of issue)

Ⅴ. 항공신체검사증명서(Medical Certificate)

종류(Class)	유효기간(Valid date)	제한사항(Limitations)

Ⅵ. 항공영어구술능력증명(English Proficiency)

등급(level)	유효기간(Valid date)	비고(remarks)
		based on the english proficiency level issued by (발급국가명)

Ⅶ. 취소 또는 정지사항(Under suspension or revocation):

Ⅷ. 제한사항(Limitations):

(발급자 성명)
(Name of the person in charge)
(발급 부서명)
(Department issuing the certificate)
(발급자 연락처) (발급일자)
(Contact information of the person in charge) (Date of issue)

한국교통안전공단이사장 [직인]

CHAIRMAN OF KOREA TRANSPORTATION SAFETY AUTHORITY
REPUBLIC OF KOREA

210mm×297mm[백상지(80g/㎡)]

■ 항공안전법 시행규칙 [별지 제42호서식] <개정 2021. 11. 19.>

모의비행훈련장치 지정 신청서

※ 색상이 어두운 난은 신청인이 작성하지 아니합니다. (앞 쪽)

접수번호	접수일시	처리기간 15일

신청인	성명 또는 명칭	생년월일 또는 사업자등록번호
	주소 (전화:)	
모의비행훈련장치 개요	종류/등급/형식(모델)	
	제조사명	
	소유자	
	제조일	
	제조번호	
	설치장소	
검사 희망 일시 및 장소		
제조 후 총 사용시간		
전회검사 후 총 사용시간		

「항공안전법」 제39조의2제1항 및 같은 법 시행규칙 제91조의2 제2항에 따라 모의비행훈련장치 지정을 신청합니다.

년 월 일

신청인 (서명 또는 인)

지방항공청장 귀하

첨부서류	1. 모의비행훈련장치의 설치과정 및 개요 2. 모의비행훈련장치 운영규정 3. 모의비행훈련장치 시험비행기록 비교 자료(비교 자료를 추가로 검토할 필요가 있는 경우만 해당한다) 4. 모의비행훈련장치의 성능 및 점검요령 5. 모의비행훈련장치의 관리 및 정비방법 6. 모의비행훈련장치에 따른 훈련계획 7. 모의비행훈련장치의 최소장비목록과 그 적용방법(최소장비목록을 운용하려는 경우만 해당한다) 8. 그 밖에 모의비행훈련장치 지정을 위하여 필요한 서류로서 국토교통부장관이 정하여 고시하는 서류	수수료 「항공안전법 시행규칙」 제321조에서 정한 수수료

210mm×297mm[백상지(80g/㎡) 또는 중질지(80g/㎡)]

(뒤 쪽)

처리절차

이 신청서는 아래와 같이 처리됩니다.

신청인		처리기관(담당부서) 지방항공청(운항 담당부서)	
신청서작성	제 출 →	접 수	
		↓ 선 람	처리방안 지시
		↓ 검 토	검사 일정 · 장소 및 검사관 결정
준 비	← 실시계획 알림	↓ 결 재	
		↓ 검사 실시	
통지 접수	← 검사결과 알림	↓ 결 재	

(앞 쪽)

대한민국 국토교통부 Republic of Korea Ministry of Land, Infrastructure and Transport	지정서 번호(Certificate No.)

모의비행훈련장치 지정서
Qualification Certificate of Flight Simulation Training Device(FSTD)

1. 운영자 (Name of Operator)	
2. 소재지 (Location)	
3. 항공기 종류, 등급, 형식(모델) [Category, Class, Type (Model) of Aircraft]	
4. 종류 및 일련번호 (Category of Qualification and Serial Number)	
5. 모의비행훈련장치 등급 및 운용범위 (Level and Qualification Permitted)	
6. 제조사 (Manufacturer)	
7. 유효기간 (Term of Validity)	

위 장치를 「항공안전법」 제39조의2제3항 및 같은 법 시행규칙 제91조의2제3항 및 제91조의3제5항에 따라 모의비행훈련장치로 지정(변경지정 · 유효기간 연장)합니다.

This Certificate is issued pursuant to Article 39-2(3) of Aviation Safety Act and Article 91-2(3) and Article 91-3(5) of Enforcement Regulation of Aviation Safety Act of the Republic of Korea.

년 월 일
Date of issue

지방항공청장 [직인]

Administrator of OO Regional Aviation Administration

210mm×297mm[백상지(80g/㎡)]

(뒤 쪽)

모의비행훈련장치 세부사항 FSTD SPECIFICATION		
가. 항공기 종류, 등급, 형식(모델) [Category, Class, Type(Model) of aircraft]		
나. 모의비행훈련장치 등급 (Level of Qualification)		
다. 시각시스템 (Visual system)		
라. 운동시스템 (Motion system)		
마. 엔진 구성 (Engine fit)		
바. 계기 구성 (Instrument fit)		
사. 공중충돌경고장치 구성 (ACAS fit)		
아. 돌풍 (Windshear)		
자. 부가성능 (Additional Capabilities)		
차. 제한사항 (Restrictions or Limitations)		
카. 훈련, 시험 및 심사를 위한 정보 (Guidance information for training, testing and checking considerations)		비고 (yes or n/a)
CAT I	RVR m DH ft	
CAT II	RVR m DH ft	
CAT III(lowest minimum)	RVR m DH ft	
LVTO	RVR m	
IFR-training / check		
Type rating		
Proficiency checks		
Autocoupled approach		
ACAS I/II		
Windshear warning system / predictive windshear		
WX-radar		
HUD / HUGS		
FANS		
GPWS / EGPWS		
GPS		
EDTO capability		
Others		

210㎜×297㎜[백상지(80g/㎡)]

■ 항공안전법 시행규칙 [별지 제43호의2서식] <신설 2021. 11. 19.>

모의비행훈련장치 변경지정 신청서

※ 색상이 어두운 난은 신청인이 작성하지 아니합니다. (앞 쪽)

접수번호	접수일시	처리기간 15일
신청인	성명 또는 명칭	생년월일 또는 사업자등록번호
	주소 (전화:)	
모의비행훈련장치 개요	종류/등급/형식(모델)	
	제조사명	
	소유자	
	제조일	
	제조번호	
	설치장소	
검사 희망 일시 및 장소		
제조 후 총 사용시간		
전회검사 후 총 사용시간		

「항공안전법」 제39조의2제1항 및 같은 법 시행규칙 제91조의3제1항에 따라 모의비행훈련장치 변경지정을 신청합니다.

년 월 일

신청인 (서명 또는 인)

지방항공청장 귀하

첨부서류	1. 비행의 성능 및 특성에 영향을 미치는 개조를 하는 경우 그 변경사항을 증명하는 서류 2. 모의비행훈련장치의 세부사항 중 시각시스템 및 운동시스템에 영향을 미치는 개조를 하는 경우 그 변경사항을 증명하는 서류 3. 그 밖에 모의비행훈련장치 변경지정을 위하여 필요한 서류로서 국토교통부장관이 정하여 고시하는 서류	수수료 「항공안전법 시행규칙」 제321조에서 정한 수수료

210㎜×297㎜[백상지(80g/㎡) 또는 중질지(80g/㎡)]

(뒤 쪽)

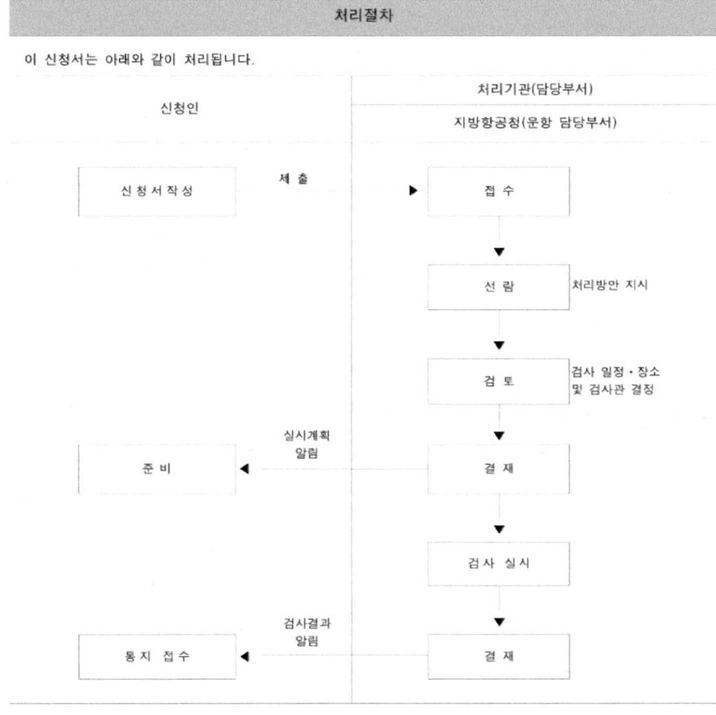

■ 항공안전법 시행규칙 [별지 제43호의3서식] <신설 2021. 11. 19.>

모의비행훈련장치 유효기간 연장 신청서

※ 색상이 어두운 난은 신청인이 작성하지 아니합니다. (앞 쪽)

접수번호	접수일시	처리기간 15일

신청인	성명 또는 명칭	생년월일 또는 사업자등록번호
	주소 (전화:)	

모의비행훈련장치 개요	
	종류/등급/형식(모델)
	제조사명
	소유자
	제조일
	제조번호
	설치장소

검사 희망 일시 및 장소	
제조 후 총 사용시간	
전회검사 후 총 사용시간	

「항공안전법」 제39조의2제1항 및 같은 법 시행규칙 제91조의3제2항에 따라 모의비행훈련장치 유효기간 연장을 신청합니다.

년 월 일

신청인 (서명 또는 인)

지방항공청장 귀하

첨부서류	1. 제91조의2제2항 각 호의 서류 2. 모의비행훈련장치의 품질관리시스템 구축·운영에 관한 서류	수수료 「항공안전법 시행규칙」 제321조에서 정한 수수료

210mm×297mm[백상지(80g/㎡) 또는 중질지(80g/㎡)]

(뒤 쪽)

처리차

이 신청서는 아래와 같이 처리됩니다.

신청인		처리기관(담당부서) 지방항공청(운항 담당부서)	
신청서작성	제 출 →	접 수	
		↓ 선 람	처리방안 지시
		↓ 검 토	검사 일정 · 장소 및 검사관 결정
준 비	← 실시계획 알림	↓ 결 재	
		↓ 검사 실시	
통지 접수	← 검사결과 알림	↓ 결 재	

■ 항공안전법 시행규칙 [별지 제44호서식] <개정 2022. 6. 8.>

(앞 쪽)

항공신체검사증명 신청서
(Application form for Airman Medical Certificate)

☐ 신청인 기재사항 발급번호(No.) :

1) 성(Last name)	이름(First name)	Middle name	2) 생년월일 (Date of birth)	3) 성별(Sex)	4) 응시(Application)
한글(Korean)				남성(Male) ☐	최초(Initial) ☐
영문(English)				여성(Female) ☐	갱신(Renewal) ☐

5) 종별 항공신체검사(Class of Medical Certificate applied for) 1종(1st) ☐ 2종(2nd) ☐ 3종(3rd) ☐ | 6) 항공신체검사 잔여유효기간 (Valid Date of Medical Certificate) | 7) 국적(Nationality) | 8) 소속기관(Employer)

9) 소지자격(Type of license applied for)
- 자격번호(Number of Aviation license):
- 자격취득일(Issue Date of Aviation license):

10) 주소(Address):
- 연락처(Telephone No.):
- 이메일(E-mail)

11) 제한사항(Any limitations on medical certificate?) ▪ 있음(Yes) ☐ ▪ 없음(No) ☐
- 세부항목(Details):

12) 총비행시간(Total flight time): 시간(hours)

13) 지난 신체검사 이후 비행시간(Fight time since last medical examination): 시간(hours)

14) 활용목적(Type of flying intended)
- 항공운송(commercial air transport) ☐ (기종 Aircraft currently flown:)
- 비행교관(flying instruction) ☐
- 자가용(private) ☐
- 기타(others) ☐ (세부사항 Details:)

15) 음주여부(Do you drink alcoholic beverages?) 예(Yes) ☐ 아니오(No) ☐
- 1주에 평균 며칠이나 술을 마십니까?(How often do you drink in week on average?): 일(day(s))
- 술을 마실 때 보통 하루에 얼마나 마십니까?(How much do you usually drink in a day when you drink?): 잔(glass(es))

16) 흡연여부(Do you smoke tobacco products?)
- 경험 없음(never) ☐
- 과거에 흡연(previously) ☐ (금연 시작 연도/Date stopped:)
- 현재도 흡연(currently) ☐ (흡연량, 흡연기간/amount and number of years:)

17) 비처방약을 포함한 현재 사용(복용, 투여, 흡입 등) 중인 약 유무(Do you currently use any medication, including non-prescribed Medication?) 있음(Yes) ☐ 없음(No) ☐
- 사용 중인 약이 있다면, 약명, 사용 시작일, 사용량, 사용 사유(진단명)를 기재(If Yes, state name of medication, date commenced, daily or weekly dose, and cause(diagnosis):

18) 주요병력(General and medical history)
- 과거 또는 현재 아래 경험이 있으면 '있음', 없으면 '없음'칸에 √ 표기하여 주십시오
(Do you have, or have you ever had, any of the following? Yes or No must be ticked after each)

	있음/없음 (yes)/(No)		있음/없음 (yes)/(No)		있음/없음 (yes)/(No)		있음/없음 (yes)/(No)
19) 안질환/안수술 (Eye disorders/eye surgery)	☐ ☐	31) 머리외상 (Head injury or concussion)	☐ ☐	43) 성병(Sexually transmitted disease)	☐ ☐	**가족력 (Family history)**	
20) 안경/콘택트렌즈 착용 (Spectacles and/or contact lensed ever worn)	☐ ☐	32) 빈번하거나 심각한 두통 (Frequent or severe headaches)	☐ ☐	44) 병원입원(Admission to hospital)	☐ ☐	53) 심장질환(Heart disease)	☐ ☐
21) 지난 신검이후 안경 또는 콘택트렌즈 처방 변화 (Spectacle/contact lens prescriptions/change since last medical exam)	☐ ☐	33) 신경계 이상(뇌졸중, 경련, 발작, 마비등 Neurological disorders(stroke, epilepsy, seizure, paralysis, etc)	☐ ☐	45) 지난 신검이후 병원방문 (Visit to medical practitioner since last medical examination)	☐ ☐	54) 고혈압(High blood pressure)	☐ ☐
22) 고초열, 알레르기 (Hay fever, other allergy)	☐ ☐	34) 현기증, 실신 (Dizziness or fainting spells)	☐ ☐	46) 기타 질병, 사고 (Any other illness or injury)	☐ ☐	55) 고지혈증(High cholesterol level)	☐ ☐
23) 천식, 폐질환 (Asthma, lung disease)	☐ ☐	35) 의식상실 (Unconsciousness for any reason)	☐ ☐	47) 보험가입 거절 (Refusal of life insurance)	☐ ☐	56) 뇌전증(Epilepsy)	☐ ☐
24) 심장 또는 혈관질환 (Heart or vascular disease)	☐ ☐	36) 말라리아, 풍토병 (Malaria or other tropical disease)	☐ ☐	48) 의병제대 (Medical reaction from or for military service)	☐ ☐	57) 정신질환(Mental illness)	☐ ☐
25) 고·저혈압 (High or low blood presure)	☐ ☐	37) 정신이상, 심리적 문제 (Psychological/psychiatric trouble of any sort)	☐ ☐	49) 질병, 상해연금, 보상금 (Award of pension or compensation for injury or illness)	☐ ☐	58) 당뇨(Diabetes)	☐ ☐
26) 신장결석 또는 혈뇨 (Kidney stone or blood in urine)	☐ ☐	38) 알콜/약물 남용 (Alcohol/drug/substance abuse)	☐ ☐	50) 항공기사고(Aircraft accident)	☐ ☐	59) 결핵(Tuberculosis)	☐ ☐
27) 당뇨, 호르몬 이상 (Diabetes, hormone disorder)	☐ ☐	39) 자살시도(Attempted sucide)	☐ ☐	**여성 (Females only)**		60) 알레르기/천식/습진 (Allergy/asthma/eczema)	☐ ☐
28) 위, 간, 장질환 (Stomach, liver or intestinal trouble)	☐ ☐	40) 약물을 필요로 하는 비행멀미 (Motion sickness requiring medication)	☐ ☐	51) 부인과적 질환 Gynaecological disorders(including menstrual)	☐ ☐	61) 유전병(Inherited disorders)	☐ ☐
29) 난청, 귀질환 (Deafness, ear disease)	☐ ☐	41) 빈혈, 혈액계 질환 (Anaemia/Sickle cell trait/other blood disorders)	☐ ☐	52) 임신여부 (Are you pregnant?)	☐ ☐	62) 녹내장(Glaucoma)	☐ ☐
30) 코, 목, 말성 이상 (Nose or throat disease or speech disorder)	☐ ☐	42) HIV 양성(A positive HIV test)	☐ ☐	-		-	

주석(Remarks): √ 표기한 항목에 내해 상세 기술(시기, 원인, 병명, 수술종류 등)
(If yes, state date, cause, diagnosis and name of the operation etc.)

63) 항공신체검사증명 부적합 판정, 정지 또는 취소 경험(Have you ever had an aviation Medical Assessment denied, suspended or revoked by any licensing authority? If yes, state details.)
- 있음(Yes) ☐ ▪ 없음(No) ☐ ▪ 일시(Date)/사유(Reason):

64) 「항공안전법」 제43조 및 같은 법 시행규칙 제93조제1항에 따라 항공신체검사증명을 신청합니다. 본인은 이 신청서에 본인이 알고 있는 모든 과거병력(주요병력)을 적었으며, 만약 본 신청서의 기재사항에 허위가 있을 경우 「항공안전법」 제43조에 따른 부정행위로 간주되어 2년간 이 법에 따른 항공신체검사증명을 받을 수 없으며, 기 발급된 항공신체검사증명이 정지 또는 취소될 수 있음을 확인합니다.

I apply for the airman medical certificate prescribed in Article 43 of Aviation Safety Act and Article 93-1 of Enforcement Regulation of Act. I confirm that all statements and answers provided from me on this application form are complete and true to the best of my knowledge and I agree that any falsification on them is considered as a fraudulent act in accordance with Article 43 of Aviation Safety Act which may result in suspension or revocation of the medical certificate issued to me, as well as denial of the application for an airman medical certificate for 2 years.

본인은 이 신청서의 기재사항과 관련된 과거병력 등 모든 의학적 정보를 국토교통부(항공의학담당 부서) 및 한국항공우주의학협회가 수집·이용하는 것에 동의합니다(의료기록의 비밀 유지는 보장됩니다).

I hereby give my consent that all relevant medical information may be released and submitted to the Medical Assessor of the Licensing Authority of Ministry of Land, Infrastructure and Transport and Aerospace Medical Association of Korea. Note : Medical confidentiality will be respected at all times.

년(yyyy) 월(mm) 일(dd)

신청인(Applicant): 서명 또는 인(signature)

210㎜×297㎜[백상지(80g/㎡) 또는 중질지(80g/㎡)]

(뒤 쪽)

□ **항공전문의사 기재사항**

65) 신장 cm	66) 체중 kg	67) 혈압(안정시,㎜Hg) 수축기	이완기	68) 맥박(안정시) 회/분	리듬 ▪ 규칙 □ ▪ 불규칙 □

69) 원거리시력	나안(맨눈)	교정안경	콘택트렌즈	70) 근거리시력	나안	교정안경
좌				좌		
우				우		
양안				양안		

71) 중거리시력	나안	교정안경	72) 사위	내사위	외사위	상사위(좌)	상사위(우)
좌							
우							
양안							

73)안압mmHg)	좌 : 우 :	74) 색각	▪ 합격 □	▪ 불합격 □
75) 심전도	검사일 결과	76) 시야	▪ 정상 □	▪ 비정상 □
77) 흉부 X선	검사일 결과	78) 청력 Voice test	▪ 합격 □	▪ 불합격 □

79) 뇌파		80) 순음청력(Hz)	500	1000	2000	3000
	검사일	좌				
	결과	우				

81) 뇨검사	뇨당	뇨단백	잠혈	기타

82) 정신건강 상담 (우울증, 불안과 같은 피로, 불면 등) ▪ 예 □ ▪ 아니오 □
▪ 필요시 상세 기술 :

83) 문제행동 상담 (알콜 및 약물 복용 등) ▪ 예 □ ▪ 아니오 □
▪ 필요시 상세 기술 :

84) 건강증진 상담 (운동, 체중조절, 식이, 금연 등) ▪ 예 □ ▪ 아니오 □
▪ 필요시 상세 기술 :

85) 진찰소견	정상	비정상		정상	비정상
A. 머리, 얼굴, 목, 두피			K. 복부, 탈장, 간, 비장		
B. 입, 목, 치아			L. 항문, 직장		
C. 코, 부비동			M. 비뇨생식기계		
D. 귀(고막양상, 움직임)			N. 내분비계		
E. 눈(안구, 부속기, 시야)			O. 팔다리 및 관절		
F. 눈(동공, 안저)			P. 척추 및 근골격		
G. 눈(안구 움직임, 안구진탕, 안구 근육균형)			Q. 신경(반사등)		
H. 폐, 흉부, 유방			R. 정신의학		
I. 심장			S. 피부, 림프		
J. 혈관계			T. 일반		

주: 비정상 소견에 대해 상세 기술하세요.

86) 종합소견:

87) 판정결과 ▪ 적합 □ ▪ 조건부적합 □ ▪ 부적합 □ ▪ 판정보류 □	88) 판정사유

89) 제한사항

90) 검사일: 년 월 일	92) 항공우주의학협회 의결사항 ▪ 판 정 일: 년 월 일 ▪ 판정결과: 적합 □ 조건부적합 □ 부적합 □
91) 소속의료기관명: 항공전문의사: (서명 또는 인) 지정번호:	▪ 자문위원회 의결: ▪ 한국항공우주의학협회장: (서명 또는 인)

주의사항 1. 갱신을 위한 신체검사시 최초 신체검사증명이 선행되어야 합니다.
2. 항공신체검사증명은 검사일부터 3개월간 유효합니다.
3. 항공전문의사는 과거병력(주요병력) 등의 작성방법을 신청인에게 설명하고 확인하여야 합니다.
4. 항공전문의사는 신청인에게 항공신체검사세부결과를 설명하여야 합니다.

■ 항공안전법 시행규칙 [별지 제45호서식] <개정 2022. 12. 9.>

대한민국 국토교통부 Republic of Korea Ministry of Land, Infrastructure and Transport			발급번호 No.
항공신체검사증명서 **AIRMAN MEDICAL CERTIFICATE**			
제 종 Class	성 명 Name	(한글)	
		(영문)	
생년월일 Date of Birth		성별 Sex	
유효기간 Valid date			
항공업무 범위 한정 조건 또는 제한사항 유·무 Limitations Check [ ] 있음 Yes [ ] 없음 No 조건 또는 제한사항 Limitations			
「항공안전법」 제40조 및 같은 법 시행규칙 제93조제2항에 따라 항공신체검사 기준에 적합한 자임을 증명합니다. I hereby certify that he/she has met medical standards prescribed in Article 40 of Aviation Safety Act and Article 93-2 of Enforcement Regulation of Act for this class of Medical Certificate.			
검사일 Date of Examination		지정번호 Examiner's Serial No.	
항공전문의사 Examiner	성 명 Name	(한글)	
		(영문)	
	서 명 Signature		
신청인 서명 Airman's Signature			

80㎜×49㎜[백상지(80g/㎡)]

■ 항공안전법 시행규칙 [별지 제46호서식]

항공신체검사증명서 발급대장

발급 일자	발급 번호	소 속	성 명	생년 월일	소지자격 (번호)	신체검사 종류	유효 기간	제한사항

210㎜×297㎜[백상지(80g/㎡)]

■ 항공안전법 시행규칙 [별지 제47호서식]

항공신체검사증명 유효기간 연장신청서
(Application for Extension of Airmen Medical Certificate)

※ 색상이 어두운 난은 신청인이 작성하지 아니합니다. (앞 쪽)

접수번호	접수일시	처리기간 10일

신청인 applicant	성명 Name(Korean)	생년월일 Date of Birth
	성명 Name(English)	
	소속기관 Employer	
	주소 Address (우:)	전화번호 Telephone
	외국체류지 주소 (우편물수령지) address of currently staying place	
소지 자격증 airman certificate held	소지자격 Type of Airman Certificate	
	자격번호 Number of Airman Certificate	자격취득일 Issue Date of Airman Certificate
소지 항공신체검사증명 medical certificate currently held	항공신체검사증명 번호 Airman Medical Certificate No.	
	유효기간 Valid period of Medical Certificate ~	
외국발급 항공신체검사 증명 medical certificate issued in foreign state	증명 번호 medical certificate number issued in foreign state	발급일 Issued Date
	항공신체검사증명의 종류 kind of medical certificate	발급기관/항공전문의사 facility issuing certificate/medical examiner

체류국가 foreign state where aircraft is currently being operated		체류기간 period of operating aircraft in the foreign state
체류사유 reason for operating in the foreign state		
항공신체검사증명 연장요청기간 requested period of validity for extension	to	

「항공안전법」 제40조 및 같은 법 시행규칙 제94조제2항에 따라 항공신체검사증명의 유효기간을 연장 받고자 관계서류를 첨부하여 신청합니다.

In accordance with Article 40 of Aviation Safety Act and Article 94-2 of Enforcement Regulation of Act, I hereby apply for validity extension of Airmen Medical Certificate along with accompanying documents.

년 월 일

date:

신청인 applicant (서명 또는 인) signature

국토교통부장관 귀하

첨부서류	1. 항공신체검사증명서(1 copy of airman medical certificate) 2. 외국정부 또는 외국정부가 지정한 민간의료기관이 발급한 항공신체검사증명서(1 copy of airman medical certificate issued in foreign state)	수수료 없음

210㎜×297㎜[백상지(80g/㎡) 또는 중질지(80g/㎡)]

(뒤 쪽)

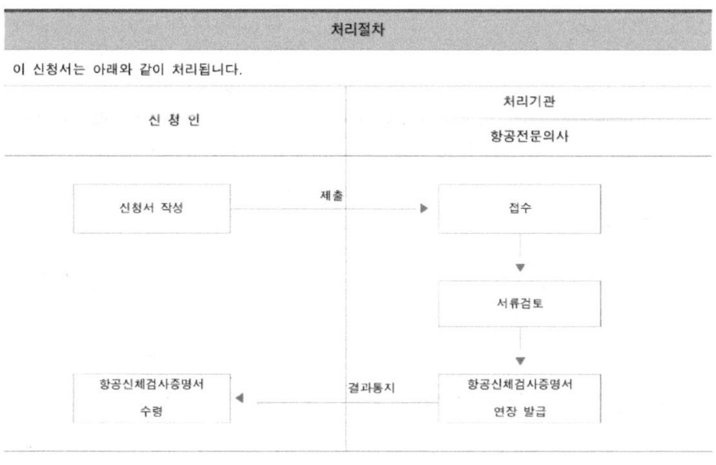

■ 항공안전법 시행규칙 [별지 제48호서식]

항공신체검사증명 이의신청서

※ 색상이 어두운 난은 신청인이 작성하지 아니합니다.

접수번호	접수일시	처리기간 30일

신청인	성명	생년월일
	소속회사	전화번호
	주소	

처분통지를 받은 날(또는 처분이 있는 것을 처음으로 안 날):

년 월 일

통지된 사항 또는 처분의 내용(항공신체검사결과 등을 적습니다)

불복의 이유(내용이 많은 경우에는 별지에 작성하여 주십시오)

「항공안전법」 제40조 및 같은 법 시행규칙 제96조제1항에 따라 위와 같이 이의 신청을 합니다.

년 월 일

신청인 (서명 또는 인)

국토교통부장관 귀하

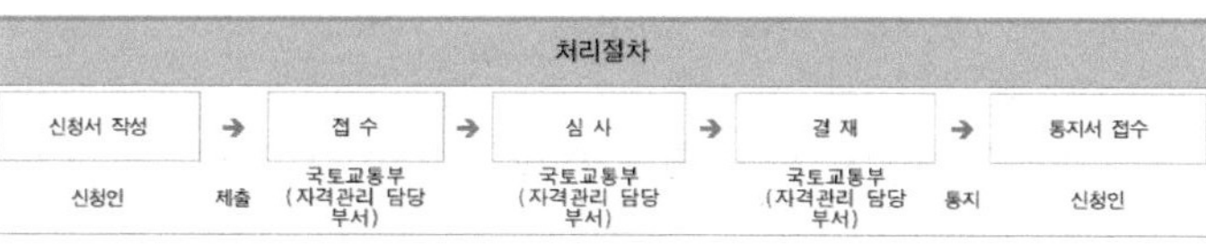

210mm×297mm[백상지(80g/㎡) 또는 중질지(80g/㎡)]

■ 항공안전법 시행규칙 [별지 제48호의2서식] <신설 2025. 1. 17.>

신체적 · 정신적 상태 저하 신고서

※ 색상이 어두운 난은 신고인이 작성하지 아니하며, [ ]에는 해당되는 곳에 √표를 합니다.

접수번호	접수일	처리기간 7일

기본 정보	성명	생년월일
	주소	연락처
항공종사자 자격증명	자격명	자격번호
조종연습 또는 항공교통관제연습 허가	허가내용	허가서 번호
항공신체검사증명	종류	유효기간
	항공업무 범위 한정 여부 [ ] 있음 (조건 또는 제한사항:) [ ] 없음	
신체적 · 정신적 상태 저하 관련	「항공안전법 시행규칙」 제96조의3제1항의 [ ]제1호 [ ]제2호 [ ]제3호에 해당	
	발병일자 또는 진단일자	
	진단명, 진단기간 및 복용약(해당하는 경우로 한정합니다)	

「항공안전법」 제42조제2항(같은 법 제46조제4항 및 제47조제4항에 따라 준용되는 경우를 포함합니다) 및 같은 법 시행규칙 제96조의3제2항에 따라 신체적·정신적 상태 저하 사실을 신고합니다.

년 월 일

신고인 (서명 또는 인)

한국항공우주의학협회 귀하

첨부서류	1. 항공전문의사의 소견서 2. 진단서, 처방전 등 해당 신체적·정신적 상태의 저하를 증명할 수 있는 서류	수수료 없음

처 리 절 차

이 신고서는 아래와 같이 처리됩니다.

신고서 제출	➔	접수	➔	신체검사 기준 적합여부 확인	➔	결과통지
신고인		한국항공우주의학협회		한국항공우주의학협회		한국항공우주의학협회

■ 항공안전법 시행규칙 [별지 제48호의3서식] <신설 2025. 1. 17.>

신체적 · 정신적 상태 적합 여부 통지대장

일련번호	통지일자	소속	성명	생년월일	자격증명의 명칭 및 자격번호	신체검사 종류	업무배제 기간	진단 분류	통지 결과	비고

주) 「항공안전법」 제46조제1항제2호에 따른 조종연습 또는 같은 법 제47조제1항에 따른 항공교통관제연습을 하는 사람의 경우에는 자격증명의 명칭 및 자격번호란에 허가내용 및 허가서번호를 적습니다.

■ 항공안전법 시행규칙 [별지 제49호서식]

항공종사자 행정처분대장

순번	처분일자	근거	처분종류	처분내용	처분원인 (위반사항)	확인일자	확인자

210mm×297mm[백상지(80g/㎡)]

■ 항공안전법 시행규칙 [별지 제50호서식] <개정 2021. 6. 9.>

항공영어구술능력증명시험 응시원서

응시번호		접수번호	

응시자			
	성명	한글	주민등록번호 ※ For the foreigner, Date of Birth and Passport Number
		영문	성별 [ ]남 [ ]여
	전화번호		전자우편주소(E-Mail)
	국적		소속
	주소		
	응시분야 [ ]조종 [ ]항공교통관제(□ 비행장관제 □ 접근관제 □ 지역관제) [ ] 무선통신		
	응시등급 [ ] 5등급 이하 [ ] 6등급		
	자격사항 [ ]자가용조종사 [ ]사업용조종사 [ ]운송용조종사 [ ]항공교통관제사 [ ]없음		

위와 같이 년도 제 차 항공영어구술능력증명시험에 응시하고자 응시원서를 제출하며, 본인이 위에 기재한 사항은 사실과 다르지 않음을 확인합니다.

년 월 일

응시자 (서명 또는 인)

한국교통안전공단이사장 또는 평가기관장 귀하

자르는 선

응시번호	년도 제 차 항공영어구술능력증명시험 응시표	
성명	한글	생년월일
	영문	

년 월 일

한국교통안전공단이사장 또는

평가기관장 직인

첨부서류	유효한 5등급의 항공영어구술능력증명(6등급 시험 응시자에 한정합니다)	수수료 「항공안전법 시행규칙」 제321조에서 정한 수수료

응시자 주의사항

1. 수험자는 본 응시표와 신분증(주민등록증, 운전면허증, 여권, 청소년증, 항공종사자 자격증명)을 지참해야 시험에 응시할 수 있습니다.
2. 시험장에서는 이동전화, 카메라, 휴대용 개인정보단말기(PDA) 등의 소지를 금합니다.
3. 부정행위자나 응시자 주의사항 또는 감독관의 지시에 따르지 않는 사람은 즉시 퇴실 조치하고, 시험을 무효로 합니다.
4. 시험을 보는 도중에 부정행위를 한 자에 대해서는 그 시험을 무효로 합니다.
5. 응시분야(조종, 관제, 무선통신)는 「항공안전법」 제45조제1항 각 호의 업무에 종사하는 사람 혹은 종사하려는 사람에 한정하여 응시가 가능합니다.
6. 6등급 항공영어구술능력증명시험에 응시하려는 경우에는 응시원서 접수 당시 유효한 5등급의 항공영어구술능력증명을 보유해야 합니다.

210mm×297mm[백상지(80g/㎡) 또는 중질지(80g/㎡)]

■ 항공안전법 시행규칙 [별지 제50호의2서식] <신설 2020. 2. 28.>

항공영어구술능력증명서 (재)발급신청서

※ 색상이 어두운 난은 신청인이 작성하지 아니하며, [ ]에는 해당되는 곳에 √표를 합니다.

접수번호	접수일시	처리기간 5일

신청사유	[ ] 신규 [ ] 변경 [ ] 분실 [ ] 훼손		
자격번호		연락처	자택
성명	해당자만 작성 한글		휴대폰
	영문		E-mail
주민등록번호	※외국인은 생년월일과 여권번호 기입		
주소	한글		
	영문		
응시분야	조종 [ ] 항공교통관제 [ ] 무선통신 [ ]	국적	
응시등급	5등급 이하 [ ] 6등급 [ ]		

「항공안전법」 제45조제3항, 같은 법 시행령 제26조제6항제3호 및 같은 법 시행규칙 제100조제3항 및 「국제민간항공협약 부속서」 1에 따라 위와 같이 항공영어구술능력증명서를 신청합니다.

년 월 일

신청인 (서명 또는 인)

한국교통안전공단이사장 귀하

첨부서류	해당없음	수수료 「항공안전법 시행규칙」 제321조에서 정한 수수료

처리절차

신청서 작성	→	접 수	→	확 인	→	증명서 작성	→	수 령
신청인		한국교통안전공단 (시험담당 부서)		한국교통안전공단 (시험담당 부서)		한국교통안전공단 (시험담당 부서)		신청인

210mm×297mm[백상지(80g/㎡) 또는 중질지(80g/㎡)]

[별지 제51호서식] <개정 2022. 6. 8.>

항공영어구술능력증명서
Certificate of Aviation English Proficiency

성 명 (Name)		국 적 (Nationality)	
주 소 (Address)			
생년월일 (Date of Birth)			
항공영어구술능력등급 (Aviation English Proficiency Level)			
증명분야 (Field of Certificate)	[ ]조종(Pilot) [ ]항공교통관제(ATC) [ ]무선통신(Aeronautical Station Operator)		
비고 (Remarks)	This certificate is Issued on the basis of (name of state) english proficiency level.		
유효기간 (Valid Date)			

「항공안전법」 제45조, 제135조제5항, 같은 법 시행규칙 제100조제2항 및 「국제민간항공협약 부속서」 1에 따라 위와 같이 항공영어구술능력증명서를 발급합니다.

In accordance with Article 45 and 135-5 of Aviation Safety Act, Article 100-2 of Enforcement Regulation and ICAO Annex 1, the person above has been found to be properly qualified to Aviation English Proficiency Requirements.

발급일(Date of Issue):

한국교통안전공단이사장 직인

CHAIRMAN OF KOREA TRANSPORTATION SAFETY AUTHORITY
REPUBLIC OF KOREA

85㎜×54㎜[백상지(80g/㎡)]

■ 항공안전법 시행규칙 [별지 제52호서식] <개정 2020. 2. 28.>

항공기 조종연습 허가신청서

※ 색상이 어두운 난은 신청인이 작성하지 아니합니다.

접수번호	접수일시	처리기간 2일

신 청 인	성명	생년월일
	주소 (전화번호 :)	
연습희망 기간	20 . . . ~ 20 . . .	

「항공안전법」 제46조제2항 및 같은 법 시행규칙 제101조제1항에 따라 조종연습 허가를 신청합니다.

년 월 일

신청인 (서명 또는 인)

지방항공청장 귀하

신청인 제출서류	없음	수수료 「항공안전법 시행규칙」 제321조에서 정한 수수료
발급담당자 확인사항	항공신체검사증명서	

처리절차

신청서 작성	→	접 수	→	서류검토	→	결재	→	허가서 수령
신청인		지방항공청 (항공운항 담당부서)		지방항공청 (항공운항 담당부서)		지방항공청 (항공운항 담당부서)	결과 통지	신청인

210mm×297mm[백상지(80g/㎡) 또는 중질지(80g/㎡)]

■ 항공안전법 시행규칙 [별지 제53호서식] <개정 2020. 2. 28.>

(앞 쪽)

항공기 조종연습허가서

조 종 연 습 허 가 기 간
제 한 사 항

지방항공청장 직인

(뒤 쪽)

제 호

성명:

생년월일:

주소:

「항공안전법」 제46조에 따라 이를 발급합니다.

지방항공청장

교관증명 사항

단독비행의 기능이 있음을 아래와 같이 증명합니다.

종류	등급	형식	자격인증 연월일	교관 서명

각 편 147㎜×104㎜[백상지(150g/㎡)]

■ 항공안전법 시행규칙 [별지 제54호서식] <개정 2020. 2. 28.>

항공교통관제연습 허가신청서

※ 색상이 어두운 난은 신청인이 작성하지 아니합니다.

접수번호	접수일시	처리기간 2일

신 청 인	성명	생년월일
	주소 (전화번호 :)	
연습희망 기간	20 . . . ~ 20 . . .	

「항공안전법」 제47조제2항 및 같은 법 시행규칙 제102조제2항에 따라 항공교통관제연습 허가를 신청합니다.

년 월 일

신청인 (서명 또는 인)

지방항공청장 또는 항공교통본부장 귀하

신청인 제출서류	항공교통관제사 경력 중 전문교육기관의 교육과정을 이수하였거나 교육과정을 이수하고 있음을 증명하는 서류(전문교육기관의 교육과정을 이수하였거나 교육과정을 이수하고 있는 사람에 한정합니다)	수수료 없음
발급담당자 확인사항	항공신체검사증명서	

처리절차

신청서 작성	→	접 수	→	서류검토	→	결재	→	허가서 수령
신청인		지방항공청 또는 항공교통본부 (항공교통관제 담당부서)		지방항공청 또는 항공교통본부 (항공교통관제 담당부서)		지방항공청 또는 항공교통본부 (항공교통관제 담당부서)	결과 통지	신청인

210㎜×297㎜[백상지(80g/㎡) 또는 중질지(80g/㎡)]

■ 항공안전법 시행규칙 [별지 제55호서식]

허가서 번호

항공교통관제연습 허가서

1. 성명	
2. 생년월일	
3. 항공교통관제업무	[ ] 관제업무
4. 항공교통관제기관	
5. 항공교통관제연습 기간	
6. 제한사항	

「항공안전법」 제47조제3항 및 같은 법 시행규칙 제102조제3항에 따라 이를 발급합니다.

년 월 일

지방항공청장

또는

항공교통본부장

직인

210㎜×297㎜[백상지(80g/㎡)]

■ 항공안전법 시행규칙[별지 제56호서식]

[ ] 항공신체검사증명서
[ ] 조종연습허가서 재발급신청서
[ ] 항공교통관제연습 허가서

※ 색상이 어두운 난은 신청인이 작성하지 아니하며, [ ]에는 해당되는 곳에 √ 표를 합니다.

접수번호	접수일시	처리기간 10일

신 청 인	성명	생년월일
	주소 (전화 :)	
증명서	종류	증명서번호
재발급 신청사유		

「항공안전법」 제40조・제46조・제47조 및 같은 법 시행규칙 제103조제1항에 따라

[ ]의 재발급을 신청합니다.

년 월 일

신청인 (서명 또는 인)

지방항공청장, 항공교통본부장 또는
한국항공우주의학협회의 장 귀하

첨부서류	없음	수수료 「항공안전법 시행규칙」 제321조에서 정한 수수료

유의사항

재발급 사유는 6하 원칙에 따라 작성하여야 합니다.

처리절차

신청서 작성	➔	접 수	➔	검토	➔	결재	➔	통지접수
신청인	제출	지방항공청 항공교통본부 항공우주의학협회		지방항공청 항공교통본부 항공우주의학협회		지방항공청 항공교통본부 항공우주의학협회	통지	신청인

210㎜×297㎜[백상지(80g/㎡) 또는 중질지(80g/㎡)]

■ 항공안전법 시행규칙 [별지 제56호의2서식] <신설 2022. 7. 19.>

조종연습생등 행정처분대장

순번	처분일자	근거	처분종류	처분내용	처분원인 (위반사항)	확인일자	확인자

210㎜×297㎜[백상지(80g/㎡)]

■ 항공안전법 시행규칙 [별지 제57호서식]

항공종사자 전문교육기관 지정신청서

※ 색상이 어두운 난은 신청인이 작성하지 아니합니다. (앞 쪽)

접수번호	접수일시	처리기간 25일

교육기관	명칭	전화번호
	주소	
교육과정명		
교육생의 정원		
교육기간		
현장확인 검사희망일		

「항공안전법」 제48조제1항 및 같은 법 시행규칙 제104조제1항에 따라 항공종사자 전문교육기관의 지정을 신청합니다.

년 월 일

신청인 (서명 또는 인)

국토교통부장관 귀하

첨부서류	1. 교육계획서 1부	수수료 없음

210mm×297mm[백상지(80g/㎡) 또는 중질지(80g/㎡)]

(뒤 쪽)

처리절차

이 신청서는 아래와 같이 처리됩니다.

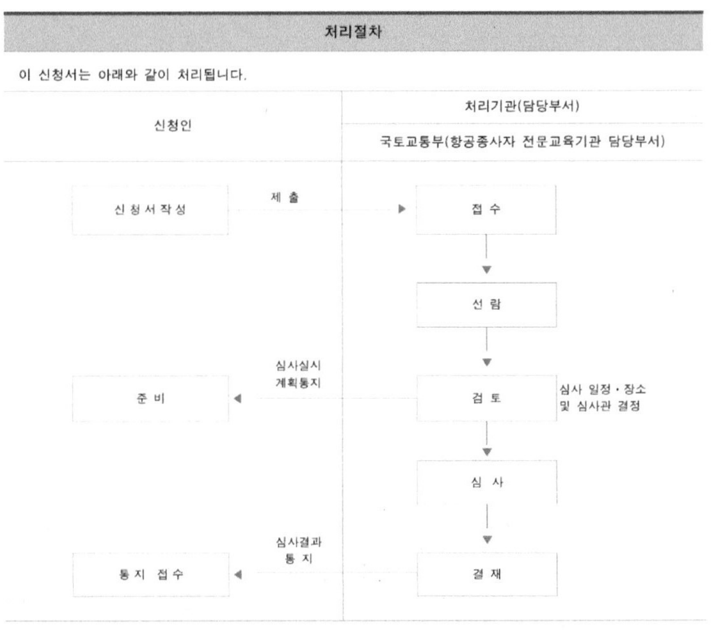

대한민국 국토교통부 Republic of Korea Ministry of Land, Infrastructure and Transport **항공종사자 전문교육기관 지정서** **Certificate of Approved Training Organization**	지정서 번호(Certificate No.)
설치자의 성명 (Name of Owner)	
전문교육기관의 명칭 (Name of ATO)	
전문교육기관의 주소 (Address of ATO)	
교육과정명 (Training course)	
지정조건 (Limitation)	

위 교육기관을 「항공안전법」 제48조제1항 및 같은 법 시행규칙 제104조제4항에 따라 항공종사자 전문교육기관으로 지정합니다.

This Certificate is issued pursuant to Article 48-1 of Aviation Safety Act and Article 104-4 of Enforcement Regulation of Aviation Safety Act of the Republic of Korea.

년 월 일

Date of issue

국토교통부장관 직인

Ministry of Land, Infrastructure and Transport

210㎜×297㎜[백상지(80g/㎡)]

대한민국 국토교통부	**훈련운영기준** **(Training Specifications)**

(지정전문교육기관명)

「항공안전법」 제48조 및 같은 법 시행규칙 제104조제4항에 따라 훈련운영기준을 발급합니다.

국토교통부장관 직인

적용일:

Effective date

210㎜×297㎜[백상지(150g/㎡)]

■ 항공안전법 시행규칙 [별지 제58호의3서식] <개정 2025. 12. 5.>

훈련운영기준 변경신청서

※ 색상이 어두운 난은 신청인이 작성하지 아니합니다. (앞 쪽)

접수번호		접수일시	처리기간 15일
교육기관	명칭	성명(대표자)	
	전문교육기관 지정서 번호	전화번호	
	주소		
변경사유 및 내용			

「항공안전법」 제48조제4항 및 같은 법 시행규칙 제104조제7항에 따라 훈련운영기준 변경신청서를 제출합니다.

년 월 일

신청인 (서명 또는 인)

국토교통부장관 귀하

첨부서류	1. 훈련운영기준 변경(안) 2. 변경내용을 증빙할 수 있는 근거자료 등 관련 서류	수수료 없음

210㎜×297㎜[백상지(80g/㎡) 또는 중질지(80g/㎡)]

(뒤 쪽)

처리절차

이 신청서는 아래와 같이 처리됩니다.

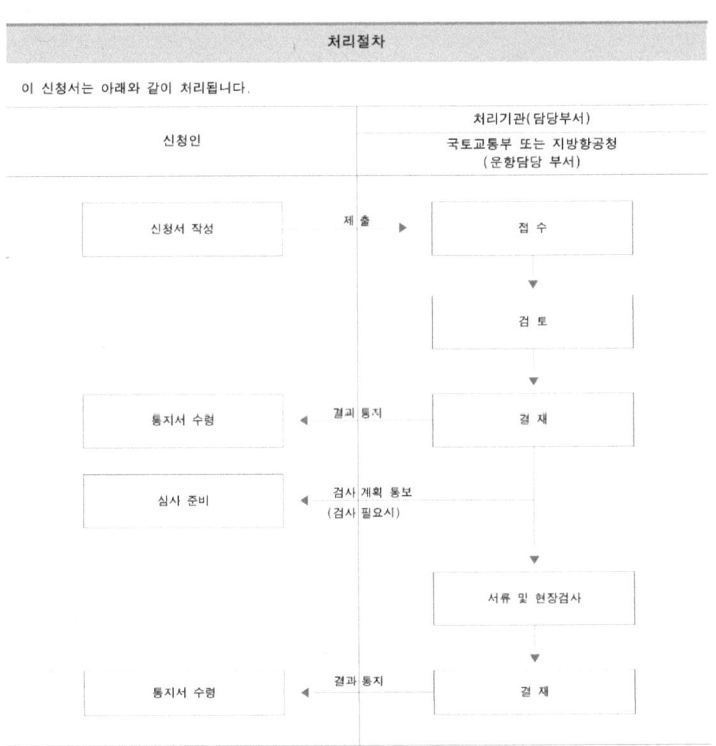

[별지 제59호서식] <개정 2021. 6. 9.>

항공전문의사 [ ] 신규지정 [ ] 기재사항 변경 신청서

※ 색상이 어두운 난은 신청인이 작성하지 아니합니다.

접수번호	접수일시	처리기간 7일

신청인	성명/명칭	생년월일	지정번호 ※ 기재사항 변경 신청자만 작성
	주소	전화번호	전자메일

의사면허증	발행기관명 및 번호	발행일자
신규지정 [ ] 소속 병원/의원	병원/의원명	소유자명
	주소	
기재사항 변경 [ ] 소속 병원/의원	기존 병원/의원명	주소
	변경된 병원/의원명	주소

항공의학 교육	기간	교육기관명	소재지	수료여부
임상/항공 의학경력	기간	병의원명	소재지	경력

그 밖의 필요사항

「항공안전법」 제49조제1항 및 같은 법 시행규칙 제105조제1항 · 제7항에 따라 항공전문의사의 [ ] 신규지정 [ ] 기재사항 변경 을 신청합니다.

년 월 일

신청인 (서명 또는 인)

국토교통부장관 귀하

첨부서류	1. 항공의학에 관한 전문교육과정 이수증명 서류(신규지정을 신청하는 사람에 한합니다) 2. 항공의학 분야의 경력증명 서류(신규지정을 신청하는 사람 중 전문의 자격증을 보유하지 않은 사람에 한합니다) 3. 별표 13의 항공신체검사의료기관시설 및 장비기준에 적합한 의료기관 소속 증명서	수수료 없음
담당공무원 확인사항	전문의 자격증	

행정정보 공동이용 동의서

본인은 이 건 업무처리와 관련하여 담당공무원이 「전자정부법」 제36조에 따른 행정정보의 공동이용을 통하여 위의 담당공무원 확인사항을 확인하는 것에 동의합니다.

* 동의하지 않는 경우에는 신청인이 직접 관련 서류를 제출하여야 합니다.

※ 담당공무원은 본인이 동의한 위 공동이용 행정정보를 확인하기 위해 「개인정보 보호법 시행령」 제19조에 따른 주민등록번호, 여권번호, 운전면허의 면허번호 또는 외국인등록번호가 포함된 행정정보를 처리할 수 있습니다.

담당공무원이 요청하는 경우 기재하여 주십시오.(필요시 기재사항)

([ ] 주민등록 [ ] 여권 [ ] 외국인등록 [ ] 운전면허) 번호 :

신청인________________ (서명 또는 인)

210mm×297mm[백상지(80g/㎡) 또는 중질지(80g/㎡)]

(뒤 쪽)

처리절차

이 신청서는 아래와 같이 처리됩니다.

신 청 인	처리기관: 국토교통부(자격관리 담당부서)
신청서 작성 → 제출	접수
	↓ 심사
	↓ 결재
통지서 접수 ← 결과통지	

■ 항공안전법 시행규칙 [별지 제60호서식]

제 호

항공전문의사 지정서

○ 성 명: ○ 생년월일:

○ 의사면허증번호:

○ 주 소:

○ 병원명:

○ 조 건:

귀하를 「항공안전법」 제49조제1항 및 같은 법 시행규칙 제105조제3항에 따라 항공전문의사로 지정합니다.

년 월 일

국토교통부장관 직인

210㎜×297㎜[백상지(80g/㎡)]

■ 항공안전법 시행규칙 [별지 제60호의2서식] <신설 2020. 2. 28.>

항공전문의사 지정 취소 요청서

※ 색상이 어두운 난은 신청인이 작성하지 아니합니다.

접수번호	접수일시	처리기간 7일

구분		
신청인	성명/명칭	생년월일
	주소	전화번호
항공전문의사	지정번호	지정일자
소속병원/의원	병원/의원명	
	주소	
신청 사유		

「항공안전법」 제49조제1항 및 같은 법 시행규칙 제106조제3항에 따라 받은 항공전문의사 지정의 취소를 요청하고자 합니다.

년 월 일

신청인 (서명 또는 인)

국토교통부장관 귀하

첨부서류	없음	수수료 없음

210㎜×297㎜[백상지(80g/㎡) 또는 중질지(80g/㎡)]

피로위험관리시스템 승인신청서

※ 색상이 어두운 난은 신청인이 작성하지 아니하며, [ ]에는 해당되는 곳에 √표를 합니다. (앞 쪽)

접수번호		접수일시	
신 청 인	회사명 및 주소		
	운항주기지의 주소		
피로위험관리시스템 운용 예정일	3개 문자로 된 회사식별 부호(우선순위 순으로 적음) ① ② ③		
회사대표	성명	전화번호(지역번호 포함)	
	직위		
사업종류	[ ] 국내항공운송사업 [ ] 국제항공운송사업 [ ] 소형항공운송사업 [ ] 항공기사용사업		
승무원 자료	운항승무원 수		
	객실승무원 수		
운항지역			
피로위험관리시스템 이해를 돕기 위한 추가정보			

「항공안전법」 제56조제2항 및 같은 법 시행규칙 제128조의3제1항에 따라 피로위험관리시스템 승인을 받고자 관계서류를 첨부하여 신청합니다.

년 월 일

신청인 (서명 또는 인)

국토교통부장관 귀하

첨부서류	1. 피로위험관리시스템 매뉴얼 1부. 2. 피로위험관리시스템 이행계획서 1부.	수수료(Free) 없음

210mm×297mm[백상지(80g/㎡) 또는 중질지(80g/㎡)]

(뒤 쪽)

처리절차

이 신청서는 아래와 같이 처리됩니다.

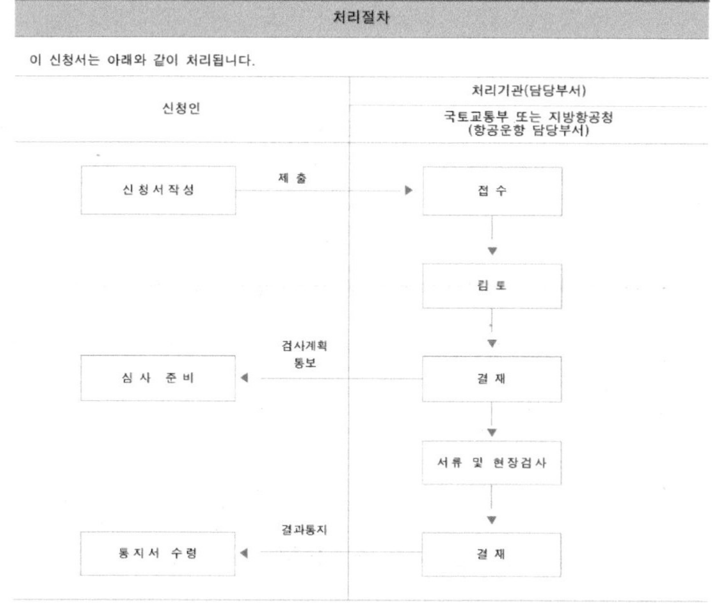

■ 항공안전법 시행규칙 [별지 제60호의4서식] <개정 2021. 6. 9.>

피로위험관리시스템승인서
Certificate of Approval, Fatigue Risk Management System

대한민국
국토교통부

Republic of Korea
Ministry of Land, Infrastructure and Transport

피로위험관리시스템 승인 번호(AOC No.): AOC 형태(Type of AOC) [ ] International Air Carrier [ ] Domestic Air Carrier [ ] Small Commercial Air Transport Operator [ ] Aerial Work Operator [ ] Owner of Aircraft for International Flight Operation	사업자 명(Operator Name): 주소(Operator Address): 전화번호(Telephone): 팩스(Fax): E-mail:	세부 연락처(Operational Points of Contact):

이 증명서는 「항공안전법」 제56조제2항 및 같은 법 시행규칙 제128조의3에 따라 발급합니다.

This certificate of approval of FRMS is issued pursuant to Article 56 of Aviation Safety Act and Article 128-3 of Enforcement Regulation of Aviation Safety Act of the Republic of Korea.

유효기간: 이 증명서는 양도될 수 없으며 정지 또는 취소되거나 반납하지 아니하는 한 무기한 유효함.

Expiry Date: This certificate is not transferable and unless returned, suspended or revoked, shall continue in effect until otherwise terminated.

발행일자(Date of issue): 년(year) 월(month) 일(day)

국토교통부장관 직인

Minister of Land, Infrastructure and Transport

210㎜×297㎜[백상지(80g/㎡)]

■ 항공안전법 시행규칙 [별지 제60호의5서식] <개정 2021. 6. 9.>

피로위험관리시스템 승인 변경신청서

※ 색상이 어두운 난은 신청인이 작성하지 아니합니다. (앞 쪽)

접수번호	접수일시	처리기간 30일

신 청 인	명칭	성명(대표자)
	피로위험관리시스템 승인 번호	
	주소(운항주기지의 주소)	

변경내용	
변경사유	

「항공안전법」 제56조제2항 및 같은 법 시행규칙 제128조의3제4항에 따라 피로위험관리시스템 승인 변경신청서를 제출합니다.

년 월 일

신청인 (서명 또는 인)

국토교통부장관 귀하

첨부서류	1. 변경된 피로위험관리시스템 매뉴얼 2. 피로위험관리시스템 신·구대조표	수수료(Free) 없음

210㎜×297㎜[백상지(80g/㎡) 또는 중질지(80g/㎡)]

(뒤 쪽)

처리절차

이 신청서는 아래와 같이 처리됩니다.

신청인		처리기관(담당부서) 국토교통부 또는 지방항공청 (운항담당 부서)
신청서 작성	제 출 ▶	접 수
		▼
		검 토
		▼
통지서 수령	◀ 결과 통지	결 재
심사 준비	◀ 검사 계획 통보 (검사 필요시)	
		▼
		서류 및 현장검사
		▼
통지서 수령	◀ 결과 통지	결 재

■ 항공안전법 시행규칙 [별지 제61호서식] <개정 2020. 2. 28.>

주류등 섭취 또는 사용 적발보고서

No :

※ [ ]에는 해당되는 곳에 √표시를 합니다.

구 분	적발유형 [ ] 음주	[ ] 약물사용
음주 측정	일시	장소
	방법 [ ] 음주측정기(측정기기 번호 :)	
	결과 혈중 알코올농도 : ☐☐☐☐☐ (0. %)	
	최종 음주일시	최종 음주장소
	구강청결제 [ ] 사용	[ ] 미사용
	입 헹굼 [ ] 헹굼	[ ] 미 헹굼
	감정의뢰 [ ] 채혈	[ ] 기타( ) [ ] 해당사항 없음
약물사용 측정 (마약류 또는 환각물질)	일시	장소
	방법 [ ] 소변검사	[ ] 타액검사 [ ] 기타( )
	결과 [ ] 양성 (약물종류 :)	[ ] 음성
	감정의뢰 [ ] 소변	[ ] 모발 [ ] 기타( )
종사자	소속	항공종사자 유형
	성명	주소
	생년월일	연락처
참고인 (필요시 기재)	성명	주소
	관계	연락처
참고사항 (측정 시 정황 등 기재)		

위 기재내용이 사실과 틀림없음을 확인하고 서명합니다.

종사자 성명 (서명 또는 인)

위와 같이 적발하였기에 보고합니다.

년 월 일

소속 직위 성명

국토교통부장관 또는 지방항공청장 귀하

(백색) 160mmX195mm(백상지 80g/㎡)

■ 항공안전법 시행규칙 [별지 제62호서식]

항공안전관리시스템 승인신청서

※ 색상이 어두운 난은 신청인이 작성하지 아니하며, [ ]에는 해당되는 곳에 √ 표를 합니다. (앞 쪽)

접수번호	접수일시	처리기간 30일

신청인	상호(법인명)	성명(대표자)
	주소	전화번호

사업분야 (해당사업 분야 √표시, 복수 신청가능)			
	형식증명 [ ]	부가형식증명 [ ]	제작증명 [ ]
	기술표준품형식증명 [ ]	부품 등 제작자증명 [ ]	정비조직인증 [ ]
	국제항공운송사업 [ ]	국내항공운송사업 [ ]	소형항공운송사업 [ ]
	항공기사용사업 [ ]	국외운항 항공기 [ ]	전문교육기관 [ ]
	항공교통업무증명 [ ]	공항운영증명 [ ]	항행안전시설 [ ]
비고			

「항공안전법」 제58조제2항 및 같은 법 시행규칙 제130조제1항에 따라 항공안전관리시스템의 승인을 받고자 관계서류를 첨부하여 신청합니다.

년 월 일

신청인

국토교통부장관 또는 지방항공청장 귀하

첨부서류		수수료(Fee)
	1. 항공안전관리시스템 매뉴얼 1부 2. 항공안전관리시스템 이행계획서 및 이행확약서 1부 3. 항공안전관리시스템 승인기준에 미달하는 사항이 있는 경우 이를 보완할 수 있는 대체 운영절차 1부.	없음

210mm×297mm[백상지(80g/㎡) 또는 중질지(80g/㎡)]

(뒤 쪽)

처리절차

이 신청서는 아래와 같이 처리됩니다.

신청인		처리기관(담당부서) 국토교통부 또는 지방항공청 (항공안전관리시스템 담당부서)
신청서 작성	제 출 ▶	접 수
		▼
		선 람
		▼
		검 토
		▼
통지서 수령	◀ 결과 통지	결 재
심사 준비	◀ 검사 계획 통보	
		▼
		서류 및 현장심사
		▼
통지서 수령	◀	결 재

대 한 민 국 국토교통부 The Republic of Korea Ministry of Land, Infrastructure and Transport	승인번호 Certificate No.:

항공안전관리시스템 승인서

Certificate of approval, Safety Management System

상호명(법인명) Name of Company	
성명(대표자) Name of Owner	
주소 Address	

이 증명서는 「항공안전법」 제58조제2항 및 같은 법 시행규칙 제130조제2항에 따라 발급합니다.

This certificate of approval of Safety Management System is issued pursuant to Artical 58 of Aviation Safety Act and Article 130 of Enforcement Regulation of Aviation Safety Act of the Republic of Korea.

년 월 일

Date of Issuance

국토교통부장관 [직인]

Minister of Ministry of Land, Infrastructure and Transport

또는 지방항공청장 [직인]

Administrator of Regional Aviation Administration

이 증명서는 양도될 수 없으며, 취소되거나 운영이 정지되지 아니하는 한 유효함.

This certificate is not transferable and shall remain in effect until suspended or revoked.

210mm×297mm[백상지(80g/㎡)]

항공안전관리시스템 변경승인 신청서

※ 색상이 어두운 난은 신청인이 작성하지 아니하며, [ ]에는 해당되는 곳에 √표를 합니다. (앞 쪽)

접수번호	접수일시	발급일	처리기간 30일

신청인	상호(법인명)	성명(대표자)	전화번호
	주소(주사무소 소재지)		

사업분야		
	형식증명, 부가형식증명, 제작증명, 기술표준품형식승인 또는 부품등제작자증명을 받은 자	[ ] 형식증명 [ ] 부가형식증명 [ ] 제작증명 [ ] 기술표준품형식승인 [ ] 부품등제작자증명
	「항공안전법」 제35조제1호부터 제4호까지의 항공종사자 양성을 위해 「항공안전법」 제48조제1항 단서에 따라 지정된 전문교육기관	
	항공교통업무증명을 받은 자	
	항공운송사업자	[ ] 국내 [ ] 국제 [ ] 소형
	항공기사용사업자	
	국외운항항공기 소유자등	
	「항공안전법」 제97조제1항에 따라 정비조직인증을 받은 자	
	「공항시설법」 제38조제1항에 따라 공항운영증명을 받은 자	
	「공항시설법」 제43조제2항에 따라 항행안전시설을 설치한 자	

변경 신청 사유	
주요 변경 내용	

「항공안전법」 제58조제2항 및 같은 법 시행규칙 제130조제4항에 따라 항공안전관리시스템 변경승인을 신청합니다.

년 월 일

신청인 (서명 또는 인)

국토교통부장관 또는 지방항공청장 귀하

첨부서류	1. 변경된 항공안전관리시스템 매뉴얼 1부 2. 항공안전관리시스템 매뉴얼 신구대조표 1부	수수료 없음

210mm×297mm[백상지(80g/㎡) 또는 중질지(80g/㎡)]

(뒤 쪽)

처리절차

이 신청서는 아래와 같이 처리됩니다.

신청인	처리기관(담당부서) 국토교통부 또는 지방항공청 (항공안전관리시스템 담당부서)
신청서 작성 → 제 출 →	접 수
	▼ 선 람
	▼ 검 토
	▼ 결 재
통지서 수령 ◀ 결과 통지	

■ 항공안전법 시행규칙 [별지 제65호서식] <개정 2019. 9. 23.> 통합항공안전정보시스템(https://www.esky.go.kr)에서도 보고할 수 있습니다.

항공안전 의무보고서(Aviation Safety Mandatory Report)

보고 구분 (Category of Occurrence)	[ ] 항공기사고 (Accident) [ ] 항공기준사고 (Serious Incident) [ ] 항공안전장애 (Incident)		
분야 구분 (Fields)	[ ] 항공기운항 (Flight Operation) [ ] 항공기정비 (Maintenance) [ ]항공교통관제 (Air Traffic Control) [ ] 공항항행시설 (Aerodrome and NAVAID)		
발생유형 (Type of Occurrence)			
호출부호 (Call Sign)		등록기호(Registration)	
항공기기종·공항·항행안전시설 명칭 (Type of Aircraft or Name of Aerodrome or NAVAID)			
발생일시 (Date, Time)		발생장소·공항 (Location or Aerodrome)	
발생단계 (Phase of Flight)	[ ] 정지(standing) [ ] 푸시백/견인(push-back/towing) [ ] 유도로이동(taxi) [ ] 이륙(take-off) [ ] 초기 상승 (initial climb) [ ] 순항 (en-route) [ ] 접근(approach)	[ ] 착륙 (landing) [ ] 기동(maneuvering) [ ] 비상강하(emergency descent) [ ] 제어불능상태의 고도강하(uncontrolled descent) [ ] 충돌발생 후(post-impact) [ ] 불분명(unknown)	
비행구간 (Flight Route)		비행고도 (Altitude)	
승객수 (Number of Passengers)		승무원수 (Number of Crew Members)	운항승무원(Flight Crew) 객실승무원(Cabin Crew)
사망자수 (Number of Fatalities)		부상자수 (Number of Injuries)	
기상(Weather)	[ ] VMC	[ ]IMC	
발생 개요(Description of Occurrence)			
사업자의 종류 (Type of Operations)	[ ] 국내 (Domestic Air Carrier) [ ] 국제 (International Air Carrier) [ ] 소형 (Small Commercial Air Transport Operator) [ ] 항공기사용사업 (Aerial Work) [ ] 기타 (Other)		
보고자의 성명 (Name)		보고자의 연락처 (Telephone)	

「항공안전법」 제59조제1항, 제62조제5항 및 같은 법 시행규칙 제134조제1항에 따라 항공기사고 등을 위와 같이 보고합니다.(In accordance with Paragraph 1, Article 59 and Paragraph 5, Article 62 of the Aviation Safety Act and Paragraph 1, Article 134 of the Ministerial Regulation of Aviation Safety Act, I hereby report the occurrence of mandatory reporting items as described above.)

년 월 일
Date:______/______/______ (YYYY/ MM/ DD)

보고자 (Name) (서명 또는 인) (Signature)

국토교통부장관 또는 지방항공청장 귀하
(Attention : Minister of Ministry of Land, Infrastructure and Transport or Administrator of Regional Aviation Administration)

210mm×297mm[백상지(80g/㎡) 또는 중질지(80g/㎡)]

■ 항공안전법 시행규칙 [별지 제65호의2서식] <신설 2020. 12. 10.>

통합항공안전정보시스템(https://www.esky.go.kr)에서도 보고할 수 있습니다.

조류 및 동물 충돌 보고서

수 신:

※ 뒤 쪽은 항공기운항에 영향을 주었거나, 항공기가 손상된 경우에만 작성합니다.

(앞 쪽)

1. 발생개요

운용자		운항에 미친 영향	[ ] 없음 [ ] 이륙 중지 [ ] 예방 착륙 [ ] 엔진 정지 [ ] 기타(자세히)
항공기 제작사/모델			
엔진 제작사/모델			
항공기 등록번호			
발생 일자			
발생 시간			
[ ] 새벽 [ ] 주간 [ ] 황혼 [ ] 야간			
비행장 명칭		기상(상공) 상태	[ ] 구름 없음 [ ] 약간의 구름 [ ] 흐림
사용한 활주로			
항행 중일 경우 위치			
지상으로 부터의 높이			
속도(지시대기속도)		강우(강설)	[ ] 안개 [ ] 강우 [ ] 강설
비행 단계			

비행 단계	
[ ] 주기 중	[ ] 항행 중
[ ] 유도	[ ] 하강 중
[ ] 이륙질주	[ ] 접근 중
[ ] 상승 중	[ ] 착륙활주

조류(동물)의 종류		
조류(동물)의 수	관측	충돌
1	[ ]	[ ]
2-10	[ ]	[ ]
11-100	[ ]	[ ]
그 이상	[ ]	[ ]

조류(동물)의 크기	[ ] 소형 [ ] 중형 [ ] 대형

소종사에 대한 조류 경고	
[ ] 예	[ ] 아니오

기타(피해·손상에 대한 설명, 기타 관련정보)

항공기 충돌 부위	충돌여부	피해여부
radome	[ ]	[ ]
전면 유리	[ ]	[ ]
전면돌출부(상부 제외)	[ ]	[ ]
엔진 번호 1	[ ]	[ ]
엔진 번호 2	[ ]	[ ]
엔진 번호 3	[ ]	[ ]
엔진 번호 4	[ ]	[ ]
프로펠러	[ ]	[ ]
날개 또는 회전익	[ ]	[ ]
동체	[ ]	[ ]
착륙 기어	[ ]	[ ]
후미	[ ]	[ ]
전조등	[ ]	[ ]
기타(자세히)	[ ]	[ ]

보고자:

깃털 조각을 포함한 조류의 모든 잔해물의 수신처:

상기 정보는 항공안전을 위한 목적으로 수집됩니다.

(뒤 쪽)

2. 항공기 운항에 대한 영향 및 항공기 손상 등에 관한 사항

가. 기초 자료

항공기 운용자	
항공기 제작사/모델	
엔진 제작사/모델	
항공기 등록번호	
발생 일자	
비행장/알고 있는 위치	

나. 피해 비용 정보

항공기 운항 중단 시간	
수리 및 대체 관련 추정 비용 U.S $(단위: 천$)	
기타 추정 비용 (예: 이익·연료·숙박 손실) U.S $(단위: 천$)	

다. 엔진 손상 충돌에 관한 특별 정보

엔진 위치 번호		1	2	3	4
고장/정지의 원인	포함되지 않은 고장	[ ]	[ ]	[ ]	[ ]
	화 재	[ ]	[ ]	[ ]	[ ]
	정지 – 진동	[ ]	[ ]	[ ]	[ ]
	정지 – 고열	[ ]	[ ]	[ ]	[ ]
	정지 – 화재 경고	[ ]	[ ]	[ ]	[ ]
	정지 – 기타(자세히)	[ ]	[ ]	[ ]	[ ]
	정지 – 원인 미상	[ ]	[ ]	[ ]	[ ]
추정 추력 손실률*					
흡입된 조류(동물)의 추정 개체 수					
조류(동물)의 종류					

* 추력 손실률에 대한 정확한 기술이 불가한 경우 추정치를 작성할 것

보고자:

210mm×297mm[백상지(80g/㎡) 또는 중질지(80g/㎡)]

■ 항공안전법 시행규칙 [별지 제66호서식] <개정 2019. 9. 23.> 통합항공안전정보시스템(https://www.esky.go.kr)에서도 보고할 수 있습니다.

항공안전 자율보고서(Aviation Safety Voluntary Report)

보고분야 구분 (Fields)	[ ] 운항 (Flight Operation) [ ] 객실 (Cabin Operation)	[ ] 관제 (Air Traffic Control) [ ] 지상조업 (Ground Handling)	[ ] 정비 (Maintenance) [ ] 기타 (Others:)
직 책 (Function)		직책 근무년수 (Years at Function)	
소지 자격 (Qualification/Ratings)			
호출 부호 (Call Sign)		등록 기호 (Registration)	
항공기기종 또는 공항·항행시설 명칭 (Type of Aircraft or Name of Aerodrome or NAVAID)			
발생 일시 (Date, Time)	년/ 월/ 일/ 시: 분 (YYYY/MM/DD/hh:mm)	발생장소 또는 공항 (Location or Aerodrome)	
발생단계 (Phase of Flight)	[ ] 정지(standing) [ ] 푸시백/견인(push-back/towing) [ ] 유도로이동(taxi) [ ] 이륙(take-off) [ ] 초기 상승 (initial climb) [ ] 순항 (en-route) [ ] 접근(approach)	[ ] 착륙 (landing) [ ] 기동(maneuvering) [ ] 비상강하(emergency descent) [ ] 제어불능상태의 고도강하(uncontrolled descent) [ ] 충돌발생 후(post-impact) [ ] 불분명(unknown)	
비행 구간 (Flight Route)		비행 고도 (Altitude)	
기 상 (Weather)			
승객 수 (Number of Passengers)		승무원 수 (Number of Crew Members)	운항승무원(Flight Crew) 객실승무원(Cabin Crew)

사건/상황 기술 ※ 상황, 사건발생 경위 및 내용, 원인, 조치사항 등을 되도록 구체적으로 적어주십시오.
(Description of Event/Situations. ※ Please describe the details of the event or situation, causes, and actions.)

「항공안전법」 제61조제1항 및 같은 법 시행규칙 제135조제1항에 따라 항공안전 자율보고 사항을 위와 같이 보고합니다.(In accordance with the Article 61 of the Aviation Safety Act and the Article 135 of the Ministerial Regulation of Aviation Safety Act, I hereby report the occurrence of voluntary reporting items as described above.)

년 월 일

Date:_____/_____/_____ (YYYY/MM/DD)

한국교통안전공단 이사장 귀하
(Attention : President of Korea Transportation Safety Authority)

접수번호는 ______번입니다. 보고서 제출 증빙자료로 활용하시기 바랍니다.

Your registration number is ______. * This number can be used when ensuring the report submission.

보고자 성명 (Name)			
보고자 주소 (Address)			
연락처 (Telephone)		이메일 주소 (e-mail Address)	

210mm×297mm[백상지(80g/㎡) 또는 중질지(80g/㎡)]

■ 항공안전법 시행규칙 [별지 제67호서식] <개정 2024. 9. 20.>

조종사 운항자격 인정(심사) 신청서

※ 색상이 어두운 난은 신청인이 작성하지 아니하며, [ ]에는 해당되는 곳에 √표를 합니다. (앞 쪽)

접수번호	접수일시	처리기간	14일
심사구분	[ ] 기 장 [ ] 기장 외의 조종사 [ ] 지식심사 [ ] 기량심사(Proficiency & Line Check)		
피심사자	성명	생년월일	
	주소 (전화번호:)		
자격증명	종류 및 한정	번호	
항공신체검사 증명서 유효기간			
비행시간	총 비행시간	직전 심사 후 비행시간	
	운송용항공기 기장비행시간	해당기종 비행시간	
운항심사 지역(특수공항) 및 항공기			
모의비행훈련 심사	심사실적		
	일시	심사관 성명	
	장소 및 형식		
심사희망 일시			

「항공안전법」 제63조제1항 및 같은 법 시행규칙 제140조에 따른 조종사 운항자격 인정(심사)을 받고자 위와 같이 신청합니다.

년 월 일

신청인 (서명 또는 인)

국토교통부장관 또는 지방항공청장 귀하

첨부서류	비행경력증명서 및 항공종사자 자격증명 1부.	수수료 「항공안전법 시행규칙」 제321조에서 정한 수수료

210mm×297mm[백상지(80g/㎡) 또는 중질지(80g/㎡)]

(뒤 쪽)

처리절차

이 신청서는 아래와 같이 처리됩니다.

신청인		처리기관(담당부서)
		국토교통부 또는 지방항공청(운항자격인정·심사 담당부서)
신청서작성	제 출 ▶	접 수
		▼ 선 람
		▼ 검 토
심 사 준 비	◀ 심사실시 통지	▼ 결 재
		▼ 조종사운항 자격심사실시
통지서 수령	◀ 결과통지	▼ 결 재

■ 항공안전법 시행규칙 [별지 제68호서식] <개정 2024. 9. 20.>

지정항공운송사업자등의 지정신청서

※ 색상이 어두운 난은 신청인이 작성하지 아니하며, [ ]에는 해당되는 곳에 √표를 합니다. (앞 쪽)

접수번호	접수일시	발급일	처리기간 30일

신청인	상호(법인명)	성명(대표자)	전화번호
	주소(주사무소 소재지)		

항공운송사업자	[ ] 국내 [ ] 국제 [ ] 소형 [ ] 사용사업
면허번호 및 면허취득일	
등록번호 및 등록취득일	
운항노선(신청일 기준)	
기종별 항공기 대수	
항공안전법 제63조에 따른 운항자격인정을 받은 조종사 수(기장, 부기장)	

「항공안전법」 제63조제4항 및 같은 법 시행규칙 제146조제1항에 따라 지정항공운송사업자 지정을 신청합니다.

년 월 일

신청인 (서명 또는 인)

국토교통부장관 또는 지방항공청장 귀하

첨부서류	1. 항공안전법 시행규칙 제146조제2항에 따른 관련 서류 1부. 2. 위 신청내용을 증명할 수 있는 서류 1부.	수수료 없음

210㎜×297㎜[백상지(80g/㎡) 또는 중질지(80g/㎡)]

(뒤 쪽)

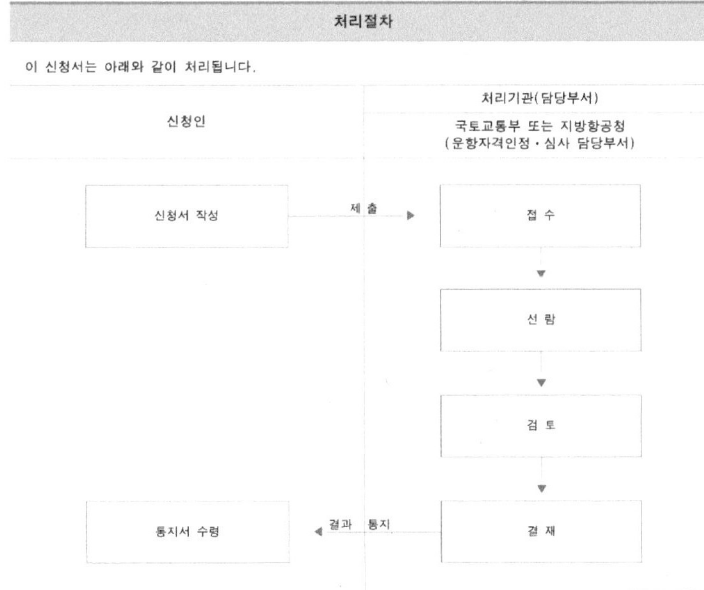

■ 항공안전법 시행규칙 [별지 제69호서식] <개정 2024. 9. 20.>

지정심사관 지정(심사) 신청서

※ 색상이 어두운 난은 신청인이 작성하지 아니하며, [ ]에는 해당되는 곳에 √표를 합니다. (앞 쪽)

접수번호		접수일		처리기간 14일
후보자	성명		생년월일	
	주소		소속	
자격증명	종류번호	운송용조종사 호	총비행시간	
	교육증명	호 (년 월 일)	운송용기장시간	
	보유한정		해당기종기장시간	
	신청기종		해당기종비행시간	
항공기승무원 신체검사증명	발급일		임용훈련	일시
	번호			과목
조종사운항 자격심사일	지식심사			시간
	기량심사			교관
법규위반기록				
심사전담구분	[ ]모의비행훈련장치 [ ]항공기		지정심사노선 (신청)	
심사희망 일시노선	일시		노선	

「항공안전법」 제63조제4항 및 같은 법 시행규칙 제149조제1항에 따라 조종사 운항자격인정 또는 심사업무 담당자의 지정(심사)을 위와 같이 신청합니다.

년 월 일

신청인 (서명 또는 인)

국토교통부장관 또는 지방항공청장 귀하

첨부서류	1. 비행경력서 2. 「항공안전법 시행규칙」 제151조의 요건에 적합함을 증명하는 서류	수수료 없 음

210㎜×297㎜[백상지(80g/㎡) 또는 중질지(80g/㎡)]

(뒤 쪽)

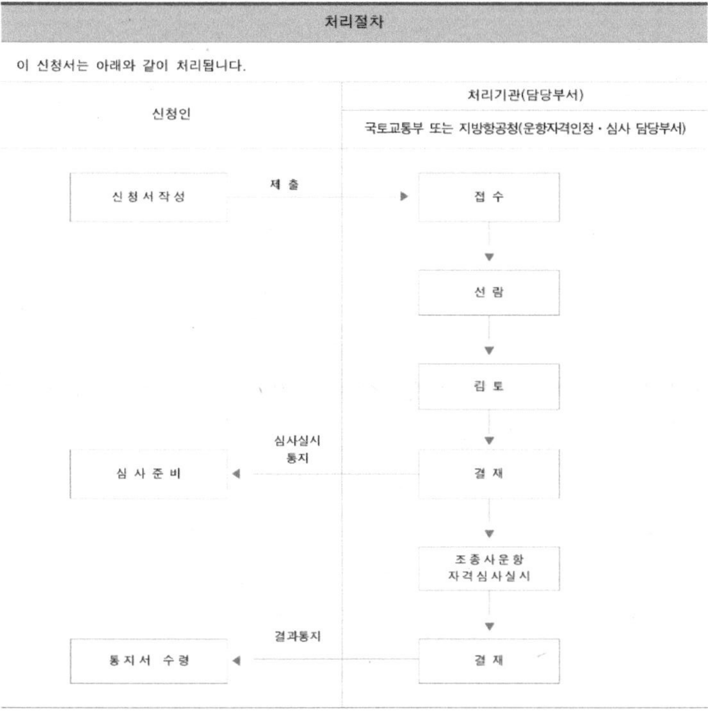

■ 항공안전법 시행규칙 [별지 제70호서식]

이륙 · 착륙 장소 외에서의 이륙 · 착륙 허가 신청서

※ 색상이 어두운 난은 신청인이 작성하지 아니합니다.

접수번호	접수일시	처리기간 7일

신 청 인	성명	생년월일
	주소	연락처
항공기 또는 경량항공기	형식(경량항공기는 종류)	등록부호
비행계획	일시 또는 기간(최대 6개월)	비행목적
	경로	
조 종 사	성명	생년월일
	주소	
	자격번호	

「항공안전법」 제66조제1항제1호 · 제118조제1항 및 같은 법 시행규칙 제160조 · 제296조에 따라 이륙 · 착륙 장소 외에서의 이륙 · 착륙 허가를 신청합니다.

년 월 일

신청인 (서명 또는 인)

국토교통부장관 또는 지방항공청장 귀하

첨부서류	1. 이륙 · 착륙하려는 장소에 관한 서류(해당 장소의 약도를 포함합니다) 1부 2. 이륙 · 착륙의 절차 및 방향의 선정에 관한 서류 1부 3. 이륙 · 착륙 장소의 지형 적합성 및 우천 · 강설 등에 따른 지반 약화 가능성에 관한 서류 1부 4. 이륙 · 착륙 장소에 적합한 용량의 소화기 비치계획 및 풍향을 지시할 수 있는 장치의 설치 여부에 관한 서류 1부 5. 이륙 · 착륙 장소의 주변 장애물(급격한 경사, 전선 및 건물 등을 말합니다)에 관한 서류 1부 6. 이륙 · 착륙 장소에 사람의 접근통제 및 안전요원 배치 계획에 관한 서류 1부 7. 항공기사고 또는 경량항공기사고를 방지하기 위한 조치에 관한 서류 1부 8. 항공기 또는 경량항공기의 급유 시 안전대책에 관한 서류 1부 9. 국유지 및 사유지에 이착륙 시 관계 기관 또는 관계인과의 토지사용에 대한 사전 협의사항에 관한 서류 1부 10. 항공기 또는 경량항공기의 소음 등으로 인한 민원발생 예방대책에 관한 서류 1부 11. 그 밖에 항공기 또는 경량항공기의 안전한 이착륙을 위하여 국토교통부장관이 정하여 고시하는 사항에 관한 서류 1부	수수료 없음

처리절차

신청서 작성	→	접 수	→	검 토	→	결 재	→	통 지
신청인		국토교통부 또는 지방항공청 (운항담당부서)		국토교통부 또는 지방항공청 (운항담당부서)		국토교통부 또는 지방항공청 (운항담당부서)		

210㎜×297㎜[백상지(80g/㎡) 또는 중질지(80g/㎡)]

■ 항공안전법 시행규칙 [별지 제71호서식]

http://ubikais.fois.go.kr 에서도 제출할 수 있습니다.

FLIGHT PLAN
비행계획서

PRIORITY 전문우선순위 <<≡ FF→ ADDRESSEE(S) 수신처 <<≡

FILING TIME 제출시간 → ORIGINATOR 발신처 <<≡

SPECIFIC IDENTIFICATION OF ADDRESSEE(S) AND/OR ORIGINATOR
수신처 및 발신처의 특정 식별부호

3 MESSAGE TYPE 전문종류 <<≡ (FPL

7 AIRCRAFT IDENTIFICATION 항공기 식별부호 –

8 FLIGHT RULES 비행규칙 –

TYPE OF FLIGHT 비행의 종류 <<≡

9 NUMBER 대수 –

TYPE OF AIR CRAFT 항공기 형식

WAKE TURBULENCE CAT. 최대이륙중량 등급 /

10 EQUIPMENT 탑재장비 – <<≡

13 DEPARTURE AERODROME 출발비행장 –

TIME 출발예정시간 <<≡

15 CRUISING SPEED 순항속도 –

LEVEL 고도

ROUTE 예정비행항공로 →

<<≡

TOTAL EET 총예상소요비행시간

16 DESTINATION AERODROME 목적비행장 –

HR MIN 시간 분

→ ALTN AERODROME 주 교체비행장

→ 2ND. ALTN AERODROME 부 교체비행장 <<≡

18 OTHER INFORMATION 기타정보 –

)<<≡

SUPPLEMENTARY INFORMATION (NOT TO BE TRANSMITTED IN FPL MESSAGE)
비행계획 전문에 포함되어 전송되지 않는 보충 정보

19 ENDURANCE 연료탑재량

HR MIN 시간 분

–E/ → P/ PERSONS ON BOARD 탑승인원수

EMERGENCY RADIO 비상 무선통신장비

→ R/ UHF U VHF V ELBA E

SURVIVAL EQUIPMENT/구급용구

POLAR Polaire DESERT Desert MARITIME Maritime JUNGLE Jungle

→ S / P D M J

JACKETS/구명동의

LIGHT 등화 FLUORES 형광 UHF VHF

→ J / L F U V

DINGHIES/구명보트

NUMBER 수량 CAPACITY 수용인원 COVER 덮개 COLOUR 색상

→ D/ → → → <<≡

AIRCRAFT COLOUR AND MARKINGS 항공기 색상 및 무늬

A/

REMARKS 기타

→ / <<≡

PILOT-IN-COMMAND 기장

C/)<<≡

FILED BY/제출자

탑승객 명단(별도첨부 가능) :

210㎜×297㎜[백상지(80g/㎡)]

■ 항공안전법 시행규칙 [별지 제72호서식]

반복비행계획서
REPETITIVE FLIGHT PLAN LISTING

A OPERATOR (운영자)	B ADDRESSEE(S) (주소)	C DEPARTURE AERODROME(S) (출발비행장)	D DATE (일자) (연월일) yymmdd	E SERIAL NO (일련번호)	F PAGE OF (쪽수) -- / --
			G SUPPLEMENTARY DATA(항목19) AT: 보충정보		

H	I	J	K							L	M	N	O	P	Q
			DAYS OF OPERATION (운항요일)												
+ -	VALID UNTIL (유효일자) (연월일) yymmdd	VALID UNTIL (만료일자) (연월일) yymmdd	1	2	3	4	5	6	7	AIRCRAFT IDENTIFICATION (항공기 식별부호) (항목 7)	TYPE OF AIRCRAFT AND WAKE TURBULENCE CATEGORY (항공기 형식 및 최대이륙중량 등급) (항목 9)	DEPARTURE AERODROME AND TIME (출발비행장 및 출발예정시간) (항목 13)	ROUTE(항목 15) (예정비행항공로) CRUISING SPEED (순항속도) LEVEL (고도) ROUTE (비행로)	DESTINATION AERODROME AND TOTAL ESTIMATED ELAPSED TIME (목적비행장 및 총예상소요비행시간) (항목 16)	REMARKS (비고)

250㎜×190㎜[백상지(80g/㎡)]

http://gd.fois.go.kr 에서도 제출할 수 있습니다.

(제1쪽)

항공기 입출항 신고서(GENERAL DECLARATION) (Outward/Inward)

항공기의 소유자등(Operator):

국적 및 등록기호: (Marks of Nationalty & Registration)	편명: (Flight No)	날짜: (Date)
출발지: Departure from .... (Place)	도착지: Arrival at .... (Place)	

비행 경로(Flight Routing)

※ "장소"란에 출발지, 경유지, 목적지를 모두 기재하시오("Place" Column always to list origin, every en-route stop and destination)

장소 (Place)	승무원 성명[1] (Names of Crew[1])	장소별 승객 수[2] (Number of Passengers on this Stage[2])
		출발지(Departure Place): 탑승 승객(Embarking) .... 통과 승객(Through on same flight) ....
		도착지(Arrival Place): 하기 승객(Disembarking) .... 통과 승객(Through on same flight)............

보건상태 신고(Declaration of Health)

항공기 탑승 승객 및 이전 기착지에서 하기한 승객 중 비행 멀미나 사고의 후유증을 제외한 질환을 앓고 있으며 전염병이 의심되는 사람이 있다면 그 사람의 이름과 좌석 번호 또는 담당 업무를 기재하시오.

공 용 란 (For Official Use Only)

※ "전염병이 의심되는 사람"이란 체온 38° C(100° F) 이상의 고열을 동반하며, 다음의 경우 중 어느 하나 이상의 경우에 해당하는 사람을 말한다.
- 눈에 띄게 아파보이거나, 지속적인 기침 또는 설사·구토를 하거나, 호흡장애, 피부 발진, 외상없이 멍 또는 출혈을 보이거나 최근의 발병 사실이 확실치 않은 경우

운항 중 소독(해충 구제) 및 위생 처리를 한 사실이 있다면 장소, 날짜, 시간, 방법에 대해 자세히 적으시오. 운항 중 소독을 실시하지 않았다면 가장 최근에 실시한 소독(해충 구제)에 대하여 기재하시오.

(필요시 시간, 날짜를 기재하고 서명) ______ (신고 담당 승무원)

airsickness or the effects of accidents, who may be suffering from a communicable disease (a fever - temperature 38° C/100° F or greater - associated with one or more of the following signs or symptoms, e.g. appearing obviously unwell; persistent coughing; impaired breathing; persistent diarrhea; persistent vomiting; skin rash; bruising or bleeding without previous injury; or confusion of recent onset, increases the likelihood that the person is suffering a communicable disease) as well as such cases of illness disembarked during a previous stop ....

Details of each disinsecting or sanitary treatment (place, date, time, method) during the flight. If no disinsecting has been carried out during the flight, give details of most recent disinsecting ....

Signed, if required, with time and date ....

(Crew member concerned)

본인은 본 신고서 및 신고서에 첨부된 모든 서류에 진술하고 작성한 내용이 빠짐없이 기재되었으며, 본인이 알고 있는 사실에 비추어 명백한 진실이며, 기내 모든 통과 승객이 비행을 지속할 것이며 탑승 중임을 확인합니다.

서명 ______ (기장 또는 지정 대리인)

I declare that all statements and particulars contained in this General Declaration, and in any supplementary forms required to be presented with this General Declaration, are complete, exact and true to the best of my knowledge and that all through passengers will continue/have continued on the flight.

SIGNATURE ______ (Pilot-in-command or Authorized Agent)

Size of document to be 210 mm × 297 mm (or 8 1/4 × 11 3/4 inches)

1. 신고를 받는 국가(피신고국)에서 요청 시 작성(To be completed only when required by the State)
2. 탑승객 명단 제출 시 작성할 필요는 없습니다(Not to be completed when passenger manifests are presented).

첨부 1. 탑승객 명단

(APPENDIX 1. PASSENGER MANIFEST)

(제2쪽)

탑승객 명단

(PASSENGER MANIFEST)

항공기의 소유자등(Operator):

국적 및 등록기호*(Marks of Nationality and Registration*):

편명(Flight No): 날짜(Date):

탑승 장소(Point of Embarkation): ______ 하기 장소(Point of Disembarkation): ______

(Place) (Place)

국적 (Nationality)	성 명 (Surname and Initials)	생년월일 (Birth of Date)	좌석번호 (Seat Number)	항공기의 소유자등 기재란 (For use by operator only)	공 용 란 (For official use only)

Size of document to be 210 mm × 297 mm (or 8 1/4 × 11 3/4 inches)

첨부 2. 적하 목록(항공 수출)

(APPENDIX 2. AIR EXPORT CARGO MANIFEST)

(제3쪽)

적 하 목 록 (항 공 수 출) AIR EXPORT CARGO MANIFEST				1. 적하목록관리번호(Manifest Reference No.)
2. 항공사명(Owner Or Operator)	3. 항공기등록번호(Marks Of Nationality And Registration)	4. 항공편명(Flight NO.)	5. 적재항(Port of Loading)	6. 출항일자(Date of Departure)

7. 화물구분 (Cargo Classification)	8. AWB TYPE (S:Simple, C:Consol, X:Express Cargo Sample, D:Express Cargo Document) ⬇ 9. Air Way Bill No	10. 화물고유식별번호 (Unique Consignment Reference)	11. 송하인 성명 / 주소 (Shipper Name And Address)	12. 수하인 성명 / 주소 (Consignee Name And Address)	13. 품 명 (Nature of Goods)	14. 특수화물 코드 (Special goods code)			15. 포장개수 (No. of Pieces)	16. 총 중량(KGS) (WEIGHT)	17. 수출신고번호 (Export Clearance Number)	18. 적재장소 (Place of Loading)	19. 양륙항 (Port of Unloading)
						Class or Division	UN or ID No	적재위치 (Position)					

Size of document to be 210 ㎜ × 297 ㎜ (or 8 1/4 × 11 3/4 inches)

첨부 3. 적하 목록(항공 수입)

(APPENDIX 3. AIR IMPORT CARGO MANIFEST)

(제4쪽)

적 하 목 록 (항 공 수 입) AIR IMPORT CARGO MANIFEST				1. 적하목록관리번호(Manifest Reference No.)
2. 항공사명(Owner Or Operator)	3. 항공기등록번호(Marks Of Nationality And Registration)	4. 항공편명(Flight NO.)	5. 양륙항(Port of Unloading)	6. 도착항 입항일자(Date of Arrival)

7. MSN (Master AWB Seq NO)	8. 화물구분(Cargo Classification)	9. AWB TYPE (S:Simple, C:Consol, X:Express Cargo Sample, D:Express Cargo Document) ⬇ 10. Air Way Bill No	11. 화물고유식별번호 (Unique Consignment Reference)	12. 송하인 성명 / 주소 (Shipper Name And Address)	13. 수하인 성명 / 주소 (Consignee Name And Address) 통지처 성명 / 주소 (Notify Name And Address)	14. 품 명 / HS6단위 (Nature of Goods)	15. 포장개수 (No. of Pieces)	16. 총 중량(KGS) (WEIGHT)	17. 특수화물 코드 (Special goods code)			18. 적재항 (Port of Loading)	19. 적재항 출항일자 (Date of Departure)	20. 하역장소 (Place of Unloading)
									Class or Division	UN or ID No	적재위치 (Position)			

Size of document to be 210 ㎜ × 297 ㎜ (or 8 1/4 × 11 3/4 inches)

■ 항공안전법 시행규칙 [별지 제74호서식] <개정 2024. 9. 20.>

최저비행고도 아래에서의 비행허가 신청서

※ 색상이 어두운 난은 신청인이 작성하지 아니합니다.

접수번호	접수일시	처리기간 7일

신 청 인	성명	생년월일
	주소	연락처
항 공 기	형식	등록부호
비행계획	일시	비행목적
	경로	고도
	최저비행고도 아래에서 비행을 하려는 이유	
조 종 사	성명	생년월일
	주소	
	자격번호	
동 승 자	성명	생년월일
	주소	
	동승의 목적	
특기 사항	그 밖에 참고가 될 사항	

「항공안전법」 제68조제1호 및 같은 법 시행규칙 제200조에 따라 최저비행고도 아래에서의 비행허가를 신청합니다.

년 월 일

신청인 (서명 또는 인)

지방항공청장·국방부장관(각급 부대의 장) 또는 항공교통업무증명을 받은 자 귀하

처리절차

신청서 작성 → 접 수 → 검 토 → 결 재 → 통 지

신청인 / 지방항공청·국방부(각급 부대) 또는 항공교통업무증명을 받은 자 (항공운항 담당부서)

210㎜×297㎜[백상지(80g/㎡) 또는 중질지(80g/㎡)]

■ 항공안전법 시행규칙 [별지 제74호의2서식] <개정 2024. 9. 20.>

물건 투하 또는 살포 허가 신청서

※ 색상이 어두운 칸은 신청인이 작성하지 않습니다. (앞쪽)

접수번호	접수일시	처리기간 7일

신청인	회사명 또는 성명	사업자등록번호 또는 생년월일	
	주소		
	전화번호	팩스번호	휴대전화번호
항공기	형식	종별	등록부호
	제조사명	제조일	제조번호
	소유자	탑재무선설비 개요	
비행계획의 개요	비행목적	비행이착륙 일시	
	비행고도		
	비행경로		
조종사 자격증명서	성명	생년월일	
	종류	번호	
동승자	성명	생년월일	
	목적		
물건의 투하 또는 살포 개요	투하 또는 살포물건의 종류		
	투하 또는 살포의 목적		
	투하 또는 살포의 방법		
	투하 또는 살포의 장소		

「항공안전법」 제68조 및 같은 법 시행규칙 제201조에 따라 물건의 투하 또는 살포 허가를 신청합니다.

년 월 일

신청인 (서명 또는 인)

지방항공청장·국방부장관(각급 부대의 장) 또는 항공교통업무증명을 받은 자 귀하

첨부서류	1. 항공신체검사 증명서 2. 비행계획서(공역 내 비행경로를 포함한다) 3. 조종사 자격증명서

10㎜×297㎜[백상지(80g/㎡) 또는 중질지(80g/㎡)]

(뒤쪽)

처리절차								
신청서 작성	→	접수	→	서류검토	→	결재	→	허가서 수령
신청인		지방항공청 · 국방부(각급 부대) 또는 항공교통업무증명을 받은 자 (항공운항 담당부서)					결과 통지	신청인

210mm×297mm[백상지(80g/㎡) 또는 중질지(80g/㎡)]

■ 항공안전법 시행규칙 [별지 제74호의3서식] <개정 2024. 9. 20.>

낙하산 강하허가 신청서

※ 색상이 어두운 칸은 신청인이 작성하지 않습니다. (앞쪽)

접수번호	접수일시		처리기간 7일
신청인	회사명 또는 성명	사업자등록번호 또는 생년월일	
	주소		
	전화번호(실시간 연락 가능번호)	팩스번호	휴대전화번호
항공기	형식	종별	등록부호
	제조사명	제조일	제조번호
	소유자	탑재무선설비 개요	
비행계획의 개요	비행목적	비행이착륙 일시 -	
	비행고도		
	비행경로		
조종사 자격증명서	성명	생년월일	
	종류	번호	
동승자	성명	생년월일	
	목적		
낙하산 강하 개요	낙하산 강하일시	낙하산형식, 기타 필요사항	
	낙하산강하장소(주소, 좌표, 반경)		
	낙하산 강하자 성명	생년월일	목적
	낙하산 종류	낙하산 크기	

「항공안전법」 제68조 및 같은 법 시행규칙 제202조에 따라 낙하산 강하허가를 신청합니다.

년 월 일

신청인 (서명 또는 인)

지방항공청장 · 국방부장관(각급 부대의 장) 또는 항공교통업무증명을 받은 자 귀하

첨부서류	1. 비행계획서 및 임시 비행제한공역 지정 공문 2. 낙하산 강하자의 초경량비행장치 조종자 증명 3. 항공레저스포츠사업 등록증 4. 초경량비행장치 안정성인증서 5. 보험가입증명서 ※ 제2호부터 제5호까지의 서류는 항공레저스포츠사업에 사용되는 경우만 제출합니다.

10mm×297mm[백상지(80g/㎡) 또는 중질지(80g/㎡)]

(뒤쪽)

처리절차								
신청서 작성	→	접수	→	서류검토	→	결재	→	허가서 수령
신청인		지방항공청・국방부(각급 부대) 또는 항공교통업무증명을 받은 자 (항공운항 담당부서)					결과 통지	신청인

210㎜×297㎜[백상지(80g/㎡) 또는 중질지(80g/㎡)]

■ 항공안전법 시행규칙 [별지 제74호의4서식] <신설 2021. 11. 19.>

곡예비행 허가 신청서

※ 색상이 어두운 칸은 신청인이 작성하지 않습니다. (앞쪽)

접수번호	접수일시	처리기간 7일	
신청인	회사명 또는 성명	사업자등록번호 또는 생년월일	
	주소		
	전화번호	팩스번호	휴대전화번호
항공기	형식	종별	등록부호
	제조사명	제조일	제조번호
	소유자	탑재무선설비 개요	
비행계획의 개요	비행목적	비행이착륙 일시	
	비행고도		
	비행경로		
곡예비행 개요	곡예비행내용	비행일시	
	곡예비행장소(주소, 좌표, 반경)	곡예비행 이유	
조종사 자격증명서	성명	생년월일	
	종류	번호	
동승자	성명	생년월일	
	목적		

「항공안전법」 제68조 및 같은 법 시행규칙 제205조에 따라 곡예비행 허가를 신청합니다.

년 월 일

신청인 (서명 또는 인)

지방항공청장 귀하

첨부서류	1. 항공신체검사 증명서 2. 비행계획서(공역 내 비행경로를 포함한다) 3. 조종사 자격증명서

10㎜×297㎜[백상지(80g/㎡) 또는 중질지(80g/㎡)]

(뒤쪽)

처리절차								
신청서 작성	→	접수	→	서류검토	→	결재	→	허가서 수령
신청인		지방항공청 (항공운항 담당부서)		지방항공청 (항공운항 담당부서)		지방항공청 (항공운항 담당부서)	결과 통지	신청인

210mm×297mm[백상지(80g/㎡) 또는 중질지(80g/㎡)]

■ 항공안전법 시행규칙 [별지 제75호서식] <개정 2024. 9. 20.>

무인항공기 비행허가 신청서

※ 색상이 어두운 난은 신청인이 작성하지 아니합니다. (앞 쪽)

접수번호	접수일시	처리기간 7일

신 청 인	성명	생년월일
	주소	연락처
무인항공기 개요	형식	등록증명서 사본 및 식별부호
	최대이륙중량	발동기 수 및 날개길이
	일반 및 최대 상승률	일반 및 최대 강하율
	일반 및 최대 선회율	최대 항속시간
	그 밖에 무인항공기 비행과 관련된 성능에 관한 자료	
통신주파수 및 항행장비 등	대체통신수단을 포함한 항공교통관제기관과의 통신	
	지정된 운용범위를 포함한 무인항공기와 무인항공기 통제소 간의 통신	
	무인항공기 조종사와 무인항공기 감시자 간의 통신(무인항공기 감시자가 있는 경우에 한정한다)	
	무인항공기의 항행장비 및 감시장비(SSR transponder, ADS-B 등)	
비행계획	일시	비행목적
	비행규칙의 개요	
	육안식별운항계획(육안식별운항을 하는 경우에 한정한다)	
	비행경로	
	이륙·착륙 장소	
	순항고도·속도	비행주파수

「항공안전법」 제68조제5호 및 같은 법 시행규칙 제206조제1항에 따라 비행허가를 신청합니다.

년 월 일

신청인 (서명 또는 인)

지방항공청장·항공교통본부장·국방부장관(각급 부대의 장) 또는 항공교통업무증명을 받은 자 귀하

첨부서류	뒤쪽 참고	수수료 없음

210㎜×297㎜[백상지(80g/㎡) 또는 중질지(80g/㎡)]

(뒤 쪽)

첨부서류	1. 무인항공기의 등록증명서 사본 1부 2. 무인항공기의 표준감항증명서 또는 특별감항증명서 사본 1부 3. 무인항공기 조종사의 자격증명서 사본 1부 4. 무인항공기의 무선국 허가증 사본 1부(「전파법」 제19조에 따라 무선국 허가를 받은 경우에 한정한다) 5. 무인항공기의 이륙·착륙 요건 6. 무인항공기의 감지·회피성능 7. 비상절차 가. 항공교통관제기관과의 통신이 두절된 경우 나. 무인항공기와 무인항공기 통제소 간의 통신이 두절된 경우 다. 무인항공기 조종사와 무인항공기 감시자 간의 통신이 두절된 경우(무인항공기 감시자가 있는 경우에 한정한다) 8. 하나 이상의 무인항공기 통제소가 있는 경우 그 수와 장소 및 무인항공기 통제소 간의 무인항공기 통제에 관한 이양절차 9. 소음기준적합증명서 사본(법 제25조제1항에 따라 소음기준적합증명을 받은 경우에 한정한다) 10. 해당 무인항공기 운항과 관련된 항공보안 수단을 포함한 국가항공보안계획 이행 확인서 11. 무인항공기의 적재 장비 및 하중 등에 관한 정보 12. 무인항공기의 보험 또는 책임범위 증명에 관한 서류	수수료 없음

처리절차

이 신청서는 아래와 같이 처리됩니다.

신 청 인	처리기관 지방항공청·항공교통본부·국방부(각급 부대) 또는 항공교통업무증명을 받은 자
신청서 작성 → (제출)	접 수
	▼ 검 토
허가 공문 수령 ◀ (결과통지)	▼ 결 재

■ 항공안전법 시행규칙 [별지 제75호의2서식] <신설 2025. 7. 28.>

긴급항공기 지정신청서

접수번호	접수일	처리기간 7일

신청인	상호(법인명)	성명(대표자)	생년월일(법인등록번호)
	주소(소재지)	전화번호 팩스번호	
신청 내용	항공기 등록부호	항공기 형식	
	항공기 제작일련번호		
	긴급한 업무의 종류		

「항공안전법」 제69조제1항 및 같은 법 시행규칙 제207조제3항에 따라 위와 같이 긴급항공기의 지정을 신청합니다.

년 월 일

신청인 (서명 또는 인)

지방항공청장 귀하

첨부서류

첨부서류	1. 긴급한 업무 수행에 관한 업무규정 2. 긴급한 업무 수행에 필요한 장착장비의 목록, 사진 및 그 밖의 세부사항을 포함하는 서류 3. 조종사 및 긴급한 업무를 수행하는 사람에 대한 교육훈련 내용에 관한 서류	수수료 없 음

처리절차

신청서 작성	→	접수	→	검토	→	결재	→	지정서 발급
신청인		지방항공청 (긴급항공기 담당부서)						

■ 항공안전법 시행규칙 [별지 제75호의3서식] <신설 2025. 7. 28.>

제　　호

긴급항공기 지정서

1. 상호(법인명):
2. 성명(대표자):
3. 생년월일(법인등록번호):
4. 주소(소재지):
5. 항공기 등록부호:
6. 항공기 형식:
7. 항공기 제작일련번호:
8. 긴급한 업무의 종류:
9. 비고:

위 항공기를 「항공안전법」 제69조제1항 및 같은 법 시행규칙 제207조제4항에 따라 긴급항공기로 지정합니다.

년　　월　　일

지방항공청장 직인

주의사항

1. 지정된 항공기를 운항할 때에는 언제나 이 지정서를 해당 항공기에 탑재해야 합니다.
2. 이 지정서를 잃어버렸거나 못 쓰게 된 때에는 「항공안전법 시행규칙」 제207조제6항에 따라 재발급을 받아야 합니다.
3. 이 지정서를 발급받은 자가 「항공안전법」 제69조제4항 각 호의 어느 하나에 해당하는 사유가 발생하였을 때에는 그 지정이 취소될 수 있습니다.

■ 항공안전법 시행규칙 [별지 제75호의4서식] <신설 2025. 7. 28.>

긴급항공기 지정서 재발급 신청서

※ [ ]에는 해당되는 곳에 √표를 합니다.

접수번호	접수일		처리기간 1일
신청인	상호(법인명)	성명(대표자)	생년월일(법인등록번호)
	주 소		전화번호
			팩스번호
지정된 긴급 항공기	항공기 등록부호	항공기 형식	항공기 제작일련번호
	긴급한 업무의 종류		
재발급 신청이유	[ ] 분실　[ ] 못 쓰게 됨		
종전 지정서	발급 연월일 . . .	지정번호	

「항공안전법」 제69조제1항 및 같은 법 시행규칙 제207조제6항에 따라 위와 같이 긴급항공기 지정서 재발급을 신청합니다.

년　　월　　일

신청인　　　　(서명 또는 인)

지방항공청장 귀하

첨부서류	긴급항공기 지정서(헐어 못 쓰게 된 경우에 한정합니다)	수수료 없 음

처리절차

신청서 작성	→	접 수	→	지정기록 확인	→	기안 및 결재	→	지정서 재발급
신청인		지방항공청 (긴급항공기 담당부서)						

위험물 항공운송허가 신청서

※ 색상이 어두운 난은 신청인이 작성하지 아니합니다. (앞 쪽)

접수번호	접수일시	처리기간 15일

신 청 인	화주명		
	화주의 주소 및 전화번호		
최종 출발지 (공항)		경유지 및 목적지 (공항)	
위험물에 대한 관련 내용 (포장의 상세내용 포함)	탑재물품의 고유선적명(PSN)		
	탑재물품의 UN번호		
	포장수량		
	중량(Gross weight)		
	순량(Net weight)		
	유엔(UN)규격포장 유무		
	포장지침(PI)		
승인 신청에 대한 타당성 입증서류			
비공개 처리를 요구하는 경우의 사유			
승인기간			
대체포장일 경우 검사기관 검사 유무			

「항공안전법」 제70조제1항 및 같은 법 시행규칙 제209조제2항에 따라 위험물 항공운송허가를 신청합니다.

년 월 일

신청인 (서명 또는 인)

국토교통부장관 귀하

첨부서류	없음	수수료 없음

210㎜×297㎜[백상지(80g/㎡) 또는 중질지(80g/㎡)]

(뒤 쪽)

처리절차

이 신청서는 아래와 같이 처리됩니다.

신청인	처리기관(담당부서) 국토교통부 (위험물 항공운송 담당부서)
신청서 작성 → 제출	접 수
	↓ 선 람
	↓ 검 토
통지서 수령 ← 결과 통지	↓ 결 재
심사 준비 ← 검사 계획 통보	
	↓ 서류 및 현장심사
통지서 수령 ←	↓ 결 재

■ 항공안전법 시행규칙 [별지 제77호서식]

Office of Civil Aviation
Ministry of Land, Infrastructure and Transport
#11, Doum-6ro, Sejong Special Self-governing City, 30103, Republic of Korea

위험물 항공운송 허가서
APPROVAL FOR A DANGEROUS GOODS BY AIR TRANSPORT

발행번호 Issued No. : 발행일 Issued Date : 유효기간 Valid for :	발행처 Issued by :
화주명 및 주소 Shipper' s Name & Address :	출발국가 State of Departure : 도착국가 State of Destination :

승인 위험물의 종류 APPROVED MATERIALS NATURE AND QUANTITY OF DANGEROUS GOODS

품명 및 규격 Dangerous Goods Identification				포장수량 Quantity and type of packing	Gross Weight (Net Weight) per package	
Proper Shipping Name (고유선적명)	Class or division	UN or ID No	PG		Passenger A/C	Cargo A/C

취급조건 Additional Handling Information :

위와 같이 -----------------------------에 대한 항공운송을 허가합니다.
This Approval letter Issued for Air Transportation of Dangerous Goods(UN0000, PSN)

Signature:
Name/Title of Signatory :
Dangerous Goods Inspector

Flight Standards Division
Office of Civil Aviation
Ministry of Land, Infrastructure and Transport
Republic of Korea

210㎜×297㎜[백상지(80g/㎡)]

■ 항공안전법 시행규칙 [별지 제78호서식]

위험물 포장 · 용기검사기관 지정신청서

※ 색상이 어두운 난은 신청인이 작성하지 아니합니다. (앞 쪽)

접수번호	접수일시	처리기간 30일

신 청 인	상호(명칭)	
	성명(대표자)	생년월일
	주소	전화번호
검사소 소재지		
부 지 면 적		
검 사 장 비		

「항공안전법」 제71조제3항 및 같은 법 시행규칙 제210조제1항에 따라 위험물 포장 · 용기 검사기관의 지정을 신청합니다.

년 월 일

신청인 (서명 또는 인)

국토교통부장관 귀하

첨부서류	1. 위험물 포장 · 용기의 검사를 위한 시설의 확보를 증명하는 서류(설비 및 기기 일람표와 그 배치도를 포함합니다) 2. 사업계획서 3. 시설 · 기술인력의 관리 및 검사시행절차 등 검사 수행에 필요한 사항이 포함된 검사업무 규정	수수료 없음

210㎜×297㎜[백상지(80g/㎡) 또는 중질지(80g/㎡)]

(뒤 쪽)

처리절차

이 신청서는 아래와 같이 처리됩니다.

신청인		처리기관(담당부서) 국토교통부 (위험물 항공운송 담당부서)
신청서 작성	제 출 ▶	접 수
		▼ 선 람
		▼ 검 토
통지서 수령	◀ 결과 통지	▼ 결 재
심사 준비	◀ 검사 계획 통보	
		▼ 서류 및 현장심사
통지서 수령	◀	▼ 결 재

제 호

위험물 포장·용기검사기관 지정서

검사기관	명칭	
	주소	
대표자	성명	
	주소	
	생년월일	
	전화번호	
검사대상		
검사항목		

위 검사기관을 「항공안전법」 제71조제3항 및 같은 법 시행규칙 제210조제4항에 따라 위험물 포장·용기검사기관으로 지정합니다.

년 월 일

국토교통부장관 직인

210㎜×297㎜[백상지(150g/㎡)]

■ 항공안전법 시행규칙 [별지 제80호서식]

위험물전문교육기관 지정신청서

※ 색상이 어두운 난은 신청인이 작성하지 아니합니다. (앞 쪽)

접수번호	접수일시	처리기간 30일

교육기관	명칭	
	주소	전화번호
교육과정명		
피육생의 정원		
교육기간		
현장확인 검사희망일		

「항공안전법」 제72조제3항 및 같은 법 시행규칙 제212조제1항에 따라 위험물전문교육기관의 지정을 신청합니다.

년 월 일

신청인 (서명 또는 인)

국토교통부장관 귀하

첨부서류	교육계획서	수수료 없음

210㎜×297㎜[백상지(80g/㎡) 또는 중질지(80g/㎡)]

(뒤 쪽)

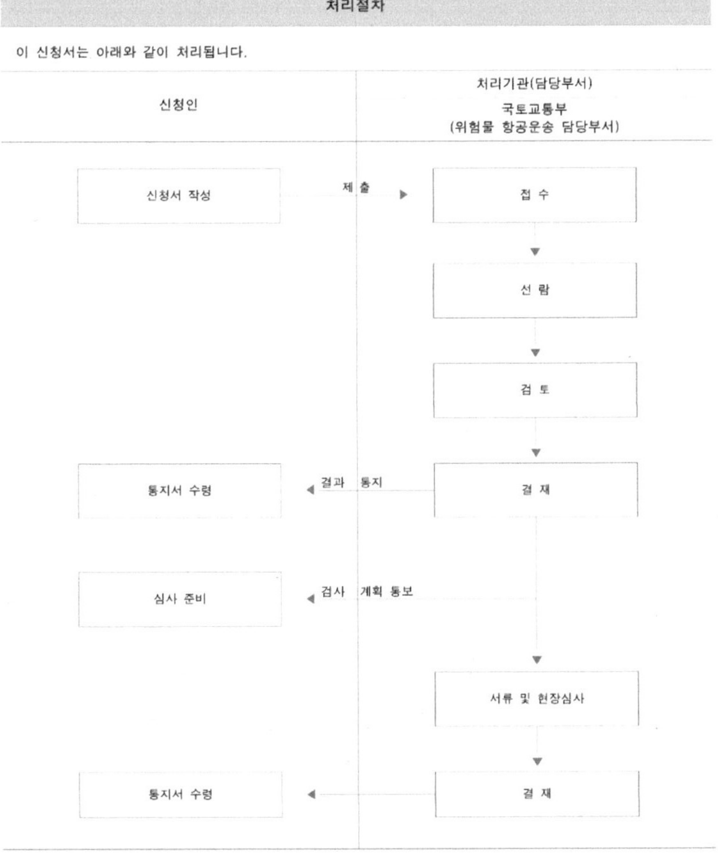
처리절차

이 신청서는 아래와 같이 처리됩니다.

■ 항공안전법 시행규칙 [별지 제81호서식]

제 호

위험물전문교육기관 지정서

전문교육기관	명칭	
	주소	
설치자	성명	
	주소	
	생년월일	
	전화번호	
교육과정명		
지정조건		

「항공안전법」 제72조제3항 및 같은 법 시행규칙 제212조제3항에 따라 위 전문교육기관을 위험물전문교육기관으로 지정합니다.

년 월 일

국토교통부장관 직인

210㎜×297㎜[백상지(150g/㎡)]

■ 항공안전법 시행규칙 [별지 제82호서식] <개정 2023. 9. 12.>

[ ] 운용경험 기반 승인방식 / [ ] 속성 승인방식 회항시간 연장운항승인 신청서

※ 색상이 어두운 난은 신청인이 작성하지 않으며, [ ]에는 해당되는 곳에 √표를 합니다. (앞 쪽)

접수번호	접수일시	처리기간	운용경험 기반 승인방식 : 20일 속성 승인방식 : 180일
신청인	성명 또는 명칭	생년월일	
	주소 (전화번호:)		

면허취득·등록일(또는 예정일)

운항개시예정일

운항예정지역(예정구간, 노선, 공항 명시)

착륙이 가능한 공항명

운항 예정 비행기(형식·등록부호·발동기의 형식 및 모델명)

승인 희망 최대 회항시간

확인 비행 희망일

「항공안전법」 제74조제1항 및 같은 법 시행규칙 제215조제4항에 따라 회항시간 연장운항 승인을 신청합니다.

년 월 일

신청인 (서명 또는 인)

국토교통부장관 또는 지방항공청장 귀하

첨부서류	「항공안전법」 제77조에 따라 고시하는 운항기술기준에 적합함을 증명할 수 있는 서류	수수료 「항공안전법 시행규칙」 제321조에서 정한 수수료

210㎜×297㎜[백상지(80g/㎡) 또는 중질지(80g/㎡)]

(뒤 쪽)

처리절차

이 신청서는 아래와 같이 처리됩니다.

[별지 제83호서식] <개정 2021. 6. 9.>

[ ] 수직분리축소공역
[ ] 성능기반항행요구공역
[ ] 특정통신성능요구공역
[ ] 특정감시성능요구공역 항공기 운항승인 신청서

※ 색상이 어두운 난은 신청인이 작성하지 아니하며, [ ]에는 해당되는 곳에 √표를 합니다.

접수번호	접수일시	처리기간 15일

신 청 인	성명·명칭	생년월일
	주소	전화번호
항공기 등록일 (또는 예정일)		
운항 개시 예정일		
운항 예정 항공기	등록부호	형식 및 모델명

「항공안전법」 제75조제1항 및 같은 법 시행규칙 제216조제1항 및 제217조에 따라

[ ] 수직분리축소공역
[ ] 성능기반항행요구공역
[ ] 특정통신성능요구공역
[ ] 특정감시성능요구공역

에서의 항공기 운항승인을 신청합니다.

년 월 일

신청인 (서명 또는 인)

국토교통부장관 또는 지방항공청장 귀하

첨부서류	「항공안전법」 제77조에 따라 고시하는 운항기술기준에 적합함을 증명할 수 있는 서류	수수료 「항공안전법 시행규칙」 제321조에서 정한 수수료

처리절차

신청서 작성	→	접 수	→	서류검토	→	결재	→	통지 수령
신청인	제출	국토교통부 또는 지방항공청 (항공운항 담당부서)		국토교통부 또는 지방항공청 (항공운항 담당부서)		국토교통부 또는 지방항공청 (항공운항 담당부서)	결과 통지	신청인

210㎜×297㎜[백상지(80g/㎡) 또는 중질지(80g/㎡)]

■ 항공안전법 시행규칙 [별지 제84호서식] <개정 2024. 9. 20.>

통제공역 비행허가 신청서

※ 색상이 어두운 난은 신청인이 작성하지 아니합니다.

접수번호	접수일시	발급일	처리기간 1일

신청인	성명	생년월일	전화번호
	주소		
항공기형식		항공기 호출부호	
탑재무선설비의 개요			
비행계획의 개요	비행목적		
	비행일시	비행고도	
	비행경로		
조종사	성명	자격	
기타 참고사항			

「항공안전법」 제79조 및 같은 법 시행규칙 제222조에 따라 통제공역의 비행허가를 신청합니다.

년 월 일

신청인 (서명 또는 인)

지방항공청장ㆍ항공교통본부장 또는 국방부장관(각급 부대의 장) 귀하

처리절차

신청서 작성	→	접 수	→	검 토	→	결 재	→	통지접수
신청인		지방항공청ㆍ항공교통본부 또는 국방부(각급 부대) (항공운항 담당부서)						신청인

210㎜×297㎜[백상지(80g/㎡) 또는 중질지(80g/㎡)]

■ 항공안전법 시행규칙 [별지 제85호서식] <개정 2019. 2. 26.>

항공교통업무증명 신청서

※ 색상이 어두운 난은 신청인이 작성하지 아니합니다. (앞 쪽)

접수번호	접수일시	처리기간 90일

신 청 인	상호 (법인명)	성명 (대표자)	생년월일 (법인등록번호)
	주소(주사무소 소재지)		
비행장시설의 소유자	성명 (법인명)		생년월일 (법인등록번호)
	주소 (전화번호:)		
비행장 자료	명칭		
	위치		
	표고 및 표점		
	국제민간항공기구(ICAO)에 등록한 비행장 식별 코드		
	비행장 설치 허가일자		
	사용예정 항공기 기종		
항공교통업무 자료	운영 개시 예정일		
	항공교통관제기관의 종류		
	관할 공역 및 관제영역		
운영의 이해를 돕기 위한 추가 정보(필요시 추가자료 첨부)			

「항공안전법」 제85조 및 같은 법 시행규칙 제249조제1항에 따라 항공교통업무증명을 신청합니다.

년 월 일

신청인 (서명 또는 인)

국토교통부장관 귀하

첨부서류	항공교통업무규정	수수료 없음

210㎜×297㎜[백상지(80g/㎡) 또는 중질지(80g/㎡)]

(뒤 쪽)

처리절차

이 신청서는 아래와 같이 처리됩니다.

신청인		처리기관(담당부서) 국토교통부 (항공교통업무증명 담당부서)
신청서작성	제출 →	접수
	검사관 지정	↓ 선림
	검사비용 산정 등 검사계획 수립	↓ 예비심사
검사준비	← 검사계획통보	↓ 결재
	반려 ↑ 부적합	
보완	← / 재검사 요청 →	↓ 서류 및 현장검사
		적합 ↓
항공교통업무증명서 수령	← 증명서 발급	결재

■ 항공안전법 시행규칙 [별지 제86호서식]

(제1쪽)

대한민국

국토교통부

Republic of Korea
Ministry of Land, Infrastructure and Transport

증명번호 제 호
Certificate No.

항공교통업무증명서

Air Traffic Services Operating Certificate

1. 항공교통관제기관명: Name of Air Traffic Control Unit	2. 항공교통관제기관 좌표: ATS Unit Coordinates	3. 운영자: Operator

4. 이 증명서는 「항공안전법」 제85조에 따라 발급하며, 상기 운영자가 「항공안전법」 및 이에 관련된 모든 규정과 국토교통부장관에 의해 승인된 항공교통관제기관 운영규정상의 모든 조건을 준수하는 것을 조건으로 항공교통관제기관 운영을 허가함

This Air Traffic Services Operating Certificate is issued pursuant to Article 85 of the Aviation Safety Act of the Republic of Korea, and authorizes the operator herein mentioned to operate the named Air Traffic Control Unit in so far as the operator complies with the foregoing and the regulations made thereunder, and conditions which are set out in the Operations Manual of Air Traffic Control Unit approved by the Minister of Ministry of Land, Infrastructure and Transport.

5. 이 항공교통업무증명서는 양도될 수 없으며, 변경 또는 취소되거나 운영이 정지되지 아니하는 한 무기한 유효함

This certificate is not transferable and shall remain in effect until changed, suspended or revoked.

6. 발급일자: 년 월 일

Date of Issue Year Month Day

국토교통부장관 직인

Minister of Ministry of Land, Infrastructure and Transport

210mm×297mm[백상지(150g/㎡)]

(제2쪽)

항공교통업무증명 변경 기록부

항공교통업무증명번호	발급일자	종료일자	운영자	발급기관

■ 항공안전법 시행규칙 [별지 제87호서식]

항공교통업무증명 변경신고서

※ 색상이 어두운 난은 신고인이 작성하지 아니합니다.

접수번호	접수일시	처리기간 10일

신 고 인	성명	생년월일
	주소	전화번호

설정(변경) 사유	
설정(변경) 주요내용	

「항공안전법」 제85조 및 같은 법 시행규칙 제251조제1항에 따라 항공교통업무증명 변경을 신고합니다.

년 월 일

신고인 (서명 또는 인)

국토교통부장관 귀하

첨부서류	1. 변경내용 및 그 내용을 증명하는 서류 2. 신·구 내용 대비표	수수료 없음

처리절차

신고서 작성	→	접 수	→	검토	→	결재	→	신고수리	→	통지수령
신고인	제출	국토교통부 (항공교통업무증명 담당부서)		국토교통부 (항공교통업무증명 담당부서)		국토교통부 (항공교통업무증명 담당부서)		국토교통부 (항공교통업무증명 담당부서)	결과 통지	신고인

210㎜×297㎜[백상지(80g/㎡) 또는 중질지(80g/㎡)]

■ 항공안전법 시행규칙 [별지 제88호서식]

항공교통업무증명 변경승인신청서

※ 색상이 어두운 난은 신청인이 작성하지 아니합니다. (앞 쪽)

접수번호	접수일시	처리기간 30일

신 청 인	상호(법인명)	성명(대표자)
	항공교통업무증명 번호	
	주소(주사무소 소재지)	
변경내용		
변경사유		

「항공안전법」 제85조 및 같은 법 시행규칙 제252조제2항에 따라 항공교통업무증명 변경을 신청합니다.

년 월 일

신청인 (서명 또는 인)

국토교통부장관 귀하

첨부서류	1. 변경내용 및 그 내용을 증명하는 서류 2. 신・구 내용 대비표	수수료 없음

210㎜×297㎜[백상지(80g/㎡) 또는 중질지(80g/㎡)]

(뒤 쪽)

처리절차

이 신청서는 아래와 같이 처리됩니다.

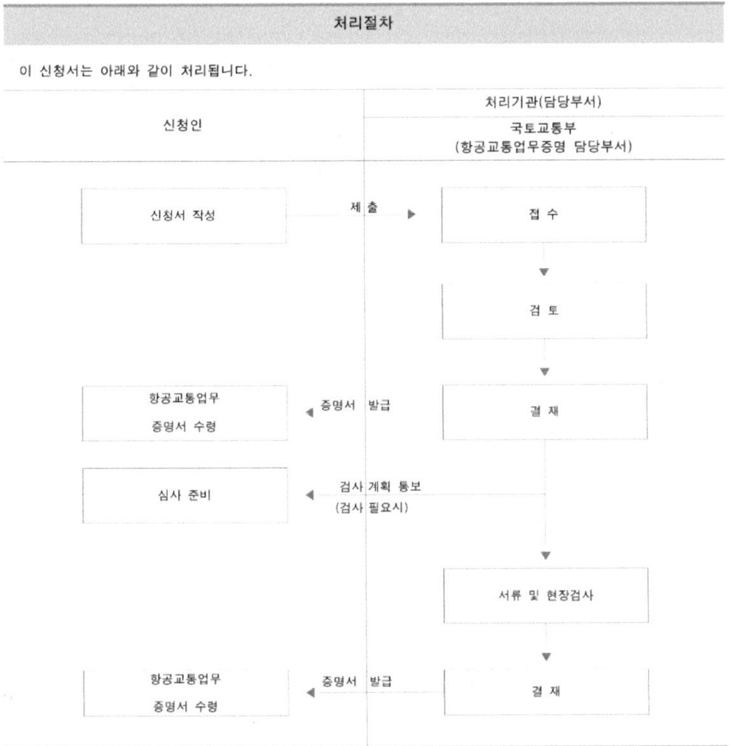

운항증명 신청서

※ 색상이 어두운 난은 신청인이 작성하지 아니하며, [ ]에는 해당되는 곳에 √표를 합니다. (앞 쪽)

접수번호	접수일시	처리기간 90일

신청인	회사명 및 주소	
	운항주기지의 주소	
운항 개시 예정일		
회사식별 부호(예정)	3개 문자로 된 회사식별 부호(우선순위 순으로 적음) ① ② ③	
회사대표	성명	전화번호(지역번호 포함)
	직위	
사업종류	[ ] 국내항공운송사업 [ ] 국제항공운송사업 [ ] 소형항공운송사업 [ ] 항공기사용사업	
항공기 정보	기종	제작년월일
	승객좌석수 또는 화물적재용량	
운항지역		
예정된 운항 또는 사업의 이해를 돕기 위한 추가정보		

「항공안전법」 제90조제1항 및 같은 법 시행규칙 제257조제1항에 따라 운항증명신청서를 제출합니다.

년 월 일

신청인 (서명 또는 인)

국토교통부장관 또는 지방항공청장 귀하

첨부서류	「항공안전법 시행규칙」 제257조에서 정한 제출서류	수수료 「항공안전법 시행규칙」 제321조에서 정한 수수료

210mm×297mm[백상지(80g/㎡) 또는 중질지(80g/㎡)]

(뒤 쪽)

처리절차

이 신청서는 아래와 같이 처리됩니다.

신청인	처리기관(담당부서) 국토교통부 또는 지방항공청 (항공운항 담당부서)
신청서작성 → (제출)	접수
	▼ 검토
심사 준비 ◀ (검사계획 통보)	▼ 결재
	▼ 서류 및 현장검사
통지서 수령 ◀ (결과통지)	▼ 결재

■ 항공안전법 시행규칙 [별지 제90호서식] <개정 2025. 7. 28.>

운 항 증 명 서
AIR OPERATOR CERTIFICATE

대한민국
Republic of Korea

국토교통부
Ministry of Land, Infrastructure and Transport

운항증명번호(AOC No.): 유효기간(Expiry Date): 이 증명서는 양도될 수 없으며 정지 또는 취소되거나 반납하지 않는 한 무기한 유효함. This certificate is not transferable and unless returned, suspended or revoked, shall continue in effect until otherwise terminated.	**사업자 명(Operator Name):** - 주소(Operator Address): - 전화번호(Telephone): - 팩스(Fax): - 전자우편(E-mail):	세부 연락처: 운영기준 Part ( ) 참조 Operational Points of Contact: Contact details, at which operational management can be contacted without undue delay, are listed in Op Spec Part( ).

AOC 형태(Type of AOC)
☐ International Air Carrier ☐ Domestic Air Carrier
☐ Small Commercial Air Transport Operator ☐ Aerial Work Operator

이 증명서는 ( )가 「항공안전법」 그리고 이에 관련된 모든 항공규정 및 운영기준에서 정한 운항조건과 제한사항에 따라 항공운송사업 및 항공기사용사업을 수행하도록 인가되었음을 증명합니다.

This certificate certifies that ( ) is authorized to perform commercial air operations and aerial work operations, as defined in the attached operations specifications, in accordance with the Operations Manual and the Aviation Safety Act of the Republic of Korea and regulations and standards.

발급일(Date of issue): 년(year) 월(month) 일(day)	담당자 성명 및 서명(Name and signature): 직위(Title):

국토교통부장관 [직인]

Minister of Land, Infrastructure and Transport

또는 **지방항공청장** [직인]

Administrator of Regional Aviation Administration

[별지 제91호서식] <개정 2023. 10. 19.>

(제1쪽)

운영기준
Operations Specifications

(subject to the approved conditions in the Operations Manual)

발행기관 연락처(Issuing Authority Contact Details)

Telephone: Fax: E-mail:

운항증명 번호 AOC #	사업자 명칭 Operator Name, Dba Trading Name	발행일자 Date	발행자 서명 Signature

항공기 형식 Aircraft Model

운항 형태 Type of operation
[ ] Passengers [ ] Cargo [ ] Other : ___________

운항 지역 Area of operation

특별 제한사항 Special Limitations

승인 · 허가사항 Specific Approval	Yes	No	세부사항 Description	비 고 Remarks
위험물 운송 Dangerous Goods	[ ]	[ ]		
저시정 운항 Low Visibility Operations				
Approach and Landing	[ ]	[ ]	CAT___, RVR___m, DH:___ft	
Take-off	[ ]	[ ]	RVR_____m	
Operational Credit(s)	[ ]	[ ]		
수직분리축소공역운항 RVSM [ ] N/A	[ ]	[ ]		
회항시간 연장운항 EDTO [ ] N/A	[ ]	[ ]	Threshold Time: ____minutes Maximum Diversion Time: ____minutes	
성능기반항행요구공역운항 AR Navigation Specifications for PBN Operations	[ ]	[ ]		
특정통신성능요구공역운항 RCP specification for PBC	[ ]	[ ]		
특정감시성능요구공역운항 RSP specification for PBS	[ ]	[ ]		
감항성지속유지 Continuing Airworthiness	╳	╳		
전자비행정보 EFB	[ ]	[ ]		
기타 Others	[ ]	[ ]		

210㎜×297㎜[백상지(150g/㎡)]

(제2쪽)

대한민국 국토교통부	운항증명 번호 Certificate No.:

The Republic of Korea
Ministry of Land, Infrastructure and Transport

운영기준

Operations Specifications

(항공운송사업자명 또는 항공기사용사업자명)

「항공안전법」 제90조 및 같은 법 시행규칙 제259조제1항에 따라 운영기준을 발급합니다.

국토교통부 항공운항과장
지방항공청 항공운항과장 또는 항공검사과장 (서명 또는 인)

적용일:
Effective date

운항증명 변경신청서

※ 색상이 어두운 난은 신청인이 작성하지 아니합니다. (앞 쪽)

접수번호	접수일시	처리기간 30일

신 청 인	명칭	성명(대표자)
	운항증명 번호	
	주소(운항주기지의 주소)	
변경내용		
변경사유		

「항공안전법」 제90조제1항 및 같은 법 시행규칙 제260조제1항에 따라 운항증명 변경신청서를 제출합니다.

년 월 일

신청인 (서명 또는 인)

국토교통부장관 또는
지방항공청장 귀하

첨부서류	변경내용을 증빙할 수 있는 서류	수수료 없음

210㎜×297㎜[백상지(80g/㎡) 또는 중질지(80g/㎡)]

(뒤 쪽)

처리절차

이 신청서는 아래와 같이 처리됩니다.

신청인		처리기관(담당부서) 국토교통부 또는 지방항공청 (운항담당 부서)
신청서 작성	제 출 ▶	접 수
		▼
		검 토
		▼
통지서 수령	◀ 결과 통지	결 재
심사 준비	◀ 검사 계획 통보 (검사 필요시)	
		▼
		서류 및 현장검사
		▼
통지서 수령	◀ 결과 통지	결 재

■ 항공안전법 시행규칙 [별지 제93호서식]

운영기준 변경신청서

※ 색상이 어두운 난은 신청인이 작성하지 아니합니다. (앞 쪽)

접수번호	접수일시	처리기간 15일

신 청 인	명칭	성명(대표자)
	운항증명 번호	전화번호
	주소(운항주기지의 주소)	
변경사유 및 내용		
변경 예정일		

「항공안전법」 제90조 및 같은 법 시행규칙 제261조제3항에 따라 운영기준 변경신청서를 제출합니다.

년 월 일

신청인 (서명 또는 인)

국토교통부장관 또는 지방항공청장 귀하

첨부서류	1. 운영기준 변경(안) 2. 변경내용을 증빙할 수 있는 근거자료 등 관련 서류	수수료 없음

210㎜×297㎜[백상지(80g/㎡) 또는 중질지(80g/㎡)]

(뒤 쪽)

처리절차

이 신청서는 아래와 같이 처리됩니다.

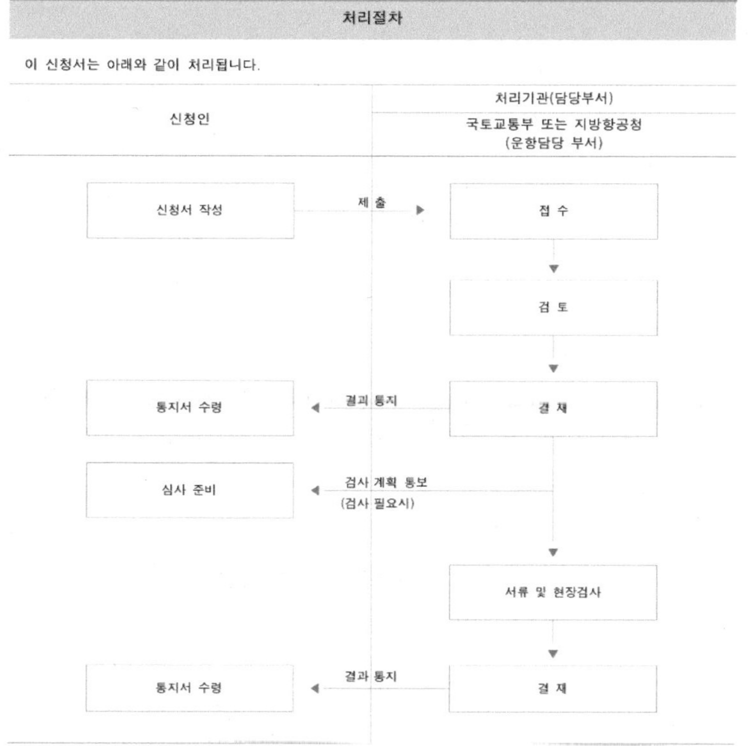

■ 항공안전법 시행규칙 [별지 제94호서식] <개정 2020. 12. 10.>

대한민국 국토교통부	**운영기준** **(Operations Specifications)**	운항증명번호
개정번호:	유효일자:	

위와 같이 변경된 운영기준을 발급합니다.

국토교통부 항공운항과장

지방항공청 항공운항과장 또는 항공검사과장 (서명 또는 인)

210㎜×297㎜[백상지(80g/㎡)]

■ 항공안전법 시행규칙 [별지 제95호서식] <개정 2022. 12. 9.>

안전운항체계 변경검사 신청서

※ 색상이 어두운 난은 신청인이 작성하지 않습니다. (앞쪽)

접수번호	접수일시	발급일	처리 기간 (하단참조)

신청인	업체명		
	소재지	전화번호	
	대표자 성명	생년월일	
운항증명번호			
변경사유	선택	변경사항	변경예정일 (해당되는 난에만 기재)
	□	새로운 형식의 항공기 도입	
	□	운항증명의 효력 정지 후 운항 재개	
	□	노선 추가 개설	
	□	항공운송사업 양도·양수	
	□	사업 합병	
운항관련	투입기종		
	개시예정일		

「항공안전법」 제90조제5항 및 같은 법 시행규칙 제262조제1항에 따라 안전운항체계 변경검사를 신청합니다.

년 월 일

신청인 (서명 또는 인)

국토교통부장관 또는 지방항공청장 귀하

첨부서류	1. 「항공안전법 시행규칙」 제262조제1항 각 호의 사항이 포함된 안전운항체계 변경에 대한 입증자료 2. 별지 제93호서식의 운영기준 변경신청서(운영기준의 변경이 있는 경우만 해당합니다)	수수료 「항공안전법 시행규칙」 제321조에서 정한 수수료
처리기간	새로운 형식 항공기 도입: 15일 운항증명 효력정지 후 운항 재개, 사업의 양도·양수, 합병: 45일 노선 추가 개설: 5일	

210㎜×297㎜[백상지(80g/㎡) 또는 중질지(80g/㎡)]

(뒤 쪽)

처리절차

이 신청서는 아래와 같이 처리됩니다.

신청인	처리기관: 국토교통부 또는 지방항공청(운항증명 담당부서)
신청서 작성 → 제출	접수
	↓ 선람
	↓ 처리방안 지시
	검토 (안전적합성 입증자료)
	(미첨부시) ↓ 결재 / (첨부시) → 필요시 현장점검
심사준비 ← 검사계획통보	결재
	↓ 내용 검토
	서류 및 현장검사
통지 수령 ← 결과 통지	결재

[ ] 운항 / [ ] 정비 규정 (변경)인가 신청서

※ 색상이 어두운 난은 신청인이 작성하지 아니하며, [ ]에는 해당되는 곳에 √표를 합니다.

접수번호	접수일시	처리기간 15일

신 청 인	성명	생년월일
	주소	전화번호

설정(변경) 사유	
설정(변경) 주요내용	

「항공안전법」 [ ]제93조 / [ ]제96조 및 같은 법 시행규칙 제266조제1항에 따라

[ ]운항 / [ ]정비 규정 (변경)인가를 신청합니다.

년 월 일

신청인 (서명 또는 인)

국토교통부장관 또는 지방항공청장 귀하

첨부서류	1. 운항규정 또는 정비규정 2. 변경된 운항규정 또는 정비규정(변경인가의 경우만 해당한다) 3. 신ㆍ구 내용 대비표(변경인가의 경우만 해당한다)	수수료 없음

처리절차

신청서 작성	→	접수	→	검토	→	결재	→	통지서수령
신청인	제출	국토교통부 또는 지방항공청 (운항ㆍ정비담당 부서)		국토교통부 또는 지방항공청 (운항ㆍ정비담당 부서)		국토교통부 또는 지방항공청 (운항ㆍ정비담당 부서)	결과 통지	신청인

210mm×297mm[백상지(80g/㎡) 또는 중질지(80g/㎡)]

[ ] 운항 / [ ] 정비 규정 변경 신고서

※ 색상이 어두운 난은 신고인이 작성하지 아니하며, [ ]에는 해당되는 곳에 √표를 합니다.

접수번호	접수일시	처리기간 10일

신 고 인	성명	생년월일
	주소	전화번호

설정(변경) 사유	
설정(변경) 주요내용	

「항공안전법」 [ ]제93조 / [ ]제96조 및 같은 법 시행규칙 제267조제1항에 따라

[ ]운 항 / [ ]정 비 규정(변경)을 신고합니다.

년 월 일

신고인 (서명 또는 인)

국토교통부장관 또는 지방항공청장 귀하

첨부서류	1. 운항규정 또는 정비규정 2. 변경된 운항규정 또는 정비규정(변경신고의 경우만 해당한다) 3. 신·구 내용 대비표(변경신고의 경우만 해당한다)	수수료 없음

처리절차

신고서 작성	→	접 수	→	검토	→	결재	→	신고수리	→	통지서수령
신고인	제출	국토교통부 또는 지방항공청 (운항·정비담당 부서)		국토교통부 또는 지방항공청 (운항·정비담당 부서)		국토교통부 또는 지방항공청 (운항·정비담당 부서)		국토교통부 또는 지방항공청 (운항·정비담당 부서)	결과 통지	신청인

210mm×297mm[백상지(80g/㎡) 또는 중질지(80g/㎡)]

■ 항공안전법 시행규칙 [별지 제98호서식] <개정 2022. 6. 8.>

정비조직인증 신청서
Application for an AMO Certificate

※ 색상이 어두운 난은 신청인이 작성하지 아니합니다. (앞 쪽)

접수번호	접수일시	처리기간 (Durations) 25일

신 청 인 (Applicant)	성명 또는 명칭 Name		생년월일 Date of Birth	
	주소 Address	전화(Tel):		

정비하고자 하는 범위 Ratings Applied for	
정비범위 설정사유 Reason for the Ratings	

「항공안전법」 제97조 및 같은 법 시행규칙 제271조에 따라 정비조직인증을 받고자 관련서류를 첨부하여 신청합니다.

In accordance with Article 97 of Aviation Act and Article 271 of Enforcement Regulation of Aviation Act, I hereby apply for an Approved Maintenance Organization certificate and submit herewith the required documents.

년 월 일

신청인 (서명 또는 인)

지방항공청장 귀하

첨부서류 (Documents)	다음 각 호의 사항을 포함하는 정비조직절차교범(copy of Maintenance Organization Procedure Manual) 1. 수행하려는 업무의 범위 2. 항공기등·부품등의 정비방법 및 그 절차 3. 항공기등·부품등의 정비에 관한 기술관리 및 품질관리의 방법과 절차 4. 그 밖에 시설·장비 등 국토교통부장관이 정하여 고시하는 사항	수수료(Fee) 「항공안전법 시행규칙」 제321조에서 정한 수수료

210㎜×297㎜[백상지(80g/㎡) 또는 중질지(80g/㎡)]

(뒤 쪽)

처리절차

이 신청서는 아래와 같이 처리됩니다.

신청인		처리기관(담당부서) 지방항공청(항공기검사 담당부서)	
신청서작성	제출 ▶	접수	
		▼ 선람	처리방안 지시
		▼ 검토	검사 일정·장소 및 검사관 결정
준비	◀ 실시계획 통지	▼ 결재	
		▼ 서류 및 현장 검사 실시	
증명서 수령	◀ 결과 통지	▼ 결재	

대한민국
국토교통부
The Republic of Korea
Ministry of Land, Infrastructure and Transport

정비조직인증서
APPROVED MAINTENANCE ORGANIZATION CERTIFICATE

1. 인증서 번호:
Certificate Number

2. 사업자 명칭:
Title of Approved Maintenance Organization

3. 사업자 주소:
Address

4. 본 증명서는 상기 정비조직인증을 발급받은 사업자가 「항공안전법」 제97조 및 같은 법 시행규칙 제272조에 따라 정비조직인증기준에 적합한 것으로 판명됨에 따라 승인된 업무 범위 내에서 인가된 정비조직을 운영하는 것을 승인합니다.
Upon finding that its organization complies in all respects with the requirements of Article 97 of Aviation Safety Act and Article 272 of Enforcement Regulation of Aviation Safety Act an Approved Maintenance Organization and is empowered to operate an Approved Maintenance Organization with the Class and Rating Authorized

5. 정비시설의 위치: 정비조직절차교범 ______에 등재
Locations of maintenance facilities : As per ________ of the latest Approved Maintenance Organization's Procedures Manual.

6. 승인된 업무 범위 / Class and Rating Authorized

종류 CLASS	한정 RATING	제한사항 LIMITATION
항공기 Aircraft		
엔진 Engine		
부품 Component		
특수정비 Specialized maintenance		
<주기/note>		

이 승인된 업무 범위는 인가된 정비조직절차교범의 작업범위에 명시된 절차에 따라 수행되도록 요구된다.
This Class and Rating Authorized requires compliance with the procedures specified in the approved Approved Maintenance Organization's Procedures Manual.

210mm×297mm[백상지(120g/㎡)]

7. 만료일:
Expiration date:

이 정비조직인증서는 일시 자격정지 또는 무효화, 대체, 반납하지 않는 위에 명시한 만료일까지 유효하다.
This certificate shall remain valid during the period of validity specified above unless it is surrendered, superseded, suspended or revoked

8. 발행일: (최초발행일:)
Date of current issue: (Date of original issu :)

9. 서명: ____________ (발급 부서장)
Signature

지방항공청장 [직인]

Administrator of ○○ Regional Office of Aviation

210mm×297mm[백상지(120g/㎡)]

■ 항공안전법 시행규칙 [별지 제100호서식] <개정 2021. 8. 27.>

외국항공기 항행허가 신청서

※ 색상이 어두운 난은 신청인이 작성하지 아니합니다.

접수번호	접수일시	처리기간 (Durations) 2일

신청인	상호 (법인명)	성명 (대표자)	국적
	주소 (소재지)		(전화:)

항공기 등록부호·형식 및 식별 부호	
항행의 경로[기항지(寄航地)를 명확하게 기록할 것] 및 일시	
이륙·착륙하려는 국내 비행장등의 명칭·위치 및 그 일시	
항행의 목적	
운항승무원의 성명 및 자격	
여객의 성명·국적 및 여행의 목적	
화물의 명세	

「항공안전법」 제100조 및 같은 법 시행규칙 제274조에 따라 외국항공기 항행허가를 신청합니다.

년 월 일

신청인 (서명 또는 인)

국토교통부장관 또는 지방항공청장 귀하

유의사항

1. 신청서는 운항예정일 2일 전까지 제출하셔야 합니다.

처리절차

신청서 작성	→	접수	→	신람·검토	→	결재	→	통지서수령
신청인		국토교통부 (국제항공 담당부서) 또는 지방항공청 (항공기운항 담당부서)		국토교통부 (국제항공 담당부서) 또는 지방항공청 (항공기운항 담당부서)		국토교통부 (국제항공 담당부서) 또는 지방항공청 (항공기운항 담당부서)		신청인

210㎜×297㎜[백상지(80g/㎡) 또는 중질지(80g/㎡)]

■ 항공안전법 시행규칙 [별지 제101호서식] <개정 2022. 12. 9.>

영공통과 허가신청서
(Application of an Overflight Permission)

※ 색상이 어두운 난은 신청인이 작성하지 아니합니다. (앞 쪽)

접수번호	접수일시	처리기간 2일

1.성명 및 국적		2.식별부호 및 형식		3.항행의 경로 및 일시															
국적 (Nationality)	항공사 (Operator)	항공기 식별부호 (Aircraft -identification)	항공기 형식 (Aircraft -Type)	영공통과 기간 (Period of overflight)		운항요일 (Days of Operation)							출발지 (Departure Aerodrome)	목적지 (Destination Air-port)	진입지점 (In-cheon FIR Entry Point)	진입시간 (In-cheon FIR Entry Time)	항공로 (Air-way)	이탈지점 (In-cheon FIR Exit Point)	이탈시간 (In-cheon FIR Exit Time)
				부터 (from)	까지 (to)	MON 1	TUE 2	WED 3	THU 4	FRI 5	SAT 6	SUN 7							

4.운용자 주소 (Operator Address)	
5.항공기 등록부호 (Aircraft Registration Number)	
6.항행의 목적 (Purpose of flight)	
7.기장 및 승무원의 성명 (Name of the Captain)	
8.여객의 성명 및 국적 (Name & Nationality of Passengers)	
9.적하의 명세(Freight List) - 위험물 또는 군수품 등 탑재여부(Dangerous Goods)	[ ] 예(Yes) [ ] 아니오(No)

「항공안전법」 제100조제1항 및 같은 법 시행규칙 제274조에 따라 대한민국 영공통과 허가를 신청합니다.

In accordance with Article 100-1 of Aviation Safety Act and Article 274 Enforcement Regulation of Aviation Safety Act, I hereby submit application for an overflying permission.

년 월 일(Date of application)

신청인(Applicant) (서명 또는 인(Signature))

항공교통본부장 귀하
(Attention : Administrator of Air Traffic Management Office)

첨부서류	제9호(적하의 명세)의 위험물 또는 군수품 등을 탑재한 경우 상세 화물명세서 1부 In accordance with Article 9, If Dangerous Goods are boarded, Submit a detail Freight List	수수료 없음

210㎜×297㎜[백상지(80g/㎡) 또는 중질지(80g/㎡)]

(뒤 쪽)

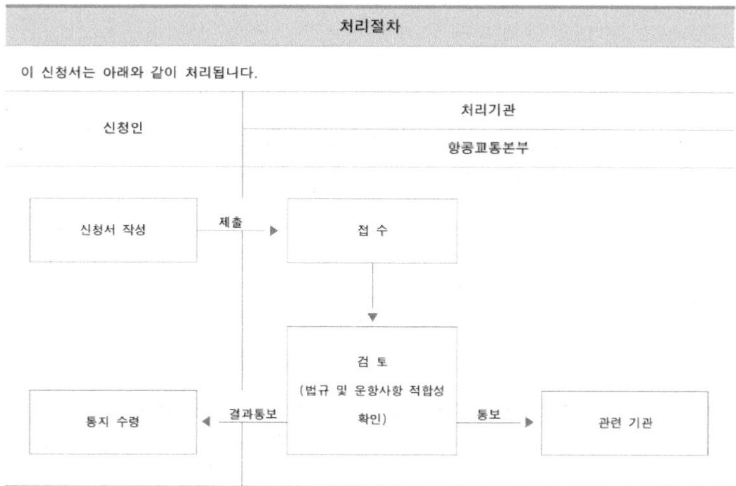

외국항공기 항행허가 변경신청서

※ 색상이 어두운 난은 신청인이 작성하지 아니합니다.

접수번호	접수일시		처리기간 2일 (Durations)
신청인	상호 (법인명)	성명 (대표자)	국적
	주소 (소재지)		(전화:)
변경사항(신·구 대비하여 구체적으로 밝힐 것)			
변경사유			

「항공안전법」 제100조 및 같은 법 시행규칙 제275조에 따라 외국항공기 항행허가 변경을 신청합니다.

년 월 일

신청인 (서명 또는 인)

국토교통부장관 또는 지방항공청장 귀하

유의사항

1. 신청서는 운항예정일 2일 전까지 제출하셔야 합니다.

처리절차

신청서 작성	→	접수	→	선람·검토	→	결재	→	통지서수령
신청인		국토교통부 (국제항공 담당부서) 또는 지방항공청 (항공기운항 담당부서)		국토교통부 (국제항공 담당부서) 또는 지방항공청 (항공기운항 담당부서)		국토교통부 (국제항공 담당부서) 또는 지방항공청 (항공기운항 담당부서)		신청인

210㎜×297㎜[백상지(80g/㎡) 또는 중질지(80g/㎡)]

■ 항공안전법 시행규칙 [별지 제103호서식] <개정 2022. 12. 9.>

영공통과허가 변경신청서
(Application for Change of Overflight Permission)

※ 색상이 어두운 난은 신청인이 작성하지 아니합니다. (앞 쪽)

접수번호	접수일시	처리기간 (Durations) 2일 (2Days)

	1.성명 및 국적		2. 식별부호 및 형식		3. 항행의 경로 및 일시														
	국적 (Nationality)	항공사 (Operator)	항공기 식별부호 (Aircraft-identification)	항공기 형식 (Aircraft-Type)	영공통과 기간 (Period of overflight)		운항요일 (Days of Operation)							출발지 (Departure Air-port)	목적지 (Destination Air-port)	진입지점 (In-cheon FIR Entry Point)	진입시간 (In-cheon FIR Entry Time)	항공로 (Air-way)	이탈지점 (In-cheon FIR Exit Point)	이탈시간 (In-cheon FIR Exit Time)
					- 부터 from	- 까지 to	MON 1	TUE 2	WED 3	THU 4	FRI 5	SAT 6	SUN 7							
기존 (ORIGINAL)																				
변경 (CHANGE)																				

4. 운용자 주소(Operator Address):
5. 항공기 등록부호(Aircraft Registration Number):
6. 항행의 목적(Purpose of flight):
7. 기장 및 승무원의 성명(Name of the Captain): (to be submitted by each flight plan)
8. 여객의 성명 및 국적(Name & Nationality of Passengers):
9. 적하의 명세(Freight List):
 - 위험물 또는 군수품 등 탑재여부(Dangerous Goods): 예(Yes) [ ], 아니오(No) [ ]

「항공안전법」 제100조제1항 및 같은 법 시행규칙 제275조에 따라 대한민국 영공통과허가의 변경을 신청합니다.

In accordance with Article 100-1 of Aviation Safety Act and Article 275 Enforcement Regulation of Aviation Act, I hereby submit application for change of overflying permission.

년 월 일

신청인 (서명 또는 인)

항공교통본부장
Attention: Administrator of Air Traffic Management Office 귀하

첨부서류	제9호(화물의 명세)의 위험물 또는 군수품 등을 탑재한 경우 상세 화물명세서를 제출 In accordance with Article 9, If Dangerous Goods are boarded, Submit a detail Freight List	수수료 없음

210mm×297mm[백상지(80g/㎡) 또는 중질지(80g/㎡)]

(뒤 쪽)

처리절차

이 신청서는 아래와 같이 처리됩니다.

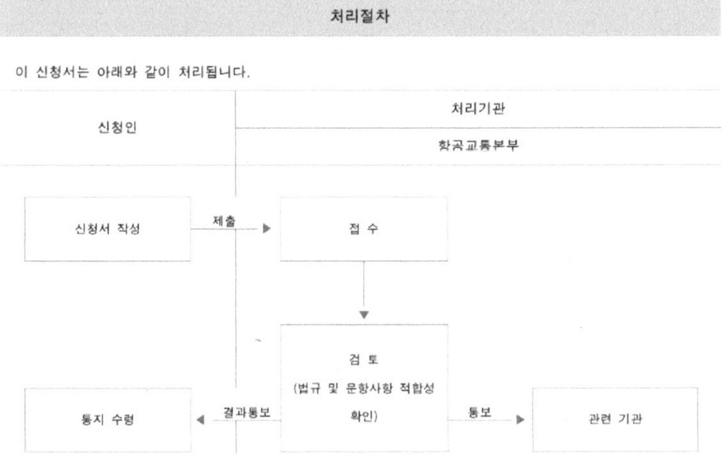

■ 항공안전법 시행규칙 [별지 제104호서식] <개정 2021. 8. 27.>

외국항공기 국내사용허가 신청서

※ 색상이 어두운 난은 신청인이 작성하지 아니합니다.

접수번호	접수일시	처리기간 2일 (Durations)

신청인	상호 (법인명)	성명 (대표자)	국적
	주소 (소재지)		(전화:)

항공기 등록부호·형식 및 식별 부호	
운항의 경로[기항지(寄航地)를 명확하게 기록할 것] 및 일시	
이륙·착륙하려는 국내 비행장등의 명칭·위치 및 그 일시	
운항의 목적	
운항승무원의 성명 및 자격	
여객의 성명·국적 및 여행의 목적	
화물의 명세	

「항공안전법」 제101조 및 같은 법 시행규칙 제276조에 따라 외국항공기 국내사용허가를 신청합니다.

년 월 일

신청인 (서명 또는 인)

지방항공청장 귀하

유의사항

1. 신청서는 운항예정일 2일 전까지 제출하셔야 합니다.

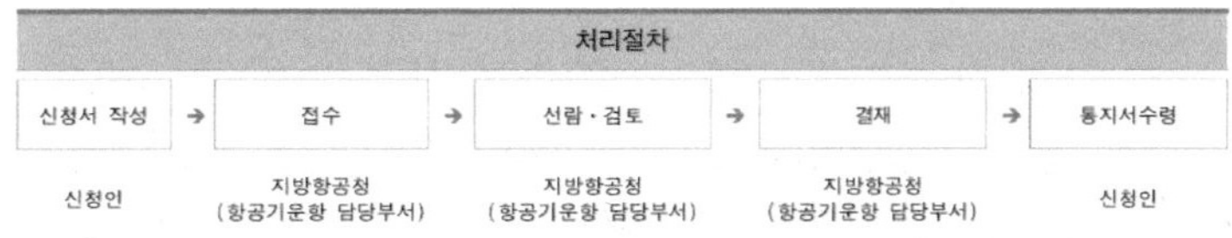

처리절차

신청서 작성 → 접수 → 선람·검토 → 결재 → 통지서수령

신청서 작성	접수	선람·검토	결재	통지서수령
신청인	지방항공청 (항공기운항 담당부서)	지방항공청 (항공기운항 담당부서)	지방항공청 (항공기운항 담당부서)	신청인

210㎜×297㎜[백상지(80g/㎡) 또는 중질지(80g/㎡)]

■ 항공안전법 시행규칙 [별지 제105호서식]

외국항공기 국내사용허가 변경신청서

※ 색상이 어두운 난은 신청인이 작성하지 아니합니다.

접수번호	접수일시	처리기간 (Durations) 2일

신청인	상호 (법인명)	성명 (대표자)	국적
	주소 (소재지)		(전화:)

변경사항(신·구 대비하여 구체적으로 밝힐 것)	
변경사유	

「항공안전법」 제101조 및 같은 법 시행규칙 제277조에 따라 외국항공기 국내사용허가 변경을 신청합니다.

년 월 일

신청인 (서명 또는 인)

지방항공청장 귀하

유의사항

1. 신청서는 운항예정일 2일 전까지 제출하셔야 합니다.

처리절차

신청서 작성	접수	선람·검토	결재	통지서수령
신청인	지방항공청 (항공기운항 담당부서)	지방항공청 (항공기운항 담당부서)	지방항공청 (항공기운항 담당부서)	신청인

210㎜×297㎜[백상지(80g/㎡) 또는 중질지(80g/㎡)]

■ 항공안전법 시행규칙 [별지 제106호서식] <개정 2020. 12. 10.>

운항증명승인 신청서
(Application for Validation of Air Operator Certificate)

※ 색상이 어두운 난은 신청인이 작성하지 아니합니다.

접수번호	접수일시	처리기간 (Durations)	60일 (60 Days)

Applicant	Name of State	
	Name of Company	
	Name of Person in Charge	
	Address (Telephone: , FAX: , E-mail:)	
Company Registered name as Stated in the approval document		
Trading name(s) if different than the Registered name stated on the Authorization, under which the operator may operate		
The types of operations authorized: [ ] Passenger and Cargo [ ] Passenger Only [ ] Cargo Only	[ ] Scheduled Operations [ ] Charter Flight Operations [ ] Dangerous Goods	
Destination airport(s) in [State] to be served		
Aircraft types authorized for use		
Frequency of flights		
Planned date to operate		

In accordance with Article 103 of Aviation Safety Act and Paragraph 1, Article 279 of Enforcement Regulation of Aviation Safety Act, I hereby apply for validation of air operator certificate and submit herewith the required documents.

(Year) (Month) (Day)

Applicant (Signature)

국토교통부장관 귀하

Attention: Minister of Ministry of Land, Infrastructure and Transport

첨부서류 (Documents)	1. 「국제민간항공협약」 부속서 6에 따라 해당 정부가 발행한 운항증명(Air Operator Certificate) 및 운영기준(Operations Specifications) 2. 「국제민간항공협약」 부속서 6에 따라 해당 정부로부터 인가받은 운항규정(Operations Manual) 및 정비규정(Maintenance Control Manual) 3. 항공기 운영국가의 항공당국이 인정한 항공기 임대차 계약서(해당 사실이 있는 경우만 해당한다) 4. 별지 제107호서식의 외국항공기의 소유자등 안전성 검토를 위한 질의서(Questionnaire of Foreign Operators' Safety)	수수료(Fee) 「항공안전법 시행규칙」 제321조에서 정한 수수료

처리절차

신청서 작성	→	접 수	→	검토 · 확인	→	검사 실시	→	결재 · 알림	→	승인서 수령
신청인		국토교통부 (항공운항 담당부서)		국토교통부 (항공운항 담당부서)		국토교통부 (항공운항 담당부서)		국토교통부 (항공운항 담당부서)		신청인

210mm×297mm[백상지(80g/㎡) 또는 중질지(80g/㎡)]

■ 항공안전법 시행규칙 [별지 제107호서식] <개정 2021. 8. 27.> (총14쪽 중 제1쪽)

QFOS; Questionnaire of Foreign Operators'Safety
(외국항공기의 소유자등 안전성 검토를 위한 질의서)
Introduction (작성 개요)

1. Purpose of the QFOS (외국항공기의 소유자등 안전성 검토 질의서의 목적)

The Article 33 of the Convention on International Civil Aviation states that the certificates of airworthiness and the certificates of competency and licenses issued or rendered valid by the contracting State in which the aircraft is registered shall be recognized as valid by the other contracting States, provided that the requirements under which such certificates of licenses were issued or rendered valid are equal to or above the minimum standards which may be established from time to time pursuant to the Convention. Though air operator certificates are not formally included yet in the mutual recognition statement, the same policy is currently applied by almost ICAO contacting States.

국제민간항공협약 제33조에서 항공기가 등록된 체약국에 의해 발급받거나 유효하다고 인정받은 감항증명서 및 certificates of competency 및 자격증은 타 체약국에 의해 유효하다고 인정받아야 하며 이러한 증명서 혹은 면허증이 발급 혹은 유효하다고 인정받은 요건은 동일하거나 혹은 협약에 따라 수시로 설립될 수 있는 최소기준 이상을 준수하여야 한다고 명시하고 있다. AOC가 아직까지 상호인정문에 공식적으로 포함되진 않았지만, 대부분의 ICAO 가입국들에 의해 동일한 규정이 현재 적용되고 있다.

Notwithstanding the implementation of the above provisions are deemed to solve the problem of the mutual recognition, the results of ICAO safety oversight audit programme show that several contracting States are experiencing difficulties in performing their safety oversight function according to the Chicago Convention. Consequently, doubts may arise about foreign operators' capability to comply with international safety standards.

위 조항의 이행이 상호 인정 문제를 해결할 수 있을 것으로 보임에도 불구하고 ICAO의 안전평가감사 프로그램은 몇몇 체약국들이 시카고 협약에 따라 그들의 안전감독기능을 수행하는데 어려움이 있다는 것을 보여주고 있다. 결과적으로 외국항공기의 소유자등의 국제적인 안전기준 준수 능력에 대한 의심이 생길 수 있다.

In order to maintain credibility in international aviation system, the MOLIT has developed the current "Question of Foreign Operators' Safety" to be completed by foreign operators who intend to perform commercial flights in the Korean airspace. Accurate and prompt response should promote the authorization process; endorsement for accuracy and validity of the provided information by the operator's State Civil Aviation Authority is required.

이에 따라, 대한민국 공역에서 상업항공운송을 수행하고자 하는 외국항공기의 소유자등의 국제항공시스템 신뢰성 유지를 위하여 QFOS를 작성하여야 한다. 정확하고 신속한 답변은 허가절차를 위하여 필요하며, 제공된 정보의 정확성과 유효성을 확인하는 외국항공기의 소유자등의 항공당국으로 부터의 확인이 필요하다.

210mm×297mm[백상지(80g/㎡) 또는 중질지(80g/㎡)]

2. List of the required documents (제출서류 목록)

The following documents shall be submitted with the QFOS:

① Copy of the current Air Operator Certificate or equivalent document;

② Copy of the current Operations Specification or equivalent document describing the details and information concerning the operational capabilities;

a) Operator's fleet(type, model, registration marks);

b) Area and type of operations;

c) Special approvals(LVO, B-RNAV, RVSM, EDTO, MNPS, Transport of Dangerous Goods, etc.); and

③ Copy of document on equivalent parts available to verify the details of the provided information or material.

다음의 서류를 질의서와 함께 동봉하여 보내야 한다.

① 현재 AOC 혹은 그에 상응하는 문서 사본;

② 운항능력과 관련하여 세부사항과 정보를 보여주는 현재 운영기준 혹은 그에 상응하는 문서 사본:

a) 운항 기종(타입, 모델, 등록번호);

b) 운항 타입 및 지역;

c) 특수 승인(LVO, B-RNAV, RVSM, EDTO, MNPS, 위험물 운송 등);

③ 질의서에 제공된 정보와 자료에 관한 세부사항을 증명할 수 있는 문서 혹은 그에 해당하는 부분의 사본.

3. Instructions for filling in the QFOS (QFOS 작성방법)

① Applicable parts need to be submitted according to type of operation and deadline of submission

Type of operation	Applicable parts	Due dates of Submission
Operators applicable to Article 103 of Aviation Safety Act	Part 1, 2, 3 and Statement	At least 60 days prior to operating day
Article 107 of Aviation Safety Act but operate once a week and more than 4 weeks	Part 1, 2, 3 and Statement	At least 60 days prior to operating day
Operator applicable to Article 107 of Aviation Safety Act but operatre less than once a week and within 4 weeks	Submit Only Part 1, 3 and Statement	At least 10 days prior to operating day

② The QFOS has to be signed by a person who is in charge of the Air Operator's Certificate (e.g. Chief Operating Officer, Accountable Manager or Director of Flight Operations) ensuring that the Information and data provided in this QFOS are true and those copies of any documents attached are original.

Also, the QFOS has to be undersigned by a person in charge of the Civil Aviation Authority of the State of the Operator certifying that information and material provided by the Operator are valid

All the required information shall be provided, without omissions.

① 정기/부정기에 따른 적용항목 구분 및 제출 기한

구분	적용항목	제출마감
항공안전법 제103조	Part1, 2, 3 및 서명서 모두 제출	운항하고자 하는 날부터 최소 60일 이전
항공안전법 제107조의 운항형태에 포함되나 주1회 4주 이상 운항하는 경우	Part1, 2, 3 및 서명서 모두 제출	운항하고자 하는 날부터 최소 60일 이전
항공안전법 제107조의 운항형태에 포함되나 주1회 4주 미만 운항하는 경우	Part2를 제외한 Part1, 3 및 서명서 제출	운항하고자 하는 날부터 최소 10일 이전

② 외국항공기의 소유자등의 AOC관련 담당자는 사전질의서에 제공된 정보와 자료가 사실이며 첨부된 그 어떠한 문서도 정본임을 확인하는 서명을 하여야 한다. 또한, 질의서에 외국항공기의 소유자등의 국가의 항공당국 책임자도 외국항공기의 소유자등이 제공한 정보와 자료가 유효함을 확인하는 서명하여야 한다.

요청한 모든 정보는 포함되어야 하며, 빠짐없이 작성하여야 한다.

4. Submission of QFOS (QFOS 작성 후 제출방법)

The accepted methods to fill in and submit the QFOS are:

a) Hard copy by mail;

b) Hard copy by fax;

c) Electronic format by e-mail(preferred); or

When sent via email, QFOS(with signature) and other documents shall be scanned into a format such as PDF.

외국항공기의 소유자등은 다음의 형태로 QFOS를 제출하여야 한다.

a) 출력물(하드카피)의 우편접수

b) 출력물(하드카피) 팩스전송

c) 전자형태 메일 전송(선호)

전자 형태로 전송할 시, PDF파일과 같은 형식으로 서명서를 포함한 질의서 및 모든 첨부서류를 스캔하여 보내야 한다.

Part 1. General Information (일반사항)

1. Foreign Operator's Data 외국항공기의 소유자등 정보

Name 이름	ICAO code ICAO 코드
Address 주소	
Address of office in Korea 대한민국 지점 주소	
Name and position in the organization 담당자 이름 및 직위	
Telephone 전화번호	Fax 팩스
E-mail address 이메일 주소	

2. Chief manager and employees 대한민국 지점장 및 지점 직원 관련 사항

Name 이름	Position 직위	Korean office address 지점 주소	Telephone 전화번호	Fax 팩스	E-mail address 이메일 주소

3. Authority of the State of operator responsible for Civil Aviation oversight 민간항공감독에 대한 외국항공기의 소유자등 국가의 책임 당국

Name 이름	Country 국가	
Address 주소		
Telephone 전화번호	Fax 팩스	E-mail address(preferred) 이메일 주소
Director General (name and telephone number) 총 책임자(이름, 전화번호)		
Person responsible for flight operation (name and telephone number) 운항분야 책임자 (이름, 전화번호)		
Person responsible for maintenance (name and telephone number) 정비분야 책임자 (이름, 전화번호)		

4. Type of operation 희망하는 운항 종류

☐ Scheduled Passenger 정기 여객 운송 ☐ Scheduled Cargo정기 화물운송
☐ Scheduled Passenger and Cargo 정기 여객/화물운송
☐ Unscheduled Passenger 부정기 여객운송 ☐ Unscheduled Cargo 부정기 화물운송
☐ Unscheduled Passenger and Cargo 부정기 여객/화물운송

5. Responsible person of Operator 외국항공기의 소유자등 담당자의 정보

	Name 이름	Telephone 전화번호	Fax 팩스	E-mail address 이메일 주소
Accountable manager 책임자				
Post holder responsible for Flight Operations 비행운항 책임자				
Post holder responsible for Ground Operations 지상운항 책임자				
Post holder responsible for Training 교육 책임자				
Post holder responsible for Maintenance 정비 책임자				
Responsible Person for Quality Management 품질관리 담당자				
Responsible Person for Flight Safety 비행안전 담당자				

6. Ground handling company information(by airport) 대한민국 각 공항의 지상조업사 정보

Airport 공항	Company name 회사명	Service provided 고용 서비스	Type of Contract 계약 형태

7. List of maintenance organizations performing maintenance of operator's aircrafts 외국항공기의 소유자등 항공기의 정비 수행 기관 목록

Airport 공항	Company name 회사명	Hired Services 고용 서비스	Type of Contract 계약 형태

8. Aircraft data of the operator's fleet intended to be operated on Korean airports and related operators' approvals/equipments 대한민국 공항으로 운항하고자 하는 항공기 관련 외국항공기의 소유자등의 특별 승인/장비

Aircraft Type 항공기타입	Aircraft Model 항공기모델	Reg. marks 등록번호	Serial Number 일련넘버	State of airworthiness oversight (if different from the State of operator) 감항성 감독기관(항공당국과 다른 경우)	
EDTO	CAT II/III	RVSM	B-RNAV	EGPWS	ACAS II or TCAS II version 7.0
Yes□/No□	Yes□/No□	Yes□/No□	Yes□/No□	Yes□/No□	Yes□/No□
Dangerous goods 위험물	Noise Certification: ChapterIII Compliance 소음증명 : 제III장 준수			Notes 노트	
Yes□/No□	Yes□/No□				

Aircraft Type 항공기타입	Aircraft Model 항공기모델	Reg. marks 등록번호	Serial Number 일련넘버	State of airworthiness oversight (if different from the State of operator) 감항성 감독기관(항공당국과 다른 경우)	
EDTO	CAT II/III	RVSM	B-RNAV	EGPWS	ACAS II or TCAS II version 7.0
Yes□/No□	Yes□/No□	Yes□/No□	Yes□/No□	Yes□/No□	Yes□/No□
Dangerous goods 위험물	Noise Certification: ChapterIII Compliance 소음증명 : 제III장 준수			Notes 노트	
Yes□/No□	Yes□/No□				

9. Inclusion of EU Ban list by the EASA's Safety Assessment of Foreign Aircraft (SAFA) during the last 3 years
지난 3년간 수행된 EASA 점검에서 EU 운항금지리스트 포함 내역

Date 날짜	Details 세부내역

10. Inclusion of CAT II by the FAA's Int'l Aviation Safety Assessment (IASA) result during the last 3 years
지난 3년간 수행된 IASA(USA-FAA)에서 2등급 이하 포함 내역

Date 날짜	Details 세부내역

11. Details of ICAO USOAP result and inclusion of State Safety Concerns (SSC)
국제민간항공기구(ICAO) 안전평가(USOAP) 평가 결과 및 안전우려국가(SSC) 포함 내역

Date 날짜	Details 세부내역

12. Accidents or serious incidents experienced during the last five years
지난 5년간의 사고 혹은 준사고 기록

Place 장소	Date 날짜	Aircraft involved 해당 항공기
Short description for the event 사건에 관한 간단한 설명		
Cause 원인		
Measure taken 조치사항		

Place 장소	Date 날짜	Aircraft involved 해당 항공기
Short description for the event 사건에 관한 간단한 설명		
Cause 원인		
Measure taken 조치사항		

Place 장소	Date 날짜	Aircraft involved 해당 항공기
Short description for the event 사건에 관한 간단한 설명		
Cause 원인		
Measure taken 조치사항		

Part 2. ICAO Standards (ICAO 표준)

1. The operator is expected to comply with ICAO standards.
2. In case of any deviations from the ICAO Standards, differences shall be notified to the MOLIT(Korean CAA) by the Operator in accordance with the Convention on International Civil Aviation.

1. 취항하는 외국항공기의 소유자등은 ICAO 표준을 이행하여야 한다.
2. ICAO 표준에 부합하지 않는 그 어떠한 경우, 국제민간항공협약에 따라 외국항공기의 소유자등은 대한민국 국토교통부에 차이점을 통보하여야 한다.

ICAO Ref. ICAO참조	Chapter 장	ICAO Standards ICAO 표준	Operator Response 항공사의 답변	
			Compliance 이행	Notes 비고
Annex 1 부속서 1	1.2.9.1	Language proficiency 언어 구술능력	Yes☐/No☐	
	2.1.1.1	General licensing specification 일반 자격 요건	Yes☐/No☐	
	2.6.1.2	ATPL-Knowledge 운송용 조종사의 지식	Yes☐/No☐	
	2.6.1.3	ATPL-Skill 운송용 조종사의 기량	Yes☐/No☐	
	2.6.1.4	ATPL-Medical fitness 운송용 조종사의 신체검사증명	Yes☐/No☐	
	2.7.1.1	Instrument rating-Airplane knowledge 계기비행 자격(지식)	Yes☐/No☐	
	2.7.1.2	Instrument rating-Skill 계기비행 자격(기량)	Yes☐/No☐	
Annex 6 부속서 6	3.1	Compliance with Act, regulations and procedure 법, 규정, 절차의 준수	Yes☐/No☐	
	4.2.1.1	The air operator certificate 운항증명	Yes☐/No☐	
	4.2.2.3	Surveillance of operations by a foreign operator 외항사 운항 안전감독	Yes☐/No☐	
	4.2.3.1	Operational Manual 운항 규정	Yes☐/No☐	
	4.2.4.1	Operating instructions - general 운항 일반사항	Yes☐/No☐	
	4.2.5	In flight simulation of emergency situation 비상상황 비행 시뮬레이션	Yes☐/No☐	
	4.2.6	Checklists for flight crews in emergency situation 비상상황시 운항승무원의 운항점검표	Yes☐/No☐	

ICAO Ref. ICAO참조	Chapter 장	ICAO Standards ICAO 표준	Operator Response 항공사의 답변	
			Compliance 이행	Notes 비고
Annex 6 부속서 6	4.2.11	Crew-flight time, working time, rest time limitation regulation 승무원- 기장임명, 비행시간, 비행근무시간, 휴식시간 제한 규칙등	Yes☐/No☐	
	4.2.12	Passengers-seat belts, emergency exit 승객-좌석벨트, 비상구, 구명의등 기타 장비 인지 여부	Yes☐/No☐	
	4.3.3.1	Operational flight planning 비행 계획서	Yes☐/No☐	
	4.3.4	Alternate aerodrome 대체 공항	Yes☐/No☐	
	4.3.5	Weather condition 기상조건	Yes☐/No☐	
	4.3.6	Fuel and oil supply 연료 및 윤활유 공급	Yes☐/No☐	
	4.3.9	Oxygen supply 산소 공급	Yes☐/No☐	
	4.4.1	Aerodrome Operating Minima 공항운영 최저조건	Yes☐/No☐	
	4.4.4	Flight crew members at duty stations 운항승무원의 의무 -이착륙 및 항로 비행 시 근무장소 위치	Yes☐/No☐	
	4.5	Duties of pilot in command 기장의 의무	Yes☐/No☐	
	4.7	Additional requirements for operations by aeroplanes with turbine engines beyond 60 minutes to an en-route alternate aerodrome including extended diversion time operations (EDTO) 회항시간 연장운항 조건	Yes☐/No☐	
	5.2.3	Compliance with the certificate of airworthiness and approved flight manual 감항증명서 및 비행 매뉴얼 준수	Yes☐/No☐	
	5.2.5	Performance operating limitations 항공기 성능 및 운항 제한 조건	Yes☐/No☐	
	6.1	Aeroplane instruments, equipment and flight documents-General 항공기, 장착장비 및 비행서류-일반	Yes☐/No☐	

ICAO Ref. ICAO참조	Chapter 장	ICAO Standards ICAO 표준	Operator Response 항공사의 답변	
			Compliance 이행	Notes 비고
Annex 6 부속서 6	6.3.10	Flight recorders-construction and installation 비행자료기록장치의 구성 및 장착	Yes□/No□	
	6.3.1.1	Flight recorder-operations 비행자료기록장치의 운영	Yes□/No□	
	6.9	All aeroplanes operated in accordance with instrument flight rules IFR 항공기 운항	Yes□/No□	
	6.13	All aeroplanes complying with the noise certification Standards in Annex 16, Vol. Ⅰ 소음기준 준수	Yes□/No□	
	6.15	Aeroplanes required to be equipped with the ground proximity warning system (GPWS) GPWS 장착 항공기	Yes□/No□	
	6.17	Emergency locator transmitter (ELT) 비상위치 송신기	Yes□/No□	
	6.18	Aeroplanes required to be equipped with an airborne collision avoidance system (ACAS II) 공중충돌경보장치 장착 항공기	Yes□/No□	
	6.19	Requirements for pressure-altitude reporting transponders 기압고도 보고기능 트랜스폰더 장착 기준	Yes□/No□	
	8.1	Operator's maintenance responsibilities 항공사의 정비 책임	Yes□/No□	
	8.3	Maintenance program 정비 프로그램	Yes□/No□	
	8.4	Maintenance records 정비 기록	Yes□/No□	
	8.6	Modifications and repairs 개조 및 수리	Yes□/No□	
	8.8	Maintenance release 정비 확인	Yes□/No□	

ICAO Ref. ICAO참조	Chapter 장	ICAO Standards ICAO 표준	Operator Response 항공사의 답변	
			Compliance 이행	Notes 비고
Annex 6 부속서 6	9.1	Composition of the flight crew 운항승무원의 구성	Yes□/No□	
	9.2	Flight crew member emergency duties 운항승무원의 비상시 임무	Yes□/No□	
	9.4.1	Recent experience-Pilot in Command and co-pilot 기장과 부기장의 최근 비행경험	Yes□/No□	
	11.1	Flight Manual 비행 규정	Yes□/No□	
	11.6	Flight Recorder Records 비행자료 기록장치 -사건 혹은 사고 발생시 기록 녹음 장치의 작동	Yes□/No□	
	12.1	Assignment of emergency duties 비상시 업무의 지정-항공기 좌석수 및 승객수에 따른 승무원 인원 배분 및 비상 업무 지정	Yes□/No□	
	12.2	Cabin crew at emergency evacuation stations 비상시 탈출절차와 객실승무원-객실승무원의 비상시 탈출업무 담당구역 지정	Yes□/No□	
	13.2	Security of the flight crew compartment 조종실 보안	Yes□/No□	
	13.3	Aeroplane search procedures check list 항공기 수색절차	Yes□/No□	
	13.4	Training program 훈련 프로그램-승무원들의 불법간섭 행위 예방 및 대응훈련	Yes□/No□	
Annex 8 부속서 8	3.2	Issuance and continued validity of a Certificate of Airworthiness 감항증명서 발행 및 유효성	Yes□/No□	
	3.4	Aircraft limitations and information 항공기 운용한계 및 정보	Yes□/No□	
	3.6	Damage to aircraft 항공기 손상	Yes□/No□	
	4.2	Responsibilities of Contracting States in respect of continuing airworthiness 체약국의 항공기 지속감항성에 관한 책임	Yes□/No□	

ICAO Ref. ICAO참조	Chapter 장	ICAO Standards ICAO 표준	Operator Response 항공사의 답변	
			Compliance 이행	Notes 비고
Annex 18 부속서 18	8.1	Acceptance for transport 위험물 운송허용	Yes☐/No☐	
	8.2	Acceptance checklist 위험물 운송 점검표	Yes☐/No☐	
	8.3	Loading and stowage 위험물 적재 및 보관	Yes☐/No☐	
	8.4	Inspection for damage or leakage 위험물 손상 및 유출 등에 대한 점검	Yes☐/No☐	
	8.5	Loading restrictions in passenger c abin or in flight deck 객실 및 조종실내 위험물 적재 제한사항	Yes☐/No☐	
	8.6	Removal of contamination 오염물질 제거	Yes☐/No☐	
	8.7	Separation and segregation 위험물 분리 및 격리	Yes☐/No☐	
	8.8	Securing of dangerous goods cargo loads 위험물 보호	Yes☐/No☐	
	8.9	Loading on cargo aircraft 화물기 탑재	Yes☐/No☐	
	9.1	Information to pilot in command 기장에게 통보	Yes☐/No☐	
	9.2	Information and instructions to flight crew members 운항승무원에게 지시 및 통보	Yes☐/No☐	
	9.5	Information from pilot in command t o aerodrome authorities 기장으로부터 공항당국에 통보	Yes☐/No☐	
	9.6	Information in the event of an aircra ft accident or incident 사고 및 준사고시 통보	Yes☐/No☐	
Annex 19 부속서 19	4.1.1	Establishment of the SMS SMS 수립 적정성	Yes☐/No☐	
	4.1.4	Acceptable to the State of the Operator SMS 승인여부	Yes☐/No☐	

Part 3. Foreign Operator's Technical and Operational Documents
외국항공기의 소유자등의 기술 및 운항관련 문서

Document 문서	No./date of the latest amendment 최신 개정번호 및 날짜	Approved /accepted by ___ 승인/허가 당국	Notes 비고
Operational Manual 운항 매뉴얼			
General 일반			
Aircraft Operating Information 항공기 운항정보			
Minimum Equipment List 최소 장비목록			
Areas, Routes and Aerodromes 지역, 노선 및 공항			
Aerodrome Operating Minima 비행장 운항 최저기준			
Training 교육			
Ground/Flight Training Program 지상/비행 교육 프로그램			
Cabin Crew Training 객실승무원 교육			
Security Training Program 보안 교육프로그램			
Operational Flight Plan 운항 비행계획			
Mass and Balance Sheet 중량배분 시트			
Operator's Maintenance Control Manual 항공사의 정비 규제 매뉴얼			
Maintenance Program 정비 프로그램			

Foreign Operator's Statement
외국항공기의 소유자등 성명서

Foreign Operator 외국항공기의 운영자	The undersigned person in charge of the Operator ensures that the information and material provided in this question are true and that copies of any documents attached are the original 아래에 서명한 외국항공기의 소유자등의 책임자는 본 질의서에 기입된 내용 및 정보가 사실이며 첨부된 모든 문서의 사본은 정본임을 선언한다.	
	Name* 이름	Position 직위
	Signature 서명	Date 날짜

*To be completed by a senior personnel who is in charge of the Air Operator's Certificate.

Foreign Operator's State Civil Aviation Authority Statement
외국항공기의 소유자등의 해당 국가 항공당국 서명서

Authority 항공당국	The undersigned person in charge of the Civil Aviation Authority of ____________ certifies that the information and material provided by the Operator________________ are accurate and valid. 민간 항공당국__________________의 책임자는 _________________ 항공사가 제공한 정보와 자료가 모두 사실이며 유효한 것임을 증명한다.	
	Name* 이름	Position 직위
	Signature 서명	Date 날짜

210mm×297mm[백상지(80g/㎡) 또는 중질지(80g/㎡)]

■ 항공안전법 시행규칙 [별지 제108호서식] <개정 2023. 10. 19.>

대한민국 국토교통부

The Republic of Korea

Ministry of Land, Infrastructure and Transport

사업자명 (Name of Company)	
승인서 번호 (Number of Validation)	

운항증명 승인서

Validation Letter of Air Operator Certificate

This validation letter is issued on the basis of the Air Operator Certificate number ____ issued by the [State of Operator], and remains valid from the date of issue by the Republic of Korea. Unless otherwise stated in the attached operation conditions and limitations, the approvals and restrictions of the Air Operator Certificate and its associated Operations Specifications remain valid within the Republic of Korea, in so far as they are not repugnant to the Civil Aviation Act and Regulations of the Republic of Korea.

This approval may be cancelled, suspended or revoked by the Minister of Land, Infrastructure and Transport at any time if the conditions of the issue are not met by the foreign air operator or if the Minister of Land, Infrastructure and Transport determines that such action is required in the interests of aviation safety.

Date issued:

Director of Flight Standards Division: (서명)

210mm×297mm[백상지(80g/㎡)]

■ 항공안전법 시행규칙 [별지 제109호서식] <개정 2024. 11. 13.>

운항조건 및 제한사항
Operation conditions and limitations

Number of validation:

Company registered name as stated in the approval document:

Address of principal place of business

Mailing address: | Telephone number:
Fax number:
E-mail:

Trading name(s) if different than the registered name stated on the authorization, under which the operator may operate:

The types of operations authorized:

[ ] Passenger and Cargo [ ] Scheduled Operations
[ ] Passenger Only [ ] Charter Flight Operations
[ ] Cargo Only [ ] Dangerous Goods

Destination airport(s) in Republic of Korea to be served:

Aircraft types authorized for use:

Validity period

☐ From: To:

☐ Pursuant to Article 279 of Enforcement Regulation of Aviation Safety Act, this document shall remain in effect until suspended or restricted.

210㎜×297㎜[백상지(80g/㎡) 또는 중질지(80g/㎡)]

■ 항공안전법 시행규칙 [별지 제109호의2서식] <개정 2023. 10. 19.>

운항증명 변경승인 신청서
(Application for Revalidation of Air Operator Certificate)

※ 색상이 어두운 난은 신청인이 작성하지 아니합니다.

접수번호	접수일시	처리기간 (Durations)	30일 (30 Days)

Applicant	Name of State	
	Name of Company	
	Number of Validation	
	Address (Telephone: , FAX: , E-mail:)	
Company registered name as stated in the approval document		
Trading name(s) if different than the Registered name stated on the Authorization, under which the operator may operate		
The types of operations authorized: [ ] Passenger and Cargo [ ] Passenger Only [ ] Cargo Only	[ ] Scheduled Operations [ ] Charter Flight Operations [ ] Dangerous Goods	
Destination airport(s) in Republic of Korea to be served		
Aircraft types authorized for use		
Frequency of flights		
Planned date to operate		
Details of variation		
Reasons for variation		

In accordance with Article 103 of Aviation Safety Act and Paragraph 4, Article 279 of Enforcement Regulation of Aviation Safety Act, I hereby apply for validation of air operator certificate and submit herewith the required documents.

(Year) (Month) (Day)

Applicant (Signature)

국토교통부장관 하

Attention: Minister of Ministry of Land, Infrastructure and Transport

첨부서류 (Documents)	변경내용을 증빙할 수 있는 서류 (Evidential Documents)	수수료(Fee) 「항공안전법 시행규칙」 제321조에서 정한 수수료

처리절차

신청서 작성 →	접 수 →	검토 · 확인 →	검사 실시 →	결재 · 알림 →	승인서 수령
신청인	국토교통부 (항공운항 담당부서)	국토교통부 (항공운항 담당부서)	국토교통부 (항공운항 담당부서)	국토교통부 (항공운항 담당부서)	신청인

210㎜×297㎜[백상지(80g/㎡) 또는 중질지(80g/㎡)]

■ 항공안전법 시행규칙 [별지 제110호서식] <개정 2024. 7. 17.>

경량항공기 시험비행등 허가 신청서

※ 색상이 어두운 난은 신청인이 작성하지 아니합니다. (앞 쪽)

접수번호	접수일시		처리기간 (Durations) 10일
신 청 인	성명/명칭		생년월일
	주소		
비행장치	종류		형식
	신고번호		제작번호
	제작연월일	이착륙형식	좌석수
	설계자		제작자
	캐노피 제작자	캐노피 형식/크기	캐노피 익면적(투영면적)
시험비행 계 획	일시 또는 기간		구역
	비행목적/방식		시험비행 횟수
	경로/고도		
조 종 자	성명		생년월일
	주소		
	자격번호 또는 비행경력		

「항공안전법」 제108조제1항 및 같은 법 시행규칙 제284조제2항에 따라 시험비행등 허가를 신청합니다.

년 월 일

신청인 (서명 또는 인)

항공안전기술원의 장 귀하

신청인 (대표자) 제출서류	1. 해당 경량항공기에 대한 소개서(설계개요서, 설계도면, 부품표 및 경량항공기의 제원을 포함합니다) 1부 2. 시험비행등 계획서(시험비행등의 기간, 장소 및 시험비행등 점검표를 포함합니다) 1부 3. 설계도면과 일치되게 제작되었음을 입증하는 서류 1부 4. 신청인이 제시한 시험비행등의 범위에서 안전 수준을 입증하는 서류(지상성능시험 결과 및 안전대책을 포함합니다) 1부 5. 신청인이 제시한 시험비행등을 하기 위한 수준의 조종절차 및 안전성 유지를 위한 정비방법을 명시한 서류 1부 6. 경량항공기 사진(전체 및 측면사진을 말하며, 전자파일로 된 것을 포함합니다) 각 1매 7. 그 밖에 시험비행등과 관련하여 국토교통부 장관이 필요하다고 인정하여 고시하는 서류 각 1부	수수료 없음

210㎜×297㎜[백상지(80g/㎡) 또는 중질지(80g/㎡)]

(뒤 쪽)

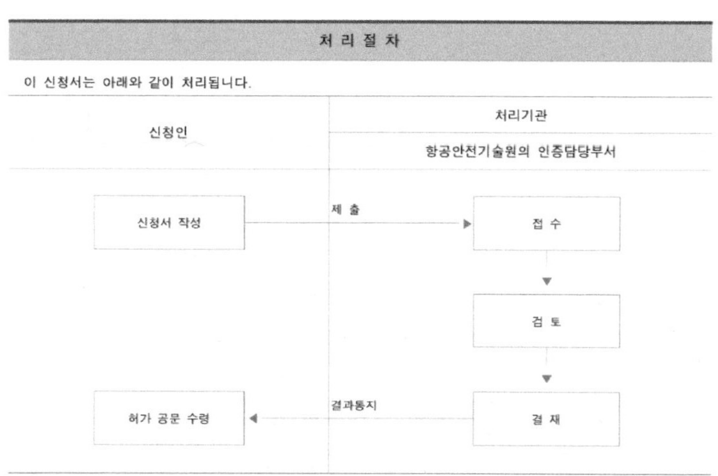

■ 항공안전법 시행규칙 [별지 제110호의2서식] <신설 2025. 7. 28.>

허가서 번호
Certificate No.

경량항공기 시험비행등 허가서
Test Flight Certificate of Light Sport Aircraft

1. 국적 및 등록부호 Nationality and registration marks	2. 경량항공기 제작자 및 경량항공기 형식 Manufacturer and manufacturer's designation of aircraft
3. 경량항공기 제작일련번호 Aircraft serial number	4. 시험비행 목적 Test Flight Purpose
5. 조종사 성명 및 자격번호 Pilot Name and Certificate No.	6. 시험비행 기간 / 횟수 Test Flight Period / Number of Times
7. 시험비행 구역 Test Flight Area	8. 제한사항 Limitations
9. 허가서 만료일 Validity Period	10. 발행연월일 Date of issuance

이 허가서는 대한민국 「항공안전법」 제108조제1항 및 같은 법 시행규칙 제284조제3항에 따라 경량항공기의 연구·개발 또는 성능 향상 등을 목적으로 허가하는 것으로 신청인이 제출한 시험비행등 계획서 및 안전대책에 따라 시험비행 등을 하는 경우에만 유효합니다.

항공안전기술원 직인

Korea Institute of Aviation Safety Technology

■ 항공안전법 시행규칙 [별지 제111호서식]

경량항공기 조종사등 행정처분 대장

순번	처분일자	근거	처분종류	처분내용	처분원인 (위반사항)	확인일자	확인자

210㎜×297㎜[백상지(80g/㎡)]

■ 항공안전법 시행규칙 [별지 제112호서식] <개정 2020. 2. 28.>

경량항공기 조종연습 허가신청서

※ 색상이 어두운 난은 신청인이 작성하지 아니합니다.

접수번호	접수일시	처리기간 2일

신 청 인	성명	생년월일
	주소 (전화번호 :)	
연습희망 기간	20 . . . ~ 20 . . .	

「항공안전법」 제116조제1항 및 같은 법 시행규칙 제294조제1항에 따라 경량항공기 조종연습 허가를 신청합니다.

년 월 일

신청인 (서명 또는 인)

지방항공청장 귀하

신청인 제출서류	자동차운전면허증 사본 1부(해당자에 한함)	수수료
발급담당자 확인사항	항공신체검사증명서	없음

처리절차

신청서 작성 (신청인) → 접 수 (지방항공청 항공운항 담당부서) → 서류검토 (지방항공청 항공운항 담당부서) → 결재 (지방항공청 항공운항 담당부서) → 결과 통지 → 허가서 수령 (신청인)

210㎜×297㎜[백상지(80g/㎡) 또는 중질지(80g/㎡)]

■ 항공안전법 시행규칙 [별지 제113호서식] <개정 2020. 2. 28.>

(앞 쪽)

경량항공기 조종연습허가서

지방항공청장 [직인]

조 종 연 습 허 가 기 간
제 한 사 항

(뒤 쪽)

제 호

성명:

생년월일:

주소:

「항공안전법」 제116조에 따라 이를 발급합니다.

지방항공청장

교관증명 사항

단독비행의 기능이 있음을 아래와 같이 증명합니다.

종류	등급	형식	자격인증 연월일	교관 서명

각 편 147㎜×104㎜[백상지(150g/㎡)]

■ 항공안전법 시행규칙 [별지 제114호서식] <개정 2020. 5. 27.>

경량항공기 전문교육기관 지정신청서

※ 색상이 어두운 난은 신청인이 작성하지 아니합니다. (앞 쪽)

접수번호	접수일시	처리기간 25일

교육기관	명칭	전화번호
	주소	
교육과정명		
교육생의 정원		
교육기간		
현장확인 검사희망일		

「항공안전법」 제117조제1항 및 같은 법 시행규칙 제295조제1항에 따라 경량항공기 전문교육기관으로 지정을 신청합니다.

년 월 일

신청인 (서명 또는 인)

국토교통부장관 귀하

첨부서류	1. 교육규정 1부	수수료 없음

210㎜×297㎜[백상지(80g/㎡) 또는 중질지(80g/㎡)]

(뒤 쪽)

처리절차

이 신청서는 아래와 같이 처리됩니다.

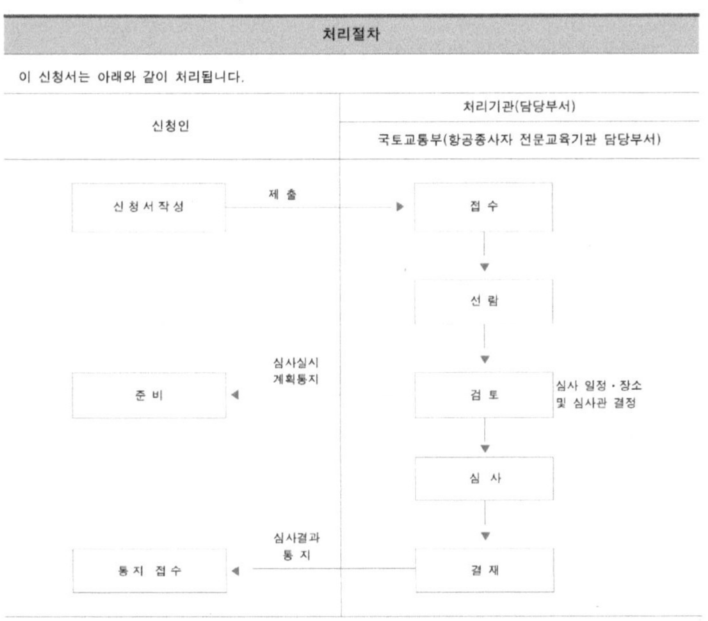

경량항공기 전문교육기관 지정서

설치자의 성명 · 주소	
전문교육기관의 명칭	
전문교육기관의 주소	
교 육 과 정 명	
지 정 조 건	

위 교육기관을 「항공안전법」 제117조제1항 및 같은 법 시행규칙 제295조제3항에 따라 항공종사자 전문교육기관으로 지정합니다.

년 월 일

국토교통부장관 직인

210㎜×297㎜[백상지(80g/㎡)]

초경량비행장치 [ ] 신 규 / [ ] 변경 · 이전 / [ ] 말 소 신고서

※ 색상이 어두운 난은 신청인이 작성하지 아니하며, [ ]에는 해당되는 곳에 √ 표를 합니다.

접수번호	접수일시	처리기간 7일

비행장치	종류		신고번호	
	형식		용도	[ ] 영리 [ ] 비영리
	제작자		제작번호	
	보관처		제작연월일	
	자체중량		최대이륙중량	
	카메라 등 탑재여부*			
소유자	성명 · 명칭			
	주소			
	생년월일		전화번호	

변경 · 이전 사항	변경 · 이전 전	변경 · 이전 후
말소 사유		

「항공안전법」 제122조제1항 · 제123조제1항 · 제2항 및 같은 법 시행규칙 [ ]제301조제1항 [ ]제302조제2항 [ ]제303조제1항 에 따라

초경량비행장치의 [ ]신규 [ ]변경이전 [ ]말소 을(를) 신고합니다.

년 월 일

신고인 (서명 또는 인)

한국교통안전공단 이사장 귀하

첨부서류	1. 초경량비행장치를 소유하거나 사용할 수 있는 권리가 있음을 증명하는 서류 2. 초경량비행장치의 제원 및 성능표 3. 가로 15센티미터, 세로 10센티미터의 초경량비행장치 측면사진(무인비행장치의 경우에는 기체 제작번호 전체를 촬영한 사진을 함께 제출한다) - 이전 · 변경 시에는 각 호의 서류 중 해당 서류만 제출하며, 말소 시에는 제외합니다.	수수료 없음

유의사항

신청서 * 표시 항목에는 「개인정보 보호법」에 따른 개인정보 및 「위치정보의 보호 및 이용 등에 관한 법률」에 따른 개인위치정보 수집 가능(카메라 등 탑재) 여부를 기입합니다.

처리절차

신고서 작성	→	접 수	→	검토	→	접수처리	→	통보
신고인		한국교통안전공단 (신고 담당부서)		한국교통안전공단 (신고 담당부서)		한국교통안전공단 (신고 담당부서)		

210㎜×297㎜[백상지(80g/㎡) 또는 중질지(80g/㎡)]

■ 항공안전법 시행규칙 [별지 제117호서식] <개정 2020. 12. 10.>

제 호

대 한 민 국

국 토 교 통 부

초경량비행장치 신고증명서

1. 신고번호:
2. 종류 및 형 식:
3. 제작자 및 제작번호:
4. 용 도: [ ] 비영리 [ ] 영 리
5. 초경량비행장치소유자등의 성명 또는 명칭:
6. 초경량비행장치소유자등의 주소:

「항공안전법」 제122조제1항 및 같은 법 시행규칙 제301조제2항에 따라 초경량비행장치를 신고하였음을 증명합니다.

년 월 일

한국교통안전공단 이사장 직인

210㎜×297㎜[백상지(150g/㎡)]

■ 항공안전법 시행규칙 [별지 제118호서식] <개정 2020. 12. 10.>

초경량비행장치 신고대장

(앞 쪽)

신고번호 및 신고연월일			접수번호	
종류 및 형식			제작자	
제작번호 및 제작연월일			소유자	
용도			보관처	
주요제원	최고속도		엔진형식	
	순항속도		자체중량	
	실속속도		최대이륙중량	
	길이×폭×높이		연료중량	
	탑승인원		카메라 등 탑재여부	

사 진:

210㎜×297㎜[백상지(80g/㎡)]

(뒤 쪽)

사　　항	신고연월일	접수번호	신고담당자 ㊞

■ 항공안전법 시행규칙 [별지 제119호서식] <개정 2024. 7. 17.>

초경량비행장치 시험비행등 허가 신청서

※ 색상이 어두운 난은 신청인이 작성하지 아니합니다. (앞 쪽)

접수번호	접수일시	처리기간 (Durations) 10일

신 청 인	성명/명칭		생년월일
	주소		
비행장치	종류		형식
	신고번호		제작번호
	제작연월일	이착륙형식	좌석수
	설계자		제작자
	캐노피 제작자	캐노피 형식/크기	캐노피 익면적(투영면적)
시험비행 계　획	일시 또는 기간		구역
	비행목적/방식		시험비행 횟수
	경로/고도		
조 종 자	성명		생년월일
	주소		
	자격번호 또는 비행경력		

「항공안전법」 제124조 및 같은 법 시행규칙 제304조제2항에 따라 시험비행등 허가를 신청합니다.

년　　월　　일

신청인　　　　(서명 또는 인)

항공안전기술원의 장 귀하

신청인 (대표자) 제출서류	1. 해당 초경량비행장치에 대한 소개서(설계개요서, 설계도면, 부품표 및 비행장치의 제원을 포함합니다) 1부 2. 시험비행등 계획서(시험비행등의 기간, 장소 및 시험비행등 점검표를 포함합니다) 1부 3. 설계도면과 일치되게 제작되었음을 입증하는 서류 1부 4. 신청인이 제시한 시험비행등의 범위에서 안전 수준을 입증하는 서류(지상성능시험 결과, 안전대책 등) 1부 5. 신청인이 제시한 시험비행등을 하기 위한 수준의 조종절차 및 안전성 유지를 위한 정비방법을 명시한 서류 1부 6. 초경량비행장치 사진(전체 및 측면사진을 말하며, 전자파일로 된 것을 포함합니다) 각 1매 7. 그 밖에 시험비행등과 관련하여 국토교통부 장관이 필요하다고 인정하여 고시하는 서류 각 1부	수수료 없음

210㎜×297㎜[백상지(80g/㎡) 또는 중질지(80g/㎡)]

(뒤 쪽)

■ 항공안전법 시행규칙 [별지 제119호의2서식] <신설 2025. 7. 28.>

	허가서 번호 Certificate No.

초경량비행장치 시험비행등 허가서

Test Flight Certificate of Ultra-Light Vehicle

1. 신고번호 Registration marks	2. 초경량비행장치 제작자 및 형식 Manufacturer and manufacturer's designation of ULV
3. 초경량비행장치 제작일련번호 ULV serial number	4. 시험비행 목적 Test Flight Purpose
5. 조종자 성명 및 자격번호 Pilot Name and Certificate No.	6. 시험비행 기간 / 횟수 Test Flight Period / Number of Times
7. 시험비행 구역 Test Flight Area	8. 제한사항 Limitations
9. 허가서 만료일 Validity Period	10. 발행연월일 Date of issuance

이 허가서는 대한민국 「항공안전법」 제124조 및 같은 법 시행규칙 제304조제3항에 따라 초경량비행장치의 연구·개발 또는 성능개량 등을 목적으로 허가하는 것으로 신청인이 제출한 시험비행등 계획서 및 안전대책에 따라 시험비행 등을 하는 경우에만 유효합니다.

항공안전기술원 직인

Korea Institute of Aviation Safety Technology

■ 항공안전법 시행규칙 [별지 제119호의3서식] <개정 2025. 7. 28.>

초경량비행장치 조종자등 행정처분 대장

순번	처분일자	근거	처분종류	처분내용	처분원인 (위반사항)	확인일자	확인자

210mm×297mm[백상지(80g/㎡)]

■ 항공안전법 시행규칙 [별지 제120호서식] <개정 2024. 11. 13.>

초경량비행장치 조종자 전문교육기관 지정신청서

※ 색상이 어두운 난은 신청인이 작성하지 아니합니다. (앞 쪽)

접수번호	접수일시	처리기간 25일

교육기관	명칭	전화번호
	주소	
교육과정명		
교육생의 정원		
교육기간		
현장심사 희망일		

「항공안전법」 제126조제1항 및 같은 법 시행규칙 제307조제1항에 따라 초경량비행장치 조종자 전문교육기관으로 지정을 신청합니다.

년 월 일

신청인 (서명 또는 인)

한국교통안전공단 귀하

첨부서류	1. 전문교관의 현황 2. 교육시설 및 장비의 현황 3. 교육훈련계획 및 교육훈련규정	수수료 없음

210mm×297mm[백상지(80g/㎡) 또는 중질지(80g/㎡)]

(뒤 쪽)

처리절차		

이 신청서는 아래와 같이 처리됩니다.

신청인		처리기관(담당부서) 교통안전공단(초경량비행장치 전문교육기관 담당부서)	
신 청 서 작 성	제 출 ▶	접 수	
		▼ 선 람	
준 비	◀ 심사실시 계획통지	▼ 검 토	심사 일정·장소 및 심사관 결정
		▼ 심 사	
통 지 접 수	◀ 심사결과 통 지	▼ 결 재	

■ 항공안전법 시행규칙 [별지 제121호서식] <개정 2024. 11. 13.>

초경량비행장치 조종자 전문교육기관 지정서

설치자의 성명	
전문교육기관의 명칭	
전문교육기관의 주소	
교 육 과 정 명	
지 정 조 건	

위 교육기관을 「항공안전법」 제126조제1항 및 같은 법 시행규칙 제307조제3항에 따라 초경량비행장치 조종자 전문교육기관으로 지정합니다.

년 월 일

한국교통안전공단 직인

210㎜×297㎜[백상지(80g/㎡)]

■ 항공안전법 시행규칙 [별지 제122호서식] <개정 2024. 11. 13.>

초경량비행장치 비행승인신청서

※ 색상이 어두운 난은 신청인이 작성하지 아니하며, [ ]에는 해당되는 곳에 √표를 합니다. (앞 쪽)

접수번호	접수일시	처리기간 3일

신 청 인	성명/명칭	생년월일
	주소	연락처
비행장치	종류/형식	용도
	제작사	제작번호
	소유자 (전화:)	
	신고번호	안전성인증서번호 (유효기간 만료일) (. .)
비행계획	일시 또는 기간(최대 12개월)	구역
	비행목적/방식	보험 [ ] 가입 [ ] 미가입
	경로/고도	
조 종 자	성명	생년월일
	주소	연락처
	자격번호 또는 비행경력	
동 승 자	성명	생년월일
	주소	
탑재장치	무선전화송수신기	
	2차감시레이더용트랜스폰더	

「항공안전법」 제127조제2항 및 같은 법 시행규칙 제308조제2항에 따라 비행승인을 신청합니다.

년 월 일

신고인 (서명 또는 인)

지방항공청장·국방부장관(각급 부대의 장) 또는 항공교통업무증명을 받은 자 귀하

작 성 방 법

1. 「항공안전법 시행령」 제24조에 따른 신고를 필요로 하지 않는 초경량비행장치 또는 「항공안전법 시행규칙」 제305조제1항에 따른 안전성인증의 대상이 아닌 초경량비행장치의 경우에는 비행장치란 중 신고번호 또는 안전성인증서번호를 적지 않아도 됩니다.
2. 항공레저스포츠사업에 사용되는 초경량비행장치이거나 무인비행장치인 경우에는 동승자란을 적지 않아도 됩니다.

210㎜×297㎜[백상지(80g/㎡) 또는 중질지(80g/㎡)]

(뒤 쪽)

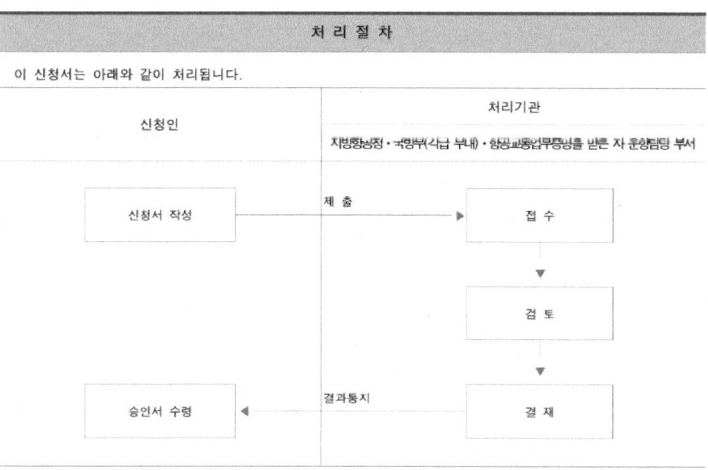

■ 항공안전법 시행규칙 [별지 제123호서식] <개정 2022. 6. 8.>

무인자유기구 비행허가 신청서

※ 색상이 어두운 난은 신청인이 작성하지 아니합니다.

접수번호	접수일시	처리기간 3일

신청인	성명	생년월일
	주소 (연락처:)	
기구	등급	
	수량	
	용도	
비행계획	예정비행시간 및 회수(완료)시간	
	비행방향/상승속도/최대고도	
	고도 1만8천미터(6만피트) 통과 또는 도달 예정시간 및 그 위치	
	그 밖에 무인자유기구의 비행에 참고가 될 사항	

「항공안전법」 제129조제2항 및 같은 법 시행규칙 제311조제1항에 따라 비행허가를 신청합니다.

년 월 일

신고인 (서명 또는 인)

지방항공청장 귀하

첨부서류	그 밖에 무인자유기구의 비행에 참고가 될 사항	수수료 없음

처리절차

신고서 작성	→	접 수	→	검토	→	접수처리	→	통보
신고인		지방항공청 (신고 담당부서)		지방항공청 (신고 담당부서)		지방항공청 (신고 담당부서)		

210㎜×297㎜[백상지(80g/㎡) 또는 중질지(80g/㎡)]

■ 항공안전법 시행규칙 [별지 제123호의2서식] <개정 2020. 5. 27.>

무인비행장치 특별비행승인 신청서

※ 색상이 어두운 난은 신청인이 작성하지 아니합니다. (앞 쪽)

접수번호	접수일시	처리기간 (Durations)	30일(새로운 기술에 관한 검토 등 특별한 사정이 있는 경우에는 90일)

신 청 인	성명/명칭		생년월일
	주소		
비행장치	종류		형식
	자체무게	길이	이착륙형식
	성능	운용한계	조작방법
	신고번호		제작번호
	안전성인증번호		제작연월일
특별비행 계 획	일시 또는 기간		구역
	비행목적/방식		특별비행 횟수
	경로/고도		
조 종 자	성명		생년월일
	주소		
	자격번호		비행경력

「항공안전법」 제129조제5항 및 같은 법 시행규칙 제312조의2제1항에 따라 특별비행승인을 신청합니다.

년 월 일

신청인 (서명 또는 인)

지방항공청장 귀하

신청인(대표자) 제출서류	1. 무인비행장치의 종류·형식 및 제원에 관한 서류 1부. 2. 무인비행장치의 성능 및 운용한계에 관한 서류 1부. 3. 무인비행장치의 조작방법에 관한 서류 1부. 4. 무인비행장치의 비행절차, 비행지역, 운영인력 등을 포함한 비행계획서 1부. 5. 안전성인증서(제305조제1항에 따른 초경량비행장치 안전성인증 대상에 해당하는 무인비행장치에 한한다) 1부. 6. 무인비행장치의 안전한 비행을 위한 조종 능력 및 경력 등을 증명하는 서류 1부 7. 해당 무인비행장치 사고에 따른 제3자 손해 발생 시 손해배상 책임을 담보하기 위한 보험 또는 공제 등의 가입을 증명하는 서류(「항공사업법」 제70조제4항에 따라 보험 또는 공제에 가입하여야 하는 자로 한정한다) 8. 그 밖에 국토교통부장관이 정하여 고시하는 서류	수수료(Fee) 「항공안전법 시행규칙」 제321조에서 정한 수수료

210㎜×297㎜[백상지(80g/㎡) 또는 중질지(80g/㎡)]

(뒤 쪽)

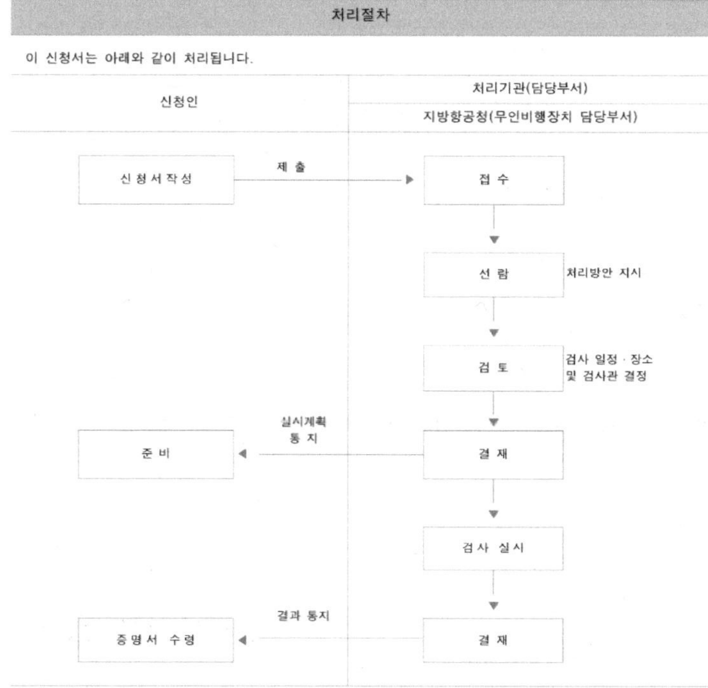

■ 항공안전법 시행규칙 [별지 제123호의3서식] <개정 2020. 5. 27.>

대 한 민 국 국토교통부 The Republic of Korea Ministry of Land, Infrastructure and Transport	승인 번호 Certificate No.:

무인비행장치 특별비행승인서
Authorization of UAV Special Flight

1. 기 관 명 Organization	
2. 특별비행 책임자 Person in Charge of Special Flight	
3. 특별비행승인 기체 Authorized Unmaned Air Vehicle	
4. 특별비행승인 종류 Type of Special Flight Authorization	
5. 특별비행 일시 및 장소 Date and place of Special Flight	
6. 특별비행승인 유효기간 Valid Period of Authorization	
7. 특별비행승인 제한사항 Limitations of Special Flight Authorization	

이 승인서는 「항공안전법」 제129조제5항 및 같은 법 시행규칙 제312조의2제2항에 따라 위 무인비행장치의 비행이 무인비행장치 특별비행을 위한 안전기준에 적합함을 확인하여 특별비행을 승인함

In accordance with Paragraph 5, Article 129 of Aviation Safety Act and Paragraph 2, Article 312-2 of Enforcement Regulation of Aviation Safety Act, the Administrator of Regional Aviation Administration hereby certifies that the abovementioned Safety Standard Order for UAV Special Flight is in Compliance with requirements of Aviation Safety Act.

년 월 일
Date of Issuance

지방항공청장 직인

Minister of Ministry of Land, Infrastructure and Transport

본 승인서의 승인범위를 벗어난 비행 또는 안전에 우려가 있을 경우 법 제132조에 따라 승인범위 변경 또는 비행이 제한될 수 있습니다.

If there is a risk of flight or safety beyond the scope of approval, flight may be restricted or changed the scope of flight in accordance with Article 132 of the Aviation Safety Act.

■ 항공안전법 시행규칙 [별지 제124호서식]

(앞 쪽)

대한민국(Republic of Korea) **국토교통부(Ministry of Land, Infrastructure and Transport)**	**항공안전감독관증** **(CIVIL AVIATION SAFETY INSPECTOR CERTIFICATE)**		
사 진 3㎝ × 4㎝	증명서 번호(Certi. No.): 구분(Occupation): 성명(Name): 성별(Sex): 생년월일(Date of Birth): 년(y) 월(m) 일(d) 소속(Employed by): 유효기간(Date of Expire): 년(y) 월(m) 일(d) 서명(Signature of Holder):		

(뒤 쪽)

대한민국(Republic of Korea)

이 사람은 「항공안전법」 제132조에 따라 사무소, 사업장, 항공시설, 비행장 또는 항공기 등(해당 감독업무 지역에 한한다)에 제한 없이 출입하여 항공기, 항공시설, 장부, 서류, 그 밖의 물건을 검사하거나 관계인에게 질문할 수 있고, 또한 같은 법 제90조에 따라 항공기의 운항 또는 항공종사자의 업무를 일시정지하게 할 수 있는 권한을 가진 항공안전감독관임을 증명합니다.

This is to certify that this person is delegated to exercise the power under the Article 132 of Aviation Act to free uninterrupted access to offices, workplace, aeronautical facilities, aerodrome, aircraft, etc.(Limited to the supervision area.), to perform inspections of aircraft, aeronautical facilities, documents, records, data, etc., and to ask questions to concerned personnel, and is also delegated to exercise the power under the Article 90 of Aviation Act to detain aircraft and to prohibit any person from exercising the privileges of any aviation licence, certificate or document for just cause.

발행번호(Issued No.):

발행일자(Issued date):

발행장소(Issued at):

국토교통부장관 (인)
(Minister of Ministry of Land, Infrastructure and Transport)

80㎜ × 50㎜[백상지(150g/㎡)]

■ 항공안전법 시행규칙 [별지 제125호서식]

항공영어구술능력평가 전문기관 지정신청서

※ 색상이 어두운 난은 신청인이 작성하지 아니합니다. (앞 쪽)

접수번호	접수일시	처리기간 30일

신청인	성명(대표자)	생년월일
	주소 (전화:)	
	업체명	

조직 및 인원	※ 필요한 경우 별지사용 또는 조직도 등 관련 서류 첨부가 가능합니다.
평가방법	※ 필요한 경우 별지사용 또는 관련 서류 첨부가 가능합니다.

평가 전담 인력 현황	성명	소속 및 직위	평가관련 담당업무	연락처	비고

평가와 관련한 주요 실적	※ 필요한 경우 별지사용

「항공안전법」 제135조 및 같은 법 시행규칙 제319조제1항에 따라 영어구술능력평가 전문기관으로 지정을 신청합니다.

년 월 일

신청인 (서명 또는 인)

국토교통부장관 귀하

첨부서류	1. 평가기관의 조직도 2. 평가전문인력의 정원, 자격 및 경력을 적은 서류 3. 평가전문인력의 교육훈련 프로그램 4. 항공영어구술능력 평가업무 수행계획서 5. 평가의 객관성, 공정성 확보방안 및 부정행위 방지대책	수수료 없음

210㎜ × 297㎜[백상지(80g/㎡) 또는 중질지(80g/㎡)]

(뒤 쪽)

처리절차

이 신청서는 아래와 같이 처리됩니다.

신 청 인	처리기관 국토교통부(항공영어구술능력증명 담당부서)
신청서 작성 → 제출 →	접수
	↓ 검토
	↓ 결재
	↓ 지정
통지 접수 ← 통지 ←	

■ 항공안전법 시행규칙 [별지 제126호서식]

항공영어구술능력평가 전문기관 지정서

평가기관 소유자의 성명・주소	
평가기관의 명칭	
평가기관의 주소	
지정조건	

위 평가기관을 「항공안전법」 제135조 및 같은 법 시행규칙 제319조에 따라 항공영어구술능력평가 전문기관으로 지정합니다.

년 월 일

국토교통부장관 직인

210㎜×297㎜[백상지(150g/㎡)]

■ 항공안전법 시행규칙 [별지 제127호서식] <신설 2024. 11. 13.>

초경량비행장치 안전교육기관 지정 신청서

※ 색상이 어두운 칸은 신청인이 작성하지 않습니다.

접수번호	접수일시	처리기간 30일

<table>
<tr><td rowspan="3">신청인</td><td>성명(대표자)</td><td>생년월일</td></tr>
<tr><td colspan="2">기관・단체의 소재지
(전화:　　　　　　)</td></tr>
<tr><td colspan="2">기관・단체명</td></tr>
<tr><td>조직 및 인원</td><td colspan="2">※ 필요한 경우 별지사용 또는 조직도 등 관련 서류 첨부가 가능합니다.</td></tr>
<tr><td>교육방법</td><td colspan="2">※ 필요한 경우 별지사용 또는 관련 서류 첨부가 가능합니다.</td></tr>
</table>

인력 현황	성명	소속 및 직위	교육관련 담당업무	연락처	비고

교육과 관련한 주요 실적	※ 필요한 경우 별지사용이 가능합니다

「항공안전법」 제135조제10항, 같은 법 시행령 제26조제12항 및 같은 법 시행규칙 제320조의3제2항에 따라 초경량비행장치 안전교육기관의 지정을 신청합니다.

년　　월　　일

신청인　　　　　(서명 또는 인)

국토교통부장관 귀하

첨부서류	1. 해당 기관・단체의 조직도 및 인력 현황 2. 다음 각 목의 사항이 포함된 초경량비행장치 안전교육 계획서 가. 교육 내용 나. 교육성과에 대한 평가 방법 다. 교육기록 보존 계획 3. 「항공안전법 시행규칙」 제320조의3제1항 각 호의 인력, 장비 및 시설을 갖추었음을 증명하는 서류 4. 「항공안전법 시행규칙」 제320조의3제1항제1호에 따른 인력에 대한 교육훈련 계획	수수료 없음

처리절차

신청서 작성 → 접수 및 검토 → 결재 → 지정 → 통지 접수

신청인　　　처리기관: 국토교통부

■ 항공안전법 시행규칙 [별지 제128호서식] <신설 2024. 11. 13.>

초경량비행장치 안전교육기관 지정서

1. 대표자 성명:

2. 기관・단체의 명칭:

3. 기관・단체의 소재지:

4. 지정조건:

「항공안전법」 제135조제10항, 같은 법 시행령 제26조제12항 및 같은 법 시행규칙 제320조의3제3항에 따라 위 기관을 초경량비행장치 안전교육기관으로 지정합니다.

년　　월　　일

국토교통부장관 직인

210㎜×297㎜[백상지(150g/㎡)]

3단법령시리즈 124

항공안전법

법령·시행령·시행규칙 3단 수록

별표, 별지 서식 포함

2026년 1월 20일 인쇄 정가 74,000원
2026년 1월 30일 발행

편 저 KDS 편집부
디 자 인 송영미
발 행 인 조준형
발 행 처 한국데이터시스템
http://www.koreadatasystem.co.kr
E-mail : munbookcokr@naver.com
주 소 부산광역시 중구 해관로 41-1 (중앙동2가)
전화번호 (051) 253-0001 팩스 (051) 245-1187
등 록 제 2023-000006호

해광출판사에서는 여러분의 소중한 원고와 함께 할 기회를 기다리고 있습니다. 책으로 엮을 원고나 아이디어가 있으신 분들은 이메일 munbookcokr@naver.com로 책에 대한 간단한 개요와 원고 전체 또는 일부를 연락처와 함께 보내주십시오.

ISBN 979-11-24342-01-5

※ 법령 출처 : 법제처 국가법령정보센터
※ 본 도서는 〈공공데이터 제공 및 이용 활성화에 관한 법률〉을 근거로 출판되었습니다.

한국데이터시스템 3단법령시리즈

001. 근로기준법
002. 공동주택관리법
003. 중대재해 처벌 등에 관한 법률
004. 상가건물임대차보호법
005. 폐기물관리법
006. 위험물안전관리법
007. 화학물질관리법
008. 고압가스안전관리법
009. 주택임대차보호법
010. 화물자동차운수사업법
011. 대기환경보전법
012. 도로교통법
013. 화재의 예방 및 안전관리에 관한 법률
014. 주택법
015. 노동조합 및 노동관계조정법
016. 농지법
017. 도시 및 주거환경정비법
018. 공익사업을 위한 토지 등의 취득 및 보상에 관한 법률
019. 전기사업법
020. 건설기술 진흥법
021. 도시개발법
022. 산업입지 및 개발에 관한 법률
023. 시설물의 안전 및 유지관리에 관한 특별법
024. 재난 및 안전관리 기본법
025. 장사 등에 관한 법률
026. 식품위생법
027. 선박안전법
028. 의료법
029. 대부업 등의 등록 및 금융이용자 보호에 관한 법률
030. 물환경보전법
031. 개발제한구역의 지정 및 관리에 관한 특별조치법
032. 공유재산 및 물품 관리법
033. 수산업협동조합법
034. 형의 집행 및 수용자의 처우에 관한 법률
035. 해양환경관리법
036. 종합부동산세법
037. 환경영향평가법
038. 집합건물의 소유 및 관리에 관한 법률
039. 동물보호법
040. 자연재해대책법
041. 도시가스사업법
042. 수산업법
043. 채무자 회생 및 파산에 관한 법률
044. 실내공기질관리법
045. 자동차관리법
046. 산업재해보상보험법
047. 하수도법
048. 승강기 안전관리법
049. 부동산투자회사법
050. 노인복지법
051. 도시공원 및 녹지 등에 관한 법률
052. 국가를 당사자로 하는 계약에 관한 법률
053. 사회복지사업법
054. 산업안전보건법
055. 소방시설 설치 및 관리에 관한 법률
056. 민간임대주택에 관한 특별법
057. 장애인차별금지 및 권리구제 등에 관한 법률
058. 개인정보 보호법
059. 형사소송법
060. 외국인근로자의 고용 등에 관한 법률
061. 상법
062. 가사소송법
063. 건설산업기본법
064. 건축물관리법
065. 초·중등교육법
066. 해상교통안전법
067. 하천법
068. 국토의 계획 및 이용에 관한 법률
069. 하도급거래 공정화에 관한 법률
070. 장애인복지법
071. 사립학교법
072. 관광진흥법
073. 의료기기법
074. 공인중개사법
075. 가맹사업거래의 공정화에 관한 법률
076. 소방시설공사업법
077. 고등교육법
078. 산업기술의 유출방지 및 보호에 관한 법률
079. 양식산업발전법
080. 정신건강증진 및 정신질환자 복지서비스 지원에 관한 법률
081. 공공기관의 정보공개에 관한 법률
082. 선원법
083. 원자력안전법
084. 국민기초생활 보장법
085. 자원의 절약과 재활용촉진에 관한 법률
086. 지방공기업법
087. 민원 처리에 관한 법률
088. 빈집 및 소규모주택 정비에 관한 특례법
089. 지방자치단체를 당사자로 하는 계약에 관한 법률
090. 산림자원의 조성 및 관리에 관한 법률
091. 사료관리법
092. 주차장법
093. 아동복지법
094. 학원의 설립·운영 및 과외교습에 관한 법률
095. 약사법
096. 축산법
097. 소년법
098. 여객자동차운수사업법
099. 전자상거래 등에서의 소비자보호에 관한 법률
100. 지방자치법

한국데이터시스템 3단법령시리즈

101. 도로법
102. 독점규제 및 공정거래에 관한 법률
103. 항공보안법
104. 기후위기 대응을 위한 탄소중립·녹색성장 기본법
105. 저작권법
106. 자동차손해배상 보장법
107. 항만법
108. 건강기능식품에 관한 법률
109. 건설폐기물의 재활용촉진에 관한 법률
110. 재해구호법
111. 부가가치세법
112. 가축분뇨의 관리 및 이용에 관한 법률
113. 화장품법
114. 소방기본법
115. 공유수면 관리 및 매립에 관한 법률
116. 공증인법
117. 국가인권위원회법
118. 병역법
119. 국민체육진흥법
120. 새마을금고법
121. 의료사고 피해구제 및 의료분쟁 조정 등에 관한 법률
122. 전기공사업법
123. 정보통신망 이용촉진 및 정보보호 등에 관한 법률
124. 항공안전법